MIA DÂU IN PENGATZGRUND
MIA HAM VIL PLÂUCH;
DEES KHA UNS NEED VIL AA
MIA LÂUA NEED NÂUCH.

Inschrift im Foyer des alten Rathauses

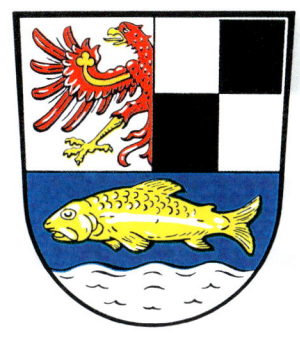

Pegnitz

650 Jahre Stadt

Das Wappen der Stadt Pegnitz

stammt in der jetzigen Form aus dem 16. Jahrhundert:
Die untere Hälfte zeigt die Darstellung des Pegnitzflusses (im Wasser einen Eltfisch); von der senkrecht geteilten oberen Fläche das linke (vom Beschauer aus rechte) Feld den weiß und schwarz gevierteilten Hohenzollernschild, das gegenüberliegende Feld auf weißem Grund den roten Brandenburger Adler mit offenem goldenen Schnabel, goldenen Waffen, vorgeschlagener Zunge und einem goldenen Kleestängel auf den Flügeln.

Impressum

Herausgeber
Stadt Pegnitz

Text
Autorenteam aus Bürgern der Stadt Pegnitz

Redaktionelle Betreuung
Martina Hofmann
Gerhard Philipp Wolf

Grafische Konzeption, Layout und Satz
Ellwanger Bayreuth

Scans und Bildbearbeitung
Reprografik Schreiner, Bindlach

Druck und Verarbeitung
Ellwanger Bayreuth

ISBN 3-925361-50-2

Alle Rechte vorbehalten.

Inhalt

Vorwort Bürgermeister Manfred Thümmler 9

Grußwort Landrat Dr. Klaus-Günter Dietel 11

Grußwort Innenminister Dr. Günther Beckstein 12

Editorial Redaktionsteam 14

▶ SCHÜLERAUFSATZ BÜTTNER: „ÜBER DIE ZERSTÖRUNG DER BURG BÖHEIMSTEIN" 16

Die Geschichte der Stadt Pegnitz – Vom klosterhörigen Dorf des Mittelalters zum modernen Mittelzentrum der Gegenwart 18
Wolfgang Handrick

1. Vom „Dorf an der Begenze" bis zur Stadt 20
2. Pegnitz unter der Herrschaft des Markgrafen aus dem Hause Zollern 23
3. Die Stadt in der Periode der konfessionell beeinflussten Kriege 24
4. Pegnitz vom 17. bis zum 19. Jahrhundert 27
5. Vom Ackerbürger-Städtchen zum Industriestandort 29
6. Erster Weltkrieg und Weimarer Republik 34
7. Pegnitz während der NS-Zeit und des Zweiten Weltkriegs 38
8. Pegnitz in der Nachkriegszeit 43
9. Von der Währungsreform zur Gebietsreform 46
10. Pegnitz auf dem Weg ins neue Jahrtausend 50

▶ LUSTIGE KLÄNGE AUS DEM POSTHORN 58

Straßenverkehr, Post und Eisenbahn – Die Geschichte grundlegender Infrastruktureinrichtungen in Pegnitz 60
Peter Spätling

1. Pegnitz bis 1798 – Ein Zustandsbericht 62
2. Die Errichtung der ersten Postexpedition – der Anschluss von Pegnitz an die Außenwelt 62
3. Die Eisenbahn in Pegnitz – ein Schritt in die Moderne 69
4. Die Entwicklung des Straßensystems in und um Pegnitz 74
5. Die A 9 – der Autobahnanschluss für Pegnitz 76

▶ DIE KAUFMANNSFAMILIE GLENK IN PEGNITZ – *Peter Spätling* 80

Handel, Handwerk, Industrie im Verlauf der Pegnitzer Stadtgeschichte 82
Walter Tausendpfund

1. Zur ersten Erwähnung des wirtschaftlichen Standortes Pegnitz 84
2. Natürliche Bedingungen für das Wirtschaftsleben in Pegnitz 85
3. Erste Anfänge des Wirtschaftslebens in der „Altstadt" 85
4. Neue wirtschaftliche Möglichkeiten durch die Gründung der Pegnitzer „Neustadt uf dem Letten" 86
5. Der Aufstieg von Pegnitz zur Zeit Karls IV. 88
6. Die wirtschaftliche Rolle von Pegnitz zur Zeit der Zollern 90
7. Modernisierung des wirtschaftlichen Lebens im beginnenden 19. Jahrhundert .. 97
8. Die Rolle des Königreiches Bayern unter Montgelas: Zwischen Modernisierung und Beharrung 99
9. Wirtschaft in der 1. Hälfte des 20. Jahrhunderts 105
10. Wirtschaftliche Veränderungen nach 1945 109
11. Innovationen ab den 80er Jahren 117

Inhalt

▶ 166 Kinder in einer Schulstube – *Bärbl Völkl* 124

Schulwesen und Partnerschaften 126
Gerhard Philipp Wolf (1.), Werner Schaller (2.), Bärbl Völkl (3.), Herbert Scherer (4.), Helmut Heinrich (5.)

    1. Von Schulen und Schulmeistern – Pegnitz als Schulstadt 128
    2. Die Entwicklung der Bayerischen Justizschule Pegnitz 140
    3. Die Volkshochschule seit 1950 in unserer Stadt 141
    4. Internationale Partnerschaften Pegnitzer Schulen 144
    5. Städtepartnerschaften 152

▶ Mundartdichtung in Pegnitz – *Walter Tausendpfund* 162

Kulturelles Leben in Pegnitz 164
Albin Völkl (1.), Bärbl Völkl (2./5.), Roland Weiss (3.), Herbert Scherer (4.), Peter Spätling (6. a), Walter Tausendpfund (6. b/c)

    1. Wunderbare neue Bücherwelt 166
    2. Von der Postkutsche zur Hightech-Redaktion 169
    3. Das Musikleben in Pegnitz 172
    4. Theater in Pegnitz 182
    5. Galerie Elisabeth Tauber 195
    6. Vereine in Pegnitz 196
        a) Der Bergknappenverein als kultureller Motor der Nachkriegszeit 196
        b) Zur Geschichte der Ortsgruppe Pegnitz im Fränkische-Schweiz-Verein 198
        c) Heimat- und Trachtenverein 199

▶ Vereine – Geschichte und Gegenwart – *Herbert Lauterbach* 202

Sport und Freizeit 206
Karl Ross (1.), Walter Pflaum (2.)

    1. Sportvereine 208
    2. Freibad, Hallenbad und Eisstadion 221

▶ Die 600-Jahr-Feier der Stadt Pegnitz im Jahre 1955 – *Peter Spätling* 224

Feste, Markttage und Tradition 228
Bärbl Völkl (1.), Albin Völkl (2.), Herbert Scherer (3.), Manfred Richter (4.)

    1. Böller, Bratwurst und Brezen 230
    2. Ringelspiel und Budenzauber 234
    3. Das Flindern – ein alter Brauch 243
    4. Patenschaft mit zwei Minensuchbooten der Bundesmarine 250

Inhalt

▸ Anekdotisches – Ökumene in Pegnitz – *Gerhard Philipp Wolf* 262

Kirchliches Leben in Pegnitz 264
Rudolf Dippe

 1. Im Zeitalter der Reformation 266
 2. Die Evangelischen im Königreich Bayern 271
 3. Die dritte Bartholomäuskirche 272
 4. Die Evangelisch-Lutherische Kirche in Bayern 274
 5. Die Gründung einer katholischen Pfarrgemeinde in Pegnitz 274
 6. Kirchen im Widerstand gegen den Nationalsozialismus nach der sog. Machtergreifung von 1933 276
 7. Niedergang oder Aufstieg? 277
 8. Aufbauarbeit in der evangelischen Gemeinde St. Bartholomäus 279
 9. Noch mehr Bauten 281
10. Aufbau in der Pfarrgemeinde Mariae Namen 285
11. Bau einer neuen Kirche 288
12. Aufbau in der Pfarrei Herz-Jesu 290
13. Mitarbeit der Laien 291
14. Die Kleine Kommunität 291
15. Die Methodisten 292
16. St. Martinus – Troschenreuth 293
17. St. Thomas von Aquin – Trockau 294
18. St. Jakobus – Bronn 296
19. St. Vitus – Büchenbach 298
20. Versöhnte Verschiedenheit 300
21. Kirchen und Kapellen in Pegnitz 302

▸ Gott zur Ehr, dem Nächsten zur Wehr / Grossbrand bei Baier & Köppel 316

Feuerwehren, Hilfsorganisationen und Stadtkrankenhaus 320
Franz Schindler (1.), Manfred Peer (2.)

1. Feuerwehren und Hilfsorganisationen vor Ort 322
2. Geschichte des Stadtkrankenhauses 335

Gebietsreform in den Jahren 1972 – 1978 338
Manfred Richter

Menschen – Daten – Zahlen – Statistischer Anhang 358

Autorenverzeichnis 368

Bildnachweis 374

Vorwort

Vorwort des Bürgermeisters

Liebe Pegnitzer,

im Jahr 2005 kann unsere Stadt ein ganz besonderes Jubiläum begehen: Nach der 600-Jahr-Feier (1955) die 650-jährige Erinnerung an die Verleihung der Stadtrechte durch Kaiser Karl IV. – wenn auch dieser historische Vorgang (bis jetzt) nicht auf das Jahr genau belegbar ist. Seit dieser Zeit hat unsere Stadt gewiss eine wechselvolle Geschichte mit vielen Höhen und manchen Tiefen durchlebt, ist aber heute ein prosperierendes, bevorzugt zu entwickelndes Mittelzentrum, das sich in der geographischen Lage zwischen der Stadt Bayreuth und dem Ballungsraum Nürnberg gut behauptet.

Das historische Ereignis der Stadterhebung wollen wir mit zahlreichen Veranstaltungen, mit besonderen Vorhaben wie der Begründung einer neuen Städtepartnerschaft mit der tschechischen Stadt Slaný (ca. 30 km nordwestlich von Prag), mit der uns historisch manches verbindet, und mit der Herausgabe dieses Pegnitzer Stadtbuches, an dem 14 Pegnitzer Autoren mitgewirkt haben, entsprechend würdigen.

Das Buch soll einen Einblick in unsere Stadtgeschichte – vor allem die der letzten 100 Jahre – unter verschiedenen Blickwinkeln vermitteln. Neben einem allgemeinen historischen Abriss werden z. B. die Kirchengeschichte, die Wirtschaftsgeschichte, die Geschichte von Eisenbahn, Post und Verkehr, die Geschichte des Schulwesens, der Partnerschaften, der sozialen Einrichtungen und besonderer Ereignisse aus Kultur, Sport und Freizeit dargestellt und durch entsprechendes Bildmaterial anschaulich belegt. Der vorliegende Band soll aber nicht nur ein lebendiges Bild der Stadtgeschichte vermitteln und viele Menschen in und außerhalb der Region ansprechen und für unsere Stadt interessieren, sondern auch zeigen, dass das bevorzugt zu entwickelnde Mittelzentrum Pegnitz im Herzen eines zusammenwachsenden Europas liegt.

An den Vorbereitungen zu unserem Stadtjubiläum waren viele denkende Köpfe und helfende Hände beteiligt, denen ich allen auch an dieser Stelle ein herzliches Danke sage.

An die Pegnitzer aber habe ich die Bitte: Feiern Sie mit, dass unser Jubiläum über Jahre hinaus ein unvergessenes Erlebnis bleibt.

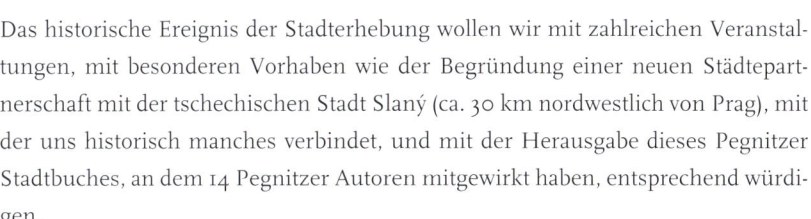

Manfred Thümmler
Bürgermeister der Stadt Pegnitz

Grußworte

Grußwort des Landrats

Zur 650-Jahr-Feier der Stadt Pegnitz übermittle ich der Bürgerschaft meine herzlichsten Glückwünsche.

Es war ein langer, oftmals mühevoller und schwieriger Weg, den die Stadt und ihre Bürger im Verlauf der Jahrhunderte zurückzulegen hatten. Umso mehr haben im Jubiläumsjahr alle Anlass zu Stolz und Freude. Neben dem Bewusstsein, dass es die überschaubare Einheit des örtlichen Gemeinwesens war, welche die Stürme der Zeit, die politischen Veränderungen und die einschneidenden Neuentwicklungen auf wirtschaftlichem, technischem, sozialem und kulturellem Gebiet unbeschadet überstanden hat, soll das Jubiläum auch der Besinnung auf die Vergangenheit und den Wert geschichtlicher Tradition dienen. Mehr noch – ihre Stabilität, getragen von Einsatzbereitschaft und Solidarität, gab die Garantie dafür, dass inmitten des Wandels ein unerschütterlicher Grundpfeiler beständigen Fortschritts den Weg gewiesen hat.

Pegnitz stellt sich als die einwohnergrößte Stadt mit einer herausgehobenen Stellung als ein leistungsfähiges, sympathisches und bevorzugt zu entwickelndes Mittelzentrum dar, das seinen gefestigten und besonderen Platz im Landkreis Bayreuth hat. Weit ab von „Pisa" ist Pegnitz – bezogen auf seine Einwohnerzahl – die Schulstadt Nr. 1 in Oberfranken. Der Landkreis hat hierzu gerne seinen maßgeblichen Anteil bei Gymnasium, Realschule, Berufsschule, Hotelfachschule, Berufsfachschule für Hotelmanagement und Berufsschulinternat erbracht.

Pegnitz hat eine kontinuierliche Aufwärtsentwicklung erlebt. 1939 zählte die Stadt 5.600 Einwohner, die derzeit auf weit über 14.000 angewachsen sind. Nahezu 8.000 Neubürgerinnen und -bürger haben sich in dieser Zeit für einen attraktiven Lebensraum, für eine Stadt mit guter Infrastruktur und leistungsfähigem Handel und Gewerbe, begünstigt auch durch ihre zentrale Lage, mit vorzüglichem Anschluss an das überörtliche Verkehrsnetz, ideal ergänzt durch das Schienennetz, entschieden. Die Bürger haben ihre Stadt als das „Eingangstor zur Fränkischen Schweiz" liebgewonnen, sind fest in ihr verwurzelt, identifizieren sich mit ihr und treten für die Bewahrung ihrer Heimat ein. Die Sicherung einer weiteren günstigen Entwicklung verbürgt die Kraft eines guten Bürgersinns, der in der Stadt lebendig ist und sich immer wieder beweist.

Die tüchtige Bürgerschaft in und um die Stadt Pegnitz möchte dieses Jubiläum auch als Aufforderung verstehen, das Ererbte zu bewahren und stets behutsam in die Anforderungen unserer Zeit einzubinden. Meine besten Wünsche für eine gute Zukunft in Frieden und Freiheit unter der schützenden Hand Gottes gelten allen, die sich in Pegnitz und um diese dynamische und liebenswerte Stadt mit ganzer Kraft bemühen.

Dr. Klaus-Günter Dietel
Landrat des Landkreises Bayreuth

Grußwort

des Bayerischen Staatsministers des Inneren anlässlich der 650-Jahr-Feier der Stadt Pegnitz und der Herausgabe des „Pegnitzer Stadtbuchs"

Die Verleihung der Stadtrechte durch Kaiser Karl IV. um das Jahr 1355 wird 2005, nach der 600-Jahr-Feier 1955, von der Stadt Pegnitz festlich begangen und mit der Herausgabe des „Pegnitzer Stadtbuchs" besonders gewürdigt. Zu diesem nicht alltäglichen Jubiläum möchte ich den Repräsentanten der Stadt sowie allen Bürgerinnen und Bürgern meine besten Grüße und Glückwünsche überbringen.

Dabei reicht die Geschichte der Stadt noch weiter zurück. Archäologische Funde weisen auf eine Besiedlung bereits in der „Hallstatt-Zeit" hin. Eindeutige Belege für eine Ansiedlung finden wir erstmals in einer Stiftungsurkunde des Klosters Michelfeld vom 6. Mai 1119. Im Jahr 1313 folgte die Verleihung der Marktrechte. Pegnitz hatte damit schon frühzeitig eine nach heutigen Begriffen „zentralörtliche Bedeutung". Mitte des 14. Jahrhunderts entstand neben der Altstadt eine neue Stadt auf dem „Letten". Jahrhundertelang existierten also unmittelbar nebeneinander zwei getrennte Kommunen mit unterschiedlicher Verwaltung. Dieses Nebeneinander dauerte bis 1818. Erst 1876 wurden gleiche Rechte für Altstadt und Neustadt eingeführt.

In seiner weiteren Geschichte erlebte Pegnitz einen häufigen Herrscherwechsel. Mehrfach war die Stadt sogar Verpfändungsobjekt. Leider blieb Pegnitz von kaum einem kriegerischen Ereignis verschont. Häufige Brandschatzungen und Plünderungen sowie der Ausbruch von Seuchen in der Folgezeit forderten ihren Tribut. Die dezimierte Bevölkerung hatte am Wiederaufbau schwer zu tragen.

Im 19. Jahrhundert erfolgte dann der rasante Wechsel vom „Ackerbürger-Städtchen" zum Industriestandort. Handwerk und Gewerbe bildeten nun die wirtschaftlichen Grundlagen. Durch die Niederlassung des Landgerichts wurde Pegnitz auch in administrativer Hinsicht aufgewertet. Der Bau der Eisenbahnstrecke Nürnberg–Bayreuth–Hof mit dem Bahnhof Pegnitz verbesserte den Wirtschaftsstandort von Pegnitz erheblich. Hinzu kam, dass die schon im Mittelalter betriebene Erzgewinnung neue Bedeutung gewann. Mit der Errichtung der Eisengießerei Pegnitzhütte im Jahr 1890 schaffte die Stadt endgültig den Anschluss an das Industriezeitalter. Der Bergbau war zeitweise der bedeutendste Wirtschaftsfaktor von Pegnitz und der ganzen Region. 1967 musste die Zeche geschlossen werden, 500 Arbeitsplätze gingen verloren.

Grußworte

Ab den 50er Jahren expandierte die Stadt in erheblichem Umfange. Die Schwerpunkte der Aktivitäten lagen zunächst im Wohnungsbau, wobei zahlreiche Heimatvertriebene und Flüchtlinge zu integrieren waren, im Straßenbau, bei der Wasserversorgung und Abwasserentsorgung, beim Krankenhausbau und beim Schulhausbau. Als „Schulstadt" kann Pegnitz heute alle Schularten anbieten. Darüber hinaus gibt es hier Fachschulen, die zum Teil bundesweit bekannt und geschätzt sind. Um den Freizeitwert der Stadt weiter zu fördern, entstanden beispielsweise das Hallen- und Freibad und das Freizeit- und Erholungszentrum mit Kunsteisstadion. In den letzten Jahren hat sich Pegnitz auch zu einem Einkaufszentrum für das ganze Umland entwickelt.

Die jüngere Geschichte von Pegnitz ist durch die Maßnahmen der Gebietsreform geprägt. Der Verlust des Landratsamtes im Rahmen der Landkreisreform war für Pegnitz schmerzhaft, aber unumgänglich. Der Landkreis Pegnitz konnte wegen der geringen Leistungskraft nicht erhalten bleiben. Ausgesprochen positiv waren aber die Maßnahmen der Gemeindegebietsreform. Die Eingliederung von zehn Gemeinden und vier Gemeindeteilen brachte Pegnitz einen Zugewinn von rund 5.000 Einwohnern sowie einen erheblichen Flächenzuwachs und damit Raum für die weitere Entwicklung. Von Anfang an war es erklärtes Ziel von Pegnitz, die neuen Stadtteile möglichst gut zu integrieren.

Die Pegnitzer haben in der Vergangenheit viel bewegt. Gleichzeitig sind sie offen für alles Neue und handeln zukunftsorientiert. Ein gutes Beispiel dafür ist das „Citymanagement & Stadtmarketing Pegnitz". Als Schul-, Kultur- und Sportstadt im Grünen bietet Pegnitz hohe Wohn- und Lebensqualität. Auch der Wirtschaftsstandort ist in den letzten Jahren kontinuierlich gestärkt worden. Hier sind alteingesessene Handels- und Handwerksbetriebe ebenso zu Hause wie weltweit wirkende Großkonzerne.

Mit einem „Glückauf" wünsche ich der Stadt und ihren Bürgerinnen und Bürgern weiterhin von Herzen alles Gute. Möge sich die erfreuliche Entwicklung kontinuierlich fortsetzen!

Dr. Günther Beckstein
Staatsminister

Editorial

Die Vorüberlegungen zur Herausgabe dieses Buches gehen in das Jahr 2001 zurück. Auf Vorschlag von Herrn Ersten Bürgermeister Manfred Thümmler wurde (unter der Leitung von Herrn Richter) ein „Organisationsteam 2005" gegründet, das sich Gedanken zur Planung und Durchführung einer 650-Jahr-Feier der Stadt im Jahre 2005 machen und Anregungen sammeln sollte. Historische Vorgaben zu diesem Gedenkjahr waren (bei dem ungesicherten Datum der Stadterhebung) die Aktivitäten, die im Jahre 1955 unter Bürgermeister Sammet zur 600-Jahr-Feier stattfanden.

Nach einer ersten Gesprächsrunde im „Organisationsteam" (am 3. Juli 2001) wurde der Kontakt zu anderen fränkischen Städten (vor allem Erlangen und Hersbruck) gesucht, die anlässlich von Stadtjubiläen bereits ein Buch herausgegeben haben. Das „Organisationsteam" verdankt daher wertvolle Anregungen Herrn Bieler, dem Leiter des Hersbrucker Kulturamtes.

Weitere Überlegungen konzentrierten sich auf den Charakter, damit den inhaltlichen Aufbau und die äußere Gestaltung eines „Jubiläums-Buches". Zum Vergleich lagen ja bereits zwei Chroniken vor: Die detaillierte und zuverlässige „Geschichte der Stadt Pegnitz und des Pegnitzer Bezirks" von Heinrich Bauer (2. Aufl., Pegnitz 1938) ist mit ihren 855 Seiten schwer lesbar, wenn sie auch ihren unbestrittenen Wert als Nachschlagewerk zur Geschichte der städtischen Institutionen – vor allem aber als Häusergeschichte – behalten wird. Die neuere Chronik von Gerhard Philipp Wolf und Walter Tausendpfund unter dem Titel „Pegnitz – Veldensteiner Forst. Geschichtliche Streifzüge" (2. Aufl., Erlangen 1987) ist mit ihren 552 Seiten mehr sozialgeschichtlichen Fragestellungen verpflichtet und „verortet" die Geschichte von Pegnitz im Kontext überregionaler historischer Entwicklungen.

Als Konzept für das „Jubiläumsbuch" empfahl sich schließlich das „Stadtbuch Herzogenaurach 1002–2002" wegen der gelungenen Kombination von historischer Information, fotografischer Dokumentation und drucktechnischem Layout.

Da „Chroniken" immer auch Standortbestimmungen zu einem bestimmten Zeitpunkt sind – in der Rückschau auf vergangene Lebenswelten und in der Vorschau auf zukünftige Lebensformen, so sind gerade alte Fotos und Ansichten besonders dazu angetan, Geschichte zu vergegenwärtigen. Allein die bescheidene Frage „Was hat sich bis heute alles verändert?" kann die Dankbarkeit in der Rückbesinnung auf frühere Lebensentwürfe wie auch den Respekt vor den Lebensleistungen vorangegangener Generationen fördern.

Editorial

Nach dieser konzeptionellen Festlegung für das Pegnitzer „Stadtbuch" galt es, Autoren und Leihgeber von alten Fotos zu finden. In einer ersten Sitzung des Autorenteams vom 22. Juli 2002 wurden die einzelnen Kapitel anhand des von Herrn Dr. Handrick erstellten Inhaltsverzeichnisses offiziell vergeben. Nach eingehender Beratung im Gremium entschied man sich dafür, die eingemeindeten Ortsteile (ohne eigene Beschreibung ihrer Geschichte) nur insoweit in die Darstellung einzubeziehen, wie es sich aus dem jeweiligen Themenbereich ergab. Um den Umfang des Buches einigermaßen in Grenzen zu halten, konnten nicht alle kulturellen, wirtschaftlichen und gesellschaftlichen Bereiche abgedeckt werden. Hier bitten wir um Nachsicht des geneigten Lesers!

Zu unserer Tätigkeit als redaktionelle Betreuer dieses Buches lässt sich Folgendes sagen:
1. Für den Inhalt der einzelnen Kapitel sind die jeweiligen Autoren verantwortlich.
2. Wir haben in einer Erst- und Zweitkorrektur die Texte „schonend" harmonisiert, ohne zu starke stilistische Eingriffe vorzunehmen. Die Individualität der Autoren sollte auch hier gewahrt bleiben, wenn auch unsere Geduld bei manchen Einzelwünschen etwas strapaziert worden ist.
3. Dubletten wurden nur dann entfernt, wenn ein Sachverhalt exakt aus dem gleichen Blickwinkel dargestellt wurde. An manchen Stellen waren zum Verständnis des Zusammenhangs Wiederholungen unvermeidlich.

Am Abschluss unserer Tätigkeit, die wir auch im Sinn eines bescheidenen „Dienstes am Bürger" verstehen, danken wir den Autoren für die kooperative Zusammenarbeit und den vielen (namentlich hier nicht aufzählbaren) Leihgebern von alten Fotos. Stellvertretend seien wenigstens genannt: Herr StD Peter Spätling, ohne dessen Bereitschaft zur Öffnung seines Privatarchivs viele Bereiche des alten Pegnitz ohne Dokumentation geblieben wären, Frau Irene Lenk von den NN und Herrn Trenz aus Auerbach. Last not least danken wir Herrn Förster von der Druckerei Ellwanger für seine Geduld und Umsicht in jeder Phase der Drucklegung.

Martina Hofmann   Gerhard Philipp Wolf

Schüleraufsatz

Büttner Manfred, Realschule, Klasse 2

Wie die Nürnberger unsere Burg "Böheimstein" erstürmten und zerstörten

Man schrieb den 18.Juni des Jahres 1553.Die Sommersonne strahlte heiß vom Himmel,und Ruhe und Frieden lagen über dem Städtchen Pegnitz. Die Pegnitzer Bürger arbeiteten draußen auf den Wiesen und Feldern oder schafften in ihren Werkstätten.Der Stadtschreiber saß schwitzend in der Ratsstube über einigen Schriftstücken.Dem Kantor war es in der engen Schulstube beim Unterricht im Singen sehr warm geworden.Der Bürgermeister hatte das kühle Bierstüberl im "Weißen Roß" aufgesucht und hob gerade den Maßkrug.Da ertönten von der Burg herab laute,aufgeregte Trompetenstöße.Das war das Zeichen des Wächters,daß ein Feind nahte.

Nun wurde es auf den Wegen lebendig.Die Leute draußen verließen eilig ihre Feldarbeit und trieben ihre Kühe und Ochsen,Ziegen und Schafe mit lauten Rufen in die Stadt zurück.Die Mütter holten aufgeregt ihre kleinen Kinder,die auf den Wiesen vor der Stadtmauer spielten.Das Hämmern und Sägen der Handwerker verstummte.Der Stadtschreiber warf den Federkiel hin,daß ein großer Klecks auf einer Rechnung entstand. Der Bürgermeister tat noch einen tiefen Zug und eilte dann ins Rathaus,um die notwendigen Anordnungen zur Verteidigung zu treffen.Die Männer,alte und junge,bewaffneten sich mit langen Spießen und Hellebarden.Einige wenige trugen Armbrüste und schwere Feuerbuchsen.Der Torwächter schloß die dicken eichenen Stadttore,die in den Angeln knarrten,erbärmlich winselte sein Wachhund,dem seinen Schwanz zwischen die Tore geklemmt hatte.

Schon wälzte sich der mächtige Nürnberger Heerbann den Böllgraben herunter,und die Bremsen der schweren Geschütze quietschten entsetzlich.Die Spieße und Lanzen blitzten in der Sonne.Voran ritt der Fahnenträger,dann folgten die Offiziere,die stolz und kühn auf ihren Rossen saßen und mit finsteren Blicken zur Burg hinaufschauten.Ein Stück vor dem Tore machten sie halt.Die Landsknechte verteilten sich rings um die Stadtmauer und stellten die dicken Geschütze zum Beschuß auf.Die Trompeter bliesen zum Angriff.Da öffnete sich ein Flügel des Pegnitzer Tores,und der Bürgermeister mit den Stadträten trat heraus,schritt auf den Hauptmann der Nürnberger zu,verbeugte sich tief und sprach:"Herr Hauptmann,verschonen Sie unsere Stadt!Wir sind der Reichsstadt Nürnberg nicht feindlich gesinnt.Wir haben getan,was unser Amtmann auf dem Böheimstein von uns verlangt hat.Haben Sie Mitleid mit den Frauen und Kindern in unserer Stadt!Wir öffnen Ihnen die Tore und sind bereit zu geben,was Sie gerechterweise von uns verlangen." Der Hauptmann beriet sich mit seinen Leuten und sprach dann finster:"Wir wollen noch einmal von einer Beschießung Euerer Stadt absehen.Ihr wißt aber,daß Ihr Unrecht getan habt,weil Ihr den Burggrafen von Nürnberg die festgesetzten Abgaben nicht geleistet habt.Wir erwarten,daß Ihr dies künftig ohne Mahnung tut.Wenn Ihr bis morgen Mittag mit die Summe von 600 Gulden auf die Trommel gezählt habt,dann soll Euere Stadt von der Zerstörung bewahrt bleiben." Da wurde der Bürgermeister ganz blaß,redete lange mit seinen Stadträten und kam dann endlich zum Hauptmann zurück."Die Summe ist sehr hoch und wir können das Geld kaum in unserer kleinen und verarmten Stadt aufbringen.Wir müssen den letzten Kreuzer zusammensuchen,und lange Zeit hungern und darben.Doch werden wir Eueren Willen erfüllen.Morgen Mittag bringe ich Euch das Geld." So geschah es,und Pegnitz blieb von der Zerstörung verschont.Der Amtmann war stolz auf die starken Mauern und vertraute auf seine Mannen.Mit Spott wies er das Angebot der Nürnberger ab,sich zu ergeben.Da ergrimmten diese und riefen:"Wir werden nicht eher abziehen,bis wir die Burg erobert haben!" Und schon begannen sie,ihre schweren Böller

über die Zerstörung der Burg Böheimstein

auf die Hügel hinter dem Schloßberg hinaufzuziehen; die Räder knarrten, die Pferde dampften, die Fuhrknechte brüllten. Die Geschütze wurden zwischen Schloßberg und Tabakspfeife in Stellung gebracht. Dann schoben die Nürnberger 40 Pfund schwere Steinkugeln in die Rohre und zündeten das Pulver an. Mit lautem Donner flogen die Geschoße zur Burg hinauf. Die ersten verfehlten ihr Ziel und lagen zu kurz. Aber dann schlugen einige in den Turm der Burgmauer, daß er zusammenstürzte und die Mauerstücke den Berg herabrollten. Die Besatzung der Burg erschrak sehr und bot die Uebergabe an, wenn ihr freier Abzug gewährt würde. Aber der Nürnberger Hauptmann lehnte ab. "Das hättet Ihr früher tun sollen!" rief/wütend. "Jetzt wollen wir Euch ein wenig einheizen."

Nun fing der Kampf erst richtig an. Hundert Bogenschützen der Nürnberger stürmten den Berg hinauf und schossen mit glühenden Pfeilen auf die Strohdächer der Burgstallung. Die Burgbesatzung wehrte sich tapfer und warf große Steinbrocken den Hang hinab auf die Feinde, daß etliche mit gebrochenen Beinen liegen blieben. Plötzlich sah der Burgwächter, wie zwanzig starke Landsknechte der Nürnberger einen dicken Eichenstamm auf ihren Schultern trugen. Sie wollten das Burgtor einrammen. An einer anderen Stelle bemerkte er, wie die Angreifer Sturmleitern anlegten und hinaufstiegen. Er blies mächtig in sein Horn, und die Burgmannen eilten herbei und stießen mit Stangen und Spießen die Nürnberger hinunter. Einige von diesen stürzten rückwärts hinab und brachen sich die Hälse. Der Kampf schien sich zugunsten der Burgbesatzung zu wenden. Auf dem Wehrgang sammelten sich die Verteidiger und feuerten Geschoß auf Geschoß gegen die Angreifer. Aber mit einem Male ging ihnen die Munition aus. Der Burgkaplan hatte jedoch einen glänzenden Gedanken. "Schießt mit Bleiknöpfen!" schrie er. Die alle Burgleute die Knöpfe von den Uniformen und schossen auf die Feinde. Aber bald gab es auch keine Knöpfe mehr. Drei Salven der Nürnberger trafen auch den hohen Wohnturm schwer, so daß das obere Stockwerk polternd in den Burghof stürzte und eine Anzahl der Verteidiger unter sich begrub. Immer lichteten sich die Reihen der Burgleute.

Es war zwecklos die Verteidigung fortzusetzen. Der Amtmann bot daher die Uebergabe "auf Gnad und Ungnad" an. Diese wurde von dem Nürnberger Hauptmann angenommen. Die Bürger von Pegnitz, die zur Burgbesatzung gehörten, durften ungeschoren abziehen. Die anderen wurden als Gefangene nach Nürnberg mitgenommen. Auf den Kaplan hatten die Nürnberger einen ganz besonderen Grimm, weil er ein so trefflicher Schütze und einfallsreicher Kämpfer gewesen war. Sie nahmen ihn gefangen und hingen ihn in grausamer Weise an einem Eisenhaken der Burgmauer auf.

Die Burg wurde nun von den Nürnbergern geplündert und ausgebrannt. Sie wurde nicht wieder aufgebaut. In den Jahrhunderten verfiel die Ruine. Heute sehen wir nur noch einen Graben, einen Wall und einen tiefen Trichter. Aber das Schicksal unserer Burg "Böheimstein" lebt in der Erinnerung der Pegnitzer fort.

Der Reichspräsident

Neudeck, den 19. September 1933.

Sehr geehrter Herr Erster Bürgermeister!

    Für die Ehrungen, die mir der Stadtrat zu Pegnitz durch die Verleihung des Ehrenbürgerrechts und durch die Schaffung der von Hindenburgstrasse erwiesen hat, sowie für die Übersendung der kunstvollen Ehrenbürger-Urkunde spreche ich meinen aufrichtigen Dank aus. Ich nehme die Ehrungen gern an und sende Ihnen und meinen neuen Mitbürgern meine herzlichen Grüsse und besten Wünsche für die Zukunft der Stadt Pegnitz.

von Hindenburg.

P e g n i t z

(Fränkische Schweiz).

Wolfgang Handrick

Die Geschichte der Stadt Pegnitz

Vom klosterhörigen Dorf des Mittelalters zum modernen Mittelzentrum der Gegenwart

Die Stadt Pegnitz trägt den Namen des Hauptflusses der Nürnberger Gegend. Der Name der Pegnitz (mundartlich bengeds) ist mit anderen Gewässernamen, Main, Donau, Aisch, Altmühl, Naab, einer der ältesten unserer Landschaft, er ist vorgermanisch und älter als 3000 Jahre, während die meisten Siedlungsnamen nicht viel älter als 1000 Jahre sind. 1119 ist die villa Begenz urkundlich genannt, der Flussname schon 889 Pagniza, 912 Paginza 1015 Pagancia, 1140 Begenze. Unkundige vermuteten früher wegen der –itz-Endung einen slawischen Namen. Erst die moderne Sprachforschung, die die europäischen Flussnamen im Zusammenhang untersuchte, konnte den Namen richtig erklären. Für die Kelten und Illyrer, die vor den Germanen unsere Gegend und weite Teile Europas bewohnten, waren die großen lebensspendenden Wasseradern einer ungerodeten Landschaft so wichtig, dass ihre Benennung als Lehnwort von den Germanen übernommen wurde. Illyrisches –nt Suffix in europäischen Flussnamen wurde überall greifbar, z. B. Rednitz/Regnitz<Radantia, Wörnitz<Warinza, auf deutschem Boden. Der Name der Durance in Frankreich, der Drewenz in Polen und der Alfenz in Vorarlberg. [...] In Italien gibt es sogar einen direkten Verwandten unseres Flussnamens, die Baganza, die in die Parma fließt. Ein erschlossener Urname Bhogantia gehört offensichtlich zur indogermanischen Stammsilbe bhog „Wasser", das über germanisch baki zu neuhochdeutsch Bach geworden ist. Pegnitz heißt also letzten Endes einfach „Fließendes Wasser".

Aus: Herbert Maas, Mausgesees und Ochsenschenkel –
Kleine nordbayerische Ortsnamenkunde, Verlag Nürnberger Presse 1969

Die Geschichte der Stadt Pegnitz

Stadtrechte = das in der Stadt geltende Recht, das den Bedürfnissen von Handel und Gewerbe angepasst war: Privileg des Markt-, Münz- und Befestigungsrechts, der Zölle und der Gerichtsbarkeit. Dabei gilt: „Stadtrecht" vor „Landrecht".

Gilt = Steuern vom Grundbesitz
Gefälle = allgemeine Steuer.

1. Vom „Dorf an der Begenze" bis zur Stadt

Im Jahre 1355 verlieh Kaiser Karl IV. Pegnitz die ▸ **Stadtrechte**, nachdem er zwei Jahre zuvor die Altstadt von den bayerischen Herzögen Ruprecht d. Ä. und Ruprecht d. J. käuflich erworben hatte. 1357 veräußerten die Landgrafen Ulrich und Johannes von Leuchtenberg die „Stadt und Veste" Pegnitz (d. h. die Neustadt) „samt Leuten, Gütern, ▸ **Gilten**, **Gefällen** und Fischwassern" an den Kaiser. Ein entscheidender Schritt von der mittelalterlichen Ansiedlung hin zum fortschrittsorientierten Mittelzentrum des 20./21. Jahrhunderts mit einer Einwohnerzahl von ca. 15.000 Personen und einer Gesamtfläche von ca. 100 km² war damit getan.

Die Geschichte des Ortes Pegnitz reicht allerdings wesentlich weiter zurück. Nach archäologischen Funden am „Kleinen Kulm" und bei Nemschenreuth werden frühe Ansiedlungen im Tal von Fichtenohe und Pegnitz bereits in der „Hallstatt-Periode" (1000–500 v. Chr.) angenommen. Die Existenz des Dorfes ist hingegen erst im Jahre 1119 urkundlich gesichert, und zwar in der Stiftungsurkunde vom 6. Mai, in der Bischof Otto I. von Bamberg (1102–1139) dem Kloster Michelfeld neben etwa 50 anderen Dörfern auch das „Dorf an der Begenze" zueignet (der Fluss „Pegniza" wird erstmals 889 genannt, Wolf/Tausendpfund, S. 32). Gemeint

Abbildung 1:
Kopie der Urkunde von 1357.

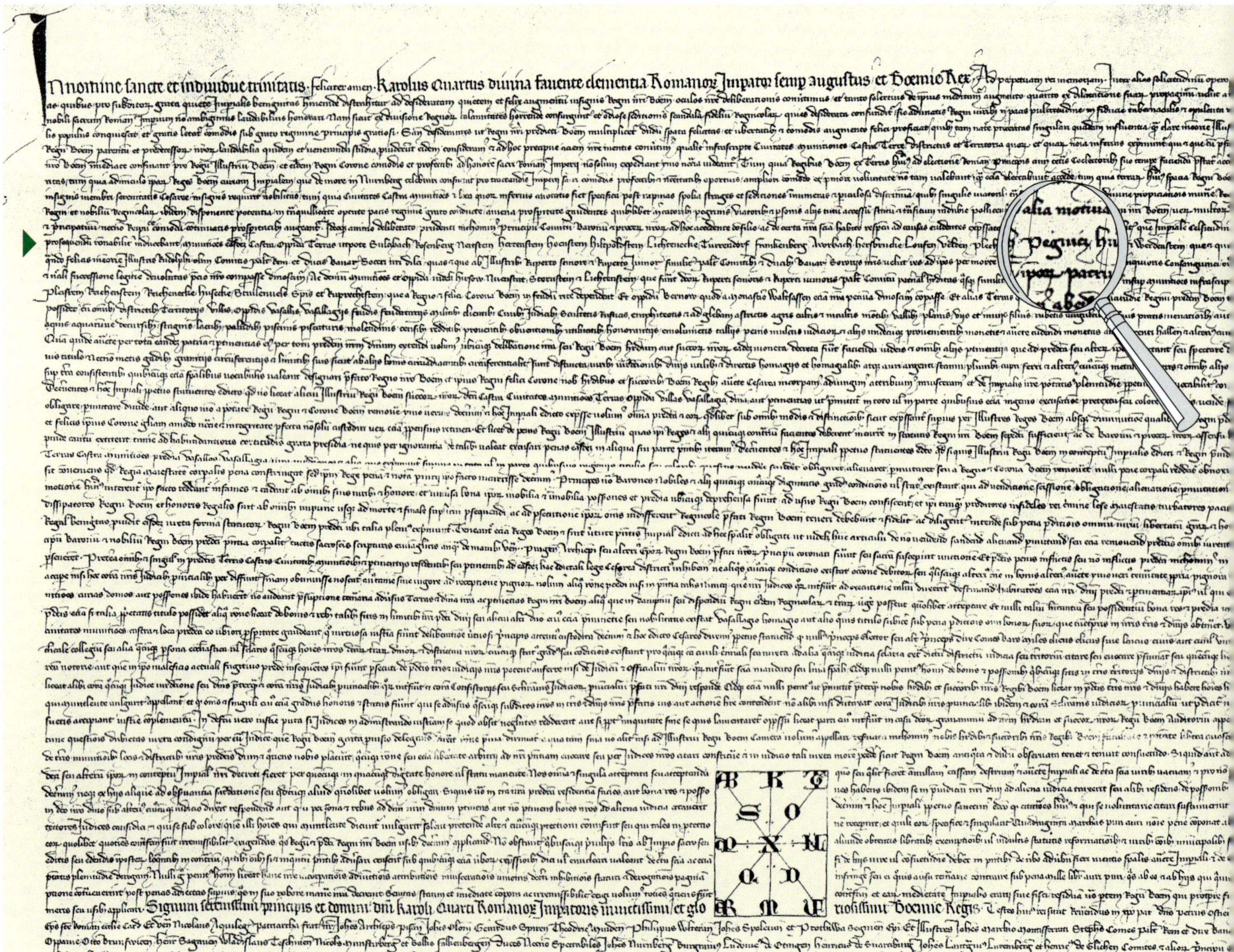

▸ Am Ende dieser Zeile ist „Pegniz" genannt.

Die Geschichte der Stadt Pegnitz

war damit die auf dem Anstieg zur Alb über den überschwemmungsgefährdeten Pegnitzauen angelegte „Altstadt". Dadurch blieb hier bis zur Mitte des 19. Jahrhunderts kirchliches Lehensrecht gültig.

Das Kloster wiederum belehnte gemäß mittelalterlicher Wirtschaftspraxis adlige Herren mit seinem Grundbesitz. Pegnitz gelangte zunächst unter die Herrschaft der Grafen von Sulzbach, danach auf Bemühen Kaiser Friedrichs I. Barbarossa (1121–1190) für ca. 80 Jahre unter die der Staufer. In deren Namen führten die Nürnberger Burggrafen die Verwaltung des Lehens. Nach dem tragischen Ende des letzten Staufers Konradin (1268) fielen die Vogtei-Rechte über das Hochstift Bamberg – und damit auch unsere Stadt – an den Bischof zurück. Dieser vergab sie an die Herzöge von Bayern. Aus der Periode der Wittelsbacher Regentschaft stammt in einer 1313 ausgefertigten Urkunde die Bezeichnung ▸ „Markt Pegnitz". 1318 belehnte Kaiser Ludwig der Baier (1314–1347) seinen Gefolgsmann Konrad III. von ▸ Schlüsselberg mit den Orten in der Pegnitzer Region. Nach dem Tode Konrads 1347 fiel sein Lehen – darunter auch Pegnitz – an die bereits erwähnten ▸ Landgrafen von Leuchtenberg. Diese erwiesen sich als kluge Lehnsherren mit ökonomischem Kalkül: Sie förderten das Gewerbe und ließen die Wasserkraft zum Betreiben von Hammerwerken nutzen, baute man doch bereits im Mittelalter die oberflächennahen Erzvorkommen der Kreide-Formation am „Arzberg" im Tagebau zur Eisengewinnung ab. Das „Lengenfelder ▸ Salbuch" von 1326 erwähnt ein Hammerwerk südlich von Buchau an der Fichtenohe; am Ende des 14. Jahrhunderts wird die Existenz von vier Anlagen dieser Art bei Leups, Wolfslohe sowie bei Scharthammer bezeugt.

In diese Phase der Stadtchronologie gehört die erstmalige Erwähnung einer „Stadt und Veste Pegnitz" – und zwar als neue Ansiedlung neben der Altstadt. Damit ist die Besiedlung auf dem „Letten" bezeichnet, dem lang gestreckten lehmigen Hügel links der Pegnitz. Hier begannen im frühen 14. Jahrhundert die Leuchtenberger jene Bewohner der Altstadt (rechts der Pegnitz) anzusiedeln, deren Häuser in voraufgegangenen Kriegswirren niedergebrannt waren. Die Bezeichnung „Stadt uff dem Letten" erscheint dann offiziell in den „Stadt-Freiheiten" von 1516 und 1542. Diese neue Siedlung bot in strategischer Hinsicht mehr Schutz, indem man den Hügel zwischen „Erlweiher" und „Wiesweiher" teils durch Mauerwerk, teils durch Wasserläufe sicherte. (Im Kataster von 1847 lässt sich der Verlauf der Befestigung noch erkennen.)

Auf der Mitte des Angers – dem heutigen Marktplatz – erhob sich das wahrscheinlich älteste noch erhaltene Bauwerk in unserer Stadt, das **„Alte Rathaus"**. Seine Errichtung wird auf 1347 datiert. In seiner Frühzeit diente es vielfältigen Zwecken: Im Erdgeschoss verkaufte man Brot und Fleisch (es war den Metzgern verboten, in ihren eigenen Häusern „Fleisch hinzuhauen"), im Stockwerk darüber befand sich der Tanzboden, im Dachgeschoss die Ratsstube. Als man später in den Gasthäusern extra Säle zu Tanzvergnügen einrichtete, wurde der Tanzboden im Rathaus als Getreidespeicher genutzt. Der Keller schließlich fand als Gefängnis Verwendung.

Aus Urkunden geht hervor, dass es in der Neustadt zwei Brauhäuser gab. Das Bier-

---

Markt oder Marktflecken = meist ein größeres Dorf, das mit einzelnen städtischen Rechten (v. a. Marktrecht) ausgestattet ist.

Schlüsselberger = ein altes, durch Erbschaft wie Kauf reiches Reichsherrengeschlecht. Seine Herrschaft erstreckte sich im späten 13. / frühen 14. Jh. über etwa die Hälfte der „Fränkischen Schweiz". Konrad III. fiel als letzter seines Geschlechts 1347 bei der Belagerung der Burg Neideck.

Die Landgrafen von Leuchtenberg – ihr Herrschaftsgebiet erstreckte sich von Wunsiedel (mit Unterbrechungen) bis Eggenfelden. Zu ihren Vasallen zählten auch die Herren v. Groß auf Trockau.

Salbuch (von Sal oder Salung) = Besitzübertragung eines Gutes durch Übergabe eines Salbriefes im Beisein von Salleuten (als Zeugen bzw. Testamentsvollstrecker).

Abbildung 2:
Pegnitz um 1900. Rathaus noch ohne Fachwerk.

Die Geschichte der Stadt Pegnitz

brauen entwickelte sich dann zum „einträglichen Nahrungszweig" für die in erster Linie bäuerlichen Einwohner, wobei sich allerdings laut „Stadt-Freiheiten" das Brau- und Schankrecht nur auf alle Bürger der Neustadt erstreckte. Was das Handwerk in Pegnitz anbelangt: Die Bedeutung der Stadt gegenüber dem Dorf beruht u. a. auf der Existenz von Handwerksbetrieben. Das dürften im mittelalterlichen Pegnitz neben Metzgern und Bäckern Maurer, Zimmerleute und Schmiede gewesen sein, die aber diese Tätigkeit, da sie von ihr nicht leben konnten, nur zusätzlich zur Landwirtschaft betrieben. Die Pegnitzer Einwohnerschaft blieb allgemein bis weit ins 19. Jahrhundert hinein primär auf Selbstversorgung angewiesen.

Alle oben genannten Faktoren trugen dazu bei, dass die Altstadt in ökonomischer Hinsicht während der zweiten Hälfte des Mittelalters mehr und mehr an Bedeutung einbüßte. Sie besaß ursprünglich 14 dem Landesherrn unterworfene Fronhöfe und zwei Bauernhöfe, die bischöfliches ▸ **Mannlehen** waren, neben vier Mühlen und einer Anzahl ▸ **Köbler**-Heimstätten. Diesen Höfen gehörte zunächst aller Grund und Boden rings um die „neue Stadt". Was deren Aufstieg in wirtschaftlicher Hinsicht anbelangt, so entwickelte sich dieser dadurch, dass die auf dem „Letten" lebenden Bürger begannen, die nächstgelegenen Äcker für sich in Anspruch zu nehmen, um dann – ungefähr ab 1500 – in einem zwei Jahrhunderte dauernden Prozess den Besitz der Fronhöfe nach und nach unter sich aufzuteilen (die Besitzer der Trennstücke mussten jedoch bis zur Mitte des 19. Jhs. sämtliche Fronleistungen übernehmen).

Ein weiterer wichtiger Faktor für diese Entwicklung gehört in die Periode Kaiser ▸ **Karls IV.**, nämlich der Ausbau der Handelsstraße Nürnberg–Pegnitz–Creußen–Bayreuth. (Hierbei werden die hiesigen Brauerzeugnisse eine nicht unbedeutende Rolle gespielt haben.) Den politischen Hintergrund bildet das Bestreben Karls, vermittels einer prosperierenden Oberpfälzer Region seine böhmische Hausmacht zu stärken. Hierzu zählt neben der Verleihung der Stadtrechte an Pegnitz noch die Einrichtung eines eigenen Amtes (▸ **Amtmann**) mit der „Burg Böheimstein" oben auf dem „Schloßberg" im Jahre 1359 – d. h. die Festlegung eines Verwaltungs- und Gerichtsbezirkes.

Die Aufwertung unserer Stadt drückt sich im damals verliehenen **Wappen** aus: der silberne böhmische Löwe mit goldener Zunge und doppeltem Schweif auf rotem Feld. 1359 besuchte übrigens Karl IV. in persona Pegnitz; sein Logis befand sich auf dem „Böheimstein".

Mannlehen = das nur im direkten Mannesstamm vererbliche Lehen.

Köbler (auch Köttner) = Halbbauer, der im Gegensatz zum Ganzbauern nur eine halbe Hufe bewirtschaftet.

Karl IV. (1316–1378; König 1346, Kaiser 1355) – seine Politik war kühl berechnend, Gewalt und Krieg abgeneigt. Durch eine geschickte Vertragspolitik erwarb er eine starke Hausmacht. Er war bemüht, der Schwächung des Römischen Königtums durch die Fürsten entgegenzuwirken. Die von ihm geschaffene Hausmacht umfasste Territorien in Luxemburg, Böhmen, Mähren, Schlesien, Bayern, Brandenburg und in der Lausitz. 1356 erließ er das erste Reichs-Grundgesetz, die „Goldene Bulle".

Amtmann = seit dem späten MA der landesherrliche Verwaltungs- und Gerichtsbeamte eines bestimmten Sprengels, des „Amtes" (Verwaltungs- oder Gerichtsbezirkes). Er ist im Gegensatz zu seinen Vorläufern, den Grafen oder Vögten, besoldet, d. h. der erste Beamte im modernen Sinne.

Abbildung 3: Wappen, Bild: Zeichnung.

2. Pegnitz unter der Herrschaft der Markgrafen aus dem Hause Zollern

Bereits unter Karls IV. willensschwachem Sohn und Nachfolger Wenzel (1378–1400) setzte reichsweit ein wirtschaftlicher Niedergang ein. Raubrittertum und Bandenunwesen machten die Handelswege unsicher, beeinträchtigten den Warenaustausch. Konflikte zwischen Städten und Territorialfürsten entluden sich in kriegerischen Auseinandersetzungen, wie z. B. im „Städtekrieg" (1387–1389). Im blutigen Streit zwischen dem kaiserlichen Pfleger Ritter Borzewoy von Swinar und der Reichsstadt Nürnberg wurde die hiesige Region durch Überfälle der Nürnberger in Mitleidenschaft gezogen.

An der Wende vom 14. zum 15. Jahrhundert geriet Pegnitz mit dem „Böheimstein" zum Verpfändungsobjekt seines jeweiligen Lehnsherren. Zunächst verpfändete der hochverschuldete Kaiser Wenzel die Stadt an Ritter Borzewoy, danach tat es dieser aus gleichem Grunde an einige Ritter. Diese wiederum gaben 1402 ihre Pfandrechte an den Nürnberger Burggrafen Johann III. (1397–1420) – allerdings mit vertraglich gesichertem Rückkaufrecht (Text der Verpfändung: Bauer, S. 100 f.). Pegnitz gelangte damit in den Besitz der Zollern und blieb es bis 1807, da die Krone Böhmens nie die Summe für eine Auslösung zahlte. Das geänderte Besitzverhältnis drückt sich in einem **neuen Stadtwappen** aus: Von dessen vier Feldern zeigen das linke oben wie das rechte unten die zollernschen Farben Schwarz und Weiß, während die beiden anderen den aufrecht stehenden schwarzen Löwen mit roter Krone und roter Wehr auf goldenem Grund tragen.

Allerdings verstrickten sich auch die neuen Herren von Pegnitz in leidige Grenzstreitigkeiten mit den Grafen der Oberpfalz, bis der Schiedsspruch von 1412 die Besitzrechte der Zollern über Veste, Stadt und Altstadt garantierte. Aber nur wenig später verwüsteten fanatische Horden aus Böhmen in den ▸ **Hussitenkriegen** (1419–1434) unsere Region – darunter auch Pegnitz (Februar 1430). Nach Abschluss eines Vertrages zwischen Markgraf Friedrich VI. und den Hussiten auf der Burg „Böheimstein" zogen sich die Aggressoren mit einer bedeutenden Geldsumme in ihre Heimat zurück (eine Schilderung der Verwüstung: ebd., S. 129 f.). Die Nöte, die das konfliktreiche 15. Jahrhundert für unsere Stadt mit sich brachte, waren damit jedoch keineswegs vorüber. Um die Jahrhundertmitte geriet Markgraf ▸ **Albrecht d. Ä. Achilles** (1440–1486, ab 1470 auch Kurfürst von Brandenburg) im sog. 1. Markgrafen-Krieg (1449/1450) in Auseinandersetzungen mit der Reichsstadt Nürnberg. Am 6. August 1449 brannten Nürnberger Söldner Pegnitz und die benachbarten Dörfer nieder. In unserer Stadt kamen 32 Einwohner ums Leben. Der materielle Schaden war derart schwer wiegend, dass der Landesherr den Geschädigten alle Steuern und Abgaben für die Dauer von vier Jahren erließ.

Die Wunden dieses Krieges waren kaum verheilt, als die Auseinandersetzung des streitsüchtigen Markgrafen mit Herzog Ludwig von Landshut, dem Reichen, eine weitere Brandschatzung über Pegnitz brachte (von Pegnitz wird berichtet, es sei „ausgebrannt"; ebd., S. 135). Damit nicht genug: Als Albrecht die Fürstbischöfe von Bamberg und Würzburg attackierte, belegten ihn diese mit dem ▸ **Kirchenbann.** Das bedeutete, dass sämtliche Gotteshäuser auf dem Boden der Markgrafschaft geschlossen blieben. Die Bürde wurde noch zusätzlich erschwert durch „Wassermangel, Hungersnot, Teuerung, Viehsterben und verheerende Seuchen" (Büttner, L., Kurzchronik).

Aber auch das 16. Jahrhundert trug dem allgemeinen Bedürfnis nach Sicherheit und Frieden kaum mehr Rechnung, zog doch der ▸ **Erbstreit** um das Herzogtum Niederbayern Pegnitz in Mitleidenschaft. Im Juli 1504 schleuderte der Pfälzer Landrichter von Auerbach die „Brandfackel" in unsere Stadt. Der Grad der Zerstörung muss enorm gewesen sein: Die Markgrafen Kasimir und Georg von Bayreuth erließen den Pegnitzer Bürgern 1516 für 20 Jahre die steuerlichen Abgaben unter der Bedingung, dass sie sich wieder auf dem „Letten" ansiedelten. Das dem Lan-

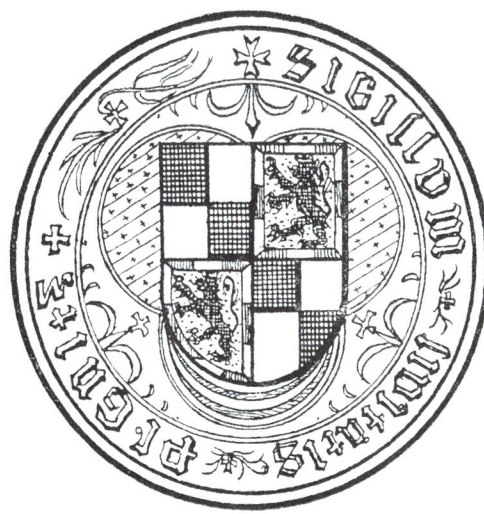

Abbildung 4:
Das neue Stadtwappen, Zeichnung.

Hussiten = Anhänger des tschechischen Reformators Johannes Hus. Sie vereinigten sich nach dessen Hinrichtung 1415 zu Konstanz zu stark nationalistisch gefärbtem Widerstand und zum Kampf gegen Kirche und Reich. „Hussitenkriege" 1419–1436.

Albrecht d. Ä. Achilles (1414–1486) – 1440 Markgraf im fränkischen Unterland (Ansbach), 1464 auch von Kulmbach (Bayreuth), 1471 auch Kurfürst von Brandenburg. Er war häufig in Kriege gegen Fürsten wie Städte verwickelt (z. B. Nürnberg).

Kirchenbann (Exkommunikation) = eine Zensur der katholischen Kirche gegen Kleriker und Laien, die den Bestraften mit dem Ausschluss aus der Gemeinschaft der Gläubigen und von den Sakramenten belegt. Sie gilt, bis der Belegte von der Kirche losgesprochen wird.

Erbstreit – Im Mai 1504 kam es zwischen Herzog Albrecht V. von Oberbayern und Pfalzgraf Ruprecht um die Erbschaft Herzog Georgs des Reichen von Landshut zum bewaffneten Konflikt. Dieser endete 1505 mit dem Frieden zu Köln.

Die Geschichte der Stadt Pegnitz

Ungeld (Umgeld) = Verbrauchssteuer im MA, besonders in Städten – aber auch außerordentliche Steuer des Landesherrn. Einzugsbeamte hießen „Ungelder".

Stadtmauer. Ein Stein dieser Mauer mit dem Stadtwappen und der Jahreszahl 1544 findet sich heute an der Westseite des Alten Rathauses.

Bauernkriege = gewaltsame Erhebung der süd- und mitteldeutschen Bauern 1524/25 gegen Adel und Geistlichkeit. Die Bauern kämpften unter Berufung auf die Lehre Luthers um die Wiederherstellung alter Rechte und um wirtschaftliche Besserstellung (Rückgabe der Allmende; Recht auf Jagd, Fischfang und Holzung; Milderung der Fron u.a.m.). Der Aufstand wurde blutig niedergeschlagen.

Albrecht d. J. Alcibiades (1522–1557) – Markgraf von Brandenburg-Kulmbach und Bayreuth; kämpfte im „Schmalkaldischen Krieg" als Protestant auf kaiserlicher Seite – schloss sich dann aber Moritz von Sachsen gegen den Kaiser an. Er führte im „2. Markgrafen-Krieg" Raubzüge in Franken aus, bis er bei Sievershausen vernichtend geschlagen wurde (7. Juli 1553). Er starb als Geächteter in Pforzheim.
Alcibiades (450–404 v. Chr.) = athen. Staatsmann und Feldherr im „Peloponnesischen Krieg", wechselte mehrfach die Partei.

desherrn zu entrichtende ▸ **Ungeld** sollte zur Anlage von „Mauern und Wehren" verwendet werden.

Der noch 1516 begonnene Bau der ▸ **Stadtmauer** konnte freilich wegen finanzieller Schwierigkeiten erst 1544 abgeschlossen werden. Eine parallele Schutzmaßnahme stellt die Überflutung des Geländes rund um die Stadt dar, die dadurch einer „Insel" glich. Sie war durch zwei Tore zu betreten, die bis ins 19. Jahrhundert erhalten blieben – nämlich das 1829 abgerissene „Nürnberger Tor" und das „Bayreuther Tor", das man 1838 entfernte. Allerdings wurde die Altstadt ebenfalls von einer Mauer mit zwei Toren geschützt. Von diesen riss man das „Altenstädter Tor" erst 1895 ab.

Die folgenden Jahrzehnte sind geprägt von immer wieder aufflammenden Konflikten, bei denen es um Grenzstreitigkeiten, Gebietsrechte, Forst-, Jagd- und Fischereihoheiten u. Ä. m. ging. Die Einwohner von Pegnitz hatten unter den mehr oder minder heftigen Querelen viel zu erdulden, da in der Nachbarschaft die Territorien der Kontrahenten aneinander grenzten. Die Unruhen des ▸ **Bauernkrieges** machten sich zwar 1525 auch in Oberfranken bemerkbar – die Burgen bzw. Schlösser zu Pottenstein, Gößweinstein, Rabeneck, Wichsenstein und Trockau wurden von den Aufständischen eingenommen –, doch kam Pegnitz relativ glimpflich davon. Einzig den „Böheimstein" besetzte Markgraf Kasimir (1515–1527). Der Markgraf richtete in seinem Herrschaftsbereich zur Verteidigung eine „ständige Miliz" ein, zu der Pegnitz 65 Mann zu stellen hatte – entsprechend der Anzahl seiner Bürgerhäuser. Unter Markgraf Georg (1527–1543), der eine Zeit lang Ansbach mit Bayreuth regierte, breitete sich die Lehre Luthers in beiden Fürstentümern aus. Geistliche, die entgegen dem Willen des Regenten der katholischen Konfession treu blieben, wurden 1528 ausgewiesen.

Pegnitz gehörte bis dahin als Seelsorgebereich zur Pfarrei Büchenbach des Klosters Michelfeld. Am 20. Oktober 1528 forderte der Markgraf die Stadt auf, den evangelischen Prediger Johann Feyelmayer zu berufen. Im Folgejahr wurde Feyelmayer vom Rat der Stadt und vom Amtmann Jörg v. Riesenbach in sein Amt eingeführt. Gleichzeitig löste man die Zugehörigkeit zur Büchenbacher Pfarrei: Eine eigene lutherische Kirchengemeinde Pegnitz entwickelte sich. 1531–1533 baute man an der „Rosengasse" auf dem Platz der heutigen „Bartholomäuskirche" das erste Gotteshaus in der Stadt Pegnitz – „44 Schuh" (= ca. 13 m) breit und „60 Schuh" (= ca. 18 m) hoch. Es wurde am Tag des hl. Bartholomäus geweiht, also am 24. August.

Die „St. Egidien-" oder „St. Gilgen-Kirche" in der Altstadt – 1360 erstmals urkundlich erwähnt – erlitt 1504 im „Landshuter Erbfolgekrieg" Beschädigungen. Nach Fertigstellung der „Bartholomäuskirche" büßte sie an Bedeutung ein. Ein anderer sakraler Bau in der Altstadt, die „St.-Brigitten-Kapelle", fand nach 1525 keine Erwähnung mehr. Das legt den Schluss nahe, die kleine Kirche sei verfallen. Die „Bartholomäuskirche" in der „Neustadt" erwies sich im späten 17. Jahrhundert als zu klein für die Zahl der Gläubigen. Sie wurde deshalb im September 1686 zu Gunsten eines größeren Bauwerkes abgebrochen.

3. Die Stadt in der Periode der konfessionell beeinflussten Kriege

Für Pegnitz schien der Regierungsantritt des Markgrafen ▸ **Albrecht d. J. Alcibiades** (1522–1557) Glück zu bringen. Bei seinem Besuch in unserer Stadt am 13. Oktober 1541, bei dem er die Huldigung von Rat und Bürgern entgegennahm, entsprach er ihrer Bitte, „Ihnen Ir alte freiheiten, brieff und gute gewohnheiten von neuem wieder zu geben, zu confirmieren und zu bestätigen" (Bauer, S. 167). Diese „Freiheiten" betrafen u. a. das Recht zum Abhalten von Markttagen, zum Brauen und Ausschenken von Bier sowie zum Ausüben von Handwerksberufen.

Aber dann schlug die Regentschaft Albrechts ins Gegenteil um. Er suchte die Empörung des protestantischen Kurfürsten Moritz von Sachsen (1521–1553) gegen

Kaiser Karl V. (1500–1558) zu nutzen, indem er seine Territorial-Nachbarn – die Fürstbischöfe von Bamberg und Würzburg sowie die Reichsstadt Nürnberg – 1551 mit Krieg überzog. Sein Ziel im sog. „2. Markgrafen-Krieg" (1551–1554) bildete die Schaffung eines eignen Herzogtums Franken.

Der Konflikt, der sich strategisch in Form von beiderseitigen Eroberungszügen entlud, brachte Pegnitz wiederum Not und Elend. Am 19. Juni 1553 nahm der Nürnberger Feldobrist Ritter Haug von Parsberg die Stadt ein; diese zahlte eine hohe „Brandschatzung", um sich vor der Einäscherung zu retten. Am 27. des Monats kapitulierte nach Beschuss mit „starken Böllern" die markgräfliche Besatzung des „Böheimsteins" „uff gnad und ungnad" (ein zeitgenössischer Bericht von der Einnahme bei: Wolf/Tausendpfund, S. 114). Die Burg wurde anschließend nicht wieder aufgebaut, da sie taktisch modernen Kanonen nicht mehr standzuhalten vermochte – ihre Ruine diente in der Folgezeit vielmehr den Pegnitzern als Steinbruch für ihren Hausbau. Der Amtmann residierte von da an im 1571–1573 neu errichteten ▸ „Alten Schloss" in der Altstadt.

1557 fiel das verwüstete, ausgeplünderte Fürstentum Bayreuth nach dem Tode des zuletzt mit der ▸ **Reichsacht** belegten Albrecht an dessen Vetter, den Markgrafen Georg Friedrich von Ansbach († 1603). Dessen Regierung brachte endlich eine Phase äußeren wie inneren Friedens – und dadurch auch wirtschaftliche Erholung. Innerhalb ihrer Dauer regenerierte sich unsere Stadt ebenfalls, 1574 vom Landesherrn mit der Bestätigung ihrer „sunderfreiheiten und begnadungen" gefördert. Besondere Erwähnung hierzu verdient der Ankauf des Stadtweihers, den man 1576 vom Markgrafen erwarb. Da der Weiher sich bei kriegerischen Vorgängen als Verteidigungsanlage nicht bewährt hatte, legte man ihn jetzt trocken, um Wiesenflächen zu gewinnen. Diese wurden dann nach der Anzahl der Bürgerhäuser in 91 gleich große Parzellen aufgeteilt. Deren Käufer hatten dafür ab 1577 „50 fl. jährlich Zinnß von berürtem Weyher, halb an Walburgis und halb an Michaelis" zu entrichten.

Das Wasser von Pegnitz und Fichtenohe leitete man in einem technisch bemerkenswerten Grabensystem um die Stadt herum. Zu erwähnen ist noch, dass Hellmut Kunstmann in seinem Werk über die „Burgen in der Fränkischen Schweiz" auch von einer Burg der Bamberger Bischöfe am „Wiesweiher" spricht. Dieses Bauwerk soll allerdings nach seiner Angabe bereits 1408 nicht mehr existiert haben (Kunstmann, S. 379 ff.).

Die Friedensperiode endete jedoch bald nach Anbruch des 17. Jahrhunderts. Konfessionelle Differenzen reizten sich wechselseitig immer heftiger auf, bis sie sich – verschärft durch rigorose dynastische Hauspolitik – im Dreißigjährigen Kriege (1618–1648) entluden. Für Pegnitz waren die ersten Folgen dieser unheilvollen Entwicklung wirtschaftlicher Natur, da das Bayreuther Fürstentum zunächst neutral blieb. Die Wirren im nahen Königreich Böhmen erzeugten eine wachsende Teuerung mit nachfolgender Inflation. Markgraf Christian von Bayreuth (1603–1655) suchte dem Übel durch Vermehrung der

Die Geschichte der Stadt Pegnitz

„Altes Schloss" = das Anwesen gehörte ursprüngl. der Familie Stör, gelangte dann nacheinander in den Besitz der Grafen von Leuchtenberg, Kaiser Karls IV., des Nürnberger Burggrafen Johann und des Grafen Friedrich von Bayreuth. Letzterer überließ das durch Kriegseinwirkung beschädigte Haus Konz Hofmann, von dem es an Heinz und Jörg v. Rüsenbach kam – die Gattin Jörgs stammte aus dem Geschlecht derer v. Groß zu Trockau. 1565 wurde das Gebäude als Amtssitz erworben und als baufällig abgerissen. 1571–1573 wurde es nach Plänen von Kaspar Vischer († 1579) neu errichtet. 1717–1721 musste das Haus wegen erheblicher Bauschäden abermals abgebrochen und neu aufgebaut werden. 1744 ging es für 2.400 frk. Gulden in den Besitz der Stadt über.

Reichsacht = vom Reichsoberhaupt ausgesprochene Acht: Ausschluss aus der Lebensgemeinschaft wegen gemeingefährlicher Verbrechen. Der Missetäter wurde für gesetzlos und vogelfrei erklärt; er verlor Haus und Vermögen und konnte von jedermann bußlos getötet werden. Wer ihn aufnahm, verfiel selbst der Acht.

Abbildung 5:
Bis 1934 floss die Pegnitz durch den Stadtgraben.

Abbildung 6:
Der Stadtgraben heute.

Die Geschichte der Stadt Pegnitz

Abbildung 7: Münzen.

Geldmenge zu begegnen, weshalb in verschiedenen Orten seines Landes Münzstätten eingerichtet wurden. 1622 tat man das auch in Pegnitz. Bei den hier geprägten Geldstücken handelte es sich um sog. Sechsbätzer (= 24-Kreuzer-Stücke). Die hiesige Münze produzierte freilich nur von März bis Oktober 1622, danach wurde sie als uneffektiv stillgelegt.

Die militärischen Vorgänge des langen Krieges bedeuteten für unsere Stadt zunächst Durchmärsche, Einquartierungen, Abgabe von Proviant und Fourage u. Ä. m., bis „aller Haber und Stroh" aufgebraucht und „alles Vieh, Schafe, Gänse und Hühner" verzehrt waren (Büttner, L., Kurzchronik). Selbstverständlich bezahlten die unwillkommenen „Gäste" keinen Heller! 1631 sah sich der Amtmann genötigt, Bayreuth um Lieferung von Brot, Fleisch, Bier und Hafer zu bitten, da Pegnitz inzwischen außer Stande war, die Forderungen durchziehender Kriegsvölker zu erfüllen. Aber es kam noch weitaus schlimmer: 1626/27, 1630, 1632 und 1634 wütete – von Söldnern eingeschleppt – die „Pestilenz" in unseren Mauern. Nach Layriz (S. 71) fanden im Pfarrbezirk Pegnitz „mehr als 800 Menschen" den Tod.

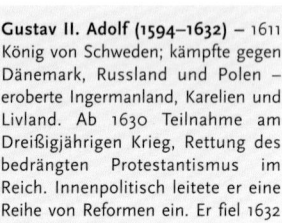

Gustav II. Adolf (1594–1632) – 1611 König von Schweden; kämpfte gegen Dänemark, Russland und Polen – eroberte Ingermanland, Karelien und Livland. Ab 1630 Teilnahme am Dreißigjährigen Krieg, Rettung des bedrängten Protestantismus im Reich. Innenpolitisch leitete er eine Reihe von Reformen ein. Er fiel 1632 in der Schlacht bei Lützen.

Mit dem Beitritt des Markgrafen 1631 zur schwedisch-protestantischen Allianz unter Führung von König ▸ **Gustav II. Adolf (1594–1632)** von Schweden geriet auch unsere Region unmittelbar ins Kriegsgeschehen. Im Mai 1632 besetzte eine schwedische Reiterabteilung Pegnitz, die unsere Stadt derart aussogen, als gehöre sie zur Gegenpartei: „[...] nicht das geringste von Haber war mehr zu bekommen; kein Körnlein war mehr auf dem Boden". Daraufhin mähten die Besatzer das noch unreife Getreide auf den Feldern als Pferdefutter ab. Ein Angriff bayerischer Truppen unter Oberst v. Schönburg vertrieb zwar die Schweden aus Pegnitz, lieferte die Stadt jedoch der Willkür der Sieger aus. Diese steckten (vielleicht ohne Wissen des Kommandeurs) unseren Ort nach der Plünderung in Brand. „Zwei Drittel, darunter das Pfarrhaus und das Schulgebäude, sanken in die Asche" (Bauer, S. 221 f.). Nach Layriz fielen dem Feuer „60 Häuser" zum Opfer. Deren Bewohner suchten entweder eine neue Bleibe in Bayreuth oder hausten in den umliegenden Wäldern – den Nachbarorten erging es ja meist nicht besser als Pegnitz.

Noch im selben Jahre brachen abermals Seuchen in der oberfränkischen Region aus. Das Pegnitzer Kirchenbuch verzeichnet neben 68 Geburten 134 Beerdigungen. In den folgenden Jahren wechselte wohl die Allianz-Zugehörigkeit der durch unsere Stadt ziehenden Söldnerhaufen – die Art ihres Auftretens wechselte jedoch nicht. Sie plünderten, brandschatzten, schändeten und schreckten auch keineswegs vor Mord zurück. Besonders schlimm gerieten die Jahre 1634, 1636/37, 1639–1642 und 1645–1648. Obwohl die Kriegsgegner 1648 den ▸ **Westfälischen Frieden** zu Münster und Osnabrück unterzeichneten, räumten die letzten Schweden erst zwei Jahre später die Markgrafschaft Bayreuth.

Westfälischer Friede = 24. Oktober 1648 zu Münster zwischen Kaiser und Frankreich, zu Osnabrück zwischen Kaiser und Schweden geschlossen. Die Niederlande und die Schweiz schieden aus dem Reichsverband aus. Konfessionell wurde der „Augsburger Religionsfriede" (1555) anerkannt und auf die Reformierten ausgedehnt. Die Kurfürsten und Fürsten traten als gleichberechtigt neben den Kaiser.

Um die Mitte des 17. Jahrhunderts boten die Länder des Hl. Römischen Reiches ein deprimierendes Bild: Die Mehrzahl der Häuser, Ställe und Scheunen war in Trümmer gesunken, die Felder lagen brach, von Unkraut und Gestrüpp überwuchert, das Vieh war geraubt, Handel und Gewerbe waren zusammengebrochen. Dafür trieben Räuberbanden ihr Unwesen. Alles das traf in lokalem Maßstab auf Pegnitz und seine Umgebung zu. Die Zahl seiner Einwohner betrug jetzt nur noch etwa ein Viertel der Vorkriegszeit.

Noch mehr als ein Jahrzehnt nach Kriegsende berichtete Amtmann Philipp v. Waldenfels – wie bei Wolf/Tausendpfund (S. 270 f.) zitiert – über Pegnitz nach Bayreuth:

> „Überhaupt ist das ganze Amt Pegnitz neben den incorporierten Orten, das große Kriegspressuren mit Plündern, Contributionen und mehrmaligen Feuersbrünsten öfters erlitten, durchaus in einem gar schlechten armseligen Zustand, mit dem derohalben ein besonderes Mitleid zu haben."

4. Pegnitz vom 17. bis zum 19. Jahrhundert

Die Geschichte der Stadt Pegnitz

Mit dem Anbruch der zweiten Hälfte des 17. Jahrhunderts begann für die fränkische Region eine Periode relativer politischer Ruhe mit ökonomischer Aufwärtstendenz. Für Pegnitz brachte sie Genesung von den Wunden des grausamen Krieges. Die Wirren der mehrfachen Konflikte mit Franzosen und Osmanen in den 70er und 80er Jahren, aber auch die der Erb- und Thronfolgekriege im 18. Jahrhundert wirkten sich vor allem in Form von Durchmärschen bzw. zeitweiliger Einquartierung von Militär aus. Der Siebenjährige Krieg (1756–1763) schließlich berührte unsere Stadt – abgesehen von vorübergehenden Belegungen 1757 und 1762 sowie Proviant- und Fourage-Lieferungen – ebenfalls nur mittelbar.

Steuerliche Vergünstigungen, die Markgraf Christian Ernst (1656–1712) und seine Nachfolger gewährten, regten diejenigen, die das Elend überlebt hatten, zum Aufbau der Gebäude, zur Aufzucht von Vieh und zur Bestellung der Äcker an. „Seit dieser Zeit begann die Stadt durch die rege Tätigkeit der Fürsten, der Amtsleute und der Einwohner sich immer mehr zu erholen [...]." (Layriz, S. 71).

Als Zeichen für Erholung und Wiederaufbau kann man die Neuerrichtung der **Bartholomäuskirche** gerade in dieser Zeit ansehen. Von 1687–1690 wurde an der Stelle des ersten, inzwischen jedoch zu engen Gotteshauses ein neuer, räumlich erweiterter Bau aufgeführt. Die endgültige Fertigstellung des im Barockstil ausgestatteten Innenraums ist für 1694 angegeben – die des Altars erst für 1697. Der neue Turm besaß eine Höhe von ca. 35 m.

Allerdings bestanden noch während einiger Zeit Unstimmigkeiten über den territorialen Grenzverlauf der Konfessionen zwischen den markgräflich-protestantischen Orten Pegnitz und Plech einerseits und dem fürstbischöflich-katholischen Amte Velden-Neuhaus andererseits. Gegen Mitte des 18. Jahrhunderts gelangte man zu einer Regelung: Pegnitz bewahrte als zum evangelischen Bayreuth gehörende Kommune seine bisherige Konfessionszugehörigkeit.

Zum Wiederaufbau der Häuser in unserer Stadt verwendete man jetzt vorrangig Steine als Baumaterial. Die einstöckigen Bauwerke mit steilen Dächern, unter denen sich mehrere Stockwerke befanden, reihten sich – den Giebel nach vorn gekehrt – um den Marktplatz bzw. entlang der „Hauptstraße", der „Rosen-" und der „Brauhausgasse". Diese Struktur gaben sowohl die Ummauerung als auch die Straßenführung vor. Scheunen und Stadel standen nicht zwischen den Wohnhäusern im Stadtkern, sondern – wegen Brandgefahr – in drei separaten Komplexen. Sie wurden durch die Fichtenohe von der Stadt getrennt: einer am „Buchauer Berg", der zweite im „G'städli" und der dritte unweit der Pegnitz-Quelle.

Der Marktplatz bot sich als große Fläche aus „gestampftem Lehm mit eingearbeitetem Juraschotter" – lediglich links und rechts von zwei Streifen Pflaster entlang der Häuserzeilen gesäumt. Bis gegen Ende des 19. Jahrhunderts nutzte man ihn zu landwirtschaftlichen Zwecken: Auf ihm wurde halbtrockenes Gras zum Trocknen ausgebreitet. Die teilweise zerstörte Stadtmauer wurde jetzt nicht durch Mauerwerk repariert, sondern die Lücken längs des Stadtgrabens mit Palisaden ausgefüllt (sie verschwanden im späten 18. Jahrhundert wieder). „Pegnitz war ein typisches **Ackerbürgerstädtchen** [...]" (Spätling, Pegnitz in alten Ansichten III).

Die bei Wolf/Tausendpfund (S. 287) zitierte Lexikon-Aussage zu Pegnitz von 1806 gibt an, dieses habe „66 Häuser mit 860 Einwohnern" gehabt und sei „Sitz eines Justiz- und Kammeramtes" gewesen und „mäste viel Vieh, vorzüglich Ochsen zum Verkauf nach Nürnberg" und betreibe „schönen Obstbau". Hinsichtlich der Altstadt schreibt Layriz (S. 73), sie bestehe im letzten Quartal des 18. Jahrhunderts aus 34 Wohnhäusern mit 11 Scheunen – die Einwohnerzahl betrage 212 Personen. Ihr Erscheinungsbild charakterisiert er wie folgt: Sie „büßte den früheren Glanz völlig ein, so dass sie nur das Aussehen eines Dorfes bietet". An Straßen waren hier vorhanden: „Alter Graben", „Ketten-" und „Schmiedgasse".

Überhaupt existierten Stadt und Altstadt Pegnitz als zwei getrennte Kommunen nebeneinander, trotz der vielfachen Familien- und Verkehrsbeziehungen. So stand

Abbildung 8:
Bartholomäuskirche vor ihrem Abbruch im Jahr 1898.

Ackerbürger = städtische Bauern, die im Gegensatz zu den dörflichen Bauern keinem Grundherrn hörig, sondern nur dem Landesherrn untertan waren.

Die Geschichte der Stadt Pegnitz

Abbildung 9:
Reste der alten Stadtmauer

Schultheiß (auch Schulze) = im späten MA fällt oft das Amt des Burggrafen mit dem des Schultheißen zusammen, so dass er Stadtrichter wird. Auf dem Lande ist der Dorfvorsteher zugleich auch Richter im Dorfgericht.

z. B. an der Spitze der Stadtverwaltung der Bürgermeister mit dem Magistrat, während die eigenständige Administration der Altstadt von einem ▸ **Schultheiß** versehen wurde. Das mehr Neben- als Miteinander beider Teile rief wiederholt Unstimmigkeiten hervor wegen unklarer Besitzansprüche, wegen Steuererhebungen u. Ä. m. Aktenkundig sind unerfreuliche Kontroversen seit dem späten 16. Jahrhundert.

Zur damaligen landwirtschaftlichen Situation in unserer Stadt sind exakte Angaben erhalten: Das Ackerland rund um Pegnitz betrage insgesamt 750 Tagwerke (ca. 255,53 ha), die Wiesenflächen (meist in auswärtigen Fluren) 270 Tagwerke (ca. 92 ha), die Gärten 12 Tagwerk (ca. 4,09 ha), die Hopfengärten 9 Tagwerke (ca. 3,07 ha) – der Anbau von Hopfen wurde seit 1435 betrieben, und zwar im Bereich des „Mühlweges" – und die Waldungen zusammen 69 Tagwerke (ca. 23,51 ha). Dieselbe Quelle informiert zusätzlich über die Produkte der hiesigen Landwirtschaft: Weizen, Gerste, Roggen, Hafer, Kartoffeln und Rüben. Die Kartoffel gelangte übrigens erst als Folge der Missernten von 1770 und 1771 und der dadurch hervorgerufenen Hungersnot auf den Mittagstisch – vordem diente sie hauptsächlich als Viehfutter.

Ein Negativum für Pegnitz bleibt neben vielem Positiven noch zu erwähnen: 1744 verlegte die markgräfliche Regierung den Sitz des Amtes „Böheimstein" offiziell nach Bayreuth (später nach Schnabelwaid). Das dadurch verwaiste „Schloss" in der Altstadt ging mit allem Zubehör in den Besitz der Stadt über. Diese funktionierte das Gebäude zum Wirtshaus um; es trug den Namen „Zum roten Roß".

Im ausgehenden 18./beginnenden 19. Jahrhundert kam es in der Bayreuther Landesgeschichte zu Änderungen, die auch Pegnitz betrafen. Als 1769 Markgraf Friedrich Christian (1763–1769) ohne männliche Nachkommen verstarb, fiel das Fürstentum an den Markgrafen Karl Alexander von Ansbach (1769–1791). Da jedoch auch dieser keine Kinder besaß, gingen beide „Fränkischen Fürstentümer" 1792 vertragsgemäß in den Besitz König Friedrich Wilhelms II. von Preußen (1786–1797) als nächstem erbberechtigtem Verwandten aus dem Hause Zollern über.

Unsere Stadt war damit unter preußischer Herrschaft gelangt. Die neue Regierung bewirkte im „Hauptlandestauschs- und Grenzpurificationsvertrag" von 1803 eine exakte Regelung des Grenzverlaufes zwischen dem Bayreuther und dem Bamberger Territorium. Der von Berlin eingesetzte Administrator, Staatsminister Freiherr ▸ **v. Hardenberg** (1750–1822) leitete in den fränkischen Gebieten verschiedene Reformen ein. Dazu zählte u. a. die Verlegung der Poststrecke Nürnberg–Leipzig auf die neu gebaute Chaussee Gräfenberg–Leupoldstein–Pegnitz–Bayreuth. Am 1. Juli 1798 rollte die erste Postkutsche durch unsere Stadt. Erste Poststation hier wurde das Gasthaus „Zum weißen Roß".

Hardenberg, Karl August Freiherr v. (seit 1814 Fürst) v. (1750–1822) – preußischer Politiker; er setzte v.a. die Reformen des Frhr. v. Stein fort und schuf eine vorbildliche Verwaltungsorganisation in Preußen.

Tilsit, Friede von = 9. Juli 1807 zwischen Frankreich und Preußen geschlossen. Preußen verlor alle Gebiete westlich der Elbe sowie seine Anteile an der 2. und 3. Teilung Polens.

Die Zugehörigkeit Bayreuths zum Zollern-Staat währte jedoch nur wenige Jahre. Im Krieg von 1806/07 unterlag Preußen dem Frankreich Kaiser Napoleons I. (1769–1821); im Friedensschluss von ▸ **Tilsit** musste es u. a. auf das Fürstentum Bayreuth verzichten. Der Sieger gliederte es 1810 dem von ihm 1805 zum Königreich erhobenen Bayern unter Maximilian I. Joseph (1756–1825) an. „14 Tage dauerten unter allgemeinem Jubel die Festlichkeiten, die dieses Ereignis im Gefolge hatte" (Büttner, L., Kurzchronik). (Ansbach gelangte bereits 1805 in den Besitz Bayerns.) Die Stadt Pegnitz gehörte damit nach rund viereinhalb Jahrhunderten wieder zu Bayern.

Die Geschichte der Stadt Pegnitz

5. Vom Ackerbürger-Städtchen zum Industriestandort

Bekam Pegnitz schon im August 1796 im I. Koalitionskrieg gegen das revolutionäre Frankreich (1792–1797) die Auswirkungen der militärischen Zusammenstöße unmittelbar zu spüren, so schonte die von Kriegen geprägte Ära Napoleons unsere Stadt erst recht nicht. Immer wieder mussten Kriegssteuern gezahlt und durchziehende Truppen mit „gewaltigen Mengen" an Lebensmitteln und Pferdefutter beliefert werden, wobei sich die Pegnitzer noch zusätzlicher Drangsal und Plünderungen ausgesetzt sahen. Erst Ende 1815, nach dem 2. Pariser Frieden (20. November), kehrten Ruhe und Ordnung für rund einhundert Jahre in unserer Stadt ein – sieht man von einiger Unruhe im Juli/August 1866 während des preußisch-österreichischen Krieges ab.

Dem hiesigen Wirtschaftsleben brachte diese Periode Erholung und Wachstum – wenn auch in bescheidenem Maße, bildeten doch noch bis über die Jahrhundertmitte hinweg Ackerbau, Viehzucht und Holzwirtschaft die ökonomische Basis, wobei die steigende Einwohnerzahl eine Ausdehnung der Ackerfläche erzwang. Wie das ▶ **Katasterblatt** von 1840 belegt, besaßen z. B. alle Häuser der Altstadt einen Nutzgarten, dazu nahebei Obstgärten: In Pegnitz war man nach wie vor auf Selbstversorgung eingestellt. Missernten, wie 1816 und 1840, oder Überschwemmungen, wie 1860, richteten daher besonders schmerzhafte Schäden an bzw. riefen landesweit Teuerungen hervor.

Im Laufe des 19. Jahrhunderts gewannen dann in Pegnitz Handwerk und Gewerbe steigend an Bedeutung. Die Tätigkeiten also, die – wie bereits ausgeführt – ursprünglich von den Landwirten nur zusätzlich betrieben wurden. Was den beachtlichen Hopfenanbau anbelangt: Im Stadtgebiet registrierte man in jener Epoche nicht weniger als 57 Kommunbrauereien. Das bedeutet, dass in Pegnitz viele Häuser das „Braurecht" besaßen. Um 1850 finden sich neben Metzgern, Bäckern, Schmieden, Schustern, Brauern und Gastwirten noch folgende Berufe: Sattler, Flaschner, Spezerei-Händler, Uhrmacher, Schneider, Kürschner, Häfner, Seifensieder, Gerber, Seiler, Färber, Drechsler, Nagelschmiede, Wagner, Likör-Verfertiger und Kaufleute. Viele

Abbildung 10:
Die Rosengasse heute nach der Sanierung.

Kastasterblatt. 1807 ordnete Minister Graf v. Montgelas aus steuerpolitischen Gründen die Vermessung aller Fluren und Gebäude im neu geschaffenen Königreich Bayern an. Die 1840 erstellte Katasterkarte von Pegnitz und Umgebung ist das erste geometrisch erstellte Kartenblatt unserer Stadt.

Abbildungen 11/12:
Die Rosengasse um 1912.

Die Geschichte der Stadt Pegnitz

ihrer Werkstätten reihten sich entlang der „Rosengasse". Die Spezialisierung auf die handwerkliche Tätigkeit entwickelte sich allerdings erst nach und nach, wozu der Erlass der „Gewerbefreiheit" 1868 nicht unwesentlich beitrug, bedeutete er doch die Aufhebung des „Zunftzwanges".

Gegen Mitte des 19. Jahrhunderts gewann die Stadt zusätzlich auf administrativem Sektor an Bedeutung, als die Regierung 1842 den Sitz des Landgerichts von Schnabelwaid hierher verlegte. Um diese Behörde unterzubringen, ließ die Stadtverwaltung 1844 zwei kleinere Häuser am Marktplatz niederreißen und an ihrer Stelle einen Neubau errichten (am „Stadtgraben" trat an die Stelle des bisherigen Hirtenhauses ein Gefängnisbau). 1862 kam es infolge der Trennung von Verwaltung und Rechtspflege zur teilweisen Verlegung der Ämter. Während im Landgerichtsgebäude am Markt das „Bezirksamt" blieb, etablierte sich das Gericht in einem damals noch vor der Stadt gelegenen Neubau am heutigen „Bahnsteig". 1879 erhielt es im Zuge der Justizorganisation im acht Jahre zuvor gegründeten Deutschen Kaiserreich die Funktion eines Amtsgerichts, „[...] ohne eine Änderung in seinem Umfange zu erleiden" (Bauer, S. 460 ff.).

Im Jahre 1818 schloss sich die Altstadt bei der Bildung politischer Gemeinden in Bayern in verwaltungstechnischer Hinsicht an die Stadt an. Allerdings galten die „Altstädter" auch weiterhin nicht als gleichberechtigte Bürger der Stadt Pegnitz – d. h. sie verfügten nicht über deren Rechte und fanden sich zudem steuerlich benachteiligt. Die Folge: Sie suchten in den nächsten Jahrzehnten immer wieder ihre Bindung an die Stadt zu lösen. Deren Magistrat lehnte aber etwa 50 Jahre lang eine Trennung ab. Erst nachdem im April 1873 die Bevollmächtigten beider Seiten

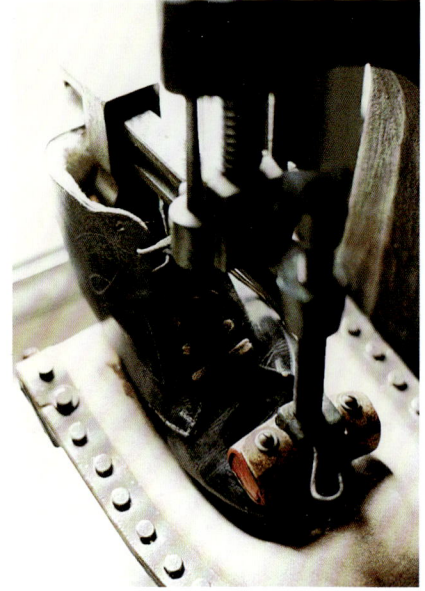

Abbildung 13:
Schusterwerkstatt in der Rosengasse

Abbildung 14:
Die Bahnhofstraße führt von der Hauptstraße zum Bahnhof und schien damals schon eine belebte Straße gewesen zu sein. Auf der linken Seite, hinter dem Busch versteckt, steht bis heute das 1879 eingerichtete Amtsgericht, damals noch Bezirksgericht.

Abbildung 15:
Diese Panoramakarte entstand schon im Jahr 1901 im Photoatelier Wolf in Pegnitz. Sehr schön erkennt man hier die Anlage der Stadt Pegnitz, die aus den beiden Teilen der Altenstadt und der „Stadt uff dem Letten" besteht. Auch kommt die Kessellage der Stadt gut zum Vorschein. Am linken Bildrand ist gerade noch der Buchauer Berg zu erkennen, dann folgen im Hintergrund der Kitschenrain, der Zipser Berg (Fortsetzung gegenüber)

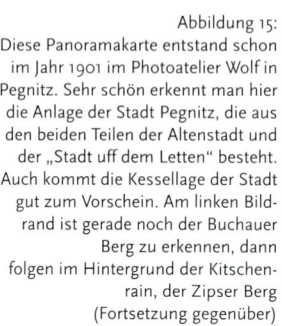

Die Geschichte der Stadt Pegnitz

eine Einigung erzielt hatten, die die strittigen Fragen regelte, verständigte man sich am 16. Juli 1876 darauf, dass sowohl für Stadt wie für Altstadt die gleichen Rechte und Pflichten gelten sollten. Ab diesem Zeitpunkt bilden beide Kommunen eine einzige Ortschaft. Freilich, Differenzen hinsichtlich des Sondervermögens der Altstadt konnten vorläufig nicht behoben werden. Außerdem bestand als Ausnahme fort: Die Einwohner der Stadt allein verfügten über das Recht, Bier zu brauen.

In Pegnitz setzte der bedeutende wirtschaftliche Wandel nach 1870 ein, als das „technische Zeitalter" mit dem Bau der Eisenbahnstrecke Nürnberg–Bayreuth/Hof über Hersbruck, Neuhaus und Pegnitz Einzug in unsere Stadt hielt. Obwohl der hiesige Magistrat bereits 1859 der bayerischen Regierung seinen Wunsch nach dem Anschluss an das im Entstehen begriffene Eisenbahnnetz vortrug, schien es zeitweise, als werde die Strecke ab Ranna über Auerbach geführt werden. Erst im Juli 1874 fasste man in München den Beschluss, sie aus Kostengründen über Pegnitz und Creußen zu leiten. Im Jahr danach entstand das hiesige Bahnhofsgebäude.

Am 15. Juli 1877 dampfte der erste regelmäßige Zug „mit bekränzter Lokomotive" auf der zunächst eingleisigen Strecke nach Pegnitz. Das nach einigen Jahren wegen der steigenden Anforderungen im Bahnverkehr notwendige zweite Gleis – 1896 verkehrten pro Tag 15 Personen- bzw. Schnellzüge und 18 Güterzüge (Spätling, NK, 10. Juli 1997) – wurde 1901 fertig. Bis 1913 gab es an der „Bahnhofstraße" einen schienengleichen Bahnübergang mit Schranken, dann baute man die Straßenbrücke über den Gleiskörper bzw. verlegte man die Unterführung für Fußgänger unter ihn. Diese Maßnahmen waren nötig geworden, da sich inzwischen das Stadtgebiet in östlicher Richtung ausdehnte.

Abbildung 16:
Bahnhofstraße mit Bahnübergang

Die Besiedlung der Fläche östlich der Bahnlinie wurde hauptsächlich durch die Industrieunternehmen, die sich hier niederließen, veranlasst. Den Anfang machte die französische Firma „Société générale des mines d'ocre et de baryte à Paris", die die Chance zum Gleisanschluss nutzte. Sie betrieb die Herstellung von Erdfarben v. a. aus **Bolus**, **Ocker** und **Rötel**. Diese Mineralgemenge kommen besonders am „Arzberg" sowie in der Umgebung von Troschenreuth und Sassenreuth vor und wurden schon seit dem Ende des Erzbergbaus abgebaut.

Da sich jedoch das Geschäft als zu wenig profitabel erwies, gab die französische Minengesellschaft ihren Betrieb wieder auf. An ihre Stelle trat 1885 die Nürnberger Firma Merkel & Kauffmann, eine „Fabrik ▶ **leonischer und Kupferdrähte**". Sie scheiterte zwei Jahre später am Mangel an geeigneten Arbeitskräften.

Bolus = eisenoxydhaltige, fettige Tonart; roter Bolus: dient als Malfarbe; brauner Bolus (Terra di Siena): ebenfalls Malfarbe.
Ocker = gelbes oder rotes Mineralgemenge, meist Eisenoxyd und Ton – wird (besonders gebrannt) als Malfarbe verwendet.
Rötel (Rotstein) = derber roter Toneisen-Stein – dient als Farbe und für Rötel-Stifte

„**leonischer Draht**" = sehr dünner Draht, der mit einer feinen Schicht aus Gold oder Silber überzogen ist. Das Verfahren wurde von französischen Emigranten (v.a. Hugenotten) im 17. Jh. aus Lyon nach Deutschland gebracht.

(Fortsetzung von S. 30)
und am rechten Bildrand gerade noch der Hainberg. Der Bildvordergrund wird von der Winterleite gebildet, auf der damals noch kein einziges Haus stand, und die, wie deutlich zu sehen, landwirtschaftlich durch Getreideanbau genutzt war. Im linken unteren Bildeck ist noch das Pegnitzer Wappen abgedruckt.

Die Geschichte der Stadt Pegnitz

Hilpert, Johann Andreas Paul (1829–1873) – gründete 1854 in Nürnberg einen Betrieb zur Installation von Gas- und Wasserleitungen; 1864 erhielt er die Konzession zur Herstellung von Armaturen für Wasser- und Gasleitungen, von Rohren für die Feuerwehr sowie für Anstechhähne und Pumpen für das Brauwesen. 1889 wurde die Firma in eine AG umgewandelt.

1890 kaufte die „Armaturen- und Maschinenfabrik AG vormals J. A. ▸ Hilpert" (AMAG), Nürnberg, das Werksgelände, um auf ihm die „Eisengießerei Pegnitzhütte" zu errichten. Die benötigten Arbeitskräfte holte man vorrangig aus der benachbarten Oberpfalz bzw. aus Böhmen. Mit der prosperierenden Entwicklung dieses Unternehmens hatte Pegnitz endgültig Anschluss an das Industriezeitalter gefunden: Beschäftigte die Gießerei bei ihrer Eröffnung ca. 40 Arbeitskräfte, so verdienten 1914 ca. 400 Beschäftigte ihr Brot in dieser Firma.

Vom Auftreten der Eisenbahn wurde das hiesige Postwesen ebenfalls berührt. Vorher, 1846, hatte der Gastwirt Heinrich Pflaum die Unterbringung der Poststation in seinem Haus „Zum Schwarzen Adler" erreicht (heute das PPP). Jetzt (1877) suchte man den technischen Fortschritt zu nutzen und verlegte die Postexpedition in den Bahnhof. Der Poststall verblieb weiter im „Schwarzen Adler". Das 1870 in Pegnitz eingerichtete Telegrafenamt zog 1904 ins Alte Rathaus um; ein Jahr später wurde das Ortstelefonnetz in Betrieb genommen.

In das letzte Quartal des 19. Jahrhunderts fallen außerdem beachtliche technische Verbesserungen der Lebensqualität in unserer Stadt. So ist der Bau einer neuen Wasserleitung zu nennen. Seit 1436 erhielt die Stadt ihr Wasser aus der Quelle des Waidmannsbaches. Es wurde in Röhren aus Holz in drei hölzerne bzw. steinerne Rohrkästen geleitet. Diese Kästen standen auf dem Marktplatz vor dem Bezirksamt, auf dem Schweinemarkt und am Unteren Markt hinter dem Alten Rathaus. Die Altstadt hingegen pumpte ihr Wasser aus Brunnen, von denen es einen in der „Kettengasse" gab.

Im Jahre 1886 fand die groß angelegte Renovierung der Leitung statt, wobei die hölzernen Rohre und Rohrkästen durch gusseiserne ersetzt wurden. In dem Zusammenhang nahm man eine Neufassung der Quelle vor. Der Waidmannsbach selbst trocknete aus. Da aber die steigende Einwohnerzahl selbst auch einen steigenden Wasserbedarf mit sich brachte, kaufte die Kommune 1905 die Quellen bei Langenreuth und Wolfslohe. Das Wasser der erstgenannten Quelle leitete man in einen Hochbehälter auf dem Schloßberg, von wo es ab 1906 in die Häuser beider Stadtteile floss. Das Quellwasser aus Wolfslohe dagegen diente später den hier ansässigen Brauereien. 1907 wurden die Brunnen geschlossen.

In das Jahr 1900 fällt der Beginn der Kanalisation in Pegnitz. Innerhalb der Folgejahre schritt der Ausbau dann in jeweils nur kleinen Abschnitten voran – erst 1908 in größeren. Die Abwässer flossen teils in den „Stadtgraben", teils in die Fichtenohe. In eben dieses Jahr gehört auch der Bau der ersten Bürgersteige in unserer Stadt – und zwar zu beiden Seiten der „Hauptstraße". 1909 beschloss der Stadtrat, die seit 1838 gebrauchte, wenig effektive Straßenbeleuchtung aus Öllaternen durch elektrische Lampen zu ersetzen. Da sich ein 1915 eingeleitetes Projekt wegen der

Abbildung 17:
Poststation im „Schwarzen Adler"

Abbildung 18:
Die Stadt erhält Bürgersteige.

Abbildung 19:
1883 wurde die alte Volksschule errichtet.

Die Geschichte der Stadt Pegnitz

angespannten Kriegslage nicht durchführen ließ, bezog man ersatzweise Strom aus der „Pegnitzhütte". Die ebenfalls ab 1915 an die privaten Haushalte gelieferte Energiemenge reichte jedoch nur für die Zeitspanne von der Abenddämmerung bis Mitternacht.

1883 wurde die alte Volksschule an der „Hauptstraße" errichtet, nachdem man drei Jahre früher das ehemalige „Wächterhaus" – das letzte Relikt des „Nürnberger Tores" – gekauft und abgerissen hatte. Die wachsende Einwohnerzahl in Pegnitz ließ natürlich auch die Zahl an schulpflichtigen Kindern ansteigen. Soweit bekannt, wurde Schulunterricht in unserer Stadt seit 1536 im Haus Nr. 41 an der „Rosengasse" erteilt. Ab 1883 diente das bisherige Schulgebäude als Rektor- und Lehrerwohnung (urkundlich erwähnt wird schon 1482 ein „Schulmeister Cristoffel Swannberger". – Bauer, S. 430; ▶ Kap. Schulwesen und Partnerschaften, ab S. 126).

Schließlich bleibt noch ein Großbau an der Jahrhundertwende zu nennen: der letzte Neubau der Bartholomäuskirche. Das im ausgehenden 17. Jahrhundert errichtete Gotteshaus zeigte nun, nach zweihundert Jahren, starke Verfallserscheinungen. Am 22. August 1898 begann der Abbruch des Bauwerkes, nachdem am Vortage der letzte Gottesdienst darin abgehalten worden war. Am 7. März 1899 fand die feierliche Grundsteinlegung statt – eineinhalb Jahre später, am 20. Dezember 1901, die Einweihung der heutigen Kirche im neubarocken Stil. An den vormaligen sakralen Bau erinnern noch Altar und Kanzel; die große Turmuhr, wurde erst 1928 eingebaut.

Abbildung 20:
1928 wird die Turmuhr eingeweiht. Bevor sie das Zifferblatt an seinen endgültigen Platz anbrachten, stellten sich diese Männer dem Fotografen.

Abbildung 21:
Ab 1901 präsentierte sich die Bartholomäuskirche im neubarocken Stil.

Die Geschichte der Stadt Pegnitz

6. Erster Weltkrieg und Weimarer Republik

Bereits während Pegnitz den Schritt in die Moderne tat, begannen sich die Konturen des Ersten Weltkrieges am Horizont abzuzeichnen. Gemeint ist damit, dass die verhängnisvolle Flottenpolitik Kaiser Wilhelms II. (Kaiser 1888–1918) Anhänger unter hiesigen Bürgern fand durch Beitritte zum „Deutschen Flottenverein". Diese Vereinigung, die für den 1898 beschlossenen Bau einer mächtigen deutschen ▶ **Kriegsflotte** sowohl Finanzmittel beschaffen als auch Propagandaarbeit leisten sollte, warb Mitglieder im gesamten Reich.

Am 28. Juni 1914 lösten in Sarajewo die tödlichen Schüsse eines jugendlichen Fanatikers auf das österreichische Thronfolgerpaar den Ersten Weltkrieg (1914–1918) aus. In den ersten Kriegsmonaten bedeutete das für Pegnitz unmittelbar, dass bewaffnete Bürger Tag und Nacht die Eisenbahnstrecke zu bewachen hatten. Man fürchtete Sabotageakte der Gegner auf die zahlreichen Brücken und Tunnel. Gleichzeitig wurde der durchgehende Straßenverkehr Kontrollen unterworfen. Im „Goldenen Hirsch" wurde – allerdings nur vorübergehend – ein Lazarett mit 20 Betten eingerichtet.

Ernste Probleme für unsere Stadt und die Region wie für das ganze Land setzten mit der Einberufung der wehrfähigen Männer zum Militär ein. In Gewerbe, Handel und Industrie – hauptsächlich aber in der Landwirtschaft – begannen dadurch männliche Arbeitskräfte zu fehlen. Die Misere steigerte sich im Verlaufe des Krieges noch weiter, als infolge der hohen Verluste an den Fronten auf immer jüngere Jahrgänge zurückgegriffen wurde, bis schließlich die 17-jährigen ins Feld rücken mussten.

Notgedrungen übernahmen Frauen, Kinder und alte Menschen die Feldarbeit – deren Härte übrigens noch dadurch wuchs, dass ein Großteil der Pferde von der Armee beansprucht wurde. Ab 1915 setzte man Kriegsgefangene zur Unterstützung ein: neben Franzosen auch Belgier, Russen und Rumänen. Diejenigen Jugendlichen, die noch nicht das waffenfähige Alter erreicht hatten, wurden in sog. Jugendwehren zusammengefasst, in denen sie eine paramilitärische Ausbildung erhielten. Das praktizierte man in Pegnitz ebenfalls.

Die ohnehin angespannte Wirtschaftslage verschärfte noch die Blockade, die die gegnerischen Mächte, die ▶ „**Entente cordiale**", über Deutschland und seine Ver-

---

Flotten-Gesetz = 1898 (März) „1. Flotten-Gesetz" zum Bau einer Kriegsflotte (stärkster Einfluss von Admiral A. v. Tirpitz). 1900 „2. Flotten-Gesetz" – Vergrößerung der Flotte, ausgehend vom „Risikogedanken".
1912 neue Flotten-Vorlage – Bauprogramm bis 1920 nach gescheitertem deutsch-britischen Ausgleich (Lord Haldane).

Entente cordiale = 1904 nach Beilegung der kolonialen Gegensätze zwischen Frankreich und Großbritannien geschaffenes enges freundschaftliches Verhältnis; 1907 durch den Beitritt Russlands zur „Triple entente" erweitert.

Abbildungen 22/23: Lebensmittelmarken und Bezugsschein von 1917.

Die Geschichte der Stadt Pegnitz

bündeten, die ▸ „Mittelmächte", verhängten. Jede Art von Einfuhr wurde auf diese Weise unterbunden und unser Land einzig auf Eigenproduktion angewiesen. Da ferner bis 1914 kein Verantwortlicher in Europa mit einer mehrjährigen Kriegsdauer gerechnet hatte, war weder in Deutschland noch anderswo eine nennenswerte Vorratsanlage erfolgt. So wurden jetzt selbst in ländlichen Bezirken Kartoffeln, Milch und Butter knapp.

Man suchte dem plötzlichen Mangel zu begegnen, indem Lebensmittel rationiert und nur gegen „Marken" für Brot, Fleisch und Zucker abgegeben wurden. Die Tagesration Kartoffeln betrug 375 g – die Wochenration Fleisch 200 g. In ähnlicher Weise verfuhr man mit Kleidung und Schuhwerk: Die Industrie produzierte ja zwangsweise nur noch Kriegsbedarf. Das traf auch auf die „Pegnitz-Hütte" zu, die (zeitweise sogar in Nachtschicht) Artilleriegeschosse verfertigen musste. Um die Kapazität zu steigern, wurden zunehmend weibliche Arbeitskräfte herangezogen. Aber trotz aller Anstrengungen drohte die Versorgungslage katastrophale Züge anzunehmen, als in den Jahren 1916 und 1917 die Ernteerträge extrem niedrig ausfielen. In den berüchtigten „Steckrüben-Wintern" linderten die sonst als Viehfutter verwendeten Rüben den Hunger. Das führte dazu, dass Landwirte ihr Vieh aus Mangel an Futter notschlachten mussten.

Die Blockade der Alliierten zielte natürlich auf die deutsche Rüstungsindustrie, die tatsächlich in steigendem Maße Mangel an Erzen wie Metallen litt. Um dem abzuhelfen, ließ die Reichsregierung Gegenstände aus Kupfer, Messing, Nickel und Zinn gegen eine „geringe Vergütung" einziehen. Dieser Aktion fielen in Pegnitz zunächst die Orgelpfeifen der Stadt- wie der Friedhofskirche zum Opfer. Am 9. Juni 1917 traf es dann zwei der drei Glocken der Bartholomäuskirche. Die Entschädigungssumme betrug 3.684 Mark – das waren 1.000 weniger, als vordem der Ankauf gekostet hatte.

Eine weitere Maßnahme dieser Art stellte das Einsammeln des Hartgeldes neben dem von Schmuck dar. Auf diese Weise wurden Edelmetalle gewonnen. Nickel- und Kupfermünzen folgten, wodurch ab August 1915 mehr und mehr Scheidemünzen aus Eisen, Aluminium und Zink in Umlauf gelangten. Verschiedene Gemeinden gingen dazu über, sog. ▸ Not- oder Kriegsgeld auszugeben. 1917 schloss sich Pegnitz an und gab 5-, 10- und 50-Pfennig-Münzen aus Zink im Gesamtwert von 14.100 Mark aus. Diese Geldstücke trugen auf ihrer Rückseite den Hinweis: „Giltig bis 6 Monate nach Friedensschluss". (Sie wurden im November 1921 wieder eingezogen.)

Das Jahr 1916 brachte für den Bergbau in der hiesigen Region nach einer Ruhepause von ca. 200 Jahren den Neubeginn. (Wolf/Tausendpfund verweisen darauf, dass „genauere Kenntnisse" über den Pegnitzer Bergbau erst aus dem 19. Jahrhundert vorliegen. Detaillierte Angaben zur Geschichte der „Eisenstein-Zeche Kleiner Johannes": ▸ Kap. Handel, Handwerk, Industrie, S. 82.) Unter dem Einfluss des Krieges setzte die Förderung von Erz sowohl unter Tage als auch im Tagebau erfolgreich ein. 1918 nahm man eine Aufbereitungsanlage mit reduzierender Röstung und Magnetscheidung in Betrieb.

Das Ende des Ersten Weltkrieges 1918 bedeutete auch das Ende des monarchischen Regierungssystems in Deutsch-

Mittelmächte = geographisch verstandene Bezeichnung der verbündeten Staaten Deutschland, Österreich-Ungarn, Bulgarien und das Osmanische Reich.

Abbildung 24: Not-/Kriegsgeld.

Die Geschichte der Stadt Pegnitz

land. Am 9. November rief der Sozialdemokrat Philipp Scheidemann in Berlin die Republik aus – angesichts der desolaten militärischen Lage forderte die Oberste Heeresleitung das kurzfristige Ende der Kampfhandlungen ▶ **Waffenstillstand.** Der Kaiser ging daraufhin ins Exil nach Holland. Bereits am 7. des Monats hatte König Ludwig III. (König seit 1913) die Krone Bayerns niedergelegt und Kurt Eisner (USPD) den „Freien Volksstaat Bayern" proklamiert.

In Pegnitz spiegelte sich die politische Umgestaltung in einem Umzug wider, der mit Musik und einer roten Fahne durch die Stadt marschierte. Auf mitgeführten Transparenten hieß es: „Hoch die Republik" und „Nieder mit dem Krieg". Darin erschöpfte sich die „revolutionäre Bewegung" in unserem Ort. Die Pegnitzer belasteten viel zu schwer ihre täglichen Sorgen, Ängste und Nöte um die Existenz, als dass sie Interesse an politischen Ideen bzw. Bewegungen aufgebracht hätten. Um auf jeden Fall Ruhe und Ordnung zu garantieren, bildete man bewaffnete „Einwohnerwehren".

> **Waffenstillstand** = am 11. November 1918 vom Zentrums-Abgeordneten Matthias Erzberger im Wald von Compiègne unterzeichnet; der Friedensschluss zwischen den Siegermächten und Deutschland erfolgte am 10. Januar 1920 zu Versailles.

Der Krieg forderte einen hohen Blutzoll: ca. 1,8 Millionen Tote zählte man allein in Deutschland. 73 Pegnitzer Bürger kehrten nicht mehr aus dem Feld zurück – 36 aus eingepfarrten Orten. (Im Deutsch-Französischen Krieg 1870/71 fielen sechs Pegnitzer als Soldaten in Frankreich.) Ihre Namen finden sich auf dem am 12. September 1926 am Schloßberg eingeweihten Kriegerdenkmal. Nach 1918 starben noch mehrere Kriegsteilnehmer an Wunden oder Krankheiten, die sie von der Front heimgebracht hatten. Die aufwärtsgerichtete Tendenz, die das Wirtschaftsleben unserer Stadt um die Jahrhundertwende gekennzeichnet hatte, war durch den Krieg ins Gegenteil verkehrt worden. Allgemeiner Mangel auf nahezu allen Gebieten rief Teuerungen hervor – abnehmende Geldwertstabilität tat das ihrige. Auch 1919 blieb die Lebensmittelknappheit bestehen, da die Alliierten bis zur Unterzeichnung des Friedensvertrages ihre Blockade Deutschlands aufrechterhielten. Nur wer Landwirtschaft betrieb, blieb vom Hunger verschont – allerdings lastete auf den Bauern ein hohes Abgabensoll.

Zusätzlich machte sich in der Landwirtschaft wie im Handwerk weiter das Fehlen von Arbeitskräften bemerkbar. Während die Siegermächte Deutschland nötigten, kriegsgefangene Ausländer unmittelbar nach Abschluss des Waffenstillstandes in ihre Heimatländer zu entlassen, kehrten kriegsgefangene Deutsche nur nach und nach heim. In Pegnitz vermochte man erst am 4. April 1920 einen Dankgottesdienst für die Heimkehr der letzten Kriegsteilnehmer zu feiern.

Abbildung 25:
Am 12. November 1926 wurde auf der der Stadt zugewandten Seite des Schloßberges das Denkmal zur Erinnerung an die Gefallenen des Krieges 1870/71 und des Ersten Weltkrieges feierlich enthüllt. Das obige Bild zeigt das noch ganz frische Kriegerdenkmal.

Abbildung 26:
Der Marktplatz war nicht erst in der Zeit des Dritten Reiches ein Platz für Kundgebungen, sondern erfüllte diese Funktion schon immer: Dieses Bild ist eine wirklich historische Aufnahme und zeigt die erste Maifeier nach dem Ersten Weltkrieg auf dem Pegnitzer Marktplatz im Jahr 1919. Auf der Rückseite dieser Karte hat der Schreiber vermerkt: „Zur Erinnerung an die Maifeier am 1.5.1919, wo sich sämtliche Vereine beteiligten." Immerhin war es die erste Maifeier nach dem Zusammenbruch des Kaiserreiches, und man befand sich an der Schwelle zu einer völlig neuen Zeit, die in die Demokratie der Weimarer Republik führte. Zu diesem Zeitpunkt allerdings war es in Bayern noch völlig ungewiss, wie es weitergehen sollte, stand doch auch die Alternative einer Räterepublik nach russischem Vorbild noch am politischen Horizont. Da ist das große Interesse an den politischen Reden zum „Tag der Arbeit" nur verständlich.

Die Geschichte der Stadt Pegnitz

Politische Unruhen und Ruhrgebietsbesetzung verstärkten in den frühen 20er Jahren die Destabilisierung der Wirtschaftslage und heizten die Inflation weiter an. „Astronomische Summen" im Geldverkehr waren die Folge. So kostete z. B. im Oktober 1923 ein Laib Brot ca. 1,7 Milliarden Mark – ein unglaublicher Preis! Die Ehefrauen der in der „Pegnitzhütte" Beschäftigten standen an Zahltagen am Werkstor, um mit den Lohntüten unverzüglich Einkäufe zu tätigen: Am nächsten Tag besaß das Geld nur noch die Hälfte seines Wertes. In dieser Krisenzeit suchte eine Anzahl junger Pegnitzer das Heil in der Auswanderung nach Übersee. Den Wandel der Verhältnisse brachte die Währungsreform vom Oktober 1923, bei der die „Rentenmark" (RM) (ab 1924 „Reichsmark") die marode „Mark" ablöste: Das Wirtschaftsleben in Deutschland gewann wieder Normalität.

Die Zeit der ▸ **Weimarer Republik** hinterließ in unserer Stadt Spuren in verschiedener Hinsicht. So schlossen sich 1923 die zehn Kommunbrauer zu einer Vereinigung zusammen und errichteten neben dem 1914 gebauten städtischen Sudhaus ein eigenes Kellergebäude. In Pegnitz existierten zu der Zeit 15 Schankwirtschaften und vier Gasthäuser mit Übernachtungsangebot. Ab 1923 befuhr die Post ihre Linie nach Muggendorf mit Autobussen. Die Postkutsche hatte ausgedient, wodurch der Poststall im „Schwarzen Adler" überflüssig wurde. Das Gebäude des Postamtes an der Bahnhofstraße stammt von 1926.

Die Hauptstraße trug innerhalb der Stadttore schon im 18. Jahrhundert ein Straßenpflaster. 1927 ließ der Bayerische Staat – seit 1909 Eigentümer der Straße – diese mit einem Pflaster aus Basaltsteinen belegen, das 1934 bis zum Bahnhof fortgeführt wurde. 1935 erhielten sowohl der Marktplatz als auch die Gassen der Innenstadt eine Pflasterdecke. Hinsichtlich der Straßenführung ist noch der Bau der Bayreuther Straße im Fichtenohetal 1926–1928 zu nennen, wodurch der bisherige steile Weg über den Zipser Berg ersetzt wurde.

In dieser Phase der Stadtgeschichte bemühte sich die Administration, den optischen Eindruck, den der Stadtkern vermittelte, zu heben, da eben jetzt der Fremdenverkehr zu florieren begann. 1926 wurden rund um den Marktplatz Kugelulmen angepflanzt, und 1931 installierte man unterhalb des Alten Rathauses einen Springbrunnen inmitten einer Grünanlage. Das Rathaus selbst erhielt 1929 eine „gründliche Erneuerung im Äußern und Inneren". Im Laufe der Jahrhunderte waren wiederholt umfangreiche Renovierungen notwendig gewesen, vor allem 1686, 1708 und 1731. Im Zuge der jetzigen Arbeiten legte man das kunstvolle Fachwerk in beiden Giebelwänden frei und gab dem Eingang ein imposantes Aussehen. „Hierdurch ist das Rathaus zum Schmuckstück unserer Stadt geworden [...]" (Bauer, S. 516).

Abbildungen 27–29:
Hauptstraße mit Kugelulmen. Die Aufnahmen stammen vom Beginn der 30er Jahre. Oben ist ausnahmsweise eine etwas größere Menschengruppe vor dem Weißen Lamm zu sehen. Außerdem ziert ein Maibaum den Marktplatz. Die mittlere Karte ist eine der wenigen aus dem Vertrieb von August Pflaum in Pegnitz.

Weimarer Republik = die erste republikanisch-demokratische Staatsform in der deutschen Geschichte, benannt nach Weimar, wo 1919 die verfassunggebende Nationalversammlung tagte. Sie umfasst den Zeitraum 1919–1933. Die Grundlage des staatlichen Lebens bildete die „Weimarer Verfassung" vom 11. August 1919.

Die Geschichte der Stadt Pegnitz

Abbildungen 30/31:
Aussichtssturm auf dem Schloßberg.

Der Fremdenverkehr dürfte auch der hauptsächliche Anlass für den Bau des ersten Aussichtsturmes auf dem Schloßberg gewesen sein – 1923 noch aus Holz aufgeführt. Schließlich bleibt noch zu erwähnen, dass 1929 die Bartholomäuskirche zwei neue Glocken erhielt, die 1922 bzw. 1924 angeschafften Exemplare waren zuvor wieder verkauft worden.

7. Pegnitz während der NS-Zeit und des Zweiten Weltkriegs

Die frühen 30er Jahre des 20. Jahrhunderts sind gekennzeichnet von Weltwirtschaftskrise und Massenarbeitslosigkeit. In Deutschland suchten rund sechs Millionen Menschen eine Beschäftigung. So sank z. B. die Zahl der Beschäftigten in der „Pegnitzhütte" auf ca. 300 Mann 1929 und auf 90 zwei Jahre später. Als Folge gewannen radikale Parteien mit ihren Versprechen von raschen Lösungen der Probleme zunehmend Anhängerscharen. Aus den Reichstagswahlen ▶ **Deutscher Reichstag 1932** vom Juli bzw. November 1932 ging die rechtsradikale NSDAP als stärkste politische Fraktion hervor.

In Pegnitz suchte 1. Bürgermeister ▶ **Hans Gentner** – seit 1924 im Amt – der prekären Entwicklung zu begegnen, indem er mehrere Arbeitsbeschaffungsprogramme für Arbeitslose durchführen ließ. Hierzu zählen: die neue Trassenführung der B2 von Pegnitz bis Buchau, der Ausbau der Straße Pegnitz–Hainbronn–Weidlwang, die bereits erwähnte Pflasterung der Hauptstraße wie auch die Vermehrung der Bürgersteige. Ferner wurde der Stadt- und Feuergraben aufgefüllt und damit die letzten Reste der ehemaligen Stadtbefestigung beseitigt (die Straße „Am Stadtgraben" entstand 1934). 1932 ließ Gentner den Lauf der Fichtenohe wie der Pegnitz zwischen dem Norden der Stadt und Hainbronn regulieren, um v. a. am Wiesweiher und am Erlengrund die Überschwemmungsgefahr zu verringern. Im Wiesweiher-Gelände legte man längs des Ufers eine Straße an, von Birken gesäumt.

Der Bau des Schwimmbades an der Bayreuther Straße wurde zwar unter der Amtsführung Hans Gentners begonnen, aber nicht mehr abgeschlossen. Der SPD-Politiker wurde am 17. März 1933 von den NS-Machthabern offiziell seines Amtes als Bürgermeister enthoben und verhaftet. (Gentner hatte sich nach der sog. Machtergreifung am 30. Januar 1933 eine Zeit lang verborgen.) In den Folgejahren sah sich die Familie Gentner wiederholt verschiedenen Schikanen ausgesetzt, wie z. B. herabwürdigenden Hausdurchsuchungen. Die Funktion des Stadtoberhauptes übertrug man vorläufig dem bisherigen 2. Bürgermeister Pflaum, der aber nur in engster Zusammenarbeit mit dem NS-Stadtrat Friedrich Heiss agieren durfte. Aus Protest gegen dieses Diktat verließen sieben Stadträte demonstrativ das Gremium.

Deutscher Reichtstag 1932
6. Reichstag (Wahl 3. Juli)
NSDAP: 230 Sitze
SPD: 133 Sitze
KPD: 89 Sitze
Zentrum: 75 Sitze
sonstige: 81 Sitze
7. Reichstag (Wahl 6. Nov.)
NSDAP: 196 Sitze
SPD: 121 Sitze
KPD: 100 Sitze
Zentrum: 70 Sitze
sonstige: 97 Sitze

Gentner, Hans (1877–1953) – als 13-jähriger Lehrling als Dreher in der Fa. AMAG-Hilpert; er gründete 1898 den ersten Gewerkschaftsortsverband sowie einen Ortsverein der SPD in Pegnitz. 1912 Wahl in den Bayerischen Landtag. Er gründete in Pegnitz die „Freie Bauern- und Handwerksgenossenschaft Bundschuh". 1919 Mitglied der Regierung Hoffmann (SPD) mit Sitz in Bamberg. 1924 und 1930 Wahl zum Ersten Bürgermeister von Pegnitz; bei der NS-Machtübernahme abgesetzt. 1933 und 1944 im KZ Dachau – 1934 einige Zeit in „Schutzhaft" im Gefängnis Bayreuth. 1945 von der amerikanischen Militärverwaltung erneut zum Bürgermeister eingesetzt. Er war beteiligt an der Gründung einer Ortsgruppe des „Bayerischen Bauernverbandes". Gentner wurde 1947 in den Bayerischen Landtag gewählt und zum Staatssekretär im Landwirtschaftsministerium ernannt. Ab 1947 war er auch Mitglied des Bayerischen Senats.

Die Geschichte der Stadt Pegnitz

Abbildung 32:
Der Februar 1909 brachte für ganz Franken eine verheerende Hochwasserkatastrophe. Nach längerer Frostperiode und ausgiebigen Schneefällen setzte plötzlich Tauwetter mit Regen ein. Das Wasser konnte nicht versickern und wuchs zu einer großen Flut an. Vor Pegnitz trat bereits die Fichtenohe über die Ufer, und in der Stadt bildete sich zwischen der Altstadt und dem Stadtgraben auf dem Wiesweiher ein großer See. Die Aufnahme zur Karte, die im gleichen Jahr verschickt wurde, stammt von Johanna Wolf.

Heiß wurde dann – wie im NS-Staat üblich – „von oben" zum kommissarischen Bürgermeister von Pegnitz bestimmt. In seine Amtszeit fällt die Zuerkennung der „Ehrenbürgerrechte der Stadt Pegnitz" an Reichspräsident Feldmarschall Paul v. Hindenburg, an Reichskanzler Adolf Hitler und an Gauleiter Hans Schemm. Diese Ehrung drückte sich sinnfällig aus in der Umbenennung von drei Straßen unserer Stadt: die „Hauptstraße" wurde zur „Von-Hindenburg-Straße", die „Friedrich-Ebert-Straße" zur „Adolf-Hitler-Straße" und die „Schmiedpeunt" zur „Hans-Schemm-Straße".

Zusammen mit der Auflösung bzw. dem Verbot der politischen Parteien außer der NSDAP lösten sich auch deren Unterabtei-

Abbildung 33:
Am 26. Januar 1995 gab es noch einmal ein großes Hochwasser.

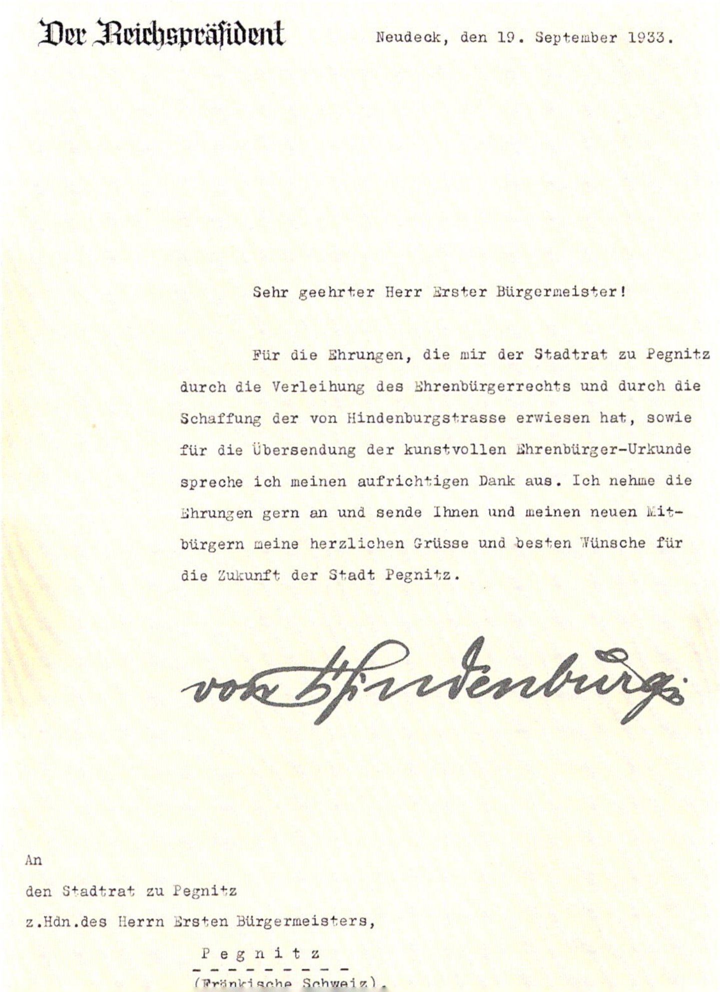

Abbildungen 34–36:
Dankesbrief von Hindenburgs zur Namensgebung.

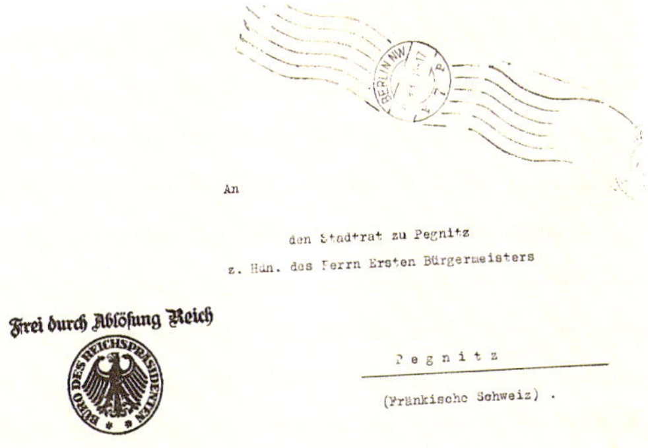

Der Reichspräsident Neudeck, den 19. September 1933.

Sehr geehrter Herr Erster Bürgermeister!

Für die Ehrungen, die mir der Stadtrat zu Pegnitz durch die Verleihung des Ehrenbürgerrechts und durch die Schaffung der von Hindenburgstrasse erwiesen hat, sowie für die Übersendung der kunstvollen Ehrenbürger-Urkunde spreche ich meinen aufrichtigen Dank aus. Ich nehme die Ehrungen gern an und sende Ihnen und meinen neuen Mitbürgern meine herzlichen Grüsse und besten Wünsche für die Zukunft der Stadt Pegnitz.

von Hindenburg

An
den Stadtrat zu Pegnitz
z.Hdn.des Herrn Ersten Bürgermeisters,
     Pegnitz
     (Fränkische Schweiz).

Die Geschichte der Stadt Pegnitz

lungen auf – d.h. die Vereine für Turnen, Fußball, Radsport, Gesang u.Ä.m. In Pegnitz hatten bisher mehrere SPD-Organisationen dieser Art bestanden, jetzt teilten sie das allgemeine Schicksal. Die Fahne des SPD-Ortsvereins wurde von NS-Anhängern öffentlich verbrannt. Das war nicht das einzige Feuer in der Öffentlichkeit: Es gab auch hier 1933 eine Bücherverbrennung.

Die neuen Machthaber boten übrigens „Ersatz" in Bezug auf das Vereinsleben an – natürlich auf ihre Ideologie ausgerichtet. So gab es z.B. das NS-Kraftfahrkorps, die NS-Flieger, die NS-Frauenschaft, die HJ, den BdM usw. Der Beitritt zu den Kraftfahrern oder den Fliegern erfolgte jedoch vielfach nur, um der Marschiererei bei den meist sonntags angesetzten „Appellen" zu entgehen. Der Sonntag war gezielt zum Termin für Aktivitäten zur „Volksertüchtigung" bestimmt worden, um junge Leute vom Besuch des Gottesdienstes fernzuhalten.

Das Leben in unserer Stadt während der NS-Diktatur charakterisieren Wolf/Tausendpfund (S. 440): Es passierten „[…] auch im damals kleinen Pegnitz viele schlimme Dinge". Es wurde „verhaftet, geschlagen, es wurden Köpfe kahl geschoren, Existenzen vernichtet, es wurde denunziert und diffamiert […] wobei – glücklicherweise – die Enge der Kleinstadt vermutlich schreckliche Auswüchse verhinderte […]". In der berüchtigten „Reichskristallnacht" (9. November 1938) kam es hier zu keinen Übergriffen auf jüdische Geschäfte und Synagogen, da in Pegnitz weder das eine noch das andere existierte.

Heiß zog sich 1934 das Missfallen der NS-Obrigkeit zu; er wurde deshalb im Amt durch Georg SCHAUER ersetzt. Diesem folgte 1937 Bergwerksdirektor Wilhelm REMMEL (bis 1945). Wie gefährlich „politisches Fehlverhalten" sein konnte, beweist der Fall des Wilhelm Büttner. Dieser junge Mann – Angestellter bei der Kommunalverwaltung – schrieb zusammen mit zwei Gleichaltrigen an einen Felsen unweit Hainbronns die Worte: „Nieder mit Hitler". Unvorsichtigerweise verriet er im Gasthaus die Namen der Beteiligten. Einige Tage später setzte er selbst deswegen seinem Leben ein Ende. Seine beiden Freunde kamen für mehrere Wochen in Gestapo-Haft.

Um die Mitte der 30er Jahre wurde der hiesige Bergbau erneut aktiviert, nachdem man 1923 die Erzförderung wegen Absatzmangels hatte einstellen müssen. Bei der Wiederaufnahme des Abbaus wurde 1935 eine neue Aufbereitungsanlage errichtet. Da aber jetzt für den Zechenbetrieb Arbeitskräfte aus Sachsen und dem Saarland angeworben wurden, mangelte es in Pegnitz an Wohnraum für sie und ihre Familien. In den Jahren 1936–1938 entstand deshalb die „Lohe-Siedlung" zwischen „Arzberg" und „Kamelfelsen": ca. 120 Wohngebäude und vier Geschäfte.

1938 beschäftigte der Bergbau 654 Mann – mit ihren Frauen und Kindern lebten ca. 2.600 Personen von der Zeche, d. h. rund 63 % der damaligen Einwohner unserer Stadt. Mit Recht schreibt J. PFEUFER: „Der Bergbau war zweifelsohne zeitweise der bedeutendste Wirtschaftsfaktor in der Pegnitzer Region." (NK, 7.12.1998) Die Bergmannshäuser wurden von der „Bayerischen Heimstätten GmbH" gebaut. Die Bergleute bekamen die Chance eingeräumt, die von ihnen bewohnten Häu-

Abbildung 41:
Zur Zeit des Nationalsozialismus haben der Marktplatz und das Rathaus ihr Aussehen verändert. Die Rotdornbäumchen am Straßenrand wurden reduziert, der Baum vor dem Rathaus ist verschwunden. Das Rathaus hat eine Aufschrift bekommen: „Arbeit ist keine Schande – Arbeit ist eine Ehre". Außerdem ist jetzt auch die Straße gepflastert.

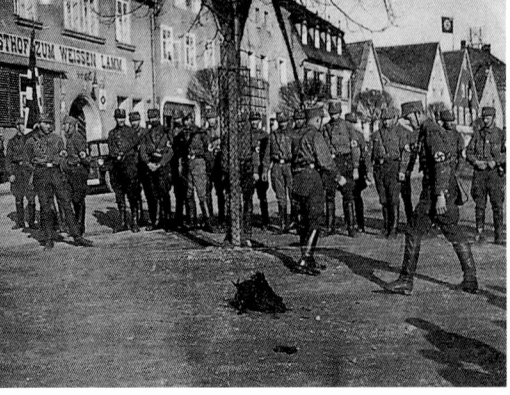

Abbildungen 37–40:
1933 – Verbrennung der SPD-Fahne.

Die Geschichte der Stadt Pegnitz

Abbildungen 42/43:
Lohesiedlung, ca. 1942 (großes Bild), Gaststätte „Glückauf" (kleines Bild). Für die neuen Bergleute, meist aus Sachsen und dem Saarland, wurden ab 1937 zunächst 100 Wohnungseinheiten geplant und dann eine eigene Siedlung, die heutige Lohesiedlung, außerhalb der Stadt errichtet. Die damalige Abgelegenheit dieser Plansiedlung ist auf diesem Bild noch gut nachzuverfolgen. Mit einem zentralen Platz mit Einkaufsmöglichkeit, Poststelle und Gasthaus war dieser Siedlungsteil auch relativ autark. Alle Straßen erhielten bei der Namensgebung irgendeinen Bezug zur ehemaligen deutschen Kolonialgeschichte, z. B. Togostraße oder Lüderitzstraße, weshalb die heutige Lohesiedlung von den Pegnitzern auch spöttisch als „Klein-Afrika" bezeichnet wurde. Die Siedlung hatte auch einen eigenen, etwas eigenartigen Poststempel. „Pegnitz A", der auf der Rückseite der Karte abgeschlagen ist.

ser mit Grundstück für insgesamt 7.600 RM käuflich zu erwerben. Das Bergwerk wurde 1938 zusammen mit allen Gruben der „Bayerischen Berg-, Hütten- und Salzwerke" (BHS) der „Reichswerke Hermann Göring AG für Erzbergbau und Eisenhütten" mit Sitz in Linz angegliedert. Ab 1940 rollten die Erztransporte in die oberösterreichische Stadt.

1937 berührte das groß angelegte Projekt zur Arbeitsbeschaffung, das die NS-Führung unternahm, auch Pegnitz: der Bau der „Reichsautobahn". Da der Verbindung der Städte Berlin–Nürnberg–München (heute A 9) neben wirtschaftlicher Bedeutung auch gesteigerte parteipolitische zukam, trieb man die Arbeit energisch voran. Während des Baus an dem Abschnitt, der die hiesige Region durchquert, kamen Arbeitskräfte aus Pegnitz und seinem Umland neben dem ▸ „**Reichsarbeitsdienst**" sowie italienische Gastarbeiter zum Einsatz. Zur Unterbringung des RAD standen Barackenlager bei Büchenbach, Neudorf, Körbeldorf und Plech. Zu deren Versorgung mit Lebensmitteln zog man die Landwirte des Umlandes mit heran. Am 4. September 1937 fand die mit erheblichem Propagandaaufwand inszenierte Eröffnung des Teilstücks Bayreuth-Nürnberg statt – zeitgerecht für den „Reichsparteitag".

Der Ausbruch des Zweiten Weltkrieges am 1. September 1939 wirkte sich unmittelbar auf den Alltag in der Heimat aus. (Dass mit dem Ernstfall gerechnet werden musste, hatten die bereits vordem durchgeführten Luftschutzübungen gewarnt.) Die Reichsregierung veröffentlichte an diesem Tage ihren Erlass über die „Bezugsscheinpflicht für Lebensmittel" und die „Verbraucherregelung für Spinnstoff- und Schuhwaren". Das bedeutete: Ohne **Lebensmittelmarken** bzw. ohne **Bezugsscheine** waren fortan keine Einkäufe möglich.

Am Folgetage erhielt der Landkreis Pegnitz die Weisung, ein „Ernährungsamt" einzurichten. Diesem oblag dann sowohl die Überwachung der Lebensmittelerzeugung als auch die Auslieferung der Produkte an die Verteiler. Am 4. September wurde noch ein „Wirtschaftsamt" eingerichtet, das die Versorgung mit „Gütern der gewerblichen Wirtschaft" regelte – also mit Kohle, Heizöl, Treibstoff, Reifen, Spinnstoffen und Lederwaren. Gewarnt durch die Not- und Hungerperioden des Ersten Weltkrieges, suchte die Regierung jetzt die Versorgung auf allen Sektoren von Anfang an zu regulieren.

Reichsarbeitsdienst (RAD) = 1935–1945 Pflichtarbeitsdienst in Deutschland unter der NS-Regierung. War straff militärisch organisiert. Die Arbeit wurde finanziell nicht voll entlohnt.

Abbildungen 44 bis 46:
Lebensmittelkarten

Die Geschichte der Stadt Pegnitz

Die Zuteilung, die pro Person und Woche zugestanden wurde, betrug: 210 g Milchprodukte und Fette; 700 g Fleischwaren; 1,4 l Vollmilch; 63 g Kaffee bzw. Kaffee-Ersatz; 150 g Graupen, Grütze, Haferflocken oder Grieß; 280 g Zucker; 55 g Marmelade und 125 g Kernseife. Ausnahmeregelungen, d. h. erhöhte Rationen, galten für „Schwerstarbeiter" und stillende Mütter.

Wie im vorausgehenden Kriege stellte sich auch jetzt wieder ein wachsendes Defizit an Arbeitskräften ein, da die männliche Bevölkerung zur Wehrmacht eingezogen wurde. Um die Lücken im Produktionsprozess zu schließen, führte man im Herbst 1939 den „Reichsarbeitsdienst der weiblichen Jugend" ein. Ab 1940 kamen in zunehmender Zahl Kriegsgefangene zum Einsatz. So auch in Pegnitz. Hier arbeiteten v. a. Franzosen und Belgier im Werk AMAG-Hilpert-Pegnitzhütte, während in der Landwirtschaft hauptsächlich Polen eingesetzt wurden. Diese Arbeitskräfte waren in verschiedenen Unterkünften einquartiert – so auf dem Werksgelände, in der ▸ **Schloßberg-Anlage**, in Nemschenreuth usw. Deutsche und Ausländer arbeiteten in dieser schlimmen Zeit problemfrei miteinander, und manches Mal steckten Einheimische den Gefangenen heimlich Essbares zu. Zwangsarbeiter aus Frankreich, Polen und Russland setzte man übrigens auch beim Erzabbau ein, der jetzt forciert betrieben wurde. 1941 verlagerte AMAG-Hilpert wegen der Bombardierung Nürnbergs und des dortigen Werkes durch die West-Alliierten die Metallgießerei nach Pegnitz – zwei Jahre später die gesamte Verwaltung.

Hatten bereits im Ersten Weltkrieg in Deutschland die Kirchen ihre Glocken zu Rüstungszwecken hergeben müssen, so wiederholte sich dieses Geschehen im gegenwärtigen Krieg. 1940 verlor die Bartholomäuskirche alle drei Exemplare, die erst 1929 angeschafft worden waren. (Eine von ihnen entging dem Schmelzofen und kehrte 1948 in feierlichem Zuge nach Pegnitz zurück.) 1940/41 büßte die katholische Marienkirche ihre vier Glocken ein, die 1927 unter erheblichen finanziellen Schwierigkeiten erworben worden waren.

Bis zum Frühjahr 1945 blieb unsere Stadt vom Kriegsgeschehen nur mittelbar berührt. AMAG-Hilpert produzierte lediglich teilweise für die Rüstung: „Vielleicht blieb Pegnitz deshalb von vernichtenden Luftangriffen verschont." (Heidler, Frank: NN, 22. 12. 1999) Anfang April änderte sich das. Am 6. des Monats stellte man die Erzförderung ein und benutzte den Hauptstollen „Erwein II" als Luftschutzbunker für die Bevölkerung. Diese Maßnahme wurde notwendig, da infolge der näher rückenden Front US-Jagdflugzeuge auftauchten. Fünf Personen fanden bei den gefürchteten Tieffliegerattacken den Tod in unserer Region.

Am 14. April rückten amerikanische Truppen in Pegnitz ein, über dem die weiße Fahne wehte. Die einsame „Panzersperre" an der Nürnberger Straße hatte sie natürlich nicht aufhalten können. Die Amerikaner sahen jedoch zuvor den Hochbehälter der hiesigen Wasserversorgung auf dem Zipser Berg als Militäranlage an und beschossen ihn. Zum Glück traf keine einzige Granate, obwohl der Beschuss zwei Stunden (!) andauerte. Die inzwischen aus dem Ort abziehende Waffen-SS steckte noch die städtische Lagerhalle in Brand.

Die in Pegnitz einmarschierenden US-Verbände wurden auf dem Marktplatz von französischen und belgischen Gefangenen mit Jubel empfangen. Bürgermeister Remmel wurde verhaftet, in der Stadt angetroffene deutsche Soldaten gefangen genommen. Für sie diente der „Kolb-Saal" als provisorisches Gefangenenlager. Der weitere Vormarsch der Amerikaner von Pegnitz aus in Richtung Grafenwöhr führte zu Kämpfen mit deutschen Einheiten bei Troschenreuth. Ein auf dem Turm der Kirche positioniertes MG forderte den Beschuss der Angreifer heraus: das Gotteshaus erlitt erhebliche Beschädigung.

Am 7./8. Mai 1945 endete mit der bedingungslosen Kapitulation Deutschlands der Zweite Weltkrieg in Europa. Die Verluste an Menschen betrugen weltweit 55 Millionen Tote, ca. 35 Millionen Verletzte sowie ca. 3 Millionen Vermisste. Pegnitz und die Gemeinden Hainbronn, Penzenreuth und Zips beklagten zusammen 254 Gefallene und 109 Vermisste. Am Volkstrauertag 1962 wurde das um ihre Namen erweiterte Kriegerdenkmal am Schloßberg der Öffentlichkeit in einem feierlichen Akt übergeben.

„**Schloßberg-Anlage**" = 1926 errichtete der „Gewerbeverein" die große Holzhalle zur Gewerbeschau; sie diente dann den Vereinsfesten. Im I. Weltkrieg gab sie die Unterkunft für Kriegsgefangene ab.

Die Geschichte der Stadt Pegnitz

8. Pegnitz in der Nachkriegszeit

Dem Kriegsende folgte Chaos im Alltag: Das Wirtschaftsleben erstarrte, Eisenbahn und Post stellten ihren Betrieb ein, Eigentumsdelikte waren an der Tagesordnung – auch in Pegnitz. So wurde z. B. das vormalige Versorgungslager der Wehrmacht (auf dem heutigen Poser-Gelände) von Fremdarbeitern wie Einheimischen geplündert. Aber auch Geschäfte und Privatwohnungen blieben nicht verschont. Hans Gentner forderte daher die Bürger auf, sich mit Knüppeln zu bewaffnen, um dem Raub mutig entgegenzutreten. Es war jetzt die Stunde, in der Gentner nach 12-jähriger politischer Verfemung erneut aktiv wirkte. Die West-Alliierten beauftragten 1945/46 beim Wiederaufbau der Administration in ihren Besatzungszonen erfahrene und gleichzeitig politisch unbelastete Deutsche mit dieser Aufgabe. In Pegnitz traf das auf den inzwischen 68-jährigen Hans GENTNER zu. Dieser rechtfertigte anschließend seine Berufung, indem er sich durch seine Amtsführung das Vertrauen der hiesigen Einwohnerschaft erwarb.

Gentner kümmerte sich in der Notzeit vorrangig um die Versorgung der Familien mit Nahrungsmitteln. Zu diesem Zweck erreichte er z. B., dass jetzt die 1940 gegründete „Molkerei-Genossenschaft GmbH" – die seit 1942 die Milchversorgung im Pegnitzer Raum betrieb – weiter produzieren konnte (freilich unter neuer Leitung). Nach K. Meyer wurden 1945 ca. 2.500 Liter Milch pro Tag angeliefert (S. 526). Wenigstens ein gewisses Quantum an Molkerei-Produkten war damit gesichert, denn vorläufig blieb die Not empfindlich. Zum Mangel an Lebensmitteln gesellte sich während des Winters 1945/46 noch der an Heizmaterial. 1950 fusionierte das hiesige Unternehmen mit der Genossenschaft Eschenbach und steigerte dadurch seine Rentabilität. Dazu zählte auch, dass ein firmeneigener Obstgarten mit Beerensträuchern angelegt wurde, um günstig Beeren für Früchte-Joghurt zu ernten.

Gerade die Existenz von Landwirtschaft in und um Pegnitz bedeutete in der harten Nachkriegszeit eine extrem wertvolle Hilfe. Wer immer konnte, suchte Arbeit in ihr, um auf diese Weise an Nahrung zu kommen. Aber auch die Nutzung der Gärten half schon. Daneben blühte der Tauschhandel auf dem Schwarzmarkt, und „Hamster-Fahrten" aufs Land wurden unternommen. In dieser Zeit kam Hilfe aus dem Ausland. Besonders christlich-karitative Organisationen in den USA schickten die begehrten ▸ CARE-Pakete bzw. organisierten Schulspeisungen.

Neben der Sorge um die tägliche Nahrung sah sich Pegnitz in dieser Zeit noch einem anderen schwer wiegenden Problem als Folge des verlorenen Krieges gegenüber: der Wohnraumnot. Diese resultierte aus dem Zustrom von Flüchtlingen und Vertriebenen ▸ Vertreibung als Kriegsfolge aus dem Osten – aus dem Sudetenland, aus Schlesien, aus Ostpreußen, aus Lettland, aus dem Banat sowie aus Sachsen und Thüringen. In Gesamtbayern stieg 1945/46 die Bevölkerung von ca. 6,3 Millionen auf ca. 8 Millionen an. Im selben Zeitraum wuchs die Einwohnerzahl in unserer Stadt um ungefähr 62 % – d. h. von ca. 4.000 Personen auf etwa 6.500. (In den folgenden Jahren nahm die Zahl durch Familienzusammenführung noch weiter zu.)

Abbildung 47: Milchhof Pegnitz um 1960.

CARE = Abkürzung für „Cooperative for American Remittances to Europe". Vereinigung von 26 amerikanischen Organisationen zum Versand von Liebesgaben-Paketen.

Vertreibung als Kriegsfolge = die Potsdamer Konferenz (Juli/August 1945) sanktionierte die Vertreibung fast aller Deutschen aus den deutschen Ostgebieten, der Tschechoslowakei und Ungarn (1945/46). Über 3 Mill. Menschen kamen dabei um. Etwa 30 Millionen Europäer (davon ca. 60 % Deutsche) verloren ihre Heimat.

Die Geschichte der Stadt Pegnitz

Vogl, Dr. Franz (1906–1990) – Priesterweihe 1931; 1938–1977 Pfarrer zu Pegnitz; 1968 Ehrenbürger der Stadt Pegnitz.

Abbildung 48:
Ernst Mellinghoff.

Mellinghoff, Ernst (1901–1956) – Dreher – 1946–1952 erster Bürgermeister, 1948–1956 Mitglied des Kreistags Pegnitz.

Eigenheime. 1950 wurde in Pegnitz die „St.-Josef-Stiftung" für den sozialen kirchlichen Wohnungsbau gegründet. 1952 entstanden die ersten Wohnungen in der St.-Josef-Straße – 1953 weitere in der Kettelerstraße.

Abbildung 49:
Anfang 1950 nahm die Fa. Teppich-Poser den Betrieb in den ehemaligen Wehrmachtshallen auf.

Abbildungen 50 – 52:
Festumzug der schlesischen Landsmannschaft.

Erste Fremde hatte die hiesige Region bereits kurz nach Kriegsbeginn gesehen, als im Oktober 1939 Evakuierte aus den Städten, die von Bombardierungen bedroht wurden, hierher kamen. Sie fanden Unterkunft in Nemschenreuth, Neudorf und Zips. Nunmehr erwies es sich als eine nur mühsam lösbare Aufgabe für den Ort, die Heimatvertriebenen unterzubringen. Die Stadtverwaltung musste in dieser Zwangslage sogar Wohnungen beschlagnahmen. Als wertvoller Helfer in der Not zeichnete sich jetzt Pfarrer ▶ **Dr. Franz Vogl** aus, der in zahlreichen Fällen eine Bleibe vermittelte. Andere Flüchtlinge fanden Unterkunft in rasch eingerichteten Lagern. Hier waren freilich die hygienischen Zustände „menschenunwürdig".

Bürgermeister ▶ **Ernst Mellinghoff** (SPD) nutzte dann auch das von staatlicher Seite geförderte „Baracken-Auflösungsprogramm", um im Bereich „Alte Poststraße/Blumenstraße" Wohnblöcke für die Lagerinsassen errichten zu lassen. Bürgermeister Christian Sammet setzte ab 1952 dieses Projekt fort.

Nach der Konsolidierung der Gesamtlage gingen die Pegnitzer „Neu-Bürger" daran, mit staatlicher oder kirchlicher Unterstützung ▶ **Eigenheime** zu bauen: Die Stadt „expandierte wie nie zuvor". Parallel dazu wirkten sie Impuls spendend auf das hiesige Wirtschaftswesen, indem sie „Anregungen aus den Erfahrungen ihrer Heimatstädte" einbrachten (Wolf/Tausendpfund, S. 470 f.). Als Beispiel sei auf die Firma Teppich-Poser und das Geschäft Wilhelm Gebhart verwiesen. Der Familienbetrieb Poser war 1856 in Thüringen gegründet worden – am 2. Januar 1950 nahm er seine Produktion in den ehemaligen Wehrmachtshallen mit Erfolg neu auf.

Zu den erwähnten Anregungen zählte u. a. die Einrichtung der städtischen Müllabfuhr. Dazu gab die aus Schlesien stammende Stadträtin Margarete Herrmann aktuelle Ratschläge. Aber auch die alteingesessenen Geschäfte – besonders die Lebensmittelläden – profitierten von der gestiegenen Einwohnerzahl und ihrem Konsum.

Jedoch nicht allein auf das Wirtschaftswesen unserer Stadt wirkten die neuen Bürger ein, sondern ebenso sehr auf den hier betriebenen Sport. Diejenigen, die aus dem bergigen Sudetenland stammten bzw. aus dem Erzgebirge, brachten ihre Begeisterung für den Wintersport mit nach Pegnitz und machten ihn unter den Alteingesessenen populär. (Näheres dazu ▶ Kap. Sport und Freizeit, S. 206)

Am 1. November 1947 schlossen sich verschiedene Vertriebenengruppen zum „Bund der Vertriebenen" zusammen. Vorrangiges Ziel dabei bildete die soziale Betreuung der Landsleute. In den Folgejahren gingen aus dieser Organisation die „Sudetendeutsche" und die „Schlesische Landsmannschaft" hervor. Das Bestreben der Vereine richtete sich neben der sozialen Unterstützung auch auf die Wahrung der „geistig-kulturellen Identität" (Scherer, S. 16).

Zusammenfassend darf gesagt werden: „Ohne die zahlreichen Evakuierten, Flüchtlinge und Heimatvertriebenen, die sich nach dem Zweiten Weltkrieg in Pegnitz niederließen, wäre die Stadt wohl nicht das geworden, was sie heute ist." (ders., NK, 22./23.1.2000)

Die Geschichte der Stadt Pegnitz

Die Ansiedlung und Eingliederung der Vertriebenen wirkte sich aber noch auf einen weiteren Sektor unserer Stadt aus – auf den konfessionellen. Im ursprünglich protestantischen Pegnitz lebten infolge des bereits genannten Zuzugs von Arbeitskräften um die vorige Jahrhundertwende bereits Katholiken. Ihre Zahl war allerdings nicht bedeutend. (Genauere Angaben: ▸ Kap. Kirchliches Leben in Pegnitz, S. 264)

1945/46 änderte sich durch den Zuzug der Flüchtlinge und Vertriebenen das Zahlenverhältnis der Konfessionszugehörigkeit in Pegnitz deutlich, da die Neubürger mehrheitlich Katholiken waren. Nach H. Scherer (S. 20) sprach man seinerzeit sogar von einer „Rekatholisierung von Pegnitz". Das stellt zweifelsohne eine Übertreibung dar, denn erst 1950 wagte man von katholischer Seite, die erste Fronleichnamsprozession außerhalb des Hofraums der Kirche zu führen – 1955 die erste über den Marktplatz. Und das jeweils in großer Bescheidenheit.

Im 19. Jahrhundert mussten die in Pegnitz lebenden Katholiken zum Besuch der hl. Messe die Kirche in Troschenreuth aufsuchen. 1899 (14. Mai) wurde eine eigene kleine **Notkirche** an der Nürnberger Straße geweiht – eine umgebaute ehemalige Scheune. In dem Zeitabschnitt zwischen den beiden Weltkriegen – 1926/27 – ersetzte man den Behelfsbau durch die Marienkirche, deren Hochaltar der hl. Jungfrau Maria geweiht ist. Die Weihe des sakralen Baues erfolgte am 2. Oktober 1927 durch Erzbischof Dr. Jacobus v. Hauck, Bamberg.

1939 holte Pfarrer Dr. Vogl in heimlicher Aktion den wertvollen Barock-Altar und die Kanzel aus der Kirche des Oberpfälzer Dorfes Dornbach nach Pegnitz. Dieses Gotteshaus war im Zuge einer Erweiterung des Truppenübungsplatzes Grafenwöhr aufgelassen worden. Zwei Jahre zuvor war die Notkaplanei, die bisher administrativ zur Pfarrei „St. Vitus" in Büchenbach gehört hatte, zur selbstständigen Pfarrei erhoben worden. Erwähnung verdient hier auch noch das soziale Engagement der neuen Pfarrei. 1951 baute sie ihren eigenen Kindergarten, nur ein Jahr später erfolgte die Weihe des Jugendheims „Don Bosco".

Der erste katholische Kindergarten war bereits 1927 eingerichtet worden, als Schwestern vom Orden der „Dienerinnen der Kindheit Jesu" sich in Pegnitz niederließen. Sie widmeten sich vorrangig der Kinderbetreuung. Aus diesem Anlass baute man die freigewordene Notkirche zum Kindergarten um.

In einem Punkt blieb jedoch während der Zeit nach 1945 ein Dissens zwischen den Konfessionen in unserer Stadt erhalten: Sie konnten sich trotz beiderseitigen Bemühens auf kein einheitliches Volksschulsystem einigen. Als Folge bestanden in Pegnitz nebeneinander eine christliche Gemeinschaftsschule und eine katholische Konfessionsschule (▸ Kap. Schulwesen und Partnerschaften, S. 126).

Abbildung 53:
Das „Notkirchlein". Kath. Kapelle in der Nürnberger Straße.

Die Geschichte der Stadt Pegnitz

Währungsreform = 20. Juni 1948 Einführung der „Deutschen Mark" (DM) in den drei westlichen Zonen: Umwechselverhältnis 10:1; das „Kopfgeld" betrug 60 DM, wovon 40 DM sofort ausgezahlt wurden.

Demontage = Abbau von Industrieanlagen in Deutschland. Sie wurde bereits auf der Konferenz von Jalta (Februar 1945) beschlossen und in der Berliner Vier-Mächte-Erklärung wiederholt.

9. Von der Währungsreform zur Gebietsreform

Eine deutliche Zäsur im Verlaufe der Geschichte unserer Stadt stellte die ▸ **Währungsreform** vom 20. Juni 1948 dar. Ein Einschnitt, der sich selbstverständlich gleichermaßen auf das gesamte Bundesgebiet auswirkte, da auf dem Fundament einer harten Währung das System der „sozialen Marktwirtschaft" aufbaute.

Zwar benachteiligte die sog. große Politik Pegnitz, indem infolge des wachsenden Ost-West-Gegensatzes der berüchtigte „Eiserne Vorhang" zwischen dem sowjetischen Machtbereich und dem demokratisch regierten Teil Europas niederging. Ostbayern wurde dadurch zum Zonenrandgebiet, in dem das Wirtschaftswesen zunächst langsamer wuchs als im übrigen Freistaat. Jetzt sah unsere Stadt ebenfalls bisherige Verbindungen sowohl nach Thüringen als auch in den böhmischen Raum willkürlich abgeschnitten.

Aber trotz des geringeren ökonomischen Aufschwunges gab es in Pegnitz auch positive Beispiele. So entwickelte sich z.B. die bereits genannte Teppich-Firma Poser erfolgreich. Die Entwicklung des Milchhofes verdient gleichfalls erwähnt zu werden. Mit anderen Worten: In jener Phase erfolgte vorrangig ein Ausbau der Klein- und Mittelbetriebe in unserer Stadt. Was die großen anbelangt: Die Firma AMAG-Hilpert blieb von ▸ **Demontage** verschont. Sie arbeitete bereits seit Juli 1945 wieder – allerdings vorläufig unter amerikanischer Regie. Die Arbeitskräfte stellten hauptsächlich Kriegsheimkehrer. Die Produktion war anfänglich den gegenwärtigen Bedürfnissen angepasst, d. h. man fertigte im „Hungerwinter" 1946/47 in erster Linie Öfen. In den Folgejahren gelang dann dem Werk mit der Herstellung von Pumpen und Armaturen der viel versprechende Anschluss an den Weltmarkt.

Das zweite Pegnitzer Großunternehmen, die Eisensteinzeche, nahm mit Beginn der 50er Jahre die Förderung in Zusammenarbeit mit der VÖEST wieder auf. 1946–1949 hatte es eine Periode geringeren Abbaues gegeben. Aber dieser Zweig der hiesigen Industrie lebte nur bis 1967. Am 30. Dezember des Jahres rollte trotz Protestdemonstrationen der betroffenen Bevölkerung der letzte mit Erz beladene Eisenbahnwaggon nach Linz. Damit schloss die Zeche endgültig – etwa 500 Arbeitsplätze gingen verloren (▸ Kap. Handel, Handwerk, Industrie, S. 82).

An dieser Stelle ist zu erwähnen, dass man in den späten 50er Jahren in groß angelegter Aktion daranging, die staubigen Abraumhalden des Bergwerkes östlich der Straße nach Rosenhof zu bepflanzen: In unserer Stadt praktizierte man Naturschutz schon frühzeitig! Das Aufforsten der Wälder rund um Pegnitz war bereits in der zweiten Hälfte des 19. Jahrhunderts vorgenommen worden – nachdem nämlich der Weidebetrieb auf den Gemeindefluren aufgehört hatte. Bis dahin verhinderten die Schafherden durch Verbiss die natürliche Wiederbewaldung. Nach Aussage Heinrich Bauers datieren allerdings erste Anpflanzungen von Waldbäumen bereits von 1824, und zwar auf dem „**Haidlas-Berg**" (Bauer, S. 354).

Aber nicht allein die Geldwertstabilität garantierte die Erholung und den Aufschwung des Kommunalwesens, die Zuverlässigkeit der politischen Verhältnisse war in gleichem Maße Voraussetzung. Die von den West-Alliierten geforderte und geförderte Bildung von demokratischen Parteien – zunächst auf örtlicher Basis – ließ ein ähnliches Spektrum politischer Formationen entstehen, wie es 1933 die Nationalsozialisten gewaltsam ausgelöscht hatten. In Pegnitz waren es dann die Bürgermeister Gentner und

Abbildung 54: Haidlas-Berg.

Die Geschichte der Stadt Pegnitz

Mellinghoff (beide SPD), die durch ihre Amtsführung dem erneuerten demokratischen Prinzip Vertrauen unter der hiesigen Einwohnerschaft verschafften.
In dem Sinne setzte ab 1952 ▸ **Christian Sammet** (FWG) den „gezielten und zukunftsorientierten politischen Neuaufbau" fort (Wolf/Tausendpfund, S. 465 f.). Wenn es über die Genesung unserer Stadt nach den Kriegswirren des 17. Jahrhunderts heißt, diese sei der „regen Tätigkeit der Fürsten, der Amtsleute und der Einwohner" zu danken gewesen, so muss es unter Bezug auf die Entwicklung der letzten mehr als 55 Jahre heißen: Der Aufschwung in Pegnitz resultierte aus dem Zusammenwirken der Bürgermeister mit ihrem Verwaltungsapparat, mit dem Stadtrat und mit der Einwohnerschaft.
Als besondere Leistungen während der 20-jährigen Amtszeit Bürgermeister Sammets hebt sich der Neubau von etwa 1.000 Wohnungen hervor. Eine unumgängliche Aktion, wuchs doch die hiesige Einwohnerzahl von ca. 8.000 im Jahre 1960 auf ca. 9.100 in 1967. Daneben bleibt auch der Bau von Schulgebäuden aufzuführen – wie z. B. der der Berufsschule (1953), der des Gymnasiums (1957), der der Realschule (1966) und der des Schülerheims (1968) – aber auch der Ausbau der Turnhalle und die Errichtung des Hallenbades am Wiesweiher. Gerade diese Bauaktivitäten im Zusammenhang mit dem Schulsektor wurden bedingt durch die Zunahme der Schülerzahl auf allen Ebenen des Bildungswesens. Nach den Worten Herbert Scherers (S. 28) „explodierte" diese ab 1954 förmlich.
Als Folge der Entwicklung bestanden in Pegnitz neben Grund- und Hauptschule noch Realschule, Gymnasium, Förderschule, Berufsschule (aus ihr ging die heute bundesweit bekannte und geschätzte Hotelfachschule hervor) und Bayerische Justizschule. Die 1950 eröffnete Landwirtschaftsschule steht jetzt infolge des starken Rückganges des Agrarwesens geschlossen. Das Gebäude wird als Wohnheim für Absolventen der Berufschule genutzt. Mit vollem Recht trägt Pegnitz die Bezeichnung „Schulstadt", zumal hier die Volkshochschule und die Musikschule nicht vergessen werden dürfen. „Das schulische Angebot ist ein Zeichen für die Lebensqualität und die Attraktivität einer Stadt." (ebd., S. 28)
Eine außerordentliche Leistung stellt der Bau des Krankenhauses am Langen Berg dar, wodurch die Versorgung der Kranken nach modernen Maßstäben intensiviert werden konnte. Gleichzeitig stand von nun an das Alte Schloß für andere Zwecke zur Verfügung. Die Größe des neuen Krankenhauses wurde erklärlicherweise mitbestimmt von der ab 1945 gewachsenen Zahl der Einwohnerschaft unserer Stadt wie der Region überhaupt (▸ Kap. Feuerwehren, Hilfsorganisationen und Stadtkrankenhaus, S. 320).
Aber nicht nur im Baubereich geschah während der 50er und 60er Jahre in Pegnitz Bedeutendes, auch der Infrastruktur der Stadt, wie dem Straßenausbau und der Wasser- und Abwasserversorgung, galt die Aufmerksamkeit. So wurde z. B. das Wasserwerk erweitert und die Abwasseranlage ausgebaut.
Das Florieren von Industrie und Handwerk – das die vorteilhafte Verkehrsanbindung an Schiene und Autobahn begünstigte – führte zu einem ökonomischen wie sozialen Wandel innerhalb der Struktur der Pegnitzer Einwohnerschaft. (Eine gewisse Rolle spielte dabei auch die etwa gleichzeitige allgemeine Umformung der Landwirtschaft im gesamten Bundesgebiet.) Die Mehrzahl der hiesigen Landwirte erwirtschaftete inzwischen mit ihren Höfen einen immer geringeren Gewinn. Sie suchten und fanden daher Beschäftigung in der Industrie. Ihre Anwesen führten sie nur noch als „Zuerwerbsbetriebe" weiter: „Unsere Stadt ist [...] Stadt und Dorf in einem." Mit anderen Worten: Pegnitz formte sich vom „verträumten Kleinstädtchen" zum „ansehnlichen Industrieort" um (ebd., S. 26). Das reichliche Angebot an einheimischen Arbeitskräften bewirkte zudem, dass die ortsansässigen Firmen keine größere Zahl an Gastarbeitern benötigten.
Aber nicht allein hinsichtlich des Erwerbslebens brachten die ersten Jahrzehnte nach Gründung der Bundesrepublik einen Wandel – auch das Bild der Pegnitzer Innenstadt wandelte sich. So ging z.B. mit der Zunahme der Einwohnerzahl die Zunahme der Zahl an Einkaufsmöglichkeiten einher – zunächst in Form von herkömmlichen Fachgeschäften, später in der von Einkaufsmärkten. „[...] auch die

Sammet, Christian (1902–1979) – 1915 Ausbildung zum Verwaltungsbeamten; 1922 Assistent in der Stadtverwaltung Pegnitz – ab 1932 „Geschäftsführender Beamter" der Stadtverwaltung. 1952–1972 Erster Bürgermeister der Stadt Pegnitz (davon bis 1960 ehrenamtlich tätig, danach berufsmäßig). 1956–1972 Mitglied des Kreistages Pegnitz; 1956–1966 stellvertretender Landrat des Landkreises Pegnitz; 1972 Ehrenbürger der Stadt Pegnitz. 1983 wurde die Dreifachturnhalle der Verbandsschule (und mittlerweile die gesamte Schule) in „Christian-Sammet-Schule" umbenannt.

Abbildung 55: Christian Sammet.

Die Geschichte der Stadt Pegnitz

Abbildung 56:
Apotheke in Pegnitz.

Apotheken. Die älteste Apotheke in Pegnitz wird 1650 erwähnt; die „Apotheken-Gasse" erhielt ihren Namen vermutlich von der seit 1793 hier existierenden Apotheke.

alteingesessenen Firmen wurden mitgerissen." Darüber hinaus öffneten Ärzte und Zahnärzte ihre Praxen, ▶ **Apotheken** machten auf und Geldinstitute boten ihre Dienste an.

Und noch ein Wandel bleibt zu nennen: der des Neuen Rathauses. Nach 1945 befand sich in dem 1844 erbauten ehemaligen Landgericht am Marktplatz der Sitz des Landratsamtes. Als dieses 1967 in den Neubau der heutigen Justizschule umzog, kaufte die Stadt das Gebäude um 300.000 DM vom Staat, um in ihm die Kommunalverwaltung unterzubringen.

An herausragenden Ereignissen auf dem Bausektor während dieses Zeitabschnittes sind die Errichtung der Herz-Jesu-Kirche und der Bau des Brigittenheims anzuführen. Da sich die Marienkirche inzwischen als zu klein für die wachsende Zahl der Katholiken in unserer Stadt erwies, baute man 1963–1965 ein zweites größeres Gotteshaus an der heutigen „Pfarrer-Dr.-Vogl-Straße". Am 4. September 1965 konsekrierte der Bamberger Erzbischof Dr. J. Schneider die **Herz-Jesu-Kirche**. (Der zugehörige Turm entstand erst 1985.)

Der Baubeginn des **Brigittenheims** für Senioren an der „Friedrich-Engelhardt-Straße" fand 1964 statt – die feierliche Einweihung 1967. Hierzu ist besonders zu erwähnen, dass das Grundkapital für die Errichtung des Hauses eine „großzügige Spende" des geschätzten Chronisten Heinrich BAUER bildete.

Nachzutragen bleibt noch: Die Marienkirche bekam 1949 eine neue Glocke, nachdem bereits im Vorjahr die kleinste der 1940 abgeholten zurückgekehrt war. Unglücklicherweise zeigte sich wenig später ein Riss in der neuen Glocke, weshalb sie umgegossen werden musste. 1952 kam sie nach Pegnitz zurück. Inzwischen waren drei weitere neue Glocken auf den Turm gehievt worden. Man goss übrigens jetzt die Glocken – nach den bitteren Erfahrungen zweier Weltkriege – aus einer Legierung, die sich nicht für Kriegszwecke eignet.

Abbildung 57:
Herz-Jesu-Kirche.

Ein kulturelles Großereignis in unserer Stadt kann und darf hier nicht unerwähnt bleiben: 1955 feierte Pegnitz von Juni bis August die 600. Wiederkehr seiner Erhebung zur Stadt. Einen der Höhepunkte der zahlreichen Veranstaltungen bildete der **große Festzug** am 26. Juni, der einen Überblick über die historische Entwicklung unseres Gemeinwesens bot. In ihm drückten sich für den Betrachter augenfällig „wiedergewonnene Lebensfreude und wiedererlangter Wohlstand" aus.

Den zweiten tiefen Einschnitt in den Verlauf der neuzeitlichen Entwicklung der Stadt Pegnitz taten Landkreis- und Gebietsreform in den 70er Jahren (▶ Kap. Gebietsreform, S. 358). In dem zweiteiligen Verfahren ging es sowohl um die Umformung der Landkreise im Freistaat Bayern als auch um die Neuregelung der Kommunalbereiche.

Abbildung 58:
So präsentiert sich das Brigittenheim, das am 4. Mai 1997 eingeweiht wurde, heute.

Obwohl sich im Volksbegehren vom September 1971 nicht weniger als 8.784 Pegnitzer Bürger für den Erhalt des bisherigen Landkreises Pegnitz aussprachen, scheiterte das Bemühen: Auf Landesebene fanden sich keine 10 % der Stimmberechtigten, die den Erhalt der bestehenden Ordnung bejahten. Am 1. Juli 1972 ging

Die Geschichte der Stadt Pegnitz

Abbildungen 59/60:
1955: 600 Jahre Pegnitz mit großem Festzug.

daher der größte Teil des bisherigen, 1862 geschaffenen Pegnitzer Kreises im neuen „Landkreis Bayreuth" auf. (In ganz Bayern reduzierte man die vordem 143 Landkreise auf lediglich noch 71.) Das damalige Alternativprojekt einer Verschmelzung der beiden Landkreise Pegnitz und Eschenbach zu einem einzigen ließ sich nicht realisieren. Diese Entwicklung brachte mit sich, dass die Stadt Pegnitz nicht länger Zentrum des Kreises blieb und die entsprechenden Ämter nach Bayreuth umzogen.

Die Neuordnung des Gemeindegebietes erfolgte sowohl aus verwaltungstechnischen als auch aus finanziellen Gründen. Der Prozess lief in zwei Phasen ab, nämlich von 1970 – 1. Januar 1976 die des freiwilligen Anschlusses kleinerer Kommunen an ein Zentrum. Ab 2. Januar 1976 galt dann die zweite, die sog. Amtsphase, die einen angeordneten Anschluss bedeutete. Nur innerhalb der ersten Phase wurde der Anschluss finanziell „belohnt".

Von den betroffenen Gemeinden in der Pegnitzer Region gliederten sich der Stadt am 1. Juli 1972 freiwillig an: Buchau, Büchenbach, Körbeldorf, Penzenreuth, Troschenreuth und Bronn. Dieses freilich erst zum letztmöglichen Termin, dem 1. Januar 1976. Per „angeordneter Eingemeindung" folgten am 1. Mai 1978 Hainbronn, Leups, Trockau und Zips sowie der Ortsteil Willenreuth der Gemeinde Elbersberg. In Bezug auf die Einwohnerzahl brachte die erste Phase einen Anstieg um ca. 2.000 – d. h. von etwa 8.800 auf rund 10.900, die zweite um fast 3.000 auf ungefähr 13.900.

Aber nicht nur einen Anstieg der Einwohnerzahl und eine Erweiterung der Fläche bewirkte die Angliederung der oben aufgeführten Gemeinden – sie bestanden übrigens als Ortsteile von Pegnitz mit individuellem Charakter fort. Auch auf dem kulturellen Sektor bewirkte ihre Integration Bemerkenswertes. Nach Herbert Scherer ist an erster Stelle hierzu das **Schloss in Trockau** aufzuführen mit einer der renommiertesten Adelsfamilien Frankens, „die soziale und kulturelle Spuren hinterlassen hat". Sodann sind die historisch interessanten Kirchen in **Bronn** und **Büchenbach** zu erwähnen. Und schließlich „eine Menge schöner Landschaft mit Ruinen" (Scherer, S. 25).

Abbildung 61:
Schloss in Trockau.

Die Geschichte der Stadt Pegnitz

10. Pegnitz auf dem Weg ins neue Jahrtausend

Die Neugestaltung der Landkreise im Freistaat Bayern bewirkte gleichzeitig die Veränderung der Behördenstandorte. Für Pegnitz bedeutete das 1975 die Auflösung des hiesigen Finanzamtes, obwohl dieses 1929 zusätzlich die Funktion der Auerbacher und 1932 die der Pottensteiner Finanzverwaltung übernommen hatte. Zwei Jahre später ging das 1912 erbaute, jetzt leer stehende Gebäude in kirchlichen Besitz über: Die katholische Pfarrgemeinde „Herz Jesu" erwarb es, um darin das Gemeindezentrum einzurichten (die Weihe erfolgte 1980).

An dieser Stelle sei die Anmerkung erlaubt, dass in Pegnitz zwischen den Konfessionen ein ausgezeichnetes Verhältnis besteht – also ein kontaktbereites Miteinander statt eines kontaktarmen Nebeneinanders. Beispielsweise fand hier bereits 1964 erstmals ein ökumenischer Gottesdienst statt. Heute pflegen Arbeitskreise beider Seiten in ökumenischen Gesprächen engen Umgang miteinander.

Aber noch ein weiteres Amtsgebäude in unserer Stadt wechselte im Zusammenhang mit der Landkreisreform seine Bestimmung – das neue Landratsamt. Es war erst 1967 an der „Dr.-Heinrich-Dittrich-Allee" fertig gestellt worden. 1976 – vier Jahre nach der Auflösung des Landkreises Pegnitz – bekam das Haus eine veränderte Bestimmung, als sich in ihm die **Bayerische Justizschule** etablierte. Anfänglich sollten an ihr Justizfachwirte ihre Ausbildung erhalten – aber bald kam die von Justizwachtmeistern und Gerichtsvollziehern hinzu. 1988 erreichte die Schule ihren herausragenden technischen Stand durch die Einrichtung des EDV-Schulungszentrums. Zusätzliche Bedeutung erlangte die Justizschule nach der politischen Wende. Lehrkräfte dieser Anstalt schulten Justizpersonal in der ehemaligen DDR um; seit 1990 modernisieren ihre Fachkräfte zusammen mit mongolischen Juristen das zivile Zwangsvollstreckungsrecht der Mongolei (▶ Kap. Schulwesen und Partnerschaften, S. 126). Am 10. September 2003 erfolgte der erste Spatenstich zum Erweiterungsbau. Nach dessen Fertigstellung wird die Pegnitzer Justizschule in 13 modernen Lehrsälen Fachunterricht erteilen und 259 Lehrgangsteilnehmern Unterkunft bieten.

Mit der Aufhebung des Landkreises Pegnitz erledigte sich zugleich das dazugehörende Amt des Landrates. Amtsinhaber war seit 1970 der in Pegnitz geborene ▶ **Konrad Löhr**. Am 30. Juni 1972 beendete er seine Funktion, um noch im nämlichen Jahr nach erfolgreicher Kandidatur die des Ersten Bürgermeisters in seiner Heimatstadt zu übernehmen. In Löhrs zehnjährige Amtszeit fallen v. a. die Fertigstellung der Verbandsschule (Bauzeit 1970–1973), die Inbetriebnahme des Eisstadions (1974) und der Neubau des Freibads (1977).

Außerdem wurde für die Sanierung der Verkehrswege im Stadtgebiet viel getan. Nicht zu vergessen sind auch die Installierung der Brunnen vor der ehemaligen Volksbank (heute Nürnberger Nachrichten), am Bahnhofsvorplatz sowie nahe der „Karmühle". Ferner ist die Figurengruppe mit geschichtsträchtigem Charakter am **Schweinemarkt** aufzuzäh-

Abbildung 62:
Justizschule Pegnitz.

Abbildung 63:
Konrad Löhr.

Löhr, Konrad (1917–1982) – geboren in Pegnitz; Bankkaufmann bei der Sparkasse in Pegnitz. Kriegsteilnahme (dabei schwere Verwundung). Arbeit im öffentlichen Dienst (Landkreisverwaltung). 1970–1972 Landrat des Landkreises Pegnitz. 1972 Erster Bürgermeister der Stadt Pegnitz (Kandidat der FWG). 1972–1982 stellvertretender Landrat des Landkreises Bayreuth und Mitglied des Kreistages Bayreuth. Nach seinem Tode am 10. Juli 1982 verlieh ihm seine Heimatstadt die „Goldene Bürgermedaille der Stadt Pegnitz"; 1983 wurde das Freizeitzentrum an der Badstraße zu seinen Ehren in „Konrad-Löhr-Freizeitzentrum" umbenannt.

Abbildung 64:
Schweinemarkt mit Figurengruppe.

len (geschaffen vom Bayreuther Bildhauer und Maler Alfred Riess). Sie erinnert daran, dass von 1922 bis 1978 an eben diesem Platz einmal pro Monat Ferkel-Markt abgehalten wurde.

Innerhalb dieser Periode unserer Stadtgeschichte begann sich allgemein das Wesen der Geschäftswelt zu wandeln. 1976 machten in Pegnitz die ersten Einkaufsmärkte auf – der „Delta Markt" und die „attracta"-Filiale. Da weitere Einrichtungen dieser Art folgten, erwies sich die Mehrzahl der alt eingesessenen Fachgeschäfte hauptsächlich im Preisvergleich als nicht mehr konkurrenzfähig. Mit anderen Worten: Sie mussten den ungleichen Wettbewerb um Kunden nach und nach aufgeben. Das Aussehen der Innenstadt veränderte sich dadurch hin zum heutigen Erscheinungsbild.

Im Zusammenhang mit den 70er Jahren muss noch ein kulturelles Ereignis Erwähnung finden, das auf beachtliches Interesse stieß: die Wiederaufführung des Festspiels „Hans Muffel" auf Initiative Walter Büttners († 1987) und Georg Hartmann. Aufführungsdatum war der 13. Februar 1977. Das Bühnenstück aus der Feder von Ernst und Carl Böhm (mit Musik von Max Böhm) hatte bei seinen Aufführungen 1926 und 1927 auf der Naturbühne am Schloßberg zwar ein positives Echo hervorgerufen – wegen der regenreichen Sommer jedoch eine nur geringe Zuschauermenge angelockt (Hans Christoff v. Muffel entstammte einer Pegnitzer Familie, er kämpfte während des Dreißigjährigen Krieges im Dienste des Markgrafen von Bayreuth. – Wolf/Tausendpfund, S. 491; ▶ Kap. Kulturelles Leben in Pegnitz, S. 164).

Der Tod Konrad Löhrs am 10. Juli 1982 machte die Neubesetzung der Position des Ersten Bürgermeisters der Stadt Pegnitz innerhalb der laufenden Amtsperiode notwendig. Am 14. Oktober dieses Jahres übernahm mit ▶ **Manfred Thümmler** zum ersten Mal in unserer Stadt ein CSU-Politiker das Amt des Stadtoberhaupts. Für seine seither einander ohne Unterbrechung folgenden vier Amtsperioden gilt Herbert Scherers (S. 27) Feststellung ganz besonders: „Pegnitz wurde wirklich zur Stadt."

So konzentrierten sich Bürgermeister und Stadtrat in erheblichem Maße auf die Integration der durch die Gebietsreform gewonnenen neuen Ortsteile in das bisherige Stadtgefüge. Das bedeutete sowohl den Ausbau der Gemeindeverbindungsstraßen als auch die Anlage bzw. Vervollständigung der Wasser- wie der Abwasserversorgung. Die gesteigerte Beanspruchung des Abwassersystems erforderte wiederum den Ausbau der **Kläranlage Pegnitz** bei gleichzeitiger Erweiterung. Dieser 1997 begonnene Prozess fand 3 Jahre später seinen Abschluss. Daneben galt der Gasversorgung und der Fortführung der Verkabelung die Aufmerksamkeit (beide Aktivitäten ab 1984).

Erklärlicherweise beanspruchte auch der jeweilige Zustand der Ortsteile die Fürsorge der Kommune. Dorferneuerung und Flurneuordnung gingen häufig Hand in Hand. Die Verwaltung bemühte sich dabei, im Sinne einer bäuerlichen Tradition das überkommene Erscheinungsbild der neuen Ortsteile und ihren Stellenwert sowie die Kulturlandschaft so weit wie möglich zu erhalten. Aber nicht allein um den Fortbestand des bereits Existierenden bemühte man sich – durch die Ausweisung von Bauland sowohl im ursprünglichen als auch im neugewonnenen Stadtgebiet schuf man Chancen für Neubauten. Und das alles mit Erfolg: Dem

Abbildung 66: Manfred Thümmler.

Abbildung 65: Kläranlage Pegnitz.

Thümmler, Manfred (* 2. Juli 1946 in Rehau, von 1949 bis 1969 in Hof, seit 1969 in Pegnitz) – Referent für Steuern, Zölle, Finanz- und Bilanzwesen, 10 Jahre öffentlicher Dienst (Finanzverwaltung), 9 Jahre freie Wirtschaft. 1974–1977 Vorsitzender der JU, Mitglied des Vorstandes des CSU-Kreisverbandes Bayreuth. Von 1978–1982 Mitglied des Stadtrats Pegnitz, Jugend- und Schulreferent (1980–1982 Fraktionsvorsitzender). Am 14. Oktober 1982 Wahl zum Ersten Bürgermeister; 1988, 1994 und 2000 Wiederwahl. Seit 1983 Vorsitzender des Aufsichtsrates der Baugenossenschaft Pegnitz e.G. Seit 1984 Mitglied des Kreistages Bayreuth sowie Kurator der Universität Bayreuth; seit dem gleichen Jahr auch Vorsitzender der Volkshochschule Pegnitz. Seit 1988 Vorsitzender des Zweckverbandes zur Wasserversorgung der Jura-Gruppe. Seit 1990 Stellvertreter des Landrats des Landkreises Bayreuth und seit dem gleichen Jahr Mitglied des Rates der Fachhochschule für öffentl. Verwaltung und Rechtspflege in Bayern. Seit 1991 Vorsitzender des Vereins „Hilfe für das behinderte Kind" Pegnitz. Seit 1996 Mitglied der Steuerkommission der CSU; seit 1997 Vorsitzender des Verwaltungsrats des Selbstständigen Kommunalunternehmens Stadtkrankenhaus Pegnitz. Seit 1982 im Übrigen ständiger stv. Vorsitzender des Verwaltungsrats und Zweckverbands der Sparkasse Bayreuth.

Die Geschichte der Stadt Pegnitz

heutigen Betrachter fällt unweigerlich auf, wie eng in den beiden zurückliegenden Jahrzehnten vormalige Stadt und hinzugekommene Ortsteile zusammengewachsen sind.

Hinsichtlich der Kernstadt bemühte sich die Administration unter Bürgermeister Thümmler um den Erhalt der vorhandenen Bausubstanz. Hierzu zählte die Sanierung der verschiedenen stadteigenen Wohnungen, deren Anzahl durch Privatisierung allerdings abnahm. Auch die Neugestaltung des Zentrums der Lohe-Siedlung muss genannt werden. Aber nicht nur Projekten mit reinem Nutzeffekt wurde Aufmerksamkeit zuteil – auch solchen von kulturellem Wert geschah das. So sei auf die Errichtung der beiden Bergbau-Denkmäler am „Loheplatz" (1983 und ein Jahrzehnt später) hingewiesen wie auch auf die des Industriedenkmals am Stollenmund der aufgelassenen **Grube „Erwein"**.

Das Sanierungsprogramm der Innenstadt diente gleichzeitig der Verkehrsberuhigung. Dazu schuf der Bau der **Guyancourt-Brücke** über die Eisenbahnlinie (Bauzeit Juli 1993 – November 1994) wichtige Voraussetzungen. Die Anbindung des Schwerlastverkehrs aus der Industrie über die sog. Nordtangente an die Autobahn unter Umfahrung des Stadtkerns wurde so ermöglicht. Was den Verkehr auf der Autobahn selbst anbelangt, so entstand hier die moderne und großflächige Rast- und Tankanlage „Pegnitz/Fränkische Schweiz" (Oktober 1999 eingeweiht). Sie bietet ca. 150 Arbeitsplätze.

Abbildung 67:
Heute Industriedenkmal: Stollenmund der Grube Erwein.

Unter den hiesigen Unternehmen bildet das Ende des Milchhofs leider ein negatives Beispiel. Dieser – wie bereits geschildert – in der Nachkriegszeit so verdienstvolle Betrieb erlebte in den 80er Jahren seinen ökonomischen Niedergang und musste am 30. Dezember 1992 seine Produktion endgültig einstellen (▶ Kap. Handel, Handwerk, Industrie, S. 82).

Einen genaueren Eindruck vom Umfang seiner Bemühungen vermittelt Thümmler selbst in seiner Rede vom 22. September 2000. Laut dieser war es ihm seit 1983 gelungen, vom Freistaat Bayern, von der Europäischen Union und vom Landkreis Bayreuth insgesamt nicht weniger als 300 Millionen DM an Zuschüssen für Pegnitz zu erlangen. Bei einem Eigenanteil der Kommune von 200 Millionen DM wurde alles in allem die horrende Summe von ca. 500 Millionen DM zur Stützung und Belebung in das hiesige Wirtschaftswesen investiert.

Aufmerksamkeit beanspruchte ferner der Erhalt der mannigfaltigen Schulgebäude in der Schulstadt Pegnitz (mit zusammen etwa 3.500 Schülern). Die umfangreichste Aufgabe dieser Art stellt bisher der Um- und Ausbau der Alten Volksschule dar. Hier entstand zunächst die neue Grundschule als Stadtschule; im Jahr 2003 wurde dann das „Bürgerzentrum" im vorderen Gebäudekomplex an der Hauptstraße fertiggestellt. Unter seinem Dach vereinen sich jetzt Räume mit unterschiedlichster Bestimmung: die Volkshochschule, die VHS-Musikschule und die Abteilung „Stadtmarketing", das Stadtarchiv (1986/87 neu geordnet) sowie Nutzungsräume für Jugend- wie Seniorentreffen. Außerdem befindet sich dort die Öffentliche Stadtbücherei (▶ Kap. Schulwesen und Partnerschaften, S. 126), wodurch das seit 1975 dafür genutzte Alte Schloß frei wurde. Des-

Abbildungen 68/69:
Einweihung der Guyancourt-Brücke.

Die Geschichte der Stadt Pegnitz

sen Restaurierung steht noch aus. Aber auch die Jüngsten und Kleinsten unter den Einwohnern unserer Stadt wurden seitens der Administration bedacht – nämlich in Form von 9 Kindergärten, einem Kinderhort, 23 Spiel- und 14 Bolzplätzen. Pegnitz verfügt damit inzwischen über nicht weniger als 47 Stätten für Kinder. Das lebhafte Interesse, das aktive sportliche Betätigung verschiedenster Art in unserer Kommune fand und noch immer findet, erforderte den Erhalt von bestehenden Sportstätten bzw. die Anlage von neuen. Um diese Aufgabe kümmerte sich die Stadtverwaltung ebenso wie sie gleichzeitig bestrebt war, das vielfältige Vereinsleben zu fördern (▶ Kap. Sport und Freizeit, S. 206). Hinsichtlich der Freizeiteinrichtungen bestehen übrigens Pläne für Neuausrichtungen – hierzu sei lediglich auf das Projekt „Hallenbad" verwiesen.

In die bisherige Amtszeit Bürgermeister Thümmlers fallen auch zwei bauliche Großprojekte: einmal der Erweiterungsbau des Stadtkrankenhauses und zum anderen der Neubau des Feuerwehrgerätehauses mit anschließender Erweiterung zum „Katastrophenschutzzentrum". Die Ausdehnung des Stadtbereichs in den

Abbildung 70:
Alte Grundschule vor dem Umbau.

Abbildung 71:
Das Stadtkrankenhaus am Langen Berg.

70er Jahren brachte parallel dazu die Zunahme der Einwohnerzahl mit sich, und zwar auf ca. 15.000. Das erforderte eine vermehrte medizinische Fürsorge – d. h. eine Modernisierung und Vergrößerung des **Krankenhauses** (▶ Kap. Feuerwehren, Hilfsorganisationen und Stadtkrankenhaus, S. 320). Hier sei nur der zügige, 1999 abgeschlossene Bauprozess erwähnt, in dem der nach neuestem wissenschaftlich-technischem Stand ausgestattete OP-Trakt und das Bettenhaus entstanden.

Leider konnte ein weiteres Vorhaben auf diesem Sektor nicht realisiert werden, nämlich die Errichtung eines Hilfskrankenhauses im Stadtbereich. Dieses sollte gleichzeitig das Fundament für eine Stadthalle abgeben. Der Zusammenbruch des Ostblocks mit dem Wegfall des Eisernen Vorhangs 1989/90 veränderte jedoch die politische Lage in Europa wie in der Bundesrepublik grundlegend. Für das eben genannte Pegnitzer Projekt bedeutete dies, dass man staatlicherseits das Hilfskrankenhaus für den Kriegsfall für nicht mehr erforderlich erachtete. Damit fiel

Die Geschichte der Stadt Pegnitz

Abbildung 72:
Das neue Bürgerzentrum.

Abbildung 73:
Feuerwehr Pegnitz.

nicht nur das Fundament für die Stadthalle in baulicher, sondern auch in finanzieller Hinsicht fort.

Besondere Fürsorge erfuhr die Freiwillige Feuerwehr unserer Stadt – und zwar sowohl die der Kernstadt (ihre Gründung datiert auf 1866) als auch die der eingemeindeten Orte (▶ Kap. Feuerwehren, Hilfsorganisationen und Stadtkrankenhaus, S. 320). Bürgermeister und Stadtrat gingen einig, die letztgenannten Wehren nicht nur zu erhalten, sondern auch zu fördern. Das geschah durch Modernisierung der Löschgerätschaften wie durch den Ausbau der Gerätehäuser.

Am umfangreichsten geriet der Neubau des Gerätehauses für die Wehr der Innenstadt am „Dianafelsen" (1998–2000). Das bisher genutzte Haus am Rande des Wiesweihers hatte sich als zu klein und verkehrsmäßig zu ungünstig erwiesen. Der **Schlauchturm** des Neubaus besitzt mit 25 m eine imposante Höhe. In ihm werden die Schläuche aller Pegnitzer Wehren zentral gewartet. Anzumerken bleibt noch, dass der hiesigen Stützpunktfeuerwehr nicht allein die Sicherheit unserer Stadt mit ihren 13 Ortsteilen anvertraut ist, sondern dass zusammen mit der Stützpunktwehr Trockau zu ihren Aufgaben auch der Einsatz auf 50 km der Autobahn A 9 zwischen Hormersdorf und Bayreuth-Süd gehört.

Um die Einsatzmöglichkeiten aller Rettungskräfte zu konzentrieren und damit natürlich auch zu potenzieren, begann im Jahre 2002 der Bau einer Anlage für das THW direkt im Anschluss an das neue Feuerwehrgelände. Bisher war die technische Hilfsorganisation im Bereich des Städtischen Bauhofs provisorisch untergebracht. Die Bündelung der Leistungen von Feuerwehr und THW ergab sich u. a. aus der eben genannten Aufgabenstellung auf der Autobahn. Mit der Fertigstellung des gesamten Bauvorhabens verfügt Pegnitz über ein hochmodernes Katastrophenschutzzentrum.

Unsere Stadt liegt unmittelbar am Zugang zur Fränkischen Schweiz mit ihrer großartigen Naturschönheit. Dieser Umstand verschafft Pegnitz auch Beachtung seitens Erholungsuchender und Wanderer. Die Anfänge des Fremdenverkehrs reichen ja – wie bereits geschildert – bis in die Vorkriegszeit zurück. Um dieses Interesse zu fördern, intensivierte die Kommunalverwaltung die Tätigkeit des „Amtes für Fremdenverkehr". Dazu zählt ebenfalls der Neubau des Aussichtsturmes auf dem Gipfel des **Kleinen Kulm**. Die imponierende Konstruktion auf der höchsten Erhebung der Landschaft (636 m ü.M.) mit ihrer Höhe von 15 m entstand im Jahre 2000. Sie ersetzt den 1949/50 erbauten Turm, der mit seinem Maß von 7 m deutlich unter dem jetzigen blieb.

Die Geschichte der Stadt Pegnitz

Innerhalb der Stadtverwaltung galt die Aufmerksamkeit nicht allein der Abteilung für Touristik. In verschiedenen Organisationsmaßnahmen gelang es nach und nach, den Gesamtapparat der Administration zu straffen mit dem Ziel einer effektiveren Struktur. Diesem Zweck diente auch die Einrichtung des „City-Managements" mit seinen vielseitigen Aktivitäten.

Es soll jedoch zum Abschluss nicht übergangen werden, dass Pegnitz und seine Bürger am geistig-kulturellen Leben teilnehmen. Auf das vielfältige Schulangebot wurde bereits verwiesen – ebenso auf die Existenz einer Bücherei, die von der Öffentlichkeit reichlichst frequentiert wird. Außerdem arbeiten in unserer Stadt die Lokalredaktionen zweier regional bedeutender Tageszeitungen – „Nordbayerische Nachrichten" (NN) und „Nordbayerischer Kurier" (NK). Die Musen Melpomene und Thalia erwecken auf der Bühne „Schall und Rauch" klassische wie neuzeitliche Werke zum Leben. Weit über die Stadtgrenzen hinaus bekannt und geschätzt sind die musikalischen Leistungen der hiesigen Kantorei – mehr als 25 Jahre unter der Stabführung von Kirchenmusikdirektor Roland Weiss – besonders die inzwischen berühmten Sommerkonzerte. Und last not least besitzt Pegnitz im PPP (Pflaums Posthotel Pegnitz) ein Haus, das u. a. im Zusammenhang mit den Bayreuther Wagner-Festspielen prominente Gäste aus dem In- wie Ausland beherbergt.

Pegnitz hat im Laufe seiner Geschichte eine zwar allmähliche, aber letztendlich doch stete Aufwärtsentwicklung erfahren: vom klosterhörigen Dorf „an der Begenze" über den mittelalterlichen Marktflecken, das barocke Ackerbürgerstädtchen und den Bergbaustandort der Industriephase bis zum großflächigen Mittelzentrum der Gegenwart. Viel – sehr viel ist bis zum heutigen Tage in unserer Kommune bewegt worden. Hierzu ist die umfassende Innenstadtsanierung zu nennen, die gleichzeitig einer Neugestaltung des Stadtkerns dient, dessen historischer Charakter auf diese Weise wieder hergestellt wird. Manches bleibt allerdings in der Zukunft noch zu tun, einiges ist bereits fest geplant, wie z.B. die Hochwasserfreilegung und Renaturierung der Flüsse Pegnitz und Fichtenohe. Der Schwierigkeitsgrad der Anforderungen wird different ausfallen. Allerdings sollte das Jahrzehnte hindurch erprobte Zusammenwirken von Einwohnerschaft, Stadtrat, Verwaltung und Bürgermeister Lösungen für alle Probleme finden.

Abbildung 74:
Einweihung des Aussichtsturms auf dem Kleinen Kulm im Jahr 2000.

Literatur

Bauer, Heinrich, Geschichte der Stadt Pegnitz und des Pegnitzer Bezirks; 2. Auflage; Bamberg 1938 (1. Auflage 1909)

Bayer, Erich (Hg.), Wörterbuch zur Geschichte. Begriffe und Fachausdrücke; Stuttgart 1974[4]

Brand, Stefan, Erfolg nach hartem Kampf. 125 Jahre Pegnitzer Bahnhof; NK, 26. Aug. 2000

Büttner, Ludwig, Kurzchronik: „Dorf an der Begenze" am 6. Mai 1119 erstmals aktenkundig; NN, 14./15. Mai 1994

Das große Lexikon der Geschichte I-III; München 1976

Die Rückkehr der „Grubenhunde". Arbeiten am Pegnitzer „Industriedenkmal" im Eingang der Grube Erwein fast abgeschlossen; NK 30. Sept. 1999

dtv-Atlas zur Weltgeschichte I und II; München 1971[7]

Einst stolze Burg, dann Steinbruch; NK 19. Juli 1997

Engelbrecht, Peter, Im Monat ganze 178 Mark verdient. Vergessene Wirtschaftsgeschichte: Bergbau in Oberfranken; NK, 6. Okt. 1995

Ein wichtiger Beitrag zur Stadtentwicklung. Die Heimatvertriebenen haben Pegnitz nach 1945 wirtschaftlich und kulturell geprägt; NK, 22./23. Jan. 2000

Gefürchtete Schüler. 1954 glückte Start des Gymnasiums nach hartem Drängen – Reihe: Im Streifzug durch das ausgehende 20. Jahrhundert; NN, 13. Jan. 2000

Heidler, Frank, Altar auf dem Möbellaster. Anfänge und Aufschwung der katholischen Pfarrei Pegnitz – Reihe: Im Streifzug durch das ausgehende 20. Jahrhundert; NN, 22. Dez. 1999

Ders., Gefangene schuften. Zweiter Weltkrieg bedeutet Rüstungsproduktion für Amag – Reihe: Im Streifzug durch das ausgehende 20. Jahrhundert; NN, 22. Dez. 1999

Ders., Hochseil zur Kirche. Zwei Geschwister erinnern sich an die 30er Jahre – Reihe: Im Streifzug durch das ausgehende 20. Jahrhundert; NN, 17. Dez. 1999

Ders., Maurerkelle zum Millenium; NN, 27./28. Nov. 1999

Kunstmann, Hellmut, Die Burgen der östlichen Fränkischen Schweiz, Würzburg 1965

Layriz, F.W.A., Geschichte der Stadt Pegnitz; Bayreuth 1794 (Aus dem Lateinischen übersetzt von Studiendirektor a.D. Ernst Michael Steinrück)

Meyer, Karl, Die Stadt Pegnitz. Einblick in die Entwicklung Pegnitz 1999

Milliarden für Brot – Reihe: Im Streifzug durch das ausgehende 20. Jahrhundert; NN, 11./12. Dez. 1999

Nazis trieben Bürgermeister in die Flucht; NK, 29./30. Juni 1983

Pfeufer, Johannes, Bergleute prägten die Stadt. Rückblick zum Barbarafest: Bergbau begann im 14. Jahrhundert (Vortrag); NK, 7. Dez. 1998

Ders., Fast zehn Millionen Tonnen Erz in Pegnitz abgebaut; NN, 4. Jan. 1999

Romahn, Boris, Schwerste Krise überwunden. Geschichte von KSB und Pegnitzhütte gibt Zeugnis von der Unbeständigkeit der Wirtschaft; NN, 27. Juni 1996

Schauer, Hans-Jochen, Zeit schnell abgelaufen. Tante-Emma-Läden mussten Mitte der 70er Jahre schließen – Reihe: Im Streifzug durch das ausgehende 20 Jahrhundert; NN, 15./16. Jan. 2000

Scherer, Herbert, Pegnitz im Wandel der letzten 50 Jahre. 1945-1995 (Vortrag, MSS); 5. Okt. 1995

Schicksal: Von der Kirche zur Kanone. Die Glocken in St. Bartholomäus und der Marienkirche waren besonders zu Kriegszeiten aufs äußerste gefährdet; NN, 3. Jan. 1983

Semlinger, Franz, Gigantischer Endspurt vor der Eröffnung. Am 4. September 1937 wurde das Autobahnteilstück zwischen Pegnitz und Nürnberg für den Verkehr freigegeben; NK, 11. Dez. 1998

Spätling, Peter, Bahnhof Pegnitz feiert seinen 120. Geburtstag. Blick zurück auf turbulente Anfänge; NK, 10. Juli 1997

Ders., Das Jahr 1939 in Pegnitz. Aus dem Amtsblatt des damaligen Bezirksamtes; NK, 23./24. Okt. 1999

Die Geschichte der Stadt Pegnitz

Ders., Flottenpolitik des Kaisers warf Schatten bis nach Pegnitz. Vor 100 Jahren Anfänge der Marinebegeisterung; NK, 6. Okt. 1998

Ders., Pegnitz anno 1840. Ein Stadtspaziergang nach alter Katasterkarte; NK, 21./22. Aug. 1999

Ders., Pegnitz in alten Ansichten I, Zaltbommel 1994² (Erstdruck 1985)

Ders., Pegnitz in alten Ansichten II, Zaltbommel 1993

Ders., Pegnitz in alten Ansichten III, Zaltbommel 2001

Ders., Post seit 200 Jahren in Pegnitz. Mit einer wieder aktuellen Privatisierung fing es an; NK, 14./15. März 1998

Ders., Vom harten Kampf gegen Seuchen und Ungeziefer. Das Alltagsleben im Jahre 1938 im Spiegel des Amtsblattes; NK, 23. Dez. 1998

Ders., Vor 50 Jahren: Wie Pegnitz die Währungsreform erlebte. Von vollen Schaufenstern keine Spur – Briefmarken abgewertet; NK, 27./28. Juni 1998

Ders., Werktagshose nur auf Bezugsschein. Am 9. November vor 80 Jahren war der Erste Weltkrieg zu Ende – Kriegsalltag in Pegnitz; NK, 7./8. Nov. 1998

Stifter von nicht weniger als 21 Klöstern; NK, 20./21. Nov. 1999

Tradition vor 15 Jahren zu Ende; NN, 11. Jan. 1983

Völkl, Bärbl, Eine süffige Expedition ins Pegnitzer Bierreich; NK, 9. Juni 2000

Volz, Klaus, Aus Angst sich selbst erschossen. 1933: Drei junge Leute malten an Felsen bei Hainbronn groß die Worte „Nieder mit Hitler"; NN, 22./23. Jan. 1983

Ders., Nach der Machtergreifung ins KZ. Vor allem die Pegnitzer Sozialdemokraten hatten vor 50 Jahren unter den Nazis zu leiden; NN, 15./16. Jan. 1983

Vor 15 Jahren: „Aus" für Zeche. Am 30. Dezember 1967 verließ der letzte Eisenerzzug den Pegnitzer Bahnhof in Richtung Linz; NN, 8./9. Jan. 1983

Wichtige archäologische Fundplätze zerstört; NK, 14./15. Mai 1994

Wolf, Gerhard Philipp/Tausendpfund, Walter, Pegnitz – Veldensteiner Forst. Geschichtliche Streifzüge, Erlangen 1986 (Schriftenreihe des Fränkische-Schweiz-Vereins, Bd. 3)

Lustige Klänge aus dem

Die nachfolgende Anekdote entdeckte auf der Suche nach postgeschichtlichem Material OPI a. D. Josef KNORRE von Pegnitz in einem alten Stationsakt.

Im Jahre 1866
Protokoll   Geschehen

Pegnitz, den 16. Februar 1866

Der Kgl. Postexpeditor Pflaum

In Folge hohen Oberpostamtlichen Rescripts vom 14. d. Nro 4517 dienstwidriges Verhalten des Postillion Neubauer betr. Hat man den Postillion Neubauer vorgerufen und erklärt derselbe nachdem man ihn zu wahrheitsgetreuen Angabe ermahnt u. d. Beschwerde des k. Postexpeditors Schramm Plech gegen ihn vorgelesen hatte folgendes zu Protokoll:

Ich habe dem k. Postexpeditor Herrn Schramm in Plech jederzeit die schuldige Achtung seiner Stellung erwiesen und kann mir nicht denken, daß derselbe mich zu anderer Höflichkeit aufgefordert hat, daß ich vielleicht einige Mal so auch am 11.d. vergessen habe, meine Mütze in der Expedition abzuziehen, was in Zukunft nicht mehr vorkommen wird mag seinen Grund darin finden weil dessen Postillion etwas spät 7,15 Uhr von Hersbruck in Plech ankam und ich mich beeilte meine Postsachen zu übernehmen, um abfahren zu können, und womöglich noch zu der rechten Zeit zu Hause einzutreffen.
Was die Anschuldigung betrifft ich wäre nie nüchtern, muß ich gerade hier widersprechen ich habe mich im Dienst noch niemals betrunken, ebenso wenig war ich es am 11.d. was ich nötigenfalls durch Zeugen constatieren kann.
Das angeblich grobe Benehmen findet seinen Grund darin, daß der k. Posthalter Herr Schramm in Plech die Courszeiten nicht nach der Coursuhr sondern nach seinen, welche so unregelmäßig gehen, daß sie ganz unzuverlässig sind, sonach wir Postillionen von Pegnitz fast sowohl nach Plech als nach Pegnitz immer versäumen müssen, in den Vorweisen einschreibt und wir von Seite unserer Dienstherrschaft tagtäglich Verweise erhalten und zum Einhalten der Courszeiten aufgefordert werden; auch an diesem Tage schrieb mir H. Posthalter Schramm 15 Minuten frühere Abfahrt in Plech nemlich statt 7,25 Uhr nur 7 Uhr 10 Minuten in den Vorweise ein, ich ersuchte deshalb Herrn Posthalter Schramm er möchte doch die richtige Zeit einschreiben, indem ja sein Knecht erst um 7,15 Uhr in Plech angekommen sey, und ich zuhause Verdruß erhalte, da ich so unmöglich die Zeit einhalten kann, allein statt diesen überhäuften mich Herr Posthalter Schramm, seine Frau und Lehrer Walter welcher in der Expedition schreibt so mit Schmähreden jeder Art und nannten mich betrunken, einen Flegel usw. und wollten sich zuletzt damit entschuldigen, als ich wäre zu spät bei der Übernahme der Postsachen erschienen, was aber nicht der Fall war denn der Plecher Postillion hatte kaum ausgespannt so war ich schon mit meinen Pferden da zu anspannen; dieses Schimpfen und resornieren in welchen Herr Posthalter mit Familie eine besondere Gabe besitzen, ging bis ich abfuhr in einem fort, und es ist möglich, dass ich zuletzt auch etwas laut wurde, da ich von allen Seiten angefallen mich gegenüber den anwesenden Gästen und Passagiere verteidigen musste, ich kann mir aber nicht denken, daß ich ein derartiges flegelhaftes Benehmen an den Tag legte als Herr und Frau Posthalter Schramm sowie genannter Lehrer mir gegenüber.
Was die Anklage betrifft als wäre mir in Berauschtheit die Postillionsmontur vom Leibe gerissen worden, erlaube ich mir folgendermaßen zu erklären:
Ich begab mich nachdem ich meinen Dienst erfüllt und meine Pferde gefüttert und in Ordnung gerichtet hatte eines Sonntagsnachmittag zu einer Tanzunterhaltung in Plech, wobei es später zu Streitigkeiten kam um das eine Störung dadurch nicht herbeigeführt werde möchte suchte ich die Streitenden zu besänftigen und wollte unter denselben Frieden stiften, allein in der Hitze wollte mich einer derselben auf die Seite schieben und hat mir in Folge dessen ein paar Häckchen aus der Weste herausgerissen, welche ich aber sofort wieder hineinnähen ließ. Es meechte sein daß die Tochter des Herrn Posthalter Schramm welche vielleicht auch dieser Tanzunterhaltung beigewohnt hatte es zuhause in einem anderen Lichte darstellte. Ich habe von meiner Dienst-

Posthorn

herrschaft noch nie einen Verweis wegen Verletzung des Anstandes bekommen, habe auch nicht gehört, dass von Seite des Herrn Posthalter Schramm in Plech Klage gegen mich geführt wurde. Das mir bei meiner Fahrt von Plech nach Pegnitz auf dem noch offenen Bock d. o. O. mir ein Windstoß den Hut vom Kopfe wehte und als ich in der Dunkelheit darnach suchte die Peitsche verlegte, ist ganz richtig, muß aber die Anschuldigung dass es in Berauschtheit geschah gerade hin zurückweisen, und ging es mir nicht so wie dessen Postillion der seinen Hut unterwegs in Berauschtheit verlor so dass er einige Tage mit der Mütze fahren musste bis er wieder gefunden wurde und beim Absteigen sogar unter die Pferde fiel so dass die größte Gefahr es könnte ein Unglück passieren vorhanden war, Die Anschuldigung das Schubkarren auf dem Postomnibus aufgeladen wurde und dass ich gar nicht gemerkt habe was während der Fahrt auf dem Postomnibus vorgegangen sey erkläre ich geradehin als die größte Unwahrheit und Verläumdung ich habe mir derartiges noch nicht zu schulden kommen lassen. Was meine Redlichkeit und Bescheidenheit anbelangt so glaube ich mich in dieser Hinsicht mit dem Herrn Posthalter Schramm in Plech messen zu können und erlaube mir ein Leimundszeugniß meiner Gemeinde sowie über meine bisherige Aufführung ein Zeugniß meines Kostherrn in Plech Einem Kgl. Oberpost und Bahn Amt zur Einsicht und gnädigen Würdigung gehorsamst einzusenden. Schließlich bitte ich Ein Kgl. Oberpost und Bahn Amt wolle mich vor Beschimpfungen des H. Posthalter Schramm so für die Zukunft allergnädigst schützen in dem sie Vergehen welche sie mir zur Last zu legen meinen Einem k. Oberpostamt oder meiner Dienstherrschaft anzeigen können.

(Aus: Fränkische Postgeschichtsblätter Nr. 5/Juli 1957)

STADT PEGNITZ

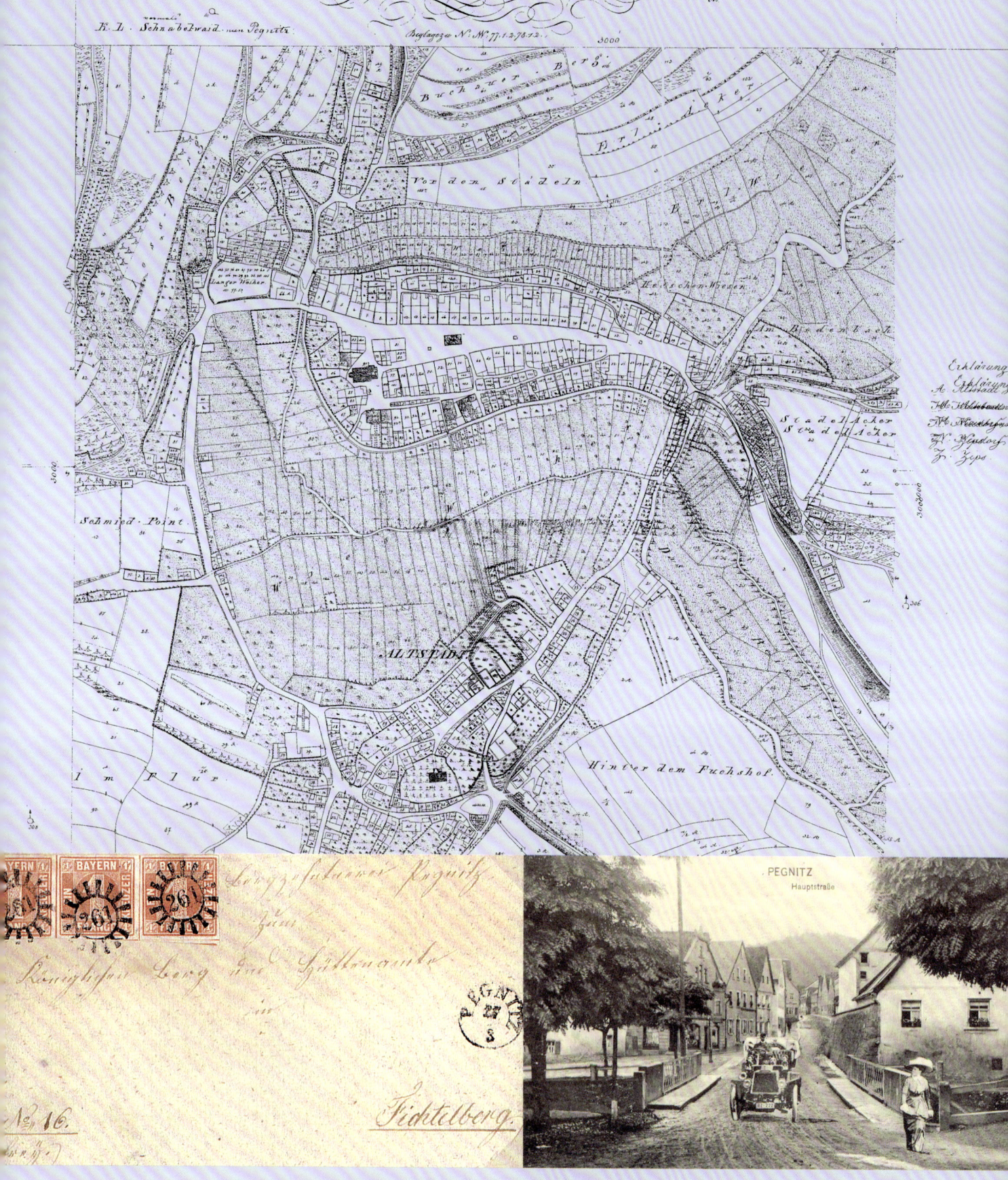

Peter Spätling

Straßenverkehr, Post und Eisenbahn

Die Geschichte grundlegender Infrastruktureinrichtungen in Pegnitz

Will man sich über die Lage und den Verkehrsanschluss von Pegnitz bis zum 18. Jahrhundert ein richtiges Bild machen, so muss man auf die erste genaue Katasterkarte aus dem Jahr 1840 zurückgreifen. Frühere exakte Aufzeichnungen sind in diesem Bereich nicht bekannt. Das Zustandekommen dieser Karte ist noch auf die Initiative des ersten und bedeutendsten Ministers im 1806 gegründeten bayerischen Königreich, den Grafen Maximilian von MONTGELAS, zurückzuführen. Nach einem Erlass im Jahr 1807, der die Steuerbefreiung des Adels aufhob, wurde die „Königlich Unmittelbare Steuervermessungskommission" ins Leben gerufen, welche die Aufgabe hatte, das neu entstandene Königreich komplett zu vermessen, um auf dieser Grundlage eine einheitliche Besteuerung einführen zu können. Die Arbeiten waren damals aber noch recht aufwändig und erst 1828 war die Vermessung von Oberbayern und Schwaben beendet. Der Pegnitzer Bereich, der zu dieser Zeit zur preußischen Markgrafschaft Bayreuth-Ansbach gehört hatte und mit dieser erst 1810 zu Bayern kam, war noch einige Jahre später mit der Kartierung an der Reihe. Es waren der Obergeometer KÜHLWEIN und der Geometer REICHART, die im Frühjahr des Jahres 1840 alle Gebäude und Fluren genau vermessen haben und dann vom 4. August bis zum 4. September 1840 in München auf einen Solnhofener Lithographiestein den Pegnitzer Katasterplan gravierten, von dem dann die heute noch erhaltene Karte abgezogen wurde.

Straßenverkehr Post und Eisenbahn

1. Pegnitz bis 1798 – ein Zustandsbericht

Schon beim ersten Blick auf die Karte fällt auf, dass es sich bei Pegnitz damals eigentlich noch um zwei „Dörfer" gehandelt hat, wenngleich über dem Kartenblatt „Stadt Pegnitz" steht. Die starke Trennung zwischen der „Altstadt" und dem heutigen Kern um den Marktplatz sticht sofort ins Auge. Der historisch interessierte Pegnitzer wird dabei gleich erkennen, dass die Altstadt wirklich der ältere Teil sein muss, der auch 1119 in der Stiftungsurkunde des Klosters Michelfeld erwähnt ist, weil er sich außerhalb der stark überschwemmungsgefährdeten Talaue befindet. Bei der von den LEUCHTENBERGERN später angelegten „Stadt uff dem letten" nimmt man zu dieser Zeit noch sehr gut die planmäßige Anlage auf einem Hügel wahr, welcher von etlichen Gewässern umgeben ist.

Der Hauptweg in die Altstadt hinein, möglicherweise lediglich grob geschottert, mit vielen Schlaglöchern und bei Regen auch sehr schmutzig, war der Böhlgraben, die heutige Alte Poststraße. Die Bundesstraße in ihrem jetzigen Verlauf existierte überhaupt noch nicht.

Die Altstadt selbst hatte damals noch einen rein dörflichen Charakter mit Nutzgärten um die Gehöfte und charakteristischen Streuobstflächen im weiteren unmittelbaren Umgriff der Siedlung. Der Fuchshof, einer der ältesten Fronhöfe der Stadt, war noch einer der größten Bauernhöfe und besaß große Ackerflächen, die heute weitgehend alle bebaut sind.

Auf der Schloßstraße gelangte man in den anderen Stadtteil. Der Alte Graben, der heute die Durchgangsstraße ist, verdiente seinen Namen noch zu Recht, denn er war nur ein schmaler Hohlweg, der hinter einigen Scheunen zur Speckmühle führte.

Eine andere Straße aus der Altstadt heraus nahm etwa den Verlauf der heutigen Nürnberger Straße, immer auf einer Terrasse entlang der Überschwemmungsaue. An der heutigen Einmündung der Heinrich-Bauer-Straße (damals Pottensteiner Straße) konnte man in einen etwas breiteren Feldweg einbiegen, der die Hauptverbindungsstraße von Pegnitz über Willenberg nach Pottenstein in die Fränkische Schweiz hinein darstellte. Ging man aber geradeaus weiter, so gelangte man ebenfalls in die „Neustadt", vorbei am städtischen Wächterhaus, das erst 1880 im Zuge des Baues der Volksschule abgerissen wurde. Die Straßen der Innenstadt waren zu dieser Zeit keinesfalls gepflastert, auch kein Grün war rings ums Rathaus zu sehen. Dieses stand vielmehr auf einem großen freien Platz, der mit gestampftem Schotter befestigt war und sich bei Starkregen in eine wohl eher schmierig-schmutzige Fläche verwandelte. Da häufig auch Vieh darüber getrieben wurde und im Sommer sogar Heu hier zur Trocknung auslag, war von einem städtischen Charakter des damaligen Ackerbürgerstädtchens wohl keine Spur vorhanden.

Wenn man die Stadt in Richtung Bayreuth verlassen wollte, so gab es damals noch keine Straße in der Fichtenohe-Aue. Flusstäler wurde soweit als möglich von der Straßenführung wegen der Überschwemmungsgefahren gemieden. Die Straße führte deshalb stadtauswärts über den Zipser Berg, eine äußerst beschwerliche Strecke für alle Kutschen und Fuhrwerke.

Zudem war der Zustand der Straßen, soweit man in heutigem Sinne überhaupt von solchen sprechen kann, derart schlecht, dass man dem kleinen unbedeutenden Städtchen am besten aus dem Weg ging. Jahrhundertelang hatte sich deshalb Pegnitz kaum verändert.

2. Die Errichtung der ersten Postexpedition – der Anschluss von Pegnitz an die Außenwelt

Vor 1798 störte kaum einmal ein Postreiter den Dornröschenschlaf in Pegnitz. Berittene Boten waren in unregelmäßigen Abständen unterwegs nach Pegnitz. Hier wurden die Briefe dann von „laufenden Boten" weiter an den Mann gebracht. Eine regelmäßige Postverbindung gab es zunächst nicht, der wichtige Postfernweg von Nürnberg über Hof nach Leipzig verlief über Erlangen nach Streitberg und weiter nach Bayreuth. Damit lag Pegnitz abseits der größeren Verbindungsrouten in Nordbayern.

Straßenverkehr Post und Eisenbahn

Die Entscheidung und die Voraussetzungen für die Einrichtung einer Postlinie über Pegnitz fiel keineswegs im Ort selbst, sondern weit weg in Preußen. 1789 wurden die Markgrafschaften Bayreuth und Ansbach unter dem hohenzollerischen Markgrafen Carl Alexander vereinigt. Dieser zog es vor, 1791 seine hoch verschuldete Markgrafschaft an König Friedrich II. von Preußen abzutreten und sich gegen Zahlung einer stattlichen Leibrente als Privatier zurückzuziehen. So wurde Pegnitz preußisch und profitierte jetzt von dem Engagement des preußischen Ministers Karl August Freiherr von HARDENBERG, der umgehend daranging, die Neuerwerbungen durch eine entsprechende Infrastruktur an Preußen anzubinden. Eine wichtige Maßnahme dazu war der Bau von „Chausseen", worunter man damals Kunststraßen mit einer Schotteroberfläche verstand. Der alte Kurs durch die Fränkische Schweiz über Streitberg wurde auf unbefestigten Erdwegen gefahren und war in einem derart verheerenden Zustand, dass eine Ausbesserung teurer gekommen wäre als die Anlage einer neuen Verbindung, welche nun von Nürnberg über Hiltpoltstein, Pegnitz und Creußen nach Bayreuth führte. Es fand sich auch schnell ein Gastwirt, der sich bereit erklärte, nebenbei eine Postexpedition zu führen. Dies war Johann Georg LOTHES, der Wirt des Gasthauses „Zum weissen Ross" in der Hauptstraße.

Abbildung 1:
Gasthof zum weissen Ross.

Am 1. 7. 1798 war es dann so weit: Die erste Postkutsche fuhr in Pegnitz ein und das kleine Städtchen hatte nun erstmals eine regelmäßige Verbindung zur Außenwelt. Zunächst fuhr ein- bis zweimal wöchentlich eine Postkutsche durch Pegnitz, erst Jahrzehnte später gab es tägliche Fahrten. In den Wirren der napoleonischen Zeit musste der Postexpeditor mehrmals den Dienstherren wechseln und schließlich war die Expedition in Pegnitz dem Oberpostamt Nürnberg im Königreich Bayern unterstellt. Die preußische Zeit hatte also nicht allzu lange gedauert. 1826 aber kam es zu einer wichtigeren Neuerung: Der erste Eilwagenkurs Bayerns wurde auf der Strecke Nürnberg – Hof in Betrieb genommen und am 11. April fuhr der erste
▶ **Eilpostwagen** in Pegnitz ein. Mit ihm wurde die Reisegeschwindigkeit fast auf das Dreifache erhöht und erreichte jetzt stolze 10 km/h, fast so schnell wie die der reitenden Boten. Trotzdem betrug die Reisedauer von Nürnberg nach Leipzig immerhin noch fast drei Tage.

Die Eilpostwagen fuhren täglich, so dass die Arbeit bei der Post weiter zunahm und der Gastwirt sogar einen Postgehilfen einstellen musste.

1845/46 kam es mehrfach zu Unregelmäßigkeiten in der Postexpedition, so dass dem Gasthaus in der Stadt schließlich die Postexpedition entzogen wurde. Gegen den Protest der Stadtverwaltung, des Landgerichtes und mehrerer Geschäftsleute erhielt der Gastwirt des Schwarzen Adlers in der Altstadt, Friedrich PFLAUM, den Zuschlag für die neue Postexpedition und auch den Poststall.

Eilpostwagen waren große, oft zwölfsitzige Schnellpostwagen, die ausschließlich auf gut befestigten Wegen verkehrten. Außerdem war die gesamte Fahrt straff organisiert und die Zeiten mussten genau eingehalten werden. Ein Pferdewechsel durfte nicht länger als fünf Minuten dauern. Während der 15 Minuten eines Aufenthaltes an einer Poststelle konnte der Fahrgast zu festgesetzten Preisen ein Essen einnehmen, das bereits zu Ankunft der Post fertig sein musste. Der Postillion fuhr nicht auf der Kutsche, sondern ritt auf dem hinteren linken Pferd, da auch nachts ohne Licht gefahren wurde.

Die Postexpedition in der Altstadt – Geburtsstunde des „Posthalters" (heute PPP)

Nachdem die Beschwerden in Nürnberg vom Oberpostamt über die Verlegung der Postexpedition abgewiesen worden waren, konnte sich Friedrich Pflaum dieser Postexpedition verstärkt widmen, zumal sich der Arbeitsaufwand bald enorm ver-

Straßenverkehr Post und Eisenbahn

Die Karriolwagen waren 1842 nach dem Aufkommen der Eisenbahn entwickelt worden. Es waren kleinere Wagen, die nur zwei bis drei Passagieren Platz boten und eigentlich dazu dienen sollten, der Eisenbahn Reisende zuzuführen und das Umland mit Verkehrsanschluss zu versorgen. In Pegnitz war aber die Zahl von Reisenden damals so gering, dass diese Wagen für den normalen Streckendienst ausreichten, zumal sie eine höhere Reisegeschwindigkeit erreichten.

größerte. Durch die Schließung einiger kleinerer Postorte stieg der Postanfall sehr an, so dass z. B. viermal wöchentlich Post nach Pottenstein geliefert wurde. Auch neue ▶ Karriolpostlinien von Nürnberg nach Pegnitz und von Pegnitz nach Creußen wurden eingerichtet.

In den folgenden Jahren mussten auch Betzenstein und Gößweinstein mitversorgt werden, weshalb neue Linien eingerichtet wurden und damit auch die Zahl der zur Verfügung stehenden Pferde im Poststall anstieg. Ab 1849 kam mit dem Briefmarkenverkauf eine neue Aufgabe hinzu, denn jetzt war mit Ausnahme der Dienstpost jeder Brief zu frankieren.

Zur Versorgung der kleinen Orte im Umkreis von Pegnitz mussten schließlich auch zwei Landbriefträger eingestellt werden, die nun täglich eine Gehstrecke von ca. 20 Kilometern nach einem genauen Zeitplan zu bewältigen hatten.

Ab 1863 wurden das Streckennetz und die Qualität der Beförderung erneut erweitert. Postomnibusse befuhren nun die Strecken über Plech nach Hersbruck und über Gräfenberg nach Nürnberg. Allerdings waren die Omnibusse noch mit echten Pferdestärken bespannt. Der Unterschied zur Postkutsche bestand darin, dass man von hinten einstieg, die Sitzbänke längs angeordnet waren und sogar eine Beheizung möglich war. Anfang der 70er Jahre wurden weitere Strecken nach Forchheim und nach Auerbach regelmäßig befahren, und so erweiterte sich der Bestand der Postpferde schon auf 23 Tiere. Der Postbetrieb in der Altstadt war ein Großbetrieb geworden, den zu dieser Zeit Heinrich Pflaum führte.

Doch eine neue Zeit warf schon ihre Schatten voraus. Am Tage vor der Eröffnung der Eisenbahnlinie von Nürnberg nach Bayreuth, am 14. Juli 1877, erhielt der Posthalter Pflaum die Kündigung seiner Postexpedition, denn die Post wurde nun in den neuen Bahnhof verlegt. Aus dem Postexpeditor war über Nacht nur noch ein Poststallhalter geworden, denn der Poststall blieb noch beim Gasthof zum Schwarzen Adler.

Die Post auf Wanderschaft in Pegnitz

Für die Erledigung der Postgeschäfte war im Bahnhof gleichzeitig der Bahnhofsvorsteher Johann GAREIS zuständig. Durch den ständig steigenden Postverkehr war die Kombination mit der Bahn keine schlechte Idee gewesen. Allerdings zeigten sich die Pegnitzer nicht unbedingt glücklich, lag doch jetzt die Post außerhalb der Stadt und der Poststall weiterhin in der Altstadt. So konnten sich ebenfalls private Fuhrunternehmen weiter in der Stadt halten, denn auch damals wurde der Service der Hauslieferung schon geschätzt. Die Post wollte sich aber diesem Trend nicht verweigern und schließlich wurde ein zweites Postlokal in der Innenstadt im Haus

Abbildung 2:
Die „Schwarze Eins", die erste deutsche Briefmarke, mit einem Stempel aus Pegnitz – eine philatelistische Rarität!

Abbildung 3:
Brief aus dem 19. Jh. mit Mühlradstempel 261 zur Entwertung der Marke und Fingerhutstempel (rechts).

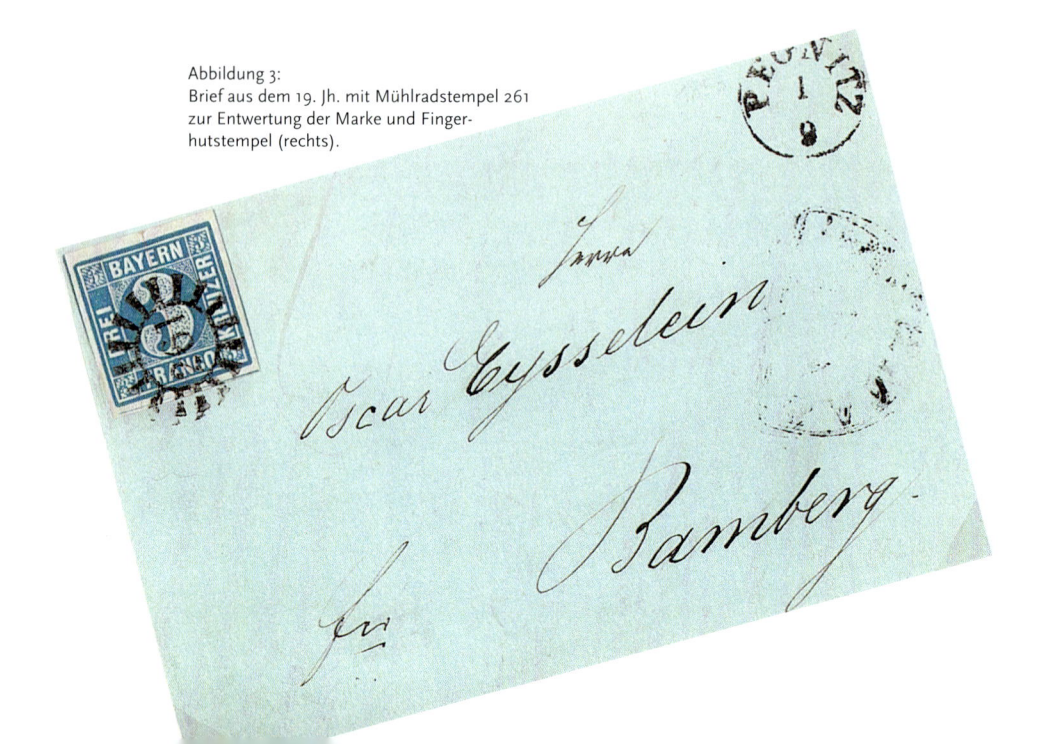

Straßenverkehr, Post und Eisenbahn

Nr. 67 in der Hauptstraße am 1. August 1893 eingerichtet. Zur Unterscheidung hieß das neue Postlokal in der Innenstadt jetzt „Pegnitz 1" im Gegensatz zu „Pegnitz 2" am Bahnhof, was sich auch in den Poststempeln ausdrückte. (Anmerkung: Dies ist auch der Grund dafür, warum noch bis vor wenigen Jahren das Postamt in der Bahnhofstraße den Stempel „Pegnitz 2" führte, obwohl es kein weiteres Postamt gab.)

Die Poststelle in der Innenstadt wurde gut angenommen, weshalb sich in den folgenden Jahren immer wieder Erweiterungen und Ausbauten ergaben. Außerdem konnte es bald eine wesentliche technische Neuerung bieten: 1902 wurde ein öffentlicher Fernsprecher (Telegraphenstelle mit Telefonbetrieb) eingerichtet, der an die Leitung 269 angeschlossen war. Auch wenn man das Telefon anfänglich mit einer großen Skepsis betrachtete, war doch der Fortschritt nicht aufzuhalten. Allerdings wurde der Platzbedarf der Post durch eine Vermittlungsstelle größer und die Post zog 1904 vom Haus des Brauers PONFICK in das Erdgeschoss des Rathauses um. Hier begann man dann auch umgehend mit dem Aufbau eines Ortstelefonnetzes, welches bereits im folgenden Jahr in Betrieb genommen werden konnte. Die ersten zwölf Teilnehmer waren ausschließlich Pegnitzer Geschäftsleute, dann folgten die Behörden.

Während des Ersten Weltkrieges erfüllte die Post eine sehr wichtige Funktion. Sie stellte die Verbindung zu den Familienmitgliedern zwischen Front und Heimat her, wie viele Feldpostbriefe dieser Zeit beweisen. Auch der Zeitungsvertrieb lag in den Händen der Post, so dass diese somit auch die Neuigkeiten und Weltnachrichten verbreitete. Trotzdem ging die Notzeit auch an der Post nicht spurlos vorüber und in Folge von Sparmaßnahmen musste 1918 das Postamt 2 im Bahnhof geschlossen werden. Zusätzlich wurde der Arbeitsaufwand für die Post aber immer größer, denn ab 1920 waren täglich auch Wettermeldungen an die Wetterwarten in Fürth und Leipzig zu schicken. Die folgenden Jahre waren nicht nur für die Bevölkerung, sondern auch für die Postangestellten mitunter sehr beschwerlich. Beim Übergang des Königreichs Bayern zum Freistaat wurden ständig die Briefmarken gewechselt, und erst

Abbildung 4:
Am 18. 7. 1922 mussten schon 1.50 Mark für die Zustellung einer Postkarte gezahlt werden.

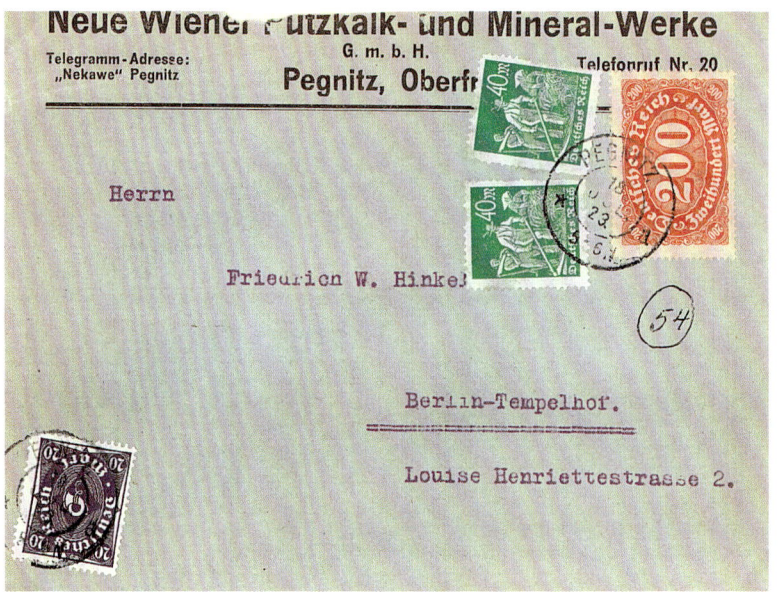

Abbildung 5:
Das Neue Wiener Putzkalk- und Mineral-Werk in Pegnitz, ein wichtiges Pegnitzer Unternehmen, musste am 18. 7. 1923 für die Beförderung eines Briefes nach Berlin 300 Mark zahlen.

recht schwierig wurde es in der Zeit der Hochinflation 1923, als nahezu wöchentlich die Portostufen sich änderten und Briefmarken gar nicht so schnell beschafft werden konnten, wie sie im Wert verfielen. Im November 1923 kostete ein normaler Brief z. B. 100 Milliarden Reichsmark.

Straßenverkehr Post und Eisenbahn

Auch die Auszahlung der Renten, welche ebenfalls Aufgabe der Post war, gestaltete sich in dieser Zeit besonders schwierig. Allerdings fiel in diese Zeit auch eine Neuerung, die Freud und Leid nach Pegnitz brachte. Am 16. Mai 1923 wurde der Kraftpostbetrieb eröffnet und die Zeit der Postkutschen neigte sich rasch dem Ende. Wenn auch die ersten Kraftpostomnibusse mit Vollgummireifen noch keinen großen Komfort boten, so wurden sie doch von der Bevölkerung freudig begrüßt. Gleichzeitig wurde aber auch der Poststall in der Altstadt geschlossen, was das Ende der Post in der Altstadt bedeutete. Trotzdem ist der Gasthof „Zum Schwarzen Adler" (heute: „Pflaums Posthotel Pegnitz") im Volksmund bis heute der „Posthalter" geblieben.

Da der Kraftpostverkehr in gleicher Weise wie auch die Telefonanschlüsse rasch expandierten, platzte die Post in der Innenstadt bald aus allen Nähten und ein eigenes Postgebäude wurde in Auftrag gegeben.

Die Post im eigenen Amtsgebäude in der Bahnhofstraße

Nachdem man in der Innenstadt kein geeignetes Gebäude für die Post fand, errichtete die Reichspost in der Bahnhofstraße ein eigenes Gebäude, das am 1. April 1926 den Betrieb aufnehmen konnte. Schon bald erfuhr dieses Amt eine erhebliche organisatorische Erweiterung. Ab 1933 wurden in vielen kleinen Orten Posthilfsstellen eingerichtet, die organisatorisch von der Landpoststelle Pegnitz aus versorgt werden mussten. Über 70 Orte wurden von Pegnitz aus betreut. Die Briefe, die dort aufgegeben wurden, erhielten einen kastenförmigen Gummihandstempel mit dem Vermerk „[...] über Pegnitz", die Marken selbst wurden in der Landpoststelle im Pegnitzer Amt gestempelt. Mit einem ersten Werbestempel wurde die Post auch zum Werbeträger für die Stadt.

Abbildung 6:
Die von Conrad Potzler um 1907 gezeichnete Karte zeigt den „Gasthof zum Schwarzen Adler".

Abbildung 7:
Am 17. 8. 1933 wurde der erste Werbestempel in Pegnitz eingeführt. Er warb für das 1932 erbaute Stadtbad, das auch für den zunehmenden Fremdenverkehr in der Fränkischen Schweiz ein Anziehungspunkt war. Diese Drucksachenpostkarte trägt den Stempel vom Erstverwendungstag.

Zum gleichen Zeitpunkt wurde Pegnitz Leitpostamt für verschiedene Linien in die Fränkische Schweiz. Dadurch wuchs auch der Fahrzeugpark erheblich an, so dass 1938 Kraftwagenhallen hinter dem Postgebäude errichtet wurden. 21 Personen waren nun im Pegnitzer Postamt beschäftigt. Die Post war somit ein wichtiger Arbeitgeber in Pegnitz geworden.

Die positive Situation änderte sich mit dem Ausbruch des Zweiten Weltkrieges. Zwar wuchs die Arbeit mit der Feldpost an, doch immer mehr Postbeamte wurden zum Kriegsdienst eingezogen. Schließlich arbeiteten außer dem Amtsvorsteher nur noch drei Männer im Amt, alle anderen Tätigkeiten, sogar das Fahren der Landpostautos, wurden von Frauen übernommen. Gerade die Kraftpost hatte im Verlauf des Krieges mit immer größeren Schwierigkeiten zu kämpfen, denn Postomnibusse wurden für den Kriegseinsatz eingezogen bzw. bekamen keinen Sprit zugeteilt, weshalb schon 1944 wieder Pferdewagen eingesetzt wurden. Manche Postautos, die mit Holzvergasern ausgerüstet worden waren, konnte man damals ebenfalls auf den Straßen sehen. Auch von Bombenangriffen blieb die Post als Infrastruktureinrichtung in der Nähe des Bahnhofes nicht verschont, eine Fernmeldebeamtin kam dabei ums Leben. Mit dem Einmarsch der Amerikaner am 17. April 1945 wurde der gesamte Postverkehr zunächst eingestellt.

Der Wiederbeginn nach 1945

Unter der Aufsicht der Amerikaner – der Postobersekretär Müller hatte täglich Bericht zu erstatten – wurden im Juni 1945 die ersten Postverbindungen wieder aufgenommen. Zunächst war nur Behördenbriefverkehr erlaubt, und als nach einiger Zeit auch der Privatpostverkehr wieder zugelassen war, liefen alle Briefe durch die Postzensur der Amerikaner in München. Auch bestand lange Zeit noch großer Mangel an Briefmarken und anderen Postformularen, so dass vielerlei Provisorien in dieser Zeit notwendig waren. Ähnliches galt bei der Wiederaufnahme des Postomnibusverkehrs 1946. Erneut kamen die Holzvergaser zum Einsatz, wobei ein Postschaffner bei der Explosion eines solchen Ungetüms erheblich verletzt wurde. Der Fernmeldebetrieb konnte ebenfalls mit Einschränkungen im Herbst 1945 erneut in Betrieb genommen werden. Alle Aufgabenbereiche der Post wurden unter großen Schwierigkeiten in den folgenden Jahren der Besatzungszeit wieder aufgenommen, fest installiert und zum Teil auch erweitert. So hatte die Post auch Bankaufgaben übernommen, und im Zuge der Währungsreform wurden in den letzten Tagen so große Einzahlungen auf dem Postamt vorgenommen, dass das Geld sackweise auf dem Flur herumstand. Aber alle Probleme konnten mit ein wenig Improvisationstalent gemeistert werden.

Die Expansion der Bundespost

1950, nach Gründung der Bundesrepublik, bekam Pegnitz eine weitere Poststelle in der Lohesiedlung. Noch vor dem Weltkrieg war diese Siedlung für die Bergarbeiter entstanden und sie erhielt jetzt eine Poststelle II, was einer Posthilfsstelle entsprach, später wurde sie sogar in eine Poststelle I umgewandelt und führte einen Stempel „Pegnitz 1“, im Gegensatz zur Hauptpost, die weiterhin den Stempel „Pegnitz 2“ führte.
Auch der Fuhrpark der gelben Postomnibusse, die damals aus dem Straßenbild nicht wegzudenken waren, wuchs immer stärker an, waren sie doch ein enorm wichtiges öffentliches Verkehrsmittel in die umliegenden Orte, zumal der Besitz eines Privat-PKWs in der Nachkriegszeit noch keine Selbstverständlichkeit war. Wieder einmal war das Gelände der Post in der Bahnhofstraße viel zu klein und es mangelte vor allem an Unterstellhallen für die Omnibusse, die beim ständigen Stehen im Freien vor allem im Winter reparaturanfällig wurden. Raummangel herrschte auch beim Fernsprechbetrieb, denn die Zahl der Telefonanschlüsse stieg ständig und die Verbindungen mussten noch vom „Fräulein im Amt“ per Hand hergestellt werden. Lange verzögerten sich noch die Baumaßnahmen der Post und erst am 22. Januar 1960 erfolgte die Einweihung der Postgaragen in der Sauerbruchstraße. Endlich konnte der gesamte Fuhrpark von 22 Omnibussen untergestellt und in einer dazugehörigen Werkstatt gewartet werden. 1100 Fahrgäste wurden damals im Schnitt pro Tag mit den gelben Postbussen aus Pegnitz befördert.

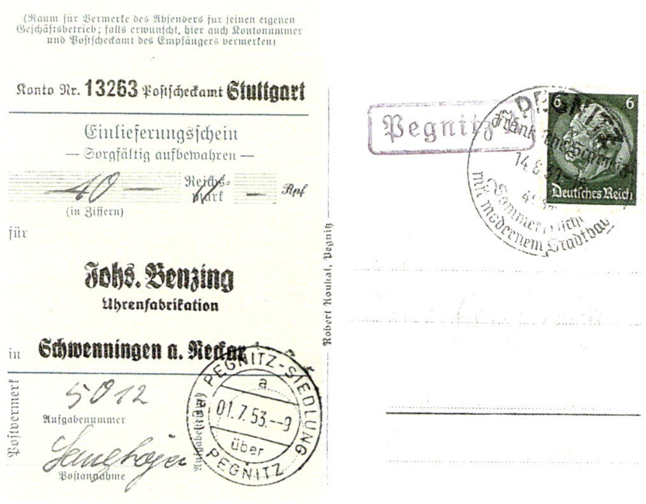
(Raum für Vermerke des Absenders für seinen eigenen Geschäftsbetrieb; falls erwünscht, hier auch Kontonummer und Postscheckamt des Empfängers vermerken)

Konto Nr. 13263 Postscheckamt Stuttgart

Einlieferungsschein
— Sorgfältig aufbewahren —

40 Reichsmark — Rpf
(in Ziffern)

für Johs. Benzing
Uhrenfabrikation

in Schwenningen a. Neckar

Postvermerk
5012
Aufgabenummer
Postannahme

PEGNITZ-SIEDLUNG über PEGNITZ
01.7.53.--9

Pegnitz
Deutsches Reich

Abbildung 8:
Verschiedene Stempel vom Postamt in der Siedlung (rechts vor, links nach 1945).

Nun konnte auch endlich mit dem Umbau der Post in der Bahnhofstraße begonnen werden. An Stelle der alten Garagen errichtete man Packkammer und Räume für Briefzustellung, Briefein- und -abgang und eine neue Landpoststelle, die noch 1960 weiteren Zuwachs von Landpoststellen II im Bereich der westlichen Oberpfalz zu verzeichnen hatte. Auch für die technischen Einrichtungen der Fernsprechstelle stand nun ein neuer Raum zur Verfügung, was auch dringend notwendig war, denn ab dem 27. Januar 1962 konnten die 300 Fernsprechteilnehmer in Pegnitz ihre Verbindung im Ortsbereich erstmals selbst herstellen.
Die Post war nun ein bedeutendes Dienstleistungsunternehmen und auch ein wichtiger Arbeitgeber der Stadt geworden, denn immerhin 150 Personen waren bei der Post beschäftigt. 1967 musste deshalb das Postgebäude erneut erweitert werden, denn das Postamt versorgte auch eine Fläche von 420 qkm und 30.200 Ein-

Straßenverkehr Post und Eisenbahn

wohner. Eine Million Fahrgäste wurden 1967 befördert und durchschnittlich 21.000 Briefe und 450 Pakete sind pro Tag bearbeitet worden. Fernschreibvermittlung und Telegrammdienst ergänzten die modernen Einrichtungen und nicht vergessen werden darf, dass inzwischen noch drei Umsetzer für die Fernsehprogramme ebenfalls von der Post mitbetreut wurden.

Rationalisierungen bei der Bundespost

Die ersten Rationalisierungsmaßnahmen waren zugleich auch ein erster Abbau von Serviceleistungen der Bundespost. Betroffen waren zunächst die vielen Poststellen II in den kleineren Orten rings um Pegnitz. Auch die Gebietsreform mit der Auflösung des Landkreises Pegnitz 1972 trug ihren Anteil dazu bei. Zunächst fielen nämlich die entfernter liegenden Orte, wie z. B. Hiltpoltstein, aus dem Zustellbereich des Postamtes Pegnitz heraus, dann wurden die näher liegenden Ortschaften in der Zustellung direkt von Pegnitz aus versorgt.

Auch andere Dienstleistungsunternehmen wie die Deutsche Bundesbahn begannen zu rationalisieren. Am 30. Juni 1976 wurde der Bahnbetrieb auf der Eisenbahnlinie Ebermannstadt – Behringersmühle eingestellt, wobei dieses Mal die Post davon profitierte, denn der Personentransport auf dieser Strecke wurde nun von den Postomnibussen übernommen. Doch diese für die Post positive Entwicklung blieb die Ausnahme. Auch im innerbetrieblichen Bereich begann man über Personalabbau nachzudenken und der erste Schlag traf das Postamt Pegnitz am 1. Oktober 1981, als die Verwaltung des Postamtes dem Postamt Bayreuth übertragen wurde. Das Pegnitzer Postamt hatte nun nur noch einen Betriebsleiter, der bereits wenig später die nächste bittere Pille schlucken musste: Der Kraftpostreisedienst wurde der Bundesbahn übertragen. Die gelben Postomnibusse, die zuletzt von Pegnitz aus neun Linien befahren hatten und im Jahr 1982 noch 1,3 Millionen Fahrgäste beförderten, verschwanden aus dem Straßenbild. Damit hatten auch die Postgaragen ihren Zweck verloren und wurden verkauft.

Die Erweiterung einer neuen Knotenvermittlungsstelle für den Fernmeldebetrieb, einem expandierenden Zweig, in der Robert-Koch-Straße war wohl ein letztes Aufbäumen der Deutschen Bundespost vor weiteren Rückschlägen und der Privatisierung.

1985 war zum ersten Mal die Rede von der Schließung der Poststelle in der Siedlung, was von Seiten der Post zwar dementiert wurde, doch das Gerücht hielt sich hartnäckig und am 4. Mai 1988 wurden die Bewohner der Lohesiedlung aufgerufen, die Poststelle stärker zu nutzen, um eine Schließung zu verhindern. Die Frist währte gerade noch fünf Jahre. Am 31. Dezember 1993 wurde die Poststelle in der Siedlung endgültig und für immer geschlossen. Übrig blieb ein Briefkasten am Loheplatz.

„Postamt erhält wieder mehr Gewicht", lautete im März 1997 eine Überschrift in der Tageszeitung. Tatsächlich wurde das Postamt in der Bahnhofstraße ein weiteres Mal umgebaut und dem neuen Bedarf angepasst. Und obwohl damals von einem „Zustellstützpunkt für die Landzusteller" die Rede war, wird dem aufmerksamen Leser nicht entgangen sein, dass der erste Stock des Gebäudes nun plötzlich von der Post nicht mehr gebraucht wurde und an private Firmen vermietet werden sollte. Dies war schließlich dann auch der Beginn vom Ausstieg aus dem Amtsgebäude. Zwar fällte der Stadtrat im gleichen Jahr noch einen Beschluss, dass die Postfiliale in der Bahnhofstraße nicht aufgelöst werden dürfe und eine „Shop in Shop-Filiale" nicht in Frage komme. Doch inzwischen war ja aus dem Staatsunternehmen der Deutschen Bundespost eine ▸ **privatisierte Post AG** geworden, deren Entscheidungskriterien nach rein wirtschaftlichen Gesichtspunkten gefällt werden. Da gilt dann das Sprichwort von Kunden als König nur noch bedingt.

Im Frühjahr 1998 ist es dann schließlich so weit, das Amtsgebäude in der Bahnhofstraße schließt endgültig seine Pforten und im Kaufhaus K&P wird die „Shop in Shop-Filiale" der Post AG eingerichtet. Versprochen wurde den Postkunden auch eine Verbesserung der Serviceleistung, nämlich dass im Kaufhaus der Postschalter nun durchgehend auch während der Mittagszeit geöffnet sei, was gegen-

Privatisierung der Bundespost
Im Juli 1989 tritt das Poststrukturgesetz in Kraft, das beinhaltet, dass aus der Deutschen Bundespost drei selbstständige Aktiengesellschaften werden: Unternehmen Post, Telekom und Postbank. Im Dezember 1989 erhält mit der Mannesmann AG der erste private Anbieter eine Mobilfunklizenz. Im August 1994 wird auch der Markt bei den Postsendungen für Massensendungen für private Anbieter geöffnet. Zwei Jahre später wird das Netzmonopol der Telekom aufgehoben. Im November 1996 geht die Deutsche Telekom an die Börse. Ab 1998 ist der Telekommunikationsmarkt und auch der Postsektor dem freien Wettbewerb geöffnet.

Straßenverkehr Post und Eisenbahn

über den Öffnungszeiten im alten Amt eine wesentliche Verbesserung sei. Doch auch diese Ankündigung ist seit dem Frühjahr 2003 wieder Makulatur, die Postfiliale ist über Mittag geschlossen, während das Kaufhaus geöffnet hat. Es ist müßig, darüber nachzusinnen, wie viele Serviceleistungen das Dienstleistungsunternehmen von einst inzwischen abgebaut hat und wie viele Arbeitsplätze dadurch verloren gegangen sind. Gewinnorientierung und Profitstreben sind eben nun mal die Hauptschlagworte unserer Zeit.

3. Die Eisenbahn in Pegnitz – ein Schritt in die Moderne

Geradezu überschwänglich leitet der Pegnitzer Chronist Heinrich BAUER (S. 468) in seiner 1938 in 2. Auflage erschienenen Chronik das Kapitel über den Bahnbau nach Pegnitz ein: „Wie seit jenen großen Tagen der Einigung der deutschen Stämme unser ganzes Vaterland einen mächtigen Aufschwung genommen hat (Anm. d. Verf.: gemeint ist hier die Reichsgründung 1871), so können wir auch in seinen einzelnen Gemeinwesen einen bedeutenden Fortschritt wahrnehmen. Und unser Pegnitz ist dabei nicht zurückgeblieben. Ein reges Leben erfüllte bald am Anfang der siebziger Jahre unsere Stadt; jedes Winkelchen bekam seinen Insassen. Diesmal aber verfolgten die zahlreichen fremden Gäste friedliche Zwecke, den Bau der lang erstrebten Eisenbahn." Genug der salbungsvollen Worte Bauers, die Realität sah nämlich etwas anders aus. Die Entscheidung zum Bau einer Eisenbahnlinie durch Pegnitz war nicht vor Ort und aus anderen Erwägungen heraus gefallen, und Pegnitz hatte großes Glück, dass es davon profitierte.

Der Kampf um eine Eisenbahnlinie hatte in Bayreuth bereits 1836 begonnen, dabei waren gerade erst einmal vier Monate seit der ersten Fahrt einer Eisenbahn in Deutschland zwischen Nürnberg und Fürth vergangen, als sich der Bau einer ersten Fernbahnlinie vom Süden in den Norden des Königreiches Bayern abzeichnete. In Bayreuth hatte man schnell erkannt, dass die Eisenbahn eine Revolutionierung im Bereich des Reise- und Güterverkehrs darstellen sollte. Immer wieder bemühten sich die Bayreuther um einen Streckenanschluss, mussten sich aber zunächst mit einer abseitigen Lage zufrieden geben, denn in München hatte man sich für eine Trassenführung an Bayreuth vorbei entschieden, so dass man zunächst selbst das Eisenbahnprojekt in die Hand nahm.

Dass Pegnitz bei den Überlegungen keine Rolle spielte, zeigt auch die Tatsache, dass man zunächst an eine Trassenführung von Nürnberg über Ebermannstadt und Streitberg durch das Wiesenttal nach Bayreuth gedacht hatte, wohl in Anlehnung an den ersten Postkurs auf dieser Strecke. Da sich im Wiesenttal noch nicht einmal eine befestigte Straße befand, wurde diese Idee auch schnell in München verworfen. 1851 wurde dann das wirtschaftlich wichtige Sulzbach über Hersbruck an Nürnberg mit einer Bahnlinie angeschlossen und man kam wieder über einen weiteren Anschluss des Bayreuther Landes ins Gespräch, der durch das Pegnitztal führen sollte.

Doch die Pegnitzer bekamen Konkurrenz, denn man konnte sich damals von Seiten anderer Städte und Gemeinden natürlich auch eine andere Linienführung von Nürnberg nach Bayreuth vorstellen. 1866 wurde dann im Landtag der Entschluss zum Bau der Strecke gefasst, wobei noch immer drei Varianten in Frage kamen: 1. Nürnberg – Forchheim – Ebermannstadt – Muggendorf – Waischenfeld – Bayreuth, 2. Nürnberg – Fürth – Heroldsberg – Gräfenberg – Betzenstein – Pegnitz – Creußen – Bayreuth und 3. die Linie durch das Pegnitztal, welche zwar bautechnisch die schwierigste war, doch in der kürzesten Bauzeit errichtet werden konnte. Als die Entscheidung 1869 für die Pegnitztalvariante fiel, jubelte man in Pegnitz, doch allerdings zu früh, denn die nun abgelehnten Orte, besonders Ebermannstadt und Betzenstein, sandten erneute Petitionen in den Landtag und bewirkten, dass die Strecke neu diskutiert wurde, doch allerdings um eine neue Variante – von Neuhaus über Auerbach und Kirchenthumbach – reicher. 1872 entschied man sich schließlich für diese Variante und stellte Pegnitz einen Stichbahnanschluss in Aussicht. In Auerbach krachten die Böller, während Pegnitz in Trauer fiel. Da die Zustimmung der Kammer der Reichsräte noch fehlte, blieb ein letzter Hoffnungs-

Straßenverkehr Post und Eisenbahn

strohhalm. Die Entscheidung blieb zunächst noch offen, es wurde lediglich beschlossen, die Bahn bis Neuhaus zu bauen. Pegnitz hatte also einen Aufschub erreicht. Schließlich gaben nach langen Untersuchungen und Berechnungen die Baukosten den Ausschlag. Am 27. Juli 1874 fiel der entscheidende Beschluss in beiden Kammern des Landtages: Die Bahn wird über Pegnitz gebaut!

Der Bau der Strecke durch das Pegnitztal gestaltete sich außerordentlich schwierig. Zwar ist sie eine der reizvollsten Strecken in Nordbayern, doch dafür mussten zwischen Hohenstadt und Pegnitz 27 Brücken gebaut und 7 Tunnels durch den Jurakalk getrieben werden. Natürlich waren auch umfangreiche Grunderwerbungen für die Strecke, die Bahnüberführungen, die Bahnhöfe und die Bahnwärterhäuschen nötig, die sich bei der bäuerlichen Bevölkerung nicht immer einfach gestalteten. Auch geologische Probleme waren zu bewältigen. In der Nähe von Pegnitz durchschneidet die Bahnlinie z. B. den Wasserberg und schneidet dabei auch wasserführende Schichten an, die zu einer Instabilität der Hangböschungen führen können. Damals wurde die Strecke von Streckenwärtern regelmäßig begangen. Heute ist modernste Technik im Einsatz. Um eventuelle Erdrutsche rechtzeitig erkennen zu können, wird die Gleisanlage am Wasserberg mit Erdsensoren überwacht, deren Messdaten ins Stellwerk übertragen werden, damit man eventuelle Erdbewegungen sofort erkennt.

1875 wurde jedenfalls an der Strecke und dem Pegnitzer Bahnhof mit Hochdruck gearbeitet, so dass im gleichen Jahr bereits das Gebäude des Pegnitzer Bahnhofes fertig gestellt war.

Abbildung 9:
Frühe Aufnahme vom Bahnhof Pegnitz.

1876 erreichte der erste Probezug den Bahnhof von Michelfeld her, am 28. Juni waren die Bauarbeiten abgeschlossen und der letzte Probezug befuhr die Strecke. Am 15. Juli 1877 war es dann schließlich so weit: Der erste reguläre Dampfzug erreichte mit Kränzen geschmückt den Bahnhof Pegnitz. Zunächst verkehrten täglich nur drei Züge in beiden Richtungen, doch schon 1896 fuhren auf dieser Strecke bereits täglich 15 Personen- und Schnellzüge sowie 18 Güterzüge. Die Reisezeit nach Bayreuth und Nürnberg war gegenüber den Postkutschen durch den Bau der Bahn erheblich verkürzt worden. Nach einem Kursbuch aus dem Jahr 1877 betrug die Fahrzeit nach Bayreuth 1 Std. 10 Min. und nach Nürnberg 3 Std. 15 Min. Ab 1890 wurde auch der erste Schnellzug eingesetzt, der die Reisezeit erneut verkürzte.

Das große Verkehrsaufkommen bewog die Verantwortlichen in München, auch bald einem zweigleisigen Ausbau der Strecke zuzustimmen, welcher bereits 1897 trotz umfangreicher anstehender Felsarbeiten begonnen wurde.

Beim weiteren Ausbau des Bahnhofes wurde auch an die heimische Industrie gedacht. Neben drei Hauptgleisen für den Zugverkehr wurde ein weiteres Gleis für Hinterstell- und Ladeverkehr eingerichtet, und von nun an begann sich manches im Wirtschaftsleben und im Stadtbild von Pegnitz zu verändern. Es erfolgte nicht nur eine weitere Besiedlung in Richtung Bahnhof, schon bald musste auch der schienengleiche Bahnübergang der Bahnhofstraße in Höhe des Gasthauses Stern wegen zu großer Beeinträchtigung des Verkehrs verlegt werden, und 1913 wurde eine Brücke über die Eisenbahn gebaut, die auch heute noch nach einer Erweiterung die Hauptlast des Verkehrs trägt. Für die Fußgänger blieb eine Unterführung, die ebenfalls noch heute eine kurze Verbindung von der Stadt zum Bahnhof darstellt. Zur Lösung dieser Probleme mussten damals extra zwei Scheunen abgerissen werden.

Straßenverkehr, Post und Eisenbahn

Auch für die Unternehmer in der Innenstadt war der Eisenbahnbau eine willkommene Neuerung zum Transport aller möglichen Güter, denn vor allem die Transportzeit konnte ganz erheblich verkürzt werden. Der Großunternehmer Wilhelm GLENK in der Hauptstraße zum Beispiel baute damals zwar einige Arbeitsplätze im Bereich seines eigenen Lohnfuhrunternehmens ab, doch durch die Eisenbahn konnten viel schneller Güter umgeschlagen werden, was wiederum einen Ausbau seiner Geschäftskapazität ergab. Schließlich war sogar die innerstädtische steinerne Brücke dem Warenverkehr nicht mehr gewachsen und musste 1881 durch eine eiserne Brücke (später „Konsumbrücke") ersetzt werden.

Nahezu aus allen Teilen Deutschlands bezog der Großkaufmann Glenk Waren mit der Bahn: Leinen und Zucker aus Sachsen, Steingut aus der Oberpfalz, Porzellan aus dem Fichtelgebirge, Kaffee, Tee und Fisch aus Norddeutschland, Schuhcreme und Stiefelwichse aus Württemberg und vieles mehr, wie sich aus heute noch erhaltenen Frachtbriefen der „Königlich Bayerischen Staatseisenbahn" ersehen lässt. Doch auch für den Export des berühmten „Wiener Putzkalks" und des Bolus, die beide in der Nähe von Pegnitz hergestellt bzw. abgebaut wurden und die der Großkaufmann ebenfalls vertrieb, wurde die Bahn benötigt. Pegnitz wurde zudem Umschlagplatz für Güter aller Art und Anlaufpunkt für viele Kaufleute aus der weiteren Umgebung. Dies hatte natürlich auch positive Auswirkungen auf die Gastronomie, weshalb in unmittelbarer Nähe des Bahnhofs sich mit dem Gasthof Stern, dem Gasthaus Hammerand und dem Gasthof Grüner Baum drei Gasthäuser im Laufe der Zeit niederließen.

Schließlich profitierten die zwei Hauptarbeitgeber der Stadt Pegnitz, die AMAG-Hilpert-AG (heute KSB) und das Bergwerk, in großem Umfange von dem Bahnanschluss. Für diese beiden Betriebe wurden schließlich sogar eigene Gleisanschlüsse gelegt. Für das Bergwerk jedoch war dieser günstige Verkehrsanschluss

Abbildung 10:
Der letzte Erzzug in Pegnitz.

auf die Dauer kein entscheidender Standortvorteil, da das Erz nach Linz in Österreich zur Verhüttung transportiert werden musste. Am 31. 12. 1967 verließ der letzte Erzzug den Pegnitzer Bahnhof Richtung Linz.

Ein wichtiger Partner der Bahn war jahrzehntelang auch die Post. Mit der Eröffnung des Bahnhofs war – wie bereits erwähnt – gleichzeitig die Postexpedition von Pegnitz aus der Innenstadt heraus in das Bahnhofsgebäude verlegt worden. Der erste Bahnhofsvorsteher Johann Gareis war nun gleichzeitig auch Postexpeditor. Dieser Anschluss brachte automatisch eine schnellere Zustellung von Brief- und Paketpost mit sich.

Allerdings war das Reisen in der Anfangszeit noch keineswegs ein reines Vergnügen. Die Personenwaggons waren in drei Klassen eingeteilt, wobei in der dritten Klasse keinerlei Polsterung vorhanden war. Bei Nachtfahrten mussten sich die Reisenden zunächst mit Kerzen, ab 1860 mit Rüböllampen und ab 1870 mit Gaslaternen begnügen. Erst ab 1890 existierten Eisenbahnwaggons mit elektrischer Beleuchtung. Auch eine Heizung war zunächst nicht vorgesehen, nur in der ersten Klasse wurden im Winter Wärmflaschen, mit heißem Wasser oder Sand gefüllt, ausgegeben, die alle vier Stunden ausgetauscht wurden. Auch auf Toiletten musste zunächst verzichtet werden. Erst als man die Durchgangswagen („D-Züge") einführte, wurden spezielle Abortwagen angekoppelt.

Nach dem Ersten Weltkrieg war das Ende der Landeseisenbahnen gekommen und aus der „Königlich-Bayerischen Staatsbahn" wurde die „Deutsche Reichsbahn". Allerdings hatte das Unternehmen einen denkbar schlechten Start, denn eine hohe Anzahl von Lokomotiven und Waggons mussten als Reparationen an Frankreich abgegeben werden, weshalb es auch in unserer Region zum Einsatz von veraltetem

Straßenverkehr Post und Eisenbahn

Zugmaterial und erheblichen Einschränkungen kam. Anfang der 20er Jahre machte dann die Inflation der Bahn zu schaffen. Teilweise konnten Fahrten mit der Bahn mit bahneigenen Gutscheinen statt mit Inflationsgeld bezahlt werden. Erst nach Beendigung der Inflation ging es mit der Eisenbahn wieder aufwärts, die Strecke zwischen Bayreuth und Nürnberg wurde wieder häufiger befahren und die Qualität der Züge mit neuen Dampfloks steigerte sich erheblich.

Abbildung 11:
Gutschein der Deutschen Reichsbahn von 1923.

Neben dem normalen Bahnbetrieb sah man auch einige Luxus- und Sonderzüge im Pegnitzer Bahnhof. Besonders zu erwähnen ist der Sonderzug, der 1926 von Nürnberg zu den „Hans-Muffel-Festspielen" auf dem Schloßberg in Pegnitz eingesetzt wurde. Man schickte sogar eine Blaskapelle zum Bahnhof, um die Festspielgäste abzuholen. Leider entstiegen diesem Sonderzug aber nur 16 Personen. Die Festspiele auf dem Schloßberg fanden wenig Resonanz, was auch an zwei völlig verregneten Sommern 1926/27 lag.

Für den Eisenbahnverkehr folgte bald ein erneuter wesentlicher Einschnitt nach Kriegsausbruch des Zweiten Weltkrieges. Dadurch ergaben sich erhebliche Einschränkungen, denn das gesamte Verkehrswesen musste sich den Interessen der Wehrmacht unterordnen. Die Lokomotiven der Baureihen 50 und 52 waren fast ausschließlich im Kriegsdienst. Nahezu unbemerkt von der Pegnitzer Öffentlichkeit rollten erneut einige Sonderzüge durch den Pegnitzer Bahnhof. Zwischen 1942 und 1944 fuhren einige der berüchtigten Todeszüge mit Nürnberger Juden durch den Pegnitzer Bahnhof ins Vernichtungslager nach Auschwitz. Den absoluten Tiefpunkt erreichte die Bahn dann 1945, da Bahnanlagen bevorzugtes Ziel von alliierten Bombenangriffen waren. Zwar waren in Pegnitz kaum Zerstörungen durch Bomben zu registrieren, doch die Bahnhöfe in Nürnberg und Bayreuth waren ein häufiges Ziel der Alliierten und in den ersten Nachkriegsmonaten nahezu völlig zerstört.

Von Mai bis Oktober 1945 fand kein ziviler Eisenbahnverkehr statt. Doch dann diente die Eisenbahn sofort wieder als wichtigstes Transportmittel überhaupt. Aufgrund der Notlage versuchten viele Großstädter in so genannten „Hamsterfahrten" auf das Land irgend etwas Essbares zu ergattern. Auch die Kohlenzüge waren ein begehrtes Ziel in den ersten schlimmen Wintern der Nachkriegszeit. Da die lang-

Straßenverkehr Post und Eisenbahn

samen Güterzüge immer wieder Stopps in den Bahnhöfen einlegen mussten, war auch in Pegnitz eine Bewachung nötig, da die Bevölkerung versuchte, sich von einigen „heruntergefallenen" Kohlestücken zu Hause etwas Wärme zu verschaffen. Auch wäre ohne die Eisenbahn die Wiederaufnahme des Betriebes eines der wichtigsten Arbeitgeber der Stadt unmöglich gewesen. Das Bergwerk musste nämlich sein Erz zum Verhütten mit der Eisenbahn zur VOEST nach Linz bringen, da für das silikathaltige Erz in Deutschland keine Verhüttungsmöglichkeiten bestanden. Bis zur Gründung der Bundesbahn 1949 hatte sich der Bahnbetrieb weitgehend wieder normalisiert. Allerdings entfielen etliche D-Züge und internationale Züge in den Osten bzw. in die DDR. So wurden Pegnitz und auch Bayreuth zu Endstationen etlicher Züge.

Trotz der scheinbaren Sicherheit der Bahn lief im Pegnitzer Bahnhof nicht immer alles glatt. Im Dezember 1972 wurden die Kurswagen eines D-Zuges im Bahnhofsbereich so schnell an einen anderen Zug rangiert, dass dabei ein Wagen abknickte, zwei Wagen entgleisten und 37 Menschen verletzt wurden. Im Juni 1984 entgleiste ein Teil eines Zuges zwischen Pegnitz und Schnabelwaid, weil Starkregen den Bahndamm unterspült hatte. Das schlimmste Unglück aber gab es am 30. September 1971. Im Pegnitzer Bahnhof wurde einer Diesellok freies Signal zur Weiterfahrt nach Bayreuth gegeben. Gleichzeitig kam aber aus Schnabelwaid ein Güterzug mit 29 Waggons entgegen. Der Zusammenprall bei Zips war so heftig, dass Diesellokführer und Heizer getötet wurden. Leider wurde die Bahn in mehreren Fällen auch unfreiwillig Werkzeug von Selbstmördern. Selbst im Pegnitzer Bereich nahmen sich immer wieder Menschen das Leben, indem sie sich vor den Zug warfen. In den 50er und 60er Jahren änderte sich Erhebliches bei der Deutschen Bundesbahn. Es fuhren zwar nicht wesentlich mehr Züge, dafür war die Zonenrandlage in erster Linie verantwortlich, doch der Komfort wurde ständig verbessert. So entfiel ab 1956 die dritte Klasse mit den harten ungepolsterten Holzsitzen in den Wagen. Polstersitze in allen Wagenklassen waren nun Standard. Schließlich hatten auch gegen Ende der 60er Jahre die Dampfloks ausgedient und wurden durch Diesellocks ersetzt. Damals wurde das Verschwinden von Ruß und Qualm freudig begrüßt, heute drängen sich Eisenbahnnostalgiker an den Strecken und auf Brücken, wenn Dampf-Nostalgiezüge, welche 1985 anlässlich des 150-jährigen Eisenbahnjubiläums erstmals wieder fuhren, die Strecke gelegentlich immer wieder mal befahren. Eine ganz wesentliche Neuerung war 1988 der Beschluss, auf der Strecke zwischen Nürnberg und Bayreuth den italienischen „Pendolino" im Stundentakt fahren zu lassen. Der Pendolino ist eine Zuggarnitur mit Neigetechnik, die bei entsprechendem Gleisausbau die engeren Radien durch die pendelnde Zugaufhängung mit größerer Geschwindigkeit fahren kann. Dadurch verkürzte sich die Reisezeit zwischen Bayreuth und Nürnberg auf unter eine Stunde. Am 31. Mai 1992 konnten die Pegnitzer erstmals die neue „Regionalschnellbahn" zwischen Pegnitz und Bayreuth testen. Die anfängliche Begeisterung wich aber im Laufe der Zeit, da sich der Pendolino schon bald nicht mehr als betriebssicher herausstellte, so dass ab dem Jahr 2000 alle Pendolini aus dem Verkehr gezogen wurden. Nachfolger wurde der „Regio-Swinger" BR 612.

Die Probleme mit dem Fahrzeugpark waren aber leider nicht die einzigen der Deutschen Bahn AG, wie das Dienstleistungsunternehmen seit der Privatisierung in den 90er Jahren nun genannt wird. Die jährlichen Defizite, die durch die große

Abbildung 12:
Zerstörte Lokomotiven im Bahnhof nach dem Zusammenstoß am 30. 9. 1971.

Straßenverkehr Post und Eisenbahn

Konkurrenz des ständigen Ausbaus des Bundesstraßensystems durch den PKW- und LKW-Verkehr entstanden waren, zwangen zu immer neuen Einsparmaßnahmen. Davon war der Pegnitzer Bahnhof in besonderer Weise betroffen. Wie in vielen kleineren Bahnhöfen ab 1966 verschwand auch in Pegnitz mit dem Gepäckschalter die gesamte Abwicklung des Stückgut- und Expressgutverkehrs. Die Gebäude für die Stückgutabwicklung wurden überflüssig und verständlicherweise wurde dadurch auch Personal abgebaut. Doch der Personalabbau hatte damit noch lange nicht seinen Höhepunkt erreicht, denn nach dem Aufstellen von Automaten verschwand schließlich auch der Fahrkartenschalter im Bahnhofsgebäude selbst, das heute praktisch nur noch das Stellwerk beinhaltet. Fahrkarten sind heute an einem Kiosk oder an Automaten erhältlich. Eine Auskunft erhält man über Telefon oder Internet. Auch im Fahrbetrieb hat sich nicht alles zum Positiven verändert. Zwar sind die Verbindungen der Regionalschnellbahn nach Bayreuth und Nürnberg nun im Stundentakt, doch überregionale Schnellzüge, wie z. B. der elegante Diesel-ICE, der täglich bis 2003 durch das Pegnitztal fuhr, halten im Pegnitzer Bahnhof nicht mehr. Auch warten die Bürger seit Jahren vergeblich auf den lang ersehnten Anschluss an den Verbund der VGN mit Nürnberg. Da dieser nur bis Neuhaus reicht, ist dieser Bahnhof für viele Pegnitzer zu einem neuen Einsteigebahnhof geworden.

4. Die Entwicklung des Straßensystems in und um Pegnitz

Wie schon im Eingangskapitel beschrieben, war die ursprüngliche Verkehrssituation in Pegnitz von anderen Faktoren geprägt als heute. Ausschlaggebend war, dass die Talauen von Pegnitz und Fichtenohe im Wesentlichen von Verkehrswegen freigehalten wurden, da die angrenzenden Wiesen häufig überschwemmt waren bzw. für den Straßenbau keinen ausreichenden Untergrund boten. Deshalb führten die Verbindungen in die umliegenden Ortschaften alle über die Höhen, das heißt, dass man beim Verlassen von Pegnitz immer erst ganz ordentliche Steigungen zu überwinden hatte. Die Straße nach Pottenstein zog sich durch die heutige Heinrich-Bauer-Straße hinaus und entlang der Ortschaften Willenreuth, Willenberg und Elbersberg. In Richtung Schnabelwaid und Bayreuth verließ man die Stadt durch das so genannte Bayreuther Tor in Richtung des heutigen Bahnhofes und dann musste man über den Zipser Berg, den steilsten Anstieg überhaupt, bei dem die Fuhrwerke teilweise ganz erhebliche Probleme hatten. Altstadt und Neustadt waren durch eine kleine schmale Straße verbunden, die den Wiesweiher in Höhe der heutigen Fußgängerbrücke überquerte. Sie war kaum für etwas größere Fuhrwerke nutzbar. Diese, wenn sie aus Richtung Nürnberg in die Stadt kamen, waren gezwungen, den Böhlgraben (heute Alte Poststraße) zu benutzen und dann entweder in der Höhe der heutigen Einmündung der Alten Poststraße in die Nürnberger Straße in die Altstadt zu fahren oder in einem Bogen, am Terrassenrand der Pegnitzaue entlang, in die Stadt durch das Nürnberger Tor (in der Nähe der alten Grundschule) in die Innenstadt zu fahren. An dieser Situation änderte sich jahrhundertelang nichts und auch die ersten Postkutschen mussten sich noch immer dieser Straßensituation anpassen.

Erst die aufkommende Motorisierung zu Beginn des 20. Jahrhunderts zwang zu immer neuen Verkehrsüberlegungen. Hauptaspekt war fast stets die sich immer mehr steigernde Geschwindigkeit, mit der die Menschen von einem Ort zum anderen gelangen wollten. Die Zeit schien den Menschen ab der Erfindung des Autos immer mehr durch die Hände zu rinnen. Eine Tatsache, die bis heute die Verkehrsplanungen und den Fahrzeugbau bestimmt. Aber noch kurz vor dieser Zeit war es die Eisenbahn, die 1913 eine Verkehrsänderung in der Stadt bewirkte. Der schienengleiche Bahnübergang beim Gasthaus „Goldener Stern" wurde aufgehoben und die Bahnhofstraße über eine Brücke beim heutigen Kath. Pfarramt umgeleitet.

Zunächst aber war es die hohe Arbeitslosigkeit in der Zeit der Weimarer Republik, in der dann aus Gründen von Arbeitsbeschaffungsmaßnahmen viele Arbeitsplätze im Straßenbau geschaffen wurden. Vor allem war es damals wieder die Post, die

Abbildungen 13/14:
Bild eines Lastkraftwagens von K. Hösch (oben) und erster Kraftomnibus.

Straßenverkehr, Post und Eisenbahn

nach der Einführung der Kraftpost in Pegnitz im Jahr 1923 energisch eine Verbesserung der Straßenverhältnisse forderte. Denn in den ersten Kraftomnibussen, die noch mit Vollgummireifen fuhren und keine ausreichende Federung hatten, war das Reisen auf den mit Schlaglöchern übersäten Straßen eher eine Tortur. Bald auch gründeten sich die ersten Lohn-Fuhrunternehmen, die Lastkraftwagen hatten, wie das von Karl HÖSCH in der Hauptstraße.

Im Stadtbereich ging man nun daran, die Straßen besser zu befestigen und führte diese Maßnahme bis an den Stadtrand durch, dann wurden die Hauptstraßen zwar breiter ausgebaut, waren aber immer noch grob geschottert. Dieser Zustand blieb bis in die 50er Jahre des 20. Jahrhunderts so bestehen. Als eine der ersten Verbindungen wurde die Strecke nach Schnabelwaid neu angelegt. Der Zipser Berg war einfach das größte Hindernis, bei dem auch vollbeladene Lastkraftwagen ihre Probleme hatten. Ein bereits vorhandener Feldweg nach Buchau wurde ausgebaut und ab 1928 konnte der Verkehr endlich im Tal entlanggeführt werden. Die Straße am Zipser Berg blieb aber für die damaligen Motor-Enthusiasten weiterhin eine Herausforderung, denn am 6. Oktober 1929 fand hier erstmals das „Bergrennen Zipser Berg bei Pegnitz" statt, durchgeführt und organisiert vom „Motorclub Fichtelgebirge Bayreuth". Auch in den folgenden Jahren war dieses Bergrennen fester Bestandteil der Motorsportereignisse in Nordbayern.

Andererseits entstanden auch neue Unternehmen, wie die Autoreparaturwerkstätte von Alfons SONNTAG und Gottlieb TRAUTNER, welcher übrigens auch den ersten Motorsportwagen in Pegnitz fuhr, am Rande der Innenstadt gegenüber dem Gasthof zum Hirschen (heute Apotheke). Dort befand sich dann auch die erste Tankstelle, an der man an einer Zapfsäule Gasolin zapfen konnte. Vorher musste man nämlich das Benzin noch in Kanistern kaufen.

Mit dem neuen Angebot für die Fahrzeuge stieg auch die Anzahl der PKW und LKW in Pegnitz weiter an und erforderte immer weitere Maßnahmen des Straßenbaus, welche im Zuge einer großen Stadtsanierung erfolgten. Die erste weitreichende Unternehmung war hierbei die Flussregulierung der Pegnitz, welche 1932 unter dem Bürgermeister Hans GENTNER in Angriff genommen wurde. Der Flusslauf der Pegnitz wurde durch Ausbaggern tiefergelegt, dabei entstand auch die heute noch existierende Flusskreuzung von Fichtenohe und Pegnitz an der Schloßstraße, welche ebenfalls dabei erweitert wurde und nun die Hauptverbindungsstraße zwischen der Altstadt und der Innenstadt darstellte. Es folgte eine Innenstadtsanierung, bei der zunächst die Gehsteige neu angelegt wurden. Dabei pflanzte man auch die Rotdornbäumchen, die jahrzehntelang das Stadtbild der Innenstadt prägten. Dann begannen die großen Pflasterarbeiten, ausgehend vom Marktplatz sternförmig in alle Straßen bis zur Stadtgrenze. Schloßstraße, Böhlgraben und Bahnhofstraße erhielten ebenfalls eine Pflasterung. Auch das Bild von „Pegnitz der Stadt im Grünen", wie man sie lange Zeit später bezeichnete, wurde in dieser Zeit geprägt. Neben den Rotdornbäumchen in der Innenstadt erhielt auch die Bahnhofstraße z. B. eine schöne Kastanienallee.

In der Zeit des Zweiten Weltkrieges und der unmittelbaren Nachkriegszeit bis in die 60er Jahre hinein veränderte sich das Stadtbild, was die Verkehrsführung anbelangte, nur unwesentlich. In diesen Notzeiten war kein Geld vorhanden, um sich Autos zu kaufen bzw. bestanden viel notwendigere Zwänge, wie z. B. nach dem Krieg der Wohnungsbau für die zuwandernden Flüchtlinge.

Abbildung 15:
Plakette des ersten Bergrennens 1929 am Zipser Berg.

Abbildung 16:
Alte Bahnhofstraße mit Allee.

Straßenverkehr Post und Eisenbahn

Doch in den 60er Jahren begann auch in Pegnitz langsam das Wirtschaftswunder zu wirken und immer mehr Fahrzeuge bewegten sich nun in der Stadt. Der erste weitere Ausbau der Straßen erfolgte im innerstädtischen Bereich. Die Verbindung von der Schloßstraße zur Innenstadt erwies sich immer mehr als problematisch, zumal die Einmündung der Schloßstraße in die Hauptstraße sehr beengt war. So wurde eine größere Baumaßnahme fällig, die 1967 mit dem Teilabriss der alten Torschmiede (heute Feinkostgeschäft Schauer) eingeleitet wurde. Auch das alte Waaghäuschen, das in der Mitte der jetzigen Kreuzung stand, musste weichen. Anschließend erneuerte man die Karmühlbrücke, da sich diese für schwerere Fahrzeuge als nicht mehr tragfähig erwiesen hatte.

Das Wirtschaftswunder machte sich in Pegnitz dann in den 70er Jahren mit einer weiteren Welle des Verkehrsausbaus bemerkbar. Diesen neuen Verkehrsausbau könnte man als „Asphaltierungsphase" bezeichnen. Es begann 1973 mit dem Ausbau der Kreuzung Hauptstraße – Bayreuther Straße an der B2, wobei im folgenden Jahr die Bundesstraße im Stadtbereich auch erstmals geteert wurde. Noch wurden die Straßen mit der Hand geteert, aber die Asphaltierungswut ergoss sich durch alle Straßen. Es begann auch in der Innenstadt, wobei nun auch bis auf die Parkanlage hinter dem Rathaus, welche allerdings ein ganzes Stück kleiner wurde, alle Rotdornbäumchen weichen mussten, um Parkplätze entstehen zu lassen. Und noch eine Neuerung wurde 1974 eingeführt: Pegnitz bekam an der Kreuzung Schloßstraße – Hauptstraße die erste Ampel. Eigentlich war sie noch gar nicht unbedingt notwendig, doch die Fahrschulen hatten darauf hingewiesen, dass man sonst in Pegnitz keine Fahrprüfung mehr machen könne. Das war gleichzeitig auch der Tod des Baumes, der lange in der Mitte der Kreuzung noch gestanden hatte. Die Teerwelle rollte weiter und erfasste 1978 die Bahnhofstraße, welche komplett neu ausgebaut wurde. Bei diesem Ausbau musste die große Kastanienallee weichen, weil sie eine Gefährdung für die Fahrzeuge darstellte.

Eine wesentliche Umgestaltung ergab sich in der Verbindung der Altstadt mit der Innenstadt 1982. Nach einem schon erfolgten Ausbau der Bundesstraße von Neudorf her war eine Neuplanung der Verbindung in die Oberpfalz angedacht. Dabei wurde lange eine Umfahrung von Pegnitz durch die heutige Hans-Böckler-Straße zum Kellerberg diskutiert. Diese schien aber dann doch zu aufwändig zu sein und man hatte sich für eine andere Variante entschieden. Statt der engen Schloßstraße war die Altstadt schon 1966 nach dem Abriss der Speckmühle im heutigen Alten Graben umgangen worden, und dieser wurde nun weiter ausgebaut und die Eisenbahnbrücke der Bahnhofstraße ebenfalls erweitert. Nun war auch die Ampelregelung an der Hauptstraße wirklich notwendig.

Es würde hier zu weit führen, die nun in jedem Jahr folgenden Veränderungen im Straßenbau detailliert aufzuzeigen. Unsere Zeit ist so schnelllebig geworden, dass kein Jahr vergeht, in dem nicht wesentliche Eingriffe in Straßen- und Stadtbild erfolgen. Die wohl für die Zukunft einschneidendste Maßnahme war sicher die Inangriffnahme der Innenstadtsanierung in den 90er Jahren, welche fast heimlich in der Rosengasse begann, mittlerweile aber zu einem gewaltigen Umbau der gesamten Verkehrsführung in der Innenstadt geführt hat. Der motorisierte Verkehr, welcher zu Beginn des 20. Jahrhunderts freudig begrüßt wurde, ist mittlerweile zu einem echten Problem der Menschen geworden.

5. Die A 9 – der Autobahnanschluss für Pegnitz

Der Autobahnbau spielte von Anfang an eine besondere Rolle bei den Arbeitsbeschaffungsmaßnahmen des nationalsozialistischen Regimes und wurde schon 1933 in Angriff genommen. Allerdings lagen bereits Pläne aus der Zeit der Weimarer Republik vor, so dass der Autobahnbau nicht, wie heute oft fälschlicherweise behauptet, eine Idee Hitlers war. Doch gerade im Dritten Reich spielte der schnellstmögliche Transport von Truppen und Kriegsmaterial neben dem ökonomischen Aspekt eine wichtige Rolle. Der Autobahnverbindung von München, der „Stadt der Bewegung", nach Nürnberg, der „Stadt der Reichsparteitage", weiter zur Reichshauptstadt nach Berlin kam eine besondere Bedeutung zu, denn

Abbildung 17:
Autobahnbau an der A 9.

Straßenverkehr Post und Eisenbahn

dadurch wurden drei so genannte „Führerstädte" miteinander verbunden. Auch für die Reichsparteitage in Nürnberg, an denen mehrere hunderttausend Menschen aus dem ganzen Reich teilnahmen, war eine gute Verkehrsanbindung besonders wichtig.

In den Jahren 1935 und 1936 wurde der Ausbau der heutigen A 9 verstärkt vorangetrieben. Der Reichsarbeitsdienst (RAD) mit seinen riesigen Arbeitskolonnen war bereits bestens organisiert und wurde auch zum Autobahnbau eingesetzt. Wenn man bedenkt, dass riesige Mengen von Geländematerial bewegt werden mussten – und dies häufig mit Handarbeit, mit Hacke, Schaufel und Schubkarren –, so ist die rasche Fertigstellung umso erstaunlicher. Wohl auch aus Gründen möglichster Arbeitsersparnis wurde die Autobahn gerade in unserer Gegend in die Landschaft ein- und angepasst. „Die Reichsautobahn soll nicht als Fremdkörper in der Landschaft empfunden werden, sondern soll als organischer Teil derselben erscheinen", heißt es in einer Schrift der Autobahndirektion. Bereits damals war beim Bau der Autobahn die Strecke in einzelne Bauabschnitte eingeteilt, an denen gleichzeitig gebaut wurde. Um den Arbeitern des Reichsarbeitsdienstes einen längeren Anmarsch jeden Tag zu ersparen und mangels geeigneter Unterkunftsmöglichkeiten, wurden an den einzelnen Bauabschnitten jeweils Barackenlager errichtet. In unserer Gegend waren solche Lager bei Plech, Neudorf, Körbeldorf, Büchenbach und Weiglathal angesiedelt, die jeweils etwa 400 Arbeitern Unterkunft boten. Die Bauern der gesamten Umgebung mussten damals zur Versorgung der Arbeiter mit Lebensmitteln beitragen. So bedeutete dies im Gegensatz zum heutigen Autobahnbau auch eine direkte Förderung der hiesigen ländlichen Region.

Auch viele einheimische Firmen hatten beim Autobahnbau Aufträge bekommen. Lastwagen fuhren Tag und Nacht Material von und zur Baustrecke. Wegen der großen Höhenunterschiede in der Pegnitzer Umgebung waren riesige Erdbewegungen notwendig. Zum Abtransport des Aushubs war am Trockauer Berg sogar eine kleine Feldbahn eingesetzt, doch die meiste Arbeit musste mit Hand, mit Schaufel und Pickel, erledigt werden. Der Stundenlohn war mit 58 Pfennigen minimal, doch brachte der Autobahnbau vielen Arbeitslosen eine Erwerbsmöglichkeit. In Pegnitz waren etliche Büros der Baufirmen eingerichtet worden, und sogar die Post musste wegen des gestiegenen Fernsprechverkehrs zusätzlich eine Halbtagskraft einstellen. Für den Staat war es eine gigantische Investition – vier Kilometer Autobahn bei Trockau kosteten zwei Millionen Reichsmark –, welche die Staatsschulden erheblich erhöhte, doch die damalige Regierung ließ davon nichts an die Öffentlichkeit dringen.

Abbildung 18:
Propagandakarte „Erster Spatenstich".

Abbildung 19:
Bauarbeiten an der Autobahn und Barackengebäude bei Körbeldorf.

Die Autobahn selbst wurde nicht geteert, der Straßenbelag bestand vielmehr aus einzelnen Betonplatten, die an den Fugen mit Teer ausgegossen wurden. Dadurch wollte man auf Dauer eine größere Beständigkeit erreichen und den klimatisch bedingten Temperaturschwankungen und den Gewichtsbelastungen entgegenwirken. Leitplanken und Seitenbegrenzungen waren noch nicht nötig. Diese Bauart hatte sich in der DDR auf der A 9 bis zur Wende erhalten. Die Reichsauto-

Straßenverkehr Post und Eisenbahn

bahn erwies sich im Nachhinein beständiger als die Bauten des Reichsparteitagsgeländes und des gesamten Reiches überhaupt. Auch eine erste Autobahnraststätte hatte Pegnitz bekommen. Südlich der Anschlußstelle Pegnitz, auf der Westseite, war die kleine Raststätte „Alte Linden" 1938 gebaut worden, ein kleines Häuschen,

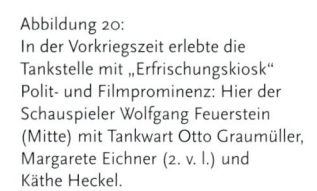

Abbildung 20:
In der Vorkriegszeit erlebte die Tankstelle mit „Erfrischungskiosk" Polit- und Filmprominenz: Hier der Schauspieler Wolfgang Feuerstein (Mitte) mit Tankwart Otto Graumüller, Margarete Eichner (2. v. l.) und Käthe Heckel.

Abbildung 21:
Das Team der ersten Tankstelle an der RAB, 1939 (mit Margarete Eichner und Frieda Gilligbauer).

in dem nicht mehr als 15 Leute Platz hatten. Auf der Ostseite befand sich eine Zapfanlage für Benzin der „Reichsautobahn Kraftstoff GmbH", die von Otto GRAUMÜLLER, der nach dem Krieg in Pegnitz eine Tankstelle und ein Autohaus gründete, betrieben wurde. 1949 bereits wurde die kleine Raststätte wieder abgerissen und eine neue größere Raststätte mit Tankanlage sollte errichtet werden. Wegen des Kriegsausbruches erlebte diese aber die Fertigstellung nicht mehr. Der Bau diente lange Jahre später der Autobahnmeisterei als Unterkunft und Geräteschuppen. Die Aufgabe einer Raststätte übernahm dann das Gasthaus Hölzel in Neudorf, das unmittelbar an der östlichen Autobahnausfahrt in Neudorf gelegen war. Hier war dann auch lange Zeit eine modernere Tankstelle angeschlossen. Auch dieser Rasthof geriet schlagartig ins Abseits, als in den 80er Jahren die steilen gepflasterten Autobahnein- und -ausfahrten nicht mehr verkehrsgerecht waren und die Anschlußstellen weiter nach Süden verlegt wurden. Mit der zusätzlichen Verlegung der Bundesstraße bei Neudorf kam dann das Aus für den Betrieb.

Nach dem Ende des Zweiten Weltkrieges und der folgenden Teilung Deutschlands verlor die A9 ihre Bedeutung als Transitstrecke. Viele Jahre war eine Fahrt nach Berlin mit langen Verzögerungen und großen Schikanen an der Grenze verbunden, so dass viele den Weg nach Berlin mit dem Flugzeug suchten. Dadurch wurde es auf der Autobahn relativ ruhig.

Das änderte sich schlagartig, als nach der Öffnung der Grenze am 9. November 1989 sich erstmals endlose Kolonnen von Trabis aus der DDR nach Süden in den gelobten Westen wälzten. Von nun an stieg der Fernverkehr auf der Autobahn nahezu täglich, und bald war die vierspurige Trasse dem hohen Verkehrsaufkommen nicht mehr gewachsen.

Im Sommer 1995 begann sich die Erweiterung der Autobahn auf sechs Fahrspuren abzuzeichnen, als neben den Fahrbahnen die Rodungsarbeiten begannen. Im September erfolgte als erstes der Brückenneubau und gleichzeitig auch die Verlegung der Bundesstraße bei Neudorf. Bei Willenberg entstand erneut ein Lager für die Bauarbeiter. Dieses Mal bestand es aus Wohnwägen und Containern, nebenan ein großer Fahrzeugpark von riesigen Baumaschinen, die sich unaufhörlich durch die Landschaft fraßen und dieses Mal größeren Wert auf die Verkehrsbedingungen legten als auf eine schonende Einbindung in die Landschaft. Enorme Brückenbauten, darunter eine gigantische Talbrücke bei Trockau, verringern nun die Steigungen ganz erheblich.

Straßenverkehr Post und Eisenbahn

Abbildung 22:
Alte A 9 mit 4 Fahrspuren bei Neudorf.

Im Zuge der Schließung der Raststätten am Hienberg und am Sophienberg wurde auch nach einem neuen Standort für eine Großraststätte gesucht, den man auf der Neudorfer Höhe bei Pegnitz fand. Trotz heftiger Proteste der Bevölkerung rückte man davon nicht mehr ab und die Raststätte „Pegnitz – Fränkische Schweiz" wurde zusammen mit einem Motel gebaut. Die verkehrsgünstige Lage und die ebene Fläche bei Neudorf ließen schließlich auch noch das neue Gewerbegebiet entlang der Autobahn bei Neudorf entstehen. Innerhalb weniger Jahre hatte sich so das Gesicht von Pegnitz am Eingang der Fränkischen Schweiz völlig verändert.

Abbildung 23:
Autobahn mit Tankanlage bei Neudorf heute.

Literatur

Bauer, Heinrich, Geschichte der Stadt Pegnitz und des Pegnitzer Bezirks; 2. Auflage; Bamberg 1938 (1. Auflage 1909)

Großner, Rudolf: Postgeschichte der Stadt Erlangen, Erlangen 1979

Hieke / Gerschütz: Züge – Brücken – Tunnels, Neunkirchen am Sand 2002

Spätling, Peter: Pegnitz in alten Ansichten Band 1, Zaltbommel 1985

Spätling, Peter: Pegnitz in alten Ansichten Band 2, Zaltbommel 1993

Spätling, Peter: Pegnitz in alten Ansichten Band 3, Zaltbommel 2001

Spätling, Peter: Die Geschichte der Post in Pegnitz, Pegnitz 1990

Zintl, Robert: Bayreuth und die Eisenbahn, Bayreuth 1992

Die Kaufmannsfamilie

Die querformatige Karte von Max Rixner (rechts) zeigt auf der rechten Straßenseite zunächst das Gasthaus zum Weißen Roß, welches die erste Postexpedition in Pegnitz beherbergte, die 1789 eröffnet wurde. Zur Zeit der Aufnahme war der Gasthof im Besitz von Hans Grünthaler. Nach dem Zweiten Weltkrieg wurde die Gastwirtschaft geschlossen. Das nächste Haus war das „Rotgerber-Haus", und danach sieht man den repräsentativen Bau des Kaufmanns Glenk, der sich von seinem Anwesen von dem Fotografen Georg Weishaar aus Pegnitz die hochformatige Karte (oben) herstellen ließ. Das Haus war 1851 errichtet worden, nachdem man zwei andere Häuser abgerissen hatte. Neben dem zentralen Eingang befand sich ein Tor, in das auch Fuhrwerke einfahren konnten.

In den großen Lagerräumen befanden sich Waren aus ganz Europa in Kästen, Säcken und Kanistern verpackt. Auch das erste Benzin konnte man hier kaufen. Die Bilder machte der Fotograf Georg Weishaar aus Pegnitz für den Kaufmann.

Bis in die 50er Jahre des 20. Jahrhunderts dominierten in der Innenstadt entlang der Hauptstraße die giebelständigen Häuser, wie sie bei der Gründung der Stadt angelegt wurden. Seit der Mitte des 19. Jahrhunderts fällt neben dem heutigen Rathaus und einstigen Bezirksamt ein weiteres Haus aus diesem Baurahmen heraus. Es handelt sich um das Gebäude, in dem sich heute die Franken-Apotheke befindet. Die außergewöhnliche Bauweise lässt auch auf einen außergewöhnlichen Besitzer bzw. eine Familie schließen, die in Pegnitz viele Jahre besondere Bedeutung hatte.

Zu Beginn des 19. Jahrhunderts besaß der Kaufmann Georg Friedrich GLENK ein kleines, für die Hauptstraße in Pegnitz typisches giebelständiges Haus. 1827 heiratete sein Sohn Johann Wilhelm Emanuel Glenk die vermögende Kaufmannstochter Friederica Julia ZEMSCH aus Weiden. Diese brachte 5000 Gulden als Mitgift mit in die Ehe. Der Vater der Braut sicherte die Mitgift seiner Tochter durch einen ausführlichen Ehevertrag ab. Der Vater des Bräutigams schenkte seinem Sohn zur Hochzeit 4000 Gulden und das Haus in der Hauptstraße, so dass dieser einige Jahre später, auch mit Hilfe des Vermögens seiner Frau, das Nachbarhaus noch dazukaufen konnte. Beide Häuser ließ er im Jahr 1851 abreißen, und an deren Stelle wurde ein sehr repräsentatives Sandsteinhaus errichtet. Zu diesem Zeitpunkt bestand lediglich das Bezirksamt am Marktplatz (heutiges Rathaus) in ähnlicher Bauweise. Es war also das auffallendste und bedeutendste Geschäfts- und Privathaus in der Stadt.

Neben dem zentralen Eingang in der Mitte befand sich links ein Tor, in das die Fuhrwerke einfahren konnten.

Von dort wurden dann die Waren in mehrere Lagerräume gebracht, die es dem Kaufmann bald ermöglichten, nicht nur einen Einzelhandel, sondern auch einen Großhandel zu betreiben.

1862 übernahm Wilhelm Glenk den Kaufmannsbetrieb von seinem Vater und konnte ihn weiter ausbauen und in Pegnitz sogar Bürgermeister werden, bevor er seinen Betrieb 1897 wiederum an seinen Sohn Fried-

Peter Spätling

Glenk in Pegnitz

rich übergab. Zu diesem Zeitpunkt etwa dürften die Bilder aus den Lagerräumen des Großhandelskaufmanns entstanden sein.

In riesigen Lagerräumen wurden Güter und Lebensmittel aus ganz Europa in Kisten, Säcken und Kanistern gelagert. Darunter befanden sich in erster Linie Lebensmittel wie Zucker, Salz, Kartoffeln, Käse, Eier, Geflügel und Räucherfleisch, Zwiebeln, Heringe, Obst und Südfrüchte. Aber auch Schießpulver, Tabak, Petroleum und Benzin wurden gehandelt und mussten gelagert werden. Für die ersten Autos kaufte man das Benzin noch in 10-Liter-Kanistern beim Kaufmann.

Selbst verschickte Glenk auch Bolus (Roterde), welcher in der Nähe von Pegnitz bei Troschenreuth abgebaut wurde und als Schleifmittel höchsten Ansprüchen genügte. Der Bolus wurde in den Farbmühlen in Hainbronn und am Bahnhof gemahlen. Die Kaufmannsfamilie musste dazu auch mehrere Fuhrwerke unterhalten, bis der Anschluss an die Eisenbahn eine wesentliche Erleichterung brachte. Hunderte von heute noch erhaltenen Frachtbriefen der Eisenbahn belegen den ausgedehnten Handel der Kaufmannsfamilie.

Friedrich Glenk konnte bald auch sein Wohndomizil aus der immer lauter werdenden Hauptstraße hinaus ins Grüne verlegen. In besonders bevorzugter Lage, fast mitten im Hang des Schloßberges, steht bis heute dieses stattliche Haus. Eigentlich war es auch zur Zeit des Baus dieser Villa kein ausgesprochenes Bebauungsgebiet, lag es doch ein ganzes Stück abseits des so genannten Villenviertels in der Schmiedpeunt. Doch der Großkaufmann Friedrich Glenk durfte als angesehener Bürger aus einer der reichsten Familien der Stadt hier 1928 bauen. Vielleicht erinnerte sich der damalige Bürgermeister Hans Gentner auch daran, dass ein Vorfahre des Kaufmanns selbst einst 12 Jahre Bürgermeister in Pegnitz war.

Das Ende der Kaufmannsdynastie kam kurz nach dem Zweiten Weltkrieg. Noch einige Zeit wurde in dem Geschäftshaus ein „Kaufhaus" geführt, in dem man praktisch alles kaufen konnte. Doch mit der sich schnell entwickelnden spezialisierten Konkurrenz konnte man nicht mithalten und das einstige Großunternehmen wurde zerschlagen, auch die Villa musste verkauft werden. In dem heute noch repräsentativen Gebäude in der Hauptstraße befinden sich neben der Franken-Apotheke noch Arztpraxen und auf der rückwärtigen Seite ein Geschäft.

Verschiedene Werbeangebote aus früheren Zeiten, ganz unten eine Benzin-Quittung.

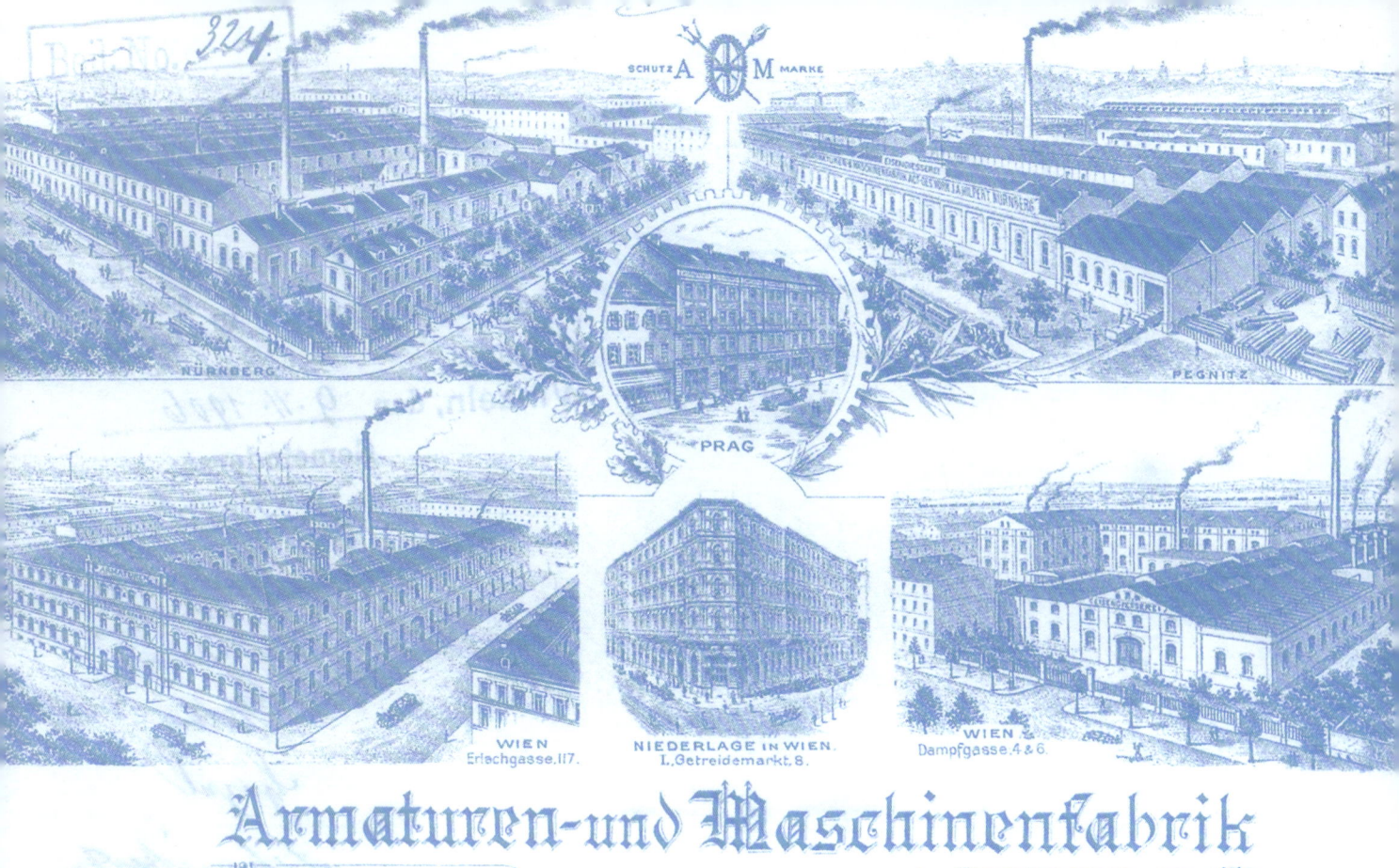

Armaturen- und Maschinenfabrik
ACTIEN-GESELLSCHAFT

GIRO-CONTO bei der REICHSBANK

Telefon-Ruf { Fernverkehr N° 360 / Stadtverkehr N° 5741 }

Telegramm-Adresse: ARMATURENACTIEN

Spezialitäten: ARMATU...
WASSER-GAS-u. DAMPFL...
PUMPEN für Hand-, Riemen-, M...
elektrischen Antr...

Nürnberg, den 24. Januar 190
Glockenhofstrasse 6.

Rechnung für Titl. Schultheisenamt, W i n z e l n
20153
b/Oberndorf a/Nec.

		EINHEITSPREIS	M.	PF.

Sandten Ihnen für Ihre u. Rechnung und Gefahr per

E i l g u t   1 Kiste 30334

| 20 | Federn zu gel. Pumpwerk | -.90 | 18.- |
| 11 | Lederklappen zu Fussventil F.386, 100 m/m | | |

Walter Tausendpfund

Handel, Handwerk, Industrie

im Verlauf der Pegnitzer Stadtgeschichte

Die Rolle von Pegnitz als einer Siedlung im oberen Pegnitztal definiert sich seit dem Mittelalter ganz besonders durch seine wirtschaftliche Funktion. Hierzu trugen in den Anfängen die Gründung der nach damaligen Gesichtspunkten modern gestalteten Neustadt „uf dem Letten" und die massive Förderung durch den Böhmenkönig und deutschen Kaiser Karl IV. bei.

Maßgebliche Impulse erfolgten durch die natürliche Lage am Fuße des Zipser Berges, der das Transportwesen förderte, die Lage am großen Waldgebiet im Süden und die Nähe zu den Siedlungen der westlich angrenzenden Fränkischen Alb.

Durch die Reformation wird Pegnitz auch kirchliches Zentrum. Hieraus entwickeln sich die ersten Anfänge wichtiger Erziehungsarbeit, die Pegnitz heute schließlich zu einer für das Umland relevanten „Schulstadt" werden ließen.

Im 19. Jahrhundert leidet Pegnitz zunächst stark unter seiner Randlage fern von den Industrierevieren. Doch im ausgehenden 19. Jahrhundert und in der ersten Hälfte des 20. Jahrhunderts profitiert die Stadt Pegnitz auch vom allmählichen Aufschwung der Industrie in Deutschland, die stets auf der Suche nach neuen Bodenschätzen ist und neue Arbeitsressourcen auf dem Lande erschließen möchte. Diese Entwicklung fördert zudem in entscheidendem Maße der Bau der Eisenbahn und der Autobahnanschluss.

Trotzdem muss die Stadtbevölkerung von Pegnitz immer gegenüber neuen Entwicklungen sehr wachsam bleiben, da die geographische Grenzlage – zunächst innerhalb Bayerns und der Bundesrepublik Deutschland – auch konjunkturelle Einbrüche sehr wirksam werden lässt und mutiges Eingehen auf neue Möglichkeiten unumgänglich ist.

Handel
Handwerk
Industrie

1. Zur ersten Erwähnung des wirtschaftlichen Standortes Pegnitz

Auch wenn sich die allerersten Anfänge des Ortes Pegnitz im Dunkel der Geschichte verlieren, so ist doch der erste urkundliche Nachweis hinsichtlich der Existenz eines Ortes Pegnitz, nämlich die Gründungsurkunde des Klosters Michelfeld vom Jahre 1119, ganz besonders eng auch mit den wirtschaftlichen Bedingungen dieses Gebietes im oberen Pegnitztal verbunden. So gibt die Urkunde zu wichtigen Fragen erste Antworten.

Zur Lage des Ortes:

Zunächst wird in dieser Urkunde darauf hingewiesen, dass der Ort Pegnitz unweit einer Überquerung der Pegnitz und am Rande des damit verbundenen Überschwemmungs- und Sumpfgeländes liegt.

Zu den wirtschaftlichen Aktivitäten in diesem Gebiet:

Dann teilt die Urkunde mit, dass im heutigen Veldensteiner Forst Holz geschlagen wurde, das einerseits als Brennholz, aber auch als Bauholz, auch „Werkholz" genannt (mindestens für „den Bedarf des Klosters"), verwendet wurde. Im Wald gab es Wild, das sicherlich gejagt wurde, es wurden auch „Bienenwohnungen" aufgestellt, die von Imkern betreut wurden. Auf den waldfreien Flächen wurde Ackerbau betrieben, aber auch Viehwirtschaft. Die Gewässer der Pegnitz und der angrenzenden Weiher dienten der Fischwirtschaft. ▸ **(R 1)**.

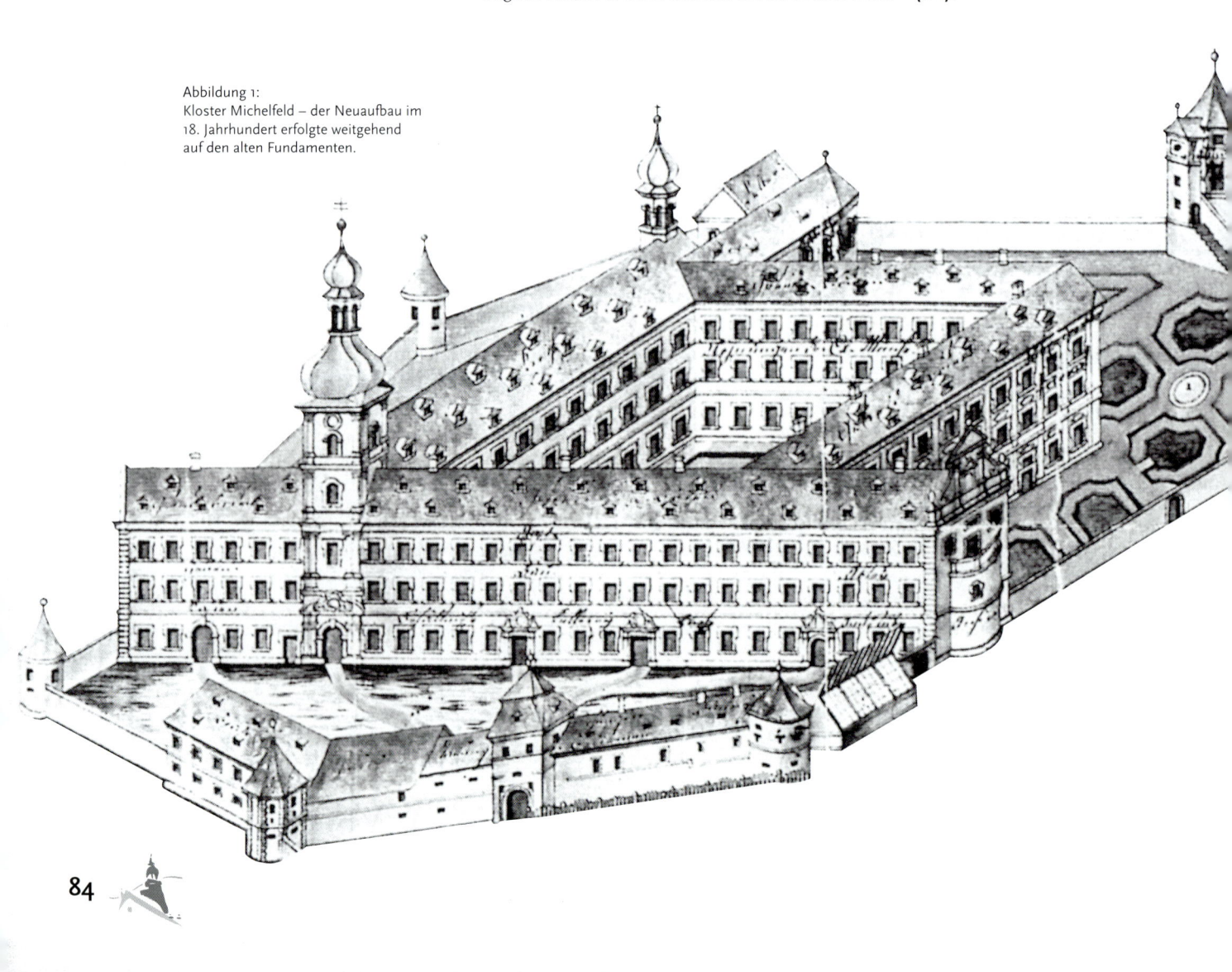

(R 1) Zu den wichtigsten Orten im Bereich von Pegnitz:
Auf Grund der Nennung der zum neu gegründeten Kloster Michelfeld gehörigen Ortschaften erfahren wir auch einiges über die hier vorherrschende Dichte der Besiedlung. So nennt die Urkunde außer Pegnitz selbst folgende Orte aus dem hiesigen Stadtbezirk: Büchenbach, Buchau, Heroldsreuth, Körbeldorf, Penzenreuth, Reisach, Willenberg. (Einige Ortsnamen sind kaum mehr richtig zu ermitteln.)
Eine erste zentrale Bedeutung in diesem Bereich um das Kloster Michelfeld erlangte aber nicht das nördlich gelegene Pegnitz, sondern der nahe Ort Auerbach. 1184 trennte Bischof Otto II. die Marktrechte von Michelfeld ab, um dem dortigen Kloster die nötige Ruhe zu sichern, und übertrug sie dem Ort Auerbach. Das Kloster selbst wurde für diesen wirtschaftlichen „Verlust" mit dem Hof „rode bei Pegenze", also dem heutigen Rosenhof, entschädigt.

Abbildung 1:
Kloster Michelfeld – der Neuaufbau im 18. Jahrhundert erfolgte weitgehend auf den alten Fundamenten.

Handel
Handwerk
Industrie

2. Natürliche Bedingungen für das Wirtschaftsleben in Pegnitz

Bescheidene Landwirtschaft

Sicherlich kann auf Grund der Mitteilungen in der Klostergründungsurkunde von Michelfeld angenommen werden, dass das ursprüngliche wirtschaftliche Leben in und um Pegnitz von der Landwirtschaft geprägt war. Die bebaubaren Flächen dürften im Interesse einer sinnvollen Bebauung in nächster Nähe der alten Siedlung gelegen haben. Allerdings haben die steinigen Böden nur einen bescheidenen Ertrag hervorgebracht. Daneben wird wohl die Viehwirtschaft das zweite wichtige Standbein der bäuerlichen Wirtschaftsweise dargestellt, Fischerei und Imkerei dürften sich weitgehend in Grenzen gehalten haben.

Für die frühe wirtschaftliche Rolle von Pegnitz sind aber auch noch einige weitere Faktoren von Bedeutung:

Verkehrslage

Pegnitz liegt schon seit sehr früher Zeit an der sehr wichtigen Straßenverbindung zwischen der alten Reichsstadt Nürnberg und Bayreuth. Diese Straße führt darüber hinaus nach Hof – ja bis Leipzig und weiter in das östliche Europa.
Zudem durchquert dieser Weg hier die sumpfige Landschaft des oberen Pegnitztales und außerdem verläuft in nördlicher Richtung diese Handelsverbindung über den heutigen Zipser Berg, wo besondere Anforderungen an die Fuhrleute und ihre Wagen gestellt wurden. Diese Lage bestimmte die Bedeutung von Pegnitz für sehr lange Zeit.

Politische Lage

Daneben war für die wirtschaftliche Situation von Pegnitz immer auch die Lage gegenüber dem Umland von maßgeblicher Bedeutung: In fränkischer Zeit dürfte hier am östlichen Rande des späteren Deutschen Reiches eher eine sehr lockere Besiedlung mit weitgehend dörflichem Charakter vorgeherrscht haben. Nur wenige Orte – neben Pegnitz schon früher auch Creußen sowie das spätere Auerbach, Eschenbach oder Pottenstein – konnten sich aus jeweils etwas anders gelagerten Gründen über dieses bescheidene ländliche Niveau hinausbewegen. Bereits unter den Wittelsbachern wird wohl etwa ab dem Jahre 1269 für Pegnitz diese Entwicklung eingeleitet worden sein.

3. Erste Anfänge des Wirtschaftslebens in der „Altstadt"

In erster Linie zeigt sich diese Entwicklung an dem bescheidenen Aufschwung, der sich in der Pegnitzer Altstadt im Umfeld des heutigen Alten Friedhofes vollzog.
Ob sich die Siedlung im Schatten einer bescheidenen Ministerialenburg bildete, die sich entweder an der Stätte des heutigen Alten Friedhofes oder gegenüber, an der Stelle des heutigen Altenstädter Schlosses, befand, kann heute zwar vermutet, aber nicht mehr bewiesen werden.
Die kleine bescheidene Siedlung selbst dürfte ihren wirtschaftlichen Mittelpunkt im Bereich der heutigen Lindenstraße gehabt haben. Hier

Abbildung 2:
Altstadt von Pegnitz – um den Alten Friedhof und die Lindenstraße entwickelte sich die erste Ansiedlung.

Handel Handwerk Industrie

werden die meisten Bewohner gelebt haben. Nachweislich bestanden hier etwa 16 Fronhöfe. Ob an der Stelle des Alten Friedhofes eine kleine Burg anzunehmen ist, konnte auf Grund der schwierigen Situation im noch benutzten Friedhof bis heute nicht eindeutig geklärt werden.

- Die Siedlung selbst war wohl mit einem Heckenzaun nach außen gegenüber wilden Tieren und „ungern gesehenen Gästen" abgesichert, so dass der eigentliche Zugang nur über einige Straßenöffnungen möglich war.
- Angesichts der sicherlich sehr bescheidenen landwirtschaftlichen Basis erwies es sich für die Bewohner des Ortes als lohnend, auch auf handwerkliche und händlerische Aktivitäten, wenn auch wohl in zunächst geringem Umfange nur, auszuweichen. In der heutigen „Altstadt" entwickelte sich an der zentralen Durchfahrt ein kleiner Markt, auf dem die zum Lebensunterhalt erforderlichen Waren ausgetauscht wurden.

1280 gilt der „Markt" nach dem Salbuch Ludwigs des Strengen als „zerstört", auch im Jahre 1326, als Ludwig der Baier Pegnitz an Konrad von Schlüsselberg überträgt, gilt der „Markt" als desolat ▶ **(R 2)**.

4. Neue wirtschaftliche Möglichkeiten durch die Gründung der Pegnitzer „Neustadt uf dem Letten"

Als Pegnitz im Jahre 1293 durch die Vermählung Gebhards VI. von Leuchtenberg mit Jutta von Schlüsselberg zusammen mit weiteren Gebieten südlich von Bayreuth an das Geschlecht der Leuchtenberger fällt, verändert sich seine politische Lage doch ganz erheblich.

Pegnitz liegt nun als kleiner, unbedeutender Mittelpunkt in einem mäßig großen Streubesitz. Um den Anschluss an die damalige wirtschaftliche Aufschwungphase zu halten, beschlossen die Leuchtenberger, diesen von ihren Kernlanden in der heutigen Oberpfalz relativ weit entfernten Besitzteil aufzuwerten und seine wirtschaftliche Kraft zu stärken. Aus dieser Absicht entwickelte sich am Ende des 13. Jahrhunderts die Idee der Gründung einer neuen Siedlung „uf dem Letten" nach einem damals weit verbreiteten Städtegründungsmodell (vgl. Auerbach, Bayreuth, Weiden, Straubing, Deggendorf...).

(R 2) Die Diskussion im Hinblick auf die Begriffe „Markt" und „Stadt im Mittelalter" ist heute noch unentschieden:
Unter einem „Markt" versteht man damals wohl in erster Linie ein halbwegs bedeutsames wirtschaftliches Zentrum, zumindest für das unmittelbare umliegende Gebiet. Die Verleihung des Prädikates „Markt" bedeutete für einen Ort zunächst in erster Linie, dass in seinen Mauern ein Markt abgehalten werden dürfe. Bei Pegnitz dürfte dies dann bedeuten, dass schon die Wittelsbacher diesem Ort eine gewisse wirtschaftliche Zentralität für die unmittelbare Umgebung am Oberlauf der Pegnitz zugewiesen haben. Die Verleihung des Prädikates „Stadt" bedeutete zudem, dass die damit ausgezeichnete Siedlung „städtische Rechte", wie zum Beispiel wehrhafte Mauern aufrichten oder Stadtfreiheiten, erlangen könne. Auf die Wittelsbacher gehen allein im 13. und in der 1. Hälfte des 14. Jahrhunderts 23 bis 27 neue „Stadt"-Erhebungen zurück. Für Pegnitz erhält diese sehr maßgebliche Neugewichtung erst mit der Gründung der „Neustadt" durch das Geschlecht der Leuchtenberger eine wichtige Bedeutung, da es nunmehr in den Rang einer Siedlung mit Mittelpunktsbedeutung erhoben wurde.

Abbildung 3:
Blick auf die „Neustadt uf dem Letten" vom Schloßberg (1899).

Demzufolge werden die wichtigsten städtischen Funktionen folgendermaßen aufgeteilt:

– Die zentrale Rolle kommt dem Marktplatz und den umliegenden Gassen zu: Dieser zentrale Marktplatz war breit angelegt und ließ Raum für geschäftliche Aktivitäten jeglicher Art. Zugleich liegen an ihm die wichtigsten Unterkünfte für die durchreisenden Händler. Um ihn herum waren wie die verschiedenen Schichten einer Zwiebel weitere Straßenkränze angeordnet, an denen die Handwerker ihr Geschäft betrieben.
– Von besonderer verwaltungstechnischer Bedeutung ist das Rathaus selbst: Das weitgehend im Mittelpunkt des Marktplatzes angelegte Rathaus, war mehrschichtig gestaltet: Im Erdgeschoss waren von der Stadt eingerichtete Läden. Von einem Raum im Inneren aus wurden mittels einer Durchreiche die Geschäfte auf die Straße hinaus abgewickelt. Diese Läden standen unter besonderer Kontrolle der Obrigkeit und mussten abwechselnd insbesondere von Bäckern und Metzgern benutzt werden. Im ersten Stockwerk befand sich der zentrale Veranstaltungssaal der Bevölkerung. Unter dem Dach war die Verwaltung der Gemeinschaft mit Stadtschreiber etc. untergebracht. Ihm stand im Keller dieses Rathauses auch eine Gefängniszelle zur Verfügung.

Um diese neu angelegten Siedlungen aufzubauen und mit den erforderlichen Menschen zu bestücken, mussten – nicht nur im Umfeld des nunmehr erweiterten Pegnitz – immer wieder Dörfer in der unmittelbaren Nähe dieser „Neustädte" aufgelöst werden.
Als Beispiel hierfür aus dem Pegnitzer Umland kann wohl Steckenbühl am nördlichen Rand des Veldensteiner Forstes gelten. Dessen Bewohner wurden ebenfalls nach Pegnitz gelockt. Doch offensichtlich wollten nicht alle nach Pegnitz einziehen und legten daher auch unweit ihres alten Dorfes den Ort Neudorf an.

Neues Wirtschaftsleben mit zentraler Funktion

In Pegnitz selbst wurden nun für die neu geschaffenen Gewerbe Märkte eingerichtet, auf denen regelmäßig und in Absprache mit den benachbarten Städten die Handelsbeziehungen blühen konnten. **(R 3)** ▸ (Märkte vgl. ▸ Kap. „Ringelspiel und Budenzauber", S. 234)
Doch auch in der näheren Zukunft ergeben sich für Pegnitz auf Grund dynastischer Absprachen noch neue Entwicklungschancen:
Im Jahre 1318 hatte nämlich Kaiser Ludwig der Baier seinem treuen Gefolgsmann Konrad von Schlüsselberg mit einigen Dörfern auch Besitz in Pegnitz und Eschenbach vermacht, allerdings mit der Maßgabe, falls das Haus Schlüsselberg im Mannesstamme erlösche, solle all dieser Besitz an Leuchtenberg fallen. Dieser Fall trat überraschend im Jahre 1347 ein, als Konrad auf seiner Burg Neideck bei einem Angriff Nürnberger Soldaten ums Leben kommt. So wächst nun der Einzugsbereich von Pegnitz noch etwas weiter an und seine Entwicklungschancen nehmen zu.

(R 3) Trotzdem muss aber insgesamt berücksichtigt werden, dass auch durch diese sehr engagierten Leistungen das Leben der damaligen Landbevölkerung, so auch in den neu gegründeten Städten, zumeist sehr hart blieb. Für diese städtische Bevölkerung war es daher sehr lebensnotwendig, neben dem Handwerk und dem Handel auch noch Landwirtschaft als Zuerwerb zu betreiben. Doch auch hier blieben die Erträge zumeist an der Grenze für die Eigenversorgung stehen. Selbst bescheidene Reformen beim Feldbau konnten darüber nicht hinwegtäuschen.

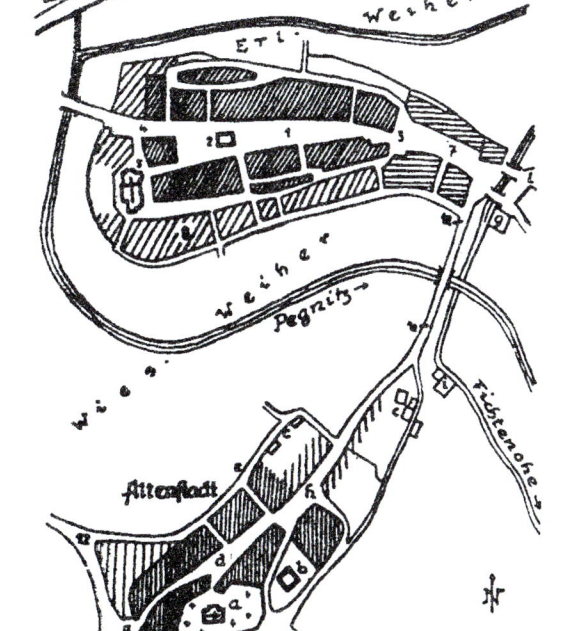

Abbildung 4:
Die neue Stadt Pegnitz. Der alte Kern dunkel schraffiert.
1) Marktplatz; 2) Rathaus; 3) ehem. Bayreuther Tor; 4) vermuteter Ort des Westtores; 5) Stadtkirche; 6) Scheunenviertel; 7) östliche Vorstadt mit neuem Platz (waagrecht schraffiert); 8) vermutete südliche Stadterweiterung; 9) Bleibinhaus – Mühle; 10) Pegnitzquelle; 11) Zaußenmühle; 12) moderne Umgehungsstraße.

Altenstadt, der frühere Marktflecken Pegnitz (unten). Seine ehemalige Ausdehnung dunkel schraffiert. a) Die früher befestigte Kirche; b) Amtsschloss mit Hof, vermutlich der Platz eines fränkischen Königshofes; c) Scheunenviertel; d) der ehemalige Marktplatz, heute Lindenstraße; e) Kellergasse; f) Schmiedgasse; g, h) vermutete ehem. Tore; i) Speckmühle; k) „Specke" (Knüppeldamm); l) die alte Straße nach Bayreuth.

Handel
Handwerk
Industrie

5. Der Aufstieg von Pegnitz zur Zeit Karls IV.

Doch die maßgebliche Besserung trat erst ein, als der böhmische König und deutsche Kaiser Karl IV. im Zuge des Ausbaus seiner Landbrücke zwischen Böhmen nach Frankfurt auch Pegnitz erhielt.

Die einschlägigen Besitzerweiterungen im Bereich Pegnitz verlaufen in zwei Etappen:

– den „Markt" Pegnitz erwirbt Karl IV. bereits am 29. Oktober 1353 zusammen mit dem Amt Thurndorf käuflich von den Leuchtenbergern;
– die restlichen Besitzungen der Leuchtenberger um Pegnitz kann Karl IV. am 16. November 1357 erstehen.

Für Pegnitz wird diese Zeit Karls IV. insbesondere deswegen sehr wichtig, weil es erstmals eine Chance weit über den bisherigen Rahmen hinaus bekommt. Spielte sich seine politische und wirtschaftliche Rolle im kleinen Rahmen einer minderen Landesherrschaft ab, gelangt es nun in das Licht der Hausmachtpolitik des damals bedeutendsten Fürstengeschlechtes, eben der böhmischen Luxemburger, und steht nach deren expansivem Willen für ganz kurze Zeit an der Schwelle sogar zu überregionaler Bedeutung, wofür bis heute die Bezeichnung „Böheimstein" für die Burgruine oberhalb der Stadt exemplarisch Zeugnis ablegt. ▸ (R 4)

(R 4) „Neuböhmen":
Grundsätzlich verläuft diese „Brücke", für die sich in der historischen Forschung der Begriff „Neuböhmen" (erstmals bei Pelzel im Jahre 1783 in seinem Buch „Geschichte von Karl IV., Königs von Böhmen") eingebürgert hat, im östlichen Teil entlang der „Goldenen Straße", die die für Karl IV. so wichtigen politischen und wirtschaftlichen Metropolen Prag und die freie Reichsstadt Nürnberg verbindet.
Bei der Bildung dieser Landbrücke werden für Karl IV. wohl verschiedene Motive ausschlaggebend gewesen sein:
Zum einen werden wohl die schlimmen Erfahrungen bei seiner Königserhebung in Frankfurt am Main eine Rolle gespielt haben, als er gleich nach seiner Wahl auf den Königsthron als Mönch verkleidet vor seinen Gegnern aus der Mainmetropole fliehen musste.
Zum anderen konnte er über diese Landbrücke die damals schon regen Handels- und Kulturbeziehungen zwischen Prag und der Reichsstadt Nürnberg zu einer neuen Blüte führen. Hierzu reizte ihn insbesondere die Nähe zum „Ruhrgebiet des Mittelalters", also zu den Eisenerzlagern in der Sulzbacher und Amberger Gegend, die zahlreichen hier schon bestehenden Hammerwerke und das Handelstalent der Nürnberger Kaufleute mit ihren intensiven Geschäftsbeziehungen über ganz Europa hin.
Einen Teil dieser Besitzungen hatte Karl durch Eheschließung erworben, als er die Tochter des Pfalzgrafen Rudolfs II. im Jahre 1349 ehelicht. Als Mitgift bekommt er „einen Betrag von sechstausend Mark, aber nicht in bar, sondern als Pfandwert für die Orte Neidstein, Hartenstein, Velden, Plech und Auerbach".
Andere Besitzungen – wie auch Pegnitz – eignete er sich durch Kauf zu. So bleibt das böhmische Haus das ganze 14. Jahrhundert mit dem Haus Leuchtenberg eng verbunden und teilt ihm immer wieder auch wichtige Funktionen in „Neuböhmen" zu. ▸

Amts-Burg auf dem „Böheimstein"

Die Aufgabe einer Amtsburg überträgt Karl IV. einer neu zu errichtenden Burg oberhalb von Pegnitz, der er den Namen „Böheimstein" oder auch „Böheimeck" geben lässt. Dieser Burg sollen künftig 340 Pfund gezahlt werden. So entstand oberhalb des Ortes Pegnitz eine Amtsburg auf der markanten Erhebung neben der Neustadt „uf dem Letten". Mit der Namensgebung für dieses neue „Amt Böheimstein" wollte der Kaiser sicherlich ganz ausdrücklich die besondere politische, wirtschaftliche und rechtliche Bedeutung dieses Besitzes hervorheben.

Abbildung 5:
Vermutliches Aussehen des Amtes Böheimstein.

Gerichtssitze

Zugleich erhielt Pegnitz auf der Amtsburg einen eigenen Gerichtssitz, zu dem von Anbeginn an ein Halsgericht gehörte. Hierzu zählten etwa Reisach, Lobensteig, Stemmenreuth, Thurndorf, Büchenbach, Leups, Schnabelwaid, Neudorf, Bronn, Weidensees und die kleineren Siedlungen dazwischen.
Dieses Gericht steht teilweise in Konkurrenz mit anderen böhmischen Besitzungen im Umland von Pegnitz, insbesondere dem von

Hollenberg:

Hier wird auf einer eigenen Burg im Jahre 1359 das Amt eines Landschreiber, also das eines oberen Finanzbeamten, eingerichtet, zu dem das Dorf Pirkenreuth gehören soll. Der erste Inhaber dieses Amtes ist ein gewisser Wick (oder Witko, Witik oder Wittich), der 1368 zugleich auch Domherr in Bamberg und zwischen 1365 und 1373 auch Bamberger Domdekan war. (Heute erinnert an diese Siedlung Pirkenreuth lediglich noch die Ruine der einstigen Kapelle.)

Böhmische Stadterhebung

Der böhmische König förderte den Ausbau der in diesem Bereich liegenden Ortschaften. Im Zuge dieses Förderungsprogramms wertete der Kaiser großzügig wichtige Orte durch die Erhebung in den Rang von Städten auf. Dies geschah so in unserem Raum nicht nur mit Pegnitz, sondern auch mit **Betzenstein**, Creußen und Auerbach.

Sie bekamen denn auch alle in böhmischer Zeit das Wappen mit dem aufstehenden, rechts gewandten, silbernen böhmischen Löwen mit doppeltem Schweif und goldener Zunge in rotem Feld – und für Pegnitz mit dem Zusatz einiger Wellenlinien unter dem Löwen als Sinnbild für den Fluss Pegnitz. ▶ **(R 5)**

Erfassung der böhmischen Besitzungen im „Böhmischen Salbüchlein":

Das wichtigste Dokument für diese weitschauende, fast modern anmutende Ämterorganisation ist das so genannte „Böhmische Salbüchlein", das die Neuerwerbungen Böhmens zusammengefasst darstellt:

Die gesamten Rechte, Zuständigkeiten sowie Zugehörungen seiner neuen Stützpunkte ließ der Kaiser in den Jahren 1366/68 in einem umfangreichen Quellenwerk zusammenfassen, das unter dem Namen „Böhmisches Salbüchlein" bekannt geworden ist.

Neues Verwaltungspersonal

Ebenso wie Karl IV. fähige Persönlichkeiten aus seinen neu erworbenen Besitzungen an seinen Hof in Prag zieht, setzt er auf diesen Amtsburgen in der Folgezeit auch zahlreiche böhmische Adelige als Verwalter ein.

Der wichtigste Repräsentant war sicherlich der „Hauptmann in Baiern". Dieses Amt bekleidete etwa um 1373 Borso von Riesenburg. Ihm unterstand auch das Landgericht von Auerbach. Eine der schillerndsten Persönlichkeiten dieser Zeit ist Borziwoi von Swinar, der zu den bevorzugtesten Günstlingen des Böhmenkönigs zählte. Von 1383 bis etwa 1387 war er Pfleger am Hollenberg und bald darauf übernahm er das Amt Auerbach. 1402 wurde er „Hauptmann in Baiern". Da er bei vielen Aktionen der böhmischen Krone seine Hände im Spiel hatte, wurde Borziwoi bald zu „einem der einflussreichsten und auch meistverhassten Männer im Reich" (Hlavaček).

So schufen Karl IV. und sein Sohn Wenzel – nicht nur hier – die Grundlagen für eine leistungsfähige Verwaltung in diesem durch Einheirat in das Haus Wittelsbach erworbenen – von Prag aus gesehen – westlichen Vorland Böhmens.

Eigene Münzprägungen

In böhmischer Zeit befand sich seit etwa 1356 die wichtigste Münzstätte in Lauf. Nach der Verkleinerung des Besitzes blieb nur noch eine Münzstätte in Erlangen. Nach 1390 errichtete der Böhmenkönig Wenzel in Auerbach eine Münzstätte und ließ ab 1390 auch eine eigene Münze, den „Auerbacher Pfennig", prägen. Allerdings im Jahre 1400 ging diese Münzstätte nach dem Wechsel der Stadt an den Gegenkönig Ruprecht von der Pfalz schon wieder ein.

Neuer Militärstützpunkt: Rothenberg oberhalb Schnaittachs

Als wichtigste Garnison dieser „neuböhmischen" Besitzungen sollte auf den Wunsch Karls IV. hin die Burg Rothenberg oberhalb von Schnaittach mit ihren weitläufigen unterirdischen Gängen ausgebaut werden. Auch Pegnitz mußte für den Unterhalt dieser Anlage jährlich 80 Pfund entrichten.

Verwaltungstechnische Grundlagen für den wirtschaftlichen Aufschwung in „Neuböhmen":
neue Hauptstadt wird zunächst Sulzbach, später Auerbach:
Für die Besitzungen in Baiern richtete Karl IV. als neue Hauptstadt Sulzbach ein. Hier befand sich bereits ein wichtiges Landgericht. Aber nach seinem Gesinnungswandel, der sich im Vertrag von Eberswalde vom Jahre 1373 niederschlägt, überträgt Karl IV. die Hauptstadtfunktion vom wieder wittelsbachisch gewordenen Sulzbach auf das weiter nordwestlich gelegene Auerbach. Diesem Schritt folgt auch das Landgericht, dessen Zuständigkeitsbereich künftig immerhin noch bis vor die Tore Forchheims, Erlangens und Laufs reichte. Im Jahre 1374 entstand für diese neuen Aufgaben in Auerbach ein eigenes Schloss, das aber nicht mehr erhalten ist, da es im Jahre 1788 einstürzte.
neue Amtsburgen und Pflegämter:
Um nun diese Brücke nach damals modernen Gesichtspunkten auszubauen und zu sichern, ließ Karl im Umfeld dieser „Goldenen Straße" zahlreiche Pflegämter errichten oder ausbauen.
Betrachtet man nur den Abschnitt zwischen Nürnberg und Neustadt an der Waldnaab, so errichtet der Kaiser hier außer dem Amt Böheimstein die Pflegämter Parkstein, Auerbach, Hiltpoltstein und Rothenberg (oberhalb von Schnaittach).

(R 5) Stadterhebungsurkunde von Betzenstein – in wirtschaftlicher Hinsicht:
Da die Stadterhebungsurkunde von Pegnitz als verschollen gilt, lohnt es sich, einen Blick auf die von Betzenstein zu werfen, da sie sicherlich ähnliche Machtzuwächse enthält, wie sie auch Pegnitz nun übertragen worden sind:
Neben der Errichtung einer „Veste" sollen Befestigungsanlagen mit Mauern, Türmen und Graben etc. errichtet werden. In wirtschaftlicher Hinsicht ist die Abhaltung von Wochenmärkten besonders wichtig mit einer sehr bedeutsamen Bannmeile, um unliebsame Konkurrenz auszuschalten, sowie ein Schutzgeleit für die Besucher der Märkte.

Handel
Handwerk
Industrie

(R 6) Bedeutungsverlust für „Neuböhmen" unter Karl IV.
Doch Karl IV. verliert angesichts der Verschiebung wirtschaftlicher Strömungen relativ rasch das Interesse an diesem „Neuböhmen". Ab 1370 plagen ihn große handelspolitische Pläne und ein Projekt zielt darauf ab, den Handel von Venedig nach Flandern und Hamburg durch Böhmen zu leiten und somit die Flüsse Moldau und Elbe zu wichtigen Handelswegen auszubauen. So erwirbt er im August 1373 im Vertrag von Eberswalde aus dem Hausmachtbesitz der Wittelsbacher die Mark Brandenburg – wozu dann als „Extragabe" der wittelsbachische Kurfürst Otto V. noch die Tochter Karls IV., Katharina von Böhmen, als Gattin erhielt.
So scheut sich der Sohn Karls IV. keineswegs, die Besitzungen in Baiern verkommen zu lassen und schließlich zu veräußern.

Die neuen Amtsburgen waren untereinander durch ein spezielles Nachrichtensystem mit den Nachbarburgen ausgestattet, so dass sie sich gegenseitig über drohende Gefahren informieren konnten.

Kaiser Karl IV. hatte sicherlich ursprünglich die Absicht, sich für längere Zeit in diesen seinen Kernlanden westlich vorgelagerten Gebieten niederzulassen. Zur dauernden Willensbekräftigung gab er der neuen Burg an der oberen Pegnitz die Bezeichnung „Böheimstein" – einen Namen, der zugleich ein politisches Programm dokumentiert (Schnelbögl). ▶ **(R 6)**

Ende der böhmischen Zeit in Baiern unter Karls Sohn Wenzel

Im Jahre 1397 verpfändet Wenzel Pegnitz, den Böheimstein und auch Hollenberg zusammen mit anderen Orten an Johann den Älteren von Leuchtenberg.

1399 scheint aber Wenzel die Besitzungen zurückerworben zu haben, denn jetzt erhält sie zusammen mit Thurndorf und Eschenbach Borziwoi von Swinar für 17 300 Gulden als Unterpfand.

Doch bereits zwei Jahre später reicht er den Böheimstein und Hollenberg bereits an die Leuchtenberger und andere Personen weiter. Von ihnen scheint nun der Burggraf Johann III. aus dem Hause Zollern diese Stücke erworben zu haben. Definitiv bestätigt wird der käufliche Übertrag mit einem Vertrag vom 2. Februar 1402.

Fazit der Zeit unter der böhmischen Krone:

Als wichtiges Ergebnis dieser böhmischen Zeit bleibt für die künftige wirtschaftliche Rolle von Pegnitz festzuhalten, dass es diese immer nur dann wahrnehmen konnte, wenn es seine klein-regionale Bedeutung voll erfüllte. Dann besaß die Stadt zwischen Bayreuth im Norden, Forchheim im Westen, Eschenbach im Osten und Hersbruck im Süden eine durchaus respektable Anziehungskraft auf die in diesem Bereich lebende Bevölkerung. Dies gilt sowohl für die Rolle als Markt- und Einkaufsstadt, aber auch als Handwerkerstadt.

6. Die wirtschaftliche Rolle von Pegnitz zur Zeit der Zollern

Die Besitzübertragung der Stadt Pegnitz an die Zollern erfolgte als eine der gewagten finanziellen Transaktionen, für die König Wenzel berüchtigt ist. Zwar wollte er den Verkauf nochmals rückgängig machen, doch letztlich fehlten ihm hierfür die finanziellen Mittel. In den Verkauf eingeschlossen sind aus dem Raum Pegnitz auch – in der Reihenfolge der Nennung in der einschlägigen Urkunde von 1402 – die Dörfer Bronn, Neudorf, Körbeldorf, Steckenbühl, Bainberg (=Wannberg?), Lobensteig, Neuhof, Stemmenreuth, Eibenstock (=Zips), Schönfeld, Buchau, Hainbronn, Büchenbach, Leups und die dort gelegenen vier Hämmer. Die letzte Bestätigung erfährt dieser Güter-Transfer am 30. August 1403.

Der äußere rechtliche Rahmen von Pegnitz dürfte auch nach 1402 unter zollerischer Hoheit weiter bestanden haben, denn im Wesentlichen werden immer nur die alten Rechte bestätigt. Allerdings fehlen für das 15. Jahrhundert die Belege für diese rechtliche Absicherung der Stadt Pegnitz. Doch faktisch bleibt festzuhalten, dass auch unter dem zollerischen Adler Pegnitz weiterhin seine kleinregionale wirtschaftliche Bedeutung am südlichen Rand der Markgrafschaft wahrnehmen konnte.

Erhaltung des äußeren rechtlichen Rahmens

Erst aus dem Jahre 1516 liegen definitive Bestätigungen der alten Stadtrechte vor: Damals wurden zum äußeren Schutz und zur Sicherheit des Marktlebens insbesondere die „Weren" und Mauern der Neustadt „uf dem Letten" wieder verstärkt.

Handel
Handwerk
Industrie

Auch am 29. November 1542 bestätigt Markgraf Albrecht der Jüngere die Rechte der Stadt und ihre „alten freyheiten und briefe, die sie von unseren Voreltern seliger gedechtnus und von uns gehabt haben".

Namentlich genannt wird in Bezug auf wirtschaftliche Sonderrechte das Mälz- und Braurecht der Pegnitzer Bürger für den Eigenbedarf, die Ausschankbegrenzung im Gerichtsbezirk der Stadt.

Außerdem wird das Handwerk der Stadt dadurch gestärkt, dass nur in einem Dorf mit einer Pfarrkirche ein Schneider-Meister, ein Schuster-Meister, ein Gewandschneider tätig sein darf.

Diese Rechte werden in wesentlichen Zügen auch im Jahre 1574 bestätigt. Jetzt erhält aber der Rat auch die Vollmacht, Gesetzesübertretungen selbst zu ahnden.

Maßgebliche Änderung der Situation gegenüber dem Umland

Unter den Zollern wurde Pegnitz mehr und mehr zu einem Kleinzentrum am südlichen Rande des zollerschen Territoriums „auf dem Gebirg". Hierzu trugen auch die räumlichen Bedingungen, d. h. die Lage am immer bedeutender werdenden Veldensteiner Forst, maßgeblich bei:

Veldensteiner Forst

Nun dürfte auch die Lage am Rande des großen Waldgebietes, das ja zum Teil in bischöflichem Besitz verblieben war, eine zumindest bescheidene Rolle für die Stadt Pegnitz gespielt haben. Im Jahre 1359 wurde unter Kaiser Karl IV. das große Waldgebiet beiderseits des Oberlaufes der Pegnitz in den östlichen „Königswald" und den westlich gelegen „Bischofswald" (später dann „Veldensteiner Forst") geteilt.

Im Mittelalter umfasste der Veldensteiner Forst insgesamt eine Fläche von rund 15 000 Tagwerk. Durch Verödungen schrumpfte diese Fläche im Laufe der Jahrhunderte immer mehr zusammen, so dass im Jahre 1804 nur mehr von 11 636 Tagwerk berichtet werden kann. Hierzu trug bei, dass viele Bauernhöfe ein Entnahmerecht von Bauholz und Brennholz hatten; auch Handwerker besaßen nicht unerhebliche Rechte am Wald.

Die Größe des Waldgebietes machte es erforderlich, dass verschiedene Wege durch seinen Bereich geführt wurden.

– Verwaltung:

Während dieser Zeit des 14. und 15. Jahrhunderts ist der westlich gelegene „Forst" noch weitgehend siedlungsleer. Seine Verwaltung wird übergeordnet vom bischöflichen Amt auf der Burg Veldenstein oberhalb von Neuhaus an der Pegnitz geleitet; vor Ort sind sechs Reviere mit den speziellen Aufgaben betraut. Diese haben ihren Sitz in Horlach, Weidensees, Bernheck und Fischstein sowie in Neuhaus selbst.

– Waldnutzung:

Frühere Rodungen der Stör und Egloffstein, die auf dem Altenstädter Schloss in Pegnitz vorübergehend amtierten, werden kaum weiter betrieben; einzige Ausnahme dürfte in dieser Hinsicht Steckenbühl (südlich von Neudorf bei Pegnitz) gewesen sein, das letztmalig in der Übertragungsurkunde vom Jahre 1402 genannt wird.

Im damaligen Waldgebiet lagen aber auch wichtige Steinbrüche, die für den Haus- und Kirchenbau in den umliegenden Dörfern sehr wichtig waren.

Das Holz wurde damals je nach Bedarf, sei es für Bau- oder Brennbedarf, entnommen, eine Forstwirtschaft im heutigen Sinne mit systematischen Anpflanzungen und Waldpflege war unbekannt. Mit der Zunahme der Hammerbetriebe am Pegnitzfluss besonders dann im 15. und 16. Jahrhundert wächst auch der Holzbedarf rapide an. Hierzu trugen besonders die vielerorts anzutreffenden Köhler bei. In der Waldordnung von 1588 wurde daher festgelegt, dass beim

Handel Handwerk Industrie

Anlegen eines Meilers Rat und Hilfe des Pflegers sowie des obersten Jäger- und Forstmeisters eingeholt werden mussten.

Insgesamt gilt der Waldboden in diesem Bereich als wenig ertragreich und der Regenerationsbedarf des Waldes war relativ groß. Hierzu trug auch bei, dass weite Waldflächen für die Weide zur Verfügung gestellt wurden und somit der Pflanzennachwuchs auf Grund des Kahlfraßes und der spitzen Hufe der Tiere nur geringe Chancen hatte. Auch die Nutzung der Streurechte diente nicht gerade zur Verbesserung des Baumbestandes.

Wie aus den Quellen zu ersehen ist, spielte in den frühen Jahren auch die Imkerei im Wald eine große Rolle. 1348 soll es allein im Veldensteiner Forst 47 Imker gegeben haben.

Agrarkrise des späten Mittelalters

Starke Einbußen musste die Zollersche Markgrafschaft auf Grund der herausragenden Rolle ihrer Regenten bei mehr oder weniger kriegerischen Streitigkeiten mit rivalisierenden Nachbarn hinnehmen:

Eine erste große Bewährungsprobe ging von den ab Ende Januar 1430 einfallenden Hussiten aus:

Der Markgraf verlässt vor den aus dem Nordosten her vordringenden böhmischen Reformern unter ihrem Anführer Prokop aus Angst Bayreuth und flieht nach Pottenstein. Die Hussiten ziehen aber zunächst nach Bamberg und lassen sich dort für einen Abzug ausbezahlen. Anschließend verfolgen sie aber den Markgrafen selbst, brennen Hollfeld und Gefrees nieder und stellen ihn schließlich im oberen Püttlachtal. Am 9. Februar lagern die Hussiten vor Pegnitz.

Erste große Zerstörung von Pegnitz in seiner Geschichte

Aus Wut über ihre nicht erhörten religiösen Forderungen brandschatzen die Hussiten nun die Stadt Pegnitz selbst und können bereits nach einem Tag Belagerung den „Böheimstein" einnehmen. Dieses Ereignis muss wohl als die erste große Zerstörung von Pegnitz angesehen werden.

Von ihrem Lager bei Pegnitz unternehmen die Hussiten weit reichende Plünderungszüge und brandschatzen so Sulzbach und Auerbach sowie „vele andere kleyne stede". Hierzu zählte mit einiger Sicherheit wohl auch Trockau, ganz bestimmt aber das Kloster Michelfeld. ▶ (R 7)

Erst allmählich konnte nach diesen Hussiteneinfällen Pegnitz wieder aufgebaut werden. Aber schon drohen weitere Heimsuchungen in der Folgezeit in Form von Krankheiten (z. B. Pest), Hungersnöten etc. Insbesondere aber die ständigen kriegerischen Auseinandersetzungen zwischen den zollerischen Markgrafen und der Reichsstadt Nürnberg suchen immer wieder die Landbevölkerung heim.

Die wirtschaftliche Situation am Übergang zur Neuzeit

Trotz gewisser städtischer Eigenarten bewahrt Pegnitz während dieser Zeit des ausgehenden Mittelalters und der beginnenden Neuzeit seinen ausgeprägt ländlichen Charakter.

– zünftische Ordnungen des Handwerks

Die wirtschaftliche Situation in Pegnitz in mittelalterlicher und frühneuzeitlicher Periode lässt sich auf Grund fehlender Quellen kaum mehr rekonstruieren.

So weiß man nicht, welche Rechte der 1280 genannte Markt hatte, der damals als „zerstört" bezeichnet wird. Dieser Markt wurde offensichtlich wieder hergerichtet, denn 1326 überträgt ihn Ludwig der Bayer an seinen Gefolgsmann Konrad von Schlüsselberg.

Als großer Förderer der Judenschaft in allen seinen Besitzungen wird wohl Konrad auch in Pegnitz Juden angesiedelt haben. Lange nach seinem Tode wird im 15. Jahr-

---

(R 7) „Vertrag von Böheimstein" vom 11. Februar 1430:
Diese Ereignisse führen am 11. Februar 1430 zu Verhandlungen zwischen dem Markgrafen und den Hussiten, wofür als Verhandlungsort von den Böhmen der Böheimstein oberhalb von Pegnitz ausgesucht worden war. Im „Vertrag von Böheimstein" einigen sich die Vertragsparteien auf einen neuerlichen Modus für den Abzug der Rebellen und auf weitere Verhandlungen über ihre religiösen Vorstellungen. Doch hierbei findet der Markgraf später keine maßgebliche Unterstützung bei Kaiser und Kurie. Erst das Konzil von Basel leitet am 30. 11. 1433 mit seinen „Kompaktakten" eine Aussöhnung ein; der Tod Prokops im Jahr darauf raubt den Hussiten ihren wichtigsten Heerführer.

hundert vom damaligen Markgrafen im Jahre 1455 ein Salmann genannt, der als „unser Jude von Pegnitz" apostrophiert wird; im Jahre 1470 lebt in Pegnitz ein Jude namens David und 1491 einer, der Simon genannt wird.

– wachsende Mittelpunktsfunktion von Pegnitz infolge der Reformation

Mit der Übernahme des reformatorischen Gedankengutes durch die zollerischen Markgrafen erhalten diese zugleich zu ihrer politischen Würde eine führende Rolle auf kirchlichem Gebiet in Form von „Notbischöfen". Nun erscheint es ihnen auch sinnvoll, die Mittelpunktsfunktion der Stadt Pegnitz, die ja immer noch kirchlich von Büchenbach aus betreut wird, maßgeblich anzuheben:

Im Oktober 1528 – drei Jahre nach der Einführung der Reformation in Nürnberg – fordert der Markgraf den Rat und Amtmann in Pegnitz auf, Johann Feyelmayer (nach anderen Schreibweisen auch Feilmeyer und Vigelmaier), der nach seinem Theologiestudium in Tübingen einen bewegten Lebenslauf hatte und vor seinem Auftauchen in Pegnitz in Petersgemünd nachgewiesen werden kann, als evangelischen Pfarrer in Pegnitz einzustellen.

Durch die Gründung einer eigenen Pfarrei steigert sich jetzt der Rang der Stadt Pegnitz ganz erheblich. Für die evangelischen Christen wird es zu einem geistlichen Mittelpunkt, womit natürlich auch gleichzeitig ein wirtschaftlicher Aufstieg verbunden war.

Abbildung 6:
Pegnitz – in alter Zeit (19. Jh.).

Rolle im Bauernkrieg

Diese große Revolte im Schatten der Reformation wirkte sich vor allem in katholischen Gebieten aus, so im Bistum Bamberg, wo die Bauern besonders unter hohen Steuerlasten, insbesondere dem Umgeld für Wein und Bier, zu leiden hatten.

In einem 1526 verfassten Bericht von Bürgermeister und Rat zu Forchheim wird als einer der Aufrührer aus der hiesigen Gegend ein „Ullein von Pegnitz" genannt, der die Bevölkerung mit aufwiegelte und „sich auch sonsten im Aufruhr und davor ganz spitzig und mutwillig gehalten und darnach, um der verwirkten Strafe zu entgehen, hinweggetan" habe (Bauer, S. 238).

Der lange Streit um die zollerische Landeshoheit

Als besonders einschneidend für die ländliche Bevölkerung im Pegnitzer Gebiet, aber auch im ostfränkischen Bereich überhaupt war der lang anhaltende Streit der Reichsstadt Nürnberg um die „Landeshoheit" oder Fraisch. Während Nürnberg diese Oberhoheit als den Ausfluss der Summe aller wichtigen niederen Rechte definierte, behaupteten die Zollern, diese stelle ein eigenes übergeordnetes Recht dar und sei unabhängig von den niederen Rechten. Diese „Landeshoheit" hatten sich die Zollern bei der Veräußerung ihrer Besitzungen um Nürnberg eigens zusichern lassen.

Die hieraus erwachsenden lang anhaltenden rechtlichen Streitigkeiten wirkten sich für die Bevölkerung im Gebiet der beiden Hauptkontrahenten besonders blutig aus, denn hieraus entwickelten sich immer wieder plötzlich auftretende Scharmützel und Kleinkriege. Gerade die Siedlungen im Grenzgebiet hatten daher ständig unter lähmenden Scharmützeln, auf Fränkisch „G'stechle", zu leiden.

Die Burg in Pegnitz wurde in diesem Zusammenhang auf Grund ihrer exponier-

Handel Handwerk Industrie

(R 8) Zerstörung der Pegnitzer Burg im 2. Markgräflerkrieg (1553)
Im Jahre 1553 wurde Hans von Hirschaid Pfleger im Amt Böheimstein. Am 26. Juni 1553 zogen Truppen der Reichsstadt Nürnberg unter Führung von Haug von Parsberg und Claus von Egloffstein an den Fuß der Burg, in der sich Leute aus Pegnitz mit ihrem Kaplan sowie aus Creußen, Bayreuth und anderen Orten befanden. Am 27. begannen die Nürnberger mit dem Beschuss. Bei dieser Kanonade wurde ein Turm an der Zwingermauer zerstört, so dass ein Trommler bekannt gab, dass man die Burg aufgeben wolle, wenn man abziehen dürfe. Doch die Gegner forderten zur weiteren Gegenwehr auf. Am nächsten Tag wurde wiederum beschossen. Nun wollte sich die Burgbesatzung erneut ergeben. Jetzt haben die Nürnberger nachgegeben, allerdings durften nur die Pegnitzer und Creußener abziehen, da ihre Städte schon zerstört waren; allerdings mussten sie schwören, dass sie in einem Jahr in den Dienst der Nürnberger treten müssten. Die anderen Belagerten aber, insbesondere die Bayreuther, hat man samt dem Kaplan von Pegnitz, weil er sich in der Burg als Büchsenmacher „gebrauchen" ließ, an der Burgruine aufgeknüpft. Anschließend wurde alles bewegliche Gut aus der Burg entfernt und deren Reste angezündet.
(Es bleibt allerdings ein Rätsel, wer dieser Kaplan von Pegnitz gewesen sein könnte, zumal ja seit 1529 kein katholischer Geistlicher hier mehr anwesend war. Es könnte allerdings sein, dass sich bei der Soldateska ein derartiger Geistlicher befunden hat.)

(R 9) Während des Dreißigjährigen Krieges wurde Pegnitz in etwa sechs verschiedenen, immer rascher aufeinander folgenden Wellen der Verwüstung heimgesucht:
– Obwohl sich die Markgrafschaft bis 1631 offiziell aus den Kriegshandlungen heraushielt, wuchs allein infolge von Truppendurchzügen zwischen 1627 und 1630 die Not so an, dass ganze Familien ausstarben. Die Not wurde schließlich so groß, dass sich 1631 der Amtmann mit der Bitte nach Bayreuth wandte, Brot und Fleisch, Bier und Haber nach Pegnitz zu schicken, weil hier alles aufgezehrt sei.
– Ein besonderes Krisenjahr war 1632: Im Mai lagen schwedische Reiter in Bayreuth und die Stadt wurde völlig ausgezehrt. Bei einem Angriff kaiserlicher Reiter wurde Pegnitz von der schwedischen Nachhut in Brand gesteckt und zwei Drittel des Ortes brannten ab. Von gefürchteten Kroaten wurden Einwohner gefoltert und niedergehauen, wenn sie ihr Hab und Gut verteidigen wollten.
– 1634 erlitt die schwer geprüfte Stadt neuerliche Zerstörungen – dieses Mal durch kaiserliche Soldaten. ▸

ten Lage in das Signalsystem der markgräflichen Burgen mit einbezogen. Hierin dürfte auch ihr besonderer strategischer Wert gelegen haben, weshalb sie immer wieder zum Angriffsziel wurde.

Das Burggebäude selbst war nicht besonders groß, etwa 30,5 m lang und 15 m breit. Im Norden bildete die Kemenate die Außenmauer, an den anderen Seiten befand sich ein etwas tiefer gelegener Burghof und Zwinger. Dieser Bereich war mit einer Mauer geschützt, die an allen vier Ecken einen Rundturm aufwies. Dem Torhaus war ein kleines Plateau vorgelagert, das besonders für Fahrzeuge wichtig war, die in die Burg gelangen wollten. Unterhalb der Burg befand sich ein Schafspferch.

Höhepunkte dieser Konflikte waren die beiden „Markgräflerkriege". Während im 15. Jahrhundert die Burg unbehelligt blieb, war sie im 2. „Krieg" unmittelbar sehr stark betroffen. ▸ **(R 8)**

Angesichts dieser gravierenden Zerstörungen auf der Burg und der wenig attraktiven Lebensverhältnisse dort entschied sich die Markgrafschaft, auf einen Wiederaufbau zu verzichten. Pegnitz erhielt in der Folgezeit ein neues Verwaltungsgebäude im Tal, so dass auch für die nachherigen Jahrzehnte seine politische, rechtliche und wirtschaftliche Mittelpunktsfunktion gewahrt blieb.

Einbruch der Wirtschaftsentwicklung infolge des Dreißigjährigen Krieges – begrenzter nachheriger Aufbau

Von besonders einschneidender wirtschaftlicher Bedeutung wird im 17. Jahrhundert der langjährige Krieg, der als Konfessionskrieg begann, dann in einen zermürbenden europäischen Krieg einmündete und erst nach 30 Jahren zu einem Ende gebracht werden konnte.

Pegnitz ist in mehrfacher Hinsicht in den Verlauf dieses großen Krieges involviert: Zunächst ist der Raum Pegnitz Durchzugsgebiet für viele Soldaten, die in Böhmen an der entscheidenden Schlacht vor Prag teilnehmen.

Zur wirtschaftlichen Absicherung dieser schwierigen Zeiten sollen die Münzen beitragen, die auf dem Land – so auch in Pegnitz im Jahre 1622 – hergestellt werden. ▸ **(R 9)**

Am Ende des Dreißigjährigen Krieges befindet sich Pegnitz bevölkerungsmäßig und wirtschaftlich in einer äußerst desolaten Verfassung. Auch die Bewohner des Umlandes sind schwer von marodierenden Soldaten heimgesucht worden und die wirtschaftliche Kraft ist weitgehend abgestorben.

Aufleben des Handwerks und der Zünfte nach dem Dreißigjährigen Krieg

Trotzdem raffen sich die Bürger wieder auf und beginnen nach dieser großen Katastrophe mit neuem Lebensmut an der Wiederherstellung der alten Größe zu arbeiten.

Bald können schon wieder folgende Handwerke in der Stadt registriert werden:

In der Altstadt: vier Müller, ein Metzger und Wirt, ein Bäcker, drei Maurer, drei Zimmerleute, drei Schuster, fünf Weber, zwei Büttner, ein Wagner, ein Sattler, ein Häfner, ein Schneider und ein Schmied.

In der Neustadt: 22 Schuster, 17 Bäcker, 17 Metzger, sechs Metzger und Wirte, 14 Schneider, elf Büttner, sieben Weber, sechs Schmiede, vier Rotgerber, drei Schreiner, drei Weißgerber, zwei Zimmerleute, zwei Maurer, zwei Färber, zwei Schlosser, zwei Seiler, zwei Wagner, ein Sattler, ein Siebmacher, ein Baumeister, ein Glaser, ein Nagelschmied, ein Braumeister (und Wirt).

Zünftische Ordnung des Handwerkslebens nach dem Dreißigjährigen Krieg

Das Handwerksleben wird wie schon vor dem Krieg in erster Linie durch Zunftordnungen geregelt:

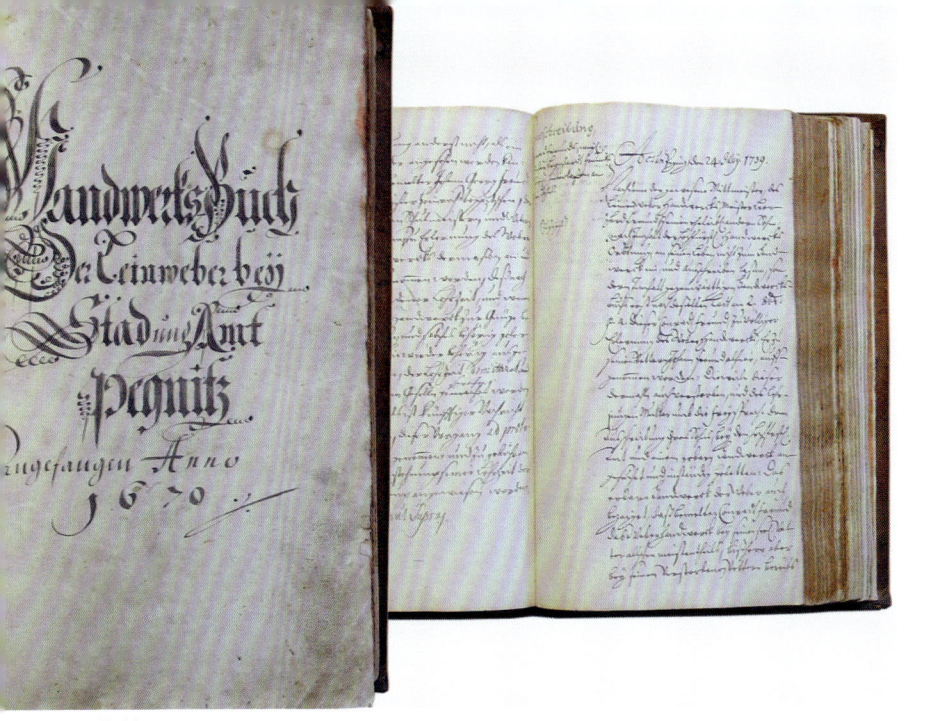

Abbildung 7:
Zunftbuch im Fränkische-Schweiz-Museum.

Handel
Handwerk
Industrie

1636 saßen in Pegnitz Truppen des Oberst Johann von Lissau und eine Abteilung des Piccolominischen Reiterregiments. Aus Furcht vor Repressalien flohen die Pegnitzer für acht Wochen nach Auerbach.
– Bereits 1637 waren Kosaken in der Stadt und nahmen alles mit, was sie gebrauchen konnten, 1639 und gleich wieder im Jahr darauf lagen dann kaiserliche Reiter in der Stadt und verlangten Verpflegung.
– 1641 mussten die Pegnitzer Bürger wiederum fliehen (nach Auerbach, Pottenstein und Betzenstein) und im Jahr darauf nahmen kurbayerische und kaiserliche Truppen erneut alles Brauchbare mit.
1645/6 hielten sich wieder Kroaten in der Stadt auf und 1647 lag wieder ein kaiserliches Regiment in der Stadt. 1648 und 1649 mussten schwedische Reiter verpflegt werden. Erst Mitte 1650 – fast zwei Jahre nach den großen Friedensschlüssen – zogen die letzten schwedischen Reiter aus der Markgrafschaft ab.

(R 10) Zu den Inhalten der Zunftordnungen:
Jede der Zünfte muss eine Zunfttruhe (die Zunftlade) besitzen, in der die wichtigen Dokumente und Zunftgerätschaften aufbewahrt werden. Diese Zunftlade wird innerhalb der Zunftmitglieder weitergereicht. Kernstück ist dabei stets die Zunftordnung. In dieser Regelung wird das Leben und Wirken der Zunft sehr detailliert beschrieben. Hierzu gehörten: die normalen Bedingungen der Ausbildung; die Festsetzung des Lehrgeldes, die Länge der Lehrzeit sowie die Dauer der Wanderschaft nach der Lehre; daneben aber auch Sonderregelungen bezüglich der Probleme, wenn ein Lehrling entlaufen ist oder wenn die Lehre abgebrochen wird.
Auch die Bedingungen der Meisterprüfung werden genau festgelegt. Natürlich muss auch geregelt werden, was bei nichtbestandener Prüfung vom Gesellen zu tun ist. Außerdem wird die Versorgung der Witwen eines Meisters bestimmt sowie dessen Kinder. Schließlich bestimmt die Zunftordnung auch, welche Strafen bei ungebührlichem Verhalten innerhalb der Zunftversammlung zu entrichten sind. Allerdings ist für das Verhalten eines Zunftangehörigen außerhalb der Zunftversammlung die Obrigkeit zuständig.
Bei allen greifbaren Zunftordnungen lässt sich etwa folgende Gliederung feststellen: 1. Vom Zunfttag und Handwerksversammlungen, 2. Vom Handwerk allgemein/allgemeine Vorschriften und Verordnungen, 3. Von Stadt- und Dorfmeistern, 4. Von Gesellen und Lehrjungen, 5. Von Meister-Söhnen und Ehegatten/von Meister-Witwen und Töchtern, 6. Von Störern, Markttagen und vom Gebrauch der Zunftordnungen.
Der „Zunfttag" ist in der Regel am „dritten Pfingsttag" nach beendigtem Gottesdienst.

– Eigene Zunftordnungen – bis ins 19. Jahrhundert – besitzen die Leineweber, die Schuster, die Maurer, die Rotgerber, die Schneider, die Zimmermeister und gemeinsam die Schmiede und Wagner.
– Einige Zunftladen aus Pegnitz hatten sich auswärtigen Bünden angeschlossen: nach Creußen gehörten aus Pegnitz: die Häfner, die Kürschner und Zeugmacher, nach Bayreuth: die Drechsler, Färber, Glaser, Gold- und Silberschmiede, Hutmacher, Kupfer- und Nagelschmiede, Sattler, Seiler, Seifensieder, Spengler und Weißgerber. ▸ (R 10)

Für Handwerke mit besonders empfindlichen Waren wird von der Stadt Pegnitz vorgeschrieben, dass sie ihren Handel „unter den Augen der Stadt" im Rathaus abzuwickeln hatten. Bis etwa 1825 konnten die Pegnitzer Bäcker ihre Waren nur in den hierfür vorgesehenen „Brotbänken" im Rathaus anbieten. Ein von der Stadt eingesetzter Brotschauer überwachte die Einhaltung der Gewichte und der Qualität der Erzeugnisse.

Rege Bautätigkeit nach dem Dreißigjährigen Krieg

Vor allem die Überwindung der Kriegszerstörungen förderte den Neuanfang des wirtschaftlichen Lebens. Dazu trug in besonderem Maße die nun sich von Italien und Frankreich her rasch ausbreitende neue Mode des Barock bei.

Schwerpunkt der Barockisierung im Raum Pegnitz

(▸ Kap. Kirchliches Leben in Pegnitz, ab S. 264)
An dieser Stelle soll insbesondere aus wirtschaftlichen Gründen auf die breite und intensive Umgestaltung repräsentativer Bauten in der 2. Hälfte des 17. Jahrhunderts verwiesen werden. Hierdurch erhielten viele Bauleute, Schreiner und Maurer, Stukkateure und Künstler – insbesondere auch aus dem näheren Umland – wieder Brot und Lohn.

Pegnitzer 2. Bartholomäuskirche

Die erste Bartholomäuskirche in Pegnitz noch aus reformatorischer Zeit hatte zwar den Dreißigjährigen Krieg einigermaßen wohlbehalten überstanden, doch zeigten sich gravierende Bauschäden. Überdies war die alte Kirche für die nun wieder zahlenmäßig anwachsende Stadtbevölkerung zu klein geworden. Am 2. September 1686 wurde daher mit dem Abriss der alten Kirche begonnen und der Neubau bis zum Februar 1690 erstellt. Die meisten Handlangerarbeiten werden wohl

Handel Handwerk Industrie

heimische Kräfte ausgeführt haben. Die „welsche Haube" des Turmes vom Zimmermeister Tobias Friedelmüller aus Creußen; den Altar gestaltete Conrad Schleunig aus Alsfeld in Hessen in der Werkstatt des Bildhauers Bernhard Häußler in Pottenstein. Dort dürfte auch die Kanzel dieser Kirche gefertigt worden sein.

Neubau des Amtshauses in Pegnitz

Das nach der Zerstörung der Burg in den Jahren nach 1553 im Stadtzentrum errichtete Amtshaus musste bereits 1717 wieder abgerissen werden. Für den Neubau, dessen Inhaber ab etwa 1692 mit Christoph Friedrich von Brandenstein, „Oberamtmann", genannt wird, wurden aus dem Veldensteiner Forst allein 380 Fuhren Bauholz herangeschafft. Die Fertigstellung dieses Hauses zieht sich bis 1721 hin. Da aber schon bald umfangreiche Ausbesserungen erforderlich waren, wurde faktisch ab 1724 das Oberamt nach Bayreuth verlegt. Für Pegnitz bedeutete diese Entwicklung durchaus wieder einen gewissen wirtschaftlichen Rückgang.

Ab 1744 hat das Oberamt Pegnitz offiziell seinen Sitz in Bayreuth und nach 1750 amtiert der Oberamtmann im Schloss von Schnabelwaid, das Markgraf Friedrich im gleichen Jahr für 100 000 Gulden frk. aus künßbergischem Besitz zurückgekauft hatte.

Barockisierung der Kirche in Büchenbach

Die ursprünglich schon sehr alte Kirche, die in die Zeit vor die Gründung des Bistums Bamberg zurückreicht, dürfte wohl in romanischer Fassung gewesen sein. In spätgotischer Zeit wurde die Kirche erneuert. Dieser Bauzustand entsprach aber jetzt nicht mehr dem Zeitempfinden der Bevölkerung. Daher brachte die katholische Gemeinde bis 1669 beachtliche Spenden auf, um den Kirchenbau – insbesondere nach den Wirren der häufigen Konfessionswechsel an der Seite der Oberpfalz – im Geschmack der neuen Zeit mit neuem Hochaltar und neuen Seitenaltären umzugestalten.

Doch dauert es noch bis 1726, bis der Auerbacher Künstler Johann Michael Doser das neue Altarblatt mit dem Bild des hl. Vitus liefern kann. (Dieses Bild ist am Ende des 19. Jahrhunderts ersetzt worden.) Von diesem Auerbacher Künstler stammt auch die Muttergottesfigur in einer Nische des nördlichen Langhauses aus dem Jahre 1735, die vor allem zur Abwendung von Unwettern gestiftet wurde. Die Stuckierung erfolgt im Jahre 1740 durch den Bamberger Stukkator Nikolaus Eckart. Die Malerarbeiten werden im Jahre 1741 dem Auerbacher Maler Thomas Wild übertragen. Die überlebensgroße Holzfigur der Muttergottes wird – wie auch in Pegnitz – der Werkstatt von Bernhard Häußler und Conrad Schleunig in Pottenstein zugeschrieben.

Neuer Schlossbau in Trockau

Der heutige Bau dieses Schlosses geht auf Karl Ludwig Kasimir Wilhelm Groß von und zu Trockau (1723–1789) zurück. Obwohl das Schloss zunächst durch Reparaturen saniert werden sollte, war ab 1769 ein Neubau unvermeidlich geworden. Für den Bau wurde Wenzeslaus Schwesinger aus Waischenfeld und nach dessen Tod im Jahre 1772 sein Sohn Johann Georg herangezogen. Außerdem arbeiteten der Schreiner Georg Bogner aus Gößweinstein, der Schlosser Jakob Messinger (Moesinger) aus Pegnitz und die Trockauer Stukkatoren Jakob und Johann Gerstendörfer mit.

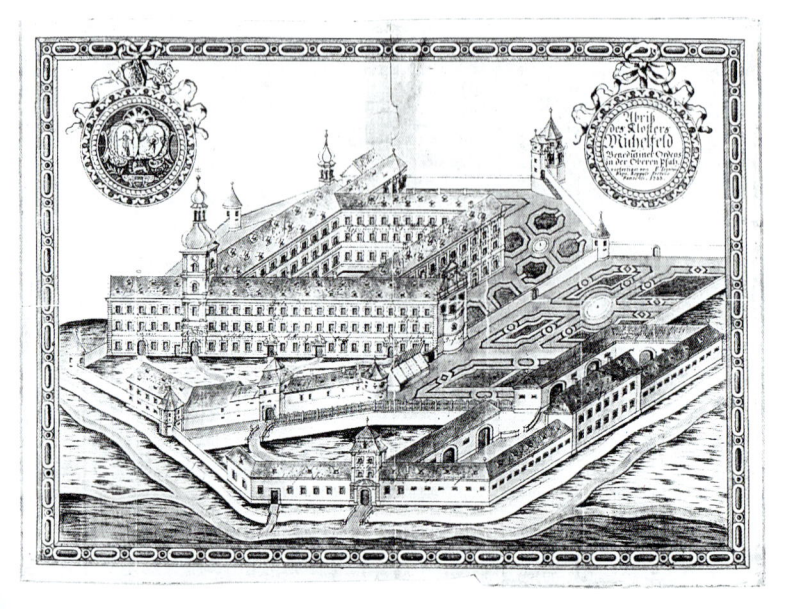

– Neuaufbau des Klosters Michelfeld

Nachdem sich die bayerische Regierung im Zeichen der Rekatholisierung zur Wiedereinrichtung der alten Mönchsorden entschieden hatte, wurde auch das Kloster in Michelfeld wiederbelebt. So bestand dann von 1695 bis 1803 in

Abbildung 8:
Im Erdgeschoss des Rathauses waren die Läden des Bäckers und Metzgers.

Abbildung 9:
Die Anlage des Klosters Michelfeld.

Michelfeld wieder ein Benediktinerkloster. Der mit dem Neubau der Kirche und des Klostergebäudes verbundene Aufschwung auf dem Bausektor kam der gesamten umliegenden Region zugute.

Der Kirchenbau wurde auf den Grundmauern der im Dreißigjährigen Krieg völlig vernichteten Kirche ab 1697 unter der Bauleitung von Wolfgang Dientzenhofer neu errichtet. Die Baumaterialien hierfür wurden zumeist der näheren Umgebung, insbesondere dem Veldensteiner Forst, entnommen. Im Jahre 1700 konnte die neue Kirche geweiht werden.

Im Jahre 1730 wurde dann zudem die St.-Leonhard-Kirche in Michelfeld neu erbaut. Hierzu wird aber in den Quellen ausdrücklich hervorgehoben, dass den Fuhrleuten, die Kalk, Steine und Holz „aussm Veldenstainer Waldt" umsonst nach Michelfeld gebracht haben, nur eine Brotzeit bezahlt worden ist. ▸ **(R 11)**

7. Modernisierung des wirtschaftlichen Lebens im beginnenden 19. Jahrhundert

Auswirkungen der Französischen Revolution auf das Wirtschaftsleben der ehemaligen Markgrafschaft

Zur Zeit des Beginns der Französischen Revolution war der Haupterwerbszweig der Getreideanbau. Um das Jahr 1785 hört man erstmals vom versuchsweisen Kartoffelanbau, der sich in der Folgezeit auf Kosten des Getreideanbaus immer weiter ausbreitet. Am Rande des Veldensteiner Forstes wurden zudem Holzwirtschaft und Viehzucht betrieben.

Die ehemalige Markgrafschaft unter preußischer Oberhoheit

Nachdem der letzte Markgraf Carl Alexander von Bayreuth – insbesondere angesichts der zunehmenden Schrecken der Französischen Revolution – das Interesse an einer weiteren Regierungszeit verloren hatte und durch Verkäufe von Soldaten an England in seinem Land zwar viele Gegner, auf der britischen Insel aber große Zuneigung erworben hatte, fiel Bayreuth mit seinem Umland laut seinerzeitiger vertraglicher Abmachung zwischen der Markgräfin Wilhelmine und ihrem Bruder, dem König Friedrich dem Großen, an Preußen. ▸ **(R 12)**

Nach der Niederlage Preußens bei Jena und Auerstädt besetzte Napoleon die Markgrafschaft Bayreuth und unterstellte sie sich selbst. Die Verwaltung vor Ort übertrug er einem französischen Gouverneur. Nun diente das einst blühende Land den Truppen Napoleons als Durchzugsgebiet und Versorgungsbasis bezüglich der Kriegszüge in Osteuropa. Hierdurch litt die Bevölkerung außerordentlich.

Die damalige wirtschaftliche Situation in Pegnitz

In dieser Zeit der Militärverwaltung leidet die Bevölkerung am Obermain sehr. Grundsätzlich haben alle Erträge der Landwirtschaft der Verköstigung der hier stationierten und durchziehenden Soldaten zu dienen.

Trotzdem fällt die Beschreibung von Pegnitz im Jahre 1801 von Johann Kaspar BUNDSCHUH noch recht schmeichelhaft aus. Er charakterisiert das Wirtschaftsleben in Pegnitz folgendermaßen:

„[...]*Sie (die Stadt) besteht aus 125 meistens massiven Häusern, 79 Scheunen und 682 Einwohnern. Diese bestehen meistens aus Handwerkern von allerhand Art, besonders Metzgern, welche eine sehr gute Viehmast treiben, und jährlich vieles Schlachtvieh absetzen. An Ackerland besitzen sie 750, an Wiesen 270 Tagwerk, welch letztere jedoch meistens in auswärtigen Fluren liegen, an Hopfengärten 9, an gewöhnlichen Gärten 12, und an Waldungen 69 Tagwerk. Die vorzüglichsten Erdprodukte sind Waitzen, Gerste, Roggen, Haber, Kartoffeln und Erdrüben oder Kohlrüben, welch letztere von besonderer Größe gebaut und zur Viehmast verwendet werden. Der Boden hat eine sehr gute Mischung, und besteht aus vieler Thonerde und kleinen Kalksteinen. Durch Hinzuthu-*

Handel
Handwerk
Industrie

(R 11) Kurzzeitiger Rückschlag der Aufbaubemühungen durch den Brand in Pegnitz im Jahre 1744
Einen gewissen Rückschlag brachte im Jahre 1744 eine große Feuersbrunst über Pegnitz. Damals wurden zwar schwere Schäden angerichtet, doch die Stadt konnte sich – wie berichtet wird – hiervon „durch Fleiß und Anstrengung" relativ rasch wieder erholen. Am Ende des 18. Jahrhunderts gehörte Pegnitz zu den „wohlhabenden Städtchen" des so genannten Bayreuther Oberlandes.

(R 12) Bereits 1784 beschrieb Philipp Wilhelm Gercken die wirtschaftliche Lage in der Region so:
„Die ganze Gegend ist höchst elend und armselig, etwas schlechten Buchweizen und Hafer producirt der felsige Boden, blos nur, den Hunger der armseligen Einwohner zu stillen. [...] So traurig und elend die Schöpfung des Grundes und Bodens ist, so traurig ist auch die Gesichtsbildung, und der Wuchs der Einwohner ist dem Boden gleich. Die Armuth leuchtet aus allem bis zum Mitleiden [...]."
Ernst Moritz Arndt, der im Jahre 1798 die Fränkische Schweiz bereiste, notierte mit Blick auf die allgemeine Situation der Landwirte:
„Die Felder waren hier noch ärmlich. Am Wege findet man indessen hie und da Linsen und Wicken, auch etwas Gerste. Und in den Dörfern selbst oder auf den nächsten Stücken, die mehr wie Gärten bearbeitet werden, baut man Hanf und Flach, Kartoffel und Kohl [...]."

Handel Handwerk Industrie

ung des guten Mistes von dem Mastvieh bauen die Einwohner das 6te bis 8te Korn. Im Ganzen ist viel Wohlstand unter denselben, indem sie sich von jeher durch ihren unermüdeten Fleiß und immer regen Handlungsgeist zu setzen und darinnen zu erhalten wußten. An Rindvieh besitzen sie 155, und an Schaafvieh 287 Stücke, meisten von grobem Schlag.

Die Altstadt Pegnitz, die Vorstadt von Pegnitz, durch welche die Nürnberger Landstraße geht, besteht aus 38 Häusern, 11 Scheunen und 245 Einwohnern. Zu ihrem Bezirke gehören 4 Mühlen, welche zusammen 7 Mahl-, 3 Oel-Gänge und einen Walkgang enthalten. Dicht an einer dieser Mühlen läuft der Fluß Pegnitz in einem tiefen Schlund einer kleinen Anhöhe, und geht eine halbe Viertelstunde lang durch einen unterirdischen natürlichen Canal fort, bis er wieder zum Vorschein kommt. Die Einwohner besitzen 83 Tagw. sehr fruchtbares Ackerland, 23 Tagw. Wiesen, 12 Tagw. Gärten, 30 Tagw. Huthen und 5 Tagw. Wald. Auf diesen Ländereyen ernähren sie 65 Stk. Rindvieh und 55 Stk. Schaafe. Nebst einer Gottesackerkirche [...] sind in der Altstadt 2 Gasthöfe, von welchen einer erst ganz neu angelegt worden, der ältere aber das Schlößlein genennt wird, und viele Einkehr von Fuhrleuten und Fußgängern haben."

Abbildung 10:
Lange Zeit bewahrte der Pegnitzer Marktplatz seinen ländlichen Charakter.

Dieser Text und auch der schon von Ernst Moritz ARNDT verdeutlichen, dass zu dieser Zeit bereits die Kartoffel, die im 17. Jahrhundert wegen ihrer schönen Blüten eine erste Verbreitung gefunden hatte und im 18. Jahrhundert von Böhmen aus über Pilgramsreuth wegen ihrer schmackhaften Knollenfrüchte in die Markgrafschaft Bayreuth eingeführt worden war, nunmehr auch schon in Pegnitz angebaut wurde.

Auszehrung der Markgrafschaft durch die Franzosen

Die mit der französischen Militärherrschaft verbundene Auszehrung des Bayreuther Landes wurde durch die Säkularisation kirchlichen Besitzes und Mediatisierung ehemals reichsunmittelbaren Besitzes kaum ausgeglichen.

Die wachsende Annäherung des Königreiches Bayern an Frankreich ließ es ratsam erscheinen, auch das Bayreuther Gebiet an Bayern abzugeben.

Abbildung 11:
Schweinemärkte gehörten bis Ende der 60er Jahre des 20. Jh. zum Bild der Stadt Pegnitz.

8. Die Rolle des Königreiches Bayern unter Montgelas: Zwischen Modernisierung und Beharrung

Handel
Handwerk
Industrie

Der neue bayerische Staat ist unter der Regierung des den Gedanken der Aufklärung und der Französischen Revolution zugeneigten aufgeklärten Wittelsbacher Kurfürsten und späteren Königs Max Josef und des leitenden Ministers, des Grafen Maximilian von Montgelas, in erster Linie und grundsätzlich auf die Förderung der nützlichen Erwerbszweige der Wirtschaft bedacht.

Hierzu werden sehr rasch grundlegende verwaltungstechnische Reformen und wirtschaftliche Lockerungen in Angriff genommen.

Neue Rahmenbedingungen für das ländliche Wirtschaftsleben

Die bayerische Verfassung von 1808:

Mit diesem Verfassungstext erfüllt die königliche Regierung in Bayern insbesondere die Erwartungen Napoleons, der sich als Vollstrecker der Französischen Revolution versteht, und garantiert die persönlichen Freiheitsrechte.

Ein gravierendes Problem bleibt aber in Bayern die Bedeutung der Städte, also der kommunalen Selbstverwaltung, wie sie gleichzeitig Reichsfreiherr vom und zum Stein in Preußen umzusetzen versucht. Die bayerische Regierung will hier das Heft in der Hand behalten und gibt nur sehr widerstrebend Rechte ab.

Trotzdem schaffen diese verfassungsrechtlichen Rahmenbedingungen zusammen mit dem Toleranzedikt (zu Gunsten der Protestanten im Königreich Bayern) und dem Judenedikt neue Grundlagen. Nach und nach muss auch die Leibeigenschaft aufgehoben werden, wenn auch die Patrimonialgerichtsbarkeit und damit die Abhängigkeit von den lokalen Adeligen bis zur Revolution 1848/9 erhalten bleibt. Mit dem Ende des Zunftzwanges kann sich nun auch die Wirtschaft neu entwickeln und vor allem den aufstrebenden nicht-zünftigen Handwerkern eine Berufschance geboten werden.

Wirtschaftliche Erschließung Bayerns im Sinne der Industrialisierung:

Das neu geschaffene Königreich Bayern kennt im Wesentlichen in dem Herrschaftsgebiet nach 1810 zwei große Wirtschaftsräume:

München mit seinem Umland mit Augsburg am nord(westlichen) Rand im Zugangsbereich der Donau und den Raum Nürnberg-Fürth-Schwabach-Erlangen im Einzugsbereich des Mains. Beide Gebiete zu verbinden, wird als eine der großen Zukunftsaufgaben erachtet. Diesem Ziele haben einerseits der Kanalbau zwischen Donau und Main sowie die Einrichtung einer Eisenbahn zwischen München-Augsburg-Nürnberg zu dienen.

Doch die Schaffung eines modernen Wirtschaftsstaates nach dem Vorbild Preußens bereitet zunächst noch schier unüberwindliche Schwierigkeiten, so dass die traditionelle Wirtschaftsform, also die Landwirtschaft, nicht vernachlässigt werden darf.

Dies gilt insbesondere für Gebiete, in denen die Modernisierung der Erwerbsmöglichkeiten sehr beschränkt sind. Zu diesen Problembereichen gehört auch die ehemalige Markgrafschaft Bayreuth, die unter der Herrschaft Napoleons weitgehend leer geplündert wurde.

Spezielle wirtschaftliche Situation in Pegnitz

Das Gebiet der nunmehrigen Fränkischen Schweiz gehört besonders in seinen östlichen Bereichen zu den wirtschaftlich schwachen, den so genannten „Passivzonen" innerhalb des Königreiches Bayern. Die Bevölkerung lebt hier weitgehend nur von den Erträgen ihrer unmittelbaren Arbeit auf den Feldern.

Daher befindet sich das Wirtschaftsleben in Pegnitz am Beginn des 19. Jahrhunderts auf einem relativ niedrigen Niveau.

Noch im Jahre 1811/12 findet sich in Pegnitz folgender Gebäudebestand:

Handel Handwerk Industrie

Wohnhäuser	122 (Stadt Pegnitz)	62 (Altstadt)
Scheunen, Städel	106	33
Familien	164	106
Knechte	40	19
Mägde	70	27

Die für die ersten Jahrzehnte des 19. Jahrhunderts charakteristische Agrarrevolution dürfte sich im Pegnitzer Raum auch nur ansatzweise ausgewirkt haben. Die doch recht weit verbreiteten eher kargen Böden ließen nur bedingte Abweichungen von der traditionellen Bebauung zu.

Bedeutung des Hungerjahres 1816/17 – forcierter Ausbau des Kartoffelanbaus

Eine gewisse Wende in der traditionellen Landwirtschaft brachte das Hungerjahr 1816/17. Der Lehrer Simon MEYER aus Buchau hielt hierzu fest:
„Das 1816te Jahr war eines der merkwürdigsten, das je die Menschheit erlebt haben kann. Es war ein Jahr des Misswachses, veranlasst durch den im Monat May angefangenen und bis Ende November gedauerten Regen, welcher die schönsten Früchte auf den Feldern in tiefes Wasser versetzte. Der Mainfluß glich 13 Wochen lang dem Rheinfluß an Größe. Alle anderen Bäche und Flüsse traten immer wieder aus und die daneben befindlichen Wiesen sahen Teichen ähnlich, und alles, was die Fluten bedeckt hatten, war weder nahrhaft noch hinreichend zur Nahrung. Die wenigen Früchte, welche von den Bergen und sandigen Anhöhen eingeärndtet, jedoch naß eingebracht wurden, waren wäßericht und an Mensch und Vieh zehrend."
Die Auswirkungen dieses schlimmen Sommers waren dann ganz besonders im darauf folgenden Jahr zu spüren: ein Kilogramm Kornbrot kostete – nach der Kaufkraft von 1978 – etwa 65 Mark, ein Krautskopf 23 Mark, ein Kilogramm Butter 256 Mark und eine Maß Bier 24 Mark.
Mit Ungeduld erwartete daher die Bevölkerung im Jahr darauf die ersten Erntewagen. Lehrer Meyer notiert:
„In sehnsuchtsvoller Erwartung des lieben Getreids wurde bei der ersten Einsammlung ein öffentliches Getreid-Aernte-Dankfest gefeiert. Am 5ten August 1817 bei der ersten Korneinfuhr des Stadtschultheißen Theodor Hammerand wurde der beladene Wagen am Eingang der Stadt feierlich empfangen. Sechs junge Knaben und Mädchen als Schnitter mit Sicheln und als Drescher mit Drischeln bekleidet, gingen neben dem Wagen her. In langem Zug folgte die Geistlichkeit, das gesamte Personal des Landgerichts und des Rentamts, der Munizipalrat, die 6 [?] Schullehrer mit der Schuljugend und die kgl. Gendarmerie. Auf dem Rathausplatz wurde ein Kreis geschlossen, worinnen der Herr Rector Woeckel eine sehr eindrückende Rede hielt. Von da zog man in die Kirche, wo Pfarrer Castner eine Predigt hielt [...]. Die menschlichen Herzen waren innigst gerührt, aber auch von Kummer umgeben, alle weinend [...]." (zit. nach W. Büttner: Bericht, 4–6)
Ganz besonders ist hervorzuheben, dass durch die Notjahre von 1816 und 1817 der Kartoffelanbau in dieser Region einen starken Zuwachs erfahren hat. Die Kartoffel wurde nun zum maßgeblichen Grundnahrungsmittel, das in vielfältigster Form den Essenstisch prägte. Die herkömmlichsten Formen waren gekochte Kartoffeln, Salzkartoffeln, verschiedene Formen von Klößen, die dann aber auch eingeschnitten und in Fett gebacken eine eigene Mahlzeit bilden konnten, sowie auch so genannte „Franzerklöße", wobei roher Kloßteig in Fett in der Pfanne herausgebacken wird.

Abbildung 12:
Am Stadtgraben bewahrte Pegnitz lange Zeit das traditionelle Erscheinungsbild.

Handel Handwerk Industrie

Nutzung der natürlichen Ressourcen im Pegnitzer Raum

Entstehung einer geordneten Holzwirtschaft

Zur Zeit des Überganges an das Königtum Bayern betrug die Fläche des Veldensteiner Forstes noch 11 636 Tagwerk. Hiervon waren 3 607 Tagwerk schlagbares und Mittel-Holz, 8 029 Tagwerk schlechtes Buschholz. (Hierin ist allerdings nicht der Distrikt „Steckenbühl" enthalten, der mit 600 Tagwerk angesetzt werden muss.)

Die Neuordnung der territorialen Gliederung im Raum Bayreuth betraf auch in entscheidendem Maße die Verwaltung des Veldensteiner Forstes. Das Forsthaus von Horlach war im Jahre 1771 vom Bistum Bamberg als Jägerhaus – dem Amt Veldenstein in Neuhaus unterstehend – neu erbaut worden und war besonders geräumig. Hierhin wird im Jahre 1822 der südliche Teil des bisherigen Forstamtes Bayreuth verlegt, das kurz zuvor noch im Forsthaus zu Weidensees eingerichtet worden war.

Zum Forstamt Horlach gehören nun künftig die Reviere Bernheck, Gößweinstein, Plech, Weidensees, Lindenhardt, Langeweil und Glashütten. Auf Betreiben der Stadt Pegnitz wird im Jahre 1857 der Sitz dieses Forstamtes nach Pegnitz selbst verlegt. Eine neuerliche Revierreform im Jahre 1885 wertet den Amtsvorstand der Forstämter weiter auf und sieht nun an deren Spitze einen Forstmeister vor.

Die Nähe zum Veldensteiner Forst ließ nicht nur in Pegnitz, sondern auch in der Umgebung, insbesondere in den vielen Mühlen der Bäche, eine bescheidene Holzwirtschaft entstehen.

Diese sehr verschiedenen Nachteile belasteten auch stark die Holzverarbeitungsbetriebe im Umfeld des Veldensteiner Forstes. Von diesem Holz aber leiteten auch die Wagner, Schmiede und Büttner in Pegnitz ihre Existenzgrundlage ab. ▶ (R 13)

(R 13) Allerdings ist grundsätzlich zu berücksichtigen, dass das bisherige Fehlen einer systematischen Pflege der Waldbestände im Veldensteiner Forst von 15 000 Tagwerk im Mittelalter zu einer Schrumpfung auf 11 636 Tagwerk beim Übergang an das Königreich Bayern im Jahre 1804 führte. Parallel dazu verlief eine Verschiebung der natürlichen Holzartenmischung zu reinen Kiefer- bzw. zu Kiefer-Fichte-Mischbeständen. Dies bewirkte zudem ein ständiges Absinken der Bodenqualität (Bonität) sowie eine vermehrte Anfälligkeit für Schädlinge: 1852/55 starkes Auftreten des Kiefernspanners, ebenso 1887 und 1893/97. Zudem wurde in dieser Zeit der Wald auch noch intensiv beweidet, so dass der Jungwuchs kaum große Chancen hatte.

Weitere Nutzung der Wasserkraft

– Mühlen:

Daneben waren die Wasserwerke auch für die Landwirtschaft von großer Bedeutung. In der Mitte des 19. Jahrhunderts gab es im Pegnitzer Bezirk „4 Mühlen, welche zusammen 7 Mahl- 3 Oel-Gänge und einen Walkgang enthalten".

– Verarbeitung der Bodenschätze:

Die Nutzung der Wasserkraft an Fichtenohe und Pegnitz trug zudem auch in früheren Jahrhunderten maßgeblich zur Förderung und Weiterverarbeitung der Bodenschätze bei.

Im Pegnitzer Raum eignen sich für den Abbau folgende Bodenschätze in besonderer Weise:
die Kalke des Weißen Jura und der Dolomit,
die Lehme und Tone des Dogger,
der Farbocker,
die Eisenerzlager.

Lehm- und Ton- sowie Farbocker-Abbau

Im Bereich der Nutzung der natürlichen Ressourcen hatte im Raum Pegnitz der Lehm- und Ton-Abbau besonders im Gebiet westlich der Stadt eine vorübergehende Bedeutung.

Daneben konnte auch der Abbau des Farbockers eine gewisse Rolle spielen. Hier schwankt die Qualität vom echten Eisenocker bis hin zum eisenarmen Ockerton. Abbauwürdige Stellen befanden sich am Pfitzer Berg südlich von Pegnitz, am Osthang des Schloßberges von Pegnitz, am Wasserberg von Pegnitz, im Gebiet nordöstlich von Nemschenreuth und am Steinberg am Weg nach Büchenbach.

Abbildung 13:
Der stattliche Bau der ehemaligen Speckmühle kündete einst von besseren Zeiten.

Handel Handwerk Industrie

Eine besondere Bedeutung hatte in diesem Zusammenhang der Arzberg bei Hammerbühl, wo der Ocker eine Mächtigkeit von 6 bis 8 m aufwies und über dem Dolomit lag. In den besten Jahren soll die wöchentliche Produktion in Hammerbühl etwa 20 Tonnen betragen haben. Der Transport der Farberde von den Gruben zu den Verladestätten erfolgte zumeist mit Pferdefuhrwerken. Nach dem Bau der Eisenbahn nach Pegnitz erlebte der Farberdeabbau einen erheblichen Aufschwung.

Der Rotocker (auch Röthel oder Bolus genannt), der bei Troschenreuth abgebaut wurde, wurde früher mit einer Feldbahn zum Bahnhof nach Schnabelwaid transportiert.

Nachdem im Jahre 1921 in Hammerschrott bei Neuhaus an der Pegnitz ein Farbwerk eingerichtet worden war, entstanden im Bereich der oberen Pegnitz mehrere Farbmühlen: so in Hainbronn bei Pegnitz, in Ranzenthal, in Gunzendorf (Espamühle), in Steinamwasser (Hammermühle), am Bahnhof bei Michelfeld und in Ranna.

Kalk-Abbau

Für den Kalk-Abbau entstanden neben älteren Brüchen von geringer Bedeutung in der Umgebung von Pegnitz, etwa am Bisselberg bei Hainbronn, insbesondere Kalk-Bruchanlagen zur Gewinnung von Straßenschotter und Mauersteinen.

Eine besondere Form des Kalksteines wurde in den so genannten „Wiener Putzkalkwerken" in Pegnitz, Bronn, Weidensees und Michelfeld verarbeitet. Als es bereits 1869 um den Bau der Eisenbahnlinie ging, erwog man zeitweise deswegen sogar einen Bau über Weidensees und Bronn.

Hauptabnehmer dieses Putzkalkes, der in erster Linie zum Polieren von Maschinen herangezogen wurde, waren zuletzt die Firma Fichtel & Sachs, die Schwedischen Kugellagerfabriken und weitere Firmen in Göteborg, die den besonderen Wert dieses Materials schätzten.

Anfänge des Eisenerzabbaus

Eine besondere Tradition hat in Pegnitz und Umgebung der Eisenerzabbau. Populärwissenschaftliche Abhandlungen verlegen den Beginn gerne in das Mittelalter.

Die Erzförderung am Arzberg wurde bereits am Ende des 17. Jahrhunderts wieder eingestellt.

Genauere Unterlagen für den gezielten Erzabbau in Pegnitz und Umgebung liegen aber erst für das 19. Jahrhundert vor. Demnach scheiterten die Versuche einiger Pegnitzer Maurer im 19. Jahrhundert, mit örtlichen Kräften Erz zu fördern, bereits nach einigen Wintern.

Abbildungen 14/15:
Auch die Schmiede lebten vom wirtschaftlichen Aufstieg.

Die unruhigen Jahre der politischen Neuordnung in Deutschland

Die Revolution von 1848/49 und kritische Jahre danach

Die politischen Unruhen der „revolutionären Zeit" zogen am Gebiet südlich von Bayreuth ruhig vorüber. Ein Chronist aus Kirchehrenbach hält fest: „Die Revolten des Jahres 1848 gingen [...] spurlos vorüber."

Im Pegnitzer Raum sind davon nur zwei Ereignisse in Erinnerung geblieben: Zum einen scheint es in Trockau zu „einigen Aufzügen und hitzigen Worten" gekommen zu sein. Zum anderen berichtet das königliche Forstamt Horlach am 9. Oktober 1848 an die Regierung nach Bayreuth, dass sich unter dem Landvolk allgemein der Wahn breitmache, die Jagd sei vom 1. Oktober an allgemein freigegeben. Hieraus resultierte ein Anstieg der Wilddieberei.

Bereits 1851 plagen die Landbevölkerung wiederum neue Missernten und nachfolgende Preissteigerungen.

Die kriegerischen Auseinandersetzungen 1866

Als sich Bismarck anschickte, die „Herstellung oder Anbahnung deutsch-nationaler Einheit unter Leitung des Königs von Preußen" zu bewerkstelligen, wurde auch Franken mit in die kriegerischen Handlungen einbezogen. Denn eher aus einer persönlichen Marotte des preußischen Königs heraus wurde im Zusammenhang mit der Entscheidungsschlacht gegen Österreich auch ein Feldzug gegen den Verbündeten der Donaumonarchie, nämlich das Königreich Bayern des damals schon politisch schwachen Königs Ludwig II., ins Auge gefasst. ▸ (R 14)

Die Kriegshandlungen bedrückten die hiesige Bevölkerung über etwa vier Wochen. Vielerorts wuchs nun angesichts der stattfindenden Auszehrung insbesondere der ärmeren Bevölkerung die antipreußische Stimmung, so dass sich Sympathieäußerungen zu Gunsten Bayerns häuften. Es zeigte sich, dass die wirtschaftliche Bindung Frankens an Bayern schon ziemlich stark gewachsen war und eine Loslösung von Bayern auf wenig Gegenliebe stieß.

Problematik des Eisenbahnbaus durch das Pegnitztal

Eine der maßgeblichsten Voraussetzungen für den weiteren wirtschaftlichen Aufstieg in Bayern und Deutschland des 19. Jahrhunderts war der Eisenbahnausbau. Dies war auch dem damaligen Pegnitzer Magistrat bewusst, weshalb er sich zwischen 1859 und 1861 mehrmals an den Bayerischen Landtag wandte und um eine entsprechende Berücksichtigung bat. Erst 1866 wurden die Bittstellungen berücksichtigt und in das Gesetz über die Vervollständigung der bayerischen Staatseisenbahnen aufgenommen – allerdings erst an der 13. von 19 Stellen.

Für die Linienführung Nürnberg–Bayreuth, die auch Pegnitz berühren sollte, wurden ursprünglich drei Varianten diskutiert:

eine Abzweigung der Strecke Nürnberg–Bamberg bei Forchheim über Ebermannstadt,

eine Verbindung Nürnberg–Gräfenberg–Betzenstein–Pegnitz

und schließlich eine Variante Nürnberg–Hersbruck–Velden–Neuhaus–Pegnitz.

Erst nach schwierigen Verhandlungen entschieden sich am 16. Juli 1874 die beiden Kammern des Landtages für den Bau einer Eisenbahn nach Pegnitz. Bereits ein Jahr später stand das Bahnhofsgebäude in Pegnitz und am 28. Juni 1877 traf der erste Dampfwagen in Pegnitz ein.

(Trotzdem wurde die bisherige Lösung als insgesamt wenig befriedigend eingestuft. Noch 1901 regte der Magistrat von Pegnitz den Bau einer Eisenbahn nach Pottenstein an. Doch jetzt wurde zunächst die Stichbahn Forchheim–Behringersmühle, die so genannte „Wiesenttal-Bahn", bevorzugt, die allerdings dann schon mehr dem Tourismus diente als dem wirtschaftlichen Aufschwung.)

(R 14) Als Nachkomme des alten Zollern-Hauses wollte der preußische König im Verlauf des Krieges auch über Nürnberg wieder die schwarz-weiße Fahne wehen sehen und mit den Eroberungen eine allgemeine Besitzminderung seiner Gegner vornehmen. Zugleich setzte er auf gewisse Sympathien für Preußen innerhalb der fränkischen Bevölkerung und glaubte – irrigerweise, wie sich herausstellen sollte – an eine starke Separatistenbewegung. Er bereitete daher auch einen Kriegszug gegen Oberfranken vor. Am 23. Juli um halb 9 Uhr rückten preußische Truppen in Hof ein und stießen gegen Bayreuth vor. Am 29. Juli rückten preußische Soldaten in Pegnitz ein und verlangten die Bereitstellung von 9 Leiterwagen, 25 Zentnern Brot, 40 Zentnern Fleisch und 8 Zentnern Reis. Am 30. Juli waren insgesamt ca. 1 500 Soldaten mit fast 300 Pferden in Pegnitz einquartiert.

Abbildung 16:
Pegnitz – Das obere Pegnitztal erhielt durch die Eisenbahn den Anschluss an den Nürnberger Raum und eine weitere Verbindung nach Bayreuth.

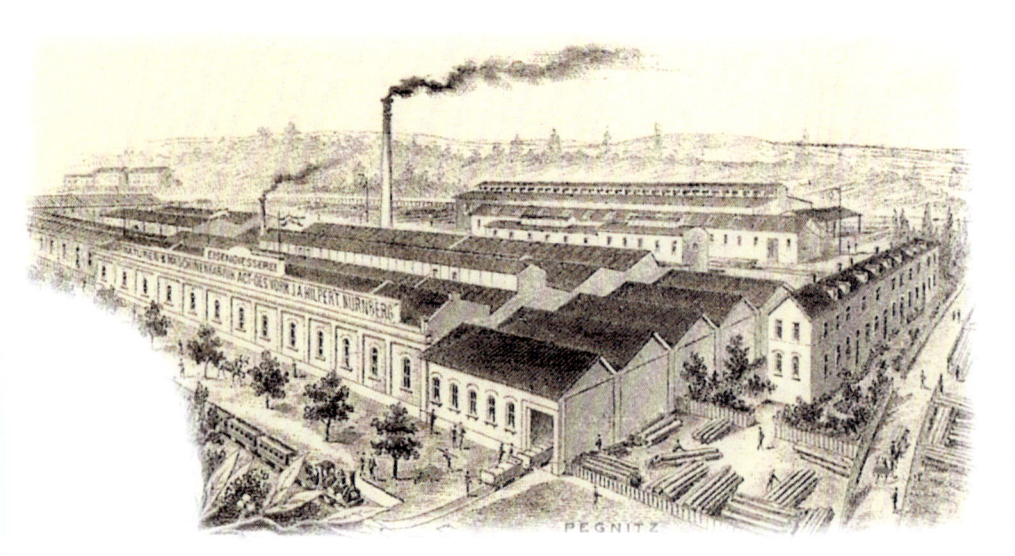

Abbildung 17:
Pegnitz – ein wichtiger Stützpunkt der „Armaturen- und Maschinenfabrik Nürnberg".

(R 15) Die Anfänge der „Armaturen- und Maschinenfabrik AG Hilpert-Nürnberg" am Stammsitz Nürnberg reichen bis zum 1. Mai 1854 zurück. Damals erhielt der Rotgießermeister Johann Andreas Hilpert vom Magistrat der Stadt Nürnberg eine „Concession" für eine kleine Werkstatt auf der Insel Schütt. Mit 50 Gulden und etwas Handwerkszeug begann er sein Unternehmen. Bereits 10 Jahre später verfügte er über ein Vermögen von 10 000 Gulden und aus der kleinen Werkstatt ist ein „Etablissement für Gas- und Wasserleitungen" geworden. Bereits ein Jahr später erhält er die Konzession für die fabrikmäßige Herstellung von Armaturen für Gas- und Wasserversorgung sowie Brauerei- und Dampfkessel-Ausrüstungen.

„Pegnitzhütte" … und das Nachfolgeunternehmen der Firma Merkel

Am Ende des 19. Jahrhunderts – also zu einer Zeit, als sonst in Deutschland die Wirtschaft boomte – spielte die Industrie in dem 1600-Einwohner-Städtchen zunächst noch eine eher untergeordnete Rolle. Gegenüber dem Bahnhofsgelände versuchte zwar in den 80er Jahren eine Pariser Firma die Eisenerz- und Farberdevorkommen zu nützen und errichtete deswegen eine Bruchhütte, die „Pegnitzhütte", doch das Unternehmen musste bereits nach zwei Jahren wieder schließen.

Im Jahre 1885 versuchte die Firma Merkel, mit einer „Fabrik leonischer und Kupferdrähte" die Grundstücke und Baulichkeiten der „Pegnitzhütte" zu nutzen und nahm mit 25 Arbeitern den Betrieb auf. Doch da bei der Belegschaft keine maßgebliche Erweiterung möglich war, scheiterte schließlich auch dieses Unternehmen. Für 60 000 Mark stand darauf das Betriebsgelände zum Verkauf an.

Aufschwung durch die AMAG

Der günstige Preis, die gute Lage, die schwache Industrialisierung der Gegend sowie die positive Arbeitshaltung der Bevölkerung veranlassten dann aber im Jahre 1890 die „Armaturen- und Maschinenfabrik AG Hilpert-Nürnberg", in Pegnitz ein Zweigwerk einzurichten. ▶ **(R 15)**

Am 25. Juni 1890 nahm die AMAG mit 40 Arbeitern den Betrieb in Pegnitz auf. Im neuen Zweigwerk arbeitet eine Eisengießerei sowie ein Maschinenwerk. Zwar vernichtete bereits im ersten Jahr ein Brand fast die gesamte Fabrikanlage, jedoch konnte einige Jahre später die Abteilung „Eisengießerei Pegnitz" den gesamten Eigenbedarf an Grauguss decken. Nun nahm die AMAG einen rasanten Aufschwung, immer mehr Menschen aus Pegnitz und dem weiteren Umland fanden hier Brot und Lohn, so dass das Schicksal der Region Pegnitz sehr eng mit dem konjunkturellen Wohl und Wehe der AMAG verknüpft wurde.

Nach einer Vergrößerung der Eisengießerei im Jahre 1895 stieg die Zahl der Arbeiter von 200 im Jahre 1900 auf das Doppelte bis zum Jahr 1914.

Ein wesentlicher Erfolg gelang Dipl.-Ing. Fritz NEUMEYER, als er in der AMAG die Weiterentwicklung der Kreiselpumpe vorantrieb. Mit der serienmäßigen Konstruktion dieser Kreiselpumpe gelang es z. B. Wasser aus Bergwerkstollen in einer Tiefe von 1000 bis 1200 Metern hinaufzudrücken. Der AMAG war nun ein Sprung in ausländische Absatzmärkte für Großpumpenanlagen möglich geworden.

Abbildung 18:
Gelegentliche Brände zerstörten Teile der AMAG-Anlagen.

Abbildung 19:
Die Kernmacher und Formmaschinisten der Pegnitzhütte 1896.

9. Wirtschaft in der 1. Hälfte des 20. Jahrhunderts

Handel
Handwerk
Industrie

Neuerlicher Beginn des Erzabbaues in der Zeche „Kleiner Johannes"

Der Beginn des modernen Bergbaus setzte in Pegnitz im Jahre 1908 ein. Die Eisensteinzeche „Kleiner Johannes" nahm ihren Betrieb auf.
Diese war am 11. August 1869 in Arzberg von der Prager Eisenindustrie-Gesellschaft in Wien gegründet worden. Am 16. Juni 1894 hatte die Prager-Eisenindustrie-Gesellschaft ihren Besitz an Balthasar WEISS und Caspar PEUSCHEL verkauft, die nun eine Gewerkschaft unter dem Namen „Eisensteingewerkschaft Kleiner Johannes" bildeten. Allerdings wird genau vier Wochen später wegen eines Einspruches des Kgl. Bezirksbergamtes in Bayreuth der Name geändert und lautet nun: Gewerkschaft Eisensteinzeche „Kleiner Johannes" mit Sitz in Arzberg. Besitzer der Arzberger Grubenfelder wird ab 1867 und 1873 die Maxhütte. Diese Gesellschaft erwirbt 1908 im Bezirk Pegnitz 2147 Hektar Grubenfelderbesitz; 1909 wird dieser um weitere 1000 Hektar und 1910 um nochmals 130 Hektar vergrößert. Die neuen Grubenfelder erhalten die klingenden Namen „Konrad", „Josefina", „Erwein" und „Friedrich". Im Jahre 1910 wurden unweit vom Bahnhof Pegnitz aus die ersten Untersuchungsstollen „Erwein II" nach Osten vorangetrieben.

Abbildung 20:
Blick auf das Bergwerksgelände.

Nun aber beeinträchtigte bald der Ausbruch des Ersten Weltkrieges am 1. August 1914 diese neuerlichen Bergwerksarbeiten. Bereits Anfang August wird der Betrieb stillgelegt.
Zwei Jahre später konnten immerhin die Anlagen über Tage bei Erwein II und eine Aufbereitungsanlage (Röstanlage) errichtet werden.
Die Monatsförderung betrug 800 bis 1000 t. Die Abbaumethode erfolgte durch den „Pfeilerbruchbau". Hierbei fuhr – so Pfeufer: Oberfrankens Eisenerzbergbau während des Dritten Reiches, S. 54 – man vom Hauptstollen aus im Ansteigen des Flözes im Abstand von je 200 m zweigleisige Hauptstrecken auf, die beiderseits von sogenannten „Begleitstrecken" ergänzt wurden. Von den Hauptstrecken zweigten Abbaustrecken tannenbaumartig bis zum „Alten Mann" oder zur Feldesgrenze ab. Anschließend wurden die 3 m breiten Abbaustrecken am Alten Mann entlang bis zur nächsthöheren, schon abgeworfenen Abbaustrecke aufgefahren. Von hier aus begann die Erzgewinnung im Rückbau.
Im Jahre 1916 verlegt die Gewerkschaft „Kleiner Johannes" ihren Sitz von Arzberg nach Pegnitz. 100 Kuxe (= Geschäftsanteil an einer bergrechtlichen Gewerbeschaft) werden an die Donnersmackhütte abgegeben.
In diesen Aufbereitungsanlagen wurden allein im Jahre 1918 zwischen 50 und 120 Tonnen Konzentrat, dessen Herstellung allerdings hohe Brennstoffkosten verursachte, produziert und nach Oberschlesien transportiert.
Infolge des Ersten Weltkrieges herrschte in Pegnitz und in der weiten Region darum eine starke Hungersnot, die auch noch in den Jahren danach anhielt. Die Bevölkerung ernährte sich von Kleintieren oder Früchten des Waldes.
Wegen des Absatzmangels nach dem Ende des Ersten Weltkrieges muss aber der Eisenerzabbau in Pegnitz im Jahre 1923 eingestellt werden. Die wirtschaftliche Lage wurde dadurch so katastrophal, dass sich viele junge Menschen in dieser Zeit wieder zur Auswanderung entschlossen. Die Inflation des Jahres 1923 zehrte schließlich die Einsparungen und Bankeinlagen nicht nur der Pegnitzer Bevölkerung vollständig auf. 1929 wird dann die Eisenerzgrube vollständig stillgelegt.

Abbildung 21:
Die schwierige Arbeit im Stollen.

Handel Handwerk Industrie

Neues Stadtverständnis

Die Modernisierung der Stadt Pegnitz hatte bereits vor dem Ersten Weltkrieg eingesetzt. Im Jahre 1907 wurde am Schloßberg ein Sammelbehälter für die Wasserversorgung eingerichtet. Bereits ein Jahr später konnte die Kanalisation für das Stadtgebiet abgeschlossen werden.

Hans Gentner als Bürgermeister zwischen 1923 und 1933

Der Bürgermeister der Nach-Inflationszeit, der Sozialdemokrat Hans GENTNER, versuchte alles Erdenkliche, um die Not zu lindern. Zu seinem Aufbauprogramm gehörte die Förderung des Fremdenverkehrs.

Pegnitz sollte für Touristen attraktiv sein (s. „Fränkische-Schweiz-Verein/Ortsgruppe Pegnitz", Kap. Feste, Markttage und Tradition, S. 228). Daher wurde am Alten Rathaus, an der Zaußenmühle und an der Hainbronner Mühle jeweils das Fachwerk freigelegt. Gentner ließ auch ein Heimatspiel mit Musik erstellen, das am 11. Juli 1926 mit etwa 350 Schauspielern und Musikanten seine Premiere vor ca. 1800 Zuschauern erleben durfte.

Außerdem versuchte der umtriebige Bürgermeister, neue Arbeitsmöglichkeiten zu schaffen. Hierzu ließ er den Schloßberg begrünen, einen Aussichtsturm aufstellen und im unteren Teil des Berges ein Kriegerdenkmal errichten. Außerdem ließ der Bürgermeister für Arbeitslose Beschäftigungsprogramme entwickeln. Hierzu gehörten die Begradigung der Pegnitz, die Umleitung der Straße Pegnitz–Hainbronn–Weidlwang sowie Pegnitz–Zips. Durch letzteres Projekt wurde der bisher recht berüchtigte Zipser Berg umgangen.

Im Jahre 1932 wurde sogar noch mit dem Bau eines neuen Freibades begonnen, dessen Inbetriebnahme am 28. Mai 1933 der Bürgermeister nicht mehr im Amte erlebte.

Abbildung 22:
Hans Gentner – ein Porträt aus der Zeit nach 1945.

Abbildung 23:
Der Festplatz auf dem Schloßberg steht alle Jahre beim Gregorifest (Juni) im Mittelpunkt.

Abbildung 24:
Zeltlager auf dem Schloßberg in den 30er Jahren.

Aufschwung im Zuge der Autarkiepolitik im „Dritten Reich"

Die Regierung des Dritten Reiches wollte im Zuge ihrer Autarkie-Politik insbesondere von Auslandseinfuhren freikommen und die heimischen Bodenschätze verstärkt abbauen. Ein weiteres Ziel, das damit verbunden war, bestand im Abbau der riesigen Arbeitslosigkeit. Hiervon war neben vielen anderen Teilen des Reiches auch der Raum Pegnitz betroffen. Daher wurden auch hier einzelne Aktivitäten der NS-Reichsregierung wirksam.

Belebung des Bergwerksbetriebes

Eine erste wichtige Maßnahme war die Wiederaufnahme des Bergwerksbetriebes. Daher begann man im Jahre 1935 im Rahmen des staatlichen Vierjahresplanes wieder mit der Überprüfung der hier im Boden lagernden Rohstoffe.

Abbildung 25:
Bergwerk nach 1933 (Hermann-Göring-Werk).

Mit dem Abbau wird ein Konsortium beauftragt, das sich aus folgenden Hüttenwerken zusammensetzte: Vereinigte Stahlwerke Düsseldorf, Friedrich Krupp AG Essen, Hösch AG Dortmund, Mannesmann-Röhrenwerke Düsseldorf, Klöckner-Werke Duisburg und Gutehoffnungshütte Oberhausen.

Der Grubenbetrieb sollte zunächst in erster Linie an den bereits vorhandenen Einrichtungen anknüpfen; in den ersten Planungen war daher eine Förderung von 800 t pro Tag vorgesehen. Als dann das Fördersoll auf 2000 t pro Tag erhöht wurde, musste die Frage des Abbauverfahrens und damit des gesamten Grubenzuschnittes einer raschen Prüfung und Klärung zugeführt werden.

Im Jahre 1936 wurde zur Untersuchung des Doggererzflözes der so genannte „Kaltenthalstollen" bei Büchenbach im Grubenfeld Buchau IV aufgefahren. Das Flöz erwies sich aber als kaum abbauwürdig. Dann wird mit dem Abteufen des Untersuchungsschachtes „Friedrich" im Grubenfeld Friedrich begonnen, das bis 1939 dauert.

Gleichzeitig musste nun auch an den Bau eines Zechenhauses mit Bad für 500 Mann, eines Betriebsbüros und der sonst notwendigen Gebäude wie Magazin, Werkstätte, Lokomotivschuppen, Holzplatz mit Säge gedacht werden. Hinzu musste für den Bau einer Wipperanlage mit Bandanschluss zur Erzaufbereitung und für die Beschaffung eines Rotationskompressors für rd. 70 cbm/min angesaugte Luft gesorgt werden.

1937 erfolgen Versuche zur Einführung des Langfront-Streb-Rückbaues mit Selbstversatz.

Im Jahre 1938 erreichte die Grube Erwein II durch die Einführung eines solchen Rückbaues bei einer Belegschaft von 654 Mann eine monatliche Förderung von 50 000 t. Im Jahre 1940 beginnen die Roherzlieferungen nach Linz/Donau, da man der „Reichswerke AG für Erzbergbau und Eisenhütten" die Ausbeutung der Pegnitzer Kuxe übertragen hatte. Im Jahre 1943 begann dann zusätzlich noch der Abbau im Konradstollen.

Drei Jahre später als in Pegnitz, also im Jahre 1938, begann auch in Langenreuth der Bergbau wieder – allerdings ausschließlich im Tagebau. Dieser Tagebau konnte bis September 1941 aufrechterhalten werden. Insgesamt wurden hier 245 000 t Erz gefördert. Mittels einer Seilbahn wurde das Erz zum Bahnhof Schnabelwaid gebracht. Da nun weitere Lagerstätten unter Tage zu erschließen gewesen wären, sah man hiervon wegen des Fehlens geeigneter Fachleute, die bereits zum Kriegsdienst eingezogen waren, ab. Die Abbrucharbeiten dauerten bis Juli 1942. Die Seilbahn wurde in die Ukraine verbracht, wo sie als Nachschubtransportseilbahn über den Dnjepr bei Kiew zum Einsatz kam.

Handel
Handwerk
Industrie

Abbildung 26:
Gesamtansicht der Lohesiedlung (vorne).

(R 16) Bau der Autobahn mit infrastrukturellen Verbesserungen:
Ein besonders bevorzugtes Projekt der derzeitigen Reichsführung war die autobahnmäßige Verbindung der Städte München (= „Stadt der Bewegung"), Nürnberg (= „Stadt der Reichsparteitage") mit Berlin (= „Reichshauptstadt"). Für die landschaftlich sehr komplizierte Trasse nach Bayreuth kamen verschiedene Planungen ins Spiel. Eine Version sah die Verbindung über Forchheim und das Wiesenttal vor, eine andere bevorzugte die direkte Linie über Lauf.
Für letztere Variante entwickelte der Bayreuther Stadtbaumeister Adam Stuhlfauth ehrenamtlich und freiwillig Planungen. Der von ihm erschlossene Bereich wurde dann auch zum Bau freigegeben und in den Jahren 1935 und 1936 durchgeführt.

Anlage der Lohesiedlung

Groß war auch der Wohnungsbedarf, der mit der Neueröffnung des Bergwerkes verbunden war. Innerhalb kürzester Zeit mussten damals etwa 120 Wohngebäude zur Verfügung gestellt werden. Als Baugrund wählte man die so genannte „Lohe" zwischen Kamelfelsen und dem Arzberg aus.

Die Anlage der Häuser war in etwa gleich: man suchte bei den meist kellerlosen kleinen Gebäuden den spitzen fränkischen Giebel nachzuahmen und schuf in einem angebauten Holzverschlag Platz für Kleintierhaltung sowie Futter- und Brennholzlagerung. Um die einzelnen Anwesen dehnten sich mitunter beachtliche Gärten aus, in denen die Eigner Grünkost und Obst für den eigenen Gebrauch anbauen konnten.

Die Straßennamen in dieser Siedlung wie „Togo-" oder „Kamerunstraße" sollten in der ersten Zeit die Erinnerung an die einstigen deutschen Kolonien lebendig halten. ▸ **(R 16)**

Abbildung 27:
Ein typischer Eingang zu einem Anwesen in der Lohesiedlung (links).

Abbildung 28:
Selbstversorgung gehörte mit zum Leben des Bergmannes (rechts).

Modernisierung der AMAG

Im Jahre 1938 wurde in der AMAG eine Modernisierung der Schmelzanlage mit der Einrichtung eines Kupol-Ofens vorgenommen.

Ende des Bergwerkbetriebes am Kriegsende

Wegen starker Aktivitäten von Feindfliegern Anfang April 1945 musste am 6. des Monats die Förderung eingestellt werden. Der Hauptstollen Erwein II wurde zum öffentlichen Luftschutzraum erklärt.

Am 14. April rückten amerikanische Soldaten im Bergwerk ein und besetzten es für nicht ganz zwei Wochen (bis zum 26. April). Danach setzte eine dreitägige Plünderung der gesamten Einrichtungen ein. Als Konsequenz hiervon übernahmen wieder amerikanische Soldaten bis Februar 1946 die Kontrolle und sorgten dafür, dass die Grubenbaue durch eine kleine Reparaturkolonne intakt gehalten wurden.

Schließlich wurde durch Militärgesetz Nr. 52 der amerikanischen Militärregierung das Werk der Kontrolle durch das Bayerische Landesamt für Vermögensverwaltung und Wiedergutmachung in München unterstellt. So konnte in geringem Umfang ab 1. April 1946 die Förderung und Konzentraterzeugung wieder aufgenommen werden.

Auswirkungen des Zweiten Weltkriegs

Zunächst machte sich der Beginn des neuerlichen Krieges dadurch bemerkbar, dass auch hier viele Männer zum Militär eingezogen wurden und somit der heimischen Wirtschaft entzogen waren. Um hier einen gewissen Ausgleich zu schaffen, kamen in den Kriegsjahren von 1940 bis 1945 Kriegsgefangene nach Pegnitz zum Arbeitseinsatz, die in Unterkünften am Schloßberg leben mussten.

Am 14. April 1945 rückten um 16.00 Uhr die amerikanischen Truppen von Norden kommend in Pegnitz ein. Doch infolge des benachbarten Truppenübungsplatzes Grafenwöhr kam es auch in den letzten Stunden des Krieges insbesondere im benachbarten Troschenreuth noch zu einzelnen Kampfhandlungen.

In den nächsten Monaten und Jahren kamen viele Soldaten von den verschiedensten Schlachtfeldern wieder heim. Doch letztendlich musste in den Gemeinden Pegnitz, Hainbronn, Penzenreuth und Zips der Tod von 254 Personen beklagt werden; 109 Personen blieben vermisst.

10. Wirtschaftliche Veränderungen nach 1945

Weitgehende Bevölkerungsverschiebungen

Die ursprüngliche Bevölkerung von Pegnitz umfasste am Beginn des Zweiten Weltkrieges ca. 4100 Personen. Zu diesen kamen jetzt aber verschiedenste Zugänge dazu:

Dies waren zum einen die DPs (Displaced Persons), die aus Konzentrationslagern entlassen worden waren.

Außerdem siedelte im Bereich sowie im Umfeld von Pegnitz die amerikanische Militärverwaltung jüdische Personen an, die vorher zumeist aus KZs befreit worden waren und die in der offiziellen Bevölkerungsstatistik aber nicht auftauchten, da sie nur für sehr begrenzte Zeit hier bleiben sollten. Für sie war vorgesehen, ihnen in wenigen Monaten Grundbegriffe der Landwirtschaft beizubringen, um sie dann anschließend an die Küsten des Mittelmeeres zu bringen, wo sie von Genua oder Brindisi aus mit Schiffen nach Palästina verbracht werden sollten. Dort sollten sie dann in neuerrichteten Kibuzim als landwirtschaftliche Arbeiter eingesetzt werden.

Vertriebene und Flüchtlinge

Maßgebliche Impulse erhielt nicht nur das Pegnitzer Wirtschaftsleben durch den Zuzug von Heimatvertriebenen aus dem Sudetenland, aus Schlesien, aus Ostpreußen und Lettland. Insgesamt dürfte die Zahl der in Pegnitz selbst neu angesiedelten Heimatvertriebenen und Flüchtlinge bei etwa 3000 – davon ca. 400 allein aus Schlesien – gelegen haben. Diese Zahl bedeutete beinahe eine Verdoppelung der bisherigen Einwohnerzahl von Pegnitz auf ca. 8000 Personen.

Handel
Handwerk
Industrie

Politische Nachkriegsordnung – Beginn des Wiederaufbaus

Hans Gentner wieder Bürgermeister

Auf Grund der undurchsichtigen örtlichen Verhältnisse bedienten sich die alliierten Soldaten zunächst unverdächtiger Persönlichkeiten für den Neuaufbau einer politischen Ordnung. Aus diesem Grunde setzten die amerikanischen Besatzungstruppen zunächst wieder – wenigstens für einige Monate – auf Hans Gentner, der aus dem „Exil" zurückgekehrt war.

Vor ihm lagen nun völlig neue, in dieser Form noch nie erlebte Problemfelder:

– einerseits die Notversorgung in den ersten Jahren – besonders in den strengen Nachkriegswintern, der gewaltige Zuwachs der Bevölkerung
– andererseits die wirtschaftliche Bewältigung dieses gewaltigen Zuwachses, denn neue Geschäftshäuser mussten eingerichtet werden.

Positiv zu vermerken ist aber in diesem Zusammenhang, dass hierdurch eine kaum vermutete Modernisierungswelle über das Wirtschaftsleben in Pegnitz kam, denn schon bald fielen die neuen Geschäfte durch – bisher selten anzutreffende – große Schaufenster und moderne Fassaden auf.

Neuaufbau der Industrie

– Poser

Am Ortsrand entwickelten sich neue Industriebetriebe, die der ausgehungerten und leidenden Bevölkerung begehrte Arbeitsplätze bieten konnten. Zu einer echten Bereicherung wurde die Teppichfabrik Poser, die nach 1947 aus der SBZ nach Pegnitz übersiedelte und 1955 bereits eine Belegschaft von 250 Personen hatte.

Abbildung 29:
Blick auf das Poser-Werksgebäude …

Abbildung 30:
… Innenansicht der Werkhallen.

– Bergwerk

Im Bergwerk fiel die „Stunde Null" sehr kurz aus und bereits am 1. April 1946 wurden allmählich wieder die Arbeiten aufgenommen, auch wenn die Absatzprobleme groß waren.
Allerdings musste am 13. Oktober 1949 wegen zunehmender Absatzprobleme die Förderung stillgelegt werden. Die deutschen Hüttenwerke weigerten sich nämlich, das in Pegnitz hergestellte Konzentrat wegen seiner physikalischen Beschaffenheit, in Staubform, abzunehmen. Daher wurden mit Mitteln des „Marshallplanes" im Aufbereitungsbetrieb Pelletisierversuche unternommen. 1000 t erzeugter Pellets wurden in der Maxhütte in Sulzbach-Rosenberg bei einem Hochofenversuch eingesetzt. Obwohl der Versuch positiv verlief, wurde die Erzeugung von Pellets im Versuchsbetrieb eingestellt, da das Geld für weitere Versuche fehlte.
Im Jahre 1951 gelang es aber, einen 1 ½-jährigen Lieferungsvertrag mit der „Vereinigten Österreichischen Stahlwerke AG" (VOEST) in Linz an der Donau abzuschließen. So begann im Jahr darauf in Pegnitz die Wiederaufnahme der Förderung und Konzentraterzeugung. Im Jahre 1956 konnte dann mit VOEST gar ein 10-jähriger Erzlieferungsvertrag ausgehandelt werden, der den Absatz bis zum 31. Dezember 1965 garantierte.
Bis 1955 stieg angesichts dieser günstigen Auftragslage die Belegschaft auf immerhin 430 Mitarbeiter an.

Handel
Handwerk
Industrie

Im September 1957 wurde nun auch mit dem Tagebau im Feld „Konrad" begonnen. Im Jahre 1959 wurde die Transportbrücke vom Betrieb „Erwein" zum Betrieb „Friedrich" errichtet und eine Förderbandbrücke vom Mundloch Friedrichstollen zu Aufbereitung eingerichtet.

Am 1. Februar 1960 verlängerte die VOEST den bestehenden Vertrag sogar bis 31. Dezember 1970. Angesichts dieser Situation wurde mit dem Anbau eines neuen Verwaltungsgebäudes begonnen, das am 15. Dezember 1961 bezogen wurde.

Trotzdem konnte das Bergwerk nicht auf Dauer gesichert werden. Von einschneidender Bedeutung wurde daher angesichts der damaligen landesweiten wirtschaftlichen Krisensituation, dass am 30. Dezember 1967 das Bergwerk schließen musste und etwa 500 Arbeitsplätze verloren gingen.

Die 338 Bergleute, die das Ende des Eisenbergbaus in Pegnitz wegen vorzeitiger Beendigung des Erzliefervertrages mit der VOEST gemäß einer Vereinbarung vom 7. März 1967 erleben mussten, wurden über einen Sozialplan abgefunden. Insgesamt waren im Pegnitzer Bergwerk von 1936 bis 1967 etwa 9 304 000 t Erz gefördert worden, im Tagebau von 1958 bis 1967 insgesamt ca. 576 000 t Erz.

Sicherlich wussten es viele Pegnitzer zu schätzen, dass mit dem Ende des Bergwerks eine erhebliche Quelle der rotbraunen Luftverschmutzung verschwunden war, zugleich aber wurde auch die Arbeitsplatzsituation erheblich komplizierter. Denn gerade die Beschaffung von Ersatzarbeitsplätzen erwies sich als außerordentlich kompliziert während der Zeit der Großen Koalition (1966–1969), als in der Bundesrepublik Deutschland erstmals seit dem Zweiten Weltkrieg eine wirtschaftliche Rezession herrschte. Sehr bald nach dem Ende des Förderbetriebes folgte auch schon der Abriss der ersten Bergwerksanlagen.

Das Erbe des Bergbaus hat in Pegnitz und in den angrenzenden Gebieten relativ wenige Spuren hinterlassen:

Zum einen erinnert hieran bis heute der Sportverein „Glückauf", der am 10. September 1959 von sportfreudigen Kumpels des Eisenbergwerks „Kleiner Johannes" gegründet wurde. Fußball und Tennis waren von Anfang an die beiden maßgeblichen Sportarten. Zunächst betätigte man sich am Wiesweiher, später am Sportplatz an der Nürnberger Straße. Im Jubiläumsjahr 1989 wurde sogar noch eine Badmintonabteilung angeschlossen.

Abbildungen 31–34:
Einblick in das Bergwerkleben.

Das lebendige Gedächtnis an die einstige sehr harte Zeit des Bergbaus über und besonders unter Tage, deren Strapazen nur auf Grund engster Kameradschaft und mit tiefer Religiosität bewältigt werden konnten, pflegten jetzt die ehemaligen Knappen – wie auch in anderen bergmännischen Regionen üblich – nach der aktiven Tätigkeit. Zentraler Festtag war und ist – seit dem Wegfall von Bergfest und Bergball – der 8. Dezember, der Tag der hl. Barbara, der Schutzpatronin der Bergleute. Nach dem gemeinsamen Gottesdienstbesuch in der Herz-Jesu-Kirche, in den ersten Jahren immer zelebriert von Prälat Dr. Franz VOGL, folgte der Festmarsch – begleitet von der Bergmannskapelle – durch die Stadt.

Da das Bergwerksgelände in den Besitz der Stadt Pegnitz übergegangen war, wurden städtische Einrichtungen, z. B. der Bauhof in dem noch bestehenden Zechenhaus, untergebracht. Das Mundloch des Stollens „Erwein" mit 20 m langem Stollenabschnitt konnte am 21. Mai 2000 als kleine Erinnerungsstätte – finanziert durch private Spenden und 25 000 DM der Kreissparkasse Bayreuth-Pegnitz – erstmals vorgestellt werden.

Eine kleine Gedenkstätte wurde auch im ehemaligen Feuerwehrhaus am Wiesweiher eingerichtet, wo im Versammlungsraum Schrifttafeln an der Wand sowie ein Vitrinenschrank einige Erinnerungen an den einstigen Bergwerksbetrieb wachhalten.

Am Pegnitzer Bahnhof verkümmert inzwischen die verlassene Bergwerkshalle, die zurzeit als Lagerraum dient.

Lebendiges Zeugnis der einstigen Bergwerkszeit ist noch am ehesten die Lohesiedlung mit dem Loheplatz, den dortigen alten Wohnungen und der „Glückauf-Gaststätte" sowie ein Förderwagen und ein Querbalken aus dem alten Zechengebäude. Dieser trägt die immer mehr vom Zahn der Zeit angenagte Inschrift: ES GRÜNE DIE TANNE/ES WACHSE DAS ERZ/GOTT SCHENKE UNS ALLEN/ EIN FRÖHLICHES HERZ. Hier in dieser Gegend von Pegnitz hörte man noch lange den alten Gruß „Glückauf". Ansonsten sind die ehemals typischen kleinen Bergmannshäuschen in der Lohe mit angebautem Holzverschlag und großem Obstgarten längst umgebaut oder durch zeitgemäße Neubauten ersetzt worden.

Ein Ehrenmal in Langenreuth bestehend aus förderturmartigem Glockenturm und einem mit Erz gefüllten Förderwagen sowie einer Gedenktafel wurde dort am 10. August 1991 der Öffentlichkeit übergeben.

Eine besondere Herausforderung war die Aufforstung der Bergwerkshalden am Zipser Berg unweit des Ortsteiles Rosenhof. Mittels eines besonderen Anpflanz-Verfahrens gelang es Forstdirektor Josef NIEDERWALD diese nicht gerade besonders ästhetischen Erbstücke des Bergbaus hinter Pappel-Laub und sonstigem Grün verschwinden zu lassen.

Schließlich bleibt festzuhalten, dass Pegnitz heute die Station Nr. 1, also Ausgangspunkt, der „Bayerischen Eisenerzstraße" zwischen Pegnitz und Regensburg ist, die das gedankliche Band der Erinnerung mit den einstigen Zentren des „Ruhrgebietes des Mittelalters", z. B. Auerbach, Sulzbach-Rosenberg und Amberg, sowie zum heutigen Bergbaumuseum in Theuern aufrechterhält.

Erneuter Aufstieg der AMAG – Übergang zur KSB

Die AMAG konnte bis zur Währungsreform bereits wieder 850 Arbeiter und 150 Angestellte in Lohn und Brot halten. Schon 1949 konnten hier auch die monatlichen Umsatzraten von 1937 erreicht werden.

Durch die Aufnahme der AMAG-Hilpert Pegnitzhütte AG in die „Klein-Schanzlin und Becker AG" mit ihrem Hauptsitz im pfälzischen Frankenthal verschmolz die „Amag" zur KSB AG. Schwerpunkte der Produktion sind Pumpen für die Haustechnik, Pumpen für die Verfahrenstechnik, Pumpen für den Umweltschutz sowie Armaturen. Weltweit hat die KSB-Gruppe rund 12 000 Mitarbeiter, davon ca. 8000 in der Bundesrepublik und etwa 1500 in Pegnitz.

Aus dem fränkischen Raum gehen KSB-Erzeugnisse in alle Welt. Zurzeit werden große Anstrengungen unternommen, um auch in den chinesischen Markt einzusteigen.

Abbildung 35:
Blick in die alte Gießerei.

Handel
Handwerk
Industrie

Ein wichtiges Herzstück der „KSB Werk Amag" ist ihre Lehrlingsausbildung, durch die sie sich selbst einen hochqualifizierten Nachwuchs schafft. Ausgebildet wird in 10 gewerblichen, kaufmännischen und technischen Berufen. Großen Wert legt die KSB aber auch traditionell schon auf die weitere Integrierung der älteren Mitarbeiter.

Baier + Köppel (Beka)

Derzeit zählt der zweitgrößte Betrieb der Stadt in der Beethovenstraße ca. 400 Mitarbeiter. Die Firma ist weltweit, zusammen mit dem Zweitwerk in Wannberg, der zweitgrößte Hersteller für Zentralschmierungen für Motoren, ob in Lkw, Etikettiermaschinen oder Windräder. Dazu kommen biologische Luftreinigungen vom Viehstall bis zur Kläranlage, die satellitengelenkte Überwachung von Steuerungen (in Diagnosegeräten oder Sicherheitsfahrzeugen).

Gegründet wurde das Unternehmen im Jahre 1927 in Nürnberg und zog nach dem Zweiten Weltkrieg, im Jahre 1948, nach Pegnitz um, „in eine Gegend mit motivierten Menschen", wie der Inhaber gerne betont. Heute hat die Firma Fabriken in Belgien, Kanada, Korea, den Niederlanden, in Italien und den USA. Neue Anlagen sind vorgesehen für Tschechien, die Türkei und China.

Abbildung 36:
Moderne Pumpenbefestigung bei der KSB.

Kontinuierlicher Rückgang der traditionellen Landwirtschaft

Dem Wachstum auf industrieller Seite steht allerdings ein kontinuierlich andauernder Schrumpfungsprozess bei der Landwirtschaft gegenüber. Die geringe durchschnittliche Betriebsgröße, die Kargheit des Bodens und die Ungunst des Klimas sicherten schon mindestens seit etwa 150 Jahren nicht mehr hinreichend die bäuerliche Existenz. Der Getreideanbau dient zum einen als Ergänzungs- und Kraftfutter, ein nicht geringer Teil wird andererseits auch als Marktgetreide verkauft. Neben dem Weizen wird gute Braugerste angebaut. Bei Hafer, Roggen und Kartoffeln geht aber die Nachfrage zurück. Neben der Schweine- spielt die Rinderhaltung eine immer wichtigere Rolle. Besonders die neuzeitlichen Fütterungsmethoden sowie große, die Arbeit erleichternde Stallungen, die rationalisierte Organisation des Absatzes von Fleisch- und Nutztierverwertung sowie der Milchaufbereitung fördern den Aufbau eines wirtschaftlichen Rinderbestandes.

Abbildung 37:
Das Betriebsgelände von Baier+Köppel (Beka).

Milchhof:

Die Milcherfassung im Raum Pegnitz betrieb seit dem Jahr 1942 die bereits 1940 gegründete Molkereigenossenschaft GmbH. Einen wichtigen Aufschwung

Handel Handwerk Industrie

erbrachte ab dem Jahr 1950 die Zusammenlegung mit der Molkereigenossenschaft in Eschenbach. Trotz erster Drohungen der Schließung seitens des Landwirtschaftsministeriums ging in den Jahren darauf die Milchproduktion sprunghaft in die Höhe. Im Jahre 1981 umfasste die Genossenschaft ca. 2400 Mitglieder und die Milchanlieferung stieg auf etwa 69 Millionen Liter pro Jahr an.

Notwendiger Ausbau der Bildungssituation

Förderung des Dienstleistungssektors

Insbesondere der Dienstleistungssektor gewann nach dem Zweiten Weltkrieg auch in Pegnitz – wie eben generell – immer mehr an Bedeutung:

– Behördenstruktur

Auf Grund seiner traditionellen Bedeutung als Verwaltungsmittelpunkt für das Umland bestanden in Pegnitz wichtige Verwaltungseinrichtungen weiter. Hierzu gehörten und gehören zum Teil immer noch:
Die Bahnverwaltung unterhielt weiterhin einen Bahnhof und die staatliche Post ein eigenes Postamt. Außerdem besaß es mit dem Amtsgericht in der Bahnhofstraße einen unteren Teil der Rechtsprechung. Weiterhin waren hier ein staatliches Forstamt sowie der Sitz einer eigenen Polizei.
In kirchlicher Hinsicht war Pegnitz sowohl auf evangelischer als auch auf katholischer Seite Sitz eines eigenen Pfarramtes und auch eines Dekanats.
Pegnitz war in kommunaler Hinsicht nach wie vor Sitz eines Landratsamtes, das zunächst im heutigen Neuen Rathaus untergebracht war.
Dieses System der Ämterstruktur blieb im Wesentlichen bis zur Gebietsreform in den Jahren 1972/1978 erhalten.

– Banken und Versicherungen

Insbesondere Banken und Versicherungen eröffneten vor allem in der Kernstadt, zum Teil auch in den Ortsteilen Filialen. So fanden viele Absolventen der Realschule, aber auch des Gymnasiums ortsnahe Arbeitsplätze. ▸ (R 17)

Ziele und Umsetzung der Gemeinde- und Landkreis-Gebietsreform von 1972/1978:

Gebietsmäßige und infrastrukturelle Veränderungen im Raum Pegnitz im Zusammenhang mit der Gebietsreform:

(▸ Kap. Gebietsreform, S. 338) ▸ (R 18)
Landkreis und Stadt Pegnitz waren in ihrer alten Struktur diesen neuen Anforderungen nicht mehr gewachsen, so dass umfangreiche Umbaumaßnahmen eingeleitet werden mussten.
Eine weitere Vergrößerung des Landkreises war aus den verschiedensten Gründen nicht möglich:
ein „Landkreis Fränkische Schweiz" scheiterte an den wirtschaftlichen Bedingungen und ein „Landkreis Pegnitz-Eschenbach" wurde von der Oberpfalz her abgelehnt.
So blieb schließlich nur die Eingliederung in einen erweiterten, neu zugeschnittenen Landkreis Bayreuth, dem traditionell das Fichtelgebirge angehören, in dessen Mitte aber die kreisfreie Stadt Bayreuth liegen sollte, wodurch die Brücke zum Altkreis Pegnitz unterbrochen wurde.
Pegnitz erhielt nun künftig den Rang eines Mittelzentrums im südwestlichen Teil der Region 5, „Oberfranken-Ost", der vielfältige Veränderungen einschloss.

R 17 (▸ IX: Schulwesen und Partnerschaften)
Ergänzt wird diese Arbeitsmarktsituation durch ein Spektrum von berufsorientierten und weiterführenden Schulen:
– Berufsschule
Die „KSB Werk Amag" bildete ein wichtiges Element in der Pegnitzer Ausbildungswelt. Dies wird auch mitgetragen durch die einschlägige Berufsschul-Abteilung.
– Realschule/Gymnasium
– Hotelfachschule
Ein weiteres wichtiges Standbein des hiesigen Ausbildungsangebotes ist die Hotelfachschule.

(R 18) Grundsätze der Gebietsreform:
Bereits am 25 Januar 1967 kündigte Ministerpräsident Alfons Goppel in einer Regierungserklärung eine Reform der Verwaltung in Bayern an. Dieser Ankündigung liegt die Erkenntnis zugrunde, dass die überkommenen kleinen Landkreise personell und technisch immer unrationeller geworden waren und die anfallenden Aufgaben immer schwerer tragen können.
Auch die Gemeinden waren den großen Anforderungen offensichtlich nicht mehr gewachsen und es bestand die Gefahr, dass sie ihre Aufgabe der örtlichen Selbstverwaltung einbüßen würden.
Bezüglich der Landkreise wurde daher nun grundsätzlich festgelegt, dass „[...] ihr Gebiet und ihre Wirtschafts- und Bevölkerungsstruktur eine zur Erfüllung ihrer Aufgaben hinreichende Leistungsfähigkeit sichern, sie wirtschaftlich verwaltet werden könne, die Einheit von Lebens-, Verwaltungs- und Investitionsraum unter Berücksichtigung historischer und stammesmäßiger Bindungen möglichst gewahrt ist, die Einräumigkeit und die Einheit der Verwaltung weitgehend ermöglicht werden kann, die Bürgernähe und die Überschaubarkeit gesichert ist."

Nach Vorgabe des Innenministeriums soll ein Mittelzentrum über folgende Einrichtungen verfügen:

a) zur allgemeinen Hochschulreife führende Bildungsstätten, Realschule, Einrichtungen für die Erwachsenenbildung,
b) Hallenbad, Mehrfachturnhalle, Freisportanlage mit 400-Meter-Bahn,
c) Einrichtungen für größere kulturelle und gesellschaftliche Veranstaltungen,
d) Sozialstation, Sozialbetreuung für Ausländer, Altenheime, Ärzte verschiedener Fachrichtungen,
e) Handwerksbetriebe mit differenziertem Angebot, freie Berufe aus den verschiedenen Lebens- und Wirtschaftsbereichen, vielseitige Einkaufsmöglichkeiten zur Deckung des gehobenen Wohnbedarfs
f) sowie größere Park- und Grünanlagen.

Daneben kann es noch aufweisen:

a) Fachschulen und Berufsschulen, Fachakademien und Fachoberschulen, auch Sonderschulen und Einrichtungen für Fortbildung und Umschulungen,
b) vor allem aber auch Krankenhäuser der ersten Versorgungsstufe
c) sowie Behörden und Gerichte der Unterstufe.

Weiter sehen die Planungen vor, dass in einem Mittelzentrum ein in Qualität und Quantität gehobenes Angebot an Arbeitsplätzen zur Verfügung steht. ▸ **(R 19)**
Für Pegnitz hatte diese Umstrukturierung selbstverständlich große wirtschaftliche Auswirkungen:

Umsetzung der Vorgaben der Gebietsreform auf dem Gebiet der Ämter

Allmählicher Umbau der Behördenstruktur:

Das künftige Landratsamt sollte auf Grund des territorialen Zuschnittes seinen Sitz in der Stadt Bayreuth haben, so dass das erst neugebaute Landratsamt in Pegnitz seine bisherige Funktion verlor.

Einrichtung der Bayerischen Justizschule:

Ein sehr wichtiges Element in diesem breiten Panorama der durch die Gebietsreform initiierten Veränderungen ist die Neunutzung des leer stehenden Landratsamtes in Pegnitz. Als ein besonderer Glücksfall kann angesehen werden, dass hier die Bayerische Justiz eine Aus- und Weiterbildungsstätte für den mittleren Dienst einrichten will. (▸ Kap. Schulwesen und Partnerschaften, S. 126)

Amtsgericht:

Das Amtsgericht wurde nun zu einem unteren Gericht der Grundversorgung mit Grundbuchamt.

Neueinteilung der Forstdistrikte:

In der Bayerischen Forstverwaltung trat am 1. Juli 1973 ebenfalls eine umfassende Verwaltungsreform in Kraft. Für das Pegnitzer Stadtgebiet war ab jetzt das Forstamt Betzenstein zuständig. Dieses war durch die Reform gegenüber dem früheren Bestand um 90 Prozent vergrößert worden.
Dem Forstamt Pegnitz oblag demgegenüber weiterhin die Betreuung der Staatswaldungen und der Kerngebiete des Veldensteiner Forstes.

Neue Versorgungseinrichtungen, Abbau im Interesse der Zentralisierung:

Großmärkte:

Das Warenangebot der Einzelhändler wurde durch neue Großmärkte etwa von Attracta (später „Extra"), Edeka, Lidl und Aldi ergänzt. Unweit des Bahnhofs entstand am ehemaligen „Knopferweiher" das Großkaufhaus „Peka".

(R 19) Grundsätzlich kam infolge der Gebietsreform Pegnitz auf die Stufe eines Mittelzentrums – zwischen den Oberzentren Bayreuth und Nürnberg. Hierdurch erhält nun die Stadt Pegnitz wichtige Vorgaben, die für seine wirtschaftliche und sonstige Entwicklung außerordentlich wegweisend sind:
Nach den Vorstellungen der Landesplanung sollen in Mittelzentren die Ausweitung des produzierenden Sektors angestrebt, eine Stärkung der Fremdenverkehrs- und Naherholungsfunktionen vorgenommen und die Siedlungsentwicklung mit den Belangen der Naherholung und des Fremdenverkehrs abgestimmt werden.
Besonders anzustreben ist nach Ansicht der Planungsbehörde die Stärkung des Dienstleistungssektors, die Verbesserung der industriellen Arbeitsplatzangebote, auch die Frauenbeschäftigung soll angekurbelt werden.
Mit der Gemeindegebietsreform stieg nun auch der Umfang der Stadt Pegnitz gewaltig an. Zahlreiche kleinere Orte des Umlandes konnten zumeist freiwillig eingemeindet werden. Pegnitz reichte jetzt von Trockau im Norden bis nach Bronn im Süden, immerhin eine Strecke von fast 15 Kilometern. Auch die Bevölkerungszahl wuchs noch einmal recht gewaltig auf immerhin ca. 15 000 Personen an.

Handel
Handwerk
Industrie

Schließung des Milchhofes:

Der Neubau eines Milchhofes in Bayreuth macht die Schließung des Pegnitzer Milchhofes aus übergeordneten Gesichtspunkten unvermeidlich.

Umwidmung des Krankenhauses:

Infolge der Gebietsreform wird das Krankenhaus auf die erste Versorgungsstufe abgesenkt.

Ausweisung neuer Industriegebiete auf dem ehemaligen Bergwerksgelände („Pegnitz-Ost"):

Nach der Schließung des Bergwerkes im Jahre 1967 wurden die alten Anlagen dort sehr rasch bis auf wenige Reste beseitigt und Flächen für die Industrieansiedlung geschaffen.
Einige ehemalige Teile wurden vom Bauhof der Stadt Pegnitz übernommen. Im ehemaligen Verwaltungsgebäude zog die SULO (früher: NBS) ein. Auch die KSB konnte von dieser Umgestaltung profitieren und ihr hochmodernes Verwaltungsgebäude dort errichten. Zu den ersten Betrieben, die sich – neben kleineren Unternehmen – neu ansiedelten, gehörten die Mode-Fa. Hohe sowie das Druckhaus Pastyrik.

Neue infrastrukturelle Maßnahmen für Freizeit und Kultur:

Der Freizeitbereich, der nun im gesellschaftlichen Leben eine immer größere Rolle spielt, wird nunmehr auch den neuen Erfordernissen angepasst und erheblich ausgeweitet (▶ Kap. Sport und Freizeit, S. 206):

Konrad-Löhr-Freizeitzentrum:

Das **Freibad** wurde im Zuge dieser Umstrukturierungen auf dem Gebiet des alten Stadtbades von Grund auf modernisiert und bei der Wasserzufuhr eine Heizung installiert. Den Besuchern stehen ein großes Schwimmer-, ein Springerbecken sowie für die Kinder ein Nichtschwimmerbecken zur Verfügung. Ein modernes Freibadrestaurant versorgt die Gäste mit einem reichhaltigen Speisenangebot.

Gleich neben dem modernen Freibad entstand **das neue städtische Kunsteisstadion**, das die einschlägig begeisterte Sportjugend sowie der Eishockey-Verein nutzt.

Abbildung 38:
Hochbetrieb im neuen Freibad.

Hans-Scheuerlein-Schwimmhalle:

Das Hallenbad am Wiesweiher wurde renoviert und somit den zeitgemäßen Ansprüchen angepasst.

Christian-Sammet-Halle:

An die Hauptschule in der Lohesiedlung wurde eine Dreifachturnhalle angebaut, die für Großveranstaltungen in sportlicher und allgemein kultureller Hinsicht herangezogen werden kann.

Trimm-dich-Pfad:

Zur körperlichen Ertüchtigung im Freien entstand am Fuße des Schloßberges ein Trimm-Pfad-Parcours, der in einer idyllischen Landschaft zu läuferischen und gymnastischen Übungen verschiedener Schwierigkeitsgrade einlädt.

Hotelfachschule:

Eine wichtige Errungenschaft für Pegnitz wurde aber der systematische Ausbau der Hotelfachschule zur Akademie für fertig ausgebildete Tourismusbeschäftigte. Damit sollte ein wichtiger Beitrag zur qualitativen Förderung der Tourismusbranche in Oberfranken und darüber hinaus geleistet werden.

11. Innovationen ab den 80er Jahren

Aus gesamtheitlicher Perspektive gewinnen nun alle Lebensbereiche einer Stadt zunehmend größere Bedeutung auch im Hinblick auf die Bedeutung als wirtschaftlicher Standort. Entscheidend für die wirtschaftliche Qualität wird so auch das kulturelle Angebot.
Der kulturelle Bereich erlebte in Pegnitz eine besondere individuelle und den Erfordernissen einer Schulstadt entsprechende Ausprägung durch:

Volkshochschule (VHS):

Hier konnte das Programm erheblich ausgeweitet und ein reichhaltiges Angebot insbesondere zur Sprachschulung, allgemeiner Gesundheitsfürsorge und kulturellen Erlebnissen vorgelegt werden. Besonders das Reiseprogramm wurde immer anspruchsvoller.

Stadtbücherei:

Sie fand vorübergehend eine neue Unterkunft im Alten Schloß, wo der Bücherbestand sich hier erheblich ausdehnen und auf einen modernen Stand gebracht werden konnte.

Pegnitzer Brettl:

Zu einer beachtlichen kulturellen Einrichtung „mauserte" sich diese kabarettistische Veranstaltungsreihe, die überregionale prominente Autorinnen und Autoren in regelmäßigen Abständen nach Pegnitz bringt.

Theater Schall & Rauch:

Die private Initiative des Theaters „Schall & Rauch", ebenfalls in der Schloßstraße, konnte mit heimischen Kräften ein anspruchsvolles Bildungskonzept realisieren.

Kulturwoche:

Eine gewisse Bündelung von kulturellen Aktivitäten bringt die schon traditionelle „Kulturwoche", die anspruchsvolle Kunstausstellungen und Lesungen bietet.
Weitere Ergänzungen zum kulturellen Angebot liefern insbesondere die über 150 Vereine, die in Pegnitz aktiv sind.

Handel Handwerk Industrie

Der strukturelle Veränderungsprozess setzt sich fort:

Die durch die Gebietsreform einsetzenden Prozesse erfahren – nolens volens – in den folgenden Jahren ständig wieder neue Impulse und Stoßrichtungen.
Durch die zum Teil sehr schmerzhaften Eingriffe wurde die Öffentlichkeit mit immer neuen „Hiobsbotschaften" beunruhigt. So wurde auch die Initiative der Bürgerschaft geweckt, die sich seit 1992 im „Wirtschaftskreis" artikulierte. ▸ **(R 20)**

Maßnahmen zur Verbesserung der Infrastruktur:

Eines der ganz großen Probleme im Jura ist seit alters die Wasserversorgung. Auch in Pegnitz gab es in heißen Sommern bei der örtlichen Versorgung durchaus Engpässe. Um eine umfassende überörtliche Lösung zu finden, begründete man die Ringleitung der Jura-Wasser-Versorgung. Die Stadt Pegnitz trat diesem Zweckverband bei und konnte so die aus früheren Zeiten bekannten Ängste bannen.
Eng verbunden mit diesen Arbeiten war auch die notwendige und wichtige Sanierung der Abwasserbeseitigung und die Modernisierung der Kläranlage an der Pegnitz, südlich von Hainbronn.

Veränderungen im Straßenverkehr:

Eine grundlegende Neubesinnung der Motorisierung und des Verkehrsausbaus setzte mit den Ölkrisen ein.

Abbau der Tankstellen am Stadtrand:

Das Eingangsbild der Stadt Pegnitz erfuhr insbesondere durch die mit der Ölkrise verbundenen Veränderungen dadurch eine Umgestaltung, dass die Zahl der an der B 2 gelegenen Tankstellen stark zurückging. Der zunehmende Konkurrenzdruck zwang die verbliebenen Einrichtungen, ihr äußeres Erscheinungsbild und das Leistungsangebot grundlegend zu verändern. Im Bereich des Services werden nun auch Mini-Märkte mit Lebensmitteln und Zeitschriften etc. angeboten.

Ausbau der Autobahn 9:

Diese Diskussionen traten aber in den Hintergrund, als insbesondere durch die Auflösung des DDR-Regimes und die Anbindung der fünf neuen Bundesländer an die Bundesrepublik Deutschland die Verkehrsströme in den bisherigen Zonenrandgebieten abrupt anschwollen. Plötzlich erwiesen sich die alten überregionalen Straßen als zu leistungsschwach und mussten ausgebaut und erweitert werden.
Im Zuge der Osterweiterung der Bundesrepublik Deutschland musste nun auch die Bundesautobahn-Verbindung nach Berlin den neuen Gegebenheiten und Ansprüchen angepasst werden. Sukzessive wurde die Verkehrsverbindung auf sechs Spuren ausgebaut.
Im westlichen Bereich der Stadt Pegnitz griff der Ausbau in die bestehenden Verhältnisse recht massiv ein: Mit dem Autobahnausbau verbunden war auch eine Neutrassierung der sehr unfallträchtigen Einmündung der B 470 in die B 85 ebenfalls unweit von Neudorf. Es entstand ein neues Kreuzungskonzept sowie eine völlig neue Untertunnelung der Autobahn.

Neues Industriegebiet „Neudorf-West"

Die vielfältigen örtlichen Veränderungen und die neuen überregionalen Anbindungen ließen es sinnvoll erscheinen, hier im Nahbereich der Autobahn ein neues Industriegebiet auszuweisen.
Eine erste Ansiedlung wurde im Jahre 1998 die Nürnberger Ernst Reime GmbH & Co. KG, Hersteller von Präzisionswerkzeugen, die bisher in der Innenstadt von Nürnberg ihren Standort hatte und dort keine Expansionsmöglichkeiten mehr besaß. Allerdings konnte diese Firma die Gebäude nur drei Jahre nutzen und musste in Konkurs gehen. Immerhin wurden damit auf einen Schlag 150 Arbeitsplätze vernichtet.

(R 20) „Wirtschaftskreis":
Der zunächst eher zufällig entstandene Kreis von interessierten Bürgern führte als echtes Beispiel echter „Aktiver Bürgergesellschaft" (Alois Glück) einschlägige Interessen aus Pegnitz, Auerbach, Pottenstein und Neuhaus a. d. Pegnitz zusammen. Ziel ist es von Anbeginn an: voneinander zu lernen und zu erfahren, zusammenzuarbeiten und die Region zu fördern.
Moderator dieser Runde war von Anbeginn an bis Oktober 2003 der frühere Leiter des Gymnasiums Pegnitz, OStD i.R. Herbert Scherer. Sein Nachfolger ist mittlerweile der Standortsprecher der KSB, Günther Müller. Der „Wirtschaftskreis" gab wichtige Anstöße zum Stadtmarketing und knüpfte – auch über die Regionalgruppe Pegnitz des Universitätsvereins Bayreuth – wertvolle Kontakte zur Universität Bayreuth. Mit Hilfe der Fakultät für Angewandte Naturwissenschaften und dem Kompetenzzentrum für Neue Materialien konnten der Pegnitzer Wirtschaft wichtige Impulse gegeben werden.

Inzwischen sind die Hallen aber an die Fränkische Hartpapierwaren GmbH (FHG) in Neuhaus/Pegnitz vermietet worden, so dass wieder einige Arbeitsplätze entstehen können.

Bald entstanden im Umfeld neue kleinere Handwerks- und Industriestandorte. Hierzu gehört auch die schon 1928 in Berlin gegründete Firma Erena, die sich inzwischen zum Marktführer für Verbandsstoffe beim Absatz für Apotheken entwickelte.

Auch die Leina-Werke haben sich hier niedergelassen. Damit zeigt sich besonders deutlich, dass Pegnitz auch eine Rolle als „Umschlagplatz" für den Handel mit dem benachbarten Tschechien spielen kann.

Bau der Rastanlage „Pegnitz – Fränkische Schweiz":

Ein besonderer Aspekt des umfassenden Ausbaus der Autobahn 9 war die Errichtung der Autobahnrastanlage „Pegnitz–Fränkische Schweiz" unweit von Neudorf.

Weiterführung der Behördenumstrukturierung bei Post und Bahn:

(▶ Kap. Die Geschichte grundlegender Infrastruktureinrichtungen, S. 60)

Schmerzhaft war für Pegnitz die Weiterführung der Behördenauflösungen bei Bahn und Post infolge der gleichzeitigen Teilprivatisierung dieser Unternehmen.

So wurden zunächst unrentable Zweigstellen, wie die in der Lohesiedlung, geschlossen und dann auch das Postamt in der alten Form stillgelegt. Heute steht der Bevölkerung lediglich im Peka noch ein Post-Shop zur Verfügung.

Auch die Bahn löste die bisherige Versorgung der Kundschaft am Bahnhof mit Beratung und Kartenverkauf weitgehend auf und stellte den Fahrkartenverkauf auf Automaten um.

Abbildungen 39/40:
Raststätte „Pegnitz–Fränkische Schweiz" bei Neudorf.

Zusammenlegung der Sparkassen

Zudem kam die Kreissparkasse Bayreuth-Pegnitz an Umstrukturierungen nicht vorbei. Zwar wurde das Hauptgebäude der Pegnitzer Sparkasse umfassend und weitgehend modernisiert, aber trotzdem musste der Betrieb immer konsequenter rationalisiert und automatisiert werden, was die Schließung unrentabler Zweigstellen einschloss.

Über Jahre hin liefen die Fusionsverfahren mit der Stadtsparkasse Bayreuth, die schließlich erfolgreich abgeschlossen werden konnten. Seither heißt das Unternehmen nur noch: Sparkasse Bayreuth.

Modernisierung der Versorgungseinrichtungen

Modernisierung des Krankenhauses:

In einer umfangreichen Sanierungsaktion wurde das Krankenhaus bei laufendem Betrieb von Grund auf saniert und modernisiert.

Neubau des Brigittenheimes und weiterer Altenheime:

Auch das evangelische „Brigittenheim", ein Alten- und Pflegeheim, wurde erheblich erweitert und insgesamt umfassend modernisiert; neuerdings heißt es nun „Brigittenpark".

Handel
Handwerk
Industrie

Abbildung 41:
Die Rosengasse in neuer Pracht.

(R 21) Privat bedingte Betriebsaufgabe:
Daneben musste der Wirtschaftsstandort Pegnitz aber auch Einbußen infolge privater Entscheidungen hinnehmen. Vielfach sehen Inhaber von handwerklichen Familienbetrieben auf Grund fehlenden Interesses bei den eigenen Kindern keinerlei Chance, ihren Betrieb weiterzugeben. Am gravierendsten ist sicherlich das im April 2000 von der Marktlage her erzwungene Ende der Teppich-Fabrik Poser, die ihre Produktion einstellen musste. Damit endet eine über 147-jährige Firmengeschichte, die in Thüringen begonnen hatte und dann nach dem Zweiten Weltkrieg in Pegnitz zunächst in einer alten Wehrmachtshalle und später im angrenzenden Firmengelände an der Nürnberger Straße fortgesetzt wurde. 1965 arbeiteten in den Hallen der Fabrik noch 450 Mitarbeiter und 1986 betrug der Umsatz noch 30 Millionen Mark.
Die weitere Nutzung des weitläufigen Firmengeländes in wichtiger Zentrumsnähe löst derzeit heftige Diskussionen aus. Vorgesehen sind u. a. der Bau eines neuen Einkaufszentrums sowie verschiedener Großmärkte und ein Trakt für Pegnitzer Kaufleute.

Weitere Einrichtungen der Altenbetreuung stehen inzwischen auch in Bronn und in Hainbronn zur Verfügung. ▶ **(R 21)**

Arbeiten am äußeren Erscheinungsbild der Stadt – Stadtsanierung:

Das äußere Erscheinungsbild einer Stadt gehört heutzutage mit zu den „weichen Wirtschaftsfaktoren", die auch für die Wirtschaftsansiedlung eine nicht unerhebliche Rolle spielen können.
Hier hatte Pegnitz im Laufe der Jahrzehnte insbesondere in der Innenstadt – trotz turnusmäßiger Renovierungsmaßnahmen – schon etwas Alterserscheinungen angesetzt. Eine Stadtsanierung sensibilisiert stets in hohem Maße die Bevölkerung und muss daher sehr behutsam und mit viel Fingerspitzengefühl durchgeführt werden. Ein erster wichtiger Schritt zur Stadtsanierung war sicherlich die Neugestaltung der Lindenstraße, der Schmiedgasse, des Umfeldes des Alten Schlosses und der Schloßstraße. Die hier gewonnenen Erfahrungen konnten die Bevölkerung von weiteren derartigen Maßnahmen überzeugen.

Rosengasse:

Dieses „Juwel" von Alt-Pegnitz – parallel zur Hauptstraße – wurde als erstes Objekt der Pegnitzer „Neustadt" saniert und somit zu einem Pilotprojekt der Neukonzipierung der eigentlichen Innenstadt.

Pegnitzquelle und Renaturierung der Pegnitz:

Der zweite wichtige Schritt war dann die Sanierung des Areals an der Pegnitzquelle mit der Zaußenmühle und der Raumersgasse. Das historische Bild der Pegnitzquelle wurde im Zuge dieser Maßnahmen durch viel Grün romantisiert. Erstmals wurde auch die Einmündung des Quellwassers in die Fichtenohe besonders aufwändig gestaltet.

Neubau der Sparkassen-Zentrale und des BayWa-Geländes:

Ein wichtiger weiterer Schritt hin zur Neugestaltung des Innenstadtbereiches war die Neubebauung des alten BayWa-Geländes und die Neugestaltung des Verwaltungsgebäudes der Sparkasse. Hierdurch erfuhr nun der Bereich an der früheren Karmühle ein weitgehend neues Aussehen.

Platz um die Bartholomäuskirche und Neugestaltung des Volksschulgebäudes:

Der nächste Schritt war dann die neue und gefälligere Gestaltung des Umfeldes der evangelischen Bartholomäuskirche und des Evangelischen Gemeindehauses mit dem Umgriff der dortigen Grundschule.
Hier wurde dann auch die Neugestaltung des alten Volksschulgeländes zu einem wichtigen Faktor der Innenstadtsanierung. Künftig befinden sich dort die Räume der Stadtbücherei und auch wichtige Räume kultureller Einrichtungen.

Experimente mit neuem Verkehrssystem am Marktplatz:

Lange und umfassende Diskussionen löste die letzte Etappe der Neugestaltung der Hauptstraße aus. Hiermit war verbunden, zunächst die Straßenführung an der Karmühle ein weiteres Mal neu zu konzipieren und die Funktion der Kreisstraße vom Innenstadtbereich wegzunehmen. Hierzu mussten die Einmündungen der Badstraße und des Röschmühlweges neu gestaltet werden. Wichtig war hierbei, eine weitgehende Verkehrsberuhigung in der Innenstadt zu erreichen. Dass dies natürlich auch vielfältige Auswirkungen auf das neue „Leben" auf dem Marktplatz und das Kaufverhalten der Bevölkerung haben kann, war bei allen diesen Überlegungen stets bewusst.

Schließlich wurden der Schweinemarkt, anschließend der Marktplatz und zuletzt der Platz westlich des Alten Rathauses im Aussehen und in der Nutzungsfunktion neu konzipiert. ▸ **(R 22)**

(R 22) Erweiterung des Radwegenetzes:
Zu den neuen Sportarten, die in Pegnitz wie anderswo Einzug halten, gehört auch das Radfahren. Da die bisherigen Radwege im Bereich der Stadt Pegnitz eher selten waren, ging man nun verstärkt daran, dieses Angebot auszubauen. Ein Anfang wurde bei der Strecke Pegnitz – Neudorf/West gemacht. Dann folgte der Ausbau einer derartigen Radmöglichkeit nach Hainbronn. Eine weitere Erleichterung war die Anlage des Weges parallel zur Straße von Nemschenreuth nach Horlach. Schon beim Ausbau der B 2 nach Buchau vergaß man den Radweg nicht. Dieser wird nun neuerdings erweitert durch eine Verlängerung nach Schnabelwaid.

*Handel
Handwerk
Industrie*

Abbildung 42:
Idylle am Wasser –
die Pegnitzquelle.

Literatur

Bauer, H.: Geschichte der Stadt Pegnitz und des Pegnitzer Bezirks. 2. Aufl. Pegnitz 1938

Bauernfeind, W.: Raum, Zeit und Menschen 1840-1990. 150 Jahre Sparkasse im Landkreis Bayreuth. Bayreuth 1990

Beckenbauer, F.: Die Entwicklung des Doggererzbergbaues in Pegnitz bis zur Einführung des Langfrontrückbaues (Strebbruchbaues). In: „Glückauf"-Berg- und Hüttenmännische Zeitschrift 1939, Nr. 6, 121-128, Nr. 7, 153-158 (Sonderdruck, S. 1-12)

Büttner, L.: Geschichte der Stadt Pegnitz. Zur 600-Jahr-Feier. Pegnitz 1955

Büttner, W.: Bericht über das Hungerjahr 1816 und das Erntedankfest 1817. In: Kirchenbote der Ev.-luth. Gemeinde Pegnitz 26. Jg. Nr. 311 (Nov. 1978), 4-6

Bundschuh, J.: Geographisches statistisch-topographisches Lexikon von Franken. Ulm 1801

Fritzsch, R.: Eisenbahnen im Pegnitztal. Eisenbahngeschichte rechts und links der Pegnitz (Regionale Verkehrsgeschichte Bd. 37). Freiburg 2002

Guth, K: Kleinbürgerliche Leineweber im Sechsämterland (1789-1825). In: JffL 40 (1980), 119-132

Huber, O.: Die Anfänge des Kartoffelanbaus in Oberfranken bis zum Ende des Alten Reiches. Zulassungsarbeit zur Ersten Staatsprüfung für das Lehramt an Gymnasien. FAU Erlangen 1997 (masch.)

Klass, G. v.: Amag-Hilpert-Pegnitzhütte AG. Nürnberg. Ein Beitrag zur Geschichte der Armaturen und Pumpen. (Archiv für Wirtschaftskunde Darmstadt) (o.O. o.J.)

Kolb, H.: Handwerk, Gewerbe und Handel in Pegnitz vom 16. Jahrhundert bis zur beginnenden Industrialisierung im 19. Jahrhundert. Zulassungsarbeit zur Ersten Staatsprüfung für das Lehramt an Realschulen. Universität Bayreuth 1983 (masch.)

Lenk, I./Volz, K.: Erwein Konrad Friedrich – Der Bergbau in Pegnitz. Amberg 1992

Pfeufer, J.: Oberfrankens Eisenerzbergbau während des Dritten Reiches. Zur Geschichte des Bergbaus „Kleiner Johannes" in Arzberg und Pegnitz. Bochum 2001

Ress, F. M.: Der Eisenhandel in der Oberpfalz in alter Zeit. In: Deutsches Museum – Abhandlungen und Berichte 19 (1951), 5-9

Schnelbögl, F. (Hg.) Das „Böhmische Salbüchlein" Kaiser Karls IV. über die nördliche Oberpfalz 1366/68. München/Wien 1973

Schnelbögl, F.: Auerbach in der Oberpfalz. Aus der Geschichte der Stadt und ihres Umlandes. Auerbach 1976

Spöcker, R. G.: Das obere Pegnitz-Gebiet. Die geologischen und hydrologischen Voraussetzungen für eine Wassererschließung im fränkischen Karst (Textband/Tafelband). Nürnberg 1950

Stegerer, Ch.: Bemerkungen zum Zunftwesen in der Fränkischen Schweiz – Ein Beitrag zur regionalen Wirtschafts- und Sozialgeschichte. In: Landschaft und Geschichte – Schriften des Fränkische-Schweiz-Museums Tüchersfeld, Bd. 1. Festschrift anläßlich der Eröffnung am 24. Juli 1985. Bayreuth 1985, 81-90

Tausendpfund, W./Wolf, G. Ph.: Armut auf dem Lande. Zur sozialen Situation der Unterschichten in der Fränkischen Schweiz im 18. und 19. Jahrhundert. In: ANL 40 (1991), H. 1, S. 317-339, H. 2, S. 369-397

Voithenberg, H. Frh V. v.: Der Flinderer. Über Kommunbraurechte in Pegnitz und Umgebung. In: AGO 44 (1964), 231-239

Weigmann, A.: Versuch einer Gewerbegeographie des Pegnitzgebietes. Inaug.-Diss. Erlangen 1929

Wittmann, L.: Von Hammerschmieden und Schmelzhütten. In: ANL 9 (1960), 21-29

Wolf, G. Ph./Tausendpfund, W.: Pegnitz – Veldensteiner Forst. Geschichtliche Streifzüge (Schriftenreihe des Fränkische-Schweiz-Vereins: Die Fränkische Schweiz – Landschaft und Kultur. Bd. 3) Erlangen 1986

Wolf, G. Ph./ Tausendpfund, W.: Leben auf dem Lande. In: Jüdisches Leben in der Fränkischen Schweiz Schriftenreihe des Fränkische-Schweiz-Vereins – Landschaft und Kultur Bd. 11). Erlangen 1997, 19-71

Zahn, U.: Die Eisenwirtschaft in der Oberpfalz vom Mittelalter bis zur Gegenwart. Regensburg 1976

AGO = Archiv für Geschichte von Oberfranken
ANL = Altnürnberger Landschaft
FAU = Friedrich-Alexander-Universität
JffL = Jahrbuch für fränkische Landesforschung

Handel
Handwerk
Industrie

Bärbl Völkl

166 Kinder in einer Schulstube

Lateinschule und Privatunterricht von der Kantorsfrau – Hamburger und Nürnberger drückten hier die Schulbank

Die erste Schule in Pegnitz, wenn man die Ansammlung von Kindern überhaupt so nennen kann, ist 500 Jahre alt und eng mit der Kirche verbunden. Nicht zuletzt deshalb, weil das Amt des Schulmeisters und des Mesners zusammengelegt war.

Armes Schulmeisterlein

Schon im ersten Stadtbuch von Pegnitz wird am 15. September 1482 ein Schulmeister Christoffel Swannberger erwähnt, und diesem ersten namentlich bekannten Lehrer unserer Stadt soll hier ein kleines Denkmal gesetzt werden. Viel wird das erste Schul- und Kirchenmeisterlein damals nicht zu knabbern gehabt haben, denn entlohnt wurde es aus der so genannten ▾ Engelmeßstiftung – am 25. Januar 1427 zur „Seelen Seligkeit" (Bauer, Geschichte, S. 669) eingerichtet – und vom spärlichen ▾ Schulgeld der Kinder.

Ab 1557 wurde in Pegnitz ein Kantor angestellt, der den Schulmeister unterstützen sollte. Durch eine erhaltene Rechnung der Engelmesspfründe wissen wir, dass der erste Pegnitzer Kantor Adam Kröschner hieß.

Bald gab es aber Klagen. Denn ohne bestehende Schulpflicht kamen die Schüler zwar winters über zur Schule, doch im Sommer wurden die Kinder zu Haus- und Feldarbeiten gebraucht und blieben dem Unterricht fern.

Ab 1573 oblag es dem jeweiligen Geistlichen, die Kinder zu unterrichten. Selbstverständlich war, dass der Herr Pfarrer nicht nur Schule, sondern auch Gottesdienste hielt, dazu für Orgelmusik und Gesang zuständig war. Dem schlechten Schulbesuch wollte ein findiger Pfarrer Einhalt gebieten. Er verweigerte den schwachen Schülern einfach die Einsegnung.

Damals – wir haben das Jahr 1629, also mitten im Dreißigjährigen Krieg – wurden 12- bis 13-Jährige konfirmiert. Geregelten Schulbesuch schaffte erst die Einführung der Schulpflicht für Ansbach und Bayreuth durch das preußische Landrecht von 1796.

Weder lesen noch schreiben

Ob man sich heute das Durcheinander von Kindern unter dem Begriff Schule überhaupt noch vorstellen kann? Eine einzige Stube, in der Schulmeister und Kantor unterrichteten. Über 100 Kinder gleichzeitig. 1811 wird sogar in einer Aufzeichnung von 166 Schülern gesprochen, die in einem Raum von zwei Lehrern betreut wurden.

Unter diesen Umständen ist die Beschwerdeschrift vom 28. Oktober 1685 nicht verwunderlich. Dort wurde ange-

Engelmeßstiftung: An Pauli Bekehrung, das ist der 25. Januar wurde 1427 vom Bürgermeister und Rat eine Engelmeßstiftung eingerichtet. Darin wurde eine „ewige Engelmeß" in der Kapelle der Stadt Pegnitz bestimmt, also Messen, die an vier Werktagen, an Sonn- und Feiertagen und zu Begräbnissen zusätzlich gehalten wurden. Zur Zeit dieser Stiftungserrichtung flossen 34 rheinische Gulden in sie. Da nach der Reformation die Messen wegfielen, verwendete man das übrige Geld zur Entlohnung des Lehrers.

Schulgeld: Ab Mitte des 18. Jahrhunderts mussten die Pegnitzer Kinder Schulgeld bezahlen. Es wurde von zwei Pfennig auf einen Kreuzer wöchentlich erhöht. Außerdem - wie ein Bericht vom 23. Oktober 1759 aufweist – musste jedes Kind für die Lichter, die in der Schulstube angezündet werden mussten, noch einen Kreuzer mitbringen.

prangert, dass die Hälfte der Pegnitzer Bürger nicht einmal ihren Namen schreiben könne. Sogar ein Ratsmitglied, das weder lesen noch schreiben konnte, soll darunter gewesen sein. Einige Jahre später – dies nebenbei – erhielt genau dieser Rat trotz seines Mangels eine der vier Bürgermeisterstellen.

Winterschule in Neudorf

Konkurrenz belebte auch damals schon das Geschäft. Denn man wusste sich zu helfen und entdeckte, wie man heute sagen würde, eine Marktnische. Mitte des 17. Jahrhunderts entstanden in mehreren eingepfarrten Dörfern so genannte Winterschulen. So schickten die Willenberger ihre Kinder im Winter nach Neudorf, wo sie angeblich mehr lernten als in der überfüllten Pegnitzer Schule. Hinzu kam, dass die Frau des Pegnitzer Kantors so etwas wie eine Privatschule einrichtete: „Damit sich die Kinder an das Schulgehen gewöhnten"(ebd., S. 657), wird die Einrichtung begründet. Als „Winkelschule" bezeichnet der Chronist Heinrich Bauer solche Nebenschulen. Diese Bezeichnung soll daher stammen, weil früher in den alten Bauernstuben den Kindern ein Winkel zugeteilt war.
Und im Jahr 1802 entsteht sogar eine Lateinschule. Der damalige Rektor WÖCKEL gründete eine „Privaterziehungsanstalt für Knaben", die immerhin acht Buben besuchten. Von 1846 ist ein weiterer Antrag zur Gründung einer privaten Lateinschule bekannt. Doch wurde der federführende Pfarrer versetzt, und die Schüler mussten nach Bayreuth fahren.

Ein Schulhäuschen

Seit der Reformation befand sich die Schule in der Rosengasse 41, im Häuschen der Wolfgangsstiftung neben dem ersten Pfarrhaus. Später, nach dem großen Stadtbrand von 1632, war der Bau zerstört, und die Schuljugend wurde für einige Zeit entlassen. Danach fanden Lehrer und Schüler notdürftige Unterkunft in der Rosengasse 11. Erstmals gab es 1811 die Möglichkeit, die große Schar der Kinder in zwei Räumen zu unterrichten. 1834 wurde Handarbeit für die weibliche Jugend eingeführt, und 1865 kam ein landwirtschaftlicher Lehrgang hinzu.
Doch die Bildung blieb räumlich in der Rosengasse beheimatet, bis 1880 das so genannte Wächterhaus in der Hauptstraße (damals Hindenburgstraße) mit der Absicht, es abzureißen und einen Neubau zu erstellen, erworben wurde. Am 24. Oktober 1883 zogen die Schüler ein, und sogar für den Kantor konnte eine Wohnung zur Verfügung gestellt werden. Nach 25 Jahren platzte das Schulhaus jedoch wieder aus allen Nähten. Es dauerte bis 1937, bis die Planungen mit dem südlichen Anbau verwirklicht werden konnten.

Zwei Klassen Evakuierter

Der Zuzug von Bergleuten und später der von Evakuierten aus Nürnberg und Hamburg während des Zweiten Weltkriegs machte alleine zwei zusätzliche Klassen aus. 1954 glaubte man, die Schulraumnot im Griff zu haben, denn der erste Teil des Neubaus mit sechs Schulräumen war bezugsfertig. 1955 kamen weitere acht Räume hinzu. Aber schon bald musste ein Neubau in der Siedlung angedacht werden.

ISSN 0941-3073

forum

3/4–2003 unesco-projekt-schulen

UNESCO Associated Schools Project Network
ASPnet 1953–2003

50

Schulwesen und Partnerschaften

1. Von Schulen und Schulmeistern –
   Pegnitz als Schulstadt — Gerhard Philipp Wolf — S. 128

2. Die Entwicklung der Bayerischen
   Justizschule Pegnitz — Werner Schaller — S. 140

3. Die Volkshochschule
   seit 1950 in unserer Stadt — Bärbl Völkl — S. 141

4. Internationale Partnerschaften
   Pegnitzer Schulen — Herbert Scherer — S. 144

5. Städtepartnerschaften — Helmut Heinrich — S. 152

Schulwesen und Partnerschaften

Gerhard Philipp Wolf
1. Von Schulen und Schulmeistern – Pegnitz als Schulstadt

Der erste namentlich erfassbare Pegnitzer „Schulmeister" Christoffel S(CH)WANNBERGER ist für das Jahr 1482 bezeugt, so dass mit gutem Recht von einer mehr als 500-jährigen Schultradition in Pegnitz gesprochen werden kann. Diese deutsche Schule war allerdings noch sehr bescheiden und konnte nicht mit den Lateinschulen in den größeren Orten konkurrieren – nicht einmal mit der Lateinschule im benachbarten Creußen.

Auch über die Reformationszeit hinaus war es üblich, dass der „Schulmeister" den Mesnerdienst übernahm. In Pegnitz reicht diese Tradition bis ins Jahr 1716, als zum ersten Mal ein eigener Mesner angestellt wurde, der jedoch wegen der kümmerlichen Entlohnung einem Hauptberuf nachgehen musste.

Martin Luther räumt in seinen pädagogischen Schriften von 1523/24 der Ausbildung von Schullehrern neben dem Predigtamt vorrangige Bedeutung ein und ruft die Ratsherren in die Pflicht gegenüber den von Gott anvertrauten Kindern. Er ist sogar der Meinung, dass zu einem guten Prediger eine mehrjährige Schulpraxis gehört. Aufgrund dieser Empfehlungen des Wittenberger Reformators nimmt es nicht wunder, dass viele Schulstellen in der Reformationszeit und in den nachfolgenden Jahrhunderten vorübergehend von Theologen besetzt waren. In Zeiten starken Theologennachwuchses (besonders im 19. Jahrhundert) war sogar der oft auf eine Reihe von Jahren ausgedehnte „Wartestand" im Schuldienst notwendige Existenzgrundlage für Kandidaten des geistlichen Amtes.

In Pegnitz hatte der Schulmeister auch Gottesdienste in der Buchauer Kirche zu übernehmen. Diese Tradition lässt sich bis ins Jahr 1802 verfolgen, als mit Nikolaus Adam WÖCKEL der erste Nichttheologe „Rektor" (= 1. Schullehrer) wurde. Zum Aufgabenbereich des Schulmeisters gehörten auch der Kirchengesang und das Orgelspiel. Bis um die Mitte des 20. Jahrhunderts ist dieser hervorragende Dienst der Lehrer beider Konfessionen aus dem gottesdienstlichen Leben nicht wegzudenken!

Nicht selten übernahmen die „Schriftgelehrten" auch das Amt des Stadtschreibers.

Auf Luthers Anregungen hin wurden die aus vorreformatorischer Zeit stammenden Kirchenpfründen für die Errichtung von Schulen und die Besoldung der Lehrer herangezogen. So wurden in Pegnitz die Lehrer zum Teil aus der Engelmeß- und Wolfgangspfründe besoldet. Im Jahre 1670 wurde der Kantor zum Schulunterricht (vornehmlich für die Mädchen) verpflichtet und der erste Lehrer seither offiziell als „Rektor" bezeichnet.

Bildungsbewusste Eltern ließen in Pegnitz ihren Kindern Privatunterricht von der Frau des Kantors erteilen (seit ungefähr 1690), später auch vom II. Pfarrer. Im März 1722 beschwerte sich der Pegnitzer Rektor Konrad HIERER über die Dorfschulen und 1740 über die „Winkelschule" der Kantorsfrau, die seine Einnahme an kümmerlichem Schulgeld schmälerten. Er musste sich jedoch beim Bayreuther Konsistorium die Gegenklage Pegnitzer Bürger gefallen lassen, dass er den Unterricht vernachlässige und ältere Schüler für seine Haus- und Gartenarbeiten einspanne.

Mit der zunehmend bedrängenden Raumsituation wurde die Teilung der Schule in zwei Klassen notwendig, die allerdings erst 1811 erfolgte. Der Kantor unterrichtete nun die jüngeren, der Rektor die älteren Schüler der Oberklasse, denen bei entsprechender Begabung auch die Grundzüge der lateinischen

Abbildung 1:
Ab 1536 war die Schule im heutigen Kantoratsgebäude untergebracht.

Schulwesen und Partnerschaften

Sprache beigebracht worden sind. War die Pegnitzer Schule seit 1536 in dem heutigen Kantoratsgebäude (Rosengasse 41) untergebracht, so konnte 1817 der zweite Schulsaal durch Umbau des angrenzenden Kuhstalls gewonnen werden.

Seit dem 16. Jahrhundert mussten die Kinder der Pegnitzer Oberschicht (Pfarrer, Bürgermeister, Amtmänner) zum Besuch des Gymnasiums entweder nach Creußen oder Hof, gelegentlich auch nach Altdorf. Erst mit der Eröffnung der Bahnlinie Nürnberg-Bayreuth (1877) stand Pegnitzer Schülern die – immer noch mit erheblichen Nachteilen verbundene – Möglichkeit offen, das Hersbrucker Progymnasium oder das (1664 gegründete) Gymnasium Christian-Ernestinum in Bayreuth zu besuchen.

Bis zur Einführung der allgemeinen Schulpflicht im Jahre 1796 war der Unterricht von mehreren misslichen Umständen begleitet: Zum einen mussten der Rektor und der Kantor gemeinsam in einem engen Schulraum weit über 100 Kinder unterrichten, was den Lernerfolg auf ein Minimum reduzierte. In der ländlich geprägten Stadt Pegnitz mit den eingepfarrten Dörfern war die Schule im Winterhalbjahr relativ gut besucht, während die Feldarbeit im Sommerhalbjahr die Hauptursache für das häufige Fernbleiben der Schulkinder war. Die im 19. Jahrhundert von der Regierung zur peinlich genauen Führung der „Versäumnislisten" angehaltenen Lehrer konnten die Mißstände in dieser Hinsicht mildern, aber keineswegs beheben. Daran änderte auch nichts die bei unentschuldigtem Fehlen ausgesprochene Geldstrafe von mehreren Kreuzern. Im 18. Jahrhundert hatten einige der eingepfarrten Dörfer ihre eigene Winterschule, so z. B. Neudorf und Buchau (seit 1721), in denen die Kinder die Grundkenntnisse in Schreiben, Lesen und Religion schneller lernten als in der überfüllten Pegnitzer Schule.

Entscheidende Reformversuche zur Verbesserung der teilweise katastrophalen Schulverhältnisse im ersten Drittel des 19. Jahrhunderts gehen auf Johann Baptist ▶ GRASER zurück. Infolge der graserschen Neuordnung des Schulwesens wurde 1824 die Errichtung einer dritten Schulstelle in Pegnitz verfügt. Der dritte Lehrer hatte nun die Knaben und Mädchen der beiden ersten Schuljahrgänge zu übernehmen, der Rektor die älteren Buben und der Kantor die Mädchen der höheren Klassen. Erst im Februar 1833 konnte die Stadt bei einer öffentlichen Versteigerung das Haus des verstorbenen Rotgerbers Georg WIESEND in der Rosengasse erwerben (früher Badstube) und als zweites Schulhaus ausbauen lassen.

Anhand der Quellen im Pegnitzer Stadtarchiv lassen sich interessante Einblicke in die sozialen und wirtschaftlichen Verhältnisse der Lehrerschaft im 19. Jahrhundert gewinnen: Als der Kantor und II. Schullehrer Johann Georg BÜTTNER am 15. Juli 1820 stirbt, wird seine Witwe von einer schmerzlichen finanziellen Not überrascht. Die Distriktsschulinspektion Lindenhardt als damaliger Sitz des Dekanats reagiert auf höhere Weisung in doppelter Weise: Zum einen wird dem Sohn des verstorbenen Kantors (als „Schuldienst-Expectant") die Erlaubnis erteilt, die Schulstelle seines Vaters bis zur Neubesetzung (November 1821) zu verwesen. Zum andern wird der Witwe als zeitlich begrenzte Rente der „vierteljährige Gnaden Nachsitz" auf Intervention der Pegnitzer Lokalschulinspektion gewährt. ▶ **Schulaufsicht**

In ähnlich misslicher Lage befand sich die Witwe des am 13. Mai 1822 verstorbenen Rektors Nikolaus Adam Wöckel. Die Zuschüsse und Unterstützungen der Lehrerwitwen hingen oftmals davon ab, mit welchen Überschüssen die sog. „Interkalarien"-Rechnung abschloss und wie schnell die Rechnungsvorlage samt Überprüfung vonstatten ging. So kann der I. Pfarrer Johann Adam Leydel (1822–1826) der Witwe Wöckel mitteilen, dass ihr 36 Gulden aus den Überschüssen der Rektoratseinkünfte zuerkannt werden.

Die vom gleichen Pfarrer erstellte „Rechnung über Einnahmen und Ausgaben bei der Verwesung des Rectorats Pegnitz vom 1 Octr. 1823 bis letzten Juni 1824" ergab eine Einnahme für das Rektorat von 286 Gulden, die sich aus dem Verkauf von Getreide und anteilmäßigen Zuwendungen aus der Engelmeß- und Wolfgangsstiftung zusammensetzte. Daneben standen dem Rektorat jährlich 7 Gulden 30 kr. aus den Zinsen der Reformations-Schulstiftung zu, die auf eine Spende von Peg-

---

Dr. Johann Baptist Graser (1766–1841) stammte aus dem unterfränkischen Eltmann. Er wirkte zunächst als Priester, dann als Professor für Philosophie und Pädagogik in Landshut. Von 1810 bis 1825 war er in Bayreuth als Kreisschulrat Leiter der Schulabteilung bei der Regierung. Bereits 1813 richtete er ein Institut für Lehrerbildung ein, das die systematische Ausbildung von Volksschullehrern in Stadt und Land ermöglichte. Als Verfasser pädagogischer Schriften genoss Graser hohes Ansehen. Er führte eine neue Schreiblesemethode ein und gründete 1823 in Bayreuth die erste Taubstummenanstalt Deutschlands. Große Beachtung in der Fachwelt fand seine Schrift „Der durch Gesichts- und Tonsprache der Menschheit wiedergegebene Taubstumme".

Schulaufsicht
Bis 1923 oblagen in Bayern die (teilweise verhasste) Kontrolle über den Schulbetrieb vor Ort und die Prüfung der Lehrer dem jeweiligen Ortsgeistlichen (Lokalschulinspektion). Das Amt des Distriktsschulinspektors hatte der entsprechende Dekan inne.

nitzer Bürgern (300 fl.) anlässlich des Reformationsjubiläums im Jahre 1817 zurückging. Unter anderem kam der I. Lehrer auch in den Genuss des Weihnachtssinggeldes, der Spende anlässlich des Gregorienfestes und des Schulgeldes. Bevor der Kantor und Mädchenlehrer Johann HOFFMANN Ende Januar 1832 auf die Knabenoberlehrstelle nach Arzberg berufen wurde, hatte er im Jahre 1828 noch einen Streit mit den Dorfbewohnern von Buchau und Lehm zu führen. In einem Schreiben an das Landgericht (mit Sitz in Schnabelwaid) vom 6. Dezember 1828 weist er darauf hin, dass Lehrer Weingartner aus Büchenbach vor der Auspfarrung dieser beiden Orte aus der Kirchengemeinde Büchenbach (1826) die Orte Buchau und Lehm jährlich an Weihnachten und Ostern besuchte. Zu Weihnachten bekam dieser von jedem Haus 1 Maß gutes Mehl (oder Linsen und Erbsen) und zu Ostern drei Eier. Diese Rechte trat WEINGARTNER dann an Hoffmann ab, so dass der Pegnitzer Lehrer bei seinem ersten Besuch in diesen Gemeinden in den gleichen Genuss dieser „Reichnisse" kam wie sein Amtskollege.

1827 jedoch weigerten sich die Bewohner (mit einigen Ausnahmen), diesen Verpflichtungen nachzukommen. Vor dem Landgericht erklärten die Bürger Bernet und Trautner aus Buchau sowie Johann Kürzdörfer aus Lehm, dass sie die Läutgarben und Läutlaibe als Schuldigkeit verabreichen wollen, jedoch nicht mehr die lediglich als „guter Wille" bezeichneten übrigen Gaben.

Beim Wegzug von Lehrer Hoffmann wird sich der Stadtmagistrat bewusst, dass seit der Neuorganisation der Schulen in Pegnitz (1824) die Lokalschulkasse ein beachtliches Jahresdefizit aufweist, das sich kaum mehr durch Umlagen decken lässt, weil schon die Zahlung des Schulgeldes dem größten Teil der Bevölkerung hart ankommt. Die Bestätigung dieser vom Magistrat wiederholt vorgetragenen Klage lässt sich anhand der „Tabelle über den Familienstand in der Stadt Pegnitz" aus dem Jahr 1843 ablesen. Demnach sind von den 410 ansässigen Familien 40 im „Ackerbaustand", 174 im „Gewerbestand", 125 (also fast ein Drittel!) im „Taglöhnerstand" und 71 in anderen „Ständen".

Mit Schreiben vom 25. Januar 1832 bittet der Magistrat die Regierung des Obermainkreises, die Mädchenlehrerstelle für einige Jahre verwesen zu lassen und die Überschüsse aus der Kreisschulkassenzulage dem Lokalschulfonds gutzuschreiben. Einen Monat später ordnet der Magistrat jedenfalls an, dass die Mädchenschule von den beiden Lehrern HEUNISCH (seit Juli 1824 Rektor in Pegnitz) und HÖFLER gemeinsam mitzuführen sei. Am 26. Juli 1832 erklärt sich die Regierung bereit, dem Lehrer Johann Gottlieb BECHER aus Windischgehaig die Verwesung der Mädchenschule und des Kantorats mit einer jährlichen Entschädigung von 225 Gulden zu übertragen. Nach insgesamt neun „provisorischen" Schuljahren seiner Laufbahn erklärt sich Lehrer Becher 1833 sogar bereit, das Defizit von 150 fl. in der Lokalschulkasse mit drei Jahresraten von 50 fl. zu übernehmen, um endlich eine Anstellung als „definitiver" Lehrer zu finden. So bezog Becher drei Jahre lang bis zu seiner Beförderung statt der fixierten 293 fl. nicht einmal das „Kongruenzminimum" von 250 fl., zuzüglich 74 fl. als Kantor und Organist.

Die dritte Schulstelle

1824 genehmigt die Regierung des Obermainkreises die provisorisch angenommene Organisation einer dritten Schule in Pegnitz. Der finanzielle Aufwand für diese Schulstelle wurde mit 112 fl. Schulgeld von 70 Kindern gedeckt, 20 fl. wurden aus den Rentenüberschüssen der Wolfgangspfründe herangezogen und 30 fl. Zuschuss sollten von der Altstadtgemeinde beigesteuert werden.

1824 wurden in der Rektorsschule 52 Buben und 57 Mädchen (also über 100 Schulkinder!), in der Kantorsschule 68 Buben und 36 Mädchen und in der dritten Schule 70 Kinder unterrichtet.

Die Fassion über das Gehalt des dritten Lehrers (189 fl. jährlich) konnte von der Regierung erst im März 1825 als gesichert ausgesprochen werden, nachdem sich

Schulwesen und Partnerschaften

zwei Hindernisse ergeben hatten: Zum einen ließ der Pegnitzer Magistrat verlauten, dass die Eltern von 40 Schulkindern wegen Armut das Werktagsschulgeld nicht aufbringen konnten, zum andern erklärte die Altstadtgemeinde, dass sie keinen Fonds zur Aufbringung der 30 fl. Zuschuss habe, außerdem die meisten Gemeindeglieder schon mit dem Werktags- und Sonntagsschulgeld und der Umlage zum Schulholz ihre liebe Not hätten.

Zwischen Umzug und Antritt der neuen Lehrstelle

Überschwänglich scheint die Vorfreude des Lehrers Johann Christian WEITH auf seine Pegnitzer Schulstelle gewesen zu sein. Am 13. August 1853 schreibt er nämlich an den „Wohllöblichen Stadtmagistrat":

Da es dem Wunsche des gehorsamst Unterzeichneten gemäß endlich entschieden ist, daß er als Mädchenlehrer und Kantor in dem lieben Pegnitz leben und wirken soll, so beeilt sich derselbe, dieses [...] hiermit anzuzeigen und sich dem Stadtmagistrat schriftlich zu empfehlen. Mit dem Vorsatze, jedem seiner Schulkinder ein zweiter Vater zu werden, sie zu lieben, zu waiden und mit dem, was zu ihrem zeitlichen und ewigen Heile nöthig ist, auszustatten, blickt er im Geiste nach Pegnitz und freut sich der Zeit, wenn er in den Kreis seiner lieben Schülerinnen eintreten kann. Nicht minder groß ist seine Freude, gedenkt er der so treugesinnten Aelternherzen, die er jetzt bald näher kennenlernen soll, der so trefflichen Bürger, deren Umgang ihm zu Theil werden wird. Der gehorsamst Unterzeichnete ist ja nicht fremd innerhalb der Mauern dieser Stadt; denn schon seit einer Reihe von beinahe 20 Jahren hat er die Bewohner derselben schätzen gelernt, und sie lieben gelernt [...]. Ein Wohllöblicher Stadtmagistrat wolle, wie es bis jetzt gebräuchlich war, auch ihm zu seinem Umzuge behilflich seyn. Derselbe bedürfte zum Transport seines Mobiliars zweier großer Frachtwägen und für seine Familie einer Chaise. Am 5ten September würde gepackt und am 6ten von hier abgezogen [...].

Infolge dieser Ankündigung gibt der Stadtmagistrat den Gemeindeverwaltungen in Hainbronn, Zips und Buchau sowie den Ortsvorstehern zu Neuhof und Lobensteig bekannt, dass am Sonntag, 28. August 1853, um 11 Uhr die Vergabe der Frachtfuhren und des Personentransportes für Lehrer Weith anstehe, wobei Pferdebesitzer bei diesem Termin „mit concurriren" können. Mehrere „Strichlustige" hatten sich daraufhin in der Ratskanzlei eingefunden, den Zuschlag sollte der Mindestfordernde erhalten. Erforderlich waren eine viersitzige Chaise und zwei große zweispännige Frachtwagen. Die Chaise sollte am Montag, 5. September, abends gegen 21 Uhr in Gefrees sein, die Frachtwagen jedoch schon am selben Tag früh um 6 Uhr, damit der Lehrer die Ladung übernehmen könne. Die „Accordanten" haben für alle Schäden an den Möbeln aufzukommen, die Transportkosten sollen das Trink- und Zehrgeld einschließen.

Nach mehrmaligem Unterbieten erhielt schließlich Georg Friedrich Hösch den Zuschlag, der die Chaisenfuhre für 6 fl. 57 kr. übernahm. Für die Frachtfuhren musste ein zweiter Termin anberaumt werden, weil beim ersten Mal auswärtige Pferdebesitzer nicht vertreten waren. Am 29. August 1853 unterboten Friedrich Strehl, Paul Weigel und Heinrich Pflaum die vorgegebene Summe von 45 fl. Den Zuschlag erhielt schließlich Paul Weigel um 37 fl. Die Gesamtsumme der Umzugskosten musste je zur Hälfte von der politischen Gemeinde Pegnitz (mit Altstadt) und den eingepfarrten Ortschaften aufgebracht werden.

Diffiziler gestaltete sich die Abrechnung der Umzugskosten für den Knabenlehrer und Chorrektor Georg Michael SAUER, der am 1. Juni 1880 in Pegnitz aufzog. Am 24. Mai verpflichtete sich Friedrich Wiesend, das Umzugsgut des Lehrers „für den Preis von 175 Mark (▸ Markwährung) von Nemmersdorf bis Pegnitz inklusief (!) auf und abladen und verbacken zu schaffen oder zu fahren".

Folgende „Effecten" mussten transportiert werden: 1 Kleiderschrank, 2 Wäscheschränke, 1 Speiseschrank, 1 Glasschrank, 1 Sekretär, 1 Pultkommode, 1 Küchen-

Markwährung
In Bayern bestand seit langer Zeit die rheinische Währung: 1 (rhein.) Gulden = 60 (rhein.) Kreuzer, die ab 1810 auch in Franken galt. Diese Währung wurde dann nach der Reichsgründung von 1871 durch die Markwährung ersetzt und fand ab 1873 einheitlich im ganzen Deutschen Reich Geltung. Die Umstellung erfolgte in folgendem Verhältnis: 1 rheinischer Gulden = 1 5/7 Mark = 1, 71 Mark.
(Wilhelm Fickert, Geldwesen, Kaufkraft und Maßeinheiten im Bereich des Fürstentums Kulmbach-Bayreuth, S. 36.)

Schulwesen und Partnerschaften

Karl Spörl
Dem am 26. September 1923 im Ruhestand verstorbenen Rektor Karl Spörl wurde am 1. Februar 1916 in Anerkennung seiner 25-jährigen pädagogischen Tätigkeit in Pegnitz das Ehrenbürgerrecht verliehen.

schrank, 2 Kanapee, 2 große Tische, 2 Waschtische, 1 Pianino, Stühle, 2 Sessel, 1 Bücherbrett, 5 Bettstellen mit Betten, 2 Schüsselbretter, 1 Schreibpult, 1 Fenstertritt, 2 Schäffchen, Küchengeräte, Strohdecken und Gartengeräte.

Zur Berechnung der Umlagen hinsichtlich der Aufzugskosten in Höhe von 10 Mark 85 Pf. mussten die beteiligten Gemeinden nach Aufforderung des Magistrats sämtliche direkten Steuer angeben.

Am 2. Januar 1891 erscheinen in der Magistratskanzlei die Fuhrwerksbesitzer Friedrich Wiesend, Kaspar Imhof und Karl Hösch, um für den bevorstehenden Umzug des Lehrers und Chorrektors ▸ **Karl Spörl** aus Kasendorf einen Kostenvoranschlag zu unterbreiten.

Nach Verlesung der Umzugsliste des ernannten Lehrers verpflichteten sich die drei Fuhrwerksbesitzer, den Transport unter Zusicherung der Garantie um 160 Mark zu übernehmen. Offensichtlich war dem Magistrat dieses Angebot gegenüber den von Karl Spörl geäußerten Kosten (80 Mark) von Seiten der Kasendorfer Fuhrwerksbesitzer zu teuer, denn am 7. Januar 1891 überträgt der Magistrat Karl Spörl die Abwicklung des Transportes mit der Auflage, „den Accord mit den Fuhrwerksbesitzern so abzuschließen, daß Nachforderungen unmöglich werden". Der neuernannte Rektor teilt dem Magistrat daraufhin mit, dass der Transport am 30. Januar in Pegnitz eintreffen werde, er selbst wolle mit seiner Familie am gleichen Tag „in offenem Schlitten" nach Bayreuth fahren, bei ungünstiger Witterung jedoch über Kulmbach anreisen.

Bereits am 6. Februar 1839 klagt der Magistrat, dass die dritte Schulstelle seit ihrem Bestehen nur verwest werde und dem Lehrer nur ein kümmerliches Gehalt von 168 fl. zustehe, während eine gleichwertige Stelle in den Städten wenigstens 250 fl. einbringe. Der Hinweis auf die Verschuldung und die steigenden Holzpreise kann die Regierung nicht bewegen, weitere Zuschüsse aus der Kreisschuldotation zu ermöglichen, da die Mittel generell unzureichend sind und Pegnitz für die erste und zweite Schulstelle jährlich schon 162 fl. aus dem Bayreuther Provinzial-Schulfonds bezog. Das Gehalt des Verwesers wurde in der Folgezeit noch weiter geschmälert, als nämlich am 15. April 1873 das Staatsministerium des Innern für Kirchen- und Schulangelegenheiten eine Anstellungstaxe für ständige Schulverweser anordnete. Außerdem wurden sie zum Beitritt zu den Unterstützungsvereinen für Lehrerwitwen und -waisen verpflichtet.

Die dritte Schulstelle erlebte das Missgeschick, dass sie mit häufig wechselnden Verwesern besetzt wurde, was sich auf den pädagogischen Erfolg des Unterrichts nur negativ auswirken konnte. So war Christian Bauer vom 1. März 1875 bis Ende Juli 1878 Inhaber dieser Stelle, der von Konrad Heid (vorher in Schönberg bei Lauf) abgelöst wurde. Der seit September 1882 lehrende Verweser Heinrich Förster (vorher in Warmensteinach) richtete am 24. September 1884 die Bitte an den Magistrat, sich für die Umwandlung der Verweserstelle in eine definitive Schulstelle einzusetzen. Er klagte vor allem darüber, dass er keine Geschenke mehr bei der Aufnahme der Schüler und keinen Zuschuss zum Heizmaterial erhalte.

Förster wählte als Zeitpunkt für seine Vorstellung die bevorstehende Neubesetzung der vierten Schulstelle. Der Magistrat entschied sich zunächst in seiner Sitzung vom 27. September 1884 zur Unterstützung von Försters Antrag, nachdem jedoch das Gemeindekollegium dagegen stimmte, ließ sich auch der Magistrat umstimmen. So wurde Försters Antrag auf Gehaltsverbesserung am 18. November 1884 abgelehnt, weil diese Mehrbelastung mit Rücksicht auf die Schulden beim Schulhausneubau und

Abbildungen 2/3:
Schulzimmer um 1850.

bei der Verbesserung der Pegnitzer Wasserversorgung nicht gedeckt werden konnte. Auch die Regierung teilte am 23. August 1886 mit, dass dem Antrag von Förster nicht beigepflichtet werden könne, weil die neu errichtete vierte Schulstelle (Vorbereitungsklasse) als wirkliche Schulstelle bestehe und nach dem Schuldotationsgesetz vom 10. November 1861 bei vier Lehrstellen nur zwei Drittel mit „definitiven" Lehrern bestallt werden dürfen. Eine Änderung könne nur dann erreicht werden, wenn die bisherige vierte (seit 1883 eingerichtete) Schulstelle als ständige Verweserstelle weitergeführt werde.

Schulwesen und Partnerschaften

Neubau eines Schulhauses – und trotzdem Raumnot

1880 kaufte die Stadt das Häuschen des Schneiders Georg VÖLKEL in der Hauptstraße 73 am Westende der Neustadt (das ehemalige Wächterhaus) sowie den anstoßenden Garten von Metzger PFLAUM und einen zum Haus des Rotgerbers Konrad GLENK gehörenden Vorplatz. Mit einem Aufwand von mehr als 39.000 Mark wurde das neue Schulhaus gebaut, das der alten Volksschule an der heutigen Hauptstraße entspricht.

Ab Oktober 1883 konnten dort alle Schulklassen untergebracht werden und der Kantor eine Wohnung beziehen. Das „alte" Schulhaus (Rosengasse 41) wurde daraufhin als Wohnung für den Rektor und einen Lehrer genutzt. Allerdings genügten die Schulräume nur etwa 25 Jahre, weil infolge des raschen Bevölkerungszuwachses drei weitere Schulräume benötigt wurden und die Dienstwohnung des Kantors umgebaut werden musste.

Bald nach der Jahrhundertwende verbesserten sich die Arbeitsbedingungen der Pegnitzer Lehrer, nachdem weitere Schulstellen von der Regierung genehmigt worden waren – schon am 1. Oktober 1910 die siebte Lehrstelle! – und damit die übergroßen Klassenstärken abgebaut werden konnten. Die Schulraumnot begleitete jedoch nach wie vor das pädagogische Wirken der Lehrer. Nach 1905 musste der Arbeitssaal in der „Kleinkinderbewahranstalt" (Ev. Kindergarten am Wiesweiher) angemietet werden. Erst 1938 konnte nach Ankauf eines Teils des Pfarrgartens (hinter dem II. Pfarrhaus) das alte Schulgebäude durch einen Anbau nach Süden erweitert werden, in dem dann neben Klassenzimmern auch Fachräume eingerichtet werden konnten.

Abbildungen 4/5:
Die Volksschule noch ohne Anbau (oben). Alte Volksschule nach der Erweiterung (unten).

Die finanzielle Lage der Pegnitzer Lehrerschaft nach 1875

Nach Einführung der Markwährung (1873) beschloss der Magistrat am 5. November 1875, dass ab 1. Januar 1876 das Werktagsschulgeld statt 2 fl. nun 3 Mark 60 Pf. beträgt, das Sonntagsschulgeld 1 fl. (1 Mark 71 Pf.), was einer Erhöhung für das Werktagsschulgeld von 17 Pfennig und bei der Sonntagsschule um 9 Pfennig jährlich gleich kam. Entsprechend dieser Umrechnung wurden auch die Gehaltsbezüge der Lehrer festgesetzt und die Schulfassionen berichtigt. So erhielt der Knabenlehrer ab diesem Zeitpunkt 287 Mark 17 Pfennig Schulgeld, der Mädchenlehrer 283 Mark 99 Pfennig und der Schulverweser 222 Mark 8 Pfennig.

Erst 1894 ergab sich für die Pegnitzer Lehrerschaft eine merkliche finanzielle Aufbesserung ihrer Gehälter. Nachdem Rektor Karl Spörl bereits bei seinem Dienstantritt (1891) eine persönliche Zulage von 200 Mark erhalten hatte, wurde vom Magistrat am 1. August 1894

Abbildung 6:
Dieses Foto entstand um 1934: 3 Klassen in einem Raum!

Schulwesen und Partnerschaften

Abbildung 7:
Rektor Georg Hartmann mit einer Schulklasse, um 1932.

beschlossen, dass der zweite Lehrer Heinrich RAHM und der dritte Lehrer Thomas STARK in den Genuss von je 200 Mark kommen, außerdem die Schulverweserin Johanna FISCHER 100 Mark als widerrufliche jährliche Zulage vom 1. Januar 1895 an erhalte.

Durch In-Kraft-Treten des neuen Schuletatgesetzes vom 28. Juni 1902 wurden dann die Gehälter der Lehrer ab 1. Januar 1903 spürbar angehoben. Das Jahreseinkommen von Rektor Spörl erhöhte sich damals um 442 Mark 94 Pfennig, bei Lehrer Stark um 305 Mark 91 Pfennig und bei der neuen Verweserin der vierten Schulstelle (seit 1899 Babette FRIEDRICH) um 320 Mark, wobei der Magistrat in Anerkennung der pädagogischen Leistungen der Pegnitzer Lehrer die persönlichen Zulagen weiter gewährte.

Schulleben und Schullandschaft im 20. Jahrhundert

Bedingt durch die Wiedereröffnung des Pegnitzer Bergwerks und den Zuzug von Vertriebenen aus dem Sudetenland schnellte die Schülerzahl sprunghaft in die Höhe. Wurden 1939 in der Volksschule 413 Schüler in acht Klassen unterrichtet, so waren es im Jahre 1945 über 900 Schüler in insgesamt 17 Klassenabteilungen.

Nach den Aufzeichnungen von Rektor HARTMANN wurde der Schulbetrieb an der Pegnitzer Volksschule am 18. September 1945 wieder aufgenommen und die Schüler bei Reduzierung des Lehrstoffes vorläufig in die nächsthöhere Klassenstufe versetzt. Die acht Lehrkräfte mussten 902 Schüler unterrichten, wobei 164 Anfänger in drei Abteilungen der ersten Klasse eintraten. 600 Schiefertafeln und 2000 Griffel wurden neu beschafft, daneben 280 Lesebücher und 231 Rechenbücher.

Um der weiterhin drückenden Schulraumnot Herr zu werden, wurden zwei weitere Gebäudeteile nötig, die allerdings erst in den Jahren 1954 und 1955 fertig gestellt worden sind. Einige Räume wurden dann für zwei Jahre von der damals gegründeten „Realschule" – der Urzelle des heutigen Pegnitzer Gymnasiums – belegt (5. und 6. Klasse).

Bis zum Ende des Schuljahres 1926/27 war die Volksschule Pegnitz eine evangelische Bekenntnisschule. Ab 28. April 1927 wurde nun eine katholische Bekenntnisschule eingerichtet, die aus zwei Klassen bestand. Im Schuljahr 1937/38 wurden dann beide Schulen zu einer Gemeinschaftsschule zusammengeschlossen, ab dem Schuljahr 1939/40 mit der Einführung der 8. Jahrgangsstufe. Diese Gemeinschaftsschule hatte mit 20 Einzelklassen bis einschließlich des Schuljahres 1947/48 Bestand. Am 8. März 1948 wurden im Schulanzeiger die zwischen der Staatsregierung und den Kirchen vereinbarten Grundsätze veröffentlicht, wonach die Volksschule als Bekenntnisschule anzusprechen sei, und eine Gemeinschaftsschule nur auf besonderen Antrag der Erziehungsberechtigten bestehen dürfe. Die Meinungen in der Pegnitzer Elternschaft waren geteilt, so dass in einer gemeinsamen Sitzung von Schulpflegschaft und Elternrat vom 19. Juli 1948 der Beschluss zu einer allgemeinen Elternbefragung gefasst worden ist. Bei zwei Einschreibungsterminen im August 1948 (Landratsamt und Rathaus) konnten die Erziehungsberechtigten ihre Meinung kundtun. Bei der zweiten Einschreibung plädierten – nach den Aufzeichnungen von Rektor Hartmann – 317 Erziehungsberechtigte für die katholische Bekenntnisschule, 75 für die evangelische Bekenntnisschule und 490 für die Gemeinschaftsschule. Aufgrund dieser Voten bestanden in Pegnitz mit Beginn des Schuljahres 1948/49 eine Gemeinschaftsschule (670 Schüler in 14 Klassen) und eine katholische Bekenntnisschule mit 336 Schülern in sieben Klassen. Die Regierung von Oberfranken erließ hierzu am 11. September 1952 folgende Anordnung: Mit Beginn des Schuljahres 1952/53 wird offiziell in der Stadt Pegnitz eine Gemeinschaftsschule eingerichtet. Die bisherige

Abbildungen 8/9:
Die Grundschule heute: Nach der Generalsanierung und Erweiterung in den Jahren 1996–98. Aula der Grundschule (rechts).

katholische Bekenntnisschule bleibt weiterhin bestehen, weil sich mehr als 25 erforderliche Erziehungsberechtigte dafür ausgesprochen haben." Seit 1. August 1969 gibt es in Pegnitz nur noch eine Gemeinschaftsschule.
Heute (Schuljahr 2003/2004) unterrichten 25 hauptamtliche Lehrer der Grundschule 570 Schüler in 22 Klassen. In der Hauptschule an der Peter-Rosegger-Straße (Siedlung) verteilen sich 451 Schülerinnen und Schüler auf 19 Klassen, in denen 33 Lehrer unterrichten.
Besondere Bedeutung für die Erweiterung der Pegnitzer Schullandschaft kommt Landrat Dr. Heinrich DITTRICH (1902–1974), Bürgermeister Christian SAMMET (1902–1979) und Oberamtsrichter Ludwig KUFFER (1900–1982) zu: 1950 wurde die Landwirtschaftsschule neu aufgebaut, 1953 die Kreisberufsschule.

Gymnasium

Die Pegnitzer Gymnasiasten mussten bis in die 50er Jahre weiterhin die Hersbrucker oder Bayreuther Oberrealschule besuchen. Im traditionsreichen „Räuber-Stüberl" des Gasthofes „Weißes Roß" brachten die Eltern ihre Klage darüber zum Ausdruck, dass ihre Kinder sehr früh aufstehen müssten und einen beschwerlichen Schulweg auf sich zu nehmen hätten. Unter Vorsitz von Oberamtsrichter Kuffer wurde im Oktober 1952 eine „Interessensgemeinschaft zur Errichtung einer höheren Lehranstalt in Pegnitz" ins Leben gerufen. Beim Kultusministerium sollte eine dreiklassige Lehranstalt („Realschule") als Zweigstelle der Bayreuther Oberrealschule (heute Graf-Münster-Gymnasium) beantragt werden. Dieser Antrag, der wenigstens den gymnasialen Erstklässlern den weiten Schulweg erspart hätte, wurde jedoch von vornherein abgelehnt. Auf Drängen von Ludwig Kuffer unterstützte in der Folgezeit auch die Schulleitung der Bayreuther Oberrealschule das Anliegen der Pegnitzer Interessensgemeinschaft, dem Vorläufer des heutigen „Eltern- und Fördererverbandes", nachdem in Bayreuth die Einführung des „Schichtunterrichts" und damit eine weitere Verschlechterung für die Pegnitzer Fahrschüler drohte. Der Kreistag entschied sich am 12. Februar 1953 für die Unterstützung einer dreiklassigen höheren Schule. Im Februar 1954 erreichte eine Pegnitzer Abordnung beim bayerischen Kultusministerium schließlich die Genehmigung für die Errichtung einer höheren Schule mit sechs Klassenstufen.
Am 1. September 1954 konnte der Schulbetrieb in den Räumen der erweiterten Volksschule aufgenommen werden. Dem damaligen Schulleiter, Studienrat Dr. Ludwig BÜTTNER, standen allerdings erst wenige hauptamtliche Lehrkräfte zur Verfügung. In die 5. Klasse wurden damals 59 Schüler und in die 6. Klasse 31 aufgenommen. Am 1. April 1956 wurde Oberstudienrat Erwin CASELMANN (1908–1975) mit der Leitung der Pegnitzer Zweigstelle beauftragt, der dann über 17 Jahre der Lehranstalt vorstand. Im Schuljahr 1956/57 standen neben einer 5. zwei 6., je eine 7. und 8. Klasse zur Verfügung.
In die schwierige Aufbauphase fiel ein Lichtblick, als am 2. Mai 1957 an der Winterleite der zweistöckige Neubau des Gymnasiums eingeweiht werden konnte – der heutige Altbau (damals noch ohne das heutige Obergeschoss, den naturwissenschaftlichen Trakt und ohne Turnhalle). Mit dem 1. September 1958

Abbildung 10:
Im Juli 1980 überreichte OStD Herbert Scherer die Festschrift zum 25-jährigen Bestehen des Gymnasiums an Amtsgerichtsdirektor Kuffer. Hintere Reihe von links: Rektor Walter Büttner, StD Willy Hörl, StD Hans Griesinger und Reinhard Tellbach, Vorsitzender des Eltern- und Fördererverbandes.

Abbildung 11:
Aufnahme des Schulgebäudes von Südosten (um 1960).

Schulwesen und Partnerschaften

wurde Pegnitz zu einer selbstständigen Institution unter der Bezeichnung „Oberrealschule im Aufbau". Mit dem ersten Abiturjahrgang 1961/62 wurde die Schule eine Vollanstalt. Nach der Errichtung des Schülerheimes (1968) wurde das Gymnasium zu einer staatlichen Heimschule erklärt. Die Zunahme der Schüler machte 1969 einen Erweiterungsbau mit vier Klassenzimmern nötig, wobei jedoch die Raumnot keineswegs behoben werden konnte. Mehrere Klassen wurden im Schülerheim und in der Landwirtschaftsschule untergebracht, später die 6. und 7. Klassen in der alten Volksschule.

Vom Beginn des Schuljahres 1973/74 bis Juli 1993 war der gebürtige Bayreuther Herbert SCHERER (geb. 1929) Leiter des Pegnitzer Gymnasiums, der vor Antritt seiner Dienststelle wertvolle pädagogische Erfahrungen an deutschen Schulen in Ecuador sammeln konnte. Ihm gelang es, mit Beginn des Schuljahres 1974/75 dem mathematisch-naturwissenschaftlich ausgerichteten Gymnasium auch einen neusprachlichen Zweig anzugliedern.

Obwohl der längst fällige Erweiterungsbau schon im Jahre 1970 beantragt worden war, konnte erst im September 1979 der Neubautrakt mit zeitgemäßen Fach- und Kollegstufenräumen, Bibliothek und angegliederter Zweifachturnhalle bezogen werden.

Mit der Begründung einer sog. Staatlichen Heimschule, einer ausschließlich bayerischen Einrichtung, war das fiskalische Ziel von Landrat Dr. Dittrich erreicht, den Großteil des Bau- und Sachaufwandes auf den Staat abzuwälzen. Das Gymnasium Pegnitz gehörte damit auch der Arbeitsgemeinschaft (AG) öffentlicher Heimschulen an, die jährlich in Dillingen eigene Seminare zur Fortbildung von Heimerziehern durchführen konnte. Zwölf Jahre (von 1980–1992) lag die Leitung der AG beim Gymnasium Pegnitz. Um die Existenz des Schülerheims zu sichern, kam es später zu einer gemeinsamen Nutzung mit der Bayerischen Justizschule. Nach dem Schulentwicklungsplan von 1970 sollte in Pegnitz ein zweites Gymnasium, ein sog. Progymnasium (5.–10. Klasse), errichtet werden. Die vom Ministerium ermittelten Zahlen für den gymnasialen Bereich im Raum Pegnitz sahen ein Anwachsen auf etwa 1.200 Gymnasiasten vor. Eine genaue Ermittlung durch den stellvertretenden Schulleiter Willy Hörl im Einzugsbereich, der durch die Landkreisreform von 1972 weiter geschmälert wurde, ergab jedoch einen weitaus geringeren Zugang.

Die 70er und 80er Jahre stellten an alle Kräfte des Gymnasiums hohe Anforderungen. Konnten mit der Einweihung des Neubaus im Schuljahr 1979/80 die in der Landwirtschafts- und Volksschule sowie im Schülerheim ausgelagerten Klassen endlich in das Gymnasium zurückgeholt und dann auch der schöne Schulsportplatz – erbaut mit der Unterstützung durch die Stadt – in Betrieb genommen werden, so zwang die Notlage in der Lehrerversorgung zu vielen Improvisationen. Hohes Lob erwarben sich die Lehrkräfte beim außerunterrichtlichen Einsatz, vor allem bei der Pflege der internationalen Schulpartnerschaften im Rahmen des jährlichen Austausches mit sechs ausländischen Schulen (siehe 4. ▶ Internationale Partnerschaften) und seit 1991 als UNESCO-Projekt-Schule.

Abbildung 12:
Luftbild aus dem Jahr 1980: Alt-, Neubau und neue Turnhalle.

Auch der Nachfolger von Herbert Scherer in der Schulleitung, Kurt LÖBLEIN (1993–2002), führte die Tradition des Schulaustausches mit Pringy und den übrigen ausländischen Partnerschaften engagiert fort. Seit September 2002 steht der bis dahin als Seminarlehrer in Schweinfurt wirkende Rainer ROTH an der Spitze des Pegnitzer Gymnasiums.

Schulwesen und Partnerschaften

Realschule

Bereits 1949 wurden mit dem Kultusministerium Verhandlungen zur Errichtung einer „Mittelschule" aufgenommen, das in den 60er Jahren des 20. Jahrhunderts wieder aufgenommene Projekt scheiterte damals allerdings an der Schulraumfrage.

Als erster Rektor der Pegnitzer Realschule wurde der aus Dinkelsbühl stammende Karl GEBHARDT (1917–1992) zum 1. August 1966 ernannt, nachdem er vorher sieben Jahre Konrektor an der Realschule Ebermannstadt gewesen ist. Wie stark die Nachfrage nach dem Bildungsangebot dieses Schultyps im ehemaligen Landkreis Pegnitz war, lässt sich an der Tatsache ablesen, dass bereits im Juni 1966 Vorbereitungen für die Erweiterung von ursprünglich acht auf 16 Klassen getroffen worden sind.

Am 6. September 1966 – an diesem Tag feierte der Initiator dieser Schule, Landrat Dr. Heinrich Dittrich, seinen 64. Geburtstag – wurde der Schulbetrieb in vier Klassen mit sechs Lehrkräften und 145 Schülern aufgenommen. Zu Beginn des darauf folgenden Schuljahres konnte dann der Neubau an der Stadionstraße bezogen werden.

Rückblickend schreibt Karl Gebhardt (an der Schwelle zum Ruhestand im Juli 1979): „Das erste Jahr Provisorium am Schloßberg war wohl das schönste meiner Berufslaufbahn. Die Schule war in der Maschinenhalle der damaligen Landwirtschaftsschule und in einer Baracke auf freiem Feld am Wald untergebracht." (Rückblick Karl Gebhardt in: Jahresbericht 1978/79, 32 f.).

Die Zahl der Schülerinnen und Schüler, die aus einem weiten Einzugsgebiet nach Pegnitz kamen, wuchs rasch auf fast 700 Schüler an und blieb bis in die 80er Jahre relativ konstant – abgesehen von dem statistischen „Tiefstand" im Schuljahr 1989/90 mit 382 Schülern. Erstaunlich ist, dass sowohl die Umwandlung der klösterlichen Mädchenschule zu Auerbach in eine öffentliche Realschule (September 1971) sowie die Gebietsreform von 1972 mit der Auflösung des alten Landkreises Pegnitz und der Abtretung des Gebietes um Gößweinstein und Obertrubach an den Landkreis Forchheim kaum Auswirkungen auf die Entwicklung der Schülerzahlen hatte. Im Gegenteil: 655 Schüler wurden im September 1975 in 21 Klassen unterrichtet.

Bereits 1968 führte eine Laienspielgruppe unter der Leitung von Josef HEIM zwei Fastnachtsspiele von Hans Sachs auf, der sich ab 1977 (bis heute) in bewährter Weise Manfred WELNHOFER angenommen hat.

Nachfolger von Karl Gebhardt in der Leitung der Realschule war von 1979 bis 1984 der aus Weiden stammende Adolf DUSCHNER. Er wirkte von 1974 bis zu seiner Berufung nach Pegnitz am „Institut für Schulpädagogik" (ISP) in München – dem heutigen „Institut für Schulbildung" (ISB) –, bevor er als Ministerialbeauftragter für den Realschulbereich Mittelfranken nach Erlangen ging. Sein direkter Nachfolger, Dieter TARENZ, stand der Realschule Pegnitz in den Jahren 1984 bis 2000 vor, auf den der gebürtige Nürnberger Peter THUMANN für drei Schuljahre folgte. In den Jahren 1973 bis 1987 stand Ingeborg RAUH dem jeweiligen Schulleiter als Konrektorin zur Seite, die sich auch in der evangelischen Kirchengemeinde Pegnitz stark engagierte.

Seit 1993 pflegt die Realschule Pegnitz einen Schüleraustausch mit dem Collège Paul Eluard in der französischen Partnerstadt Guyancourt, seit dem Schuljahr 1999/2000 besteht ein Austausch mit der schottischen Linlithgow Academy.

Abbildungen 13–15:
Die staatliche Realschule an der Stadionstraße.

Schulwesen und Partnerschaften

Besonders die letzten Jahresberichte der Realschule Pegnitz, für deren kurzzeitige Überlassung ich auch an dieser Stelle dem jetzigen Rektor Rolf SCHLEGEL sehr herzlich danke, dokumentierten in sehr ansprechender Weise die vielfältigen Aktivitäten der Schülerinnen und Schüler im künstlerischen, musischen, sportlichen und technischen Bereich.

Berufsschule/Hotelfachschule

Abbildung 16:
Induktionstiegelofen. Erschmelzen von Gusseisen. Unterricht für Gießereimechaniker.

Die Geschichte der Pegnitzer Berufsschule reicht bis ins Jahr 1865 zurück. Damals bestand eine überschaubare „Gewerbliche Sonntagsschule". In den Jahren 1922 bis 1941 gab es für alle Lehrlinge in Pegnitz die „Werkschule der Pegnitzhütte". Nach dem Zweiten Weltkrieg wurde (am 1. April 1950) die „Gewerbliche Kreisberufsschule Pegnitz" eröffnet, die 1952 ihren Neubau am Kellerberg beziehen konnte. Im Jahre 1968 erfolgte die Fusion zwischen der gewerblich-hauswirtschaftlichen Kreisberufsschule und der staatlichen Landwirtschaftlichen Berufsschule.

In den Jahren 1981/82 wurde die damalige Landwirtschaftsschule am Brunnberg zum Internat (92 Zimmer) umgebaut, bevor 1983 die selbstständige „Staatliche Berufsschule Pegnitz" nach Neu- und Umbau ihren Betrieb als Ausbildungsstätte für das Gastgewerbe mit Lehrküchen und Schulrestaurant sowie für die Metallabteilung mit Werkstätten und Lehrgießerei (samt Schmelzöfen) aufnehmen konnte. Heute werden in den Gebäuden an der Pfarrer-Dr.-Vogl-Straße folgende differenzierte Ausbildungszweige angeboten: Im Fachsprengel Oberfranken-Ost für Auszubildende der Gastronomie und Hotellerie: Koch/Köchin, Hotel- und Restaurantfachleute, Fachkräfte im Gastgewerbe. Für Metallberufe (Fertigungs- und Gießereitechnik): Gießereimechaniker, Metall- und Glockengießer, Industriemechaniker und Feinwerkmechaniker (für den südlichen Landkreis Bayreuth).

Bereits im Jahre 1977 wurde für Auszubildende in Hotelberufen die „Blockbeschulung" eingeführt und der entsprechende Lehrgang für Oberfranken-Ost an der Berufsschule Pegnitz eingerichtet. Dazu wurde das Gebäude an der Pfarrer-Dr.-Vogl-Straße mit Millionenaufwand erweitert und modernisiert. Die Unterbringung der Schüler war zum damaligen Zeitpunkt im Don-Bosco-Heim (bei der Marienkirche) gesichert.

Für den Aufbau dieses Berufszweiges zur Hotelfachschule (ab 1989), dem sich besonders die damalige Direktorin der Berufsschule, Gertrud SCHÜTZ-HOFFMANN, verpflichtete, war vor allem die Tatsache ausschlaggebend, dass es bis dahin in ganz Nordbayern kein Angebot zur Weiterbildung im Gastgewerbe gab. Ein

Abbildung 17:
Staatliche Berufsschule Pegnitz. Südansicht.

Schulwesen und Partnerschaften

Schwerpunkt dieser zunächst zweijährigen Ausbildung, einschließlich des Sprachunterrichts in Englisch und Französisch, wurde im „kaufmännisch-betriebsorganisatorischen" Bereich erkannt – mit dem Ziel, Personal für das mittlere und gehobene Management zu gewinnen.

Die heutige Bezeichnung „Hotelfachschule und Berufsfachschule für Hotelmanagement" trägt diesem differenzierten Berufsbild Rechnung. Aufnahmebedingungen sind neben einem erfolgreichen Hauptschulabschluss eine abgeschlossene dreijährige Lehre und mindestens zwei weitere Jahre Berufspraxis. Von Anfang an wurde das Projekt vom Hotel- und Gaststättenverband und dem Fremdenverkehrsverband Franken nachhaltig unterstützt.

Die Hotelfachschule nahm am 1. September 1990 mit 26 Schülern ihren Betrieb unter der Leitung von Klemens M. BROSIG auf. Bei der offiziellen Eröffnungsfeier (Ende September 1990), an der auch der damalige bayerische Wirtschaftsminister „Gustl" Lang teilnahm, wurde das Pflaums Posthotel Pegnitz (PPP) als „Pate" dieser Schule gewürdigt. Landrat Dr. Dietel sprach bereits zu diesem Zeitpunkt von dem Fernziel: Ausbau der Hotelfachschule zu einer „Akademie für Tourismus".

Schon im zweiten Schuljahr verdreifachte sich die Schülerzahl auf 83, so dass in der Berufsschule zwei weitere Klassenzimmer zur Verfügung gestellt werden mussten.

Abbildung 18:
Schulküche. Ausbildung der Köche.

Schüler der Gastronomie (Köche, Restaurant- und Hotelfachleute) nehmen im dritten Ausbildungsjahr regelmäßig an überörtlichen Berufswettkämpfen mit teilweise beachtlichen Erfolgen teil, so beim „Achenbachpreis" (Regionalausscheidung für die bayerische Meisterschaft der Köche), beim Jugendwettbewerb – der Regionalausscheidung für Hotel- und Restaurantfachleute, bei den bayerischen Meisterschaften für Köche und Service, bei den deutschen Meisterschaften und dem Schulwettbewerb während der Hotel- und Gaststättenausstellung in Nürnberg bzw. München (HOGA). Auszubildende des 1. Jahres messen sich mit anderen Berufskollegen beim „Fischerpokal" in Zusammenarbeit mit der Teichgenossenschaft Oberfranken und dem Bezirk Oberfranken.

Im Schuljahr 2003/2004 unterrichteten 25 haupt- und nebenamtliche Lehrkräfte 764 Schüler (409 Gastgewerbe/355 Metallgewerbe) in 34 Klassen – auf der Grundlage des „Dualen Systems", d. h. die Ausbildung erfolgt zu 30% an der Berufsschule (fachtheoretische Kenntnisse) und zu 70% in den Betrieben.

Abbildung 19:
Schulrestaurant. Tischservice. Ausbildung der Restaurantfachleute, Hotelfachleute.

Dieser kurze Abriss zur Entwicklung und allmählichen Ausgliederung der Pegnitzer „Schullandschaft" – exemplarisch an einigen Schultypen dargestellt – lässt zweierlei deutlich erkennen: 1. Es hat bis an die Schwelle des 20. Jahrhunderts gedauert, bis die kümmerliche Besoldung der Lehrerschaft auf einer gesicherten Existenzgrundlage aufbauen konnte. 2. Die Ausdifferenzierung in die verschiedenen Schultypen mit ihren spezifischen Lehrangeboten (ab der Mitte des 20. Jahrhunderts) entspricht dem adäquaten Spiegelbild der Bildungslandschaft in der Gegenwart, so dass Pegnitz mit Recht als Schulstadt angesprochen werden kann – unterstützt durch die Bemühungen der Stadtverwaltung um internationale Kontakte nach West- und Osteuropa.

Schulwesen und Partnerschaften

Werner Schaller
2. Die Entwicklung der Bayerischen Justizschule Pegnitz

Abbildung 20:
Die Justizschule im ursprünglichen Zustand.

Im Jahre 1967 wurde das Gebäude des ehemaligen Landratsamtes Pegnitz eingeweiht. Im Zuge der Gebietsreform stand es bereits im Jahre 1973 wieder leer. Es war ein glücklicher Umstand, dass die bayerische Justiz zu dieser Zeit nach Möglichkeiten Ausschau hielt, für die Aus- und Fortbildung des mittleren Justizdienstes ein geeignetes Gebäude zu suchen. Die Wahl fiel auf Pegnitz, weil das Gebäude des ehemaligen Landratsamtes mit überschaubarem Aufwand in ein Internat umgebaut werden und die Verpflegung der Lehrgangsteilnehmer im Schülerheim des Gymnasiums erfolgen konnte. Professor Hans KAUFFMANN, damaliger Leiter des Landesjustizprüfungsamtes beim Bayerischen Staatsministerium der Justiz, stellte die Weichen für das Entstehen einer Justizschule in Pegnitz.

Am 21. Juni 1976 wurde durch den Stellvertretenden Ministerpräsidenten und Bayerischen Staatsminister der Justiz, Dr. Karl HILLERMEIER, die Schule eröffnet. Zum ersten Schulleiter wurde Helmut HÖSS aus Hof bestellt. Neben der ursprünglichen Aufgabe der Ausbildung zum Justizfachwirt/-fachwirtin kam die Ausbildung der Justizwachtmeister und der Gerichtsvollzieher hinzu.

Ein für die Weiterentwicklung wichtiger Schritt war die Eröffnung des EDV-Schulungszentrums im Jahre 1988 durch die Staatsministerin der Justiz, Dr. Mathilde BERGHOFER-WEICHNER. Seitdem gibt es nur wenige der ca. 12.000 Mitarbeiter der bayerischen Justiz, die noch nicht in Pegnitz waren.

Mit der Wiedervereinigung Deutschlands rückte die Justizschule Pegnitz von einer Randlage in das Zentrum Deutschlands. Lehrkräfte aus Pegnitz schulten Justizpersonal in Radebeul, Niederbobritzsch (Sachsen), Gera, Jena (Thüringen), Naumburg, Benneckenstein und Dessau (Sachsen-Anhalt), Güstrow (Mecklenburg-Vorpommern). Auf Initiative des Leiters des Landesjustizprüfungsamtes beim Bayerischen Staatsministerium der Justiz, Ministerialdirigent Dr. h. c. Heino SCHÖBEL, wurden Verwaltungsvereinbarungen mit Sachsen, Sachsen-Anhalt und Thüringen über eine gemeinsame Ausbildung der Gerichtsvollzieher geschlossen. Die Schule leistet damit ihren Beitrag für das Zusammenwachsen der Menschen aus den alten und den neuen Bundesländern. Ein historischer Termin war eine Tagung für Richter aus der ehemaligen DDR unter Leitung von Ministerialdirektor Wolfgang HELD vom 11. bis 13. Mai 1990. In den Jahren des Aufbaus Ost wurden jährlich bis zu 33.000 Übernachtungen an der Schule gezählt.

Abbildung 21:
Spatenstich (September 2003).

Auch in der ca. acht Flugstunden entfernten Mongolei fand 1990 eine Wende von einem kommunistischen zu einem demokratischen Staat statt. Das Bayerische Staatsministerium der Justiz leistete wertvolle Hilfe beim Aufbau des dortigen Rechtsstaats. Der Bayerischen Justizschule wurde die Aufgabe zugewiesen, das zivile Zwangsvollstreckungsrecht zu modernisieren. So wurde in einer Arbeits-

Schulwesen und Partnerschaften

Abbildung 22:
Derzeitiger Bauzustand
(September 2004).

gruppe in Ulaanbaatar von Schulleiter Werner SCHALLER, zusammen mit mongolischen Juristen, ein Gesetzentwurf erstellt und vom mongolischen Parlament im Jahre 2002 in Kraft gesetzt. Derzeit wird das mongolische Personal auf das neue Recht geschult. (▶ 4. Internationale Partnerschaften, S. 144)

Am 22. Juli 1997 fand in Pegnitz ein Grundsatzgespräch über den Um- und Erweiterungsbau mit dem Präsidenten des Oberlandesgerichts Bamberg, Professor Dr. BÖTTCHER, und dem Leiter der Haushaltsabteilung beim Bayerischen Staatsministerium der Justiz, Ministerialdirigent Freiherr VON HORNSTEIN, statt. Am 21. Juni 2001 wurde anlässlich der 25-Jahr-Feier der Bayerischen Justizschule von Justizminister Dr. Manfred WEISS das Ergebnis des Architektenwettbewerbs, den Architekt Peter SCHWINDE gewann, vorgestellt.

Am 10. September 2003 konnte der Präsident des Oberlandesgerichts Bamberg, Herr Michael MEISENBERG, zum Spatenstich (Abb. 21) für den Um- und Erweiterungsbau mit einem Bauvolumen in Höhe von 15,6 Mio. € einladen.

Mit dem Spatenstich, den Dr. Manfred Weiß mit einem tonnenschweren Bagger vornahm, begann ein neuer, interessanter Entwicklungsabschnitt für die Bayerische Justizschule Pegnitz, die dann mit 239 Betten und bester technischer Ausstattung der 13 Lehrsäle den veränderten Anforderungen an die Aus- und Fortbildung gerecht werden kann.

Bärbl Völkl
3. Die Volkshochschule seit 1950 in unserer Stadt

Eine kleine aufstrebende Stadt, in der Bergbau und Industrie florierten, so muss man sich Pegnitz in den 50er Jahren des letzten Jahrhunderts vorstellen. Wenn die Primärbedürfnisse eines Menschen gestillt sind, so heißt es jedenfalls, strebt er nach geistig Höherem. Im Nachkriegs-Pegnitz regte sich also der Wunsch nach Kultur.

Es existierte ein Kulturbund, der mit Konzerten, Dichterlesungen und Liederabenden beachtlich in Erscheinung trat, darüber hinaus deckten die beiden Kirchen mit Vorträgen und Laienschauspiel ein gewisses kulturelles Spektrum ab. Doch nun sollte der Rahmen einer Erwachsenenbildung geschaffen werden.

Heute lesen sich die Gründungsereignisse der ersten Pegnitzer Volkshochschule wie ein Krimi.

Doktoren und Direktoren

Am 25. Januar 1950 trafen sich etwa 35 Pegnitzer im Gasthof „Weißes Lamm". Aus ihrer Mitte wurde Dr. Dr. Karl WÜRTH zum Vorsitzenden gewählt. Dieser Mann verfügte über die ungewöhnliche Berufskombination eines Malermeisters und eines Chemikers. Sein Stellvertreter wurde Direktor Max BÄHR, Kreisschulrat Dr.

Schulwesen und Partnerschaften

Walter NOWACK übernahm die Studienleitung, und Dr. Konrad GENTNER, Physiker, die Geschäftsführung. Dieses Bildungsgremium der ersten Stunde wurde von Hildegard PONFICK als stellvertretende Geschäftsführerin, von Lehrer Erwin KUNZ als Kassier und Toni KREDING als Schriftführerin ergänzt. Dies alles ist den Gründungsprotokollen, die dem Registergericht vorliegen, zu entnehmen.

Ein richtiger Krimi

Eigentlich wartet nun alles, dass das Bildungskomitee loslegen würde. Doch weit gefehlt. Was folgt, ist ein Streit der Doktoren, der am 5. September 1950 eskaliert, wie im VHS-Protokoll nachzulesen. Die Mitgliederversammlung wird um 23.30 Uhr mit einem heftigen Wortgefecht zwischen Dr. Dr. Würth und Dr. Gentner abgebrochen. Es kam aber noch turbulenter. Der Sturz der Vorstandschaft war wohl schon geplant, als am 7. September ein erstes VHS-Programm aufgelegt wurde. Zunächst war im Programm Unterricht in 30 verschiedenen Fächern angeboten und das Semester festlich eröffnet. Dr. Nowack referierte über seine Studienreise durch Amerika, dazu musizierte die Orchestergemeinschaft Pegnitz. Wer hätte damals gedacht, dass es fast 50 Jahre dauern würde, bis die erste Reise unter Albin VÖLKL die Pegnitzer selbst nach Amerika führen würde.

Doch zurück zum 3. Oktober 1950. An diesem Tag wurde eine außerordentliche Mitgliederversammlung angesetzt, zu der man den Vorsitzenden Dr. Dr. Würth nicht eingeladen hatte. Allerdings waren 105 Mitglieder erschienen. Im Lauf des Abends funktionierte man die außerordentliche Sitzung einfach in eine ordentliche um, und mit 93 Stimmen wurde Direktor Bähr zum neuen Vorsitzenden gewählt. Während man heute nur noch schwer Menschen für ehrenamtliche Tätigkeiten begeistern kann, waren es damals gleich mehrere, die für jedes Amt kandidierten. Selbst für die Schriftführung boten sich drei Kandidaten an.

Mit Direktor Bähr und Direktor BUSCHHORN war am 3. Oktober ein zweiter Start der Volkshochschule geglückt. Man plante Theater- und Opernfahrten. Herr RUDOLF, der spätere Bayreuther Verkehrsdirektor, verkündete, dass der Kulturbund geschlossen in die junge Volkshochschule Pegnitz eintreten werde. Die Doktoren wurden also von den Direktoren abgelöst. Das Programm übrigens war in einem kleinen Schaukasten am Gasthof „Weißes Lamm" ausgehängt.

Was die Führung der Pegnitzer Volkshochschule anbelangte, so waren die Doktoren den Direktoren gewichen. In den 60er Jahren kamen die Schulmeister ins Gremium: Willi HÖRL, stellvertretender Direktor des Pegnitzer Gymnasiums, die Rektoren Meier, Felicetti und Resch, Walter Büttner, Oberstudiendirektor Herbert Scherer, die Realschulrektoren Karl Gebhardt und Dieter Tarenz und die Studiendirektoren Arthur Schödel, Albin Völkl und Werner Dunst.

Der Forstmann Josef NIEDERWALD oder der Finanzoberrat Josef DEUCHLER bildeten vom Beruf her die Ausnahme und wirkten sehr erfolgreich über viele Jahre.

Stadtoberhaupt an der Spitze

Seit 1988 hat Bürgermeister Manfred THÜMMLER den Vorsitz inne. Ihm ist mit Reinhard Schwappach, Manfred Richter, Gisela Preisinger, Christa Goering, Werner Dunst, Wolfgang Leipert, Heinrich Löw, Monika Wolf und Horst Rothenbach ein bewährtes Team, das über viele Jahre zusammenarbeitet, an die Seite gestellt.

Zurück aber in die ersten Jahrzehnte der VHS. In den 60er Jahren war das Programm sehr vortragslastig. So wurden 1961 genau 17 Vorträge, zwei Wochenendseminare, aber nur vier Kurse abgehalten. Ein Landkreiszuschuss von 250 Mark verpflichtete die VHS allerdings, in Gößweinstein und Behringersmühle in der Sommersaison Vorträge zu veranstalten.

Dann kamen die künstlerisch-handwerklichen und berufsbildenden Kurse. Fremdsprachen wurden ins Programm aufgenommen, eigene Schreibmaschinen angeschafft, und ein Brennofen konnte nur auf Ratenzahlung erstanden werden.

Abbildung 23:
Gymnastik im warmen Wasser ist nicht nur bei Damen beliebt.

Abbildung 24:
Beim traditionellen Heringsessen der VHS.

Die Geschichte der Stadt Pegnitz

1972 eine Flaute: An der Mitgliederversammlung bestand absolut kein Interesse. Diese musste doch tatsächlich mangels Besucher gleich zweimal verschoben werden. Eine Pegnitzer Zeitung titelte am 27. Juni 1973: „Nach langem Bangen: Volkshochschule gerettet".

Weit gefehlt, kann man aus heutiger Sicht nur sagen. Die nächste Krise zeichnete sich bereits am Horizont ab, und im November 1974 kam es zur Zerreißprobe, wie der Presse zu entnehmen ist. Stundenlange Debatten – es ging um umstrittene Reisen – brachten die VHS in starke Bedrängnis. Doch Rettung nahte. Die VHS entstieg wie Phönix der Asche und erlebte, nun bald 25-jährig, eine neue Ära unter Herbert SCHERER. Von 1975 bis 1985 brachte er namhafte Alpinisten nach Pegnitz. Weiter kamen die Ostkontakte, Universitätstage, das Film- sowie das Theaterforum hinzu. Fester Bestandteil des Programms wurden die „Fränkische-Schweiz-Abende".

Fahrten hinter den Eisernen Vorhang

Scherers Ostreisen führten in alle bedeutenden DDR-Städte und hinter den so genannten Eisernen Vorhang nach Polen, Ungarn und in die damalige Tschechoslowakei. Die Volkshochschule Pegnitz hat Herbert Scherer zum Ehrenvorsitzenden ernannt.

Als Josef DEUCHLER jahrelang in der Geschäftsführung und als Fachbereichsleiter wirkte, wurden Vorträge in Pottenstein, Schnabelwaid und Gößweinstein gehalten. Heute besitzen diese Orte eigene Volkshochschulen. Pegnitz aber verfügt über die größte im Verbund der 32 Volkshochschulen des Landkreises Bayreuth.

An dieser Stelle müssen die Landkreiszuschüsse erwähnt werden, mit deren Hilfe die Gebühren erschwinglich blieben. Landrat Dr. Klaus-Günter DIETEL, der den Volkshochschulen im Landkreis immer besonderes Augenmerk schenkte, ist zudem seit vielen Jahren Vorsitzender dieser Bildungseinrichtung.

In Pegnitz ging es jedoch in der Volkshochschule bergauf, sie erreichte unter Bürgermeister Manfred Thümmler die Größe eines mittelständischen Unternehmens.

In Albin Völkls Zeit als zweiter Vorsitzender kamen die Rundfunkmoderatorin Anne Holland sowie der bekannte Theologe Heinz Zahrnt nach Pegnitz, darüber hinaus führte er das Singen in der Stube ein, das heute noch fortgeführt wird.

Christa Goering bot neben Dichterlesungen und Podiumsdiskussionen als Schwerpunkt Literaturkurse, Exkursionen und brachte eine Reihe namhafter Persönlichkeiten – von Schrez bis Graf Stauffenberg – in unsere Stadt. Den Sowjetexperten Wolfgang Leonhard holte Vorsitzender Manfred Thümmler nach Pegnitz. Thümmler selbst hielt interessante Russlandvorträge.

Alle Instrumente

1975 wurde die Musikschule angegliedert, die unter Leitung von Wolfgang LEIPERT steht. Anfangs lief diese Einrichtung eigenständig, später unter der Trägerschaft der VHS. Ungebrochen wird das Angebot, fast alle Instrumente lernen zu können, angenommen. Bemerkenswert ist auch das Computer-Zentrum, das von Heinrich Löw eingerichtet wurde. Die Arbeit von Matthias Resch im Gesundheitswesen setzt inzwischen Monika Wolf erfolgreich fort.

Nur wenn man hinter die Kulissen einer Institution geblickt hat, weiß man, wie viel Arbeit im fast Verborgenen notwendig ist, um ein „Unternehmen" zum Erfolg zu führen. Da wirkt, für die Öffentlichkeit nicht gleich erkennbar, Geschäftsführer Manfred Richter. Er zieht Fäden, hat Ideen, bringt ein Marketing-Controlling-Gremium auf die Beine und steigt voll ins Reisegeschäft ein.

Der größte Wunsch von allen, so auch für die Autorin dieser Zeilen, die selbst viele Jahre in der Vorstandschaft der Volkshochschulen mitgearbeitet hat, ging nun in Erfüllung. Fast 25 Jahre hatte man geplant, gespart und geträumt. Und Ende des Jahres 2003 war es so weit: Die Volkshochschule Pegnitz hat ein neues Zuhause. Im Bürgerzentrum ist ein repräsentatives VHS-Domizil entstanden.

Abbildung 25:
VHS-Wasserspiele auch für die Kleinsten.

Abbildung 26:
Fit sein und fit bleiben ist das Motto.

Schulwesen und Partnerschaften

Herbert Scherer
4. Internationale Partnerschaften Pegnitzer Schulen

Der Industriestandort Pegnitz ist nach dem Zweiten Weltkrieg auch eine Schulstadt mit weiterführenden und berufsbildenden Schulen geworden. Gerade an diesen entwickelte sich ab 1966 das Bemühen um internationale Kontakte und einen gegenseitigen Austausch mit ausländischen Schulen, also einen schulischen Beitrag zur europäischen Einigung und zur Verständigung weltweit.

Nach einem ersten Abtasten 1965 und 1966 mit einem Gymnasium in Nantes – unter der Schirmherrschaft des Gymnasiums Tirschenreuth – begann das Gymnasium Pegnitz in den 70er Jahren eigenständig und bald bayernweit führend seine Austauschprojekte zu entwickeln. Kurioserweise hat dabei das 1968 eröffnete Internat des Gymnasiums Pegnitz auf zweifache Weise fördernd gewirkt: einmal direkt, indem die erste beständige Schulpartnerschaft (seit 1974) mit dem Collège La Salle in Pringy aus dem Austausch der Schülerheime der beiden Schulen (seit 1970) hervorging; die zweite Auswirkung war, dass Herbert Scherer als Sprecher der öffentlichen gymnasialen Heimschulen in Bayern 1985 Ernst Blossner, den stellvertretenden Leiter der bayerischen Lehrerakademie in Dillingen, gewinnen konnte, die Akademie für Seminare über Schulpartnerschaften und Schüleraustausch heranzuziehen und schließlich die Akademieschrift „Internationale Schulpartnerschaft im schulischen Alltag" herauszugeben, in der Herbert Scherer und Walter Tausendpfund wie andere bayerische Lehrer sich zu Einzelthemen äußerten. Pegnitzer Lehrkräfte nahmen als Referenten an den folgenden Fortbildungsveranstaltungen teil und fanden immer wieder Gelegenheit, das „Pegnitzer Modell" vorzustellen.

Das Gymnasium als Vorreiter

Natürlich war dem Gymnasium auf Grund des umfangreichen Fremdsprachenunterrichts eine Vorreiterrolle zugewiesen, denn gegenseitige Verständigung war zunächst ohne Fremdsprachenkenntnisse nicht vorstellbar. Das Jahr 1970 wird heute als Beginn von Partnerschaft und Austausch Pegnitzer Schulen mit Einrichtungen im Ausland gefeiert. In diesem Jahr leitete Reinhard Jahn, vormals Lehrer am Gymnasium Pegnitz, eine Schülergruppe der École La Salle in Pringy von Bayreuth zum Schülerheim Pegnitz um. 1971 erfolgte der erste Gegenbesuch, organisiert vom Schülerheim, in welchem in den ersten Jahren mehrere Französischlehrer als Heimerzieher eingesetzt waren. Die offizielle Schulpartnerschaft (▶ Die Klöße als Problem) 1974 wurde vom französischen und vom bayerischen Erziehungsministerium offiziell anerkannt. Was diese Partnerschaft besonders auszeichnete, war die beiderseitige Bereitschaft, den schulischen Austausch auch als eine Chance zum unterrichtlichen Tun im Gastland aufzufassen, im Konkreten: Bei einem 14-tägigen Austausch fanden sechs volle Unterrichtstage in der jeweiligen Fremdsprache bei native speakers mit einer Prüfung über den durchgenommenen Stoff und der Erteilung eines Abschlusszeugnisses statt. Dafür hat Walter Tausendpfund auch einen „Modellversuch eines Deutsch-Sprachkurses für ausländische Schüler am Gymnasium Pegnitz" entwickelt.

Die Verbindung von Unterbringung in den Familien der Austauschschüler mit einem mehrtägigen Unterricht durch native speakers war das Fundament für jeden Gruppenaustausch, den das Gymnasium mit den Partnerschulen seit 1975 durchführte. Dadurch, dass die ausländischen Schüler an den meisten Werktagen auch Unterricht hatten und sich auf den nächsten Tag vorbereiten mussten, waren die gastgebenden Schüler geschützt und konnten sich ihrerseits entsprechend vorbereiten. Ein weiteres Fundament war aber auch, dass die Lehrer bei Lehrern wohnten und sich dadurch feste persönliche Beziehungen über Jahre und Jahrzehnte bildeten. So gibt es Verbindungen von Lehrern des Gymnasiums mit französischen und italienischen Lehrkräften, die 20 bis 30 Jahre währen, so

Die Klöße als Problem
Da bereiteten die tüchtigen fränkischen Hausfrauen für ihre jungen französischen Gäste das Festessen vor: Schweinernes und Klöße. Wie enttäuscht waren sie, als die Mädchen und Buben nur an den Klößen herumstocherten. Alle Versuche, diese mit zum Teil unbeholfenen sprachlichen Mitteln zur Delikatesse hochzustilisieren, scheiterten. Für die Franzosen waren die glitschigen grauen Bälle eher ekelig.
In den folgenden Jahren wurden die französischen Schüler auf das Phänomen „Klöße" schon daheim vorbereitet, und sie bemächtigten sich – zumindest aus Höflichkeit der Hausfrau gegenüber – des fränkischen Nationalgerichts.
Wenn ich mit meinem französischen Kollegen Direktor Alain Cusin in ein Restaurant gehe und nach seinem Essenswunsch frage, antwortet er spontan: „Glösse". Das gehört seit 30 Jahren zu seinem unverrückbaren deutschen Sprachschatz. (Herbert Scherer)

Schulwesen und Partnerschaften

Abbildung 27:
Europa im Geist von Versöhnung und Partnerschaft. Statt an den Siegesfeiern in Frankreich nahmen am 8. Mai 1985 zur 40. Wiederkehr des Endes des Zweiten Weltkrieges die französischen Partner des Gymnasiums Pegnitz am Gedenkgottesdienst in der Marienkirche und am Gefallenendenkmal am Schloßberg teil. Von links: OStD Scherer, Bürgermeister Thümmler, Landrat Dr. Dietel, Eva Scherer, Frère Roubert, Leiter des katholischen Erziehungswesens in Savoyen, Direktor Alain Cusin, Elternbeiratsvorsitzender Tellbach, Frère Régis aus Paderno del Grappa (Italien) und Dr. Wolf.

mit Alain CUSIN, Frère RÉGIS und Fratello PIERGIORGIO. Die Partnerschaft mit Pringy, nach 20, 25 und 30 Jahren jeweils besonders gefeiert, wobei Direktor Alain Cusin als beständiges Element die herzliche Verbindung durch all die Jahre pflegen konnte, ermutigte zu weiteren Ausflügen in die schulische Welt anderer Länder.

Bedingt durch die Überalterung des kirchlich gebundenen Lehrkörpers und mangelnder Berufungen im Ordenswesen, wuchs der Anteil der „weltlichen" Lehrkräfte in den letzten Jahren stark an.

An dieser Stelle gilt es, dem in Pegnitz seit langem bestens bekannten Frère RÉGIS SFARZOSI ein kleines „Denkmal" zu setzen: seit Beginn des Austausches lässt er es sich nicht nehmen, unseren Schülern auf unverwechselbare und liebenswürdige Weise in Pringy französische Sprache und savoyardische Kultur näher zu bringen – auch noch mit über 80 Lebensjahren! Viele Jahre betreute er als „Wanderer zwischen zwei Kulturen" Pegnitzer Gymnasiasten an der Partnerschule Spin di Romano (Veneto) und begleitet bis heute französische Schülerinnen und Schüler bei Fahrten in seine zweite Heimatstadt Pegnitz, immer unter den wohlwollenden Augen seines ehemaligen Schülers und langjährigen Direktors des Collège in Pringy: Alain CUSIN. Mit großer Betroffenheit hat das Gymnasium im Februar 2004 zur Kenntnis nehmen müssen, dass ihr „Ziehsohn" Frère André PÉRILLAT im Alter von 57 Jahren verstorben ist. Mit seiner unaufdringlich dienenden Präsenz (im besten Sinne des Wortes) hat er Vorbildliches für den Austausch, besonders für die Betreuung unserer Lehrer, geleistet.

Die Ausweitung der Partnerschaften

Weitere Beziehungen (▶ **Vielseitige Partnerschaften**) des Gymnasiums ergaben sich rein zufällig oder sie wurden gezielt gesucht. Mehr zufällig kam es 1981 zum Abschluss eines Dreibundes Pegnitz – Pringy – Spin di Romano nahe Bassano am Monte Grappa. Die italienische Schule gehörte den La-Salle-Schulen (▶ **La Salle**) an, und die Pegnitzer stießen bei ihren Besuchen in Pringy auf die Lehrer aus Spin, mit denen ein weiterer Austausch vereinbart wurde. Dazu kam die jährliche Einladung zu den Sportwettkämpfen der La-Salle-Schulen, den Giocchi Lasalliani, an denen jeweils 40 – 45 Pegnitzer Schüler unter der Leitung von Günter ALBRECHT teilnahmen. Mit der Auflösung der Schule in Spin und dem Weggang von Fratello Piergiorgio nach Mailand war das Ende der Spiele gekommen.

Dagegen hatte Gerald WITTKE bei seinem einjährigen Einsatz an einer englischen Schule im Lake District den Auftrag, nach einem Partner im Bereich unserer wichtigsten Fremdsprache Englisch Ausschau zu halten. Die Warteliste der Bewerber im deutsch-englischen Austausch war lang, aber Kollege Wittke gelang durch

Vielseitige Partnerschaften
Bereichernd für das Gymnasium ist die Vielseitigkeit der Partnerschulen nicht nur in sprachlicher Hinsicht, sondern auch vom Schulträger und damit von der Zielstellung her. Das Collège La Salle in Pringy gehört ebenso wie das Colegio Lasalliana in Paderno del Grappa als Schulen der armen Schulbrüder den katholischen Schulverbänden an. Von der hochkirchlichen Church of England eingerichtet ist die High School in Blackburn. Ganz anderer Natur ist die American High School in Vilseck, die das amerikanische Verteidigungsministerium für die Kinder in Deutschland stationierter US-Soldaten und Zivilangestellten bereithält. Das französische Lycée Villarois in Guyancourt ist ebenso wie das tschechische Gymnasium in Slaný eine öffentliche Schule des Staates.

La Salle
Der Name dieser katholischen Schule geht auf Jean Baptiste de La Salle (1651–1719) zurück, der als Seelsorger und Pädagoge seine besondere Berufung in der schulischen Bildung der Armen und der Lehrerbildung fand. 1684 nahm er einige Armenschullehrer in sein Haus auf. Daraus entstand 1684 das Institut der „christlichen Schulbrüder" (Institut des Frères des Écoles chrétiennes), die sich zur größten Laienbrüderkongregation mit weltweiter erzieherischer Wirksamkeit entfalten konnten.

Abbildung 28:
Gymnasium in Slaný.

Zahlen, die für sich sprechen!
8570 Schüler ausgetauscht
Seit Beginn des ersten eigenständigen Austauschs des Pegnitzer Gymnasiums im Jahre 1970 sind mit den Partnerschulen ausgetauscht worden:

Pringy (Frankreich)	2200
Guyancourt (Frankreich)	550
Spin di Romano/ Paderno (Italien)	900
Spin di Romano (Sport)	400
Blackburn (England) + Trident	1550
Slaný (Tschechien)	1100
Insgesamt:	**8570**

Wer die ausgetauschten Schüler anderer Schulen dazurechnet, kommt auf eine Zahl von mehr als 10.000 Schülern, die von Pegnitz in die Fremde zogen oder nach Pegnitz kamen. Auch auf diesem Weg ist Europa gewachsen.

Abbildung 29:
Sportgruppe aus Slaný im Pegnitzer Gymnasium.

Abbildung 30:
Im Jahr 2000 erreichte die Schulpartnerschaft von Grund- und Hauptschule Pegnitz mit der tschechischen Schule in Rokycany dank der Bemühungen von Andreas Luber ihren Höhepunkt. Eine tschechische Lehrer- und Schülergruppe präsentiert sich vor der alten Pegnitzer Grundschule.

einen starken persönlichen Einsatz der Abschluss einer Partnerschaft in Blackburn. Die Partnerschaft mit der amerikanischen High School Vilseck 1987 war wieder mehr zufällig, als wir hörten, dass sich in der großen Militäransiedlung auf dem Truppenübungsplatz eine Art Ghetto-Situation herausgebildet habe. Zwar war schon 1980 die amerikanische Folkloregruppe des Gymnasiums unter Trudy MATTHEUS in Amerika, aber Austausch mit Amerika selbst bedeutete große Investitionen, die den meisten Eltern gegenüber nicht zu verantworten waren.

Gezielt wiederum war der frühe Austausch mit der tschechischen Partnerschule 1989, vor der Wende. Margaretha MICHEL hatte die Kriterien herausgearbeitet, die das damalige System in Prag zur Zustimmung bewegte. Es war für alle Teilnehmer damals ein bewegender Augenblick, zum erstenmal Partner von jenseits des Eisernen Vorhangs am Pegnitzer Gymnasium begrüßen zu können. Sie genossen mit besonderer Dankbarkeit Freiheit und Gastfreundschaft. Natürlich war auch die Partnerschaft mit dem Gymnasium in Guyancourt im Rahmen der Städtepartnerschaft gewollt und geplant, ich persönlich ging Neujahr 1993 noch davon aus, dass hier ein Austausch auf hohem sprachlichen Niveau (Leistungskurs F) mit direkter Integration in eine Klasse der Partnerschule stattfinden könnte.

Es ist verständlich, dass die Weiterentwicklung nicht auf allen Strängen geradlinig verlaufen konnte. Es gibt Ermüdungserscheinungen, Einbrüche beim schulisch verstandenen Austausch, d. h. Austausch verbunden mit Arbeit in der Schule. Deutsch als Fremdsprache ist gerade in den westlichen Ländern rückläufig, und so vermindert sich die Zahl der für den Austausch in Frage kommenden Schüler (▶ **Zahlen, die für sich sprechen!**): 2003 kamen nur noch 15 Schüler aus Pringy. Dagegen ist die Entwicklung im deutsch-tschechischen Austausch erfreulich, weil die tschechischen Schüler ein lebendiges Interesse haben, Deutsch zu lernen und sich in gemeinsame Arbeitsprojekte einbinden zu lassen, etwa mit Umweltthemen, Ausgrabungen usw. Unterstützt wird die Entwicklung durch die jährlichen Sportwettkämpfe der beiden Schulen, mit denen Hans KNÖRR mehr als nur ein Rahmenprogramm geschaffen hat.

Weniger ergiebig war das 1998 angestrebte Projekt einer Partnerschaft der Pegnitzer Haupt- und Grundschule mit Schulen in Rokycany. Diese sollte eine beständige Einrichtung werden und etwa 2000 Schülern auf beiden Seiten zugute kommen. Leider erstarb das Vorhaben am Beginn des neuen Jahrtausends, weil für tägliche Kontakte die Entfernung zu groß und die Effektivität zu gering war. Die Tendenz gegenüber dem östlichen Nachbarn läuft auf kommunaler wie sicherlich auf schulischer Ebene auf Schlaan (Slaný) zu.

Während Versuche der Hauptschule Pegnitz, in Guyancourt zu einer Partnerschaft zu kommen, nach einem Besuch im Jahre 1991 abgebrochen wurden, hatte die Realschule Erfolg. Der Vorsitzende des Städtepartnerschaftsvereins in Guyan-

Schulwesen und Partnerschaften

court vermittelte 1993 den ersten Besuch französischer Gastschüler an die Realschule unter der Leitung von Doris ESCARMENT, auf Pegnitzer Seite organisierten Christa DRÄGER und Gertraud ALBRECHT den Austausch, der im August 1988 von der Académie de Versailles offiziell anerkannt worden ist. Seit dieser Zeit hat auch Monique BANTZ vom Collège Paul Eluard auf französischer Seite die Leitung übernommen. Als vorteilhaft erwies sich, dass die Pegnitzer Realschule 1995/96 Französisch als Wahlpflichtfach in der 8. Klasse einführen konnte. Mit Aufstockung der Realschulen auf sechs Jahrgänge und der Einführung der zweiten Pflichtfremdsprache werden für den Austausch weitere Vorteile erwachsen.

Seit Ostern 1999 kann sich die Realschule ganz in die Partnerschaftsstruktur Guyancourts eingliedern, denn Gertraud Albrecht ist es in Verhandlungen in Schottland gelungen, in der zweiten Partnerstadt von Guyancourt, nämlich in Linlithgow (25 Kilometer von Edinburgh entfernt), einen Partner für die Pflege der englischen Sprache zu finden, nämlich die Linlithgow Academy, eine Gesamtschule. Bereits im Oktober 1999 traten 32 Realschüler mit Renate FLIERL und Gertraud Albrecht die weite Reise mit Bus und Fähre an.

Auch hier gab es nach dem Abgang von Gertraud Albrecht einen Einbruch, um dessen Überwindung sich aber die Realschule bemüht. Auf dem Höhepunkt schulpartnerschaftlichen Bemühens im Jahre 2000 verzeichnete das Mittelzentrum Pegnitz 15 mit Leben erfüllte Partnerschaften. Diese nötigten den organisierenden Direktoren und Lehrern einen hohen Einsatz ab und sollten den Schülern einen natürlichen und selbstständigen Eintritt in die künftige Welt ihres Wirkens ermöglichen. Die Pegnitzer Schulen haben sich dieser großen Aufgabe mit Hingabe und Erfolg gestellt.

Abbildungen 31/32:
(oben li.): Gertraud Albrecht erschloss Schottland als Partnerland für die Realschule: Hier mit einer Klasse vor der Burganlage Stirling bei Linlithgow.
(oben): Drei Pegnitzer Realschüler auf dem Trocadéro vor dem Eiffelturm.

Abbildung 33:
Projekt-Plakat.

Das Gymnasium als UNESCO-Projektschule

Mit Stolz weist das Gymnasium Pegnitz ein Emblem vor: Die Schule ist eine UNESCO-Projektschule. Wie es dazu kam, hat OStD Herbert Scherer, der Initiator, in der Broschüre „40 Jahre Gymnasium Pegnitz" dargestellt: „Aus der Tatsache zunehmender Globalisierung – 1990 noch so gängige Vokabel wie heute – drängte sich auf, globale Probleme wie das Nord-Süd-Gefälle, die Erhaltung der Welt als Lebensraum und die Verantwortung für Menschen in Notzonen über den selbstverständlichen Lernbereich hinaus zur Erlebnispädagogik werden zu lassen, d. h. durch unmittelbare Kontakte mit Schulen auch in der Dritten Welt sich persönlich berühren und in Verantwortung nehmen zu lassen.

Der Schritt in den Kreis der UNESCO-Projektschulen

Schulwesen und Partnerschaften

Abbildung 34:
Deutsch-amerikanische Partnerschaft: Vier-Sterne-General Saint, der Oberkommandierende der amerikanischen Streitkräfte in Europa, besucht 1990 das Gymnasium Pegnitz, um mit Schülern über Sicherheitsfragen zu diskutieren.

Abbildung 35:
Verkauf zugunsten von UNESCO in der Aula des Gymnasiums.

mochte deshalb eine logische Konsequenz sein, war er aber vom Verfahren her nicht. Mehr zufällig stieß ich im UNESCO-Kurier, den ich als ehemaliges Vorstandsmitglied im Verband deutscher Lehrer im Ausland zugeschickt bekam, auf ein Elaborat der deutschen UNESCO-Projektschulen über den internationalen Schüleraustausch. Ich meldete mich zu Wort und erhielt daraufhin eine Einladung zur Jahrestagung dieser Schulen in Donaueschingen, wo ich in einer Arbeitsgruppe auch über den Austausch des Gymnasiums Pegnitz berichten durfte. Die Frage, ob wir nach unserem beeindruckenden Austausch Projektschule werden wollten, veranlasste mich, das umfangreiche Verfahren zur vorläufigen Aufnahme in Gang zu setzen: Lehrerkonferenz, Schulforum, Elternbeirat und SMV mussten zustimmen, letztlich auch das bayerische Kultusministerium. 1991 wurde das Gymnasium Pegnitz zunächst eine ‚mitarbeitende UNESCO-Projektschule', die Schule befand sich damit im Bewerbungszustand für eine endgültige Aufnahme. Das bisher bescheidene, lediglich aus drei Schulen bestehende bayerische UNESCO-Kontingent erhielt durch den Beitritt der Gymnasien Bogen und Pegnitz einen großen Auftrieb. Dies war nötig, weil in jenen Tagen wegen der amerikafeindlichen Haltung innerhalb der UNESCO in Bayern wenig Begeisterung für UNESCO-Initiativen zu verspüren war, was sich glücklicherweise geändert hat. Pegnitz war auch der erste Ort einer bayerischen UNESCO-Projektschulsitzung, ein bayerisches UNESCO-Seminar folgte in Dillingen und schließlich eine internationale Projekttagung unter der Schirmherrschaft des bayerischen Kultusministers in Bogen."

Am 5. Mai 1993 wurde in Paris die Urkunde unterzeichnet, die das Gymnasium Pegnitz endgültig in den Kreis der Vollmitglieder dieser internationalen Organisation einreihte. In den folgenden zehn Jahren haben Lehrer und Schüler an Projekten gemäß den Zielen der UNESCO mitgearbeitet, oft in Verbindung mit anderen Schulen. An der Handreichung und Dokumentation „UNESCO-Projektschulen in Bayern – Kontinuität und Innovation", erschienen 1999, hat Walter TAUSENDPFUND maßgeblich mitgewirkt und darin auch die einschlägigen Tätigkeiten des Pegnitzer Gymnasiums vorgestellt.

Im Vollzug der Ziele der UNESCO-Projektschulen und der EUREGIO EGRENSIS kam es zu zahlreichen Unternehmungen und Veranstaltungen des Gymnasiums gemeinsam mit anderen, vor allem aber tschechischen Kontakt- und Partnerschulen, gesteuert von den UNESCO-Koordinatoren Walter Tausendpfund und Dieter SEIFERT sowie den Lehrkräften Margarete MICHEL und Ursula ASCHENBRENNER. In viele Bemühungen schaltete sich die UNESCO-Schülergruppe des Gymnasiums ein.

So wurden u. a. durchgeführt Projekte der 10. Klassen wie „Die Menschenrechte: Anspruch und Wirklichkeit" oder „Mädchen und Frauen in der Dritten Welt", der „Lebenslauf" des gesamten Gymnasiums für die Welthungerhilfe,

Abbildung 36:
Titel der Zeitschrift „forum".

Schulwesen und Partnerschaften

der mehr als 10.000 DM erbrachte, der Schweigemarsch gegen Gewalt, Ausländerfeindlichkeit und Antisemitismus, dem sich auch die anderen Pegnitzer Schulen anschlossen, ökologische Projekte mit den tschechischen Partnern sowie im Rahmen der Comenius-Projekte mit Schulen aus Italien und Tschechien. Tschechische Schüler weilen seit Jahren über einen längeren Zeitabschnitt im Schülerheim des Gymnasiums, welches auch für zwei Wochen dem Goethe-Institut Zagreb für ein Seminar für Schüler aus sieben osteuropäischen Nationen zur Verfügung stand. Im Juni 2002 kamen im Rahmen eines E-Mail-Projekts der Klasse 6 b zwanzig Schüler aus Singapur ans Gymnasium Pegnitz, der Gegenbesuch erfolgte im selben Jahr.

Es geht um mehr als Sprache und Verständigung
Berufsbildende Schulen im Austausch

Während im Austausch der allgemeinbildenden Schulen gelegentlich Flauten festzustellen sind, wenn es an einer Lernmotivation fehlt und der Austausch zum bloßen Tourismus wird, pflegen die Pegnitzer berufsbildenden Schulen den partnerschaftlichen Kontakt aus dem vollen Antrieb einer gegenseitigen Erweiterung ihrer für den späteren Beruf nötigen Kenntnisse. Wichtige Ziele waren etwa für den Fachbereich Hotel und Gaststätten der Berufsschule Pegnitz: Einblicke in andere Betriebsstrukturen, Erlernen von neuen Arbeitstechniken und eine gute Zusammenarbeit auch mit Betrieben im Land des Partners. So wurden die dreiwöchigen Besuche im **Lycée d'Hôtellerie et de Tourisme** in Guyancourt zu einem großen Erfolg, wobei 2002 zwei Schüler auch noch eine Ausbildung zum Sommelier absolvierten. (▸ Ein Tag in Guyancourt)

Der Fachbereich Hotel und Gaststätten der Berufsschule Pegnitz unterhielt von 1991 bis 1996 auch erlebnisreiche Beziehungen zu tschechischen Einrichtungen, vor allem zur Hotelfachschule Marienbad. Zustatten kam der Pegnitzer Schule, dass mit Frau JUROSZ eine des Tschechischen kundige Lehrerin zur Verfügung stand, andererseits bei den Tschechen eine große Bereitschaft vorhanden war, sich der deutschen Sprache zu bedienen. 1993 wurde ein förmlicher Partnerschaftsvertrag geschlossen. Beide Partner lernten nicht nur voneinander, sie traten auch wiederholt im Wettbewerb gegeneinander an: Gastronomie-Wettbewerb in Pegnitz, internationaler Bar-Wettbewerb, Wettbewerb „Festliche Tafeln" in Marienbad. Beim traditionellen Wettbewerb der Gastronomenjugend in Marienbad wurde den Restaurantfachleuten aus Pegnitz der erste Preis zuerkannt.

Jüngeren Datums ist der 14-tägige Austausch mit dem Southampton City College. 1997 und 1999 weilten die Pegnitzer in Südengland, beim letzten Austausch legten die zehn Pegnitzer immerhin die Prüfung zum Erwerb des englischen Hygienezertifikats mit großem Erfolg ab, was die Voraussetzung für eine Anstellung in England ist. Besonders waren die Pegnitzer beeindruckt von der Ausstattung der Schule und der reibungslosen Integration von Behinderten in den Servicebetrieben.

Die noch junge Hotelfachschule Pegnitz griff 1994 in den internationalen Betrieb ein. Flogen im Mai 1994 die drei Grundstufen zu gastronomischen Zielen in New York, Rom und Antalya in der Türkei, so wurde im Frühjahr 1995 eine Partnerschaft mit der österreichischen Bundeslehranstalt in Semmering abgeschlossen, innerhalb derer alle zwei Jahre drei Lehrer und zehn Lernende für eine Woche nach Pegnitz kommen. Das Schwergewicht liegt bei der Hotelfachschule auf Studienreisen und der Vermittlung der Schüler in ein insgesamt 40 Wochen in drei Abschnitten zu absolvierendes Praktikum, mit dem eigentlich die ganze Welt abgedeckt wird, ob das nun Busan in Südkorea oder Cancun in Mexiko ist. Die Studienreisen, die von allen Klassen durchgeführt werden, führen in Hotels mit Weltstandard in Metropolen wie New York, Hongkong, London, Paris, Wien, Kairo, Peking. Besonders freut sich Direktor LÄNGER, dass die junge Schule mit hohem Niveau in der Aus- und Fortbildung nicht nur vollständige zeitliche und inhaltliche Anrechnung der Fortbildung an der Hotelfachschule Pegnitz auf das Studium an der Johnson and Wales University in Providence, Rhode Island, erreicht hat, sondern

---

Ein Tag in Guyancourt

Schick gekleidet trafen wir uns nach dem Frühstück in einem Klassenzimmer der Schule wieder und Mme Guesdon gab uns einen kurzen Abriss über die Hôtellerie in Frankreich. Gerüstet mit diesem Wissen besuchten wir dann in Versailles eines der besten Häuser Frankreichs, das Trianon Palace. Hier sahen wir eindrucksvolle Zimmer, französisch gemachte Betten, einen interessanten Wellnessbereich und vieles mehr. Zurück an der Schule hieß es dann sich schnell umziehen, da bereits der Bus wartete, der uns zu eine Champignonzucht bringen sollte. Dort angekommen, waren wir sehr froh, uns vorher umgezogen zu haben, da wir lernten, dass Champignons auf bearbeitetem Pferdemist aufgezogen werden. Der erste Teil unserer Führung beschäftigte sich mit der Bearbeitung des Mistes und stellte für manche empfindliche Nase unter uns eine echte Bewährungsprobe dar. Kollektives Aufatmen begleitete danach unseren Weg unter Tage, wo wir dann die verschiedenen Stadien des Champignonwachstums bewundern konnten. Kaum zurück an der Schule, hieß es auch schon wieder umziehen. Wir wurden an diesem Abend offiziell in Frankreich empfangen und willkommen geheißen und durften die Kochkünste der französischen Schüler bei einem abendlichen Menü erproben.

(aus dem Bericht der Berufsschüler 2002)

Ein Pegnitzer in der Mongolei

Es ist schon ein eigenartiges Gefühl, wenn man in die Mongolei fliegt, um für mehrere Wochen im Auftrag des bayerischen Justizministeriums zu arbeiten. Vor allem, wenn es Januar ist und der Pilot beim Endanflug auf Ulaanbaatar von 35 Grad minus Bodentemperatur spricht. Das Taxi, ein ehemaliges russisches Militärauto, liebevoll ausgeschmückt, mit Teppichen am Boden und der Türverkleidung zum Schutz gegen die eisigen Temperaturen, fährt zum Tschingis-Khan-Hotel. Ein moderner Hotelbau mit guter Ausstattung, aber Temperaturen wie im Kühlschrank. Frühstücken mit Handschuhen. Vor allem in den Wintermonaten reduziert sich der Sinn des Essens darauf, möglichst fettreiche neue Energie aufzunehmen, um der Kälte trotzen zu können. Nationalgericht sind die „Buuds" – das sind mit Gehacktem gefüllte gedünstete Teigtaschen und die „Chuuschuur" aus dem gleichen Material, allerdings im Fett gebraten. Als besonders lecker gelten Buuds oder Chuuschuur dann, wenn beim Reinbeißen das flüssig gewordene Hammelfett aus ihnen herausrieft. Unterbrochen wird diese eintönige Speisenauswahl durch Suppen, wobei die beliebteste Suppe die fette Hammelsuppe ist. Eine Steigerung ist der Genuss von Murmeltierfleisch, das im eigenen Balg mit heißem Stein gegart wird und dessen eigenartigen Geruch man noch lange zu riechen glaubt. Fleisch wird kaum gebraten, sondern gekocht. Ein Zahnstocher nach dem Essen ist kein Luxus. Er geht reihum, wie die Flasche Wodka.

Getrunken wird ein gesalzener Milchtee und der Airag, die vergorene Stutenmilch, die nur im Juni bis September aufwändig gewonnen und vergoren wird und einen Alkoholgehalt von Leichtbier hat. Airag fördert die Verdauung und das so heftig, dass es Ausländer sowieso, aber auch Mongolen erwischt. Mongolen haben dafür einen netten Begriff, sie sagen „gujlgech", was soviel bedeutet wie „er lässt mich laufen" (zur Toilette, wenn eine vorhanden ist).

Auf dem Weg zum Suchbaatarplatz vor dem Parlamentsgebäude sieht man ein Hinweisschild, das einzige, das ich in deutscher Sprache las: „Zum Biergarten". Angeblich wurde das Schild von russischen Soldaten aufgestellt. Ein Münchner braut hier Bier. Er wirbt damit, dass man sich für Partys ein 30-Liter-Fässchen nebst Zapfbesteck und auf Wunsch sogar mit einer jungen Dame für die Bedienung nach Hause kommen lassen kann. Ob die Mongolen das Zapfbesteck nicht beherrschen?
(Werner Schaller)

Abbildung 38:
„Mittagspause" auf dem Weg zu einem Gericht in der Südgobi.
(2. von links: Richter am Südgobi-Gericht, rechts, mit Sonnenbrille, Pojektleiter Bat-Orgil)

Abbildung 37:
Ein Pegnitzer in der Mongolei: Der Leiter der Bayerischen Justizschule Pegnitz, Werner Schaller, unterstützt in Ulaanbaatar die Mongolen beim Aufbau des Vollstreckungswesens. Im Bild mit Verwaltungsbeamten und den uniformierten Gerichtsvollziehern.

dass die Schule auch für ausländische Schüler attraktiv geworden ist. So sind unter den insgesamt 188 Studierenden im Schuljahr 2003/2004 zwölf andere Europäer aus Österreich, Italien, Frankreich, Griechenland, Ungarn, Tschechien sowie ein US-Amerikaner und ein Afghane in Ausbildung.

Pegnitz hat mit dem von BROSIG begründeten und von LIEBERT und LÄNGER weiterentwickelten Konzept dieser Schule ein hervorragendes Markenzeichen erhalten. Internationale Beachtung findet auch die kreative Arbeit der Bayerischen Justizschule bei der Ausbildung von Justizangehörigen. Vor allem der Leiter der Ausbildungsstätte, Regierungsdirektor Werner SCHALLER, ist für die Mongolei zu einem Wegbereiter beim Aufbau einer rechtsstaatlichen Justiz nach bayerischem Vorbild geworden. Infolge der seit 1997 bestehenden Kontakte zu einer ähnlich konzipierten Schule in Ulaanbaatar wurde Schaller beauftragt, das Zwangsvollstreckungsrecht in der Mongolei zu modernisieren. (▶ **Ein Pegnitzer in der Mongolei**)

Dabei waren erhebliche Schwierigkeiten – die mongolische Rechtsauffassung, die Größe des Landes, die Finanzkraft usw. – zu überwinden. Es war für den Pegnitzer ein besonders freudiges Ereignis, als der von Werner Schaller entworfene Gesetzentwurf vom mongolischen Parlament mit nur wenigen Änderungen angenommen wurde. Die Zusammenarbeit wird fortgesetzt, so dass auch in Zukunft immer wieder mongolische Justizangehörige in Pegnitz und Werner Schaller in der Mongolei weilen werden.

Andere Pegnitzer Lehrkräfte weilten einige Jahre beruflich im Ausland, um an dortigen nationalen Schulen (England, Frankreich), an europäischen (Italien) oder an deutschen Auslandsschulen (Italien, Spanien, Schweden, USA, Ecuador, Ägypten, Libanon und Südafrikanische Union) einige Jahre zu unterrichten. Die Partnerschaft mit Blackburn bewirkte, dass Pegnitz und das Gymnasium Stoff des Lehrbuches „Einfach toll" Bd. 1 – 3 von Patricia SMITH, einst mit Austauschschülern in Pegnitz, wurden. Mit der englischen Partnerschule in Blackburn wurden auch Schnupperwochen für kleinere Schülergruppen vereinbart, in denen in Anlehnung an das englische Trident-Programm Pegnitzer Gymnasiasten in englischen Einrichtungen drei Wochen hospitieren konnten und im Austausch englische in Pegnitzer Firmen oder Schulen.

Die persönlichen Erfahrungen des Austauschs haben wesentlich zur Persönlichkeitsbildung beigetragen, wobei in diesem Zusammenhang nicht auf die prägenden Einflüsse eingegangen werden soll, weil diese zur Genüge in den ständigen Veröffentlichungen angesprochen worden sind.

Schulwesen und Partnerschaften

Pegnitzer Schulen bei der deutschen Wiedervereinigung

Spontan reagiert haben alle Pegnitzer Schulen auf die Grenzöffnung zur DDR am 9. November 1989. So überraschend das geschah, mancher Pegnitzer hatte schon einen Einblick in die Verhältnisse „drüben" gewinnen können, denn Volkshochschule und Gymnasium hatten die Chance des beschränkten touristischen Reiseverkehrs schon seit 1975 genutzt. Die Reisen der VHS waren in erster Linie kulturpolitische Reisen, um Erkenntnisse über die gemeinsame Kultur zu gewinnen, die Schülerfahrten sollten zur Begegnung mit DDR-Schülern führen, was aber dann hintertrieben wurde, als man feststellte, dass die Gespräche zu intensiv wurden. Immerhin haben in den 80er Jahren Oberstufenkurse des Gymnasiums unter Führung der Lehrkräfte OVERBECK und RINK mehrere Male am Wochenende DDR-Städte besucht und Begegnung mit Schülern gesucht.

„Eine Zeit ungehemmter Initiativen" überschrieb der „Nordbayerische Kurier" das Bemühen aller Pegnitzer Schulen, die DDR-Bildungseinrichtungen an die Bundesrepublik heranzuführen. Die November- und Dezembertage 1989, als die Grenze geöffnet, aber die DDR offiziell weiterbestand, sahen zunächst viele Lehrkräfte Kontakte suchen und Hilfe anbieten, als das Ministerium in München noch gar nicht ahnte, welche Herausforderungen auf die Grenzregionen zur DDR zukamen.

Bereits am 20. November 1989 tauchte in Pegnitz der Schulleiter der Werner-Seelenbinder-Oberschule Lössau im Kreis Schleiz auf und bis zum 24. Januar 1990 war bereits ein Schulpartnerschaftsausschuss mit der Hauptschule in Pegnitz gebildet, der für die nächsten Monate gemeinsame Veranstaltungen plante und durchführte. Bis 1992 hielt der Kontakt der Sonderschulen Pegnitz und Schleiz. Vom Frühjahr 1990 bis in den Sommer 1991 kam es zu Besuchen von Klassen und Schülergruppen der Realschule Pegnitz mit der Gotthold-Ephraim-Lessing-Oberschule in Lengenfeld im Vogtland.

Die stürmische und oft ungeordnete Entwicklung in den neuen Bundesländern, im Schulbereich verbunden mit einem häufigen Lehrerwechsel, verlieh auch den Bemühungen des Gymnasiums um eine dauerhafte Beziehung nach Mitteldeutschland keinen Erfolg. Es gab freundschaftliche Beziehungen zu einer der bedeutendsten deutschen Schulen, der alten Fürstenschule in Schulpforta, in der Klopstock und Fichte die Schulbank gedrückt hatten. Als Sprecher der öffentlichen bayerischen Internatsschulen konnte Scherer die Erzieher zu den Fortbildungstagen der bayerischen Internatsschulen einladen und wiederholt Schulpforta besuchen. Beziehungen zur Erweiterten Oberschule Friedrich Engels in Chemnitz, die wegen deren Partnerschaft nach Tschechien für das Gymnasium interessant gewesen wären, froren rasch ein, da der Direktor wegen der wirksamen alten Seilschaften an der Schule handlungsunfähig war. Immerhin konnte OStR HAUCK noch im Schuljahr 1990/91 einige Tage mit einer Schülergruppe des Schülerheims des Gymnasiums Schulpforta und Aue besuchen.

Es gab „drüben" wie in Pegnitz viele Begegnungen (▶ **Wo Pegnitzer Schulen halfen**) mit aufgeschlossenen und neugierigen Lehrern und vor allem mit unkomplizierten Schülern, die am raschesten Freundschaft geschlossen hatten. Dass die Beziehungen nicht weiter gepflegt wurden, hatte einmal seinen Grund im raschen Lehrerwechsel in Mitteldeutschland, zum andern begannen die alten DDR-Schulen über die innerdeutschen Grenzen hinaus Kontakt zu ausländischen Schulen zu suchen.

Nachhaltiger waren die Beziehungen der Pegnitzer Schulen, die berufsbegleitend oder berufsvorbereitender Natur sind. Es ist erstaunlich, wo überall in Sachsen und Thüringen die Pegnitzer Berufsschule mit Fortbildungsmaßnahmen tätig wurde. Die meisten Aktivitäten fallen dabei in die Zeit vor der endgültigen Wiedervereinigung (▶ **Erinnerung an das Schuljahr 1989/90**). Nach dem Abschluss einer „Hospitationsvereinbarung zum Informationszweck" mit der Abteilung Berufsausbildung im Fach Gastronomie der Konsumgenossenschaft Stadt Karl-Marx-Stadt (heute wieder Chemnitz) vom 9. März 1990, also vier

Wo Pegnitzer Schulen halfen:
Hauptschule: Lossau/Kreis Schleiz
Sonderschule: Schleiz
Realschule: Lengenfeld/Kreis Reichenbach
Gymnasium: Schulpforta, Chemnitz, Aue
Berufsschule: Chemnitz, Pirna, Plauen, Falkenstein, Schneeberg, Zeulenroda, Dresden, Langenhessen
Justizschule: großflächig in Sachsen, Sachsen-Anhalt, Thüringen, Mecklenburg-Vorpommern

Erinnerung an das Schuljahr 1989/90
„Lebhaft fühle ich mich erinnert an die Emotionen, die uns damals bewegt haben, als die Grenze fiel. Wir fühlten uns in einem deutlich spürbaren historischen Augenblick gerufen, ohne Auftrag einer Schulaufsichtsbehörde selbst zu handeln und Brücken zu bauen. Und wir fanden meist dankbare Partner. Es ist schade, dass diese Zeit ungehemmter Initiativen so rasch zu Ende gegangen ist! Als wir vom Pegnitzer Gymnasium 1991 im Kreis der deutschen UNESCO-Projektschulen mit Vertretern von Schulen aus den neuen Bundesländern zusammensaßen, da war das Verhältnis schon ganz normal innerdeutsch."
(Herbert Scherer)

Abbildung 39:
Treffen der Justizminister an der Justizschule.

Abbildung 40:
Guyancourt: Kirche und altes Bürgermeisteramt spiegeln sich in der Fassade des neuen Rathauses.

Monate nach der Grenzöffnung, kamen die ersten Besucher: Hotelgastronomen, die sich selbstständig machen wollten, unter Leitung von Joachim NOACK vom Berghotel Restaurant Bastei in der Sächsischen Schweiz, dann Lehrer der Berufsschulen Pirna und Plauen, von Saalfelden, mehrfach auch von Berufsschule und volkseigenem Einzelhandelsbetrieb Gaststätten aus Chemnitz.

Nach der Wiedervereinigung kam es auch zur Zusammenarbeit mit den Berufsschulen Falkenstein und Schneeberg, mit der Berufsschule Zeulenroda und der Gewerblichen Berufsschule Hotel- und Gaststättenwesen in Dresden.

Der Fachbereich Gießereitechnik hatte am 4. Juli 1990 die Zusammenarbeit mit der Kommunalen Berufsschule I in Chemnitz aufgenommen. Informationsaustausch und Hospitationen folgten mit der Firma Seeliger ABUS-Getriebe Langenhessen und schließlich bei einer Einladung an Kollegen der Industrieschule Chemnitz mit Besuch bei der KSB und einer Teilnahme an der Fortbildungsveranstaltung in der Kunstgießerei Hauchhammer.

Eine überzeugende Statistik über die Arbeit zur notwendigen deutschen Rechtseinheit und vor allem zur Einheit in der staatlichen Rechtspraxis kann die Bayerische Justizschule Pegnitz vorlegen. Wenn man von dem besonderen Auftrag der Bayerischen Justizschule absieht, dann enden die Beziehungen zwischen den Pegnitzer Schulen und gleichartigen in den neuen Bundesländern leider kurz nach der Wiedervereinigung, im Allgemeinen im Schuljahr 1990/91. Man mag es bedauern, aber es war auch ein Ausdruck der nationalen Einheit.

Helmut Heinrich
5. Städtepartnerschaften

Erfahren, dass es Freude macht, sich auf den anderen einzulassen, Andersartiges und Verbindendes gemeinsam zu entdecken und so Sprachen und Grenzen zu überwinden: Das ist gelebte Städtepartnerschaft. Einer der 50 europäischen Bürgermeister, die 1951 den „Rat der Gemeinden Europas" gründeten, um die Idee der Städtepartnerschaft in die Tat umzusetzen, formulierte das etwas nüchterner so: „Eine Städtepartnerschaft, das ist die Begegnung von zwei Gemeinden, die sich bereit erklären, gemeinsam mit einer europäischen Zielsetzung zu wirken, um ihre Probleme zu erörtern und immer engere Freundschaftsbande zu entwickeln." Die Idee hatte sich nach dem Zweiten Weltkrieg entwickelt. Die Bevölkerungen der europäischen Länder sollten ihre bis dahin bestehenden nationalen Rivalitäten und über Generationen hinweg genährten Vorurteile abbauen und dadurch jedwede

Schulwesen und Partnerschaften

Abbildungen 41/42:
Eindrücke von der Stadt Guyancourt.

Gefahr eines europäischen Krieges für die Zukunft bannen. Persönliche Beziehungen, gegründet auf kommunalen Bindungen, sollten der Weg dazu sein.

Der Gedanke, über politische und sprachliche Grenzen hinweg aufeinander zuzugehen, fasste in Pegnitz früh Fuß. Sein Gymnasium knüpfte unter dem damaligen Leiter OStD Herbert Scherer bereits ab den 1970er Jahren europaweit schulische (Ver-) Bindungen.

Die Geschichte der Städtepartnerschaft beginnt in Pegnitz aber erst ein gutes Jahrzehnt später, als am 25. Juni 1985 ein Brief von Stadtrat Willi Hörl im Pegnitzer Rathaus eingeht. Darin heißt es: „Persönliche Wertschätzung, gegenseitiger Respekt, Achtung vor der Andersartigkeit bedürfen zu ihrer Entwicklung der persönlichen Begegnung und diese sollte nicht allein auf die Jugend beschränkt bleiben." Willi Hörl stellt den Antrag, dass „eine Städtepartnerschaft mit einer vergleichbaren ausländischen Stadt (EG-Staat) angestrebt" wird. Dazu „ist eine interfraktionelle Kommission zu bilden"; ein „Förderverein" soll mitwirken. Am 23. Oktober 1985 treffen sich Bürgermeister Manfred Thümmler und Vertreter der drei Stadtratsfraktionen im Rathaus, um den Antrag zu besprechen. Die von der Verwaltung vorher erstellte Sitzungsvorlage gibt sich zurückhaltend: „Die Partnerschaft selbst wird [...] meist nur von einem kleineren Kreis praktiziert, da die Sprachbarrieren große Teile der Bevölkerung ausschließen. Auch die finanzielle Seite muss geprüft werden. [...] Bei Schüleraustauschprogrammen wird das Kennenlernen von Mensch zu Mensch mit Sicherheit besser gefördert, als bei manchen Städtepartnerschaften, die oft nur aus Empfängen mit feierlichen Reden bestehen. Es sollte daher geprüft werden, ob [...] die Schüleraustauschprogramme des Gymnasiums nicht ausreichend sind." Bürgermeister Manfred Thümmler und die Stadträte Robert Seidel (CSU), Dr. Hanns-Peter Kleissl (FWG) und Reinhard Ullmann (SPD) sind anderer Meinung. Stadtrat Dr. Kleißl erklärt, dass er eine Partnerschaft mit einer französischen Stadt für erstrebenswert halte und deswegen bereits an den „Weltbund der Partnerstädte" in Paris geschrieben habe. Man geht mit dem Ziel auseinander, Städte ausfindig zu machen, die an einer Städtepartnerschaft interessiert sind. Diese Städte könnten aus der ČSSR, aus Ungarn, Frankreich, England oder Italien stammen. Die zunächst folgende Suche „im Bekanntenkreis" bleibt erfolglos: Pringy bei Annecy im französischen Hochsavoyen, mit dessen Collège Privé „La Salle" das Gymnasium in Verbindung steht, hat sich bereits mit Gräfenberg verschwistert. Die Städte, an denen die KSB AG Betriebsstätten unterhält, sind entweder zu groß oder zu klein oder schon vergeben. Die Stadt Pegnitz wendet sich deshalb mit Schreiben vom 18. Dezember 1985 selbst an den „Weltbund der Partnerstädte". Dieser schlägt das italienische Cecina, eine 25.000-Einwohner-Stadt an der toskanischen Küste, und Guyancourt in Frankreich vor.

Guyancourt reagiert zuerst. Bürgermeister Roland Nadaus stellt seine Stadt in einem ersten Schreiben vom 24. März 1986 so vor: „Guyancourt zählt zurzeit

Schulwesen und Partnerschaften

Abbildung 43:
Guyancourt ist eine junge Stadt. Sein erst um 1980 entstandenes Wappen zeigt unter einer Zinnenkrone die Linie der Bourbonen und das Schild des Kreuzritters Philippe de Guyancourt. Die Kirschen sind Symbol der Hoffnung auf eine menschliche und gerechte Zukunft.

Abbildung 44:
Guyancourts Logo: „Zukunft leben".

ungefähr 15.000 Einwohner. Es ist eine Stadt, die mitten im Wachstum steht, sich in der Umgebung von Paris und in unmittelbarer Nähe von Versailles befindet." Das ist trefflich beschrieben. Bis Ende der 60er Jahre noch ein Dörfchen, zählt die Stadt heute mehr als 27.000 Einwohner und hat damit die „geplante" Einwohnerzahl nahezu erreicht. Geplant, weil Guyancourt eine der „Neuen Städte" ist, die ab den 1970er Jahren auf dem Reißbrett erdacht und gebaut werden. Sie sollen die Wohnungsnot in der französischen Hauptstadt beheben und ziehen sich wie ein Gürtel um Paris. Guyancourt gehört zu „St. Quentin en Yvelines" als einer Art Verwaltungsgemeinschaft oder Großgemeinde. Daher findet man auf manchen Landkarten nur deren Namen.

Das bedeutet, dass Guyancourt in jeder Beziehung eine „junge Stadt" ist: In ihrem Lebensgefühl, dem Altersaufbau seiner Bewohner, seiner Architektur und seiner Infrastruktur. Autobahnanschlüsse, eine Schnellbahn (RER) nach Paris, Busverbindungen nach Versailles und ein ausgebautes Stadtbusnetz versprechen volle Mobilität. Eine Universität, ein Gymnasium, zwei Realschulen, etliche Grundschulen und mehr als ein Dutzend Kindergärten und -krippen fördern Kinder und Jugendliche. Für Freizeit und Kultur stehen mehrere Sport- und Mehrzweckhallen, Frei- und Hallenbad, Bibliotheken, Mediathek, Theater, Konzerträume und anderes mehr zur Verfügung. Kleine Geschäfte im alten Stadtkern und moderne Einkaufszentren lassen kaum einen Käuferwunsch offen.

Das bedeutet, dass Guyancourts Bewohner die Bindungen, die in einer historisch gewachsenen Stadt untereinander durch Herkommen bestehen, in vielen Bereichen erst noch schaffen müssen. Das erfolgreich zu tun, ist eines der Hauptanliegen von Bürgermeister, Stadtrat und Verwaltung. Nicht zuletzt dabei will die Städtepartnerschaft helfen. Im Stadtrat stellt seit Jahrzehnten die Sozialistische Partei die Mehrheit. Die Städtepartnerschaft ist von ihr initiiert und wird von der konservativen Opposition mitgetragen.

Abbildung 45:
Inzwischen ist alles bebaut. Verwaltungssitz der Bouygues S. A. in Guyancourt Mitte der achtziger Jahre.

Das bedeutet, dass Guyancourts Architektur völlig anders ist als die von Pegnitz. Eingebettet zwischen weiten Parkanlagen gruppieren sich Einfamilienhäuschen um Hochhäuser, Bürokomplexe und Einkaufszentren. Dieser Gartenstadtcharakter wirkt weitläufig. Übergroße oder gar ghettoartige Hochhaussiedlungen wurden bewusst vermieden. Bei der Ansiedlung von Unternehmen wurde auf „saubere" Arbeitsplätze geachtet. 1996 arbeiteten in den 580 Unternehmen, die in Guyancourt ihren Sitz hatten, fast 20.000 Personen. Diese Unternehmen reichen vom

Abbildung 46:
Der erste Vorstand des Städtepartnerschaftsvereins Pegnitz e. V. (von links): Adolf Nürnberger, Horst Rothenbach, Dr. Brigitte Bauer, Dr. Hanns-Peter Kleißl, Helmut Heinrich und Michael Overbeck mit Bürgermeister Manfred Thümmler.

Schulwesen und Partnerschaften

Abbildung 47:
Unterzeichnung der Partnerschaftsurkunden in Pegnitz. Links Manfred Thümmler, rechts Roland Nadaus.

Ein-Mann-Betrieb bis zur Verwaltung der Bouygues S.A., einem europaweit insbesondere im Bausektor tätigen Mischkonzern mit etwa 2.800 Beschäftigen vor Ort, und dem Entwicklungszentrum von Renault.

Im Februar 1987 finden sich der stellvertretende Bürgermeister Robert CADALBERT und drei seiner Mitbürger als erste Kundschafter in Pegnitz ein. „Wir werden von unserer Seite alles tun, die Kontakte zu fördern", verspricht Cadalbert. Auch Pegnitz tut das seine: Am 19. Januar 1987 bereits hatte der vom Stadtrat eingerichtete Städtepartnerschaftsausschuss beschlossen, „eine Teilnehmergruppe von 8 bis 10 Personen nach Guyancourt zu entsenden". Bürgermeister Manfred Thümmler, Stadträte, Schulenvertreter, Sportfunktionäre und andere Bürger erleben vom 27. bis 29. März 1987 ein viel versprechendes Wochenende in Guyancourt. So schreibt Bürgermeister Manfred Thümmler am Tag nach der Rückkehr seinem Amtskollegen Robert Nadaus: „Mein persönlicher Eindruck ist, dass die ‚Verlobung' ganz gut gelungen ist. Nun sollten wir – wie vereinbart – die nächsten Aktivitäten abwarten und dann – nach ca. 1 1/2 bis 2 Jahren – die Städtepartnerschaft vertraglich besiegeln."

Vorher aber werden in Pegnitz noch Weichen gestellt. „Die Unterbringung und Bewirtung der Gäste muss hauptsächlich in den Gastfamilien erfolgen", heißt es in einer Sitzungsvorlage für den Stadtrat schon am 23. Februar 1987. Und OStD Herbert Scherer gibt in der Nachbesprechung zur ersten Fahrt nach Guyancourt „den Hinweis, dass möglichst bald ein von der Stadt unabhängiges Komitee gebildet werden sollte". Am 25. Januar 1988 gründen 27 Pegnitzer Bürger und 17 Pegnitzer Organisationen im Restaurant des Freizeitzentrums der Stadt Pegnitz den „Städtepartnerschaftsverein Pegnitz e.V.". Zweck des Vereines ist nach § 2 Ziffer 1 seiner Satzung „die Förderung der Verständigung sowie die Pflege der Beziehungen zwischen Pegnitz und europäischen Städten". Er soll als Förderverein Kontinuität außerhalb politischer Positionen sichern und Stadtverwaltung und Stadtsäckel durch Beiträge, Spenden und ehrenamtliche Arbeit entlasten. Der Verein erhält Mittel aus dem städtischen Haushalt. Ihre ordentliche Verwendung sichern die Rechnungslegung gegenüber der Stadt und die Zusammensetzung des Vereinsvorstandes. Von seinen sieben Mitgliedern ernennt der Stadtrat drei, und zwar je eines aus seinen drei stärksten Fraktionen. Der Verein wächst seither stetig. Zum 1. Februar 2004 gehören ihm 60 Bürger und 13 Organisationen als Mitglieder an.

Guyancourt war bereits 1984 den gleichen Weg gegangen und hatte mit dem „Comité de Jumelage" ebenfalls einen Förderverein ins Leben gerufen. Die harmonische und engagierte Zusammenarbeit mit Dominique OLIVIER, François DA RÉ, Georges VIALA und dem überaus prägenden Sylvain LOUIS ist eine der stärksten Wurzeln beim Wachsen der Partnerschaft.

Die Partnerschaft wird am 14. Mai 1989 in Guyancourt und am 27. Mai 1990 in Pegnitz durch einen Vertreter des Weltbundes der Partnerstädte und die Bürgermeister der beiden Städte feierlich besiegelt. „Liebe Freunde, im Laufe unserer langen gemeinsamen Vergangenheit haben wir öfters aufeinander gefeuert – ab heute wollen wir nur noch miteinander feiern!" begrüßt Roland Nadaus die 135 Pegnitzer, die sich zu den Feierlichkeiten in Guyancourt eingefunden haben. Und so geschieht es: Die Bürgermeister legen Kränze am Kriegerdenkmal nieder, weihen

Abbildung 48:
Von links: Roland Nadaus, Ian Donaldson, Manfred Thümmler im Mai 1989 in Guyancourt.

Schulwesen und Partnerschaften

die „Rue de Pegnitz" ein und pflanzen daneben eine Linde, das Symbol der Freiheit, und eine von der Direktorin der Pegnitzer Berufsschule mitgebrachte deutsche Eiche. Dieter BAUER gibt ein bestechendes Klavierkonzert, der Pegnitzer Trachtenverein tanzt, das Roland-Schorner-Ensemble tritt auf und fränkische Musikanten machen Stimmung. Judokas, Handballer und Altherren-Fußballer des ASV Pegnitz messen sich mit denen der ES Guyancourt und überlassen Sieg und Pokale höflich ihren französischen Gastgebern.

Im Jahr darauf verkünden Böllerschüsse die Städtehochzeit, als im vollbesetzten Festzelt auf dem Pegnitzer Schloßberg Roland Nadaus und Manfred Thümmler ihre Unterschriften auf die Freundschaftsverträge setzen und das KSB-Orchester erst die französische, dann die deutsche und mit Schillers Ode „An die Freude" aus dem Schlussgesang der 9. Symphonie Ludwig van Beethovens die Europa-Hymne spielt. Der Mittagssalut ist der letzte Höhepunkt einer an Höhepunkten nicht armen viertägigen Feier, die „im Umfang wie mittelalterliche Fürstenhochzeiten ausgerichtet" war. Mehr als 200 Pegnitzer Gastgeber hatten die über 300 französischen Gäste aufgenommen und bewirtet. Am Donnerstag Nachmittag hatte das frisch gegründete „Pegnitzer Kammerorchester" unter Leitung von Erich NITT die Gäste mit dem machtvollen „Te Deum" Händels in der Aula der Verbandsschule empfangen, vom „Wahl-Pegnitzer" Ali-Akbar SAFAIAN gerade künstlerisch neu gestaltet. Am nächsten Tag legten Gäste und Gastgeber den Grundstein für die „Guyancourt-Brücke", besichtigten Stadt und Umgebung und besuchten eine Fotoausstellung in den Räumen der Pegnitzer Sparkasse, mit der sich Guyancourt in Franken vorstellte. Der Samstag stand im Zeichen des Sports. Die, die im Jahr zuvor in Guyancourt ihre Kräfte gemessen hatten, trafen sich wieder. Der ASV Pegnitz veranstaltete ein Jugendfußballturnier und die Tischtennis-Spieler des SV Glückauf Pegnitz traten gegen eine Mannschaft aus Guyancourt an. Dem nicht genug, starteten 309 Teilnehmer zum 1. Pegnitzer Stadtlauf. Vorher hatten Jugendliche aus Guyancourt und Pegnitz gemeinsam im Pegnitzer Gymnasium musiziert und sich in der Innenstadt die Pegnitzer Vereine vorgestellt. Im Freibad-Restaurant gab es bei „Pastyrik'scher Stubenmusi", trikolore-geblümten Gedecken und festlich mundendem Mahl eine Art Vorfeier für den Sonntag. Dieser begann mit einem Gottesdienst in Herz-Jesu, zelebriert von Guy LECOURT, dem Pfarrer von Guyancourt, Dekan Johannes HILLER von der ev.-luth. Kirchengemeinde Pegnitz und dem katholischen Diakon Kurt LÖBLEIN. Die „Missa brevis" von W. A. Mozart noch im Ohr und das mitternächtliche KSB-Feuerwerk noch vor Augen zog man im Festkorso auf den Schloßberg zur Vermählungsfeier. „Und so", schreibt der Nordbayerische Kurier, „ist in vier Tagen aus einer Vernunftehe eine Liebesheirat geworden."

Zieht man eineinhalb Jahrzehnte später Bilanz, sieht man, dass die „Liebe auf den zweiten Blick" (Nordbayerischer Kurier) zwischen Guyancourt und Pegnitz zu einer beständigen Beziehung

Abbildungen 49/50:
Die Bürgermeister der Partnerstädte: Roland Nadaus und Manfred Thümmler. Und die Partnerschaftsurkunden.

Abbildungen 51–54:
Sportliche Aktivitäten.

Schulwesen und Partnerschaften

gewachsen ist, getragen von schulischen, sportlichen, kulturellen und persönlichen Begegnungen und eingebettet in viele Freundschaften.

Bei den Schulen übernahm die Berufsschule Pegnitz die Vorreiterrolle. Sie betrat in Bayern Neuland, als ihre damalige Leiterin, OStD Gertrud SCHÜTZ-HOFFMANN, mit dem Lycée d'Hôtellerie et de Tourisme in Guyancourt den Austausch von Auszubildenden vereinbarte. Eine 8. Klasse der Pegnitzer Hauptschule fuhr 1991 nach Guyancourt und Schüler der Grundschule Jean Lurçat in Guyancourt kamen zum Gregoriefest 1999 auf einen einwöchigen Besuch zur Pegnitzer Grundschule. 1993 verständigten sich das Collège Paul Eluard und die hiesige Realschule auf einen Schüleraustausch. Als 1994 mit dem Lycée Villaroy in Guyancourt eine ebenbürtige Schule entstand, zögerte auch das Gymnasium Pegnitz nicht, betreut von OStRin Anneliese KLEISSL-KEIL einen Schüleraustausch aufzunehmen (mehr zu diesen Schulpartnerschaften siehe S. 144 oben).

Altherren-Fußballer des ASV Pegnitz brachten im Juni 1987 das erste Flindererbier nach Guyancourt und seither währende Freundschaften mit nach Hause. Wie die Alten g'sungen, so zwitschern auch die Jungen und spielen auf Jugendfußballturnieren mit- und gegeneinander. Handballer, Tischtennisspieler und Jugendbasketballer maßen sich viele Male mit ihren französischen Freunden. Und die alljährlichen Partnerschaftsbegegnungen sind ohne die von Karl DEUCKER betreuten Judokas des ASV Pegnitz schon kaum mehr vorstellbar.

Die feste Verabredung, dass jedes Jahr am Wochenende von Christi Himmelfahrt ein Partnerschaftstreffen stattfinden soll, und zwar in „ungeraden" Jahren in Guyancourt und in „geraden" Jahren in Pegnitz, erwies sich als Glücksfall und stabilisierender Faktor. Von 1989 bis 2003 nahmen an jeder Begegnung durchschnittlich mehr als 160 Besucher teil. Die Besuche schaffen und pflegen nicht nur persönliche und sportliche Kontakte. Sie geben auch Gelegenheit, miteinander zu musizieren und sich sonst künstlerisch auszutauschen. Die Kunstausstellungen, getragen in Guyancourt von Dr. Irene CLARA und in Pegnitz organisiert von Sona SAFAIAN und gefördert von der Sparkasse Bayreuth, sind der Ort dafür.

Die Partnerschaft wird also nicht nur von einem kleineren Kreis praktiziert. Die Sprache schließt nicht große Teile der Bevölkerung aus. Die finanzielle Belastung der Stadt ist durch die Arbeit des Städtepartnerschaftsvereins Pegnitz e.V. gering. Das Kennenlernen von Mensch zu Mensch wird mit Sicherheit gefördert, da die Pegnitzer Städtepartnerschaften eben nicht aus Empfängen mit feierlichen Reden bestehen. Guyancourt und Pegnitz haben die eingangs geschilderte Hoffnung des „Rates der Gemeinden Europas" erfüllt. Ein Ereignis, das sich am 15. Mai 1999 im Schlosspark von Versailles „abspielte", ist dafür mehr als ein Symbol. Dort, wo zur Verhöhnung Frankreichs 1871 das Deutsche Reich ausgerufen und 1919 Deutschland ein demütigender Friedensvertrag aufgedrückt wurde, gab die Jugendbergmannskapelle Pegnitz vielbeklatscht von Besuchern aus allen Kontinenten ein öffentliches Standkonzert (Abb. 51). Hätte man einem der Urgroßväter der jungen Musikanten erzählt, solches würde einmal geschehen, er hätte einen wohl für verrückt gehalten!

Abbildung 55: Jugendbergmannskapelle im Schlosspark von Versailles.

Schulwesen und Partnerschaften

Guyancourt hat mit dem schottischen Linlithgow seit 1988 eine weitere Partnerstadt. Das beschauliche, etwa 30 Kilometer nordwestlich von Edinburgh gelegene Landstädtchen blickt auf eine große Tradition zurück. Es war Stammsitz der schottischen Könige und in ihrem dortigen Schloss wurde am 7. Dezember 1542 Maria Stuart geboren, die Ahnherrin des englischen Königshauses. Seit den Städtepartnerschaftsfeiern, zu denen die Pegnitzer Dr. Hanns-Peter Kleißl und Helmut HEINRICH nach Linlithgow und Ian DONALDSON, der Präsident der Linlithgow Twinning Association, 1989 nach Guyancourt und 1990 nach Pegnitz gekommen waren, verbindet Pegnitz und Linlithgow eine lebendige „Halbbruderschaft". Pegnitzer kommen zu den Treffen zwischen Guyancourtois und Schotten. Diese reisen nach Pegnitz, wenn sich dort an Christi Himmelfahrt die Guyancourtois einfinden. Solange es in Linlithgow Schüler gab, die Deutsch lernten, pflegte die Realschule – betreut von StRin Gertraud ALBRECHT – gar einige Jahre einen Schüleraustausch mit der Linlithgow Academy. Im Oktober 2002 erfreute „Quern", eine Musikgruppe aus Linlithgow, die Oberfranken eine Woche lang mit schottischer Volksmusik.

Im Französischen spricht man bei einer Städtepartnerschaft von einer „Jumelage" und im Englischen von einem „Twinning". Beides heißt wörtlich übersetzt „Zwillingschaft". Guyancourt und Pegnitz sind recht ungleiche „Zwillinge". Die deshalb anfänglich hier weit verbreitete Skepsis, „ob das denn gut geht", ist kaum noch anzutreffen. Dazu, dass es gut geht, trägt wohl auch bei, dass jeder beim Besuch des anderen gerade das findet, was er zu Hause entbehren muss: die Guyancourtois das eher ländliche, historisch gewachsene Pegnitz mit fränkischer Gemütlichkeit und die Pegnitzer die weltoffene Atmosphäre des Pariser Raumes mit touristischen Attraktionen. Partnerschaft fränkisch-modern.

Für die Zukunft gilt es, die entstandenen Bindungen weiter zu tragen und neue zu schaffen. Guyancourt hegt seit langem die Idee, mit seinen beiden Partnerstädten gemeinsam eine Patenschaft – nicht Partnerschaft – für eine Stadt der Dritten Welt zu übernehmen. Guyancourt will demnächst daran gehen, die Idee mit Comé in Benin/Westafrika umzusetzen. Der Stadtrat der Stadt Pegnitz beschloss in seiner Sitzung vom 12. November 2003, die Gespräche mit der tschechischen Stadt Slaný mit dem Ziel fortzusetzen, eine förmliche Partnerschaft zwischen beiden Städten eingehen zu wollen und so die im Kapitel „Schul-

Abbildung 56:
Linlithgow hat ca. 12.000 Einwohner und gehört zum Distrikt West Lothian.

Abbildung 57:
Das 1305 zur Königsstadt erhobene Slaný liegt etwa 25 km nordwestlich von Prag und zählt ca. 16.000 Einwohner.

Schulwesen und Partnerschaften

Abbildung 58:
Ian Donaldson, Sylvain Louis, Catherine Mayné-Kolecki, Helmut Heinrich und Geneviève Sagbohan, stv. Bürgermeisterin von Guyancourt, im Jahr 2002.

partnerschaften" dieses Buches geschilderte
Verbindung zwischen den Gymnasien beider Städte auf kommunaler Ebene auszubauen.

Wer Länder oder Städte wirklich kennen lernen möchte, muss sie sich erlaufen. Auto oder Bus, Tram oder Droschke bringen einem nur Sehenswürdigkeiten näher. Wer Menschen in einem anderen Land wirklich verstehen will, muss bei und mit ihnen leben – in ihren Familien und Gemeinschaften. Ein idealer Weg hierzu ist die Städtepartnerschaft. Durch sie können alle ohne Rücksicht auf soziale Herkunft, Schulbildung, Beruf und Vermögen ein anderes Land, eine andere Stadt und insbesondere deren Bewohner entdecken, indem sie sich gegenseitig in ihren Häusern und Wohnungen aufnehmen. Guyancourtois, Schotten, Pegnitzer und demnächst die Bürger Slanýs tun das. Georges, George, Georg und Jiří kommen sich so näher. Europa wächst. Wir wachsen zusammen.

Abbildung 59:
10 Jahre Städtepartnerschaft (von links): Gertraud Albrecht, Helmut Heinrich, Heinrich Pflaum, Sylvain Louis, Dr. Uwe Goering.

Quellen Gerhard Philipp Wolf

Stadtarchiv Pegnitz:
Rep. 22/3: Acta: Die Organisation der Schulen zu Pegnitz betr. 1824 ff.
Rep. 22/5: Acta des Stadt Magistrats Pegnitz die Umzugskosten des Cantor Ruckdeschel betr.; der Lehrer überhaupt betr. 1846 ff.
Rep. 22/6: Acta: Eine dritte Schullehrer-Stelle dahier betr. 1820–1839.
Rep. 22/9: Acta: Regelung der Gehaltsverhältnisse der hiesigen Lehrerschaft durch Gewährung von persönlichen Zulagen 1894
Rep. 22/10: Acta: Errichtung einer IV. Schule in Pegnitz 1883
Rep. 22/12: Acta: Die Verwendung des Kreis-Fonds für die deutschen Lehrer betr. 1843.

Literatur Gerhard Philipp Wolf

Bauer, Heinrich: Die Schule in Pegnitz. In: AGO 33 (1937), 72–80.
Büttner, Ludwig: Entstehung und Beginn des Pegnitzer Gymnasiums. In: Festschrift zur 25-Jahr-Feier des Gymnasiums Pegnitz. Pegnitz 1980, 11–15.
Büttner, Walter: 500 Jahre Schulstadt Pegnitz. In: Festschrift zur 25-Jahr-Feier des Gymnasiums Pegnitz. Pegnitz 1980, 7–10.
Hartmann, Georg: Maschinenschriftliche Aufzeichnungen zur Schulsituation nach 1945 (Archiv Grundschule Pegnitz).
Scherer, Herbert: 25 Jahre Gymnasium Pegnitz. In: Festschrift zur 25-Jahr-Feier des Gymnasiums Pegnitz. Pegnitz 1980, 16–22.
Scholz, Günther: „Steckbrief" zur Staatlichen Berufsschule Pegnitz (22. März 2004).
Schwarz, Georg: Ein „fränkischer Pestalozzi". Vor 175 Jahren: Dr. Johann Baptist Graser, erster Kreis- und königl. Regierungsschulrat, wird zum Schulreformer des Obermainkreises. In: Fränkischer Heimatbote 18 (1985), Nr. 11.
Tausendpfund, Walter: Aus der Schulgeschichte von Pegnitz und seiner Umgebung, in: 40 Jahre Gymnasium Pegnitz (1957–1997), hg. v. Kurt Löblein, Pegnitz 1997, 10–13.
Tausendpfund, Walter/Wolf, Gerhard Philipp: Von Schulverwesern und definitiven Lehrern – Einblicke in die sozialen und wirtschaftlichen Verhältnisse der Pegnitzer Schulmeister im 19. Jahrhundert. In: ANL 32 (1983), Heft 3, 41–53; 33 (1984), Heft 1, 11–19.

Jahresberichte Gymnasium Pegnitz
Jahresberichte Realschule Pegnitz

AGO = Archiv für Geschichte von Oberfranken
ANL = Altnürnberger Landschaft

Literatur Herbert Scherer

Laufende Berichterstattung der beiden Pegnitzer Lokalausgaben „Nordbayerischer Kurier" und „Nordbayerische Nachrichten"

Scherer; Herbert, „Mit Schnuppertag Beziehung geknüpft", „Klöße haben Schrecken verloren", „Eine Zeit ungehemmter Initiativen", „Hauptschule reagierte am schnellsten", Nordbayerische Kurier, Stadtporträt Pegnitz, 6. April 2000

Höpfel, Ines, Für Bildung und den geistigen Horizont, Wirtschaftsmagazin des „Nordbayerischen Kuriers", 2000

„Das Gymnasium mit Schülerheim Pegnitz im internationalen Austausch, ein Rückblick auf 28 Jahre Schüleraustausch", hg. vom Gymnasium Pegnitz, 1993

„40 Jahre Gymnasium Pegnitz", Festschrift zum 40-jährigen Jubiläum der Einweihung des Schulbaus, hg. vom Gymnasium Pegnitz, 1997

„Internationale Schulpartnerschaft im schulischen Alltag", Akademiebericht der Akademie für Lehrerbildung Dillingen Nr. 92, 1985

„UNESCO-Projektschulen in Bayern – Kontinuität und Innovation", hg. vom Staatsinstitut für Schulpädagogik und Bildungsforschung, München 1999

Mundartdichtung in Pegnitz

Walter Tausendpfund

Bengedse Rosngass

1
Haisle:
grouße, vedruggde,
hiebabde, aufgschdoggde,
oogsedsde...

Gessle:
enge, braade,
grumme, winglede...

Weechle:
holbrichde, welliche,
eggiche, schreeche,
kandiche...

Wingele
und Eggele,
Schbidsle, Schdiiechle,
Dechle, Fensdele,
Giiebele
und Erkerle,
Maierle
und Hoggerle...

...dord im Eggele:
e klaans Bflenzle,
aa e Bischle
...und hald sunsd wos Grüüns.

2
Weer mooch doo
scho alles
gange sai?

Braave, Goude,
Klaane, Kurze,
Grouße aa...
Junge, Alde,
Gschaide, Dumme...
Gaune aa
und Lumbele,
Blonde, Roude,
Schwarze, Braune...

Arch vill Fremde
und e jeede fasd
vo doo...

Bauern, Siede,
Schusde, Schraine,
Medsge, Schmieed,
ainfach alles,
wos es Handwerg
hald so hod...

Alle sen se doode durch
bai de Nachd
und aa am Dooch...

Wos scho gseeng hod,
sachds uns ned...
Unse Rosngessle is
ned bleed!

Vill is aa scho rum
und fiier vill
scho lang ze schbeed...

3
Lang woor's
fai e wenig
vedraamd,
absaids
im Sinniiern
vesungn gween...
Abbe echde Fraind
worn imme
doo...

Doch eds schdraahld se,
aa kaa Gschdang,
kaane Misdn
und kaa Odlbumbn meehr...

Suu is Roosngessle
hald e Brachd.

Und so manche,
deer's eds sichd,
gradsd si hindern Oohr,
zwingerd
mid de Aung,
grinsd
...und brummd:

„Duu, horch heer:
...Voo hindn
is fai Bengeds
fasd e wengle schenne
wäi vo vorn!"

Mundartdichtung in Pegnitz
Walter Tausendpfund

De alde Kirschbaam

Runzlich,
zeschundn,
oogrubfd,
brochn...

Er waaß vo fräiers,
er waaß vo haid.
Abbe wos waaß me scho?

...runzlich,
zeschundn...

Er woor debai,
hod's gseeng.
Abbe wos koo me glaam?

...oogrubfd,
brochn...

Waide wird gmachd,
me lebd hald so zou.
Wos soll me sunsd machen?

...runzlich,
zeschundn,
oogrubfd,
brochn...

Mai erschdn Kirschn

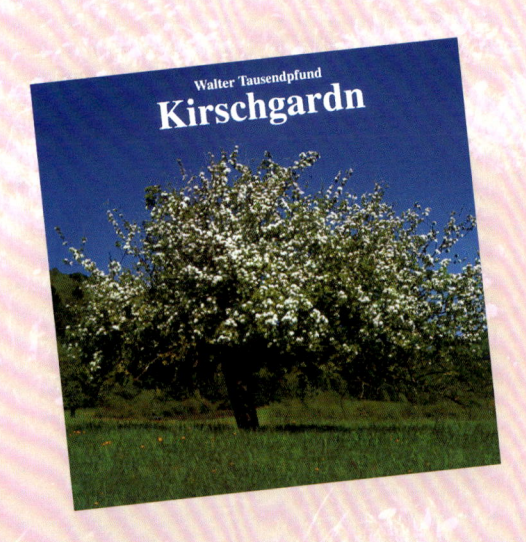

Mai erschdn Kirschn
hob iich gschdulln
baim Nachbern...

Mai nechsdn Kirschn
hob iich gschengd gräichd
vo weem, sooch iich ned...

Mai driddn Kirschn
hob iich selbe kaffd
am Margd...

Said deem mooch iich
alle Kirschn,
egaal woher se san...

Hoffentlich gräich iich
ned soo arch schnell
mai ledsdn Kirschn...

Weer scho ze schood,
wou se soo goud schmeggn!

Walter Tausendpfund
Kirschgardn

PEGNITZER SOMMER KONZERTE 2004

Musikalische Gesamtleitung: Kirchenmusikdirektor Roland Weiss

Kulturelles Leben in Pegnitz

1. **Wunderbare neue Bücherwelt**   Albin Völkl   S. 166
   Stadtbücherei in Pegnitz

2. **Von der Postkutsche zur
   Hightech-Redaktion**   Bärbl Völkl   S. 169

3. **Das Musikleben in Pegnitz**   Roland Weiss   S. 172

4. **Theater in Pegnitz**   Herbert Scherer   S. 182

5. **Galerie Elisabeth Tauber**   Bärbl Völkl   S. 195

6. **Vereine in Pegnitz**
   Der Bergknappenverein als kultureller Motor
   der Nachkriegszeit   Peter Spätling   S. 196
   Zur Geschichte der Ortsgruppe Pegnitz
   im Fränkische-Schweiz-Verein   Walter Tausendpfund   S. 198
   Heimat- und Trachtenverein   Walter Tausendpfund   S. 199

Kulturelles Leben in Pegnitz

Albin Völkl
1. Wunderbare neue Bücherwelt Stadtbücherei in Pegnitz

Der Umzug der Stadtbücherei ins neue Bürgerzentrum ist gelungen. Wunderbar und großzügig, ja beinahe großstädtisch wurde das ganze obere Stockwerk für Bücher und Bücherfreunde gestaltet. Und noch jemand ist mit umgezogen: die *Büchereikatze*. So richtig zum Knuddeln für die Kinder, und ganz ganz heimlich auch für einige Erwachsene. Miau! Jahrelang saß die Stoffkatze gleich beim Eingang in einer Ecke und hielt Hof. Ja, die Stadtbücherei hat eben nicht nur Bücher zu bieten.

Es macht so richtig Freude, sich in der neuen Bücherei umzusehen. Und die Zahl der vorgehaltenen Buchexemplare ist beachtlich: 20 000! Mit einem Aufzug gelangt man nach oben und betritt weite, freundliche, helle Räume. Für Kinder-, Jugend- und Erwachsenenliteratur sind eigene Abteilungen vorhanden. Sogar eine Kaffee-Ecke ist eingerichtet. Wenn das nicht zum Lesen verführt!

Die Stadt Pegnitz hat hier Beachtliches zu bieten. Trotz leerer Gemeindekassen haben die Stadtväter weitsichtig und richtig entschieden: Die Buchkultur in unserer Stadt wird einen großen Schub erfahren. Und das kann in einer Zeit des flüchtigen Berieselns mit einer riesigen Bilderflut im Fernsehen nicht hoch genug gerühmt werden. Bücher sind so vielseitig: sie können fröhliche und ernste Gedanken anbieten, können spannend erzählen, nachdenklich stimmen. Und Bücher haben gegenüber den Medien am Bildschirm einen riesigen Vorteil: sie müllen die Fantasie gerade der jungen Leute nicht zu, sie fördern diese vielmehr und regen an. Ob im Sommer, am Strand oder in der kalten Jahreszeit an langen Winterabenden, immer verführen sie zum Lesen, zum Blättern und Schmökern. Es ist eine Lust, mit Büchern umzugehen.

Aber nicht nur Bücher bietet die neue Stadtbücherei. Man findet ebenso zahlreiche empfehlenswerte Spiele für die ganze Familie. Und noch etwas ist geplant und angedacht: Autorenlesungen, Vorträge, Informationsveranstaltungen in angenehmer und ansprechender Atmosphäre. Also auf, liebe Mitbürger, in die Bibliothek!

Natürlich stehen auch CDs, Zeitschriften, Hörbücher zur Verfügung, und weitere Erwerbungen sind geplant. Die Öffnungszeiten werden erweitert, eine zusätzliche Kraft ist neben den bisherigen beiden Bibliothekarinnen, Rita Kammerer und Traudl Hauck, eingestellt. Das kostet natürlich einiges! Hier jedoch ist das Geld des Steuerzahlers hervorragend angelegt. Der Haushalt der Stadt freilich kann nur einen wichtigen, aber nicht den gesamten Teil davon schultern. So sind bescheidene Gebühren für die Besucher fest eingeplant, sie werden aber niemand überfordern.

Der Finanzbedarf für Neuanschaffungen und unerlässliche Reparaturen betrug Ende 2003 satte 14.500 Euro. Eine ganze Menge. Aber reichen tut das natürlich nicht. Deshalb ist es nur zu verständlich, dass die engagierten Betreuerinnen der Stadtbücherei weitere Wünsche haben: 20.000 sollten es schon sein. Das alles im Jahr 2004.

Dabei katalogisieren und binden Frau Hauck und Frau Kammerer die Bücher selber ein und helfen so der Stadt sparen. Die Aufgaben der Angestellten sind also vielfältig und anstrengend. Es gilt nicht nur Besucher zu beraten, Bücher müssen auch ausgewählt und bestellt werden. Das erfordert regelmäßige Information und Fortbildung. Die Einkaufszentrale für öffentliche Bibliotheken bietet hier wichtige Informationen und Hilfen an.

Die Zeit der Katalogkarten ist natürlich längst vorbei, heute läuft alles über den Computer. Interessenten suchen sich die gewünschten Bücher am Bildschirm selbst aus und erfahren augenblicklich, ob diese ausgeliehen

Abbildung 1–4:
Die neue Bücherei im BÜZ, Erwachsenenbereich, Kinderlesebereich mit Leseecke und Katze.

Abbildung 5:
Alte Stadtbibliothek im alten Schloss, Frau Kammerer und Frau Hauck.

Kulturelles Leben in Pegnitz

oder verfügbar sind. Diese moderne Technik macht es erst möglich, dass in der Pegnitzer Stadtbücherei im Schnitt 220 bis 250 Menschen pro Tag vorbeikommen und bedient werden können. In Spitzenzeiten gibt es sogar bis zu 1000 Ausleihen pro Tag, von Familien mit Kindern, von Erwachsenen und von Jugendlichen.

Ärmlicher Bestand

Es war 1947. Die Folgen des Krieges waren überall zu spüren. Ein riesiger Strom von Flüchtlingen und Heimatvertriebenen musste auch in Pegnitz integriert werden. Hatte damals überhaupt jemand Zeit für und Lust auf Bücher?
Die amerikanische Besatzungsmacht hielt Bücher für ein wichtiges Mittel, auf die Bevölkerung erzieherisch einzuwirken. Sie beauftragte den damals sehr aktiven „Kulturbund Pegnitz" unter der Federführung von Schulrat Dr. NOWACK, als Träger einer Volksbücherei zu fungieren. 1000 Reichsmark standen zur Verfügung und der ärmliche Bücherbestand einer seit 1936 bestehenden Distriktsbibliothek. 1950 jedoch löst sich der „Kulturbund" auf. Die Bücher, ganze 1049 Exemplare, gehen vertragsgemäß in den Besitz der Stadt Pegnitz über. Die „Städtische Volksbücherei" war geboren. Bei BÜTTNER ist nachzulesen: „In unserer Stadt ist auch eine Volksbücherei vorhanden, welche die Jugend sowie die Erwachsenen mit dem deutschen und ausländischen Schrifttum bekannt macht und der allgemeinen Fortbildung dient." (Geschichte, S. 32)
Erhard MACHA übernimmt von 1955 bis 1960 die Bücherei und trägt viel für den weiteren Aus- und Aufbau bei. Seine Nachfolgerin als Leiterin der Bücherei ist Frau ECKERT. 30 Jahre ist sie ehrenamtlich und unermüdlich im Dienste der Städtischen Bücherei tätig und kann große Erfolge aufweisen. 12 000 Bücher übergibt sie an ihre Nachfolgerinnen als Bestand, der Kreis der Leser hat beträchtlich zugenommen.
Ab 1990 führen die Städtische Bücherei hauptamtlich und gemeinsam Frau Kammerer und Frau Hauck. Freilich in Teilzeitbeschäftigung. Jahr für Jahr werden, auch und vor allem mit Unterstützung der Stadt, weitere qualitative Verbesserungen durchgeführt: Der Bestand wird neu gestaltet, Zeitschriften, CDs, Spiele, Hörspielkassetten für Kinder werden aufgenommen, das Ausleihverfahren wird auf EDV umgestellt. Die Zahl der Leser wächst von Tag zu Tag. Waren es 1990 noch 15.000 Ausleihen im Jahr, so beträgt diese Zahl 2003 bereits stolze 60.000.
Ihr Domizil hatte die ehemalige Volksbücherei und spätere Städtische Bücherei im alten Krankenhaus. Anfangs sogar nur in den renovierungsbedürftigen Küchenräumen. Aber die Stadt Pegnitz hat keine Mittel gescheut und Zug um Zug die Renovierung vorangetrieben. So wurden 1975 vom städtischen Bauhof Mauern herausgerissen, Wände versetzt und das Fachwerk des „alten Pegnitzer Schlosses" freigelegt. 50.000 DM kostete das, die neuen Möbel nochmals 25.000.
Der Weg von den Anfängen bis zur Gegenwart war beschwerlich, aber es war ein ungemein erfolgreicher Weg.

Abbildung 6:
Altes Schloss um 1830.

Abbildung 7:
Altes Krankenhaus (Stadtbücherei).

Bücherhits

Frau Hauck und Frau Kammerer geben bereitwillig Auskunft:
Ende 2003/Anfang 2004 schlug natürlich bei den Kindern und Jugendlichen Harry Potter alle Rekorde. 800 Kinder- und Bilderbücher, etwa die von Cornelia Funke, von Joachim Friedrich, Andreas Schlüter und vielen weiteren Autoren gehen weg wie die berühmten warmen Semmeln. Klassiker wie z. B. „Die kleine Hexe" sind immer aktuell. Sehr beliebt ist die Hexe „Lilli" von Knister.
Bei Erwachsenen sind es Autorinnen wie Donna Leon und Henning Mankell, die fleißig gelesen werden, besonders von Frauen. Aber auch und gerade auf diesem

Kulturelles Leben in Pegnitz

Gebiet gibt es Modetrends, sie kommen und gehen. Und schon morgen ist wieder Neues auf dem Markt.

Monatszeitschriften wie „Bild der Wissenschaft", „test", Zeitschriften für Essen und Trinken, für den Garten und für Schönes Wohnen werden stark nachgefragt. Kinder greifen gerne zu „Geolino", einer speziellen Ausgabe von „GEO".

Spiele für alle Altersgruppen, Videos, Hörbücher und Lernhilfen auf CD-ROM ergänzen das breite Angebot. Man sieht, Pegnitz bildet sich.

Historische Einblicke

Büchereien und Bibliotheken haben schon immer ein besonderes Flair. Die Stiftsbibliothek im Kloster Waldsassen etwa oder die einzigartige Bibliothek im Kloster Strahov zu Prag beeindrucken jeden Besucher nachhaltig. Das Auge mag sich gar nicht mehr lösen von der Pracht und der Großartigkeit solcher Stätten des Geistes. Schon aus dem 6. Jahrhundert vor Christus wird uns von Privatbibliotheken berichtet. Die berühmteste aller Bibliotheken des Altertums mit über 700.000 Buchrollen war die von Alexandria, die leider ein Raub der Flammen wurde (47 v. Chr.). König Ptolemäus (360 – 283 v. Chr.) ließ sie zusammentragen, und sie soll damals bereits 40 000 Bände besessen haben. Das schuf Bewunderung, aber auch Kritik. Livius (59 v. Chr. – 17 n. Chr.) nannte sie ein „hervorragendes Werk des guten Geschmacks und der Umsicht der Könige", der Philosoph Seneca (4 – 65 n. Chr., Erzieher Neros) hingegen sah sie als „bloßes Prunkstück königlichen Bildungsstrebens" (Willms, Bücherfreunde, Büchernarren, S. 11).

Cicero (106 – 43 v. Chr.), der berühmte Redner im alten Rom, nannte die Bücher „gute Freunde", eine „angemessene Nahrung der Jugend", „Schutz und Trost im Unglück", und Bücher seien „unsere steten Begleiter, bei Tag und bei Nacht", schrieb er auf seinem Landgut in Tusculum. (ebd., S. 13)

Viele Jahrhunderte später war ein anderer Mann in ganz Italien berühmt, nicht zuletzt durch seine Bücher und seine Bibliothek, der er fast sein ganzes Leben gewidmet hat: PETRARCA. Als ihn in Padua einmal ein Schreiben BOCCACIOS erreichte, in dem es hieß, dass der sich von seinen Büchern trennen wolle, antwortete Petrarca (1304 – 1374 n. Chr.) umgehend: „Wenn Du Dich wirklich von Deinen Büchern trennen willst, wäre es mir sehr angenehm zu wissen, dass Du mir vor irgendeinem anderen Käufer den Vorzug geben würdest." (ebd., S. 38)

Aber jetzt genug der Lobreden. Bücher können allemal für sich selber sprechen.

Doch halt. Da Pegnitz auch eine Comeniusstraße sein Eigen nennt, soll in dieser kurzen historischen Replik doch noch dieser berühmte COMENIUS (1592 – 1670 n. Chr.) in seinem Werk „Orbis pictus" zu Worte kommen: „Das Museum oder das Kunstzimmer ist ein Ort, wo der Kunstliebende, abgesondert von den Leuten, alleine sitzt, dem Kunstfleiß ergeben, indem er Bücher lieset, welche er neben sich auf dem Pulte aufschlägt und daraus in sein Handbuch das Beste auszeichnet oder darinnen mit Unterstreichen oder am Rand mit einem Sternchen bezeichnet."

Aber das Letztere, verehrte Leser dieser Zeilen, sollten Sie besser lassen, wenn Sie sich, wie ich hoffe, zahlreiche Bücher aus der Pegnitzer Stadtbücherei ausleihen. Sonst bekommen Sie mit den sonst sehr freundlichen Betreuerinnen der Bücherei etwas Ärger. Und das wollen wir doch alle nicht.

Abbildungen 8/9:
Impressionen: Neue Bücherei.

Buch (Herderlexikon)
althochdeutsch *buoh*, mittelhochdeutsch *buoch*, abgeleitet von germanischen Schreibtafeln aus Buchenholz; Vorläufer des Buches sind die Tontafeln des babylonischen Kulturkreises, die Buchrolle aus Papyrus oder Pergament und der CODEX der Spätantike und des Mittelalters.

Codex (Herderlexikon)
lat. *codices*, in der Spätantike und vor allem im Mittelalter gebräuchliche Buchform. Die ersten Codices, noch auf Papyrus geschrieben, kamen im 2. Jahrhundert in Ägypten auf.

Abbildung 10:
Philosophischer Saal der Bibliothek im Prämonstratenserkloster Strahov (Prag).
Erbaut 1782–84.

Kulturelles Leben in Pegnitz

Bärbl Völkl
2. Von der Postkutsche zur Hightech-Redaktion

Vor 100 Jahren vierseitiges Amtsblatt in Pegnitz

Wie haben sich Neuigkeiten, Ereignisse früher herumgesprochen? Woher hat man in Pegnitz erfahren, was in der Welt oder nur im Nachbarort vor sich ging? Gute Frage, denn zuerst muss man sich ein Zeitalter ohne Zeitungen, Rundfunk, Film und Fernsehen vorstellen. Ein Zeitalter, das weit von Telefon, Computer, Internet entfernt lag, und dennoch verbreiteten sich Nachrichten oft in Windeseile. Da fuhr die Postkutsche von Nürnberg kommend über holpriges Pflaster in Pegnitz ein. Vorm Gasthaus „Weißes Ross" machte sie Halt, denn hier war die erste Poststation ab 1798 untergebracht. Die neu erbaute Chaussee führte von Nürnberg über Gräfenberg, Leupoldstein, Pegnitz weiter nach Leipzig.

Die Pferde wurden in den Pegnitzer Poststall geführt, der Kutscher brachte nicht nur Post, sondern auch Neuigkeiten. Und so mancher Durchreisende wird Nachrichten – mehr oder weniger durch die eigene Fantasie angereichert – weitergegeben haben.

Abbildung 11:
Der Gasthof zum „Weißen Ross" beherbergte die erste Poststation.

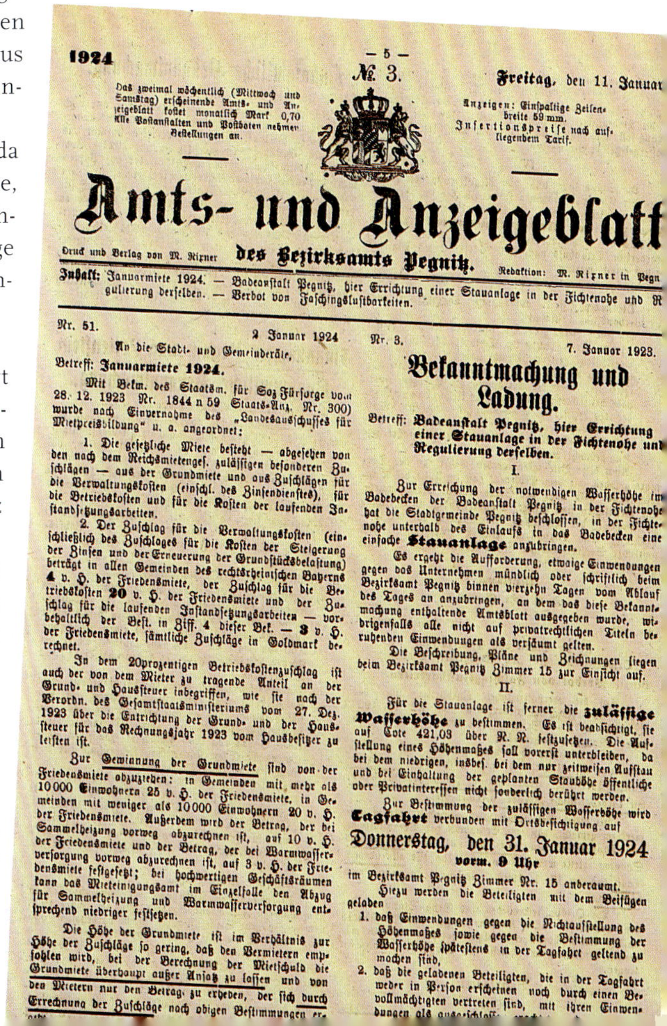

Nachrichten ausgerufen

Man kann sich das Informationsgewirr in etwa ausmalen. Hinzu kam der Stadtdiener, der seine Nachrichten oder Verordnungen verlas und sich mit der Glocke Gehör verschaffte. Auf handgeschriebenen Plakaten wurden darüber hinaus Verbrecher zur Fahndung ausgehängt.

Und dann gab's da noch die Stammtische, die Märkte, die Kirchplätze, die über lange Zeit die großen Kommunikationszentren waren.

Bis das Jahrhundert der Zeitungen anbrach. Zuerst blättern wir in einem Amtsblatt aus dem Jahr 1907. Dieses Amtsblättchen, das um die Jahrhundertwende erscheint, dürfte die erste Zeitung von Pegnitz gewesen sein.

Über Probleme wird da geschrieben, die zeitlos zu sein scheinen. So das Dilemma des „Rasens". Bedenken Sie: Mit über 15 Stundenkilometern sind die „Automobilisten" durch Pegnitz „gerast". Sogar der Magistrat musste sich mit diesem Thema beschäftigen. Unter der Überschrift „Automobilverkehr" ist nachzulesen: „Die Autofahrer müssen ermahnt und die Geschwindigkeit heruntergesetzt werden."

Abbildung 12:
„Die Autofahrer müssen ermahnt und die Geschwindigkeit heruntergesetzt werden." Quod erat demonstrandum!

Abbildung 13:
Das erste Amtsblatt.

Kulturelles Leben in Pegnitz

1,40 Rentenmark im Quartal

Das liegt nun bald 100 Jahre zurück. Diese erste Zeitung aber ist zu einem unersetzlichen Zeitdokument geworden. Das Amts-Anzeigenblatt, das vom Königlichen Bezirksamt Pegnitz herausgegeben wurde, war in Pegnitz zur Jahrhundertwende die einzige örtliche Informationsquelle. Gedruckt wurde das vierseitige Blatt in der Druckerei Max RIXNER. Der vielseitige Geschäftsmann Rixner griff auch selbst zur Feder und schrieb, was sich im Ort und in der großen Welt ereignete. Im Vierteljahr betrug der Bezugspreis 1,40 Rentenmark. Der Postbote trug zweimal pro Woche die beliebte Lektüre aus und nahm auch Bestellungen für die Zeitung entgegen. Nicht nur in Pegnitz, auch in Pottenstein, Creußen, Gößweinstein, Betzenstein und Plech fanden sich Leser.

1907 beispielsweise waren nicht nur Straßenverkehr und Alkohol Hauptthemen. Der Flaschenbierhandel wurde aufs Korn der Obrigkeit genommen, was Max Rixner veranlasste, einen Kommentar zur Ehrenrettung des Gerstensaftes zu verfassen. Breiten Raum nahmen amtliche Bekanntmachungen wie „Hebung der Schweinezucht" ein, die Reichstagswahl 1907 oder das Anheuern von Freiwilligen. Männer, die freiwillig nach Kiautschau in Tsingtau (China) zur Matrosen-Artillerie gehen wollten, wurden gesucht. Dazu gab es die Warnung vor Betrügern. Beim Lesen von Gerichtsberichten bekommt man heute noch Gänsehaut: Ein Bäcker in Tiefenlesau wurde von zwei Bauern mit einem Holzscheit erschlagen und eine hiesige Hebamme vergewaltigt. In Pottenstein wurden fünf Landwirte vom Blitz erschlagen, ein Teil des Tüchersfelder Judenhofs stürzte ein, und spanische Schatzschwindler trieben dazu ihr Unwesen.

„ ...versündigt sich am eigenen Leibe"

Gesundheitstipps waren vor 100 Jahren ebenfalls schon sehr beliebt. Doch heute wie damals lebt die Zeitung von den Inserenten. So inserierte Glenks Witwe aus Pegnitz ebenso wie der Auerbacher Rechtsagent Leißl. Darüber hinaus warben Bayreuther, Nürnberger und sogar Berliner Modemagazine um Kundschaft aus Pegnitz.

„Wer den Husten nicht beachtet, versündigt sich am eigenen Leibe." So werden Kaisers Brust-Caramellen neben der Lilienmilch-Seife offeriert.

Mit Anbruch des Ersten Weltkrieges wird die Pegnitzer Mini-Zeitung eingestellt. Sie erscheint nun nur noch als reines Mitteilungsblatt des Bezirksamtes.

Hochgestellte Persönlichkeiten hatten natürlich eine der Tageszeitungen aus größeren Städten abonniert, und im Gasthaus gehörte die Zeitung zum Bier wie das Amen in die Kirche. Da lagen das alte „Bayreuther Tagblatt", das 1856 gegründet wurde, und später die „Fränkische Presse", die 1945 entstand.

Der Wiesenbote erschien am 1. Oktober 1898 zum ersten Mal. Verantwortlicher Redakteur wie Herausgeber war Richard Henkelmann. Am 1. Januar 1899 kam das Amtsblatt des Bezirksamtes Ebermannstadt als Sonderbeilage hinzu. Die Zeitung erschien dreimal wöchentlich und kostete im Vierteljahr eine Rentenmark. Ab 1904 verlegte Georg Henkelmann das Pottenstein-Gößweinsteiner Tagblatt. Am 22. Mai 1943 erschien der Wiesenbote zum letzten Mal.

Abbildung 14:
Aus einem alten Anzeigenblatt.

Abbildungen 15–18:
Erstausgabe der NN in Pegnitz, Blickpunkt Pegnitz, Vorläufer des NK und Pegnitzer Anzeiger.

Kulturelles Leben in Pegnitz

Bayreuther Zeitungen fusionieren

Am 2. Januar 1968 fusionierten die Bayreuther Zeitungen, und geboren war der Nordbayerische Kurier. Über eine Anzeigenstelle und einen örtlichen Berichterstatter kamen Pegnitzer Nachrichten in die Bayreuther Zeitungen. So berichtete Ruth SOMMER zusammen mit ihrem Ehemann über viele Jahre. Vor ihrer Haustüre am Kellerberg stand ein Weidenkorb, in den Mitarbeiter Manuskripte und Filme legten.

Die Nordbayerischen Nachrichten sind mehr auf Nürnberg ausgerichtet. Und der Nordbayerische Kurier ist von Bayreuth her geprägt. Beide könnten vom Namen her leicht verwechselt werden. In Pegnitz nennt man sie deshalb kurz „NN" und „Kurier". Die erste selbstständige Redaktion wurde in Pegnitz am 2. Januar 1968 von den Nordbayerischen Nachrichten gegründet. Der Redakteur Claus VOLZ baute diese erste Redaktion auf und leitete sie viele Jahre. Pegnitz hatte also einen ersten Lokalteil.

Zuvor war 1962 in Forchheim eine Ausgabe der Nordbayerischen Nachrichten installiert worden, die Toni VÖLKEL führte.

Fliegender Redakteur

Nachdem im Gößweinsteiner Raum des Altkreises Pegnitz immer mehr Leser gewonnen wurden, entschloss sich der Verlag, auch im Altkreis Pegnitz Agenturen zu eröffnen, und weil die Zahl der Abonnenten weiter wuchs, wurde mit dem Redakteur Maerkel täglich ein Mann nach Pegnitz geschickt, der eigene Reportagen machte, von Mitarbeitern Nachrichten einsammelte und täglich in die Redaktion nach Nürnberg brachte.

Die erste Redaktion der „NN" war übrigens in der Schloßstraße, später im Elektrohaus Spätling und über der Drogerie Dutz. Dann zog man in die Schmidt-Bank am Schweinemarkt und schließlich in das heutige NN-Haus, das ehemals die Volksbank beherbergte. In diesem Haus war einst das legendäre „Räuberstübl" untergebracht. Ein „Zwischenzimmer" des Gasthauses „Weißes Ross", in dem jedermann Mitspracherecht hatte, sofern er Platz in diesem kleinen Raum fand. Eine Nachrichtenbörse und ein Ort, an dem Entscheidungen fielen, die von politischer Brisanz waren, wie sich Claus Volz erinnert.

Der Tag für die „NN" kam in der Jahresschlußsitzung 1967 im Kreistag. Die „NN" hatte angeboten, das Amtsblatt künftig zu veröffentlichen und gleichzeitig in jeder Gemeinde des Kreises Pegnitz präsent zu sein.

Die „NN" haben sich immer bemüht, über den reinen Informationsauftrag hinaus vor allem das kulturelle Leben in Pegnitz zu bereichern. Nur einige Beispiele: Tag des Sports, Städtevergleich Pegnitz – Auerbach, Tag der Landwirtschaft, NN-Kinderland, Kulturtage, Auftritt von Gerhard Polt und Heinz-Rudolf Kuntze, NN-Autosalon, Christkindlwahl, seit über 30 Jahren Unterstützung der Sommer-Konzerte.

Seit 1. Januar 1986 leitet Richard REINL die Redaktion der „NN".

Gazette de Bayreuth – so vornehm nannte sich eine Zeitung, die anfangs des 18. Jahrhunderts eine Reihe von Bayreuther Blättern anführte. Im Frühjahr 2004 übergab das Zwickauer Staatsarchiv 18 Kartons mit Bayreuther Wochen- wie Tageszeitungen, die aus der Zeit von 1743 bis 1773 stammten. Darunter befand sich mit der dritten Probenummer der Intelligenzzeitung vom 28. Februar 1736 das älteste erhaltene Bayreuther Zeitungsexemplar.

Erstes Reisebüro

Ende 1983 folgte der Nordbayerische Kurier. Aus der Anzeigenannahmestelle an der Hauptstraße entwickelte sich eine zweite Pegnitzer Redaktion, die des Nordbayerischen Kuriers. Interessant auch, dass hier ein erstes Pegnitzer Reisebüro mit untergebracht war. Am 1. Januar 1984 übernahm der Redakteur Kurt Tauber Aufbau und Leitung dieser Redaktion. Nach wenigen Monaten zog man über den Marktplatz in das heutige Kurier-Haus (früher Flaschnerei Hagen). Eine Redaktion Auerbach kam hinzu, eine eigene Geschäftsstelle wie ein Reisebüro fanden Platz. Höhepunkt der Kurierarbeit war 1985 der Lokaljournalistenpreis der Konrad-Adenauer-Stiftung, dem zuletzt der Wächterpreis der Tagespresse folgte.

Kurier-Exkursionen, Reisen, ein Kinder-Ferienprogramm, das Projekt „Zeitung in der Schule" wie die tägliche Jugendseite bieten darüber hinaus Anreiz für Leser. Die Kurier-Redaktion wird mittlerweile von Stefan Brand geleitet.

Total vernetzt

In beiden Redaktionen wurde die Schreibmaschine von Computern verdrängt, Farbbilder gibt es nun auch im Lokalteil, und die papierlosen Fotos haben längst Einzug gehalten. Eine Vernetzung mit den Zentralredaktionen ist selbstverständlich.

Und so dürfte es kaum mehr eine Kleinstadt geben, in der zwei Redaktionen mit großer personeller Besetzung zum Wettbewerb antreten.

Kleinere kostenlose Blätter wie der Pegnitzer Anzeiger oder das jüngste Produkt „Blickpunkt Pegnitz", ein amtliches Mitteilungsblatt der Stadt Pegnitz, das vom „Kurier" redaktionell betreut wird, ergänzen den Pegnitzer „Blätterwald".

Abbildungen 19/20:
Das Redaktionsteam des Nordbayerischen Kuriers (oben), das Büro der Nürnberger Nachrichten (unten).

Roland Weiss
3. Das Musikleben in Pegnitz

Das kulturelle Leben in Pegnitz und in den Ortsteilen bietet seit alters her eine bunte Vielfalt, in der die Musik einen festen Bestandteil hat. Ihre Geschichte ist eng mit der Kirchen- und Schulgeschichte verknüpft.

Vor der Reformationszeit gab es Schulen nur in den Städten und Klöstern, die hauptsächlich Geistliche und Sänger für den Dienst in der Kirche ausbildeten. Die Pflege der Musik war also Sache der Schule. An den Hauptorten der Reformation, wo man Universitäten und Lateinschulen hatte, konnte man herrliche Musik hören, aus deren Reichtum wir heute noch schöpfen. Vielfach sorgten auch Stiftungen für die Pflege des Chorgesanges. Schon vor der Reformation (im Jahre 1482) wurde in Pegnitz ein Schulmeister angestellt, der, dem Brauch der Zeit entsprechend, Schüler für den Kirchen- und Chordienst auszubilden hatte. Es bestand also schon vor der Reformation eine Kirchenschule. Das Wort „Schulmeister" ist hier im besten Sinne, nämlich als Meister der Schule, zu verstehen. Schulpflicht gab es damals noch nicht, und die Schüler wurden hauptsächlich für den Kirchen- und Chordienst vorbereitet. 1495 wurde von Heinrich RÜGER aus Lauffen an der Salzach in Pegnitz eine Stiftung zu Gunsten von Schulkindern eingerichtet. Die bis heute bekannte „Wolfgangspfründe" (Rosengasse 41) war bis 1836 das erste Schulhaus in Pegnitz und zugleich Lehrer- und Kantorenwohnung.

Abbildungen 21/22:
Kantoratsgebäude mit außergewöhnlicher Haustüre.

Daneben hatte der Schulmeister noch die Stadtschreiberei und den Kirchnerdienst zu versehen. Die zusätzlich unterrichtenden Lehrer waren durchwegs junge Theologen, für die der Schuldienst die Vorbereitung zum geistlichen Amt bildete – manchmal auch aus der Not heraus, wenn für Pfarrstellen ein Überhang an Kandidaten bestand (▶ siehe auch Kapitel „Schulwesen").

Als erster Schulmeister der Reformationszeit ist uns der 1539 hier angestellte Hans VON SAHER aus Bayreuth bekannt. Man verlangte von den Lehrern, dass sie singen konnten. Luther sagte: „Einen Schulmeister, der nicht singen kann, sehe ich gar

Kulturelles Leben in Pegnitz

nicht an." Die Schule der Reformationszeit hatte also die Aufgabe, den Kindern das neue Gemeindelied vertraut zu machen. Von den Kindern lernten es wiederum die Eltern. Aus dem Jahre 1574 ist uns die Nachricht erhalten, dass in Pegnitz ein Kantor namens Johannes SCHRÖTEL angestellt wurde. Auch er war Theologe und hatte, wie schon sein Titel „Kantor" sagt, in der Kirche den Gemeindegesang durch Vorsingen zu führen. Doch bot dieser Dienst allein den Kantoren keine ausreichende Existenz und sie blieben entweder nicht lange hier oder sahen sich nach einem Nebenverdienst um. Viele waren nebenbei Stadtschreiber und halfen in der Schule aus. Längere Zeit – von 1617 bis 1633 – war die Kantorenstelle unbesetzt.

Die erste Orgel in Pegnitz

1628 verhalf der damalige Pfarrer ECKHARDT der Kirchenmusik zu einem neuen Auftrieb. Er schaffte ein „Orgelwerklein" an und gründete zunächst aus auswärtigen armen Schülern, deren Stimmen schon ausgebildet waren, einen Knabenchor. Auch einige hiesige Knaben wurden aufgenommen, „bis dass ihrer genug allhier erzogen sind, dass man der fremden entraten könne". Dem Schulmeister Sebastian ZINK wurde die musikalische Leitung und Ausbildung dieser Singknaben übertragen. Für ihre Beköstigung sorgte die Bürgerschaft, indem sie ihnen Freitische in ihren Häusern verschaffte.

Jeden Freitag und Sonntag sangen sie in den Straßen der Stadt und Altstadt und sammelten dabei. Auch bei Hochzeiten ließen sie ihre Lieder erklingen und hatten im sonntäglichen Gottesdienst den Gemeindegesang zu führen. Über das ersungene Geld wurde genau Buch geführt und die Kleidung der Sänger davon bestritten. Von dem gesammelten Geld lieh man auch etliches gegen Zins aus. Im Jahr 1633 wurde der Rektor und Kantor Konrad TRAUTNER an die damals viel kleinere Stadtpfarrkirche St. Bartholomäus berufen. Er übernahm auch die Ausbildung und die Leitung des Knabenchores. Diese Knaben wirkten lange Zeit als liturgischer und ▶ **Figuralchor** sowie als Kurrendesänger. Viele Jahrzehnte konnte diese Arbeit ungestört weitergeführt werden, bis anfangs des 19. Jahrhunderts das Aufklärungszeitalter und der Rationalismus einsetzten und einem großen Teil der bestehenden Chöre das Ende bereiteten.

Es ist klar, dass unter diesen Verhältnissen auch die Ausübung der Kirchenmusik leiden musste. Sie hatte im Gottesdienst einfach keinen Platz mehr. So nimmt es nicht wunder, dass im Kirchenjahresbericht von 1825 mitgeteilt wird, dass die Bemühungen des Lehrers HEINISCH um den Kirchengesang „nicht ohne allen Erfolg geblieben seien, in dem sich der Kirchengesang in etwas gebessert hat". Dies konnte jedoch nur langsam gehen, besonders bei dem Umstand, dass ein großer Teil der Gemeinde, „nämlich das ganze Land, ausgenommen Buchau, in der Schule ganz vernachlässigt wird".

Es war nach dem Bericht von Pfarrer LEYDEL nicht möglich, einen ordentlichen vierstimmigen Chor zusammenzubringen. Außerdem sagt er: „Von Kantor Hofmann gilt das Alte, das ist, sein Orgelspiel ist nicht viel wert."

1827 wird uns berichtet: „Der Dirigent des Chores, Rektor oder 1. Knabenchorlehrer Heinisch, tut für den Kirchengesang, was ihm möglich ist. Seine Stimme ist zwar schwach, aber gebildet, seine musikalischen Kenntnisse gut. Der Kirchengesang befriedigt daher allgemeine billige Anforderungen. Der Organist Kantor Hofmann besitzt gute musikalische Kenntnisse und viel Fertigkeit im Orgelspiel, aber wenig Geschmack, die Orgel ist leider höchst mittelmäßig. Der Stadtmusikus, zugleich Stadtschreiber, Götz macht bisweilen Kirchenmusiken, namentlich an hohen Festtagen. Sie sind aber sehr mittelmäßig, und es wäre oft besser, sie unterblieben."

Bereits 1691 findet sich der erste Eintrag über die Bestellung eines Stadtspielmannes, der aber schon nach zwei Jahren wegen Geldmangels aufhören musste.

Es scheinen auf dem Gebiet der Kirchenmusik mancherlei Irritationen geherrscht zu haben; denn in einer Ministerialentschließung vom Jahre 1837 heißt es: „Kirchenmusiken, welche in weltliche Konzerte ausarten und anstatt zur Erbauung zu

Figuralchor:
Figuralmusik [zu lateinisch: Cantus figuralitus], Bezeichnung für die mehrstimmige Musik im kontrapunktischen Satz, im Gegensatz zum einstimmigen Gregorianischen Gesang. Die lateinische Benennung geht von den Figuren der Noten aus. Im 17. und 18. Jahrhundert bezeichnet man Figuralmusik auch als die melodische Auszierung einer vorgegebenen Melodie.

Kulturelles Leben in Pegnitz

dienen, vielmehr Anstoß erwecken, müssen ganz entfernt werden." Auch im Jahre 1839 hat Pegnitz nach dem Kirchenjahresbericht (Pfr. MEINEL) einen Kantor, der in der „Musikprüfung die Note notdürftig erhielt, bei einer Kirchenmusik weder als Organist noch als Sänger zu gebrauchen ist, so dass der Chorrektor nebst der Direktion auch das Orgelspiel übernehmen muß".

Es ist erfreulich, hier und da zu lesen, dass der jeweilige Stadtmusikus auch kirchenmusikalisch tätig war. Es heißt 1839: „Er begleitet den Choralgesang mit Blasinstrumenten, was zur Erhöhung der Festgottesdienste gewiss beiträgt."

Wie wenig man von obrigkeitlicher Seite für die Musikausübung übrig hatte, beweist die immer wieder erwähnte dürftige Besoldung der Kantoren und Stadtmusiker. So beschwert sich beispielsweise der schon erwähnte Stadtmusikus Götz, dass sich viele Personen am Sonntag nach der Predigt oder nach dem Frühkapitel in der Stille kopulieren (trauen) lassen und dabei keine Musik brauchen. Es sollte auch in solchen Fällen an den Stadtmusikus eine Gebühr zu zahlen sein, „damit dessen Verdienstausfall nicht zu groß wird". Durch die vielen Trauungen in der Stille „hat der Musikantenverdienst von Jahr zu Jahr abgenommen, bin ich als ein ordentlich hie her berufener Stadtmusikus mit einer Familie von 10 Kindern in solch nahrungslose Umstände verfallen, bei welchen ich mich gezwungen sehe, meine Kinder das Taglohn arbeiten zu lassen, um von deren Verdienst die zur unentgeltlich verrichten messenden Kirchen- und Turmmusiken nötigen Personen nur erhalten zu können". Daraufhin wurde das Pfarramt Pegnitz angewiesen, bei Trauungen in der Stille eine Gebühr für den Stadtmusikus zu erheben.

Abbildung 23:
Mit einem Festzug beging der „Gesangverein Pegnitz" 1910 sein 50-jähriges Bestehen.

Mit der 1809 von dem Musikpädagogen und Komponisten Carl Friedrich ▸ ZELTER in Berlin eingerichteten ersten „Liedertafel", der späteren „Berliner Singakademie", wurde eine Entwicklung eingeleitet, die auch in anderen Städten zur Gründung weiterer Chöre führte und die dem weit verbreiteten Wunsch in der Bevölkerung nach Geselligkeit und gemeinschaftlichem Chorsingen entsprach. Wie die Männer der zelterschen „Liedertafel" sich dem neu erweckten deutschen Liedgut widmeten, so pflegten die vielerorts neu gegründeten Chöre alte und neue Chorgesänge, um Sinn, Ernst und Fröhlichkeit auszudrücken. Das Repertoire der Männerchöre war von der politischen und gesellschaftlichen Entwicklung beeinflusst. Dies entsprach der Stimmungslage im aufstrebenden Bürgertum mit der Forderung nach bürgerlichen Freiheiten. Mit dem Streben des Volkes nach Reichseinheit und der Pflege des vaterländischen Gedankengutes nahm die Männerchorbewegung unaufhaltsam zu, die sich diesem Liedgut emotional verbunden fühlte. So wurden in dieser Zeit in Pegnitz zwei Männerchöre gegründet. 1860 der Männerchor in der Neustadt „Gesangverein Pegnitz" und 1875 der Männerchor in der Altstadt „Gesangverein Frohsinn". Neben den Chorschülern, die im kirchlichen Bereich Musik ausübten, waren es nun die beiden Männerchöre, die als bedeutende Träger der Laienchorbewegung wirkten. Sie waren, damals wie heute üblich, in das typische deutsche Vereinswesen eingebunden.

Im ausgehenden 19. Jahrhundert scheint sich aber doch manches zum Besseren gewendet zu haben. So wurde der damalige Rektor Carl SPÖRL, auch Leiter des Gesangvereines Pegnitz, 1892 mit der Gründung eines kirchlichen Erwachsenenchores (Kirchengesangverein) beauftragt. Natürlich gab es Schwierigkeiten zu überwinden, und es dauerte geraume Zeit, bis öffentliche Einsätze möglich waren. Der neu gegründete Chor sang im Kirchenjahr zunächst nur am Weihnachtsfest, am Karfreitag, an Ostern und am Buß- und Bettag.

Carl Friedrich Zelter 1758 – 1832
Komponist und Musikpädagoge in Berlin, erlernte den Maurerberuf und erhielt daneben eine Musikausbildung. Sang ab 1791 in der „Berliner Singakademie" und übernahm 1800 deren Leitung. 1809 gründete er die „Berliner Liedertafel" und wurde im gleichen Jahr zum Professor an der Königlichen Akademie der Künste ernannt. 1822 gründete er das Königliche Institut für Kirchenmusik. In zahlreichen Denkschriften sowie in seiner praktischen Tätigkeit setzte er sich für eine Erneuerung des Musiklebens ein. Zelter war mit Goethe befreundet, der ihn als musikalischen Berater sowie als Vertoner seiner Gedichte schätzte.
Seit Gründung der Bundesrepublik Deutschland wird die Verleihung der Zelterplakette an verdiente Chöre, die eine 100-jährige Chortradition nachweisen können, jährlich am 4. Sonntag nach Ostern (Kantate) durch den Bundespräsidenten ausgezeichnet.

Kulturelles Leben in Pegnitz

Der Beginn des 20. Jahrhunderts

Die Einweihungsfeier der neuen Stadtpfarrkirche St. Bartholomäus am 20. Dezember 1900 wurde zu einem großen Festtag für die ganze Stadt Pegnitz. Der mit 1100 Plätzen ausgestattete Kirchenraum soll, laut Zeitungsbericht, zum Einweihungsgottesdienst mit 2000 Gemeindegliedern überfüllt gewesen sein. Am selben Tag fand nachmittags ein Konzert mit dem Kirchenchor, dem Männergesangverein und Solisten aus Bayreuth statt. Dieses erste Konzert in der neuen Stadtpfarrkirche war ein kulturelles musikalisches Ereignis. Die Darbietung wurde mit so großer Begeisterung aufgenommen, dass man sich entschloss, künftig des Öfteren Konzerte zu veranstalten.

1906 war die nächste Neugründung eines Chores. Aus den Reihen des damaligen Arbeiter-Turnvereins wurde eine „Singriege" gegründet. Der Chor fand großen Anklang bei der Bevölkerung und entwickelte sich unter der Leitung des damaligen Chorleiters Georg Lienhardt zu einem starken Klangkörper. Wie bei allen anderen Chören, ruhte auch hier während des Ersten Weltkriegs das Chorwesen. Nach dem Krieg wurde das Gesangsleben wieder weitergeführt. Auch die Frauen äußerten den Wunsch, ihnen eine Möglichkeit zum Singen zu geben. So lösten sich die Sänger vom Turnverein und gründeten 1923 einen selbstständigen Gesangverein mit dem Namen „Volks-Chor Pegnitz 1906". Mit einem Männer- und gemischten Chor verschaffte sich der Verein in der näheren und weiteren Umgebung sehr bald einen guten Namen. Auf kulturellem Gebiet leistete der Chor mit seinen 100 bis 120 Sängerinnen und Sängern wertvolle Arbeit und erreichte ein beachtliches Niveau.

Neben den bisher erwähnten Chören hatten auch weiterhin die Chorschüler der evangelischen Kirchengemeinde ihren Dienst bei Kasualien (Taufen, Hochzeiten, Beerdigungen) zu verrichten. Wie streng man es mit der gewissenhaften Pflichterfüllung der Chorschüler nach dem Ersten Weltkrieg hielt, geht aus einer „Dienstanweisung für Chorschüler in Pegnitz" vom Juni 1924 hervor. Für das Singen bei Trauungen und Beerdigungen erhielten die Chorschüler ein kleines Taschengeld. Dessen gingen sie verlustig, wenn sie ohne Entschuldigung vom Gottesdienst wegblieben und ihnen deshalb das Recht entzogen wurde, bei Trauungen und Beerdigungen mitzusingen. Die Eltern und Angehörigen der Chorschüler wurden dringlich ersucht, ihre Söhne zur gewissenhaften Pflichterfüllung anzuhalten. Von diesen und anderen Bestimmungen mussten die Eltern Kenntnis nehmen und dies durch ihre Unterschrift bestätigen. Bis zu Beginn des Zweiten Weltkrieges waren nur Knaben als Chorschüler zugelassen. Erst später durften auch Mädchen mitsingen.

Anfang der zwanziger Jahre des letzten Jahrhunderts taten sich ehemalige Militärmusiker zusammen und gründeten Musikkapellen. In Pegnitz waren auf diesem Gebiet zwei Familien besonders aktiv: Familie Georg Lienhardt und Familie Hans Fuchs. Sie gestalteten über viele Jahre das musikalische Leben der Stadt Pegnitz und Umgebung mit. Sie veranstalteten Konzerte und spielten bei verschiedenen Festen.

Ein herausragendes kulturelles Ereignis war 1926 die Aufführung des Hans-Muffel-Spieles, einem Volks-Musik-Stück in drei Akten für Solisten, Chor und Orchester, das auf dem Schloßberg aufgeführt wurde. Verantwortlich für Text und Musik waren die Gebrüder Böhm: Ernst Böhm, Rektor der Pegnitzer Volksschule und Kantor mit seinem Bruder Carl Böhm als Textdichter, ihr Bruder Max Böhm, Lehrer am Nürnberger Konservatorium, komponierte die Musik dieses Pegnitzer Heimatstückes. Viele Pegnitzer verschiedener Altersstufen, meistens Mitglieder in Vereinen, und ein zusammengestelltes Orchester unter der Leitung von Max Böhm waren an der Aufführung beteiligt, die viele Jahre in lebhafter Erinnerung war. Aus diesem Gefühl heraus entstand die Lust an einer Neuauflage des Stückes. Georg Hartmann war Initiator und Leiter der Aufführung 1977 in der Dreifachturnhalle der Verbandsschule. Solisten, Chöre und Laienschauspieler aus Pegnitz gestalteten zusammen mit den Hofer Symphonikern die Geschichte des legendären Hans Muffel mit großem Erfolg.

Abbildungen 24/25: „Hans Muffel" 1926.

Abbildung 26: Wiederaufführung 1977 in der Dreifachturnhalle

Kulturelles Leben in Pegnitz

Mit der Machtergreifung Hitlers 1933 kam eine bittere Epoche. Die Vereine wurden von den damaligen Machthabern aufgelöst, das umfangreiche und wertvolle Notenmaterial beschlagnahmt und zum Teil vernichtet. Die vereinseigenen Fahnen konnten jedoch von Idealisten noch rechtzeitig in Sicherheit gebracht und versteckt werden.

Das kulturelle Geschehen im weltlichen wie auch im kirchlichen Bereich wurde von verschiedenen Lehrern getragen und geleitet. Für die kirchlichen Chöre und Lehrerorganisten kam eine schwere Zeit, da 1937 die Lehrer gezwungen wurden, alle kirchlichen Ämter niederzulegen.

Eine feststehende Größe für das musikalische Leben dieser Jahre war Dekan Kirchenrat Ludwig UNGER. Er wurde im Jahre 1937 als Dekan nach Pegnitz berufen. Neben seiner Tätigkeit als Seelsorger galt seine Liebe der Musik, und ihr Fortbestand, über die Widerstände hinaus, ist ihm zu verdanken.

Der Neuanfang nach dem Zweiten Weltkrieg

Der Zweite Weltkrieg war kaum zu Ende, da bemühten sich verschiedene Interessierte um einen kulturellen Neuanfang, insbesondere in der Musikszene der Kreisstadt Pegnitz. Die Traditionsvereine nahmen ihre Arbeit wieder auf. Doch es handelte sich für sie gewissermaßen um einen Neubeginn. Es entstanden Neugründungen von Instrumentalvereinigungen ebenso wie Chöre unterschiedlichen Charakters. Bedingt durch den Zuzug von Flüchtlingen, die aus ihrer Heimat ihr kulturelles Erbe und Traditionen mitbrachten, hatten die verschiedensten Vereinigungen in den Nachkriegsjahren eine schöpferische und künstlerische Hochblüte.

Zu den Neugründungen gehörten die verschiedenen Musikgruppen von Fritz PASTYRIK. Er selbst, als ehemaliger Militärmusiker und passionierter Berufsmusiker, war ein unermüdlicher und fleißiger Musiklehrer, der in seiner Schaffenszeit mit seiner Frau Anna Hunderte von Kindern und Jugendlichen an die Musik heranführte und sie ausbildete. Schwerpunkte waren dabei das Musizieren mit Akkordeon, Konzertina, Blasinstrumenten, Zither und anderen Saiteninstrumenten. Mit verschiedenen Musikgruppen, die er leitete, nahm er in den 50er Jahren an vielen Musikwettbewerben erfolgreich teil, was die erhaltenen Auszeichnungen belegen. Großen Zulauf erlebten die Konzerte im „Kolbsaal" (Weißes Lamm). Ihr Repertoire umspannte ein breites Spektrum der unterhaltenden Musikliteratur. Viele Kompositionen von Fritz Pastyrik, die damals zur Uraufführung kamen, und seine später komponierten Musikstücke werden heute noch von verschiedenen Musikgruppen gespielt.

Musikalische Akzente in der kulturellen Arbeit wurden gesetzt mit der Gründung zweier Blaskapellen, zum einen die AMAG-Werkskapelle unter der Leitung von Hans FUCHS (1949 – 1951 und Wenzel ZAHRADKA (1951 bis 1955) und zum anderen die Bergwerkskapelle unter der Leitung von Harry GROPENGIESSER. In den ersten Jahren nach ihrer Gründung setzten sich die Kapellen nahezu ausschließlich aus Betriebsangehörigen zusammen. Ihr Repertoire umfasste Blasmusik von Märschen über volkstümliche bis hin zu sinfonischer Blasmusik. Während die Bergwerkskapelle ihre Auftritte vorwiegend bei der Begleitung von Festumzügen, Festveranstaltungen und Prozessionen hatte, setzten die Musiker der AMAG-Werkskapelle darüber hinaus Akzente bei Konzerten mit einer breiten Musikpalette. Mit ihren späteren Leitern Georg SERTL (1955 – 1969), Richard WEISS (1969 – 1991) und Klaus HAMMER (ab 1992) erspielte sich das inzwischen umbenannte KSB-Werksorchester zahlreiche Auszeichnungen bei Wertungsspielen. Die herausragenden Jahreskonzerte gehörten und gehören zu den Höhepunkten im kulturellen Leben der Stadt.

Großer Beliebtheit erfreuten sich die Konzerte in der Schloßberghalle, die bis 1967 ein gerne genutzter Veranstaltungsort war. Nicht nur Konzerte der Blaskapellen, sondern auch Chorkonzerte, Theateraufführungen und Tanzveran-

Abbildungen 27/28:
(oben) Ehepaar Anna und Fritz Pastyrik († 1998); (unten) die ersten Musikschüler von Fritz Pastyrik nach dem Krieg.

Abbildung 29:
„Konzertinagruppe Pastyrik" vor der Zaussenmühle

Kulturelles Leben in Pegnitz

Abbildung 30:
Schloßberghalle 1962.

Abbildung 31:
Orchestergemeinschaft unter der Leitung von Georg Hartmann († 1980).

staltungen fanden dort statt. Ein anderer Konzertraum in der Stadtmitte war der legendäre „Kolb-Saal". Der Kulturreferent der Stadt Pegnitz, Georg HARTMANN (1960 – 1972), veranstaltete die unterschiedlichsten Konzerte und Theateraufführungen, nicht zuletzt in Zusammenarbeit mit dem Bayerischen Volksbildungswerk. Er hatte nicht nur die organisatorischen Arbeiten dieses Amtes übernommen, sondern war ein musikalischer Idealist mit eigenem künstlerischen Engagement. Unter anderem gründete er nach dem Krieg die Orchestergemeinschaft Pegnitz. In ihr spielten Alteingesessene und Pegnitzer Neubürger miteinander – ein wichtiges Gemeinschaftserlebnis. Mit der Chorgemeinschaft Pegnitz, in der Sängerinnen und Sänger der verschiedenen Chöre und andere Interessierte mitsangen, führte er Oratorien und Messen in der Pegnitzer St.-Bartholomäus-Kirche und in der Basilika Gößweinstein auf.

Neben den instrumentalen Neugründungen begannen auch verschiedene Chöre wieder mit ihrer Arbeit. Die beiden Männerchöre „Gesangverein Pegnitz" und „Gesangverein Frohsinn" fusionierten und heißen seit dieser Zeit „Sängervereinigung Pegnitz". Die Leitung hatte Rektor Georg Hartmann bis zu seinem Tod 1980. Eine große Ehre erfuhr die Sängervereinigung im Jahr 1960 mit der Verleihung der „Zelterplakette" durch den Bundespräsidenten. Diese Ehrung erfahren musikalische Vereinigungen, die auf eine 100-jährige Tradition zurückblicken können.

Die Nachfolge von Georg Hartmann trat Hubert RICHTER an, der bereits auf eine langjährige Erfahrung als Chorleiter mit der Chorgemeinschaft Büchenbach zurückblicken konnte. Nach ihm übernahm Diakon Wolfgang STEIN die Leitung, der nach seinem aktiven Arbeitsleben im Ruhestand nach Pegnitz zurückgekehrt war. Auch der Volkschor nahm seine Proben wieder auf. Mit großem Idealismus und Arbeitseinsatz gingen die Leiter ans Werk. Ihre Liebe zu Musik und Chorgesang war die Grundlage für ihr Engagement. In chronologischer Reihenfolge sind als Chorleiter bekannt: Ernst SAUERWEIN (1947 – 1952), Rolf FRANCK (1952 – 1964), Alfred GRELLNER (1964 – 1972), Leonhard HELD (1972 – 1991), Renate POPP (seit 1991).

Neben ihrer musikalischen Arbeit waren die Chöre wichtige Größen im gesellschaftlichen Leben der Stadt. Feste und Jubiläen, Sängertreffen und Wertungssingen, Tanzveranstaltungen, Ausflüge und Fahrten ließen für die Menschen die Schwierigkeiten des Alltags in den Hintergrund treten.

Mit dem Wachsen der katholischen Pfarrgemeinde entstand nach dem Krieg der katholische Kirchenchor unter Leitung von Max BAUER (1945 – 1978), der gleichzeitig Organist und im Hauptberuf Lehrer war. Der Schwerpunkt der Chorarbeit lag in der Ausgestaltung der Gottesdienste und Gemeindefeste. Bereits nach kurzer Zeit erreichte der Chor in der Pflege der A-capella-Chormusik ein beachtliches Niveau. Mit dem Einbau der neuen Orgel in der Herz-Jesu-Kirche 1968 konnte der musikalische Bogen weiter gespannt werden. Die Nachfolge von Max Bauer trat Hubert Richter (1978 – 1984) an, der diese Aufgabe bis zur Anstellung des hauptamtlichen Kantors Peter GÖRL (seit 1984) übernahm.

In der evangelischen Kirchengemeinde gelang dem erwähnten Dekan Kirchenrat Ludwig Unger ein Neuanfang des evangelischen Kirchenchores. In kürzester Zeit

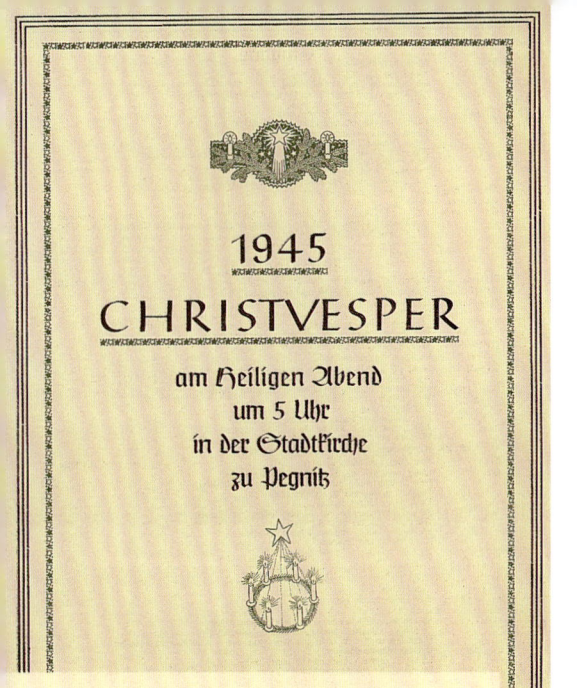

Abbildung 32:
Neuanfang des evangelischen Kirchenchors unter Ludwig Unger, der Weihnachten '45 die Christvesper musikalisch gestaltete.

formierte sich ein Chor mit 48 Sängerinnen und Sängern, der bereits zu Weihnachten 1945 unter seiner Leitung in der Christvesper sang. Im Jahr 1947 führte der Kirchenchor die „MARKUSPASSION" von Heinrich Schütz auf. Diese Tatsache allein beweist, was damals gesanglich geleistet wurde. In der Zwischenzeit wurden mit dem Symphonieorchester Bayreuth Teile aus dem Oratorium „ELIAS" und „LOBGESANG" von Felix Mendelssohn Bartholdy aufgeführt. Ebenfalls im Jahr 1947 gründete Dekan Unger den Posaunenchor Pegnitz. Nun war ein solider Grundstock gelegt für ein reiches kirchenmusikalisches Leben.

Ein großes kirchliches und ein weltliches Konzert wurden für 1950 vorbereitet, zum 200. Todestag von Johann Sebastian Bach. In der St.-Bartholomäus-Kirche fand ein Kantatenkonzert mit dem Kirchenchor Pegnitz und Instrumentalisten aus Nürnberg statt. Als weltliches Konzert wurde im Saal des „Weißen Lammes" ein festliches Konzert veranstaltet, bei dem auch Pegnitzer Künstler mitwirkten, z. B. Christine HEISS (bekannt als die legendäre „Heiß'n Tina") und Dekan Unger, Klavier, Georg Hartmann, Ernst KIRSCHNER, Violine, und einige Solisten aus Bayreuth und Nürnberg.

Der Bezirkskirchenchor- und Posaunentag im Jahr 1952 war ein erster musikalischer Höhepunkt dieser Größenordnung. Zu ihm erschienen zum gemeinschaftlichen Musizieren auf dem Marktplatz (Hauptstraße) die Chöre des Kirchenbezirkes Pegnitz und einige Gastchöre. Insgesamt trafen sich 200 Bläser und 100 Sängerinnen und Sänger. Leider fand die nächste Veranstaltung dieser Art erst 14 Jahre später wieder statt. Unmittelbar auf den Posaunentag 1952 folgten Gastkonzerte von weltberühmten Chören. Der Dresdner Kreuzchor, der Thomanerchor Leipzig, der Windsbacher Knabenchor, der Nürnberger Madrigalchor, der Fürstenfeldbrucker Jugendchor gastierten in der St.-Bartholomäus-Kirche und die Schwarzmeer-Kosaken im Regina Filmtheater.

Am 12. September 1955 vollzog sich in der evangelischen Kirchengemeinde ein Chorleiterwechsel. Diakon Wolfgang STEIN wurde die Leitung der Chöre übertragen. Durch sein besonderes Engagement konnte er mit ihnen erfreuliche Erfolge zu erzielen. Neben dem gottesdienstlichen Musizieren fanden regelmäßige Konzertveranstaltungen statt.

1961 wurde Diakon Wolfgang Stein nach Nürnberg-Altenfurt versetzt. Seine Nachfolge trat Diakon Konrad EBERLE als Chorleiter und Organist an. Als Organist hatte zuvor der Schneidermeister Ernst Kirschner 20 Jahre lang der Kirchengemeinde treue Dienste geleistet. Schon nach zwei Jahren erfolgte in der Führung der beiden Chöre wieder ein Wechsel. Dadurch litten der Kirchen- und Posaunenchor stark, und ein Wegbleiben von Chormitgliedern war nicht aufzuhalten. Erst im Laufe der folgenden Jahre konnte der Nachwuchsmangel überwunden werden.

Seinen Wunschtraum, große Chorwerke der klassischen Musikliteratur aufzuführen, erfüllte sich Georg Hartmann in seiner Zeit als Rektor der Volksschule und als Kulturreferent der Stadt Pegnitz. Zu diesem Zweck gründete er 1962 einen gemischten Chor und führte die „Schöpfung" von Joseph Haydn, „Ein deutsches Requiem" von Johannes Brahms, den „Messias" von Georg Friedrich Händel und die C-Dur-Messe von Ludwig van Beethoven in der Pegnitzer St.-Bartholomäus-Kirche und später in der Gößweinsteiner Basilika auf.

1963 wurde Roland WEISS, Kantor aus Creußen, als hauptamtlicher Kirchenmusiker nach Pegnitz berufen. Mit seiner Anstellung wurde die bisherige nebenamtliche Kantorenstelle der Kirchengemeinde in eine hauptamtliche umgewandelt. Damit wuchsen auch die Aufgaben des Kirchenchores und des Posaunenchores im Gottesdienst und bei konzertanten Aufführungen. Der Kirchenchor erhielt am 1. Juli 1966 den Namen „KANTOREI ST. BARTHOLOMÄUS". Zum 75-jährigen

Abbildung 33 (Mitte):
Erinnerungsurkunde des Oberfränkischen Jugendmusiktages 1954.

Abbildung 34 (unten):
Konzert anlässlich des 200. Todestages von J. S. Bach in der Bartholomäuskirche.

KONZERT DES DRESDNER KREUZCHORES

Leitung: Kreuzkantor Prof. Rudolf Mauersberger

Chorjubiläum 1967 wurde das erste große Konzert mit Chor und Orchester unter der Leitung von Roland Weiss veranstaltet. Auf dem Programm standen die Kantaten „Wacht auf, ruft uns die Stimme" und „Lobe den Herren, den mächtigen König" und die 1. Orchestersuite von Johann Sebastian Bach. Die folgenden Jahre waren dem ständigen Aufbau gewidmet. Es folgten neben den vielfältigen Einsätzen bei Gottesdiensten und Gemeindeveranstaltungen viele große Oratorienaufführungen. Von 1968 bis 2003 wurden überwiegend in der St.-Bartholomäus-Kirche nahezu sämtliche berühmten Werke der großen Meister der Kirchenmusik dargeboten. Insgesamt waren es 88 Passionen, Oratorien, Orchester- und Kantatenkonzerte, dazu an die

Abbildungen 35/36:
Programm und Foto des Dresdner Kreuzchores.

Abbildung 37:
1963 wurde Roland Weiss zum hauptamtlichen Kantor in der Gemeinde bestellt (hier bei Probearbeiten).

Abbildung 38:
Jubiläumskonzert der Kantorei St. Bartholomäus am 25. Juni 1967

900 Konzerte mit Programmen aus allen musikalischen Epochen.

1993 erfolgte die Verleihung der Carl-Friedrich-Zelter-Plakette an die Kantorei St. Bartholomäus Pegnitz durch den Bundespräsidenten für über 100-jährige erfolgreiche Chorarbeit.

Die Kontakte mit Partnerchören, insbesondere mit dem englischen All Saints Choir aus Crowborough, setzten besondere Akzente, verhalfen zu Einblicken in fremde Traditionen und Kulturen und bereicherten die menschlichen Beziehungen. Sie erweiterten nicht zuletzt den musikalischen Horizont.

1972: Einführung der PEGNITZER SOMMER-KONZERTE

Als ein Angebot für Fremdenverkehrsgäste und Einheimische in Stadt und Region gründete Roland Weiss 1972 die Veranstaltungsreihe „PEGNITZER SOMMER-KONZERTE". In den schönen alten Kirchen des südlichen Landkreises Bayreuth, wie Lindenhardt, Creußen, Schnabelwaid, Pegnitz, Plech, Bronn, Hüll, Betzenstein, Riegelstein, Pottenstein und in der Klausteinkapelle im Ahorntal sowie an beliebten Plätzen wie Burg Pottenstein, Teufelshöhle, Fränkische-Schweiz-Museum Tüchersfeld, Schloss Trockau u. a. fanden abwechselnd an den Sonntagabenden in den Monaten Juli und August Konzerte statt. Die Darbietungen in verschiedenen Besetzungen, von Solisten- über Chor- bis Orchesterkonzerten, mit Musik aus allen Epochen erfreuen sich großer Beliebtheit. Die Konzertreihe hat sich zu einer festen kulturellen Größe in Pegnitz und der Region etabliert.

Nachfolger von Roland Weiss als Kantor an der St.-Bartholomäus-Kirche wurde mit Beginn des Jahres 2004 Kantor Jörg FUHR.

Ein weiterer Chor in der evangelischen Kirchengemeinde entstand aus der „Ten Sing-Bewegung", einem Arbeitsbereich der CVJM-Jugendarbeit. Seit 1994 gibt es den Chor „Gospeltrain" später „Lingua Musica", Leitung Michael STARKE. Neben Spirituals und Gospels gehören alte und neue Kirchenmusik, aber auch Chormusik verschiedener Stilrichtungen zu seinem Repertoire. Erfolge konnte er verzeichnen bei öffentlichen Auftritten in Pegnitz und Umgebung, z. B. mit dem Musical „Joseph", der Gluck-Oper „Orpheus und Eurydike", „Carmina Burana" von Carl Orff u. a.

Ein neues Angebot im Musikleben der Stadt Pegnitz kam erstmals im Sommer 2003 auf den Markt. Die Schlesische Staatsoper bot mit 90 Mitwirkenden auf dem Wiesweiher die Oper „Nabucco" von Giuseppe Verdi dar.

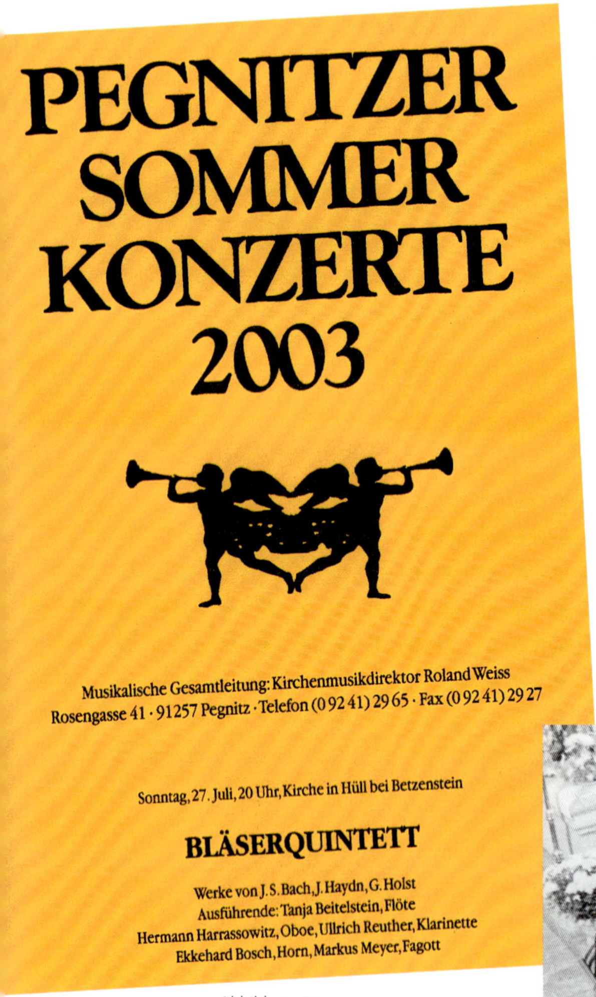

Abbildung 39:
Oratorienaufführung der Kantorei St. Bartholomäus in der Stadtpfarrkirche

Abbildung 40:
Pegnitzer Sommerkonzerte. Programmheft.

Abbildung 41:
Konzert für vier Cembali in der Bartholomäuskirche

Kulturelles Leben in Pegnitz

In den früher selbstständigen Dörfern und jetzigen Ortsteilen von Pegnitz bestand und besteht bis heute ein eigenes reges, gemeinschaftsförderndes musikalisches Leben. Zahlreiche kirchlich geprägte Chöre und Instrumentalgruppen sind aus dem regionalen musikalischen Leben mit ihren beachtlichen, erfolgreichen Veranstaltungen nicht wegzudenken, wie z. B. der St.-Thomas-Chor Trockau, aber auch die Chorgemeinschaft Büchenbach, der Kirchenchor Bronn, der Posaunenchor Bronn oder der katholische Kirchenchor Troschenreuth.

Weitere Chor- und Instrumentalgruppen ergänzen musikalisches Arbeiten und Leben in Pegnitz, z. B. der Chor der Marinekameradschaft, die Feuerwehrkapelle Trockau, die Pegnitzer Boum, die Trachtenkapelle Pegnitz.

Der musikalischen Erziehung von Kindern und Jugendlichen haben sich insbesondere die Musiklehrer der Pegnitzer Schulen und die Musikabteilung der Volkshochschule Pegnitz mit einem reichhaltigen Unterrichtsangebot verschrieben. Jährliche Konzerte zeigen Eltern und der interessierten Bevölkerung den Leistungsstand auf.

Eine intensive Schulungsarbeit an verschiedenen Blasinstrumenten erfahren Jugendliche bei der Jugend-Bergmanns-Kapelle, die die Tradition der ehemaligen Bergwerkskapelle weiterführt. In ihren schmucken Uniformen gelten sie besonders bei Festveranstaltungen und Festumzügen als ein Aushängeschild der ehemaligen Bergwerksstadt Pegnitz.

Die Vielfältigkeit der Chöre und Musikgruppen, das große Angebot bei den Veranstaltungen und die schnelle Veränderung in den Zusammensetzungen der Gruppierungen machen eine Vollständigkeit nahezu unmöglich.

Abbildung 42:
Der Start in die Musik: Elementarkurs der VHS.

Chöre und Kapellen, die im gesamten Stadtbereich Pegnitz aktiv sind:

(Die Zahlen in Klammern sind die aktiven Mitglieder der jeweiligen Chöre und Instrumentalgruppen, Stand: 2004).

Chorgemeinschaft Büchenbach (23)	Leitung: Ottmar Schmitt
Feuerwehr-Kapelle Trockau (30)	Leitung: Günter Haase
Jugend-Bergmanns-Kapelle Pegnitz (40)	Leitung: Markus Toesko
Kantorei St. Bartholomäus (84)	Leitung: Kantor Jörg Fuhr
Kath. Kirchenchor Pegnitz (22)	Leitung: Kantor Peter Görl
Kath. Kirchenchor Troschenreuth (21)	Leitung: M. Payer
Kirchenchor Bronn (15)	Leitung: Martin Popp
Kinderkantorei der ev. Kirchengemeinde (35)	Leitung: Jörg Fuhr
Kinderchor der kath. Kirchengemeinde (40)	Leitung: Schwester Teresa Zukic
KSB-Werksorchester (44)	Leitung: Klaus Hammer
Lingua Musica (35)	Leitung: Michael Starke
Musikabteilung der Volkshochschule	Leitung: Wolfgang Leipert
Musikalische Aktivitäten der Pegnitzer Schulen	
Marine-Chor (12)	Leitung: Johann Meier
Pegnitzer Boum (17)	Leitung: Klaus Adelhardt
Posaunenchor Bronn (15)	Leitung: Ulrich Bachmann
Posaunenchor Pegnitz (30)	Leitung: Kantor Jörg Fuhr
Sängervereinigung Pegnitz (30)	Leitung: Diakon Wolfgang Stein
St.-Thomas-Chor Trockau (42)	Leitung: Ottmar Schmitt
Trachtenkapelle (15)	Leitung: Josef Prell
Volkschor Pegnitz e.V. (11)	Leitung: Renate Popp

Ehemalige:
Bergwerkskapelle bis 1967 – Harry Groppengießer
Chorgemeinschaft bis 1972 – Georg Hartmann
Orchestergemeinschaft bis 1963 – Georg Hartmann
Musikgruppen Pastyrik

Abbildung 43:
Trachtenkapelle Pegnitz

Kulturelles Leben in Pegnitz

Herbert Scherer
4. Theater in Pegnitz

Wer die umfangreiche Geschichte der Stadt Pegnitz von Heinrich BAUER aus dem Jahre 1938 studiert, wird als Kulturbereiche in Pegnitz nur Kirche und Schule vorfinden. Wer Theater genießen wollte, fuhr nach Bayreuth oder Nürnberg.

Zwischen den Weltkriegen

Natürlich wurden in den Pfarrgemeinden religiöse Szenen und in Vereinen „Stückla" dargestellt, aber das wurde noch nicht als Theater gemessen. Wirklich Theater spielte der Pegnitzer Theaterverein unter Hans KÜRZDÖRFER, meist im „Weißen Lamm" auftretend, wo man sich sogar an den „Lumpazivagabundus" heranwagte.

Ein Großereignis aber war das Volksstück mit Musik „Hans Muffel" in einem Vorspiel und drei Akten, für den – unter Mitarbeit von Heinrich Bauer – Ernst und Karl BÖHM das Libretto schrieben und Max BÖHM die Musik schuf. Es war das Pegnitzer Heimatstück um den einheimischen Feldhauptmann Hans Muffel, der im Dreißigjährigen Krieg Pegnitz schützen soll und sich in eine angebliche Zigeunerin verliebt, die den verwundeten Muffel pflegen soll. Als das ungleiche Paar nach 14 Jahren wieder zusammentrifft, findet es schließlich den Segen des Landesherrn, weil sich die Zigeunerin als ein Fräulein von Nankenreuth entpuppt (ausführlicher Inhalt bei Wolf/Tausendpfund, Pegnitz – Veldensteiner Forst, S. 437). Der Uraufführung am 11. Juli 1926 folgten weitere Aufführungen im selben Jahr und 1927. Erst 50 Jahre später, am 13. Februar 1977, wagten Rektor Georg HARTMANN und Walter BÜTTNER eine Wiederholung mit einheimischen Solisten und Chören und den Hofer Symphonikern, worüber die Pegnitzer Ausgaben der beiden Zeitungen unter den Überschriften „Happy End nach Pulverdampf und Bangen", „Hans-Muffel-Spiele ein Erfolg" und „Unwägbares Gemeinschaftsgefühl" (NN und NK, 15. und 17.02.77) berichteten. Ob es je zu einer Wiederholung kommt?

Die gewaltige Bevölkerungsumwälzung nach dem Zweiten Weltkrieg, die viele Flüchtlinge nach Pegnitz hineinschwemmte, bescherte dem spröden fränkischen Städtchen auch Menschen, die in ihrer ostdeutschen oder sudetendeutschen Heimat im kulturellen Leben tätig gewesen waren und ihr Können am neuen Ort anboten. Die ersten Nachkriegsjahre waren eine Zeit fruchtbarer kultureller Entfaltung auch in Pegnitz.

Abbildung 44: Detailaufnahme „Bürgergruppe"

Abbildung 45: Rektor Georg Hartmann

Abbildung 46: „Bürgergruppe" Hans Muffel.

Abbildung 47: Wiederaufführung des Volksstücks im Jahr 1977.

Kulturelles Leben in Pegnitz

Pfarrer Vogls Theater

Da konnte sich ein geistvoller Mann wie Pfarrer Dr. Vogl, bisher in einer Diasporagemeinde wirkend, auch kulturell entfalten. In der Erinnerung der Pegnitzer ist weitgehend verblasst, dass er nicht nur ein einfühlsamer Seelsorger und großartiger Prediger war, sondern auch ein kenntnisreicher und engagierter Theatermann, der in der Zeit von 1950 bis 1965 in der Schloßberghalle, dann im Kolbsaal 35 Stücke spielen ließ. Gerhard Friede, fleißiger und begabter Mitgestalter in diesen Jahren, schwärmt noch von den Aufführungen. Er schreibt: „Herr Pfarrer Vogl hatte eine besondere Vorliebe für Goldoni und Molière, weswegen wir anfangs ihm zuliebe bevorzugt Komödien der beiden aufführten. So von Carlo Goldoni ‚Der Diener zweier Herren', ‚Der Lügner', ‚Pantalones Hochzeit' und von Molière ‚Der Arzt in Liebessachen', ‚Scapins Schelmenstreiche', aber auch ‚Peter Squenz' von Karl Jakobs, einer stark gekürzten Fassung des ‚Sommernachtstraums' von William Shakespeare. Selbstverständlich kamen die deutschsprachigen Autoren nicht zu kurz, so ‚Der Brandner Kaspar schaut ins Paradies' von Josef Maria Lutz, ‚Das Wunder des hl. Florian' von Adele Mayer-Kaufmann, ‚Der Vetter aus Bremen' von Theodor Körner, ‚Das lebenslängliche Kind' von Erich Kästner in einer Bearbeitung von Robert Neuner sowie die beiden Lustspiele ‚Der Etappenhase' und ‚Der schwarze Hannibal' von Karl Bunje."
Einen festen Platz hatte auch das Musiktheater dank Karl-Heinz Leibl, der später mit den „Vielharmonikern" dreimal seine Visitenkarte in Pegnitz abgeben sollte. Er hatte Friede zu den Singspielen „Die spanische Reise" von Peter Rühl und Stefan Kokaly, „Der Amtsschreiber" von Hermann Wagner sowie „Fahr'n ma, Euer Gnaden" von Oskar Weber die verloren gegangenen Partituren neu komponiert und die Lustspieloperette „Tumult im Himmelreich" von Karl H. Rudolph und Paul Thieß überarbeitet und auch musikalisch geleitet. Neben Leibl erwarb sich Gertrud Deuchler ein besonderes Verdienst für die tatkräftige Unterstützung am Klavier. Bei der Wiederholung des Singspiels „Fahr'n ma, Euer Gnaden" aus Anlass des 75. Geburtstags von Pfarrer Vogl 1981 wurde von Hans Pastyrik ein Video aufgenommen, das heute schon ein Dokument ist. Übrigens stiftete Leibl, gebürtiger Pegnitzer und Abiturient des hiesigen Gymnasiums, später die Bestuhlung des Theaters „Schall und Rauch".

Da ist wahrlich in Pegnitz einiges geboten worden. Dazu kommen noch die Bemühungen auf dem umliegenden Land, das Mundarttheater wieder aufleben zu lassen (s. S. 192).

Abbildungen 48/49:
„Fahr'n ma, Euer Gnaden" Singspiel von Oskar Weber, Musik: Karl-Heinz Leibl, Pegnitz. (oben)
„Das lebenslängliche Kind" von Robert Neuner u. Erich Kästner. (unten)

Die Zeit des Übergangs

Die Jahre um 1970 waren die Zeit des Übergangs. Es war schwerer geworden, in Konkurrenz zum Fernsehen Theater als Unterhaltung oder Bildungsstoff anzubieten. Herbert Scherer als Vorsitzender der Volkshochschule und Heinz Felicetti als Kulturreferent der Stadt bemühten sich Mitte der 70er Jahre, das Städtebundtheater Hof zu einem regelmäßigen Auftreten in Pegnitz zu ermuntern. Nach einem Ballettabend und einem Einpersonenstück scheiterte eine weitere Zusammenarbeit an den finanziellen Forderungen. Pegnitzer Theaterfreunde und Schülergruppen hatten aber die Möglichkeit, die Hofer Aufführungen bei den regelmäßigen Gastspielen in Bayreuth zu besuchen.

Überhaupt wirkte über die gesamte Nachkriegszeit der Fränkische Besucherring dahin, die Lücken in Pegnitz mit Angeboten der Theater in Nürnberg nicht so schmerzlich in Erscheinung treten zu lassen, was schon Ludwig Büttner in seiner 1955 erschienenen Geschichte der Stadt Pegnitz (S. 32) und Wolf/Tausendpfund (S. 490) berichteten. Frau Krose, die seit einigen Jahren die Fahrten organisiert,

Kulturelles Leben in Pegnitz

hat sich große Mühe gegeben, die Teilnehmerzahlen der vergangenen 52 Jahre zu ermitteln. Für die Anfangsjahre 1951/52 sind 292 und für 1952/53 genau 377 Teilnehmereinheiten notiert, für die Spielzeit 1987/88 bis 2002/03 insgesamt 1783. Alles in allem lassen sich aus den letzten 50 Jahren mindestens 5000 Besucher hochrechnen. Der Besuch ist rückläufig, seit sich in Pegnitz eine eigene Theaterszene entwickelt hat.

Das Aufblühen der Schultheater

Das eifrige Bemühen von Lehrkräften um das Schulspiel, vom Ministerium bereitwillig unterstützt, trägt seit Beginn der 70er Jahre auch in Pegnitz reiche Früchte. Mehrfach im Jahr unterhalten Theatergruppen vor allem des Gymnasiums und der Realschule in öffentlichen Vorführungen die theaterinteressierten Menschen der Region. Sie haben darüber hinaus Initiativen zu weiteren Theatergründungen entwickelt.

Das Schulspiel an der Realschule

Ein Lehrer verdient einen Ehrenplatz, wenn es um die Anfänge und die Entwicklung des Theaterspielens an Pegnitzer Schulen geht: Manfred WELNHOFER. Er wusste die Schüler zu motivieren und zu animieren oder manchmal einfach in die Pflicht zu nehmen. Er konnte etwas vormachen, aber auch Kritik annehmen und verarbeiten.

Seit 1971 an der Realschule Pegnitz, übernahm er auf Bitten von Realschuldirektor Karl Gebhardt die Schulspielgruppe von Josef Heim. In den mehr als dreißig Jahren seines Wirkens bewältigte er mit seinen Schülerschauspielern Komödien und Tragödien, englisches Konversationstheater und Mundartstücke, Eigenproduktionen und selbst verfasstes Kabarett. Welnhofers Auffassung von Schulspiel: „Der Spielplan unserer Schulbühne wandelte sich wie die Interessen und Ansprüche des Spielleiters und die Wünsche und Möglichkeiten unserer Mitspieler. Grundsatz war stets: Mitspielen darf jeder, der bereit ist, sich voll einzusetzen und einzuordnen. Niemand wird weggeschickt, weil er zunächst vielleicht weniger Talent mitbringt als ein anderer. Gesucht war nicht, wer sich aufspielen, sondern wer mitspielen wollte. Aufgabe des Lehrers muss es dann sein, den Jugendlichen so einzusetzen und zu fördern, dass er sich wohl fühlt und dass er aus der gemeinsamen Arbeit ‚größer' herausgeht als er hineingegangen ist. Manchmal wundere ich mich, welche Anstrengungen unternommen werden, durch Wandel der Inhalte und Methoden Schülern den Unterrichtsstoff schmackhaft zu machen. Wie viel Verbissenheit im Spiel ist, wenn den jungen Menschen das geistige Rüstzeug vermittelt werden soll, das ihn dazu befähigt, im Leben seinen Mann zu stehen. Im hemmungslosen Rationalisierungsstreben unserer Zeit wird echtes Spielen und Erproben an die Wand gedrückt. Theaterspielen ist ein Feld, wo mit Lehren und Lernen von Wissen gar nichts gewonnen ist. Hier gilt nicht der Lehrer und der Schüler, der wortgewandt theoretisiert: ‚Man müsste mal [...]', sondern derjenige, der sich einfach hinstellt

Abbildung 50:
Petra Melchner, Silke Strack und Ansgar Titze in „Das Floß der Medusa" von Georg Kaiser, 1981.

Abbildung 51:
Roland Leykauf und Markus Zitzmann in „Der Geizige", 1991.

Abbildung 52:
Kadriye Akkaya in „Wunschvorstellung", 1989.

Kulturelles Leben in Pegnitz

und etwas vormacht. Für mich eine echte Schule des Lebens." Die wichtigsten Aufführungen der Schulspielgruppe waren: „Betragen ungenügend" (Heinz Steguweit); „Die schlimmen Buben in der Schule" (Johann Nestroy); „Die deutschen Kleinstädter" (August von Kotzebue); „Die Brautschau" *und* „Die kleinen Verwandten" (Ludwig Thoma); „Lady Windermeres Fächer" (Oscar Wilde); „Das Floß der Medusa" (Georg Kaiser); „Tatort Schulhof" (Dieter Wörtke); „Harti und Zarti" *und* „Wasser im Eimer" (2 Stücke vom Berliner Grips-Theater); „Die unglaublichen Illuzinationen des Ernie Fraser" (Alan Ayckborn); „Wunschvorstellung" (eine eigene Produktion, in der die Jugendlichen ihre eigenen Träume vom Leben in Szene setzen durften); „Der Geizige" (Molière); „Boeing, Boeing" (Marc Camoletti); „Ben liebt Anna" (nach Peter Härtlings Kinderbuch); „Der überaus starke Willibald" (nach Willi Fährmanns Kinderbuch); „Die Welle" (Morton Rhue, nach dem gleichnamigen Film); „Wohin mit der Leiche" (Walter G. Pfau); „Rein in den Container – raus aus dem Container" (selbst verfasstes Schülerkabarett); „Die Schöne und das Biest" (Musical); „Tanz der Vampire" (Musical).

Viele dieser Aufführungen waren nur möglich, weil sie von Musik- und Tanzausbildung begleitet wurden, für die vor allem Monika TENGLER und Sandra MAIER verantwortlich zeichneten. Workshops im Schullandheim schweißten eine Gemeinschaft aus Individualisten. Manchmal sangen und spielten Kollegen und Eltern mit, um ein Vorhaben authentischer herüberzubringen. Außerdem profitierte die Theatergruppe seit den achtziger Jahren von der Spielstätte „Schall und Rauch", in der sie immer für ein bis zwei Wochen Gast sein durfte.

Schulspielort Gymnasium

In den 70er Jahren erfolgte am Gymnasium eine Wendung von der Inszenierung von kleineren Sprechstücken zum eigentlichen Schulspiel, in der Regel in der Darbietung von dramatischer Literatur. Erster Höhepunkt war Klaus Thalers Inszenierung von Büchners „Leonce und Lena". Von 1977 bis 1991 haben Albin VÖLKL, Peter RINK und Walter TAUSENDPFUND die Schulspielarbeit zur ständigen Einrichtung am Gymnasium werden lassen.

Das Gymnasium bot für das Schulspiel die besten Voraussetzungen, weil es die Schüler über neun Jahre behalten und über Jahre in der Theaterarbeit schulen konnte. Es verfügte mit der Pausenhalle, dem großen Musiksaal, dem Atrium und schließlich mit der bühnengerecht umgebauten ▸ **alten Turnhalle** über jeweils entsprechend zu nützende Spielstätten, und erfreulicherweise waren seit den 70er Jahren mehrere theaterbegeisterte Germanisten als Regisseure am Werk. Dadurch konnte die immer wieder aufflackernde Theaterbegeisterung in bis zu vier nebeneinander bestehende Theatergruppen kanalisiert werden. Belohnung für ihren Einsatz fanden die Schüler darin, dass in der Kollegstufe der Grundkurs „Dramatisches Gestalten" als benotetes Fach eingeführt werden konnte, aber auch darin, dass die Schulleitung jährlich eine Theaterfreizeit in stressfreier Ferne von der Schule gewährte, die meist zu Proben für die nächsten Auftritte genutzt wurde.

Die vielen Inszenierungen sind in den Jahresberichten nachzulesen, die Höhepunkte in „40 Jahre Gymnasium Pegnitz". Shakespeare, Gryphius, Molière und Nestroy sind ebenso vertreten wie Frisch, Dürrenmatt, Ionesco, Wilde und Wilder oder selbst verfasste Szenen der Unterstufengruppe. Formen des medialen Spiels wurden erprobt, die Video-Technik hielt Einzug in die Theaterarbeit der Schule.

Für das Schulspiel wirkte sich der enge Kontakt zum Städtebundtheater Hof befruchtend aus. Der Besuch der Stücke im Rahmen des Jahresabonnements in Bayreuth bescherte Anregungen, die Diskussionen mit den Regisseuren und Schauspielern waren Teil des Lernprozesses. Dieser erfolgte auch bei Seminaren in der Lehrerakademie in Dillingen und bei den Bayerischen und Oberfränkischen Schulspieltagen. Die Schulspieltage für die oberfränkischen Gymnasien 1985 wurden vom 20. bis 22. Juni von Peter RINK am Gymnasium Pegnitz organisiert, wobei die Pegnitzer Gruppe mit dem Stück „Unsere kleine Stadt" von Thornton Wilder beeindruckte.

Abbildung 53:
„Tanz der Vampire", 2003

Theaterbühne: Alte Turnhalle

Die Zunahme von Theateraufführungen und von gesellschaftlichen Veranstaltungen führte in den 80er Jahren zu einer lebhaften Diskussion um einen dafür geeigneten Saalbau in zentraler Lage der Stadt. Um das zu befördern, bildete sich ein privater Verein, der Kulturverein (Vorsitzender Dr. Peter Kleißl, Stellvertreter Oberstudiendirektor Herbert Scherer), der in enger Zusammenarbeit mit der Stadt wesentliche Vorarbeiten bis hin zu Gebäudeplanungen durch Architekten veranlasste. Eine Finanzierung des Baus bot sich jedoch nur über eine Fundamentierung in Form von Schutzbauten Katastrophenfälle an, so für ein Notkrankenhaus im Keller, das die Bundesrepublik auf dem Höhepunkt des Ost-West-Konflikts zu finanzieren bereit war. Darüber wäre ein Saalbau als Mehrzwecksaal kostengünstig zu errichten gewesen. Mit dem Ende des Ost-West-Konflikts und der deutschen Wiedervereinigung war diese Möglichkeit nicht mehr gegeben, der Kulturverein löste sich auf.

Da Scherer einen solchen Fall einkalkuliert hatte, strebte er bei der baulichen Überholung des Altbaus des Gymnasiums einen für das Auftreten der aufstrebenden Theatergruppen des Gymnasiums sinnvollen Ausbau der alten Turnhalle an. Diese erhielt zur bereits bestehenden bescheidenen Bühne eine jederzeit aufstellbare geräumige Vorbühne mit Vorhang und Scheinwerferleisten sowie eine entsprechende elektrische Ausstattung und Bestuhlung.

Das Gymnasium ist dadurch für Theateraufführungen voll ausgestattet. Darüber hinaus steht die Turnhalle heute auch anderen Veranstaltern zur Verfügung, so dem Kulturreferat, der VHS und dem Theatersommer Fränkische Schweiz.

Kulturelles Leben in Pegnitz

Mit Dieter BAUER (1988 – 1995) – in Zusammenarbeit mit Marie-Luise HEBERLEIN und Andreas GROSS – und Ursula ASCHENBRENNER (1996 – 2000) begann eine neue Ära der Theaterkultur am Gymnasium: Projekte, integrative Arbeit mit Musiklehrern und Kunsterziehern, Einsatz der Technik im Musical. Ein ständiger Ausbau der Technik und immer höhere Leistungen der Technikgruppe garantierten die großen Erfolge der Musicals „Goldspell", „Linie 1", „Schabernakel" und alles übertreffend des Preußler-Stücks „Krabat". Daneben liefen die reinen Bühnenaufführungen weiter, etwa Dürrenmatts „Besuch der alten Dame" oder „Frühlings Erwachen" von Wedekind.

Im Jahre 2000 übernahm Susanne HEINRICH mit einem Neuanfang die Theaterarbeit. Innerhalb kurzer Zeit konnte die Theatergruppe der Klassen 7 – 11 von 15 auf wiederum 45 Schüler angehoben werden. Die Zusammenarbeit mit Mittel- und Unterstufenchor lief reibungslos, während der Grundkurs Dramatisches Gestalten als Bühnenmannschaft und Maskenbildner neben eigenen Aufführungen die der Jüngeren unterstützte. In drei Jahren stellte Susanne Heinrich, seit 2002 zusammen mit Andrea SCHNEIDER, die folgenden Produktionen auf die Bühne, zum Teil auch außerhalb der Schule: „Scrooge" (nach Charles Dickens), „Der Widerspenstigen Zähmung" (William Shakespeare), „Dick, the Cat and Company" (Pantomime zur Eröffnung des Jugendinformationszentrums der Angestellten-Akademie Bayreuth), „Die Räuber" (nach F. Schiller), „Das Gespenst von Canterville" (nach O. Wilde), „Hilfe, die Herdmanns kommen" (Barbara Robinson), „Oh, Oscar!", „Die Reise nach Absurdistan. Das Leben", „Die Vögel" (Aristophanes).

Durch drei Jahrzehnte haben die Theatergruppen des Gymnasiums eine beeindruckende Leistung erbracht. Darüber hinaus haben theaterbegeisterte Schüler auch außerhalb der Schule das Theaterleben mitgeprägt, etwa im Theater „Schall und Rauch". Es wäre zu wünschen, dass es auf diesem Wege wieder zu einer Bereicherung der Theaterszene in Pegnitz kommt.

Pegnitz mit ständigen Theatern

Die rege Tätigkeit der Schulspielgruppen von Realschule und Gymnasium machte Pegnitz reif für die Gründung einer festen Schaubühne in den 80er Jahren. Von einer festen Bühne kann man sprechen, weil sie seit 20 Jahren besteht und über ein eigenes Haus verfügt.

Das Theater „Schall und Rauch"

In einer Facharbeit am Gymnasium Pegnitz hat Stefanie PURKL 2003 die Anfänge des Theaters „Schall und Rauch" nachgezeichnet. Den Kern bildeten die SCHORNER-Geschwister aus der Theatergruppe Welnhofer von der Realschule. Zusammen mit Silke STRACK und Stefan BÖSENECKER und den Gymnasiasten Johannes SCHALLER und Matthias PFLAUM entschlossen sich die Schorners, nach der Schulzeit weiter Theater zu spielen, ohne zunächst eine eigene Theatergruppe zu planen. Roland Schorners Engagement in der evangelischen Kirchengemeinde ermöglichte zunächst Proben und Aufführungen im Evangelischen Gemeindehaus. Mit der Premiere von Tschechovs „Der Bär" und „Der Heiratsantrag" begann am 13. Januar 1984 eine Theatertätigkeit, die in die Umgebung ausstrahlte mit Aufführungen in Pottenstein, Auerbach, Streitberg, Creußen und in der Studiobühne Bayreuth mit anerkennenden Kritiken der Zeitungen.

Unter dem Dach der Volkshochschule Pegnitz entschlossen sich die Spieler weiterzumachen, und es folgten dann Molières „Georges Dandin oder der verwirrte Ehemann" und weitere hochrangige Stücke. 1987 war nach Differenzen der Spielort Evangelisches Gemeindehaus nicht mehr zu nutzen, worauf Herbert Scherer, Leiter des Gymnasiums und Vorsitzender der Volkshochschule, der sich die Bereicherung des Pegnitzer Kulturlebens sehr angelegen sein ließ, die Pausenhalle des Gymnasiums für weitere Auftritte zur Verfügung stellte. Als die Spieler sich einig geworden waren, das Theater fest zu etablieren, gründeten sie den Verein „Schall

Abbildung 54:
Schultheater am Gymnasium mit „Ein Sommernachtstraum" von William Shakespeare.

Abbildung 55:
Max Frisch „Biedermann und die Brandstifter". Mai 1989.

Kulturelles Leben in Pegnitz

und Rauch", dem zunächst Roland Schorner (1988 – 1995), dann Jens GROSS (bis 1997) und schließlich Stefan LEYKAUF vorstanden. Ein Freundeskreis sollte das Theater finanziell unterstützen.

1988 war es so weit: Am 24. September eröffnete das Theater an der Schloßstraße. Welch eine gewaltige Leistung einer Gruppe junger Menschen, deren größter Wunsch es war, Theater zu spielen! Welche persönlichen Opfer mussten sie bringen, um die Räume herzurichten, zu malen, die Technik zu installieren, einzurichten! Und daneben galt es, Stücke auszuwählen, zu proben und aufzutreten.

In den 20 Jahren der Existenz des Theaters wirkten 194 junge Menschen auf und hinter der Bühne. Sie wechselten oft aus den Schauspielgruppen der Realschule und des Gymnasiums, sie kamen aber auch aus anderen Orten und Bereichen, auch aus Bamberg und Bayreuth. Kaum glaublich, dass die Amateure es auf 87 Inszenierungen brachten, wobei die Qualität und Schwierigkeit der Stücke zu beachten ist. Sie spielten Weltliteratur wie Faust und Hamlet, zu bewundern auch die engagierte Annäherung an die Stücke des Österreichers Thomas Bernhard, der besondere Verehrung genoss. Gastspiele führten das Theater nach Mainz, Hof, Kassel und Nürnberg. Höhepunkte waren Auftritte in Moskau und in der Partnerstadt Guyancourt.

Über das Schauspiel hinaus bot „Schall und Rauch" literarische Abende, Straßen- und Kindertheater, musikalische Programme, Silvesterunterhaltung und vieles mehr. 1990, bereits sechs Jahre nach dem ersten Auftreten, wurde der jungen Truppe der Kulturförderpreis des Landkreises Bayreuth verliehen. In der Aula des Gymnasiums überreichte Landrat Dr. DIETEL den Preis, Herbert Scherer hielt die Laudatio.

Das „Pegnitzer Brettl"

Aus dem Kulturreferat des Stadtrats heraus erwuchs ein einzigartiges kulturelles Angebot, das sog. „Pegnitzer Brettl". Kulturreferent Reinhard ULLMANN, wie seine Vorgänger Heinz Felicetti und Walter Büttner und sein Nachfolger Karl LOTHES aus der SPD-Fraktion erwählt, setzt Mitte der 80er Jahre auf den Schwerpunkt Kleinkunst und Kabarett, womit er für einen weiten Einzugsbereich eine Lücke im Kulturangebot schließen konnte. So verpflichtete er u. a. bekannte Kabarettisten wie die Tornados, Urban Priol, Hanns-Dieter Hüsch, Lisa Fitz, Richard Rogler, aber auch Künstler aus der Region.

1990 übernahm Stadtrat Karl Lothes die ehrenamtliche Tätigkeit des Kulturreferenten, und auch bei ihm lag die Schwerpunktarbeit beim „Pegnitzer Brettl". Er erweiterte das Angebot u. a. auf Mundart- und Comedy-Veranstaltungen. Seine Bemühungen, regelmäßig auch Künstler aus den neuen Bundesländern zu engagieren, wurde 1991 sogar mit dem Förderpreis vom Fonds Darstellende Künstler e.V., Essen, ausgezeichnet.

Auch die Zusammenarbeit mit allen Arten von Institutionen und Vereinen, von der Volkshochschule über Feuerwehren bis hin zu den Bergknappen oder der Marinekameradschaft, um nur einige zu nennen, wurde genutzt, um das kulturelle Leben der Stadt Pegnitz zu bereichern. Als Highlights sind u. a. die Auftritte von Gerhard Polt und der Biermösslblosn oder mit Fiddlers Green mit der FF Hainbronn, das große NN-Songpoetenfest mit der FF Kaltenthal oder der Abend mit Six Pack und Mac Härder bei der FF Körbeldorf zu erwähnen. In Ermangelung einer Stadthalle wurde neben Bierzelten auch die Christian-Sammet-Halle für größere

Abbildung 56:
„Die bitteren Tränen der Petra von Kant" von Rainer Werner Fassbinder. Angela Schorner und Juliette Menke, März 2001.

Abbildung 57:
„Das Käthchen von Heilbronn", von Heinrich v. Kleist. Juliette Menke, Stefan Leykauf, Sept. 2001.

Abbildung 58:
Fränkisches Kabarett vom Feinsten:
Urban Priol in der alten Turnhalle des
Gymnasiums im Oktober 2003.

Veranstaltungen genutzt, um neben Theaterstücken (z. B. das Chiemgauer Volkstheater) oder „Stars der Volksmusik" (mit Stefanie Hertel u. a.), insbesondere Comedy-Highlights wie Erwin Pelzig, die Witwen oder Bernd Regenauer mit seiner „Metzgerei Boggnsack" nach Pegnitz zu holen.

Ein weiteres Projekt war die Unterstützung einer vielseitigen Kneipenkultur, wobei es Karl Lothes gelang, Pegnitzer Wirte für ein inzwischen etabliertes Kneipenfestival an einen Tisch zu bringen. Auch die kulturelle Wiederbelebung des Schloßberges, wo neben dem Gregorifest und dem Sommernachtsfest der Jugend sowie dem Waldstock-Rockfestival eine Bereicherung um die jährlichen Veranstaltungen des Theatersommers Fränkische Schweiz und dem Pegnitzer-Brettl-Openair erfolgte, stieß auf eine positive Resonanz der Bevölkerung.

Neben der allgemeinen Unterstützung der jährlich abgehaltenen Kulturtage wurden mit Angeboten von Figurentheater bis Musical- und Chansonabende vielfältige Veranstaltungen des „Pegnitzer Brettls" integriert.

Schwester Teresas Musical-Bühne: die Kirche

Zum mittelalterlichen Spielort Kirche kehrt in Pegnitz Schwester Teresa ZUKIC zurück. Sie hatte es anfangs nicht leicht in Pegnitz, denn in der Art, wie sie Religiöses annahm und darbot, stieß sie gelegentlich auf Unverständnis. Die einstige Atheistin, als Kind im kommunistischen Osten erzogen, seit 1971 in der Bundesrepublik und seit 1994 in Pegnitz lebend, war nach ihrer christlichen Berufung als Leiterin der Pegnitzer Kleinen Kommunität der Geschwister Jesu und Diplom-Religionspädagogin besonders geeignet, in einer unreligiösen Zeit Christliches wieder bewusst zu machen. Als Mittel diente ihr die Heilige Schrift in Musicalform.

Zugute kommt ihr ihre Bekanntheit weit über Pegnitz und Franken hinaus. Dazu trugen vor allem ihre oft spektakulären Fernsehauftritte – gelegentlich auf dem Skateboard – in ARD, ZDF, Pro 7, SAT 1, MDR, HR und NDR bei, auch die Buchveröffentlichungen wie „Rose und Wolke", „Die kleine Nonne", „Das Skateboard Gottes" und „Liebe Kirche, hör mal zu" sowie ihre Tätigkeit bei Unternehmensberatungen und bei der Erwachsenenbildung. Pegnitz erlebte sie vor allem als Texterin und Komponistin von Rockmusicals, die von hier aus den Weg in andere Orte, aber auch auf die Katholikentage in Karlsruhe 1992, Dresden 1994, Mainz 1997, Hamburg 2000 und auf den Evangelischen Kirchentag Stuttgart 1999 fanden. In der Zeit von 1992 bis 2003 schrieb, komponierte und studierte sie die folgenden Rockmusicals ein: „Kloster-er-Leben", „Ansteckungsgefahr Gott", „Herz-Los", „Wir stehen auf Kirche", „Die Bergpredigt – das Musical über Seliges und Unseliges", „Gottes Menschwerdung", „Ekklesia".

In Pegnitz fand Schwester Teresa Laienspieler, Sänger und Instrumentalisten, die sie zum Ensemble formte, das die Botschaft Jesu mit Begeisterung verkündigte. Vor allem die vielen Kinder wusste sie zu motivieren, die langen Probenzeiten auf sich zu nehmen. Und Teresa stand auch bei der Aufführung mitten unter ihnen und bekannte den Glauben vor den Zuhörern, die immer wieder zum Mitmachen animiert wurden.

Wie sie selbst bezeugte, fand sie den Weg zum Christentum durch die Bergpredigt. Es ist einer jener Zufälle im Leben, die Folgen haben, dass der bedeutende deutsche Theaterintendant und Regisseur August EVERDING auf den Umschlag seines Glaubensbuches „Die Seligpreisungen der Bergpredigt", 1997 im Pattloch-Verlag erschienen, ein von Daniel Biskup auf einem Kirchentag geschossenes Foto von Schwester Teresa setzte, ohne diese zu kennen oder ihr je begegnet zu sein. Es

Schwester Teresa, Bruder August

Von Claudia Wessel

Einen besseren hätte der Weltbild-Verlag nicht finden können, um die Bergpredigt mal ordentlich aufzupeppen. Professor August Everding, wortgewandter und missionierungsfreudiger Redner, bläst die drohende Betulichkeit der schwergewichtigen Thematik vom Tisch. Sobald er bei der Präsentation seines Buches mit dem aufregenden Titel „Die Seligpreisungen der Bergpredigt" im Gartensaal des Prinzregententheaters das Wort ergreift, ist die deprimierende Einführung des Verlagsrepräsentanten über das Grauen in der Gesellschaft und die heilsame Wirkung der Bergpredigt vergessen.

Erstmal sei er überrascht gewesen, plaudert der Staatsintendant, als man ihm das Thema antrug, aus welchem jetzt sowohl eine Fernsehserie als auch das Buch entstanden sind. Wie viele andere, die später von seinem Engagement erfuhren, habe er sich gefragt „Liegen da nicht Welten zwischen 'Zauberflöte' und Matthäusevangelium, zwischen den magischen Künsten der Gaukler und dem ethischen Ernst prophetischer Jesusworte, kurz: zwischen Kultur und Religion?" Doch wie das so ist bei Everding, die Zweifel verflogen schnell. Ist nicht das Theater auch eine moralische Anstalt? Verläßt man es nicht stets gebessert und geläutert? Aber klar.

Im übrigen - und man glaubt ihm das sofort - habe er im Anschluß an die Fernsehfilme „keine heiligen Gespräche", „kein laberndes Zustimmungsgespräch" geführt und wolle „überhaupt nicht als verkappter Bischof auftreten". Das schien Premierengast Schwester Teresa, die auf dem Buch-Einband zu sehen ist, nicht zu stören. Schließlich ist die Nonne noch wildere Typen als Everding gewöhnt: In ihrer Freizeit fährt sie Skateboard und schreibt Rockmusicals.

Everding mit Gast

Abbildung 59:
Ausschnitt aus der Süddeutschen
Zeitung vom 30. Oktober 1997

Kulturelles Leben in Pegnitz

war wohl jene Art von fröhlichem Christentum, die das Bild ausstrahlte, das ihn überzeugte, der ja als Regisseur mit Bildern umzugehen wusste. Zum Treffen zwischen ihm und Schwester Teresa kam es erst, als diese – wiederum rein zufällig – das Buch in einer Auslage entdeckte und Kontakt mit ihm aufnahm. Die Süddeutsche Zeitung überschrieb den Bericht über die Begegnung in München „Schwester Teresa, Bruder August".

Abbildung 60:
4. Pegnitzer Kirchenfestival „Vision von Kirche", 16.–20. Mai 2001.

Abbildung 61:
„Die Fledermaus" von Johann Strauß, in der Silvester-Aufführung der PPP-Gourmet-Oper 2001 im Pflaums Posthotel, versetzt in die Zeit der Besetzung Wiens durch die drei Besatzungsmächte USA, England und Russland. Künstlerische Gesamtleitung Prof. Dr. P. P. Pachl.

Pflaums Gourmet-Theater

Bruder August war eben der Professor August Everding, der bereits 1979 einem anderen Pegnitzer begegnet war und diesem die Idee einer Gourmet-Oper, die er von der Mailänder Scala her kannte, schmackhaft gemacht hatte. Dieser Pegnitzer war der stets umtriebige und gedanklich überquellende Andreas Pflaum, mit seinem PPP in gesellschaftlichen und kulturellen Kreisen weithin in der Welt bekannt.

Kultur entspringt im Mittelzentrum Pegnitz meist privater Initiative und muss sich naturgemäß oft bescheiden. Sie ist neben dem wirtschaftlichen Wagemut aber ein leuchtendes Zeichen für die Existenz bürgerlicher Initiative und Kreativität. In geradezu schwärmerischer Weise preist Fritz Fenzl in seinem Buch „Magische Orte in Bayern" die harmonische Einheit im Musentempel des Pflaum'schen Posthotels in Pegnitz. (▸ **Pflaums Posthotel**) Für Andreas Pflaum und seinen Bruder Hermann ist Speisen Kulturtätigkeit wie Malen, Dichten, Theaterspielen und Musizieren. So machen sie es zu ihrer Aufgabe, die Verbindung stilvollen Essens mit professionellem Theaterspiel als Gesamtkunstwerk im kultivierten Ambiente ihres Hotels zu präsentieren.

Wie oft habe ich erlebt, dass ich bei der Erwähnung von Pegnitz als meiner Heimat sofort spontan hörte: „Pegnitz, da ist doch das Pflaums Posthotel!" Hermann Pflaum ist ein vielfach ausgezeichneter Spitzenkoch, Andreas ein Philosoph und Visionär unter den deutschen Hotelbetreibern, besetzt von ständig neuen Ideen, die seine Umgebung oft überfordern, Pflaum zu einem immer interessanten Referenten bei Tagungen in aller Welt machen. Dem Initiator und Mitbegründer der Deutschen Akademie für Kulinaristik liegt die enge Verknüpfung von Magen- und Geistesfreuden besonders am Herzen.

Mit Professor Peter Pachl, dem langjährigen Vorsitzenden des Siegfried-Wagner-Verbandes, kam eine nunmehr 25-jährige fruchtbare Zusammenarbeit zustande, in der das PPP-Theater, in München registriert und auch an anderen Orten wie New York, Wien usw. operierend, bisher 65 Neuinszenierungen mit etwa 240 Aufführungen dargeboten hat. In diesem Rahmen trat gelegentlich im Pegnitzer Posthotel auch das Theater Rudolstadt auf, einbezogen wurden auch Darbietungen von Uwe Hoppe von der Studiobühne Bayreuth und Jan Burdinski vom Theatersommer Fränkische Schweiz. Das neubegründete Festival Canto Bayreuth will seine Bayreuther Aufführungen regelmäßig mit einem Auftritt im PPP beschließen.

Die Pflaums fühlen sich in besonderer Weise mit den Bayreuther Richard-Wagner-

Pflaums Posthotel
„Wenige Augenblicke schon in Pflaums Posthotel bringen den geistig Suchenden dem Ziel näher, im wahrsten Sinn des Wortes... Gelungen ist hier alles, und man dürfte die Beschreibung jetzt schon schließen, etwa mit dem Satz: Das Wort ist Geist geworden, der Geist indes schafft Tatsachen, und bei diesem Gast-Raum, dem realen und geistigen gleichermaßen, sind Esprit und Realität so sehr zur Einheit verschmolzen, dass deren Trennung schwer fiele. Trennung ist bei Pflaum auch überhaupt nicht der Sinn, vielmehr das Zusammenfügen, die harmonische Einheit, nicht nur der Künste." (Fenzl, S.119)

Abbildungen 62–64:
Auf dem Schloßberg: „Mirandolina"
von Carlo Goldoni.

Festspielen verbunden. Nicht nur, weil weltberühmte Dirigenten, Sänger und Regisseure hier übernachten oder Hermann Pflaums Küche genießen. Andreas Pflaum fühlt sich dem Werk Richard Wagners verpflichtet. Die Aufführung bisher unbekannter Frühwerke oder satirisch-humoreske Auseinandersetzungen mit dem Meister im Posthotel fanden weltweites Echo, so Herbert Rosendorfers „Der ewige Wagner" und Edmund Cleedes „Die Frauen von Bayreuth", das sogar einen Skandal auslöste. Das Thema Hitler im Zusammenhang mit dem Bayreuth Wagners wurde erstmals im Posthotel angespielt. In der Vielzahl von Aufführungen, darunter auch Puppenspiele und Laterna magica, sorgten Werke von Peter Cornelius, Oskar Straus, Heiner Müller und Johann Strauß, dessen „Fledermaus" im Nachkriegs-Wien der drei Besatzungsmächte angesiedelt war, für besondere Höhepunkte. Pegnitz kam in jedem Falle in den Genuss professionellen Theaters – und köstlicher Speisen.

Theatersommer Fränkische Schweiz

Den Anspruch, professionelles Theater zu bieten, darf auch die Schaubühne „Theatersommer Fränkische Schweiz" erheben. Alljährlich tritt das Ensemble, 1994 in Hollfeld als Gangolfbühne gegründet, mit klassischen und modernen Stücken auch in Pegnitz auf. Die von einem potenten Förderverein getragene Theatertruppe bereichert die Provinz mit der Aufführung immer neuer Stücke, auch mit Kleinkunst- und Kindertheaterproduktionen. (Zur Geschichte und den aufgeführten Stücken s. a. „10 Jahre Theatersommer Fränkische Schweiz", Anzeigen-Sonderseite, NK, 12.09.03.)

Das von dem Regisseur, Schauspieler und Gaukler Jan Burdinski geleitete Ensemble hat zusammen mit dem Künstler und Kunstinitiator Wolfgang Pietschmann Hollfeld zu einem kulturellen Zentrum in der Fränkischen Schweiz werden lassen, und mit Recht haben beide den Kulturpreis, das Ensemble darüber hinaus den Förderpreis des Landkreises erhalten.

Kulturelles Leben in Pegnitz

Mundarttheater und -dichtung in Pegnitz

Die Provinzstadt Pegnitz und das ländliche Umland könnten der ideale Pflanzboden für mundartliche Dichtung und Theaterspiel sein. Mit der besonderen Gegebenheit der Pegnitzer Situation hat sich Studiendirektor Walter TAUSENDPFUND, Germanist, Dichter und Theaterkenner, befasst und die folgenden Ausführungen beigetragen:

Besondere Mundart-Entwicklung in Pegnitz

Die vielfältigen historischen und aktuellen Entwicklungen sowie die exponierte geographische Lage haben auch in der Dialektsituation in Pegnitz einen deutlichen Niederschlag gefunden. Zum einen hat die Grenzsituation am exponierten Rand des ostfränkischen Sprachbereichs gegenüber der z. B. im nahen oberpfälzischen Troschenreuth/Michelfeld/Auerbach heimischen altbaierischen Sprachvariante ein spezifisches Sprachgemisch entstehen lassen. Zum anderen grenzte sich über Jahrhunderte hinweg bis zum Ende des 18. Jahrhunderts die protestantische zollersche Markgrafschaft bewusst gegenüber dem Sprachraum der ehemaligen freien Reichsstadt Nürnberg, beginnend im Gebiet von Weidensees/Betzenstein einerseits, sowie dem katholischen Fürstbistum andererseits, das mit Elbersberg, Kühlenfels und Pottenstein sehr nahe an Pegnitz heranreichte, ab.

In der Zeit des 19. und 20. Jahrhunderts führte zudem der rasche und umfangreiche Bevölkerungsanstieg in Pegnitz zu Zuwanderung und damit zu nachhaltigen Sprachverwischungen. Insbesondere nach dem Zweiten Weltkrieg kamen durch die Flüchtlinge und Vertriebenen ganz neue Sprachvarianten nach Pegnitz. Die Gebietsreform der 70er Jahre integrierte schließlich sogar originär oberpfälzische Ortsteile (z. B. Penzenreuth, Lobensteig, Neuhof, Troschenreuth) in das Stadtgebiet von Pegnitz.

Diese Entwicklung vollzog sich zu Zeiten, als die Mundart vielfach als eine Alltags- und Umgangssprache gewertet und zuweilen eher diskreditiert als in ihrer eigenen Wertigkeit geschätzt wurde, und diesbezügliche sprachliche Entwicklungen interessierten eher nur einzelne Sprachwissenschaftler. Die natürliche Folge davon war, dass sich die originäre Sprache der hiesigen Bevölkerung immer mehr in kleinere, eher exklusive Kreise zurückziehen musste, ja gelegentlich in der Wissenschaft sogar von einem Aussterben der hiesigen Mundart gesprochen wurde.

Fränkische Abende in der Justizschule

Mit der insbesondere von Österreich und dem Alpenraum ausgehenden Neuentdeckung der Mundart als Literatursprache in den 70er Jahren des 20. Jahrhunderts begannen auch in Pegnitz in aufgeschlossenen Kreisen allmählich immer mutigere Versuche, sich erneut der heimischen Mundart zu stellen und ihre spezifischen Aussagewerte neu zu entdecken.

Erste durchschlagende Erfolge hierbei brachten die von der Volkshochschule Pegnitz unter Vorsitz von Oberstudiendirektor Herbert Scherer über viele Jahre hinweg in Zusammenarbeit mit der Fränkische-Schweiz-Verein-Ortsgruppe durchgeführten „Fränkischen Abende" in der Bayerischen Justizschule. Hier trafen sich in (un)regelmäßigen Abständen zahlreiche Mundartautoren und Musikgruppen aus verschiedenen Gegenden Frankens (Fitzgerald Kusz, Gerhard C. Krischker, Erich Arnedt, Jochen Lobe, Martin Barth usw.) zum geselligen Stelldichein und führten in vielen Variationen die Werte fränkischen Sprachgutes vor. Auch heimische Autoren (Christa Sebald, Dieter Müller, Herbert Scherer, Walter Tausendpfund, Kurt Macht) erhielten hier eine Plattform, um ihre eigenen Sprach- und Dichtungsversuche einem breiteren und stets interessierten Publikum vorzustellen. Selbst der Bayerische Rundfunk/Studio Franken nutzte diese günstigen Rahmenbedingungen, um von hier aus eine Sendung zu gestalten.

Kulturelles Leben in Pegnitz

Mundartdichtung in Pegnitz

Aus der Gruppe der hier auftretenden Mundartautoren entwickelte sich nach und nach eine kleine Gruppe von Pegnitzer Mundartautoren, die mit verschiedenen Werken auch später noch für einiges Aufsehen sorgten:

Herbert Scherer gab Kostproben seiner Sprachvariante in seinem Büchlein „Es kend scho so saa – aa wenn's net so is", Gisela Schärdel legte zahlreiche Mundarttheaterstücke (z. B. „Die Krautwurscht in der Hutznstubn", „Vor Gott sind alle Menschen gleich", „Der Gänsstall") vor und Dieter Müller publizierte immer wieder in den Nordbayerischen Nachrichten mundartliche Texte, die dann im Jahre 1994 in dem Mundartband „Ich maa hald allerwaal [...]" zusammengefasst wurden.

Walter Tausendpfund gehört ebenfalls zu diesem Kreis heimischer Autoren. Häufig wird er im Bereich der Fränkischen Schweiz und auch darüber hinaus zu kleineren und größeren Lesungen eingeladen. Gelegentlich ist er mit seinen Werken auch im mundartlichen Programm des Bayerischen Rundfunks zu hören. Seine historischen Mundarttheaterstücke („Der Zeiserlfang von Betzenstein", „Der Sturm auf Velden 1627", „Die Kinder retten ihr Heiligenstadt") sowie sein aktuelles Volksstück „Kerwa" wurden vom Publikum mit großem Wohlwollen aufgenommen. Von ihm erscheinen zwischen 1982 und 2003 u. a. folgende Mundartbände: „Tierlesgschichdn", „Jede Dooch e Blooch", „Es kenned soo...odde soo...odde ganz anders sai", „E Blüümle, e Falde, e Schnegg und e Bladd" sowie „Kirschgardn". Andy Conrad gab diesen Veröffentlichungen durch seine künstlerische graphische Gestaltung ein spezifisches Erscheinungsbild. Außerdem ist er mit eigenen Beiträgen mittlerweile in mehr als 20 Anthologien vertreten.

Daneben brachte Tausendpfund mit verschiedenen fränkischen Musikgruppen die beiden CDs „Quer durchs Joohr" und „Wenn dees ned weer..." heraus, die vor allem nicht-fränkischen Interessenten die Sprachkraft der hiesigen Menschen vermitteln können.

Über diesen Rahmen hinaus engagiert sich Tausendpfund sowohl im mundartpflegerischen Bereich des Fränkische-Schweiz-Vereins und liest immer wieder seine Variante der „Fränkischen Weihnacht" in Kirchen der Fränkischen Schweiz, trägt aber durch seine Einbindung in die Arbeitsgemeinschaft Mundarttheater Franken e.V. auch maßgeblich zur überregionalen Zusammenarbeit der fränkischen Mundartautoren bei. Über viele Jahre hinweg betreute Tausendpfund daher auch von Pegnitz aus den von dieser Interessengemeinschaft publizierten „Theaterbrief".

Unter seiner maßgeblichen Mitwirkung nahmen die bisher 18 „(Gesamt-)Fränkischen Mundarttheatertage", aber auch die fünf „Oberfränkischen Mundarttage" konkrete Gestalt an.

Im Rahmen dieser Veranstaltungen ist es immer wieder sein besonderes Anliegen, auch Kindern und Jugendlichen die Chance zu bieten, selbst mundartlich, sei es im Theater oder am Lesepult, aktiv zu werden und die ganz spezifischen Aussageformen der fränkischen Mundart kennen zu lernen.

Mundarttheater in den Ortsteilen

In einigen Pegnitzer Ortsteilen erinnert sich noch mancher, dass schon vor 1945 „Theater" gespielt worden sei. Das waren in der Weihnachtszeit etwa in den Pfarrgemeinden religiös motivierte Spielszenen und in der Faschingszeit in den Vereinen deftige „Stückla". Walter Tausendpfund hat zweifellos Recht, wenn er schreibt, dass das Mundarttheater in Franken in den 60er Jahren des 20. Jahrhunderts aber weitgehend erloschen war.

Es ist aber vorwiegend ein Verdienst der Jugend, dass in einigen Ortsteilen, in denen der alte Dorfgedanke noch lebendig ist, wieder Theater gespielt wird. Dabei werden unter Wahrung der inhaltlichen Deftigkeit oft Stücke aus dem Altbayerischen „frankonisiert".

Abbildungen 65 – 67:
Mundarttheater Troschenreuth.

Kulturelles Leben in Pegnitz

Theater in Troschenreuth

Ein besonders lebendiger Spross dieser neuen Entwicklung ist das Troschenreuther Mundarttheater (TMT), das sich am 23. Oktober 1999 als eine feste Einrichtung konstituierte mit dem Vorstand Wolfgang HEMPFLING, Kämmerer der Stadt Pegnitz, Birgit RUPPRECHT, Harald SASS und Nadine ARNOLD. Da waren tat- und sprachkräftige Oberpfälzer am Werk. Das erste Werk, das die Akteure nach der Gründung aufführten, war „Und das am Hochzeitsmorgen" von Ray Cooney und John Chapman, in acht Aufführungen von 1300 Zuschauern besucht, die die Leistungen von Daniela Lindner, Beate Neukam, Birgit Rupprecht, Michaela Dürtler, Harald Saß, Heinz Rupprecht, Manfred Popp, Helmut Dettenhöfer, Harald Dettenhöfer und Wolfgang Hempfling stürmisch bejubelten. Auch das zweite Stück, „Bei Josef Fritsch ist Mumps", zog in acht Aufführungen 1333 Zuschauer an.

Die Mitglieder des Vereins sind seit der Gründung 1999 von 13 auf aktuell 42 Mitglieder gestiegen, davon 15 Kinder und Jugendliche.

Im September 2003 wurde eine Jugendabteilung gegründet. Die 15 Jugendlichen führten im März 2004 das Märchen für Kinder und Erwachsene „Die kleine Meerjungfrau" auf. Die nächste Aufführung der erwachsenen Mitglieder ist für Frühjahr 2005 geplant.

Die Begeisterung der Troschenreuther, selber Theater zu spielen, ist schon früh im 20. Jahrhundert zu registrieren. Vermutlich schon 1923 wurde das Ritterstück „Hugo von Landeck und Kuno vom Scharfen Eck" einstudiert und gespielt.

Von ihrem Onkel Baptist BÖHM weiß Frau Betty HACK (geb. Böhm) zu erzählen, dass er um 1930 in den Stücken „Genoveva" und „Der Holledauer Fiedler" mitgespielt hat. Bilder aus Zeiten vor dem Krieg wurden bisher leider nicht aufgefunden. Frau Hack hat 1937 als junges Mädchen das Burgfräulein im Stück „Die Ritter von Maria Kulm" gespielt. Die Initiative zum Theaterspielen ging damals von Hans POPP aus, der auch Regie führte. Weitere Mitspieler waren Lorenz Hoffmann, Erwin Popp. Gespielt wurde beim „Beck'n" im Saal. Auch mehrere Einakter, deren Titel nicht mehr bekannt sind, wurden in dieser Zeit aufgeführt. Mit Beginn des Krieges 1939 wurde das Theaterspielen eingestellt.

Die Lust an kultureller Selbstbetätigung war besonders nach dem Zweiten Weltkrieg ausgeprägt, denn zwischen 1947 und 1950 legten die Troschenreuther „Der Schusternazi", „Der verkaufte Großvater", „Das Trauringl" und „Ein Wildererstück" auf und förderten mit den Einnahmen den Neubau ihrer im Krieg zerstörten Kirche. Dafür führte Pfarrer LINK Regie und entwarf das Bühnenbild. Ein Foto aus dieser Zeit (Abb. 69) zeigt die damaligen Mitspieler, von links: Popp Baptist, Körzdörfer Lisbeth, Rupprecht Ella, Brendel Nelli, Rupprecht Walter, Seifert Anna, Groher Sepp, Schinke Karl, Dettenhöfer Lina, Dettenhöfer Georg, Fronhöfer Hans, Hoffmann Lorenz. Gespielt wurde beim Beck'n und ab 1950 beim Ochsenwirt.

In der Zeit ab 1954 wurden Stücke im alten Saal des Gasthauses „Zum Roten Ochsen" aufgeführt, die Titel sind nicht mehr bekannt. Es spielte die Jugend, Regie führte Schuldirektor Andreas DIMLER.

Einer längeren Pause folgte die zweite Welle fruchtbarer Theaterarbeit in Troschenreuth. 1962 wurde das Stück „Die Pfirsich in Pfarrers Garten" unter der Regie von Fritz BLUMENTRITT und eine Neuauflage von „Das Trauringl" aufgeführt. Regelmäßig wurden dann bis 1969 im Gasthaus „Zum roten Ochsen" Lustspielstücke, meist Bauerntheater gegeben, die in drei bis vier Aufführungen 300 bis 400 Zuschauer anzogen, Gastspiele gab es jährlich auch in Adlitz. Die Einnahmen wurden für den Neubau des Jugendheims verwendet, eine erfreuliche soziale Nebenwirkung der Theateraktivitäten. „Der Saudieb vom Unterland" war der Hit dieser neunjährigen Spielzeit.

Abbildung 68:
„Ein Wildererstück" gespielt beim Beck'n, aufgenommen 1948.

Kulturelles Leben in Pegnitz

In der Spielzeit von 1975 bis 1979 trat erstmals eine Jugendgruppe unter der Regie von Fritz Blumentritt und Paul SPORRER auf, und zwar mit „Der Knopf im Klingelbeutel", „Bonifaz auf Brautschau", „Muckl in der Sommerfrische" und „Die Hochzeit am Rösslhof". Und wieder wurden die Einnahmen gespendet an eine bedürftige Creußener Familie und für die Jugendarbeit. Nach 1980 bot die Jugendgruppe Theater bei Adventsfeiern, etwa „Knecht Rupprecht in Not". Da die männlichen Jugendlichen dann nicht mehr mitspielen wollten, blieben die jungen Damen unter sich, als sie bei der Adventsfeier der Dorfgemeinschaft Einakter aufführten. Ab 1993 bereitete sich die große Zeit des Troschenreuther Mundarttheaters vor. Da spielte annähernd die gleiche Truppe wie nach der Gründung des TMT zunächst reinrassiges Bauerntheater, so „Urlaub vom Ehebett", „Eine fast sündige Nacht" oder „Der neue Knecht". Dieses Metier wurde mit dem Lustspiel mit Musik „Ziemlich nackt im Discotakt" verlassen. Die Troschenreuther Laienspieler waren reif für die Boulevardkomödie, die sie souverän mit Elementen des Mundarttheaters bereicherten. Und wieder wurden die wachsenden Nettoeinnahmen verteilt: an den Kindergarten Troschenreuth, an „Hilfe für Anja" und für die Bronzenachbildung der alten Troschenreuther Kirche auf dem Kirchplatz.

Theater in Büchenbach und Leups

Die Entwicklung des Mundarttheaters auf der Höhe in Troschenreuth hat eine Entsprechung im Tal nördlich von Pegnitz, in Büchenbach und den umliegenden Orten. Gemein ist ihnen das Verhaftetsein in jenem sinnenfreudigen Katholizismus mit seiner Tradition der bildlichen Darstellung. Es ist nicht zufällig, dass die Pfarrer irgendwie ihre Hand im Spiel hatten.
1978 hatte Pfarrer STURM in Büchenbach die Gründung einer katholischen Jugendgruppe angeregt, die dann auch unter Leitung von Hubertus LINDNER, später Arzt in Pegnitz, zustande kam und viele Aktivitäten unternahm. Eine davon war die Organisation des Theaterspielens. 1981 war es so weit: In der Fastenzeit wurde Theater gespielt, und zwar „Eine heiße Liebeserklärung" mit Angelika Schaffer, Josef Nickl und Hubertus Lindner und einigen mehr. Was die Gruppe neben dem Proben und Theaterspielen leistete: Aus Eigenmitteln, das waren immerhin 3000 DM, wurde die Bühne finanziert, und die Spieler erklärten sich bereit, die Kostüme selber zu stellen.

Vier Jahre lang trat die Gruppe von 1981 bis 1985 jeweils in der Fastenzeit auf: 1982 mit dem Einakter „Das Geständnis im Kartoffeldämpfer" und dem Dreiakter „Die zwei Ehrenbürger", 1983 mit „Ehestand und Wehestand" oder „Die drei Unglücklichen", 1984 mit dem Dreiakter „A Schlückerl Rattengift" und 1985 mit dem Dreiakter „Wie der Huber-Martl den Teufel überlistet". Gespielt wurde in Gaststätten in Büchenbach und Bodendorf sowie in der alten Schule in Körzendorf, 1982 auch in Troschenreuth. Ausverkaufte Vorstellungen konnten ebenso vermeldet werden wie die Tatsache, dass Besucher selbst aus Bayreuth und Forchheim gekommen waren.

Theaterbegeisterung auf dem Lande ist oft in Wellen zu registrieren. Initiatoren wandern ab oder sind gerade bei Jugendlichen mit der Berufsvorbereitung überlastet. So setzt bei der katholischen Jugend elf Jahre das Theaterspielen aus. Aber 1996 war eine neue Generation von Schauspielern herangewachsen unter den Leitfiguren Harald BÜTTNER aus Körzendorf, Matthias STEFFEL aus Leups und Michael FÖRSTER aus Büchenbach. 1996 spielten sie „Der kurierte Streithammel", 1997 „Der Liebesrausch" und 1998 „Nachwuchs muss her". Sie hielten an der Tradition der ersten Gruppe fest, in der Fastenzeit zu spielen. Nach vier Jahren Pause verlagerten sich die Theateraktivitäten nach Leups. Die neue Theatergruppe Leups tut in ihrem Programmheft kund, dass sie 2001 aus dem Leupser Jugendstammtisch „Durstklopfer" hervorgegangen sei und dass die Gruppe alljährlich auch als Kerwaburschen und -madla altes Brauchtum erhalten wollten. Die Voraussetzungen waren günstig, denn einige hatten Erfahrung als ehemalige Mitglieder der Büchenbacher Gruppe, auch die Spielstätte passte, ein Schupfen am Ortsrand, der

Abbildung 69:
Zwei heute bekannte Pegnitzer als Akteure auf der Bühne der Theatergruppe der katholischen Jugend Büchenbach: Angelika Maier und Dr. Hubertus Lindner.

nur noch mit einer Bühne ausgestattet werden musste. So stieg im Mai 2002 die Premiere mit dem volkstümlichen Theaterstück „Der ledige Bauplatz" von Regina Rösch, und 2003 folgte ein weiteres Lustspiel in drei Akten: „Das Bett im Säustall". Rund um das Trio der BÖHMER-Geschwister mit Andreas als Leiter war wieder ein spielfreudiges Ensemble zusammengeschweißt worden, das auch erfolgreich gegen die unerwartete Maikälte ankämpfte. Auch musikalisch wurde mit dem gemeinsam gesungenen Säustall-Lied ein Höhepunkt gesetzt. „Das dabei intonierte Grunzen und Quieken von Schweinen hatte zwerchfellerschütternde Wirkung", so die Nordbayerischen Nachrichten in ihrer Besprechung. Überhaupt zeichneten sich alle Theatergruppen seit 1981 dadurch aus, dass sie mit Volksmusik und lustigen Gesängen ein unterhaltsames Rahmenprogramm zu den Stücken lieferten.
Die Leupser sind auf dem besten Weg. Die Zahl der Aufführungen war 2003 schon auf fünf gestiegen. Die junge Truppe, fest verwurzelt in einem schmucken Dorf, wird in den folgenden Jahren weitere Akzente setzen. Andreas Böhmer als Lektor hat das Geschick, ein schwäbisches Stück auch im hiesigen Dialekt zu vermitteln. Theater im Mittelzentrum Pegnitz, das ist in den vergangenen zwanzig Jahren eine Erfolgsgeschichte. Die Rollen sind verteilt, also weiterhin: Vorhang auf!

Bärbl Völkl
5. Galerie Elisabeth Tauber

Totgesagte leben bekanntlich länger. Die Galerie Elisabeth Tauber im Pegnitzer Vorort Neudorf-Ost war im Jahre 1991 noch gar nicht eröffnet, da erinnerte eine Nürnberger Zeitung schon warnend an die vorherigen, wenig erfolgreichen Versuche, eine Gemäldegalerie in Pegnitz zu etablieren.
Doch die Galerie Tauber existiert heute noch – wenn auch mit anderen Schwerpunkten und mit weniger Aufwand.
Am Anfang standen Vernissagen mit einheimischen Malern und Bildhauern, doch bald streckte man die Fühler weiter aus, organisierte auch auswärtige Ausstellungen. Das Projekt „Kunststraße Fränkische Schweiz" in Zusammenarbeit mit dem Fränkische-Schweiz-Verein und der Tourismuszentrale Fränkische Schweiz in Ebermannstadt machte die Galerie aus dem oberfränkischen Städtchen 1993 in kurzer Zeit bundesweit bekannt: Vom 1. Mai bis 30. Oktober 1993 wurden in zehn Orten in der Fränkischen Schweiz im Städtedreieck Nürnberg–Bamberg–Bayreuth nicht weniger als 20 Kunstausstellungen angeboten, davon alleine 16 von der Galerie Tauber.
Hitlertagebuchfälscher Konrad KUJAU und Weltkünstler Friedensreich HUNDERTWASSER gehörten jahrelang zu den prominentesten Malern, deren Werke in Pegnitz ausgestellt und von hier aus vertrieben wurden. Insgesamt hat die Galerie Tauber an die 100 Ausstellungen zwischen Forchheim und Bayreuth, Thurnau und München bestritten. Seit 1997 mit Erfolg im Internet vertreten (Homepage: www.ARTindex.de), wuchsen die internationalen Kontakte und Geschäftsbeziehungen zu einem bedeutenden Zweig der Aktivitäten dieser vielseitigen Galerie, die auch selbst spezielle Dienstleistungen, wie beispielsweise 360-Grad-Panoramarundblicke für das Internet, anbietet. Mehrfach wurden Vernissagen live per Webcam im Internet übertragen.
Mit dem Tod Kujaus und Hundertwassers wurde es etwas ruhiger, die Betreuung bewährter Künstler aus der Anfangszeit wie Heinz Volk und die Beschäftigung mit Hundertwassers Kunst ist geblieben.

Abbildung 70:
Blick zurück auf die turbulenten Zeiten der Straßenfest-Vernissagen. Das später von Kujau handsignierte Erinnerungsbild mit Galeristin zeigt (von links): Elisabeth Tauber, den damaligen Vorsitzenden des Fränkische-Schweiz-Vereins, Karl Theiler, Schriftsteller Walter Tausendpfund, den Kunstmaler und Hitlertagebuchfälscher Konrad Kujau sowie Franz Xaver Bauer, den Geschäftsführer der Tourismuszentrale Fränkische Schweiz.

Kulturelles Leben in Pegnitz

6. Vereine in Pegnitz

Peter Spätling

a) Der Bergknappenverein als kultureller Motor der Nachkriegszeit

Am 8. Februar 1953 wurde in der Gastwirtschaft Luther der „Bergknappenverein Pegnitz und Umgebung" aus der Taufe gehoben. 18 Bergleute hatten sich zur Gründungsversammlung eingefunden und wählten als 1. Vorstand Herbert BECKER und Johann PFAB zu seinem Stellvertreter. Schon vier Wochen später zählte der junge Verein bereits 180 Mitglieder. Seine Aufgaben sah der Verein damals vor allem darin, das Ansehen des Bergmannsstandes zu heben und – wie es in einem Zeitungsbericht heißt – „den bergmännischen Geist zu wecken". Sinn des Vereins war aber neben der Pflege von Geselligkeit vor allem auch die Unterstützung der Knappen bzw. deren Hinterbliebenen bei Todesfällen.

Doch für die Nachkriegszeit entwickelte sich der Bergknappenverein auch zu einem Motor für kulturelles Leben in der Stadt noch vor den heute bekannten Kulturträgern. Schon am 1. Mai 1953 trat der Bergknappenverein zum ersten Mal in der Öffentlichkeit auf. Als erstes Uniformstück waren Mützen angeschafft worden, mit denen man am Maiumzug teilnahm. Von nun an war der Verein nahezu bei allen Umzügen in Pegnitz mit dabei und wurde auch gerne immer eingeladen, da die schmucke Bergmannstracht ein Blickfang für die Zuschauer war und bis heute ist. Noch im Gründungsjahr feierte man am 12. Juli 1953 das erste Bergfest in den Anlagen des Schloßberges. Der Verein war bereits auf 321 Mitglieder angewachsen und die Presse schrieb damals, dass ein „neues Pegnitzer Volksfest" entstanden sei. Tatsächlich wurde das Fest auch in einem großen Rahmen mit Standkonzert auf dem Marktplatz, Festgottesdienst und Festumzug, an dem viele Vereine teilnahmen, bis spät in den Abend mit Tanz auf dem Schloßberg gefeiert. Man schätzte, dass damals ca. 5000 Menschen dem Fest beiwohnten.

Abbildung 71:
Umzug anlässlich des ersten Bergfestes.

Noch im Gründungsjahr konnte auch eine Knappenkapelle zusammengestellt werden, die am 20. Oktober 1953 unter der Leitung von Musikmeister Georg SERTL mit zwölf Mann die erste Probe abhielt. Den ersten Einsatz hatte die Kapelle, für die auch sofort Uniformen angeschafft wurden, leider bei der Beerdigung eines toten Kameraden am 4. Dezember 1953. Ihr erster öffentlicher Auftritt erfolgte dann beim Barbarafest zwei Wochen später. Hier trat auch erstmals der gesamte Verein in neuen Uniformen auf.

Auch im Fasching war der Verein mit einem Bergball aktiv. Sogar auf anderen kulturellen Bereichen war der Verein tätig. Im folgenden Jahr 1954 gründete man eine Theatergruppe und führte das Stück „Die Sommerfrische" in Pegnitz auf. Es folgte dann ein weiteres Lustspiel mit der „Weißblauen Drehorgel". Aufgeführt wurden die Stücke im meist vollbesetzten Kolbsaal (heute „Weißes Lamm").

Abbildung 72:
Szene aus der „Weißblauen Drehorgel".

Höhepunkt dieses Jahres war jedoch die Fahnenweihe am 25. Juli 1954, die wieder mit ganztägigen Feierlichkeiten begangen wurde. Erneut waren über 2000 unifor-

Abbildung 73:
Schnappschuss von der Fahnenweihe am Wiesweiher.

Kulturelles Leben in Pegnitz

mierte Bergleute aus ganz Bayern nach Pegnitz gekommen. Pfarrer Dr. VOGL, der im Laufe der Jahre eine besonders enge Beziehung zu den Bergknappen entwickelte, nahm die Fahnenweihe vor. Der Pegnitzer Bergknappenverein war schon nach kurzer Zeit eine feste Institution der Stadt geworden und war bei kaum einer Veranstaltung oder einem Festzug wegzudenken. Dies war auch vor allem der unermüdlichen Tätigkeit des 1. Vorsitzenden Herbert BECKER und seines Stellvertreters Johann WEBER zu verdanken, die sich sehr für den Verein einsetzten. Bergfest und Barbarafest wurden zu festen Einrichtungen im Veranstaltungskalender der Stadt.

1963, beim zehnjährigen Gründungsfest, war der Verein mit 450 Mitgliedern einer der größten in Pegnitz. Die Bergknappenkapelle wurde inzwischen von Harry GROPPENGIESSER geführt und hatte ein anspruchsvolles Repertoire.

Doch in den nächsten Jahren zogen immer dunklere Wolken am Horizont der Bergknappen auf und das Gerücht von der Schließung der Eisensteinzeche „Kleiner Johannes" wurde schließlich 1967 zur Tatsache. In der Presse stand zum Bergfest dieses Jahres zu lesen: „Zum letzten Male marschieren die Pegnitzer Bergleute zu ihrem Bergfest. Wehmütig erinnern sich Teilnehmer und Zuschauer der großen Tradition des Pegnitzer Bergwerks. Die schwarzen Uniformen des Knappenvereins sind erstmals die wahren Trachten, nämlich jene der Trauer." Doch obwohl das Bergwerk geschlossen wurde, der Bergknappenverein blieb trotz aller Unkenrufe bestehen und hielt bis heute die Tradition des Bergbaus in Pegnitz aufrecht. In der Vorstandschaft wurde Herbert Becker am 8. Juni 1968 nach der Schließung des Bergwerks von Johann Weber abgelöst, dem die Aufgabe zufiel, den Verein in diesen Krisenzeiten am Leben zu erhalten, was ihm auch schließlich gelang.

Abbildung 74:
Die erste Bergknappenkapelle unter Harry Groppengießer.

1973, fünf Jahre nachdem man geglaubt hatte, den Verein schon begraben zu müssen, wurde das 20-jährige Vereinsjubiläum wieder in einem großen Rahmen gefeiert. Auch in den folgenden Jahren ließen die Veranstaltungen der Bergknappen die Zeitungen immer wieder über den Bergbau und die damit verbundenen Menschen und Schicksale in Pegnitz berichten. Zum 30-jährigen Bestehen des Vereins kam es dann am 3. Juli 1983 zu einer erfreulichen Begebenheit. Das Bergwerksdenkmal auf dem Loheplatz konnte eingeweiht werden, nachdem man aus Salzgitter einen Förderwagen erhalten hatte. Leider verstarb in diesem Jahr auch Johann Weber. Sein Nachfolger als 1. Vorstand wurde Martin LUTZ, der den Verein bis 1990 führte. Unter dessen Nachfolger Matthias SEIBERTZ konnte das Stollenmundloch des Erweinstollens als Industriedenkmal ausgebaut werden.

Der Bergknappenverein, den als 1. Vorstand jetzt Franz TRASSL leitet, hat trotz Nachwuchssorgen noch 120 Mitglieder und ist längst ein Traditionsverein geworden, der aber noch jedes Jahr das Barbarafest feiert und dabei mit einem Kirchzug zusammen mit befreundeten Vereinen in der Öffentlichkeit zu sehen ist. Es bleibt sehr zu hoffen, dass diese Tradition auch weiterhin erhalten werden kann.

Abbildung 75:
Bergknappen bei einem Barbarafest-Gottesdienst in der Marienkirche.

Kulturelles Leben in Pegnitz

Walter Tausendpfund

b) Zur Geschichte der Ortsgruppe Pegnitz im Fränkische-Schweiz-Verein

Das Jahr 1901 fing für Pegnitz gut an: Unter anderem war am 20. Dezember 1900 die neue evangelische Stadtpfarrkirche eingeweiht worden, der Winter war mild, schon zu Neujahr lud der Zitherclub in den Kolb'schen Saal, am 17. Februar bat der Gesangverein „Frohsinn" zur „Faschingsproduktion" in den Grünthaler'schen Saal, ein erster Höhepunkt war die Feier am 12. März zum 80. Geburtstag des Prinzregenten wiederum im Kolbsaal – und am 19. August wurde in eben diesem Saal der neue Bezirksamtmann Arnold BRINZ von den Honoratioren in sein Amt eingeführt. In der Hochstimmung dieses Festes schlug der Pfarrer von Volsbach, Johannes TREMEL, die Gründung eines Fränkische-Schweiz-Vereins vor. Zugleich begann er mit der Anlage einer ersten Mitgliederliste. Der neue Bezirksamtmann setzte sich spontan an die erste Stelle und hundert Personen folgten seinem Beispiel. So wurde Pegnitz zu einer der Gründungsstätten des neuen überregionalen Heimatvereins, der dann am 29. September 1901 eine Satzung und einen ersten Vorsitzenden, den Pottensteiner Arzt Dr. DEPPISCH, bekam.

Der Verein wurde in der Form strukturiert, dass die Arbeit vor Ort „Obmannschaften" übertragen wurde. So entstand nach heutigem Sprachgebrauch eine Ortsgruppe zunächst in Pottenstein, dann folgten 1902 Pegnitz (erster Vorsitzender Notar Gustav GABLER), Bronn, Betzenstein und Gößweinstein. Ziel dieser örtlichen Organisationen war es, die Gäste aus den Städten Nürnberg, Fürth, Erlangen, Bamberg usw., die mit der Bahn angereist kamen, an die Schönheiten der Landschaft heranzuführen, brauchbare Wanderwege anzubieten und so den dringend notwendigen Fremdenverkehr anzukurbeln.

Der Erste Weltkrieg und die nachfolgenden Notzeiten unterbrachen diese Aktivitäten. In den 20er Jahren war es dann Bürgermeister Hans GENTNER, der in Pegnitz z.B. das Ortsbild durch die Anpflanzungen am Schloßberg verschönern ließ und in den Jahren nach 1926 zum Besuch des Heimatspieles „Hans Muffel" nach Pegnitz einlud. Die Markierung des Wanderwegenetzes organisierte für den gesamten Fränkische-Schweiz-Verein zunächst Georg VOGEL aus Pegnitz. Doch die Wirtschaftskrise beendete diesen Aufschwung schon bald wieder. Das Dritte Reich tötete dann sogar mit seiner gleichgeschalteten Fremdenverkehrspolitik den Lebensnerv des gesamten Fränkische-Schweiz-Vereins ab, der zu einem unselbstständigen Fremdenbetreuungsverein degradiert werden sollte.

Es dauerte dann bis zum 5. Juli 1947, bis der Verein im Parkhotel in Muggendorf wieder aus der Versenkung auftauchte. In Pegnitz ist es zunächst noch der Amag-Mitarbeiter Leo JOBST, der die einstige Bedeutung von Pegnitz in der Geschichte dieses Vereins herausstreicht und bis heute gültige, grundlegende Richtlinien für die Markierung der Wanderwege der Fränkischen Schweiz erarbeitet. Ansonsten betont Pegnitz seine Rolle als östliches Tor zur Fränkischen Schweiz, aber das ideelle Zentrum der Fränkischen Schweiz verlagert sich immer weiter nach Westen; heute kann wohl Ebermannstadt diese zentrale Stelle beanspruchen.

Die Arbeit in der immerhin stets über 270 Mitglieder starken Ortsgruppe Pegnitz leiteten in den zurückliegenden Jahrzehnten die Vorsitzenden Fritz POTZLER, Christian SAMMET, Dorle WENINGER und seit 1983 Jürgen HAUCK. 1983 richtete die Ortsgruppe Pegnitz den „8. Heimattag der Fränkischen Schweiz" aus. Walter BÜTTNER und Walter TAUSENDPFUND sicherten den stets engen Kontakt zum FSV-Hauptverein. Schwerpunkte der Arbeit in Pegnitz sind die Pflege der Wanderwege, Wanderungen in die nähere und weitere Umgebung, wofür sich zuletzt besonders Ernst PFLAUM und Hans BACHMANN einsetzten, sowie der Natur- und Landschaftsschutz und die Pflege der Geselligkeit z. B. bei von Josef DEUCHLER stets vorbildlich organisierten Fahrten – auch weit über die engeren Grenzen der Fränkischen Schweiz hinaus.

Walter TAUSENDPFUND ist seit 1987 Schriftleiter der Vierteljahres-Zeitschrift des Fränkische-Schweiz-Vereins. Seit 1989 ist er Mitglied des Hauptvorstandes und

Abbildung 76:
Programmheft zum „8. Heimattag der Fränkischen Schweiz" im Jahre 1983 in Pegnitz.

als Kulturausschussvorsitzender Koordinator der kulturell ausgerichteten Arbeitskreise dieses Vereins.

c) Heimat- und Trachtenverein Pegnitz e.V. 1953

Gründung:

Am 16. April 1953 riefen fünf junge Männer den Verein ins Leben, bei einer Sonnwendfeier im gleichen Jahr trat er erstmals an die Öffentlichkeit, und intensive Kontakte zum Bruderverein „Edelweiß Bayreuth" brachten fachkundige Ratschläge für die praktische Vereinsarbeit. In der Generalversammlung am 1. September 1953 konnte die erste Vorstandschaft gewählt werden.
Wichtig war dann die Anschaffung einer gemeinsamen Tracht, wobei man sich an der Miesbacher Tracht ausrichtete. Im Jahre 1954 erfolgte die Aufnahme in die Vereinigung bayerischer Volkstrachtenverbände links der Donau. Hier ist der Verein nun fest in eine überörtliche Organisation integriert: Patenvereine sind z. B. „Almrausch Bamberg" und „D'Wiesnttaler" von Muggendorf.

Wichtige Aktivitäten:

Neben den von Anbeginn an veranstalteten Heimatabenden widmete sich der Heimat- und Trachtenverein Pegnitz zunächst der Gründung einer eigenen Musikkapelle. Bald übernahm man auch die Aufgabe des Aufstellens eines Maibaums am Marktplatz; dieser wichtige Beitrag im Brauchtumsleben der Stadt Pegnitz ist seit 1954 Tradition.
Ein ganz besonders wichtiges Anliegen war die Erforschung der alten Pegnitzer Tracht, die zu neuem Leben erweckt und an der Feier zum 600-jährigen Stadtjubiläum im Jahre 1955 vorgezeigt werden sollte. Hierzu wurden umfangreiche Recherchen angestellt, da die Tracht weitgehend als ausgestorben gilt. Das 10-jährige Jubiläum am 13. und 14. Juli 1963 wurde mit der Fahnenweihe und der Ausrichtung des 15. Oberfränkischen Bezirkstrachtenfestes begangen.
Im Jahre 1968 konnte darüber hinaus eine eigene Jugendgruppe gegründet werden, die dann mit hohem finanziellen Aufwand in Pegnitzer Tracht eingekleidet wurde. Die Arbeit mit der Jugend wurde am 19. Mai 1974 durch die ehrenvolle Ausrichtung des Oberfränkischen Trachtenjugendtages gewürdigt. Auch alle seitherigen Jubiläen wurden zu besonderen Glanzlichtern in der Geschichte dieses sehr rührigen und mitgliederstarken Vereins.
Alljährlich eröffnen die Mitglieder – kontinuierlich seit 1979 – den Festreigen in der Stadt damit, dass sie einen Osterbrunnen im Stadtzentrum, anfangs den am oberen Ende des Schweinemarktes – dann den in der Grünanlage unterhalb des Alten Rathauses und zuletzt den Brunnen vor dem Neuen Rathaus schmücken.
Die wachsende Beliebtheit der Heimatabende und Trachtenfeste führte dazu, dass die musikalischen und brauchtumsorientierten Darbietungen des Pegnitzer Heimat- und Trachtenvereins auch in zahlreichen Orten der Fränkischen Schweiz (z. B. in Muggendorf, Streitberg, Gößweinstein, Behringersmühle), aber auch weit darüber hinaus stets sehr geschätzt werden. Äußeres Zeichen dieser großen Wertschätzung war das Angebot der Muggendorfer „Wiesenttaler" an den Pegnitzer Trachtenverein der Patenschaft für die neue Fahne der Trachtenfreunde in Muggendorf; am 4. und 5. Juli 1992 übernahm dann der Heimat- und Trachtenverein Pegnitz dieses vertrauensvolle Amt.
Dieser kontinuierliche Aufschwung des Heimat- und Trachtenvereins hält auch noch nach dem 50. Geburtstag im Jahr 2003 weiter an; so ist er nun aus dem öffentlichen Leben von Pegnitz längst nicht mehr wegzudenken.

Kulturelles Leben in Pegnitz

Abbildungen 77/78:
Mädchen in Tracht (oben),
aktuelle Pegnitzer Tracht (unten).

Literatur Walter Tausendpfund

Zur Geschichte der Ortsgruppe Pegnitz im Fränkische-Schweiz-Verein:

Walter Tausendpfund: Aus der Geschichte der Ortsgruppe Pegnitz im Fränkische-Schweiz-Verein. In: 8. Heimattag der Fränkischen Schweiz. Pegnitz 1983. Festschrift, S. 11–16

Jürgen Hauck. Die Ortsgruppe Pegnitz im Fränkische-Schweiz-Verein. In: 8. Heimattag der Fränkischen Schweiz. Pegnitz 1983. Festschrift, S. 8–10

Pegnitz – Schwerpunktthema in: DIE FRÄNKISCHE SCHWEIZ 3/1990, S. 1–30 (z. B.: Josef Deuchler: Kleine Pegnitzer Kirchengeschichte mit ihren Gotteshäusern, Ernst Wagner: Die Pegnitzer Tracht; Ernst Pflaum/Jürgen Hauck: Rund um Pegnitz – Eine pflanzenkundliche Wanderung, Peter Spätling: Zur Geologie um Pegnitz; Peter Spätling: Als die Post noch 23 PS unterhielt, KSB Pegnitz – Porträt eines modernen Industriebetriebes. Zusammenstellung: Walter Tausendpfund)

Fränkische-Schweiz-Verein 1901–1991. In: DIE FRÄNKISCHE SCHWEIZ, Jubiläumsausgabe 3/1991

100 Jahre Fränkische-Schweiz-Verein 1901–2001. In: DIE FRÄNKISCHE SCHWEIZ 2/2001

Kulturelles Leben in Pegnitz

Herbert Lauterbach

Vereine –

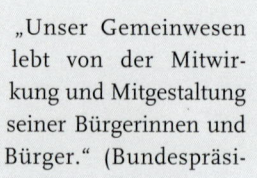

"Unser Gemeinwesen lebt von der Mitwirkung und Mitgestaltung seiner Bürgerinnen und Bürger." (Bundespräsident a. D. Roman Herzog)
Damit ist schon sehr viel über den Grundcharakter von Vereinen gesagt. Vereinsarbeit ist, zwar nicht ausschließlich, aber in erster Linie und zu einem sehr großen Teil Freiwilligenarbeit – oder anders ausgedrückt – bürgerschaftliches Engagement.

Entstehung des bürgerschaftlichen Engagements

Die Anfänge des bürgerschaftlichen Engagements gehen bis zum Beginn des 19. Jahrhunderts zurück, als zunächst – ausgelöst durch staatliche Reformen – das politische Ehrenamt entstand. Mitte des gleichen Jahrhunderts kam das soziale Ehrenamt hinzu.
Seit dieser Zeit entstanden Vereine in vielen Bereichen: Arbeiter- und Frauenbewegung, Fürsorgevereine, Gesang- und Turnvereine, Schützenvereine, Freiwillige Feuerwehren und nicht zuletzt viele religiös orientierte Organisationen sowie bürgerliche Bildungsvereine. Vereine waren und sind die wichtigste Organisationsform bürgerschaftlichen Engagements. Seinen „Ursprung" hatte das unentgeltliche Engagement für das Gemeinwohl Anfang des 19. Jahrhunderts in Preußen. Ein Ziel der Reformen der Freiherrn VOM STEIN und HARDENBERG war es, das Bürgertum an staatlichen und politischen Aufgaben mitarbeiten zu lassen, um den Staat – damals noch auf König und Obrigkeit ausgerichtet – für die neue Zeit fit zu machen.
In Bayern setzte diese Entwicklung einige Jahre später mit der Verfassung von 1818 ein: Staatsabsolutismus und rigorose Zentralisierung der Ära MONTGELAS gingen zu Ende. Bürger, vor allem in den größeren Städten, sollten durch ehrenamtliche Mitarbeit in den Gemeindeverwaltungen eine verantwortungsvolle Haltung gegenüber dem Staat entwickeln.

Erste Vereinsgründungen: Turner, Sänger und Schützen

Ausgehend von dieser Frühform der Freiwilligenarbeit – gegründet auf der Verfassung von 1818 –, schlossen sich zunächst nur Männer und etwas später auch Frauen zusammen, um Ziele gemeinsam zu verfolgen.

Die Entwicklung des bürgerschaftlichen Engagements und der Vereine ist deshalb auch untrennbar mit der Geschichte der ▸ **Demokratisierung** in unserem Land verbunden.
Auch wenn die Obrigkeit den neuen Organisationen nicht gerade wohlwollend begegnete, war doch vieles, was die Vereine bewegen wollten, im Sinne von König und Vaterland:

"Die Sänger, die Turner und die Schützen – die sind des Reiches Stützen."

Deren Vereinsarbeit wird augenfällig in vielen Denkmälern für deutsche Kaiser und bayerische Könige, für Wissenschaftler und Künstler in vielen Städten.

Bürgerschaftliches Engagement als Lebensrettung: Die Freiwilligen Feuerwehren

Dieses Thema wird an anderer Stelle dieses Buches ausführlicher behandelt (s. ab S. 320). Es soll hier deshalb lediglich darauf hingewiesen werden, dass die erste Freiwillige Feuerwehr in Bayern im Jahre 1849 in Augsburg gegründet wurde.
Heute gibt es in Bayern rund 7.800 Freiwillige Feuerwehren mit 335.000 Aktiven.

Bürgerschaftliches Engagement und Frauenemanzipation

Frauen hatten damals kein Wahlrecht. So ist es nicht verwunderlich, dass sie sich schon früh in den Vereinen für Sozialarbeit einsetzten. Dabei stand nicht immer das ehrenamtliche Engagement im Vordergrund, vielmehr war die Vereinsarbeit damals die einzige Möglichkeit, sich aus der Isolation des privaten Daseins zu lösen und sinnvoll zu beschäftigen.
Nicht zu unterschätzen ist jedoch auch die von vielen Bessergestellten empfundene ▸ **moralische Verpflichtung** gegenüber Notleidenden. Gerade im Ersten Weltkrieg war es selbstverständlich, Frauen – auch wegen des Männermangels – stark in soziale Bereiche einzubinden.
Hinzuweisen ist auch darauf, dass – zwar nicht generell, so doch in manchen Vereinen in größeren Städten – ein weiterer Beweggrund für Frauen, sich in der vereinsgebundenen Sozialarbeit zu engagieren, in der Hoffnung bestand, von der männlich dominierten Gesellschaft des Deutschen Kaiserreichs mit der Gleichberechtigung (vor allem mit dem Wahlrecht) belohnt zu werden.
Völlig anders stellte sich die Situation der Frauen aus den unteren Schichten dar. Für sie war bürgerschaftliches Engagement kein „Zeitvertreib", sondern sie suchten einen Ausgleich zum belastenden Alltag im Berufsleben und eine Verbesserung ihrer Lebenssituation.

Demokratisierung
Zu den ersten neu gegründeten Vereinen gehörten Männergesangsvereine. Auch politische Parteien gründeten sich zunächst als Vereine. Nationale Begeisterung war vielfach die tragende Säule der ersten Vereine; sie wurden deshalb von der Obrigkeit nicht gern gesehen. Bürger nahmen ohne staatlichen Auftrag eine Sache selbst in die Hand – dies bedeutete, nachdem Deutschland damals aus vielen einzelnen Königreichen, Fürstentümern und anderen Herrschaftsgebieten bestand, Stück für Stück weniger Obrigkeitsstaat.

Moralische Verpflichtung
Ein Beispiel hierfür ist der 1893 in Nürnberg gegründete „Verein Frauenwohl", der mit etwa 2.500 Mitgliedern eine sehr hohe Akzeptanz erreichte. Der Verein eröffnete 1898 das erste Wöchnerinnenheim Bayerns.

Geschichte und Gegenwart

Bürgerschaftliches Engagement und Arbeiterbewegung

Ehrenamtliche Tätigkeit im 19. Jahrhundert führte in Bayern zum Aufbau einer organisierten Arbeiterbewegung – auch in der Organisationsform des Vereins.
In den wachsenden Industrieregionen waren es zunächst bürgerliche Liberale, die versuchten, mit Bildungsvereinen den Problemen der Arbeiterschaft beizukommen. Schließlich – im März 1864 – gründeten 16 Handwerksgesellen aus dem Druckereigewerbe in Augsburg die erste bayerische Sektion des „Allgemeinen Deutschen Arbeitervereins".
Trotz des ▸ **Verbots politischer Vereinigungen der Arbeiterschaft** war spätestens mit der ersten sozialdemokratischen Fraktion im Bayerischen Landtag 1893 die Arbeiterbewegung auf der Ebene der Parteien zu einer festen politischen Größe geworden.
Ebenfalls im Arbeitermilieu entstand ein dichtes Geflecht von Vereinen mit sozialen, kulturellen und nicht zuletzt sportlichen Zielen. Für viele die wichtigste Beschäftigung nach der Arbeit.

Vereinswesen in der Weimarer Republik

In der Weimarer Republik fand die ehrenamtliche Tätigkeit Eingang in die ▸ **Verfassung**. Allerdings war damit vorrangig das Ehrenamt in der Rechtspflege (z. B. das Schöffenamt) gemeint. Die weitestgehende Aufhebung der Einschränkungen in der Versammlungs- und Vereinsfreiheit führte zu noch breiterem bürgerschaftlichen Engagement als in den Jahren vor 1918.

Laienkultur – Volkshochschulen

Im Bereich Kultur hat bürgerschaftliches Engagement seit der Weimarer Republik stark an Bedeutung gewonnen. Die Volkshochschulbewegung nahm hier ihren Anfang. Das Bürgertum engagierte sich sehr für wichtige Kultureinrichtungen; Theatervereine und Museumsfreundeskreise, die damals gegründet wurden, sind dafür deutliche Belege. Aber die Laienkulturbewegung erfasste auch ländliche Regionen. So geht die Gründung vieler Bauerntheater und Laienspielgruppen auf die damalige Zeit zurück.

Der Wohlfahrtsstaat

1919 wurde die Arbeiterwohlfahrt in Bayern gegründet. In den Krisenjahren der Weimarer Republik war eine ihrer wichtigsten Aufgaben die Kinderfürsorge: Ferienlager, Ferienwanderungen, vor allem aber die Speisungen für bedürftige Kinder.
Eine der Organisationen, die in der Weimarer Republik enorm gewachsen ist und sich neue Bereiche erschlossen hat, ist das Rote Kreuz. Hatte es bei Ausbruch des Ersten Weltkriegs bereits 216 Kolonnen mit über 10.000 ehrenamtlichen Helfern, bildeten sich nach dem Krieg zahlreiche neue Ortsgruppen.

Gleichschaltung im Nationalsozialismus

Der totale Zugriff des Nationalsozialismus auf das Ehrenamt führte zwangsläufig zu dessen nahezu völligem „Untergang". Verbliebene Reste ehrenamtlicher Tätigkeit wurden im Dienste von Staat und Partei gleichgeschaltet. Die Propagandisten führten zwar die „Volksgemeinschaft" immer und überall im Munde, Eigeninitiative war aber bei der staatlichen Gleichschaltung nicht mehr gefragt, bis auf sehr wenige Ausnahmen wurden alle Organisationen und Vereine verboten. Und von diesem Verbot waren nicht nur die erklärten politischen Gegner, wie z. B. die Gewerkschaften, betroffen, es bezog sich vielmehr auf nahezu alle Bereiche und Ebenen, in denen sich Ehrenamtliche engagierten. Besonders betroffen waren auch kirchliche Jugendorganisationen. Die natio- nalsozialistische Volkswohlfahrt war eine gleichgeschaltete Konkurrenz zu dem noch existierenden Roten Kreuz und der auch noch aktiven Caritas.
Der demokratische Impuls, lange Zeit untrennbar mit der Freiwilligenarbeit verbunden und Ziel vieler Vereine, war damit praktisch nicht mehr vorhanden. Solche Strukturen konnten sich erst mit den Ende des Krieges und der Befreiung durch die Alliierten wieder langsam entwickeln.

> Das **Verbot politischer Vereinigungen der Arbeiterschaft** galt in der Zeit der Sozialistengesetze von 1878 bis 1890.

> In Art. 132 der **Weimarer Verfassung** war festgelegt: „Jeder Deutsche hat nach Maßgabe der Gesetze die Pflicht zur Übernahme ehrenamtlicher Tätigkeiten."

Bayern nach 1945: Trümmerzeit, Wirtschaftswunder und neue Formen bürgerschaftlichen Engagements

Nach dem Zweiten Weltkrieg waren nicht nur Städte und Dörfer zerstört, auch die Menschen litten vielfach an Körper und Seele. Die zahlreichen „Trümmerfrauen" und unzähligen freiwilligen Helfer hatten großen Anteil am Wiederaufbau unseres Landes.
Aber nicht nur bei der Räumung des Schuttes setzte sehr bald bürgerschaftliches Engagement wieder ein, sondern

die Hilfe für die Kriegsbeschädigten stand oft im Vordergrund unentgeltlichen Einsatzes. Ohne diese Hilfe hätten viele der Betroffenen nur sehr schwer eine Chance gehabt, sich wieder eine Existenz aufbauen zu können.

Aus anfänglichen Beratungstätigkeiten, die bereits wenige Wochen nach Kriegsende ohne Erlaubnis der Besatzungsmacht aufgenommen wurden, entstand Ende 1946 der „Verband der Körperbehinderten, Arbeitsinvaliden und deren Hinterbliebenen in Bayern e. V.", dem Vorläufer des heutigen VdK.

Mehr und mehr organisierte sich auch das demokratisch-politische Leben wieder, wobei das bürgerschaftliche Engagement eine große Rolle spielte. Bereits 1945 gab es erste Bemühungen, mit der Christlich-Sozialen Union eine große Volkspartei zu gründen. Nach der formellen Zulassung durch die amerikanische Militärregierung kam es dann im Januar 1946 zur landesweiten Gründungsversammlung der CSU.

Eine sehr bedeutende Initiative auf dem Gebiet der Ehrenamtlichkeit ging im Bayern der unmittelbaren Nachkriegszeit von Antonie NOPITSCH aus. Sie bemühte sich nachhaltig um die Unterbringung und die Beschaffung von Arbeit für Flüchtlingsfrauen. Gemeinsam mit Elly HEUSS-KNAPP gründete sie das Deutsche Müttergenesungswerk.

In den fünfziger und sechziger Jahren ging es für die meisten Menschen vor allem um den Aufbau ihrer materiellen Existenz. Wirtschaftlicher Aufschwung machte den Einsatz professioneller Arbeitskräfte auch in Vereinen und mehr noch in den Verbänden erforderlich. U. a. führte der Ausbau staatlicher Institutionen zu einer Verschiebung des Verhältnisses zwischen professionellem Handeln und bürgerschaftlichem Engagement, vielfach wurden den ehrenamtlichen Vereinsvorsitzenden hauptamtliche Geschäftsführer zur Seite gestellt. Jedoch erbrachten auch in diesen beiden Jahrzehnten die ehrenamtlich Tätigen in Sport, Sozialarbeit, Kultur, Kirche und Politik eindrucksvolle Leistungen. Allein am Beispiel der ▸ **ehrenamtlichen Stadt- und Gemeinderäte** wird dies deutlich.

Ende der sechziger Jahre entstehen neue Organisationsformen der Freiwilligenarbeit: Bürgerinitiativen und Selbsthilfegruppen. Aber auch diese veränderten das traditionelle Ehrenamt nicht, wenngleich es an Bedeutung verlor, weil diese Vereinigungen stärker auf Effektivität und damit auf eine größere Zahl von hauptamtlich Beschäftigten setzten. Andererseits fand die traditionelle Freiwilligenarbeit in vielen alternativen Initiativen auf andere Weise ihre Fortsetzung. Insbesondere bei neuen sozialen Bewegungen trat das bürgerschaftliche Engagement wieder verstärkt in den Vordergrund: Selbsthilfegruppen, kleinere Projekte auf kulturellem und künstlerischem Gebiet – alle Initiatoren versprachen sich durch ehrenamtliches Engagement einen unmittelbaren Erfolg auf einem klar und eng umrissenen Interessensgebiet. Das Ehrenamt in diesen Bereichen ist zwischenzeitlich aber durch deutliche Professionalisierungstendenzen mehr und mehr „überholt".

Dem steht heute ein „neues Ehrenamt" gegenüber. Es gründet sich nicht mehr „nur" auf christliche Grundwerte und/oder politische Ideale. Werte von Persönlichkeit und Selbstentfaltung sind auch in der Freiwilligenarbeit nicht mehr zu übersehen. Ehrenamtliches wird nicht mehr ausschließlich für andere, sondern auch für sich selbst geleistet: eigene individuelle Fähigkeiten wollen entfaltet, individuelle Interessen verwirklicht werden.

Der Dienst am Allgemeinwohl hat sein Pathos verloren, er macht einem sehr nüchternen, pragmatischen Umgang mit dem Ehrenamt immer mehr Platz. Dessen ungeachtet hat das Forsa-Institut in den neunziger Jahren ermittelt, dass etwa 73 % aller Deutschen bereit sind, sich bürgerschaftlich zu engagiern und ein Ehrenamt zu übernehmen.

> In Bayern waren vor der Gebietsreform in mehr als 4.300 kreisangehörigen Gemeinden etwa 70.000 *Stadt- und Gemeinderäte* ehrenamtlich tätig.

Vereine in Pegnitz

Vorbemerkung: Im Folgenden sind Sportvereine nur am Rande berücksichtigt und erwähnt; über sie wird im Kapitel „Sport und Freizeit" ausführlich berichtet.

Aus den Zahlen der Ermittlungen des Forsa-Instituts lässt sich mühelos die Brücke zu Pegnitz schlagen.

In Pegnitz gibt es an die 140 Vereine. Geht man von der vorgeschriebenen Mindestgröße der Vorstandschaften aus, so sind allein in diesen Gremien mindestens 560 Ehrenamtliche tätig. In den größeren, vor allem Sportvereinen, wie beispielsweise dem ASV und dem FC Pegnitz, dem FC Troschenreuth oder dem SV Bronn, die jeweils über mehrere Abteilungen verfügen, kommen für jede Abteilung nochmals Funktionäre hinzu. Alles in allem sind damit in den Vereinen in Pegnitz rd. 1.000 Bürgerinnen und Bürger ehrenamtlich engagiert.

Alle Vereine zusammen haben fast genau 20.000 Mitglieder, bei einem Anteil von rund 13 % Jugendlichen. Bezogen auf die Einwohnerzahl der politischen Gemeinde Pegnitz ist das eine enorme Zahl: Statistisch ist jeder einzelne Pegnitzer damit in $1\,^{1}/_{3}$ Vereinen Mitglied.

Natürlich sind nicht alle diese Mitglieder aktiv, jedoch beträgt allein der Anteil der in den Sportvereinen organisierten Jugendlichen mehr als 27 %. Dies verdeutlicht auch, dass für diese Jugendlichen aber eine große Anzahl von Betreuern erforderlich ist, soll sinnvolle Jugendarbeit geleistet werden. Damit erhöht sich natürlich auch die Zahl der ehrenamtlich Tätigen.

Die ältesten unter den örtlichen Vereinen

Die ältesten Vereine sind – neben den meisten Freiwilligen Feuerwehren – die Soldatenkameradschaften Pegnitz und Bronn (beide gegründet 1873), der Bienenzuchtverein Pegnitz (1885), die Ortsgruppe Pegnitz des Fränkische-Schweiz-Vereins (1902), die Katholische Arbeiterbewegung Pegnitz – heute KAB (1907), der Kaninchenzuchtverein Pegnitz-Stadt (1907), der Geflügelzuchtverein Pegnitz u. Umgebung (1921), der Begräbnisverein Pegnitz (1923), das Pegnitzer Rote Kreuz (1928) und die Siedlergemeinschaft „Rote Erde" Troschenreuth (1938).

Es verwundert nicht, dass während des Zweiten Weltkriegs nur zwei Vereine neu gegründet wurden: jeweils 1943 der Kaninchenzuchtverein Pegnitz-Lohe und die Ortsgruppe Pegnitz u. Umgebung des Vereins Deutscher Schäferhunde.

In diesen Jahren hatten die Menschen gewiss andere Sorgen und Probleme, als sich der Freiwilligenarbeit und des bürgerschaftlichen Engagements zu erinnern und entsprechend tätig zu werden.

Dies änderte sich aber bereits in den unmittelbaren Nachkriegsjahren und Anfang der fünfziger Jahre. Sicher auch initiiert von mancher Flüchtlingsfamilie, entstanden in wenigen Jahren viele neue Vereine: die Arbeiterwohlfahrt Pegnitz (1946), die Ortsverbände Pegnitz (1947) und Bronn (1948) des VdK, der Kleingärtnerverein Pegnitz, die Volkshochschule Pegnitz, der Ortsverband Pegnitz der Schlesischen Landsmannschaft und der Kreisverband Pegnitz der Sudetendeutschen Landsmannschaft (alle 1949), der Brieftaubenverein „Zurück zur Pegnitzquelle" (1950) sowie (1953) der Verein der Hundefreunde Pegnitz u. Umgebung, der Bergknappenverein Pegnitz u. Umgebung, der Heimat- und Volkstrachtenverein Pegnitz und der Ortsverband Pegnitz des Bundes der Ruhestandsbeamten, Rentner und Hinterbliebenen.

Aus den Namen der Vereine lässt sich leicht der jeweilige Vereinszweck erkennen und so unterschiedlich die Vereinsnamen, so unterschiedlich waren sicher auch die Anlässe und Bedürfnisse der Männer und Frauen, die diese Vereine gründeten.

Am Beispiel des Eltern- und Fördererverbandes des Gymnasiums Pegnitz und der Marinekameradschaft Pegnitz, beider Gründungsjahr ist 1955, kann aufgezeigt werden, dass sich in den Folgejahren Neues entwickelte und daneben Traditionelles bewahrt wurde.

Auf allen Gebieten wurden bis heute – die letzte Vereinsgründung in Pegnitz datiert vom 7. April 2004 (Ortsverband Pegnitz des Bundes der Selbstständigen) – immer wieder Ehrenamtliche tätig und gründeten die Vereine in unserer Stadt.

Pegnitzer Besonderheiten

Auf zwei „Besonderheiten" unter den Pegnitzer Vereinen soll abschließend noch kurz eingegangen werden: Der Stadtjugendverband, ein Verein auch im Sinne des Vereinsrechts, quasi Dachverband aller Vereine, die Jugendarbeit betreiben, und der „Sportältestenrat" – ein Gremium, dem neben Vertretern der Sportvereine auch Mitglieder des Stadtrats Pegnitz angehören und das die Koordination zwischen den Sportvereinen einerseits und

Sieben Ehrenamtliche aus Pegnitz wurden Ende des Jahres 2003 für ihr vorbildliches Engagement geehrt.

Bürgermeister, Stadtrat und Stadtverwaltung andererseits vereinfachen und verbessern soll. Beide „Organisationen" wurden von Bürgermeister Manfred THÜMMLER mitgegründet bzw. -initiiert.

Anerkennung des Geleisteten

Bürgermeister Thümmler ist überhaupt ein großer Förderer der Vereinsarbeit und des Ehrenamtes. So hat die Stadt Pegnitz in seiner bisherigen Amtszeit in den Jahren 1983 mit 2003 insgesamt rund 690.000 € für die Vereine ausgegeben. Bei dieser für Pegnitz enormen Summe handelt es sich um Zuschüsse zum laufenden Betrieb der Vereine ebenso wie um Zuwendungen für Investitionen – vom Bau von Sportheimen bis zur Anschaffung von Musikinstrumenten und Ausstattung. Jede materielle Unterstützung würde jedoch nicht fruchten, wären nicht heute wie vor hundert und zweihundert Jahren ehrenamtlich Tätige am Werk. Kein Verein könnte existieren ohne die vielen rührigen Freiwilligen. Manfred Thümmler hat deshalb auch auf immateriellem Gebiet die Initiative ergriffen: Anlässlich des „Internationalen Jahres der Freiwilligen" 2001 hat er dem Stadtrat Pegnitz vorgeschlagen, Ehrenamtliche und Freiwillige für ihre Arbeit für das Gemeinwohl auszuzeichnen.

Seitdem werden im Dezember jeden Jahres verdiente Personen aus der vielfältigen und vielseitigen Vereinslandschaft unserer Stadt besonders geehrt. In allen Ansprachen machte das Stadtoberhaupt zwei Dinge deutlich: erstens die überaus positive Einstellung der Pegnitzer zu ihren Vereinen die damit verbundene ehrenamtliche Tätigkeit in großem Umfang und zweitens den Dank, den wir alle den Ehrenamtlichen und Freiwilligen schulden und auszusprechen verpflichtet sind.

Thümmler beendete seine Ansprache zur Auszeichnung 2003 mit dem dänischen Sprichwort: „Du verlierst nichts, wenn du mit deiner Kerze die eines anderen anzündest". In Pegnitz wird dies weitestgehend praktiziert!

Nr. 4539.   10. November 1921.

Bekanntmachung und Ladung

Betreff. Badeanstalt Pegnitz.

A.

Der Stadtrat Pegnitz hat im vergangenen Sommer mit vorläufiger Genehmigung des unterfertigten Amtes an der Fichtenohe auf den Grundstücken Pl.-Nr. 1657, 1669 Steuergem. Pegnitz eine Badeanstalt errichtet. Um im Bassin einen genügend tiefen Wasserstand und mehr stehendes und damit wärmeres Wasser zu bekommen, wurde eine Stauvorrichtung einfacher Art angebracht. Diese Stauanlage soll gemäß Art. 50 W.G. nunmehr nachträglich genehmigt werden.

Die Beteiligten werden aufgefordert, etwaige Einwendungen gegen dieses Unternehmen binnen 14 Tagen ausschließender Frist vom Ablauf des Tages der Hinausgabe des diese Bekanntmachung enthaltenden Amtsblattes mündlich oder schriftlich beim Bezirksamt Pegnitz vorzubringen, widrigenfalls alle nicht auf Privatrechtstiteln beruhenden Einwendungen als versäumt gelten mit der Wirkung, daß sie auch in der unter B anberaumten Tagfahrt nicht mehr rechtswirksam geltend gemacht werden können.

Die Beschreibungen, Pläne und Zeichnungen liegen während der Geschäftsstunden beim Bezirksamt Pegnitz zur Einsicht auf.

B.

Gemäß § 143 V.V. zum Wassergesetz soll auch die zulässige Stauhöhe in der Fichtenohe bestimmt werden. Es ist beabsichtigt, dieselbe auf Kote 420,45 festzusetzen. Die Aufstellung eines Höhenmaßes wird nicht für notwendig erachtet, da der Anstau nur während der heißen Frühjahrs- und Sommermonate, somit bei verhältnismäßig niedrigem Wasserstand, erfolgt und deshalb öffentliche oder private Interessen nicht berührt werden. Es wird lediglich verlangt werden, daß die Schwelle der Stauanlage und die Stauhöhe auf Normalnull bezogen werden, um Stauverschiedenheiten auch nach Veränderungen an dem gewählten, jetzigen Festpunkte jederzeit feststellen zu können.

Zur Bestimmung der zulässigen Stauhöhe wird hiemit **Tagfahrt** auf

Donnerstag, 12. Januar 1922

nachm. 2 Uhr im Rathaussaale in Pegnitz anberaumt. Bei der Tagfahrt wird zunächst Ortsbesichtigung stattfinden und im Anschluß daran mit den Beteiligten über die etwa erhobenen Einwendungen verhandelt werden. Hiezu werden die Beteiligten mit dem Beifügen geladen, daß

1. Einwendungen gegen die Bestimmung der Wasserhöhe sowie gegen die Nichtaufstellung eines Höhenmessers spätestens in der Tagfahrt geltend zu machen sind,
2. die geladenen Beteiligten, die an der Tagfahrt weder in Person erscheinen, noch durch einen Bevollmächtigten vertreten sind, mit ihren Einwendungen als ausgeschlossen erachtet werden.

C.

Die unter B anberaumte Tagfahrt ist auch zur Verhandlung mit jenen Beteiligten bestimmt, die innerhalb der unter A gesetzten Frist gegen das Unternehmen rechtzeitig Einwendungen geltend gemacht haben. Auch diese werden daher zu dem Termin geladen mit der Eröffnung, daß im Falle des Nichterscheinens über die Einwendungen nach Lage der Sache erkannt werden würde.

Bezirksamt.
Otto.

No 4539.   Pegnitz, den 10. November 1921.

Bezirksamt Pegnitz.

An

richtung der Stauanlage in der Fichtenohe und der beabsichtigten Festsetzung der Stauhöhe hiemit verständigt.

Sport und Freizeit

1. Sportvereine	Karl Ross	S. 208
2. Freibad, Hallenbad und Eisstadion	Walter Pflaum	S. 221

Abbildung 1:
Postkarte „Turnergruß" 1898.

Karl Ross
1. Sportvereine

Geschichtliches

Die ersten organisiert Sport treibenden Vereine bzw. Gilden wurden von Schützen gegründet. So gibt es in der Vereinschronik der „Königlich Privilegierten Schützengesellschaft Pegnitz" erste Anhaltspunkte aus dem 17. Jahrhundert, die auf das Bestehen einer Schützengilde in Pegnitz hinweisen.

In Folge des patriotisch ausgerichteten Turnens im Sinne Ludwig JAHNS (1778 – 1852), wurde 1866 in Pegnitz der erste Turnverein, der „Turn- und Feuerwehrverein", gegründet. Aus ihm ging 1891 der „Turnverein Pegnitz" hervor. 1905 waren auch in Pegnitz die Spannungen zwischen Bürgertum und den Arbeitern so groß, dass es zur Spaltung dieses Turnvereins kam. Nachdem sich die Mehrheit dem „Arbeiter- Turn- und Sportverband" angeschlossen hatte, gründeten viele Vertreter des Bürgertums 1906 den „Männerturnverein Pegnitz". Geturnt wurde in dieser Zeit in den Schloßberganlagen, im Garten des „Posthalters" und auf dem Gelände in der Schmiedpeunt. Hier fanden auch die ersten Fußballspiele des „Arbeitersportvereins" statt.

In der Zeit des Nationalsozialismus wurden die einzelnen Sportvereine ab 1933 gleichgeschaltet: Man fasste sie in einem neu geschaffenen Verein für Leibesübungen (VfL) zusammen. Erst nach dem Ende des Zweiten Weltkrieges fanden sich Bürger der Stadt, aber auch viele Flüchtlinge (vor allem aus dem Sudetenland) zusammen, um sich sportlich in einem eigenen Verein betätigen zu können.

Abbildungen 2/3:
Turnverein Pegnitz zu verschiedenen Epochen. 1910 (oben) und ca. 1932 (unten).

Sport und Freizeit

Vereinsleben

ASV Pegnitz

Da durch das Kontrollratsgesetz ein Aufleben der alten traditionellen Sportvereine zunächst verboten war, gründeten am 29. Januar 1946 38 sportbegeisterte Pegnitzer einen Einheitsverein, den „Allgemeinen Sportverein Pegnitz", in dem alle Sportarten ein Zuhause finden sollten. Die ersten Fußball- und Handballspiele absolvierte man auf dem „Wiesweiher". Paul BIER bzw. Kurt HEERLEIN und Richard RASCHKE waren die hauptsächlichen Organisatoren. Am Schloßberg trugen die Turner um Toni BURESCH, Simon MAURER und Adolf VOGEL ihre Wettkämpfe aus, später die Leichtathleten, trainiert von Roland ANSORGE. Unter der Leitung von Ernst FOLWARZNY wurde in der Schloßberghalle Tischtennis gespielt und unter Walter GEIS und Karl ROSS geboxt. Mit selbst gebastelter Ausrüstung betrieben die Eishockeyspieler ihren Sport. Robert HÄRING und Hans SCHWARZ waren hier die Motoren, die einen Spielbetrieb zunächst am „Knopferweiher" ermöglichten.

Nachdem sich die Besatzungsvorschriften gelockert hatten, machten sich verschiedene Abteilungen wieder selbstständig. Heute ist der „ASV" der größte Sportverein im Stadtgebiet. Etwa 1330 Mitglieder (im Jahr 2003) können in elf Abteilungen ihrem Sport nachgehen, wobei die Jugendlichen unter 18 Jahren mit 40% einen überproportional hohen Anteil stellen.

ASV Pegnitz im Überblick

Mitglieder   1330, davon 40% Jugendliche, 30% Frauen
Hauptvorstand   Günter BAUER

Fußball   seit 1946
594 Mitglieder
Abteilungsleiter Hans LAYRITZ
18 Mannschaften, davon 14 im Jugendbereich
Spielklasse Vollmannschaften: Bezirksliga Nord und Bezirksklasse
Spielklasse Jugendmannschaften: Mittelfrankenliga, Bezirksliga, Kreisliga

Handball   seit 1946
322 Mitglieder
Abteilungsleiter Rainer DEINZER
14 Mannschaften, davon 9 im Jugendbereich
Spielklasse Herrenmannschaften: Bezirksoberliga und Bezirksliga
Spielklasse Damenmannschaften: Verbandsliga
Spielklasse Jugendmannschaften: Landesliga, Bezirksliga

Judo   seit 1975
172 Mitglieder
Abteilungsleiter Karl DEUCKER
Es gibt 5 Mannschaften, die im Einzel- und Mannschaftswettkampf in Oberfranken antreten

Damengymnastik   seit 1987
96 Mitglieder
Abteilungsleiterin Elke PRINZEWOSKI-VOGEL

Abbildung 4 (oben):
Die Pegnitzer Fußballmannschaft im Jahr 1925 auf ihrem Sportplatz in der Schmiedpeunt (Grundstück des früheren Gesundheitsamtes). Von links: Ernst Mellinghoff, Georg Preisinger, Konrad Kellermann, Sepp Müller, Georg Neubauer, Georg Krug, Franz Lux, Andreas Einsiedel, Georg Studeny, Hans Müller, Fritz Menze, Ulrich Stützinger, Max Sommer.

Abbildung 5 (Mitte):
Die 1. Mannschaft des ASV Pegnitz 1946 auf dem Wiesweiher. Hinten von links: Georg Lehmer, Hans Bant, Ernst Grotz, Hans Kummert, Karl Grotz, Hans Förster, Georg Preisinger. Vorne von links: Christian Grellner, Hans Kranz, Karl Roß, Georg Gebhard, Hermann Imhoff

Abbildung 6 (unten):
Der ASV Pegnitz im Jahr 1951.

Sport und Freizeit

Basketball seit 1970
65 Mitglieder
Abteilungsleiter Rudi Mense
4 Mannschaften, davon 3 im Jugendbereich
Spielklasse: Oberfranken

Sportkegeln seit 1973
59 Mitglieder
Abteilungsleiter Gerhard Lehner
6 Mannschaften, davon 2 im Jugendbereich
Spielklasse: Bezirksliga Oberfranken-Ost, Kreisklasse

Bahnengolf seit 1969
39 Mitglieder
Abteilungsleiter Thomas Pfister
Herren- und Jugendmannschaften treten im Einzel- und Mannschaftswettkampf an
Spielklasse Einzelwettbewerb: Bayernliga
Spielklasse Mannschaftswettbewerb: 2. Bundesliga Süd

Badminton seit 1994
29 Mitglieder
Abteilungsleiter Arthur Wright
2 Mannschaften, die im Einzel- und Mannschaftswettkampf antreten
Spielklasse: Bezirk Oberfranken

Darts seit 2001
21 Mitglieder
Abteilungsleiter Manfred Gebhard
3 Mannschaften
Spielklasse: Landesliga, B- und C-Liga

Volleyball seit 1989
15 Mitglieder
Abteilungsleiter Karl Martin

ASV Pegnitz zu verschiedenen Zeiten.
Abbildung 7 (oben):
Die Meistermannschaft der A-Klasse (heute Kreisliga) 1962.
Hinten von links: Christian Nowak, Dieter Witscholeck, Rudi Horn, Helmut Siebert, Erhard Schmid, Hans Reichel, Hartl Gebhardt, Hans Layritz, Fuzzy Gropengießer, Mäcki Walder, Hans Krampert. Mitte von links: Leo Gubitz, Helmut Eckl. Vorne von Links: Hans Keller, Eggermeier, Schorsch Mellinghoff, Theo Pfaff, Harry Meltzer.

Abbildung 8 (unten):
Beim grandiosen Finale der Handballsaison 1980/81 bezwang der ASV Pegnitz in einem mitreißenden Spiel den ETSV 09 Landshut mit 17:14 und sicherte sich damit den Aufstieg in die bayerische Oberliga. Restlos erschöpft, aber überglücklich präsentierte sich der frisch gebackene Oberligist beim Aufstiegsfoto. Hintere Reihe von links: Betreuer Ernst Wahlich, Michael Graß, Robert Bauer, Wolfgang Mandel, Werner Schweins, Hans Deinzer, Karl Wölzl, vor ihm Ernst Müller, Heinrich Quoika, Jürgen Hofmann, Sportreferent Erhard Macha, Abteilungsleiter Adolf Potzler. Vordere Reihe: Karl Ross, Thomas Altrock, Jürgen Meyer, Reinhold Gradl, Manfred Brendl, 2. Abteilungsleiter Bernd Barchmann.

Anekdoten

In der Nachkriegszeit herrschte Mangel an allen Dingen. Das hielt die Sportler nicht davon ab, ihrer geliebten Freizeitbeschäftigung zu frönen. So war der Sportplatz am Wiesweiher ein besserer Kartoffelacker, die Holztore nur behelfsmäßig. Auf der Suche nach Brennholz in der kalten Jahreszeit sägten die Amerikaner die Tore ab. Nun mussten die Fußballer wieder auf Holzsuche gehen, um ein neues Tor zu bauen. Sie ergatterten sogar ein Stück Maschendraht als Ersatz für ein Netz, das allerdings etwas zu klein war. Was unten fehlte, wurde dann mit Latten ergänzt.
Eine Fußballlegende ist der Barthelmanns Hans. Er hatte eine gefürchtete linke „Klebe", wie unfreiwilligerweise der damalige Bürgermeister Ernst Mellinghoff zu spüren bekam. Mit einem Gewaltschuss holte er den Nichtsahnenden von einer Begrenzungsstange herunter und schickte ihn in das Reich der Träume.

FC Pegnitz

Nach Unstimmigkeiten innerhalb der Fußballer des ASV Pegnitz traten Funktionäre und eine Reihe von Spielern der ersten Mannschaft aus dem Verein aus, um am 16. Juni 1963 den FC Pegnitz-Buchau aus der Taufe zu heben.
Die ersten Fußballspiele wurden auf einem provisorisch eingerichteten Fußballplatz in Buchau ausgetragen. Aufschwung für das Vereinsleben brachten die Anla-

ge eines Sportplatzes mit 350-m-Rundbahn sowie der Bau des Sportheims in den Jahren 1964/65 auf dem Buchauer Berg. Für die Planierung des Geländes konnten amerikanische Pioniere gewonnen werden.

1966 war ein weiteres Jahr der Höhepunkte: Die 1. Mannschaft stieg in die A-Klasse auf und am 29. Juni 1966 wurde der Sportplatz mit einem Spiel gegen „Viena Wien" eingeweiht. Gleichzeitig feierte man die Eröffnung des Sportheims. 1975 wurde der Verein in FC Pegnitz umbenannt. In den folgenden Jahren schlossen sich weitere Sportarten dem Verein an, die Mitgliederzahl wuchs stetig. Im Jahr 2002 wird die gute Jugendarbeit des FC Pegnitz mit der Einrichtung eines Stützpunktes des DFB-Talentförderungsprogrammes für Junioren und Juniorinnen belohnt.

Abbildung 9:
FC Pegnitz
Obere Reihe (stehend): Moik Alexander, Neukirchner Florian, Brendel Andreas, Loos Florian, Platz Alexander, Imhof Dieter, Seufert Markus, Riedelbauch Frank, Popp Roland, Häfner Markus, Horn Rudolf, Klier Klaus.
Untere Reihe (sitzend): Meyer Michael, Hacker Michael, Eckert Andreas, Siegmund Günter, Brütting Klaus, Dutz Dominik, Färber Andreas, Polzer Frank, Späth Erich.

FC Pegnitz im Überblick

Mitglieder	685, davon 159 Kinder und Jugendliche
Hauptvorstand	Thomas ENGELHARDT
Fußball	Spartenleiter Siegfried LANG
	13 Mannschaften, davon 10 im Juniorenbereich, eine Damenmannschaft
	Spielklasse Vollmannschaften: Kreisklasse
	3 Meistertitel für die 2. Mannschaft, Damen und Juniorinnen
Damengymnastik	Abteilungsleiterin Jutta NÜRNBERGER
Tennis	Abteilungsleiter Peter BÖHMER
Leichtathletik	Seit 1968, Abteilungsleiterin Gisela ENGEL

Eislaufverein Pegnitz

Im Oktober 1949 gründete eine eissportbegeisterte Gruppe, darunter viele Sudetendeutsche wie Franz ZEMLER und die Brüder BANT die Sparte Eislauf im ASV Pegnitz. Zunächst wurde auf dem Eisweiher der Brauerei Knopf Eishockey gespielt mit Balken als Spielfeldabgrenzungen. Im Jahr 1952 grub man eigens ein Becken auf dem Gelände hinter dem Freibad und absolvierte die Spiele auf „Schwimmeis",

Abbildung 10:
Zur Erinnerung an die bayerische Kreisklassen-Meisterschaft 1955/56 und den Aufstieg in die Landesliga.

Sport und Freizeit

Abbildung 11:
Pegnitz wurde 1964 Landesliga-Meister.

umringt von einer Niedrigbande. Das erste richtige Eisstadion mit Hochbande, Flutlicht und Zuschauerrängen wurde schließlich 1955/56 in Eigenleistung gebaut. Jedoch waren die Bedingungen im Vergleich zur heutigen Zeit noch recht primitiv: als Umkleidekabine fungierte ein Holzkiosk des Schwimmbads, der keine Wasch-, geschweige denn Duschmöglichkeiten aufwies. Das „Spritzeis" wurde in nächtelanger Arbeit in den ersten kalten Wochen Schicht um Schicht aufgezogen. Kam ein Wärmeeinbruch, war die ganze Arbeit umsonst. Während der Drittelpausen schoben und schaufelten die Spieler eigenhändig das abgefahrene Eis bzw. den Schnee von der Fläche, unterstützt von treuen Helfern. Die Zuschauer standen meist auf Schneebergen, in die sich jeder seinen Standplatz getrampelt hatte. Das alles tat aber der Begeisterung keinen Abbruch, zumal sich bald sportliche Erfolge wie der erste Aufstieg in die Eishockey-Landesliga einstellten. Das Pegnitzer Eishockey wurde über die Region hinaus bekannt, als man freundschaftlichen Spielverkehr mit Mannschaften aus Berlin, aus der damaligen DDR, aus Jugoslawien, der Schweiz und Österreich pflegte.

In der Folgezeit erreichte der Eissport einen Umfang und eine finanzielle Größenordnung, die den Rahmen einer Sparte sprengte. So trennte man sich 1963 auf Antrag von Spielleiter Robert Häring vom Stammverein ASV Pegnitz und gründete am 2. August den Eislaufverein Pegnitz.

Abbildung 12 (oben):
Hoffnungsvoller Nachwuchs auf dem Kleinschüler-Turnier.

Abbildung 13 (unten):
Spielszene.

EVP im Überblick

Mitglieder   ca. 300, davon über ein Drittel Kinder bis 14 Jahre,
                       Jugendliche und junge Erwachsene bis 26 Jahre
Hauptvorstand   Sigrid Murr

Eishockey   seit 1949 bzw. 1963
ca. 300 Mitglieder
Abteilungsleiter Seniorenmannschaften: Richard Hagen
Spielklasse: Landesliga, Aufstieg Saison 2003/2004 in die Bayernliga
Abteilungsleiter Nachwuchsmannschaften: Alfons Kopp

Eisstockschießen   seit 1976
ca. 15 Mitglieder
Abteilungsleiter Rudolf Hofer

Anekdoten

Die ehemaligen Spieler Alfred Kirschnek und Otto Friedl erinnern sich: „Die ersten vereinseigenen Torwartschienen waren Marke Eigenbau. Ein Kartoffelsack wurde mit Holzwolle gefüllt und knallrot angestrichen [...]. Das Schönste waren die zu jener Zeit noch ganz und gar nicht üblichen Reisen. Zu einem Spiel am Ammersee waren wir früh angereist und hatten noch einige Stunden Zeit bis zum Spiel. Wir vertrieben sie uns mit einem Spaziergang auf dem zugefrorenen See. Plötzlich brach Fritz Gilligbauer ein. Völlig durchnässt schafften wir ihn in ein Wirtshaus. Dort saß er dann den ganzen Tag in Eishockeyklamotten in der Wirtsstube, weil seine Sachen zum Trocknen aufgehängt waren."

Sport und Freizeit

Männerturnverein Pegnitz 1891

Aus dem Turn- und Feuerwehrverein heraus wurde am 26. Oktober 1891 in der Gastwirtschaft Engelhardt in der Rosengasse der „Turnverein Pegnitz" gegründet. Aus Protest gegen den Übertritt von der „Deutschen Turnerschaft" in den „Arbeiter-Turn- und Sportverband" trat jedoch eine Vielzahl von Mitgliedern aus und gründete am 2. November 1906 im Kolbsaal den „Männerturnverein Pegnitz". Erste Turnstunden wurden im Kolbsaal und im Posthaltergarten abgehalten. Nach dem Zweiten Weltkrieg lebte ab 1953 der „MTV" wieder als eigenständiger Verein auf. Fanden anfänglich die Übungsstunden noch in der Schloßberghalle und auf dem Festplatz statt, so konnte im Jahr 1956 endlich ein ganzjähriger Trainingsbetrieb in der Volksschulturnhalle angeboten werden. Heute gehen die 486 Mitglieder unter dem Hauptvorstand Ulrich SPRINGER in den Abteilungen Turnen und Volleyball ihrem Sport nach. Die Turner erreichten im Jahr 2002 mit ihren drei Turnwettkampfgruppen vordere Platzierungen bei Gaukinder- und Jugendtreffen sowie im Landesgruppen-Wettstreit. Auch die Trampolinspringer stellen sich bei Gaumeisterschaften mit respektablen Ergebnissen ihrer Konkurrenz.

Die Abteilung Volleyball nimmt mit zwei Herren- und zwei Damenmannschaften am Spielbetrieb des Bezirks teil. Aushängeschild ist die 1. Herrenmannschaft, die im Erfolgsjahr 2003 ungeschlagen den Aufstieg in die Bezirksliga schaffte sowie den Pokalsieg auf Bezirksebene.

Abbildungen 14/15:
Turnen ca. 1930 und heute.

SV Glückauf Pegnitz

Am 10. September 1959 wurde der SV Glückauf Pegnitz von sportbegeisterten Kumpels des damaligen Eisenbergwerks „Kleiner Johannes" aus der Taufe gehoben. Sinn und Zweck des Vereins war es, „das Sportwesen zu fördern, Körper und Geist zu kräftigen und gute Sitten zu pflegen".

In den Anfangsjahren beschränkte man sich auf die Sportarten Fußball und Tischtennis, die beide mit sehr beschränkten Rahmenbedingungen auskommen mussten. Die ersten Fußballspiele wurden auf dem ASV-Gelände am Wiesweiher ausgetragen. Im August 1960 weihte man dann am Böllgraben einen eigenen Sportplatz ein. Einen Teil der Grundstückspacht konnten die „Glückaufler" noch mit Hilfsarbeiten an einem Kellerbau des Grundstückseigners abarbeiten. Ab 1975 nutzten die Fußballer dann den Schulsportplatz in der Lohesiedlung für Verbandsspiele.

In der Blütezeit der Fußballsparte zu Beginn der 90er Jahre meldete der Verein zwei Vollmannschaften und sechs Jugend- bzw. Schülermannschaften. Mit dem Rückzug der ersten Mannschaft im Jahre 1998 begann der Niedergang der Fußballer: Im Jahr 2002 musste der Spielbetrieb auch der Nachwuchsmannschaften mangels Beteiligung eingestellt werden.

Die Spielbedingungen der Tischtennisabteilung waren fünfzehn Jahre nach Kriegsende zunächst bescheiden, verbesserten sich aber mit jedem Wechsel. Von einer windigen Holzbaracke im Bergwerk über den Kolbsaal, der ehemaligen Schlossberghalle, der Wiesweiherturnhalle zur Christian-Sammet-Halle, in der heute der Spielbetrieb stattfindet, war es ein langer Weg.

Abbildung 16:
SV Glückauf, Stadtgarde.

Aus der 1980 ins Leben gerufenen Damengymnastikgruppe ging die 1992 offiziell gegründete Tanzsportgarde, die „Stadtgarde", hervor, die bereits 1995 die oberfränkische Meisterschaft erringen konnte. Mit ihren sechs Tanzgruppen mit annähernd 100 Tänzern ist die „Stadtgarde" das Aushängeschild des Vereins. Die jährlich stattfindenden Galaabende und der Rosenmontagsball des „SV Glückauf" sind aus dem gesellschaftlichen Leben der Stadt Pegnitz nicht mehr wegzudenken. 1. Vorsitzender des Vereins ist Walter FICHTNER.

Schwimmfreunde Pegnitz (SV Pegnitz)

Gründungsjahr   1973
1. Vorsitzender   Thomas KLEBE
Mitgliederzahl   55 Erwachsene, 41 Jugendliche
Jährliche Teilnahme und stets gute Platzierungen in verschiedenen Disziplinen von Schwimmwettkämpfen

Tennisclub „Schwarz-Weiß" Pegnitz

Im Mai 1953 trafen sich elf Persönlichkeiten des Pegnitzer Lebens im Nebenzimmer des Gasthofes „Weißes Ross", um ihren damals noch elitären „weißen Sport" in Pegnitz einzuführen. Sie gründeten einen Verein und wählten zu ihrem 1. Präsidenten Hermann WIESEND.
Am 2. April 1954 wurde dieser Verein als „Tennisclub Schwarz-Weiß Pegnitz e.V." beim Registergericht eingetragen, der somit 2004 sein 50-jähriges Jubiläum feierte.
Unmittelbar nach der Vereinsgründung begann man mit Hilfe schwerer Maschinen der US-Army mit dem Bau von zwei Plätzen auf dem von der Stadt an der Bayreuther Straße zur Verfügung gestellten Gelände. „Motor" des Platzbaues war der jetzige Ehrenpräsiden Wolfgang HILTL, der 1954 das Amt des Präsidenten übernahm und die Geschicke des Vereins zusammen mit seinem Kassier Heinrich GENTNER bis 1969 leitete. In dieser Periode wurde die Anlage durch den Bau eines dritten Platzes samt eines schmucken Clubhauses komplettiert.

Abbildung 17:
Die Seniorenmannschaft, die als erste Mannschaft überregional im Einsatz war, im Jahr 1987. Ganz links die mehrfachen Clubmeister Erwin Reinfelder und Hans Gentner sowie Willi Duplois, Dieter Müller, Hans-Jürgen Bauer, Fritz Gilligbauer und Rainer Holz.

1969 begann die fast dreißigjährige Ära von Erwin und Christa REINFELDER zusammen mit dem Kassier Herbert RAUM. In diesem Zeitraum wurde die Clubanlage durch den Bau von drei weiteren Plätzen, einem neuen Clubhaus und der Anlage von asphaltierten Parkplätzen auf den Stand gebracht, wie sich der Tennisclub heute präsentiert. Erst 1997 legte die komplette Vorstandschaft die Führung des Clubs in die Hände Jüngerer. Aushängeschild des Pegnitzer Tennis' war über viele Jahre zunächst Hans GENTNER, später die Familie Erwin und Christa REINFELDER, zusammen mit Sohn Stefan, der auch heute als Präsident die Clubleitung und die Verantwortung für die Pflege der Anlage an der Bayreuther Straße übernommen hat.
Der Club hat zurzeit etwas mehr als 200 Mitglieder. Er nimmt mit neun Mannschaften, darunter drei Jugendmannschaften, an den Medenspielen teil. Zwei Mannschaften spielen überregional.

Motorsportclub Pegnitz und Umgebung im ADAC

Ende der zwanziger Jahre fanden sich 20 Männer und eine Frau zusammen, um einen Motorsportclub zu gründen, der als „Deutscher Automobilclub – Ortsgruppe Pegnitz" am 7. September 1937 in das Vereinsregister des königlichen Amtsgerichts Pegnitz eingetragen wurde. Den Vorstand übernahmen Rechtsanwalt Dr. BECHER und Forstmeister TRAUTNER.
In den folgenden Jahren entfaltete sich ein reges gesellschaftliches Clubleben mit Bildersuchfahrten, Geländefahrten, Fuchsjagden und Ähnliches in der näheren und weiteren Umgebung von Pegnitz. Legendär waren dabei im sportlichen Bereich die

Rennen am „Zipser Berg", im gesellschaftlichen die „ADAC-Faschingsbälle". 1963 wurde der Club in einer Satzungsänderung auf den heutigen Namen unbenannt. Nach 29 Jahren gab Max Becher im Jahre 1966 den Vorsitz auf, neu gewählt wurden Oberamtsrichter Rudolf SEIDL und Dr. Robert BROMMER. In den Folgejahren blühte unter den Sportleitern Wolfgang SCHLÜTER, Hermann FUCHS und anderen der Motorsport auf. Es kam zu Wettbewerben im Slalomfahren auf dem KSB-Parkplatz und zu vielen Erfolgen im Rallyebereich. Im Jahr 1976 wurde erstmalig der Kartsport unter dem 1. Vorsitzenden Kurt POHL eingeführt, doch auch Veranstaltungen zur Verkehrssicherheit, wie Fahrradturniere an den Pegnitzer Schulen unter der Führung von Margareta GABLER, wurden in den folgenden Jahren abgehalten. Seit 1984 leitet Herbert GABLER die Geschicke des Vereins. Zusammen mit Kurt GROSSKOPF und Richard SPACHMÜLLER konnte der Bau eines eigenen Motorsportgeländes bei Scharthammer in die Wege geleitet werden, das mit seiner 1640 m langen Motocross-Strecke samt Zuschauerhügeln, seinem Fahrerlager, einem Jugendtrainingsplatz und einer Mehrzweckhalle als oberfränkisches Zentrum des Motorsports bezeichnet werden darf. Heute hat der Verein ca. 230 Mitglieder, die sich im Kart- und Motocross-Sport, bei Auto- und Motorradturnieren, in der Verkehrserziehung, im Sicherheitstraining und im Historischen Sport mit Oldtimern betätigen.

Schachclub Pegnitz-Creußen

Die Gründung des Schachclubs Pegnitz ist Regierungsinspektor WIEGEL vom Landratsamt zu verdanken. Nach seinem Aufruf im städtischen Amtskasten meldeten sich im Herbst 1946 dreißig Schachfreunde, die Georg WITTMANN zu ihrem Vorsitzenden wählten. Den größten Einzelerfolg eines Pegnitzer Schachspielers bis dahin holte Herrmann SCHMID mit dem Titel des oberfränkischen Meisters. Zum zwanzigjährigen Vereinsjubiläum 1966 gelang es dann dem Schachclub, die oberfränkische Meisterschaft nach Pegnitz zu holen. 1973 konnte die Mannschaft mit der Landesliga die höchste Spielklasse in Mittelfranken belegen. Einen weiteren Aufschwung des Schachsports in Pegnitz brachte dann die Wahl Herrmann SOMMERS zum ersten Vorsitzenden am 5. Dezember 1974. Es erfolgte wieder ein regelmäßiger Spielbetrieb sowohl im Verein als auch auf Kreis- und Bezirksebene. In der Saison 1998/99 musste wegen sinkender Mitgliedszahlen eine Spielgemeinschaft mit Creußen eingegangen werden, die schließlich am 26. Mai 2000 zur Gründung des neuen Schachclubs „SC Pegnitz-Creußen e.V." unter dem Vorsitz von Hans PERL führte. Zurzeit spielen ca. 40 aktive Mitglieder in der Bezirksklasse II, der Kreisliga A und in verschiedenen Jugendklassen.

Abbildung 18:
Schachclub: (1. Vors.) Hermann Sommer beim königlichen Spiel (1980).

Reitverein Pegnitz

Am 19. September 1963 gründete der Pegnitzer Kaufmann Hermann WIESEND gemeinsam mit Freunden den Pegnitzer Reitverein. Zu dieser Zeit hatte allerdings kein Mitglied außer Wiesend selbst Reiterfahrung, so dass Harald BAUER in Ansbach einen Reitausbilder-Lehrgang absolvierte, um diesem Mangel abzuhelfen. Gleichzeitig wurde ein vorhandener Obst- und Gemüsegarten zum Übungsgelände umfunktioniert. 1967 wurde mit dem Bau einer Reithalle begonnen. Beim

Abbildung 19:
Reitverein Pegnitz.

Sport und Freizeit

Abräumen von Felsen brach die Schaufel eines US-Räumbaggers ab, so dass die freiwilligen Helfer die Felsen nun doch in Handarbeit entfernen mussten. Auf Vorschlag von Gründungsmitglied Franz WATZKE wurde auch eine Vierspännerkutsche angeschafft, um Repräsentationsveranstaltungen von vielen Vereinen und der Stadt Pegnitz gerecht zu werden.

Sportliche Erfolge bei Reitturnieren in Bayern stellten sich ein, vereinsintern wurden Fuchs- und Schnitzeljagden durchgeführt. Nachdem weitere Reitanlagen im Pegnitzer Umland entstanden, wanderten einige Mitglieder ab. Heute liegt die Mitgliederzahl bei 34, 1. Vorsitzender ist seit 1985 Joachim VON LE SUIRE.

Anekdote

Zu einem kuriosen Unfall kam es in einer benachbarten Gemeinde, als deren Bürgermeister und einige Honoratioren bei einem Festzug in der Kutsche gleich hinter der Blaskapelle Platz genommen hatten. Beim ersten lautstarken Einsatz der Kapelle scheuten die Pferde und gingen mit dem Gespann eine Böschung hoch. Personen kamen dabei nicht zu Schaden, aber eine Palette von Hühnereiern, die zwecks Bezahlung in Naturalien mit an Bord war, verteilte ihren Inhalt in der Kutsche.

Reit- und Fahrgemeinschaft Pegnitz-Buchau

Im Jahre 1976 trennten sich einige Mitglieder vom Reitverein Pegnitz und gründeten die Reit- und Fahrgemeinschaft Pegnitz-Buchau. Bei einer Mitgliedszahl von 100 liegt der Schwerpunkt in der Ausbildung von Jugendlichen, die mit 70 Reitern den Hauptanteil stellen. Schwerpunkte im Verein sind Dressur, Springen, Voltigieren und Fahren. Den Vorsitz hat Roland SCHMIEDER inne.

Ski-Club Pegnitz

Freude am Skisport war im Jahre 1953 der Anlass, dass sich 25 Männer und Frauen beim damaligen „Löhrs Gustl" zur Gründung eines Vereins zusammenfanden. Bereits vor diesem Zeitpunkt waren die ersten Vorbereitungen für den Bau einer Skisprungschanze am Nordhang des Hainbergs getroffen worden. Das Eröffnungsspringen auf der „Hainbergschanze" fand am 20. Februar 1955 statt als Auftakt zur 600-Jahr-Feier der Stadt Pegnitz. Sein eigentliches Domizil hat der Ski-Club in Bodendorf, wo 1962 eine gemütliche Skihütte in unmittelbarer Nähe zum vereinseigenen Skihang eingeweiht werden konnte. Mit Motorschlitten und Spurgerät werden die Pisten, aber auch die vom Pegnitzer Schloßberg ausgehende Skiloipe gepflegt. Sportliche und festliche Höhepunkte im Vereinsleben sind das „Bierkrüglrennen", die vor allem bei der Jugend großen Anklang findenden Ski- und Zeltlager und als geselliges Großereignis die alljährliche „Hüttenkirchweih". Heute ist die Mitgliedszahl unter der jungen und engagierten Vorstandschaft mit dem 1. Vorsitzenden Thomas SCHMIDT auf rund 800 angewachsen.

Abbildung 20:
Solche Bilder vom Skispringen auf der Hainbergschanze sind inzwischen Geschichte.

Abbildung 21:
Der Nachwuchs des Skiclubs.

Flugsportverein Pegnitz

Der Segelflugsport war nach dem Krieg durch die Beschlagnahmung aller Flugzeuge völlig zum Erliegen gekommen. Erst 1950 wurde er von den Alliierten wieder erlaubt, mit der Folge, dass am 20. Oktober 1951 ehemalige Segelflieger den „Flugsportverein Pegnitz" aus der Taufe hoben. Allerdings gab es am Anfang außer Enthusiasmus nichts, was zum Fliegen nötig war: keine Flugzeuge, keinen Fluglehrer, keine Seilwinde, keinen Flugplatz.
In Tausenden von Arbeitsstunden wurden das erste Segelflugzeug (Typ Schulgleiter SG 38) und eine Winde gebaut, eine Wiese am Zipser Berg als Flugplatz behelfsmäßig hergerichtet. Im Laufe der Jahre kamen einige Flugzeuge durch Kauf oder Eigenbau dazu, darunter 1971 der erste Motorsegler. Jeden Abend und später zumindest jeden Winter mussten alle Flugzeuge abgebaut werden. Sie wurden in der alten Fliegerbaracke bei Familie Weißmann am Kellerberg untergebracht und wenn nötig wieder repariert. 1974 konnte endlich der neue Flugplatz eingeweiht werden, der mit Hilfe von Pionieren der US-Army planiert wurde. Besonders in Erinnerung blieb den Pegnitzer Bürgern und Fliegern das Jahr 1979 mit der Austragung der deutschen Motor-Kunstflugmeisterschaft mit anschließendem Großflugtag am Zipser Berg. Rund 15.000 Besucher wollten sich dieses Spektakel nicht entgehen lassen. Insgesamt fanden drei überörtliche Wettbewerbe und einmal das Trainingslager für die Weltmeisterschaft der Motorkunstflieger statt. Bei allen sportlichen Aktivitäten kommt auch das gesellschaftliche Leben nicht zu kurz. Legendär sind die Faschingsbälle vor allem in der alten Fliegerbaracke, aber auch die Sonnwendfeuer und „Fliegerkerwas" am Flugplatz.
Heute gehen rund 80 Mitglieder, darunter 45 aktive Flieger, ihrem Hobby nach. Der Platz ist regelmäßig Gastgeber für die Flugaktivitäten des Vereins „Reha-Sport und Behindertenflüge Pegnitz". 1. Vorsitzender ist Emanuel KOHLER.

Abbildungen 22/23:
Der Flugsportverein Pegnitz auf der 600-Jahr-Feier.

Königlich-Privilegierte Schützengesellschaft Pegnitz

Die erste sichere Quelle, die von einem Schießplatz mit Kugelfang und einem Schießhäuschen auf dem Schloßberg Anfang des 19. Jahrhunderts berichtet, ist die Pegnitzer Stadtchronik von Heinrich BAUER (2. Auflage 1938, S. 741). Später wurde die „Zimmerschützengesellschaft von 1859 Pegnitz" gegründet, 1896 der „Schützen-Club".
1903 wurde in einer Bekanntmachung der „Schützengesellschaft Pegnitz" ein Aufruf zur Gründung einer Scharfschützengesellschaft und zur Errichtung einer Schießstätte veröffentlicht. Aus diesem Jahr stammt auch die Königskette mit einem vom bayerischen Königshaus verliehenen Silbertaler mit dem Bild des Prinzregenten Luitpold und eine viereckige Scheibe zur „Eröffnung des Schießhauses" am Dianafelsen. Ab diesem Jahr wurden regelmäßig Königsschießen veranstaltet, von den Kriegs- und Nachkriegszeiten einmal abgesehen.
Einen Aufschwung nach den Kriegsjahren erlebte die Schützengesellschaft, die sich 1954 „Königlich-Privilegierte Schützengesellschaft Pegnitz 1903" nannte, unter Dr. Fritz GABLER als 1. Schützenmeister. Das alte Schießhaus am Dianafelsen wurde aufgegeben zu Gunsten eines Neubaus am Zipser Berg, um alle Schützen mit ihren verschiedenen Waffen-

Abbildung 24:
Dianafelsen mit dem Schützenhaus der Kgl.-Priv. Schützengesellschaft.

Sport und Freizeit

Abbildungen 25/26:
Zwei erfolgreiche Pegnitzer Schützen: (oben) Alex Fuchs von den Kgl.-Privilegierten und (unten) Anja Kürzdörfer vom Schützenverein „Erika" Neudorf.

arten unter einem Dach zu vereinen. Die interne Einweihungsfeier fand 1965 statt, eine echte Feuertaufe bestand das neue Schützenhaus anlässlich des 20. Gauschießens mit über 400 Teilnehmern.

In den nachfolgenden Jahren wurde das sportliche Angebot um das Vorderlader-, Böller- und Bogenschießen erweitert.

1998 steht die Gesellschaft sportlich gesehen auf dem Höhepunkt: Die Großkaliberschützen erreichen zweite und dritte Plätze bei den deutschen Meisterschaften. Die Luftgewehrschützen qualifizieren sich für die neu gegründete Verbandsliga. Im Jahr 2000 vertritt die Gesellschaft zum zweiten Mal den Mittelfränkischen Schützenbund beim Oktoberfestzug in München. Zurzeit haben die „Königlich-Privilegierten" unter ihrem Schützenmeister Hans Böhmer 250 Mitglieder.

Schützenverein Lohe Pegnitz

Die „Lohe-Schützen" wurden 1954 von sechs Mitgliedern gegründet. Seit 1956 gehen die Schützen in einem Schützenhaus mit acht Schießständen bei der „Glückauf-Gaststätte" in der Lohesiedlung ihrem Sport nach. Der sportliche Höhepunkt datiert aus dem Jahr 1983. Beim Bundeskönigsschießen in Roding wurde Helmut Franke Bundeskönig und Thomas Waldhof Vizekönig. Schützenmeister der nunmehr 25 Mitglieder ist Heinz Waldhof.

Schützenverein Waldeslust Horlach

Am 17. Januar 1954 gründeten elf schießsportlich interessierte Ortsbürger den Schützenverein „Waldeslust Horlach". Vereinswirt und 2. Schützenmeister Hans Krieg stellte dem neu gegründeten Verein das Nebenzimmer, den Tanzsaal und ein Luftgewehr zur Verfügung. Durch gemeinschaftlichen Einsatz konnte innerhalb einer Woche ein Schießstand erstellt werden. Gauschützenkönigin wurde im Jahr 1991 das Mitglied Marga Lindner. 1994 trug der Verein anlässlich des 40-jährigen Bestehens die Stadtmeisterschaft der Stadt Pegnitz aus. Zu diesem Anlass wurde der langjährige Schützenmeister Erich Braun mit dem „Goldenen Ehrenzeichen mit unterlegtem Kranz" ausgezeichnet. 1996 feierte man die Einweihung des neuen erweiterten Schützenhauses, da der bisherige Saal beengt und veraltet war.

Schießsportlich errang der Verein mit dem Aufstieg in die Gauliga, der Meisterschaft im Gau bzw. mit der Teilnahme an der Bezirksmeisterschaft schöne Erfolge. Am Rundenwettkampf nimmt der Schützenverein zurzeit mit drei Schützenmannschaften und einer Luftpistolenmannschaft unter der Führung der 1. Schützenmeisterin Regina Schrembs teil.

Sport und Freizeit

Schützenverein „Erika" Neudorf

Der Schützenverein „Erika" wurde am 14. Februar 1954 in der Gastwirtschaft „Grüner Baum" von 22 Bürgern der Ortschaft gegründet. In der Nachfolge des damaligen Schützenmeisters Hans SCHEIDLER leitete Hermann SCHMID 26 Jahre die Geschicke des Vereins. 1984 wurde das 30-jährige Jubiläum unter der Teilnahme von 57 Vereinen in einem würdigen Rahmen gefeiert. Ein eigenes Schießhaus in der früheren Dreschhalle entstand im Jahre 1989. Zurzeit beteiligen sich die 112 Mitglieder, darunter viele Jugendliche, unter der Führung des 1. Vorsitzenden Günther BAUER mit zwei Mannschaften an den Rundenwettkämpfen.

Schützengesellschaft Willenreuth

Im Januar 1979 beschlossen 15 Willenreuther Bürger, einen Schützenverein zu gründen. Gleich im ersten Jahr wurde unter der Leitung von 1. Schützenmeister Paulus KAUL im Saal der Gastwirtschaft „Unterer Kaul" eine Schießstätte eingebaut, fünf Vereinsgewehre angeschafft und sofort mit dem Training begonnen. Am Eröffnungsschießen nahmen über 200 Schützen teil. 1995 wurde das Schützenhaus von Grund auf renoviert. Das Jubiläumsjahr 1999 wird sportlich gesehen zum erfolgreichsten des Bestehens. Willenreuth I wird Zweiter in der B-Klasse, Willenreuth II und Willenreuth III steigen als Meister ihrer jeweiligen Klassen auf. An der im Ort stattfindenden Stadtmeisterschaft beteiligten sich über 200 Schützen. Die Schützengesellschaft hatte im Jahr 2001 113 Mitglieder. Der 1. Schützenmeister ist Bernhard KOHLMANN.

Abbildungen 27/28:
(oben) Weihe des Schützenhauses in Willenreuth durch Pfr. Heinrich Schenk, 1979.
(unten) 1. Gauschützenmeister Wulf-Dieter Dahms überreicht die Gründungsscheibe des Gaues.

Schützenverein Hainbronn

Die Hainbronner Schützen schlossen sich im Jahre 1954 im Gasthaus Schmidt zu einem Verein zusammen. Ein Jahr später wurden der erste Schießstand und ein Gewehr angeschafft.
In den folgenden Jahren wuchs der Verein, es stellten sich die ersten Erfolge ein. Gauschützenkönigin wurde 1973 Ilse SCHMITT. 1979 richtete man zum 25-jährigen Jubiläum das 25. Gauschießen des Schützengaues Pegnitzgrund aus, 1983 die Stadtmeisterschaft im Luftgewehr- und Luftpistolenschießen. Unter dem 1. Vorsitzenden Gottfried LEISS gehen 119 Mitglieder ihrem Sport nach.

Schützenverein Edelweiß Stemmenreuth

Der Schützenverein Stemmenreuth wurde im Jahre 1959 gegründet. Unter den 15 Gründungsmitgliedern stellte Hans POTZLER den 1. Schützenmeister. 1984 feierte der Verein sein 25-jähriges Gründungsfest. Im Verlauf der Festveranstaltungen wurden auch die Stadtmeisterschaft und ein Jubiläumsschießen durchgeführt sowie der Stadtschützenkönig ermittelt. 1. Schützenmeister ist Herbert STROBEL, die Mitgliederzahl beträgt 42.

Sport und Freizeit

Sportverein Bronn 1946

In einer schwierigen Zeit, als noch das Versammlungsverbot durch die amerikanische Militärregierung bestand, wurde der Verein am 23. Oktober 1946 von 26 Sportbegeisterten unter Vorsitz von Georg WEIBART gegründet. Mit einem Handball der Militärregierung spielte man Feldhandball auf Wiesen, deren Besitzer nicht immer einverstanden waren. 1948 erhielt der SV Bronn ein sumpfiges Gelände von der Gemeinde, auf dem sich noch Reste einer Radarstation der Deutschen Wehrmacht befanden. In Hand- und Spanndiensten richtete man unter dem Vorstand Abraham REMPEL einen Fußballplatz her, der 1949 eingeweiht werden konnte. Das 25-jährige Vereinsjubiläum konnten bereits 180 Mitglieder in einem großen Festzelt mit bekannten Künstlern und Artisten feiern. 1973 glückte der 1. Mannschaft der Aufstieg in die B-Klasse, Duschgelegenheiten gab es trotzdem noch nicht. 1976 konnte endlich mit dem Bau eines neuen Platzes unter Mithilfe einer amerikanischen Pioniereinheit begonnen werden. Auch sportlich gesehen war dieses Jahr sehr erfolgreich: die 1. Fußballmannschaft stieg in die A-Klasse auf, die 1975 gegründete Schachabteilung erreichte den 2. Platz in der Bezirksliga. Zwei Jahre später wurde der Platz eingeweiht und mit dem Bau eines eigenen Sportheims begonnen. „Motor" der Baumaßnahmen und späterer langjähriger 1. Vorsitzender war Helmut DETTKE. Eine Tennissparte gründete sich im Jahr 1987, die später auf zwei Plätzen trainieren konnte. Derzeit spielen die Fußballer in der C-Klasse, die Tennisabteilung hat eine Spielgemeinschaft mit Betzenstein, die Schachabteilung soll wieder aktiviert werden. 1. Vorsitzender ist Werner RAUM, der Verein hat 320 Mitglieder.

Anekdote

Quer über den ersten Fußballplatz der 50er Jahre ging noch ein Feldweg. Es kam öfter vor, dass Spiele unterbrochen werden mussten, wenn ein Landwirt auf seinem Fahrtrecht bestand.

Fußball-Club Troschenreuth

Bereits 1959 wurde der „1. FCT" gegründet. Zunächst ein reiner Fußballverein, der in den Jahren 1994 und erneut 2000 den Aufstieg in die Kreisliga schaffte, kam im Dezember 1987 eine Tennisabteilung hinzu. Die Tennisanlage konnte bereits ein Jahr später durch Pater Charles eingeweiht werden. Im Jahr 2000 feierte die 1. Herrenmannschaft ungeschlagen den Meistertitel der Kreisklasse II.

Abbildung 29:
Zimmerstutzen-Schützenverein 1932.
Zweite Reihe, von links nach rechts: Lorenz Wolf, Johann Popp, Hans Löckert, Johann Frohnhöfer, Georg Rupprecht, Josef Götz, Johann Rupprecht, Georg Haberberger, Georg Gebhardt, Johann Schwemmer, Hans Popp, Georg Sporrer, Hans Schwemmer, Baptist Sporrer, Georg Neukamm, Alfons Wolf, Hans Brüttinger, Lorens Hofmann.
Erste Reihe, von links nach rechts: Josef Förster, Georg Dürtler, Johann Büttner, Alois Popp, Hans Götz, Hans Gebhardt, Ignaz Dürtler, Leonhart Friedrich.

Sport und Freizeit

1. Vorsitzender des „1. FC Troschenreuth", der etwa 270 Mitglieder umfasst, ist Harald DETTENHÖFER, Abteilungsleiter Tennis ist Gerhard LINDNER.

Zimmerstutzenverein Troschenreuth

Der Schützenverein wurde im Jahre 1907 erstmalig unter dem Namen „Zimmerstutzen-Schützenverein Troschenreuth" ins Leben gerufen. Der Verein war bis zum Jahr 1939 sehr aktiv, bis er seinen Schießbetrieb auf Weisung der nationalsozialistischen Regierung einstellen musste. Es dauerte bis zum Jahr 1952, in dem sich 28 aktive Mitglieder für eine Wiederbelebung des Vereins unter dem Namen „Zimmerstutzenverein Troschenreuth" einsetzten. Wegen mangelndem Interesse kam der Schießbetrieb im Jahr 1972 wieder zum Erliegen. Erst 1984 erfolgte die Wiederbelebung des Vereins auf Bemühen der alten Vorstandschaft. Ein Stall des Vereinswirts Josef GÖTZ wurde dank des Einsatzes der Vereinsmitglieder in vielen Arbeitsstunden zu einem Schützenhaus umgebaut, die Einweihung wurde am 20. April 1985 durch Geistlichen Rat WATZKA vollzogen.
Dank der guten Jugendarbeit gehen 145 Mitglieder unter ihrem 1. Schützenmeister Werner WEGNER ihrem Sport nach.

Sportgemeinschaft Trockau

In der „SG Trockau", die 1983 gegründet wurde, finden sich die Sparten Fußball, Jazz-Tanz und Gymnastik. Während die Jazz- und Gymnastik-Gruppen Freizeitsport-orientiert sind, holte die 1. Herrenmannschaft im Fußball in der Saison 2002/2003 den 2. Platz in der A-Klasse 1 und damit die Relegation für den Aufstieg in die Kreisklasse. Der 1. Vorsitzende der „SG" ist Josef HELD, es gibt rund 260 Mitglieder.

Weitere Sportvereine

Schützengilde Kaltenthal, 1. Schützenmeister Reinhard KÜRZDÖRFER, 51 Mitglieder
Rehasport Pegnitz, 1. Vorsitzender Matthias JORNS, 71 Mitglieder.

Walter Pflaum
2. Freibad, Hallenbad und Eisstadion

Abbildung 30:
Das Freibad in den 50er Jahren.

Das Pegnitzer Freibad

Bereits 1921/22 wurde in Pegnitz eine städtische Badeanlage errichtet. Dabei wurde die Fichtenohe in der Nähe des heutigen Freibadgeländes in einer Länge von 50 m und einer Breite von 19 m in der Zeit von Mai bis September aufgestaut.
Ende des Jahres 1932 hatte die Stadt Pegnitz begonnen, ein großes Familienbad zu errichten, das in seiner Größe und Ausstattung in der Umgebung seinesgleichen suchte. Nach Presseberichten das schönste Bad Nordbayerns! Der größte Teil des Baues wurde durch Kräfte einer Arbeitsbeschaffungsmaßnahme durchgeführt. Planer der Anlage war Ingenieur Albert GEBAUER aus Ansbach. Am 28. Mai 1933

wurde das Bad von Herrn Ersten Bürgermeister Hans GENTNER seiner Bestimmung übergeben.

Die Baukosten betrugen 68.788 Reichsmark. Das Projekt verschlang damals den halben Jahresetat der Stadt Pegnitz. Ursprünglich war als Standort der westliche Teil des Wiesweihers zwischen Stadt und Altstadt vorgesehen. Schließlich wurde das Bad westlich des Bahnhofes auf dem Erlenwiesengrund gebaut.

Auf Grund der steigenden Einwohnerzahl (1935: 4.750; 1974: 10.655) wuchsen auch die Anforderungen, die an das Freibad gestellt wurden. Der Stadtrat einigte sich mit Beschluss vom 24. April 1974 darauf, ein neues Freibad zu errichten. Nach den Plänen von Architekt Bernhard HEID aus Nürnberg wurde in einer Bauzeit von 2 Jahren und einem Kostenaufwand von 8,2 Millionen DM (4,1 Millionen €) am 14. Mai 1977 das neue Freibad von Erstem Bürgermeister Konrad LÖHR, Staatssekretär Simon NÜSSEL und Regierungspräsident Wolfgang WINKLER eingeweiht.

Die Gesamtwassermenge des neuen Bades beträgt über das Doppelte des alten Bades. In der 42.000 m² großen Anlage stehen den Besuchern heute vier Becken mit einer Wasserfläche von 2.524 m² zur Verfügung.

Hallenbad – Hans-Scheuerlein-Schwimmhalle

Am 22. August 1970 wurde nach einer Bauzeit von drei Jahren vom damaligen Ersten Bürgermeister Christian SAMMET das Hallenbad der Öffentlichkeit übergeben. Um die Fortschrittlichkeit der Stadt Pegnitz aufzuzeigen, ist zu sagen, dass es 1970 im gesamten Freistaat nur 40 Hallenbäder gab. Das Hallenbad wurde von Herrn Architekten Rudolf ORTNER aus München geplant. Die Baukosten betrugen damals 1,38 Millionen DM (705.500 €).

Da das Hallenbad mittlerweile den Ansprüchen der heutigen Zeit nicht mehr genügt, werden zurzeit im Stadtrat Pegnitz Beratungen über ein neues integratives Bäderkonzept geführt, wie für die Zukunft dieser Bereich unter Einbeziehung von Hallen- und Freibad sowie gegebenenfalls anderen Freizeiteinrichtungen gestaltet werden kann.

Abbildungen 31–33:
Das Freibad heute.

Abbildung 34:
1949: Die „Eishockerer" legen den ersten Platz auf dem Knopferweiher an.

Sport und Freizeit

Abbildung 35:
Eisstadion in den 60er Jahren.

Eisstadion

Im Winter 1949/50 wurde die erste Natureisbahn in Pegnitz auf dem Knopferweiher feierlich eröffnet. 1951 begann man, neben dem damaligen Freibad ein „richtiges" Natureisstadion zu errichten.

Die sportlichen Erfolge der Pegnitzer „Eishockerer" brachten es dann zwangsläufig mit sich, den Platz erneut aus- und umzubauen. Im Frühjahr 1955 begannen umfangreiche Arbeiten zur Erweiterung des Eisstadions. Beinahe luxuriöse Ränge für mehrere tausend Zuschauer, eine Hochbande und eine Flutlichtanlage wurden angelegt.

Wie einem Zeitungsbericht der damaligen Zeitung „Fränkische Presse" vom 19. November 1962 zu entnehmen ist, wurde bereits zu diesem Zeitpunkt über ein Kunsteisstadion in Pegnitz nachgedacht. Aber erst 10 Jahre später, in der Sitzung vom 19. Januar 1972, stimmte der Pegnitzer Stadtrat der Planung für den Bau eines Kunsteisstadions zu. Nach einer Bauzeit von knapp einem Jahr konnte es am 29. November 1974 eingeweiht werden. Die Baukosten betrugen stolze 2,9 Millionen DM (1,5 Millionen €).

In den letzten Jahren wurden durch den „Eislaufverein Pegnitz" (EVP) Überlegungen angestellt, das Kunsteisstadion zu überdachen, damit die Saison besser ausgenutzt werden könne. Die Kosten würden jedoch je nach Ausführung zwischen 1,0 und 2,5 Millionen € liegen.

Die jetzige Finanzsituation der Stadt Pegnitz lässt einen solchen Umbau daher nicht zu.

Aus heutiger Sicht kann ein Eisstadion zukünftig nur noch unter Beteiligung privater Investoren betrieben werden.

Abbildungen 36/37:
Eisstadion jetzt: Schulsporttag und Wintersporttage.

Die 600-Jahr-Feier der

Die Büttner-Chronik

Genau 50 Jahre sind es jetzt her, dass die Stadt Pegnitz eines ihrer größten Feste in der neueren Stadtgeschichte feierte. Nahezu alle Bürger waren damals in der Zeit vom Samstag, dem 25. Juni, bis zum Sonntag, dem 7. August 1955, in irgendeiner Weise mit in die diversen Feierlichkeiten der Stadt eingebunden.

Was wurde eigentlich so ausgiebig gefeiert? Es war das 600-jährige Jubiläum der Stadterhebung von Pegnitz. Doch war es das wirklich? Wenn man versucht, den historischen Quellen nachzugehen, wird man bald auf Schwierigkeiten und Zweifel stoßen, ob denn die Pegnitzer ihr Jubiläum auch im richtigen Jahr gefeiert haben. Es existiert nämlich leider keine Stadtgründungsurkunde mehr, und die Historiker sind sich bis heute nicht einig, wann das genaue Datum der Stadtgründung überhaupt war. Sicher ist, dass die Landgrafen von Leuchtenberg den Ort, der zunächst nur aus dem Bereich der heutigen Altstadt bestand, in den Jahren zwischen 1347 und 1357 um die „Stadt uff dem Letten" erweiterten und dem neuen Ort die Rechte einer Stadt zuerkannten. Im Historikerstreit wird dann die Zeit zwischen 1353 und 1357 eingekreist. So entschied man sich wohl im Jahre 1954, den Mittelpunkt zu wählen und im nächsten Jahr ein großes Jubiläum zu feiern. Gefeiert sollte unbedingt einmal wieder werden, hatte man doch in dem nur wenige Jahre zurückliegenden Krieg lange überhaupt nichts zu feiern, und nach dem Kriegsende herrschte zunächst noch die Not der Trümmerzeit vor. Doch nach Gründung der Bundesrepublik und der Einführung der D-Mark hatte eine Stabilisierung gerade eingesetzt, und so bot sich ein Stadtjubiläum geradezu an, um ein neues Selbstbewusstsein zeigen zu können.

Bereits im Herbst 1954 ging man an die Planungen der ausgedehnten Feierlichkeiten. In der Stadt wurde ein Festhauptausschuss gegründet, dem alle Stadträte angehörten und etliche weitere Personen. Außerdem gab es sieben Unterausschüsse: 1. Werbung und Ausgestaltung, 2. Sportgeschehen, 3. Jugendarbeit, 4. kulturelle Veranstaltungen, 5. Gewerbe und Landwirtschaft, 6. Ortsverschönerung, 7. Festzug. Generalstabsmäßig wurde alles bis ins letzte Detail erarbeitet. Besonders der Ausschuss für den Festzug hatte Großes zu leisten, denn dieser sollte ja der Höhepunkt der Festtage sein. Dieser Festzug sollte „alle Gebiete der Stadt und des Landkreises (Pegnitz) darstellen", wie es in der Planvorgabe hieß. Die Mitglieder der Ausschüsse wurden von der Stadt ausgewählt und dann von ihrer Wahl durch den Bürgermeister in Kenntnis gesetzt. Kaum einer wagte damals, nicht mitzuarbeiten, ob er nun Behördenleiter, Schulleiter, Gewerbetreibender oder Sportvereinsvorsitzender war.

So wurde ein Programm erstellt, dessen erste Festlichkeit am Samstag, dem 25. Juni 1955, am Vormittag begann. Es war der offizielle Festakt, der im Regina-Filmtheater stattfand. Die damalige Prominenz aus Politik und Wirtschaft war dazu eingeladen. In den Festreden schwang noch deutlich das kämpferische Pathos der Aufbauzeit nach dem Krieg mit. So sprach der damalige Bürgermeister Christian SAMMET von einem „Freudenfest, das die Stadt auch dankbar gegenüber all den Generationen, die hier vorher gearbeitet und gelitten haben, feiert. Wer die Geschichte von Pegnitz kennt, weiß, welch Schweres unsere Generation durchzustehen hatte. [...] Aber zum Glück war hier ein Stamm ansässig, hart, gebunden in

Fritz Pastyrik mit seinem Akkordeon-Orchester

Postkutsche 18. Jh.

Postbote und Postkutsche

Landwirtschaft „jetzt"

Friseur-Innung

Peter Spätling

Stadt Pegnitz im Jahre 1955

„Liebe zur Heimat, zur kargen Scholle, nicht verzagend, immer wieder aufbauend und so den Grundstein legend für unser heutiges Pegnitz in seiner Bedeutung."
Die Festreden dieses Tages wurden vom Radiotechniker Ferdinand SCHRÜFER aufgezeichnet und sind noch im Archiv von Peter SPÄTLING. Der damalige Landrat des Landkreises Pegnitz, Dr. DITTRICH, sprach ebenfalls von „harten und grausamen Zeiten" und von einem glücklichen Umstand, dass Pegnitz ein bewährtes Bürgertum besitze, das die Stadt nie untergehen ließ. Er erkannte aber auch durchaus richtig, dass der Aufschwung erst nach dem Krieg eingesetzt habe und die Verdopplung der Einwohnerzahl dem Zuzug von Flüchtlingen und deren Aufbauleistung zum größten Teil zu verdanken sei. „Die Kreisstadt Pegnitz darf guter Hoffnung in die Zukunft schauen." Hier irrte der Landrat allerdings, denn die „Kreisstadt" gibt es seit der Gebietsreform nicht mehr. Dr. Dittrich hatte für die Stadt dann noch ein besonderes Geschenk parat. Er überreichte dem Bürgermeister eine goldene Amtskette mit dem Wappen des Landkreises und den Wappen der Städte im Landkreis Pegnitz. „Möge diese Amtskette von den Bürgermeistern als Symbol eines vorwärtsstrebenden Gemeinwesens getragen werden. Die Stadt Pegnitz soll im Kranze der Städte des Landkreises blühen und gedeihen." So schloss der Landrat seine Ansprache.
Eine nette und humorvolle Rede hielt der Dekan der evangelischen Kirche, Kirchenrat UNGER. Er blickte zurück auf den 25. Juni 1355 und schilderte einen Tagesablauf, wie er sich damals ereignet haben könnte. Damals gab es ja noch keine Uhr und die Bürger richteten sich nach den Rufen des Stadtwächters. Die Schweine waren eine Plage, denn sie liefen frei auf der Straße herum. Schuhe konnte man nur aus Holz tragen, denn Lederschuhe wären in den verschmutzten Straßen schnell kaputtgegangen. Die Häuser wurden nach einem Stangenmaß gebaut, Zünfte beherrschten das Handwerksleben, Schaufenster waren völlig unbekannt, wogegen es heute manche Berufe wie Riemer, Sattler oder Beutler nicht mehr gebe. Da 12 bis 15 Kinder pro Familie keine Seltenheit waren, mussten die überschüssigen Arbeitskräfte immer wieder auf Wanderschaft gehen. Mit seinen markigen Worten brachte der Kirchenrat die Zuhörer immer wieder zum Schmunzeln.
Nach Unger sprach dann für die katholische Kirche Dekan Dr. VOGL und nach ihm als Vertreter der Wirtschaft Direktor BUSCHHORN aus der AMAG. Er überreichte der Stadt als Geschenk ein Bild der Malerin Ria Pico RÜCKEL, das einen Ausschnitt aus dem Arbeitsleben der AMAG zeigt. Auch der Direktor der Eisensteinzeche Kleiner Johannes, die damals noch der bedeutendste Arbeitgeber der Stadt war, sprach natürlich auch einige Worte. Der damalige Landtagsabgeordnete des Wahlkreises Pegnitz-Ebermannstadt und Landrat von Ebermannstadt, Dr. EBERHARD, der gleichzeitig auch Vorsitzender des Fremdenverkehrsverbandes Nordbayern war, hat wohl damals schon übertrieben, als er von Pegnitz als einem „Meilenstein in der Aufwärtsentwicklung des Fremdenverkehrs in Nordbayern" sprach.
Oberbürgermeister ROLLWAGEN aus Bayreuth war als Vertreter des Bayerischen Städteverbandes gekommen. Ministerialdirektor PLATZ, der einst Bezirksbeamter in Pegnitz war, reiste im Auftrag des bayerischen Innenministeriums an, und auch der Vizepräsident des Bayerischen Landtages HAGEN überbrachte Grußworte. Natürlich wurde der Festakt auch musikalisch umrahmt. Es schloss sich ein Festessen für die Ehrengäste im Kolbsaal (heute Gasthof „Weißes Lamm") an. Dazu spielte auf dem Marktplatz die Bergknappenkapelle in ihren schmucken Uniformen ein Standkonzert. Bürgermeister Sammet dankte vom Fenster des Rathauses der Bevölkerung für ihre tatkräftige Mithilfe bei der Ausgestaltung des Festes. Im Anschluss daran eröffnete er in der Volksschule eine Handarbeitsausstellung, die einen

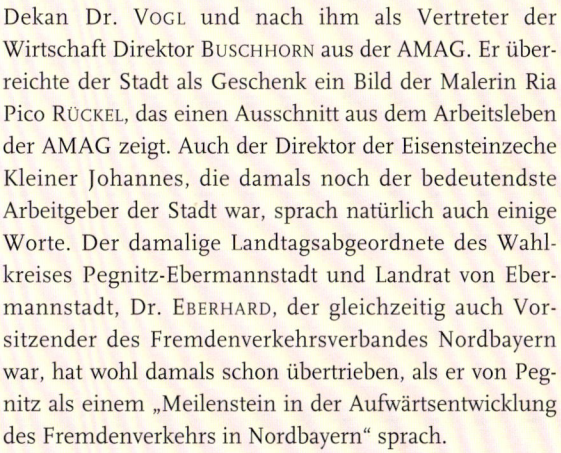

100-jährige Feuerspritze

Sudetendeutsche Landsmannschaft

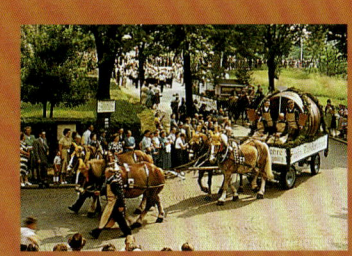

Örtliches Braugewerbe

Die 600-Jahr-Feier der Stadt Pegnitz im Jahre 1955

Querschnitt aus dem Schaffen der Schülerinnen von der ersten bis zur achten Klasse zeigte. Eine hervorragend gearbeitete Trachtengruppe fand besonderen Anklang. Der Posaunenchor blies noch einige festliche Choräle und der Klang der Glocken beider Kirchen läutete dann den Beginn der Festwochen ein.

Am Spätnachmittag dieses ersten Festtages fand dann noch in den Schloßberganlagen der Festauftakt für die Bevölkerung statt. Die Orchestergemeinschaft unter der Leitung des Lehrers Georg HARTMANN spielte die Ouvertüre zu „Titus" von Mozart und bewies damit, dass sie ein wesentlicher Träger des musikalischen Lebens und eine kulturelle Stütze der Stadt war. Den Festvortrag hielt Dr. BÜTTNER, der ausführlich auf die Geschichte der Stadt Pegnitz einging. Dazu hatte er eine ca. 50-seitige Chronik extra zu diesem Jubiläum erstellt, die heute vielleicht noch in so manchem Bücherschrank schlummert, ansonsten aber von Sammlern lange in Antiquariaten gesucht werden muss. Nach einer weiteren Ansprache von Bürgermeister Sammet, in der er den guten Bürgersinn und den Gemeinschaftsgeist der Pegnitzer Einwohner hervorhob, ging das Programm musikalisch weiter. Frau FRANK-HARTMANN sang eine Arie, Simon MAURER trug zwei Balladen von Loewe vor und Männerchor, Volkschor und Sängervereinigung holten sich abwechselnd und auch zusammen den Beifall der Zuhörer. „Die Musik aus dem dritten Akt des Heimatspieles ‚Hans Muffel' führte zu einem würdigen Abschluss der Veranstaltung, die mit dem Deutschlandlied ausklang." So hieß es in einem Zeitungsbericht des „Neuen Volksblattes" am folgenden Montag.

Auch die Stadt selbst war zu diesem Jubiläum besonders herausgeputzt worden. Etliche Bürger hatten die Fassaden der Häuser in der Innenstadt renovieren lassen. Die Stadtbeleuchtung war modernisiert und auf Neonbeleuchtung umgestellt worden. Zum Festplatz auf den Schloßberg baute man von der Schmiedpeunt aus einen neuen Aufgang, damit auch ältere Leute leichter zu den Schloßberganlagen, die ebenfalls erweitert worden waren, gelangen konnten. Die heute noch existierende Terrasse mit den sanitären Einrichtungen hatte man damals neu gebaut. Die Stadt selbst bot mit aufwändigem Blumen- und Fahnenschmuck ein eindrucksvolles Bild.

Einen Höhepunkt stellte aber zweifelsohne der Festzug am Sonntag, dem 26. Juni 1955, bei herrlichstem Sonnenschein dar. Der Tag hatte bereits damit begonnen, dass schon früh um sechs Uhr die Pegnitzer durch eine Postkutsche mit Postillionen, die kräftig in das Posthorn bliesen, geweckt wurden. Die Kutsche fuhr über den Böhlgraben (heute Alte Poststraße) durch die Altstadt zum Postamt und erinnerte bei dieser Fahrt an die alten Postkurse. Um 9.30 Uhr traf die Bamberger Postkapelle ein. Diese zog dann zusammen mit zwei Postkutschen und einer Gruppe von Postlern in der Tracht der Jahrhundertwende zum Gasthaus „Zum weißen Roß" (heute Volksbank) in der Hauptstraße, wo um 10.30 Uhr eine Gedenktafel enthüllt wurde, die an die erste Poststation in diesem Haus, die 1798 eingerichtet worden war, erinnern sollte. Außerdem setzte die Post einen Sonderstempel zum Stadtjubiläum ein, der bis 1963 Verwendung fand.

Aufstellung des Festzuges war in der Heinrich-Bauer-Straße und in der Schmiedpeunt, und ab 14.00 Uhr zogen 60 Gruppen und sechs Musikkapellen durch die Stadt. Es war ein Festzug, der wohl die Erwartungen der Zuschauer bei weitem übertraf und wie man ihn seit dieser Zeit wohl kein zweites Mal mehr in Pegnitz zu sehen bekam. Mehrere Tausend Zuschauer säumten die Straßen. Der Zug kam zunächst durch die Nürnberger Straße und zog sich dann durch die Lindenstraße, Schloßstraße, Bahnhofstraße, Friedrich-Ebert-Straße zum Bahnhof und von dort wieder zum Marktplatz. In diesem Festzug wurde zuerst die Geschichte der Stadt Pegnitz durch historische Gruppen in zeitgenössischen Gewändern dargestellt. Durch besondere Farbenpracht fielen hier die mittelalterlichen Gruppen auf, darunter die Jahre 1355 und Kaiser Karls IV. sowie Soldaten- und Landsknechtsgruppen. Beachtlich waren auch die Festwagen und Gruppen der Eisenbahn, Post, Feuerwehr, der Bergleute, der Pegnitzer Industrie und des Gewerbes. Die Wagen der Bäcker und Metzger eroberten sich den Beifall der Menge und vor allem der Kinder wegen der Verteilung von Würstchen, Brötchen und Süßigkeiten. Lustig war z. B. auch der Wagen der Molkerei Pegnitz, der auf einer riesigen scheckigen Hartfaserplattenkuh auf einem der Flecken am Wanst das Einzugsgebiet der Molkereigenossenschaft skizzierte.

Festumzug

Die Bauhandwerker

Gärtnerei Hofmann

Bäcker-Innung

Markgräflerkri

Festumzug

Großartig ausgestattet war auch ein Blumenwagen einer Pegnitzer Gärtnerei. Auch Fritz Pastyrik mit seinem Akkordeonorchester war natürlich dabei. Einen nachhaltigen Eindruck hinterließen auch die fränkischen Volks- und Trachtengruppen, die aus dem damaligen Landkreis Pegnitz gekommen waren. Den Schluss bildeten die Gruppen der Landsmannschaften und die Pegnitzer Sportvereine. „Kinder, Kinder, war das ein Sonntag! [...] Und das alles am bisher heißesten Tag des Jahres, bei 28,5 Grad im Schatten", schrieb damals die „Fränkische Presse", der Vorläufer des Nordbayerischen Kuriers.

Natürlich war damit der Festtag noch nicht zu Ende. Am Nachmittag ging es wieder zum Festbetrieb auf den Schloßberg, wo am Abend noch ein Heimatabend das Programm abrundete.

Wer glaubt, dass damit genug gefeiert worden war, irrt gewaltig. Schon am folgenden Dienstag fand für die Kinder das traditionelle Gregorienfest statt, bei dem die Kinder ihren eigenen Festzug hatten. Und wieder wurde auf dem Schloßberg gefeiert. Am folgenden Samstag, 2. Juli, wurde eine Gewerbe- und Industrieausstellung in der Landwirtschaftsschule eröffnet. Am Abend fand man sich zu einem Konzert und Lampionfest in der Lohesiedlung zusammen. Am Sonntag wurde dann der Oberfränkische Bäckertag 1955 in Pegnitz veranstaltet. Weiter ging es am nächsten Wochenende mit dem Kreislehrertreffen, sportlichen Wettkämpfen und kulturellen Veranstaltungen sowie dem Oberfränkischen Schlesiertreffen. Die Sportveranstaltungen zogen sich eine ganze Woche hin und wurden am Samstag, 16. Juli, mit der Taufe des zweiten Pegnitzer Segelflugzeuges beendet. Am Sonntag dieses Wochenendes stieg dann das große Bergfest der Bergknappen – wieder ein Festzug und eine Feier auf dem Schlossberg. Die folgende Woche war dann vor allem Jugendveranstaltungen gewidmet, und der Samstag, 24. Juli, wurde zum „Tag der heiteren Muse" erklärt. Am nächsten Tag war dann der Bauerntag, auf dem Wiesweiher ein Reit- und Springturnier und am Abend – man wird es kaum glauben – wieder Festbetrieb auf dem Schloßberg. Das nächste Wochenende, 30. / 31. Juli, stand dann im Zeichen des 90-jährigen Gründungsfestes der Freiwilligen Feuerwehr Pegnitz und des Oberfränkischen Bezirksfeuerwehrtages.

Schließlich fand das Feiern aber doch noch ein Ende am Sonntag, dem 7. August, mit dem Tag der Sudetendeutschen und der Turner, die natürlich wieder Turnveranstaltungen auf dem Schloßberg boten. Abends um 20.00 Uhr war endlich die Schlussveranstaltung zum 600-jährigen Stadtjubiläum auf dem Marktplatz. Eine gigantische Feier, wie sie Pegnitz seitdem nicht mehr gesehen hat, ging zu Ende.

Polizeibericht zur 600-Jahr-Feier

der Burg Böheimst.

14. Jahrhundert: Kaiser Karl mit Gefolge

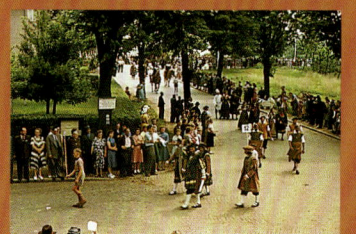

Bürgermeister und Ratsherren

vor dem „Weißen Roß"

☞ **Samstag, den 16. Juli c.** ☜

Flinderer-Beginn.

Für vorzüglichen Stoff, ff. Bratwürste und Preßsack ist bestens gesorgt und lade zu zahlreichem Besuche höflichst ein.

Jakob Steger.

Waldfest in Behringersmühle.

Am Sonntag, den 17. Juli l. Js.

feiert der Verschönerungs-Verein Behringersmühle sein alljährliches Waldfest, dem sich ein Tanzkränzchen anschließt. Hiezu werden die verehrl. Mitglieder und deren Angehörigen, die hier und in der Umgebung wohnenden verehrl. Kurgäste, sowie Freunde und Gönner des Vereins aufs freundlichste eingeladen.

Verschönerungsverein Behringersmühle.

Landwirtschaftlicher Credit-Verein Augsburg

eingetragene Genossenschaft mit unbeschränkter Haftpflicht.

Gegründet 1868.

A. gewährt seinen Mitgliedern:
  a) Darlehen auf Abzahlung
  b) Credite in laufender Rechnung
  c) Vorschüsse auf Wertpapiere

als Betriebsgeld sowohl Landwirten als Gewerbetreibenden gegen Bürgschaft oder andere Sicherheiten.

Mitglied kann werden jede unbescholtene Person oder Firma in Bayern.

B. eröffnet Mitgliedern und Nichtmitgliedern:
  a) Provisionsfreie Rechnung im Chekverkehr übernimmt von denselben:
  b) Capitalien und Spareinlagen auf feste Kündigung.

Der Zinsfuß für Einlagen richtet sich stets nach der jeweiligen Lage des Geldmarktes, dementsprechend steigend oder fallend, wobei aber der höchste und mindeste Zinssatz zum Voraus begrenzt ist.

1 Monat kündbar	2%	steigerungsfähig bis	2½%		
3 " "	2½%	"	3½%		
6 " "	3%	"	4%		

Der Steigerungsmodus ist jedem dafür ausgegebenen Cassaschein aufgedruckt.

Für Geldeinlagen haften sämtliche Mitglieder und das Vereinsvermögen.

Ende 1902 entziffert das Vereinsvermögen:

Tochter nach Eschenau (Pfarrha...
braves Mädchen
im Alter von 15 Ja.ren. Offer...
Lohnansprüchen sind zu richten ...
Rentamtmann Schaudi in A...
Uzstraße 6.

Union Wichse

(vormals Krauss-Glinz)
ist und bleibt die best...
in Schachteln und Dosen überall vorrä...
Fabrik: Union Augsburg.

Anzeige.

Meiner werten Kundscha...
hier und auswärts diene zur K...
daß ich jetzt bei Herrn Wagne...
Engelhardt Hs. Nr. 70 an...
hause wohne.

Elise Schauer, Hebamme,

Kapitalkräftiger Kaufm... sucht in Pegnitz oder N...

eine Mühle

mit grösserer ausreiche... Wasserkraft zu pachten ... zu kaufen.

Offerten erbeten unter „Mi... an die Exped. des Amts-Anzeigeblattes in Pegnitz.

Nach

nach New-York. — 14 tägig... wochs nach Philadelphia.
Auskunft beim Agenten:
Carl Elbel, Pegnitz.

Flammer's Seife

berühmt durch Güte und Billigkeit, ist die beste

Feste, Markttage und Tradition

1. **Böller, Bratwurst und Brezen** Ein Kinderfest wird seit Jahrhunderten gefeiert: Gregori – beliebt bei Jung und Alt	Bärbl Völkl	S. 230
2. **Ringelspiel und Budenzauber** Jahrmärkte in Pegnitz	Albin Völkl	S. 234
3. **Das Flindern – ein alter Brauch**	Herbert Scherer	S. 243
4. **Patenschaft über Schiffe**	Manfred Richter	S. 250

Feste Markttage und Tradition

Bärbl Völkl
1. Böller, Bratwurst und Brezen

Ein Kinderfest wird seit Jahrhunderten gefeiert: Gregori – beliebt bei Jung und Alt

Böller krachen. Hochrufe, Blumenkränze und Fahnen. Eine fröhliche Schar von Schulkindern erstürmt – jedes Jahr wieder – den Schloßberg. Jahrhunderte ist das schon so, und alle lieben das Fest der Kinder: Gregori. Bratwurst und Brezen gibt's und schulfrei ist außerdem, was will man mehr. Dazu scheint auch noch meist die Sonne, dafür sorgt schon der heilige Gregorius, zu dessen Ehren man dieses Kinderfest veranstaltet.
Eigentlich hat Gregorius, der Schutzpatron der Schulen, am 12. März seinen Tag, doch der beständigen Witterung wegen wird in Pegnitz Gregori in der dritten Woche nach Pfingsten gefeiert.

Abbildung 1:
Gregorifest 1928.

Abbildungen 2/3:
(oben): Gregoriumzug um 1900.
(unten): Einladung zum Gregorien-Fest und Berg-Fest.

Großes Freiluft-Wirtshaus

Vorbei sind die Zeiten, wo bescheidene Korn- und Wiesenblumen zu Kränzen gewunden wurden, heute bieten Mamis oder gar der Gärtnermeister persönlich floristische Meisterleistungen. Und dann ist es so weit. Am dritten Dienstag im Juni marschieren die Schüler, von ihren Lehrern begleitet, durch die Stadt dem Berg zu. Die Jugendbergmanns-, die KSB- und die Trachtenkapelle spielen dazu auf. Alles ist herausgeputzt. Blumensträuße und Fahnen werden geschwungen, und so geht's die steilen Stufen hinauf. Auf der Höh' haben inzwischen die Männer vom Bauhof schon kräftig zugelangt, Buden, Tische, Bänke aufgestellt und den Schloßberg in ein großes Freiluft-Wirtshaus verwandelt.

Heiße Rhythmen und Wurstschnappen

Die Zeit ist nicht spurlos an Gregori vorübergegangen, wie man deutlich dem Wandel des Programms entnehmen kann. Früher schmetterte man Volkslieder. „Am Brunnen vor dem Tore" klang's durch den Laubwald, dazu wurden Turnübungen oder Tänze vorgeführt. Heute, abgesehen vom Wurstschnappen, Kletterbaum, Wurfspielen oder Bändertanz, heute dröhnt die Musik aus dem Lautsprecher und los geht's. Ausgefeilte akrobatische Tanzdarbietungen, jede Schule will die andere übertrumpfen. Selbst die Kleinsten üben viele Monate auf das Fest der Feste hin. In bunten Kostümen, mit fantasievollen Einstudierungen zeigen sie vor Eltern, Tanten, Großmüttern, was sich ihre Lehrer wieder alles einfallen haben lassen. Heiße Rhythmen wechseln mit Romantisch-Beschaulichem, Säbel werden geschwungen, und schließlich kommt die Blasmusik, zu deren Klängen es sich unter den schattigen Linden so richtig schön Bier trinken und unterhalten lässt. Und das haben Papas und Mamas jetzt auch verdient. Da sitzt man bis spät abends, plaudert mit Leuten, die man ewig nicht mehr gesehen hat, während die Kleinen mit Wasserpistolen bewaffnet wild durch den Wald tollen.

Abbildung 4:
Im Blumenkranz.

Räusche und der Kater danach

Fast 1000 Jahre besteht das beliebte Kinderfest und hat Kriege und Konfessionswechsel überdauert. Blättert man in den Chroniken zurück, so finden wir den 8. Juni 1728. Dieser Tag wäre bald zum Aus für unser Gregori geworden. Der Herr Markgraf in Bayreuth hat von Missbräuchen gehört und wollte gestreng das Kinderfest abschaffen. Was war passiert? Die kleinen Pegnitzer, die vom Singen, Spielen und der sommerlichen Hitze gar arg durstig waren, haben dem Pegnitzer Gerstensaft einfach zu stark zugesprochen. Es soll handfeste Räusche gegeben haben, Szenen, wie sie uns allen aus der „Feuerzangenbowle" mit Heinz Rühmann bestens in Erinnerung sind, sollen sich abgespielt haben. Tagelang mussten die lieben Kleinen ihre „Kater" auskurieren.

Und tatsächlich. In alten Rechnungen steht's: Bier sei „den Kindern und den Herren Schulbediensteten auf dem Rathaus zu vertrinken gegeben worden" (Bauer, S. 510). 1732 waren es 58 Maß, der Liter kostete übrigens 6 Pfennig.

Seit 1682 erhalten die Schüler eine Brezel. Und über der temperamentvoll geführten Diskussion, sollen Kinder Bratwürste bekommen oder nicht, wäre es bald zu einem handfesten Bratwurstkrieg in Pegnitz gekommen. Das war allerdings erst im letzten Jahrhundert. Doch Labla und Bratwürst müssen einfach sein.

1980 hat der Stadtrat beschlossen, das Gregorifest bis in die Abendstunden auszudehnen. Leberkäs, Fisch vom Grill und die KSB-Kapelle sollten Anreiz sein.

Die Monarchie im Silberkranz

Jetzt schauen wir aber mal zurück in die Zeit, als Bayern von Königen regiert wurde. Da wurde der große Kornblumenkranz abgeschafft, den, nach einem genauen Reglement, die erste Reihe der Knaben tragen musste. Für die Kornblumen kam ein großes „M", das aus Silberpapier kunstvoll gewickelt war. „M" stand für Max, den bayerischen König, das „L" später für Ludwig. Und die erste Reihe der Mädchen trug ein silbernes „M", das für Marie stand. Zuvor schmückte ein „S" den Kranz, für Sophie. Als der König sein Verlöbnis mit Sophie aber auflöste, verschwand beim Pegnitzer Gregori auch sofort das „S".

Zu Königszeiten feierte man noch zwei Tage lang. Ein Tag gehörte den Kindern, der zweite den Erwachsenen. Vergebens hatte man 1811 versucht, diesen zweiten

Abbildungen 5–8:
Eindrücke vom Gregori-Fest.

Abbildung 9:
Umzug mit traditioneller Gregori-Fahne.

Feste Markttage und Tradition

Gregoritag zu verbieten. Damals endete nachmittags der Kinderumzug vorm Bezirksamt, wo der Herr Bezirksamtmann eine flammende vaterländische Rede an die Kinder richtete. Mit kräftigen Rufen ließen die Kinder den König hochleben, und damit war ihr Tag zu Ende.

Rede an die Kinder

Heute hält der Bürgermeister diese traditionelle Rede an die Kinder. In den Stadtakten sind noch einige Manuskripte dieser Ansprachen erhalten. „Euere Hochrufe haben Freude ausgedrückt. Freude zum Heimatbewusstsein. Freude auch zu euerer Stadt Pegnitz, eine Stadt im Grünen mit dem Herz am rechten Fleck", so sprach 1988 Bürgermeister Manfred Thümmler seine kleinen Bürger an.

Abbildung 10: Gregori-Umzug 1968.

1626 ist in der Neustadter (bei Coburg) Kirchenordnung im Passus zur Durchführung des Gregorifestes nachzulesen:

„[...] gegen die neuen, zarten Schülerlein mit freundlichem Zusprechen also erzeigen, damit sie zur Schule und zum Studieren von Tag zu Tag mehr Liebe bekommen und durch Austeritaet (Strenge) der Präzeptoren nicht davon abgeschreckt oder in andere Wege durch Unfreundlichkeit und böses Beginnen offerirt und geärgert werden möchten."

Gregori, ein Erlebnis in Pegnitz. Welche Stadt hat auch gleich so einen Idealplatz wie den Schloßberg zum Feste feiern. Zuerst wurde das Gregorifest direkt am Gipfel abgehalten, der Mitte des 19. Jahrhunderts noch völlig kahl stand. Der starken Zugluft wegen verlagerte man das Fest vom Berggipfel auf den tiefer gelegenen Platz. Und solange die Schloßberghalle stand, wurde auch die ins festliche Treiben mit einbezogen.

Einmal spülte ein unvorstellbarer Gewitterguss die Pegnitzer fast von ihrem Berg. Mitten in der schönsten Tanzvorführung brach ein Sturm los. Und schon peitschte der Regen nieder. Alles rannte, alles wurde pitschnass, und dieses Gregori, vor etwa 30 Jahren, fand so ein jähes Ende.

Ein andermal hatte es um 6 Uhr in der Früh vom Schloßberg her geböllert. Das Auftaktzeichen für Bäcker, Metzger und vor allem für Mütter war gegeben. Kränze, Fahnen, Festkleidla, Würst und Labla wurden hergerichtet. Doch um 9.30 Uhr rollte ein Lautsprecherwagen durch die Stadt: Gregori fällt aus, der Unterricht beginnt um 13 Uhr, hieß es da lapidar. Und warum war das alles passiert? Man hatte einer guten Wetterprognose mehr geglaubt als den himmlischen Tatsachen. Oder war's nur passiert, weil Dienstag, der 13te war, übrigens im Jahr 1961?

So ist es Brauch, dass Böller bereits um 6 Uhr früh vom Schloßberg herab künden: Heute ist der Gregorientag. Die Schüsse werden um 9, 11 und 13 Uhr wiederholt.

Das Gregoriusfest ist ein Kinderfest mit einer fast 1000-jährigen Tradition. Zu Ehren des so genannten Kinderpapstes, Gregor I., der um 540 geboren wurde und von 590 bis 604 Papst war, wird dieses Schulfest abgehalten. Gregor entstammte einem alten Patriziergeschlecht im byzantinischen Rom. 572 brachte er es zur höchsten Beamtenstellung in Rom, zum Praefectus urbis. Und dann kam der Wandel. Gregor verkaufte seine Besitzungen und gründete mehrere Klöster, zog sich als einfacher Mönch in eines dieser Klöster zurück. Gegen seinen Willen

Abbildung 11:
Aus der Tageszeitung, 4. Juli 1968 (NN): „Auf ein Meer von Fahnen blickte Bürgermeister Christian Sammet, als er vom Sitzungssaal des alten Pegnitzer Rathauses seine traditionelle Gregori-Abschlussrede hielt. Die rund 2000 Kinder ließen manchmal ihren Bürgermeister vor lauter Hochrufen gar nicht zu Wort kommen. Sammet ging in seiner Rede ausführlich auf die Schulsituation der Stadt Pegnitz ein. Er, so erklärte Sammet, sei stolz darauf, dass die Stadt den Kindern so viele verschiedenartige Ausbildungsmöglichkeiten bieten könne. Auch werde in Zukunft alles versucht werden, um weitere finanzielle Mittel für die Lernstätten der Kinder aufzubringen. Der Bürgermeister wandte sich auch mit der Bitte an die Kinder, die Natur ihrer engeren Heimat zu schützen und zu pflegen. Er dankte dem Lehrkörper, dem dieser Tag sicherlich viel Mühe und Arbeit gemacht hat, dass alle gesund in Frieden und Freiheit das nächste Gregorifest begehen können, schloss der Bürgermeister seine Rede. Zum Schluss erklang das Deutschlandlied."

wurde er jedoch vom Volk zum neuen Papst ausgerufen. In seine Ära fällt die Gründung einer Reihe von Klosterschulen, deren Hauptaufgabe es war, den Kirchengesang zu pflegen. Da sich der Heilige besonders der Jugend sowie Waisen annahm, wurde er bald als Schutzpatron der Kinder verehrt.

Das Gregorifest wurde vielerorts gefeiert. In unserem Raum, also in der Markgrafschaft Bayreuth, behielten es bis zum heutigen Tag Kulmbach, Thurnau, Kasendorf, Creußen und Pegnitz.

Darstellung des Heiligen

Bis zur Mitte des 19. Jahrhunderts war die Hauptperson des Festes der Heilige selbst, der durch einen Schüler dargestellt wurde. Diesem so genannten „Bischof" wurden zwei Kapläne beigesellt, die später durch eine neue Figur, die der „Königin", ersetzt wurden. Mit der Königin ist sicher Maria, die Himmelskönigin, gemeint. Eine auffallend tolerante Haltung zeigte der sonst so konsequente Protestantismus, der all diese Spielformen zuließ. Und Luther soll geäußert haben, das Fest sei Spiel und Vergnügen der Jugend und nicht Verehrung eines Heiligen. Überliefert sind die so genannten Bischofsverse, der Dialog zwischen „Bischof" und „Königin". Mancherorts wurde der Gregordarsteller in einer Sänfte umhergetragen und von Ehrenplätzen aus sprachen „Bischof" und „Königin" ihre Reime. Die Eltern der beiden Darsteller mussten nicht nur für teuere Kostüme, sondern darüber hinaus auch für ein reiches Mahl sorgen. Genaue Protokolle existieren aus dem Coburger Raum, und so weiß man, dass von 1633 an bis fünf Jahre nach dem Westfälischen Frieden das Gregorifest bis 1653 nicht gefeiert wurde.

Vielerorts wurde Gregori auch „Examen" genannt, das mag mit dem Zusammenfallen der Konfirmandenprüfungen zusammenhängen. In Pegnitz ist in alten Rechnungen von Examensbrezeln die Rede, so dass anzunehmen ist, dass auch hier diese Bezeichnung üblich war.

Abbildung 12: Gregori-Fest 2003.

Umsingen zu Gregori

Ganz sicher war auch in Pegnitz das Umsingen Brauch. Der sangeskundige Herr Lehrer zog mit einem Schülerchor von Haus zu Haus und wurde mit Geld und Naturalien entlohnt. Da kam sich der Lehrer manches Mal wie ein Bettelmann vor. So zeigen es Elisabeth ROTHs Gregoriausführungen (S. 474) jedenfalls auf.

Kein Geringerer als Friedrich Wilhelm, König von Preußen und damals Landesherr von Creußen, genehmigte für die Creußener Schullehrer 31 rh. Gulden und 48 $\frac{1}{2}$ Kreuzer aus der Kirchenkasse zum Ausgleich für das nun fehlende Umsinggeld, wenn man dieses Salär so nennen darf. In Pegnitz ist man genauso verfahren.

Die Pegnitzer Kirche stiftete 1717 eine neue Gregorifahne für 2 fl. 15 Kr. und bezahlte jährlich die Brezeln. 1763 betrug die Summe für das geringelte Gebäck 3 fl. 24 Kr. Die Stadt Pegnitz verwahrt umfangreiche Akte, in denen Anträge, Anfragen und Abrechnungen von Gregori abgeheftet sind. An Bratwürsten – jedes Kind bekommt ja ein Paar mit einer Semmel – wurden im Jahr 1954 beispielsweise 2020 Stück bestellt. Im Jahr 1951 sieht die Aufstellung der Kosten folgendermaßen aus: Für Musik 450 Mark, für Bratwürste 576 Mark, für Brot 84 Mark.

Wie viel Arbeit von den Männern des Bauhofs und der Stadtverwaltung geleistet wurde und wird, ist den Aufstellungen zu entnehmen. Vom Toilettenhäuschen über die Lautsprecher bis zur Haftpflichtversicherung. Sogar an einen Ständer zur Ablage der Girlanden muss gedacht werden.

Und immer wieder entdeckt man Anträge, das Gregorienfest zeitlich zu verlegen. So enthält ein Vorschlag 1953, Gregori wegen der schlechten Witterung vom Juni in den Juli zu verschieben. 1961 wollte man das Fest von Dienstag auf Samstag verlegen.

Noch ein Detail fällt auf. Der Wagnermeister SAMMET aus Selb bietet der Stadt Pegnitz 1960 Armbrüste an. Zwei zu je 26 Mark werden auch erworben. Damit konnten Knaben ihre Treffsicherheit beim Abschuss eines Holzadlers unter Beweis stellen.

Feste Markttage und Tradition

Albin Völkl
2. Ringelspiel und Budenzauber

Jahrmärkte in Pegnitz

Afrika, Amerika, Kanada oder gar Australien waren für unsere Pegnitzer Altvorderen gewiss keine Ziele, wo sie *himächden*. Der Franke hängt eben an seinen Freunden, an seinen Gewohnheiten, und die heimatliche Flur war und ist für ihn ungemein wichtig. Er will seine hergebrachte Ordnung, seine Sprache. Und das ist auch gut so.

Aber das ist nur die eine Seite fränkischer Mentalität. Die andere zeigt ihn ungemein aktiv, allem Neuen gegenüber aufgeschlossen.

Das hat schon Theodor HEUSS, unser ehemaliger Bundespräsident, der aus Heilbronn stammte, also den Franken benachbart, so gesehen und treffend formuliert:

„[...] die Franken (sind) die Träger einer beweglichen Unruhe, entzündbar und begeisterungsfähig, unternehmungslustig und in zugreifender Art aktiv. Sie sind Realisten ohne Träumerei aber sie haben genügend Fantasie [...]" (Reiff, Franken, S. 11)

Dieses Lob von höchster Stelle gilt natürlich auch für die Pegnitzer. Wesentlichen Anteil an der positiven Entwicklung der Stadt Pegnitz haben neben den alteingesessenen Bürgern die zahlreichen Zugereisten

Abbildung 13:
Haus des Kaufmanns Carl Elbel in Pegnitz.

und Neubürger. Auch durch deren Ideen, Impulse und Anregungen wurde aus unserer Stadt ein modernes Mittelzentrum von heute.

Und „zugreifend aktiv" waren viele Pegnitzer in Zeiten der Not. Ein anschauliches Beispiel bietet das Krisenjahr 1923, als ein Brot Billionen kostete. Damals war Improvisation angesagt, oder man kam unter die Räder. So setzten sich etwa 100 Bürger unserer Stadt nach Amerika ab, nicht, um dort Urlaub zu machen, sondern um ihre Familie zu ernähren. Sie hatten nämlich im Schaufenster des Geschäfts von Carl ELBEL eine Werbetafel entdeckt, auf der zu lesen war:

„Nach Amerika von Antwerpen mit 12000 tons grossen Dampfern der Red Star Line. Erstklassige Schiffe. –Mässige Preise.–Vorzügliche Verpflegung.–Abfahrt wochentlich Samstags nach New York." (Spätling, NK v. 24./25.10.98).

Also doch auf nach Amerika!

„Marktgerechtigkeit"

„Sich regen bringt Segen", das ist ein gesunder Grundsatz. Der galt in unserer Stadt also immer schon und besonders für Handel und Wandel. In alter Zeit bereits freute man sich über das Recht, Wochenmärkte, ▶ **Krammärkte** und Viehmärkte abhalten zu dürfen. Diese sogenannte „Marktgerechtigkeit" war Pegnitz seit dem 13. Jahrhundert verliehen worden. Die Verleihung des ▶ **Marktrechts** hatte für die Entwicklung eines Ortes große Bedeutung. Nicht nur Pegnitz, sondern auch Büchenbach und Trockau besaßen das Marktrecht. Erst am 30. April 1978 erlosch es für diese mittlerweile eingemeindeten Ortsteile.

Krammärkte:
von kramen (umg. für durchsuchen, aufräumen); Kramer (altspr.) waren Kleinhändler; Krammarkt ist eine andere Bezeichnung für Jahrmarkt, Markt, Kirmes u. dgl.

Marktrecht:
das Recht, Märkte zu schaffen. Schon im 13. Jh. ging das Marktrecht [...] auf die (Landes)Herren über. Zum anderen war das Marktrecht das Recht, das für Marktbesucher untereinander galt; es bildete vielfach den Ausgangspunkt für die Entwicklung (der Städte).

Abbildung 14:
Aufruf nach Amerika.

Feste, Markttage und Tradition

Der Marktort und die Besucher standen unter einem besonderen Schutz, dem so genannten ▸ **Marktfrieden**. Damit garantierte der jeweilige Landesherr einen ungehinderten Ablauf des Marktgeschehens. Natürlich erhob er dafür einen bisweilen recht happigen Marktzoll auf alle gehandelten Waren.

Geschichte aber verlief auch in Pegnitz nicht linear. Marktrechte hin oder her, mal wurden sie gegeben, mal genommen, in rauen Kriegszeiten war es unmöglich, Märkte abzuhalten, die Einwohner kämpften auch hier oft ums nackte Überleben, vor allem während der Hussitenkriege (1419–36) und während des Dreißigjährigen Krieges (1618–1648).

Bei LAYRIZ (Geschichte) ist dazu auf S. 73 zu lesen: *„Die Altstadt, die 34 Häuser, 11 Scheunen und 212 Menschen zählt, büßte den früheren Glanz völlig ein, so daß sie nur das Aussehen eines Dorfes bietet."*

Aber ganz langsam kamen wieder ruhigere Zeiten, in allen Jahrhunderten, die Menschen atmeten auf, und das schlug sich auf Handel und Wandel nieder. So eine Zeit schien beispielsweise 1541 gekommen zu sein, als Markgraf Albrecht d. J. Alcibiades bei einem Besuch in unserer Stadt als Geschenk das Recht zum Abhalten von Markttagen mitbrachte. „Freiheiten" nannte der Markgraf das, um die freilich die Räte der Stadt untertänigst gebeten hatten. Das war schon etwas, zumal das Brauen und Ausschenken von Bier auch in diesem Recht von allerhöchster Stelle eingeschlossen war.

Zwei Jahrhunderte später war wiederum so ein freudiges Ereignis gekommen. Endlich. Eine lange und düstere Zeit mit schrecklichen Wirren lag hinter den Bewohnern. In der Brandenburgischen Gesetzessammlung, Kulmbach, Band 1, ist nachzulesen:

„Ihro hochfürstliche Durchlaucht unser gnädigst regierender Herr haben [...]. auf des Herrn Geheimen Ministri von Ellrod als dermahligen Ober Amtmanns in Pegnitz und Schnabelwaid unterthänigsten Antrag, gnädigst geruhet, dem Stättlein Pegnitz, die vor langen Jahren gehabte, durch die eingefallenen Kriegszeiten aber in Abgang gekommene Vieh Markts Gerechtigkeit wieder zu erneuern [...]" (ebd., S. 75).

Diese erfreuliche Nachricht von 1756 zeigt, wie die Ratsherren immer wieder bemüht waren, das wirtschaftliche Leben anzukurbeln.

Märkte als Orte der Begegnung

Seit jeher wurde an Markttagen gehandelt und getauscht, viele Menschen strömten aus nah und fern zusammen, man traf sich und erfuhr eine ganze Menge an Neuigkeiten. Jahrmärkte waren Begegnungsstätten, Schauplätze eines bunten Treibens. Der berühmteste aller Marktplätze ist sicher die ▸ **Agora** in Athen. In der Antike war sie der Versammlungsort schlechthin, ein Mittelpunkt des öffentlichen Lebens. Dort traf man sich, natürlich vor allem die Männer, man klagte über die schlechten Zeiten und machte Politik. Die Demokratie war geboren. Und man handelte mit Waren.

Im alten Griechenland waren Märkte freilich ohne Bezug zu den Gottheiten nicht denkbar. Unter ihrem Schutz vollzog sich das kultische wie das weltliche Handeln, oft nicht voneinander zu trennen. Solche Kult- und Handelsplätze, in deren Mittelpunkt meist großartige Tempel standen, hatten schon etwas Bewegendes. Und sicher waren die der Priesterschaft dargebrachten Opfergaben in der Frühzeit auch eine Ursache für ökonomische Handlungen. Die Schätze im Tempel häuften sich, es entstanden große Märkte in den Tempelbezirken, da die Priesterschaft die Waren ja einer vernünftigen Verwertung zuführen musste, freilich nur an entsprechenden Festtagen.

Diese einstige Bedeutung der ▸ **Märkte** zeigt sich heute noch in dem Wort „Messe". Bereits 809 hatte Karl der Große Wochenmärkte angeordnet:

„[...] und da das festliche Begängnis dieser alljährlich wieder kehrenden Feierlichkeiten an Festtagen einst begann, veranstaltet zu werden, und nach den Fürbitten, missas – dt. ‚Messen' – genannt, der Beginn des Marktes [...] war, ist von da her das [...] Wort MESSE entstanden." (ebd., S. 75)

Marktfrieden:
nach mittelalterlichem Recht der für Zeit und Ort eines Marktes vom König zugesicherte Friede.

Agora:
(gr.) große Heeres- und Volksversammlung; Mittelpunkt des öffentlichen Lebens; Agora hieß der Marktplatz des antiken Athen; wirtschaftlicher, politischer und gesellschaftlicher Mittelpunkt der alten Stadt.

Markt
(v. lt. mercatus) Marktplatz; Ort einer Siedlung, an dem sich das öffentliche Leben abspielt; besonders der für den Tausch und Verkauf vorgesehene Platz.

Feste Markttage und Tradition

Kommen wir wieder auf unsere Stadt Pegnitz zurück. Märkte waren seit jeher unverzichtbar, da man nicht für alle Bedürfnisse Waren am Ort erwerben konnte. An solchen Markttagen wurde jedoch nicht nur gehandelt und gekauft, sondern allerlei Belustigungen wie „Reigentänze mit Gesang" unterhielten die Einwohner „auf dem Dorfanger" (ebd., S. 75). Und man traf sich. Freunde und Bekannte waren zuhauf unterwegs. Hier ein Schwätzchen, dort ein Plausch. Da war immer schon Leben auf den Jahrmärkten. Mit Goethe könnte man sagen: „Hier bin ich Mensch, hier darf ich's sein". (Faust)

Allerlei Belustigungen auf dem Dorfanger

Man kann's kaum glauben. Auch auf Pegnitzer Jahrmärkten gab es *Belustigungen* zuhauf. Aber was waren das für welche? Von Reigentänzen mit Gesang lesen wir in den Quellen. Ob das wirklich alles war?

Wir wissen aber: Wenn im Mittelalter Jahrmärkte abgehalten wurden, so waren sie kaum denkbar ohne Vaganten und Spielleute, die von Ort zu Ort, von Markt zu Markt zogen und die Massen bei Laune hielten. Da gab es Possenreißer und Bänkelsänger, Seiltänzer und Luftspringer, starke Männer, die selbst Eisen verbiegen konnten.

Freilich: Ob sich solches auch in Pegnitz zugetragen hat, darüber schweigen die Quellen. Aber ein wenig fantasieren wird man ja wohl noch dürfen …

Der „Billige Jakob" jedoch, den gab's vor Jahren auch noch in unserer Stadt. Sein Stand war stets umlagert, da es dort lustig herging. Mit vielerlei Späßen und bisweilen derben Witzen versuchte er, seine Ware an den Mann zu bringen: *„Oma, kumm doch a mal her, ich hab was für Dich"*. Wehe aber, wenn jemand gleich beim ersten Angebot zugriff. Der brachte sich um vieles. Denn aus einem Hosenträger wurde in wenigen Minuten eine ganze Palette von zusätzlichem Kleinkram. Der „Billige Jakob" gab sich nämlich generös. Am Schluss seiner Vorstellung hatte man einen ganzen Packen zum halben oder gar viertel Preis.

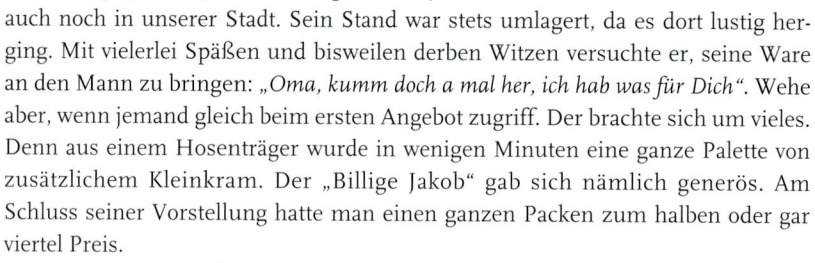

Freilich hatte der „Billige Jakob" nicht immer einen guten Ruf. Da ist in einem Brief vom 19. September 1912 zu lesen, dass die Stadt Naila vor einem gewissen Georg Spörl aus Fürth warnt, der

„seine Waren Uhren u.s.w. öffentlich als billiger Jakob in marktschreierischer Weise ausruft, [...] die für die heranwachsende Jugend gerade nicht förderlich sind, auch sind die anderen anwesenden Marktleute, durch derartiges raffinirtes Gebahren, betr. Herrn Spörl sehr geschädigt, und mussten in Passau, Meiningen, Schweina, Suhl die Polizeiorgane einschreiten [...]" (BLECHSCHMIDT, Jahrmärkte, S. 235).

Leider wissen wir nicht, ob sich Ähnliches auch in Pegnitz ereignet hat.

Und noch etwas kennen wir bis zum heutigen Tag auf den Pegnitzer Jahrmärkten: Das ▸ **Karussell**. Vor allem die Kinder können dem Charme und der Verführung durch die kreischenden Melodien und dem schnell sich Im-Kreise-Drehen nicht widerstehen. Und weiß Gott, vor dem Karussell werden auch die Erwachsenen wieder zu Kindern.

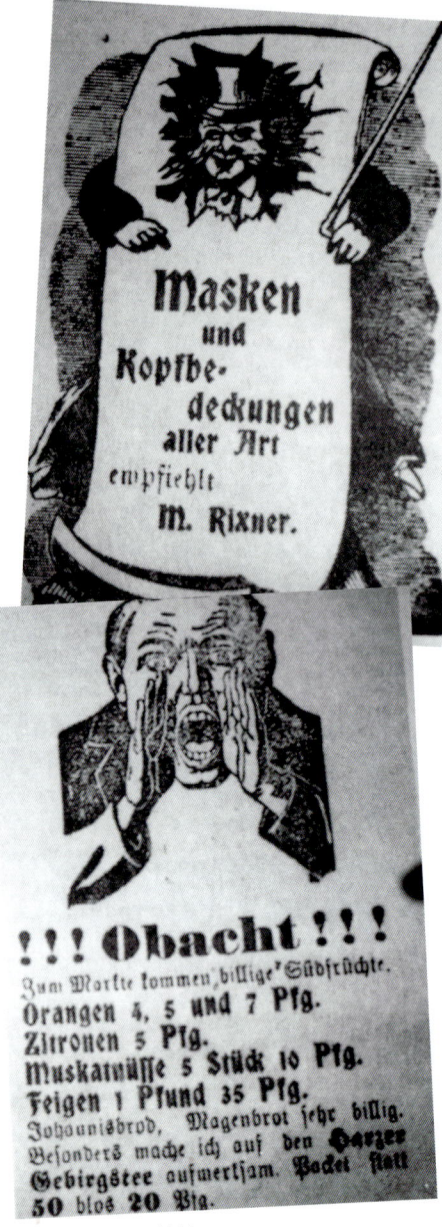

Abbildungen 15/16:
Zeitungsanzeigen „Marktschreier".

Karussell
(fr. carrousel; it. carosello)
1. seit dem Mittelalter bis ins 18. Jahrhundert verbreitetes ritterliches Wett- und Turnierspiel;
2. v. Ende des 18. Jh. an Bezeichnung für die auf Rummelplätzen beliebten Drehbahnen. Diese wurden früher mit herabhängenden Ringen versehen, die in einer Art Wettspiel herauszustechen [...] waren; daher auch Ringelspiel, Ringelreihen usw.

Abbildung 17:
Moderner Marktschreier.

Feste Markttage und Tradition

Abbildung 18:
Karussell: Freude für die Kleinsten.

Das Karussell hat eine lange Geschichte. Schon 1775 soll es in Paris ein solches im chinesischen Stil gegeben haben. Die Leute saßen auf geschnitzten Schlangen und Drachen. Im Laufe der Zeit aber gewannen die Holzpferdchen die Oberhand. So kommt auch der Ausdruck „Reitschule" zustande. Ein richtiges Ringelspiel, ständig weiterverändert und in neuen Formen zu sehen. Schließlich kam zu den Holzpferdchen allerlei Getier wie Schwäne und Hirsche, Rehe und Kühe und dergleichen mehr. Aber besonders das Kettenkarussell erfreute sich immer größerer Beliebtheit. Weit hinaus und immer schneller hieß die Devise, bis sich nicht nur die Augen und der Kopf, sondern auch der Magen im Kreise drehte.

Die Konstruktion und der Antrieb solcher Fahrgeschäfte sind schon bemerkenswert. In den königlichen Lustgärten waren es noch die Diener, die den Betrieb durch Schieben am Laufen hielten. Auf den Dorfplätzen aber mussten die Gäste selbst Hand anlegen. Junge Burschen vor allem verdienten sich dadurch so manche Freifahrt nach dem Motto: viermal schieben, einmal fahren.

In unserer modernen Zeit freilich erledigt diese Arbeit ein Elektroantrieb.

Märkte an Wochentagen

1556 wurden die Märkte auf einen Wochentag (Mittwoch) verlegt, um den Sonntag freizuhalten vom geschäftigen Treiben der Jahrmärkte. Das störte nämlich vor allem die Obrigkeit und die Kirche.

Immer weniger Käufer und Verkäufer jedoch fanden sich ein, ja die Menschen wandten sich solchen Märkten zu, die noch an Sonntagen abgehalten werden durften. So zog es die Pegnitzer schon damals nach Nürnberg, nach Bayreuth oder in die benachbarte Oberpfalz. Man sieht, dass manches von früher auch heute noch seine Gültigkeit hat, natürlich sehr und verständlicherweise zum Verdruss der Stadtoberen und vor allem der Geschäftsleute.

Damals wurden die Pegnitzer Räte beim Fürsten wiederholt vorstellig und erreichten, dass die Märkte wieder am Sonntag abgehalten werden durften, sehr zur Freude der Besucher. Der Beginn war jedoch erst nach dem Gottesdienst gestattet, was dem Autor dieser Zeilen auch in unserer so modernen Zeit recht sinnvoll erscheint.

Im 18. und 19. Jahrhundert wurde mit der Zahl der jährlichen Märkte so richtig experimentiert. Zuerst waren es vier, dann sechs und schließlich acht während des Jahres. Das war aber nun doch zu viel des Guten. Durch eine Ministerentscheidung von 1864 schließlich wurde die Zahl der Jahresmärkte auf endgültig *vier* festgelegt, wie schon vor dem 17. Jahrhundert:

2. Sonntag nach Lichtmess
2. Sonntag vor Pfingsten
Sonntag vor Bartholomäus
Sonntag vor Simonis und Judäa

Im 18. Jahrhundert finden sich interessante Pläne. Möglichst die gesamten Nahrungsmittel sollten hier in der Stadt selbst hergestellt und erzeugt werden, ist bei BÜTTNER (Geschichte) auf S. 33 nachzulesen. Pegnitz war noch ganz landwirtschaftlich geprägt. Fremde Händler waren lediglich auf den Jahrmärkten zugelassen. Noch in der ersten Hälfte des 18. Jahrhunderts arbeiteten in Pegnitz 24 Metz-

Feste Markttage und Tradition

ger, 9 Bäcker und ein Zuckerbäcker. Das Mälz- und Braurecht war auf Bürger der neuen Stadt übergegangen.

Und was für Berufe gab es noch? 12 Schneider, 13 Schuhmacher, 2 Tuchscherer, 10 Rotgerber, Büttner, Häfner, Schlosser, Zimmerer, Maurer ...

Erst im 19. Jahrhundert ließen sich Uhrmacher, Goldschmiedarbeiter, Drechsler, Buchbinder und Buchdrucker nieder.

Woher kamen damals eigentlich die Händler? 1827 erschienen 170 zum Markttag, davon waren 165 aus Bayern und 5 aus Sachsen. Sie boten „Schnitt-, Pelz-, Leder-, Schuh- und Blechwaren, Riemen- und Häfnerarbeiten" feil (Bauer, S. 580).

Fahne auf dem Rathaus

Das Recht, einen Wochenmarkt einzurichten, hatten die Pegnitzer immer mal wieder. Im 17. Jahrhundert war das ein Samstag. Während des Marktes hing eine Fahne am Rathaus. Sie zeigte an, dass nirgendwo in der Stadt Käufe und Verkäufe getätigt werden durften außer am Markt. Nach 12 Uhr wurde die Fahne wieder eingeholt, und jedermann konnte danach tätig werden, wo er wollte. Die Sitten also waren streng. Eier, Butter, Schmalz, Getreide und Vieh wurden angeboten. Der Viehmarkt hatte zu damaliger Zeit unterhalb des Rathauses um den Brunnen herum seinen Platz. Damit aber kein Überangebot vorhanden war, wurde zum Beispiel 1605 festgelegt, in welcher Woche welches Dorf die Waren anliefern durfte:

1. Woche Hainbronn und Willenberg
2. Woche Neudorf und Neuhof
3. Woche Buchau, Lehm und Lobensteig
4. Woche Altstadt und Schönfeld

Doch es war ein Auf und Ab mit den Märkten. Mal waren sie der Anziehungspunkt von überall her, mal schliefen sie wieder ein.

Seit 1922 wurden an jedem 3. Mittwoch von Februar bis Oktober Schweinemärkte abgehalten, und zwar vor dem Haus Nr. 41, dem heutigen Ponfick-Haus. Damals war ein gewisser KÜRZDÖRFER Johann, Bierbrauer und Wirt aus Buchau, noch Besitzer, um 1936 Leonhard PONFICK, Kaufmann.

Marktordnung heute

Bereits im Januar jeden Jahres legt die Stadt Pegnitz anhand der Marktregel die Termine für die Jahrmärkte fest. Diese Pegnitzer Marktregel entstand schon vor dem Zweiten Weltkrieg und wurde eingeführt, weil an der Abhaltung der Jahrmärkte ein allgemeines Interesse bestand.

Bei der Festlegung der Termine hat die Stadt wenig Spielraum. Die Marktregel schreibt nämlich bis auf den heutigen Tag die genauen Termine fest (Stadtarchiv):

1. Zweiter Sonntag nach Lichtmess (Lichtmessmarkt)
2. Am vorletzten Sonntag vor Pfingsten. Fällt jedoch dieser Sonntag auf den Muttertag, dann findet der Markt am 3. Sonntag vor Pfingsten statt (Mai- oder Pfingstmarkt).

Abbildung 19:
Wie viele Märkte mag das Alte Rathaus schon gesehen haben?

Feste Markttage und Tradition

3. Sonntag vor Bartholomäus, wenn Bartholomäi auf einen Montag, Dienstag oder Mittwoch fällt; Sonntag nach Bartholomäus, wenn Bartholomäi auf einen Donnerstag, Freitag oder Samstag fällt. Fällt Bartholomäus auf einen Sonntag, so ist der Termin selbstverständlich an diesem Tag (Kirchweihmarkt)

4. Sonntag vor Simonis und Judäa (Herbstmarkt)

Marktmeister

Die Händler haben in aller Regel ihre festen Plätze. So wissen die Kunden, wo sie im letzten Jahr ein Schnäppchen machen konnten. Und die besten Plätze sind heiß begehrt, denn die Umsätze sind dort einfach größer. Da gibt es schon mal ein Gerangel und auch Streit. Aber der Pegnitzer Marktmeister sorgt für Ruhe und oft auch für Zufriedenheit. Durchsetzungsvermögen freilich ist hier angesagt, und nach der Vergabe der Plätze herrscht wieder Ruhe.

Ein solches Dokument über die Ordnungsvorgabe der Stadt findet man im Pegnitzer Stadtarchiv aus dem Jahre 1971. Dort heißt es:

„Sehr geehrter Adressat, wir hatten beim Jahrmarkt im Mai ein paar Schwierigkeiten, die wir mit dem nachstehenden Organisationsvorschlag für die Zukunft beseitigen wollen. Es ist uns eine Selbstverständlichkeit, dass wir viel Rücksicht auf ▸ Fieranten nehmen, die seit Jahren unseren Markt besuchen. Wir halten auch diesmal Ihren beim letzten Jahrmarkt in Pegnitz eingenommenen Stand/Platz für Sie bereit, aber nur wenn Sie bis 31. Juli 1971 die Ihnen bekannte Gebühr [...] einbezahlt haben. Wir machen schon jetzt darauf aufmerksam, dass Ihr Platz anderweitig vergeben wird, wenn Sie diesen Termin nicht beachten [...]

Hochachtungsvoll [...]"

Die Marktgebühr beträgt heute vier Euro pro laufenden Frontmeter. Vor 53 Jahren, also 1950, zahlte man für einen Stand noch eine Mark, und der laufende Meter kostete gar nur 10 Pfennig. Das waren noch Zeiten, höre ich die Händler klagen.

Mit den eingesessenen Händlern hat sich aber oft ein geradezu freundschaftliches Verhältnis herausgebildet. Manche Fieranten kommen bereits seit 20 bis 30 Jahren nach Pegnitz, und viele reisen schon am Samstag an, denn am Sonntagmorgen um acht Uhr werden die Stände vergeben. Gehandelt aber wird erst nach dem Gottesdienst, etwa ab 10.30 Uhr.

Fieranten bewerben sich immer wieder bei der Stadt und müssen das natürlich auch tun. Ein anrührendes Zeugnis eines solchen Bewerbungsschreibens findet sich im Pegnitzer Stadtarchiv von 1974. Da schreibt ein schon betagter Fierant:

„Ich werde heuer [...] 71 Jahre alt, und in diesem Alter muß ich immer damit rechnen, eventuell durch Krankheit nicht das ganze Jahr mein Geschäft ausführen zu können. Wie (ich) Ihnen schon geschrieben habe, kann ich wegen meines Rheumaleidens auf keinen Fall wegen der Kälte den Lichtmessmarkt besuchen. Dafür bitte ich Sie, mich zu entschuldigen [...] (Ich) bitte Sie (aber), mir [...] die drei weiteren Märkte zu gestatten [...].

Hochachtungsvoll [...]"

Die Stadt Pegnitz hat natürlich gestattet.

Von weither kommen die Händler. In den Aufzeichnungen der Stadt Pegnitz liest man Orte wie *Bayreuth, Schwaig, Fischbach, Altenfurt, Schwarzenbach, Mainleus, Regenstauf, Nürnberg, Berching, Marktredwitz, Fürth* und manche sogar aus *Thüringen* oder *Sachsen*.

An den Jahrmarktsonntagen ist in Pegnitz wirklich was los. Bis zu 120 Händler bieten ihre Ware an, und an schönen Tagen besuchen um die drei- bis fünftausend Menschen von fast überall her den Markt: Aus Franken und der nahen Oberpfalz, aus Creußen, Büchenbach, Kirchenthumbach, aus Auerbach, Michelfeld und Ohrenbach, aus Schnabelwaid, Betzenstein und Troschenreuth, aus Bronn, Kaltenthal, Leups, Trockau und natürlich aus Pegnitz strömen die Massen herbei.

Pegnitzer Märkte sind interessante und lukrative Märkte. Vom Schweinemarkt in seiner neuen Gestaltung bis hinunter zur Raumersgasse zieht sich die Pegnitzer Flaniermeile hin. Hier herrscht ein buntes Treiben, und Augen und Nasen kommen dabei voll auf ihre Kosten.

Fieranten:
(it.) österreichisch für: Markthändler

Abbildung 20:
Marktgeschehen.

Abbildungen 21–26:
Ein vielfältiges Angebot.

Natürlich hängt das alles vom Angebot ab, die gute Mischung ist gefragt: Textilien, Knöpfe, Gewürze, Blumen, Töpfe, Steingut, Keramik, Lederwaren, Schmuck und Spielsachen aller Art. Auch CDs und Musikkassetten fehlen heute selbstverständlich nicht mehr. Bunt ist die Auswahl.

Markttage sind in Pegnitz auch und besonders von den Aktivitäten der Einzelhändler geprägt. Sie lassen sich immer wieder attraktive Angebote einfallen. Die meisten von ihnen öffnen ab 13 Uhr ihre Geschäfte und konkurrieren mit den Händlern und Fieranten von weit her.

Der ▶ LICHTMESSMARKT ist der erste der vier großen Märkte im Jahreslauf. Blumen und Palmkätzchensträuche künden vom nahenden Frühling, auch wenn das Wetter bisweilen ganz anderes verheißt. Kalt und rau ist dieser Markttag häufig. Aber die Osterhasen zusammen mit viel fantasievollem Osterschmuck lassen das kommende Fest schon erahnen.

Lichtmess spielte ja gerade in der Landbevölkerung immer eine große Rolle. In früherer Zeit verließen Knechte und Mägde ihren alten Arbeitsplatz und standen bei einem neuen Herrn ein. Oft gab es dabei, auch notgedrungen, ein paar freie Tage. Da kam der Lichtmessmarkt in der nahe gelegenen Stadt gerade recht. Arbeitskleidung war gefragt, Hosen, Kittel, Schürzen. Der vor kurzem ausgezahlte Jahreslohn ließ die Kassen der fahrenden Händler immer schon ein wenig voller klingen. Man traf alte Freunde und Bekannte, tauschte das Allerneueste aus und erfuhr so allerhand Interessantes. Die Wirtshäuser waren zum Bersten voll, das Geld saß lockerer als sonst. Wenn am Abend des Lichtmesstages die Glocken läuteten, wusste man, dass die dunkle Zeit mit ihren Ängsten und Nöten zu Ende ging und man Neues, Besseres erwarten durfte.

Ja, immer stirbt die Hoffnung zuletzt. Gott sei Dank.

Auf dem MAIMARKT stehen die Pflanzen und die Blumen im Mittelpunkt, denn jeder will sich nach einem langen Winter den Frühling in den eigenen Garten holen. Walpurgisnacht und Maibaumaufstellen, Muttertag und die noch immer von Hobbygärtnern gefürchteten Eisheiligen prägen diese Tage.

Und noch etwas Besonderes gibt es auf diesem Markt: Um die Bartholomäuskirche herum befindet sich ein Flohmarkt. Jeder kann dort seine ganz persönlichen Habseligkeiten anbieten. Und die Stadt ist großzügig: Von den Kindern wird keine Marktgebühr verlangt. Die Organisation dieses Flohmarktes übernehmen die Pfadfinder, das Schülercafé „Bartl" und oft auch Mitglieder der evangelischen Gemeinde Hainbronn. Immer beliebter ist dieser Teil des Marktgeschehens geworden. Und gar vielfältig ist das Angebot:

Teddybären, Comic-Hefte, Bilderrahmen, alte Tonkrüge und, und, und. Der Fantasie sind keine Grenzen gesetzt. Gerade dort hat schon mancher sein Schnäppchen gemacht.

Am KIRCHWEIHSONNTAG feiert die evangelische Gemeinde rund um die ▶ Bartholomäuskirche ihr Kirchweihfest. Kerwa in Pegnitz ist immer schon etwas Einmaliges. Für das leibliche Wohl ist stets bestens gesorgt, etwa mit Kaffee und Kuchen im Gemeindehaus.

Der Jahrmarkt im August bringt neben den herkömmlichen Angeboten vor allem Ernteerzeugnisse. Wortgewandte Händler preisen wie auf allen Märkten ihre Wundermittel an. Einige beherrschen die Gesetze marktschreierischen Werbens schon ganz gut. Und so fällt es schwer, an solchen Ständen weiterzugehen. Unterhaltung ist eben auch ein Lebenselixier des Marktes.

Aber die Pegnitzer Geschäftsleute können da schon mithalten. Mit zahlreichen Aktionen und Sonderangeboten, dazu mit einer

Lichtmess
2. Febr.; ein biblisches Ereignis ist die Grundlage dieses Festes: das mosaische Gesetz schrieb vor, ein neugeborenes Kind innerhalb einer bestimmten Frist in den Tempel zu bringen; auch die Eltern Jesu folgten dieser Vorschrift; dort wurde Jesus vom greisen Simeon und von der Prophetin Hanna als der eigentliche Herr des Tempels benannt (Lk 2,22 f.). In der Ostkirche wurde der Tag zu einem „Fest der Begegnung des Herrn"; in Rom führte man dieses Fest um 650 ein. Lichterprozessionen und Kerzenweihe kamen erst später hinzu.

Bartholomäus:
Er war einer der 12 Apostel (Mk 3,14 f.); viele Bibelinterpreten identifizieren ihn mit Nathanael; der Überlieferung nach verkündete Bartholomäus den Glauben in Persien, Indien, der Legende nach auch in Ägypten und Armenien; er hat den Märtyrertod erlitten; dargestellt wird er mit Messer und abgezogener Haut; in der Pegnitzer Bartholomäuskirche steht er links am Altar, rechts der „für die lutherische Kirche besonders wichtige Apostel Paulus" (Peter Poscharsky: Die Kirchen der Fränk. Schweiz).

Feste Markttage und Tradition

Abbildung 27:
Buntes Markttreiben.

aufmerksamen Beratung locken sie die Besucher an. Kulinarische Köstlichkeiten tun ein Übriges dazu.

Der HERBSTMARKT ist der vierte große Markttag im Jahr. Er weist schon auf Allerheiligen und den Besuch der Gräber hin. Grabgestecke stehen daher im Mittelpunkt des Interesses der Besucher. Die Vergänglichkeit menschlichen Lebens wird gerade auf diesem Markt eben nicht mit einem Tabu belegt. Sie ist zu Recht ein ganz natürlicher Teil unseres Alltags. Selbst das neumodische Halloween kann diese uralte Tradition nicht völlig überlagern, wenn auch Berge von wunderschönen gelben Kürbissen das nahelegen wollen.

Das Tüpfelchen auf dem i sind jedoch die beiden Pegnitzer WEIHNACHTS- bzw. ADVENTSMÄRKTE. Jeder von uns Erwachsenen erinnert sich noch mit Begeisterung an die Weihnachtszeit aus Kindertagen. Was war das für ein Glänzen und Leuchten, heute natürlich noch unvergleichlich heller und bunter und glitzernder. Und nicht nur die Lichter waren und sind es, die uns das Glänzen in die Augen bringen, der Duft der Mandeln, der Lebkuchen und des Glühweins. Leider waren wir von letzterem Genuss als Kinder rigoros ausgeschlossen.

Heute gibt es selbstverständlich einen Kinderpunsch, einen Kinderglühwein. Fragt sich nur, wer was im Becher hält.

Am Samstag vor dem zweiten Advent zieht der große Weihnachtsmarkt vor der Bartholomäuskirche die Pegnitzer und zahlreiche Besucher von weither in seinen Bann. Bei Eintritt der Dunkelheit entsteht eine wunderschöne Atmosphäre. Der Platz vor der evangelischen Kirche kann oft die Menschenmassen nicht mehr fassen. Und die Kinder bilden den Mittelpunkt.

Ein wohl durchdachtes Rahmenprogramm beginnt gegen 16.30 Uhr.

Der evangelische Posaunenchor stimmt mit adventlichen Melodien auf den Höhepunkt ein. Eine kurze ökumenische Andacht ruft die Menschen auf, sich immer wieder neu auf das Wesentliche des christlichen Weihnachtsfestes zu besinnen.

Abbildung 28:
Ein Herz fürs Herzla.

Feste Markttage und Tradition

Abbildung 29:
Christkindlesmarkt: Der große Auftritt –
Lebkuchen für alle.

Und gegen 17 Uhr richtet der Bürgermeister besinnliche Worte an seine Bürger und verkündet die Preisträger beim Wettbewerb um die schönsten Stände des Marktes. Jetzt ist der Höhepunkt gekommen, das Christkind tritt auf und kündet mit dem Weihnachtsprolog vom kommenden Fest:

Ihr Herrn und Frau'n, die Ihr einst Kinder wart,
Ihr Kleinen am Beginn der Lebensfahrt,
ein jeder, der sich heute freut und morgen wieder plagt.
Hört alle zu, was Euch das Christkind sagt:
Zwei Wochen sind es noch, dann kommt die Zeit,
wo man den Christbaum schmückt und sich aufs Feiern freut.
Zwei Wochen sind es noch, dann kommt der Tag,
wo man sich selbst was wünscht und andern schenken mag.

Und damit alle Wünsche Erfüllung fänden,
ist hier an der Kirche aus Buden und Ständen
ein Markt entstanden voll bunter Pracht,
zur Freude der Kleinen und Großen gedacht.
Und Lichterketten, Sterne und Kerzen
Sollen erwärmen Eure Herzen,
damit Ihr vorm heiligen Weihnachtsfest
Hast und Eile für Stunden vergesst.

Denn Geschenke und Kerzen tun's nicht allein:
Nur in ein fröhliches Herz zieht das Christkind ein.
Doch vergesst nicht in Eurer eigenen Freude,
es gibt auf der Welt so viele arme Leute,
die auch in diesen festlichen Tagen
über Hunger und Not auf das bitterste klagen.
Bedenkt drum, was einst der Apostel schrieb:
Einen fröhlichen Geber hat Gott lieb!

Ihr Herrn und Frau'n, die Ihr einst Kinder wart,
seid es heut wieder, freut Euch in ihrer Art.
Das Christkind lädt zu seinem Markte ein,
und wer da kommt, der soll willkommen sein.

Ganz still ist es auf dem Kirchplatz geworden. Jetzt aber warten die Kinder auf ihr Geschenk vom Christkind. Väter und Mütter heben die Kleinsten auf ihre Schultern, und schon verteilt das Christkind mit seinen Helfern Lebkuchen. Kein Kind wird vergessen. Und die prächtig herausgeputzten und geschmückten Stände bilden einen zauberhaften Rahmen.

Eine rühmenswerte Besonderheit in Pegnitz muss noch erwähnt werden: Sowohl auf dem Christkindlesmarkt vor der katholischen Kirche am Samstag vor dem ersten Advent wie auf dem acht Tage später folgenden Christkindlesmarkt rund um die Bartholomäuskirche bieten viele Frauen, Männer, Kinder und Jugendliche selbst gebastelte oder selbst gebackene Köstlichkeiten an und verkaufen alles für einen guten Zweck. Das ist schon bemerkenswert.

Alle diese Jahresmärkte sind ein Aushängeschild unserer Stadt. Wenn es sie nicht gäbe, müsste man sie erfinden. An solchen Tagen wird Pegnitz zum Bummel- und Einkaufsparadies: Händler, Geschäfte und zahlreiche gastronomische Betriebe sorgen für ein ungewöhnliches Erlebnis. Und die Stadt tut alles, um deren Anziehungskraft auf die Besucher von weither zu fördern und zu erhalten.

Am Schluss sollen die guten Wünsche für unsere Stadt Pegnitz stehen, die Friedrich Wilhelm Anton Layritz vor 200 Jahren geschrieben hat:

„Gott möge freilich gutheißen, dass Pegnitz, eine sehr treffliche Stadt, blühe, frisch und kräftig bleibe und alles, was gut, recht und billig ist, in Fülle haben möge."

Feste Markttage und Tradition

Herbert Scherer
3. Das Flindern – ein alter Brauch

Wenn heute in Pegnitz von Flindern oder Flinderer gesprochen wird, fragt man sich, ▸ **was das bedeutet**: ein mehrwöchiges Bierfest in jeweils wechselnden Wirtschaften in der Frühjahrs- und Sommerzeit mit einem eigens eingebrauten Flindererbier und mit sättigenden Brotzeiten vor allem vom Schwein. Auch ist vielen noch bekannt, dass es sich um eine jahrhundertealte Tradition handelt, deren Ausübung 1973 vor dem endgültigen Aus stand. Doch sie wurde wieder belebt und steht heute in einer besonderen Blüte (im Jahr 2003 wird 12 Wochen geflindert in insgesamt 15 Wirtschaften).

Da in der wechselvollen Geschichte des fast nur noch in Pegnitz ausgeprägten ▸ **Flinder**ns Wirtschafts- und Sozialgeschichte durch die Jahrhunderte aufscheint, wird auf dieses typische Brauchtum ausführlicher eingegangen.

Brauberechtigte Bürger

Wie in vielen anderen deutschen Städten war auch in Pegnitz das Bierbrauen einer der einträglichsten Nahrungszweige. An den Besitz eines Bürgerhauses in der neuen Stadt, also im jetzigen Zentrum, war das Recht gebunden, Bier zu brauen und auf dem eigenen Grund auszuschenken. Dieses Kommunbraurecht war ein „Bürgerrecht" für die „gantze gemain der Neuenstat zu Begnitz ufn letten" im Rahmen der 13 Stadtfreiheiten, die Markgraf Albrecht Alcibiades am 29. November 1542 auf der Plassenburg der Stadt Pegnitz verliehen hatte, nachdem er ein Jahr vorher beim Besuch in Pegnitz die Wünsche und Bitten der Bürger entgegengenommen hatte. Darauf beruft sich die Stadt fast vierhundert Jahre später noch in einem Schreiben (vom 25. Mai 1925) an das Bezirksamt (heute Landratsamt).

In den Stadtfreiheiten für Pegnitz war auch festgeschrieben worden, dass auf dem Land und im Gericht niemand Bier schenken darf, er kaufe es denn in Pegnitz von einem Bürger. Voith VON VOITHENBERG ist der Auffassung, dass die hier gewährte Kommunbraurechts- und Schankrechtsfreiheit schon im 15. Jahrhundert bestanden habe und vom Markgrafen nur erneuert worden sei.

So weist Pegnitz bis zum Beginn des 20. Jahrhunderts viele Bürger als Kommunbrauer auf, die das Brauen nicht als Gewerbe, sondern als „Bürgerrecht" quasi nebenberuflich betrieben haben, ursprünglich 120. Das trifft auch zu für die Adligen und Pfarrer, die ein Braurecht erhalten und dieses zum Ärger der brauberechtigten Bürger gelegentlich im Übermaß nutzten. Beklagten sich doch 1685 die Bürger über ihren Pfarrer, „bei dem es mehr wie in einem Brauhaus als wie in einem Pfarrhaus aussehe". Und der einzige bekannte Brauunfall ereignete sich im Pfarrhaus von Lindenhardt, wo 1632 der Pfarrer Adam SCHILLER „über einen solchen Dobel (Abgase) seines eingebrauten Hochzeitsbieres jämmerlich ersticken" hat müssen (Bauer, 1. Aufl., S. 386).

Der Kommunbrauer hatte keine Tavernbefugnisse und kein Gastungsrecht, er durfte auch nur im Haus und auf und im Keller sein selbst gebrautes Bier verkaufen. Während der fassweise Verkauf („unter dem Reife") über das ganze Jahr möglich war, konnte „in minuto", also krugweise, nur in den warmen Monaten und nur im Turnus ausgeschenkt werden, woraus sich, wie Voith von Voithenberg schreibt, „in Pegnitz eine eigenartige Observanz, der so genannte Flinderer, ausgebildet hat" (v. Voithenberg, S. 234 f.). Im 19. Jahrhundert entwickelt sich: Wer flinderte, musste selber gebraut haben,

Was bedeutet Flinder eigentlich?
Das Wort Flinder ist aus neueren deutschen Lexika meist verschwunden. Gegen Ende des Mittelalters taucht es als eine seltener angewandte Entsprechung von Flitter auf, das ursprünglich ein weites Bedeutungsfeld umfasste (auch flüstern, kichern, schmeicheln, liebkosen; siehe Flitterwochen!)
Im Mittelhochdeutschen Wörterbuch von Matthias Lexer finden wir ‚flinderlin' mit der neuhochdeutschen Bedeutung Flinder und Flitter. Die Brüder Jacob und Wilhelm Grimm führen in ihrem Deutschen Wörterbuch als angeblich ersten Beleg für den Gebrauch von Flinder aus einem Bericht von der Zusammenkunft von Kaiser Friedrich III. und Karl dem Kühnen von Burgund im Jahre 1473 an, dass ein Hut überreicht worden sei, auf dem ein köstlich Kleinod und allerlei Zierrat gewesen sei, darunter Perlen, „die hiengen als der Flinder fast kostlich". Im 15. und 16. Jahrhundert nannte man die mit Goldblättchen behängte Staatshaube der Frauen Flinderhaube.
Flinder taucht auch auf als Bezeichnung für die kleinen blinkenden Blechmünzen, die im 16. Jahrhundert Bestandteil von Frauentrachten waren.
Der Flinder glänzt, blinkt und flittert. Die Übertragung des Begriffs auf blinkende und dann auch flatternde Bänder (im Mittelenglischen taucht fliteren für flattern auf) und Streifen im Kranz oder Busch, der als Bier- oder Weinzeichen ausgehängt war, ist nahe liegend. Glanz- und Bewegungseffekte sollen auf den Ausschank hinweisen. Aus dem Zierrat der Ankündigung wird bei uns die Bezeichnung für das Bier und die Veranstaltung.

Flinder aus altbayerischer Sicht
Der Oberpfälzer Johann Andreas Schmeller versteht in der zweiten Ausgabe seines Bayerischen Wörterbuchs (1872–1877) unter Flinder ein „grünes Waldbüschlein, welches in Landstädten, wo jeder Bier zu brauen pflegt, vor dem Haus desjenigen herausgehängt wird, den die Reihe trifft, die Woche durch Biergäste zu setzen. Von diesen sagt man: Er hat den Flinder, man geht zu ihm in den Flinder. Dieses Waldbüschlein ist wohl nur ein wohlfeileres Surrogat des Zeichens von Silberflittern, das man in altbayerischen Orten an Bierhäusern bemerkt."

Abbildung 30:
Frisch gezapftes Bier.

Feste Markttage und Tradition

Der Bezirksarzt 1910:
Den „edlen Flinderer" aufheben!
Im Zuge der staatlichen Bemühungen um eine Beschränkung des Kommunbrau- und Schankwesens erstellte im Jahre 1910 der Pegnitzer Bezirksarzt Dr. Hubert Schön nach einer Besichtigung des Kommunbrauhauses ein vernichtendes Gutachten. Er müsse unbedingt bestätigen, so schrieb er am 20. Februar 1910, dass die Kommunbrauereien nicht mehr zeitgemäß seien. Die hiesigen Ausschankrechte müssten eine wesentliche Abminderung erfahren, „besonders auch die hiesige edle Flinderei, noch dazu während der schönsten Monate des Jahres, am besten aufgehoben oder wenigstens beschränkt werden". Über den Zustand des Pegnitzer Kommunbrauhauses berichtet er: „[...] der äußere Anblick des Gebäudes allein ist schon derart, daß daraus wohl geschlossen werden kann, daß auch im Innern nicht alles so ist, wie es sein sollte. Die Bier- und Biergerätebehandlung ist teilweise eine höchst primitive; das Bier wird z.B. in Wasserbutten durch Weiber zum Lagerfass getragen. Die Fässerwäscherei entzieht sich, zur Zeit wenigstens, am besten der öffentlichen Besichtigung, die Qualität des Biers ist auch teilweise, besonders in den Sommermonaten, minderwertig, das Bier mangels der nötigen Kohlensäure schal, oft von schlechtem Geschmack und sogar Geruch und sauer."

Schon vorher hatte er berichtet, dass bei dem allgemein verbreiteten Mangel an Reinlichkeit der Betriebsräume und Gefäße ein unbefriedigender Einfluss auf die Qualität des Bieres ausgeübt werde. Er forderte polizeiliche Bestimmungen für die Kommun- und Gesellschaftsbrauhäuser, Reinlichkeit der Fußböden und Bierbehälter, regelmäßigen Wechsel des Kalkanstrichs in den Betriebsräumen und eine sorgfältige Behandlung der Abwässer. Zum Vorbild sollte man die Molkereien nehmen.

Einen allgemeinen Bierkrieg mochten die Behörden nicht inszenieren. Die Regierung von Oberfranken jedenfalls beruhigte am 8. April 1910 das Bezirksamt Pegnitz, dass „die Erlassung oberpolizeilicher Vorschriften über den Betrieb in Bierbrauereien" nicht in Aussicht genommen und es dem Bezirksamt anheim gegeben sei, „die Erlassung ortspolizeilicher Vorschriften anzuregen, wenn sich solche in einzelnen Gemeinden als notwendig erweisen sollten". So empfing die Stadt Pegnitz am 26. Juni 1911 die Weisung, die Lokalitäten in den Privatgebäuden, in denen geflindert wird, zu überprüfen. Im Vollzug durch die Stadt heißt es: „Sämtliche Privatgebäude, in denen geflindert wird, besitzen entsprechende Lokale für die Wirtschaftsgäste und auch entsprechende Pissoire und Aborte."

wer das Braurecht besaß und noch braute, musste am Flinderer nicht teilnehmen. Nach markgräflichem Recht hatte ein Bürger, wenn er nicht mehr braute, erst nach dreißig Jahren das Braurecht verloren.

Das alte eigenständige Kommunbrauen ging 1923 zu Ende. 1900 war Braumeister Andreas KNOPF aus Seidwitz nach Pegnitz gezogen, wo er eine Brauerei begründete, die von nun an Gast- und Bierwirtschaften belieferte. Mit der Heirat der Witwe PONFICK, Anwesen Hauptstraße 63, wäre er auch als Kommunbrauer brauberechtigt gewesen. Da auch auswärtige Brauereien auf den Pegnitzer Markt drängten und die wirtschaftliche Lage nach dem Ersten Weltkrieg, vor allem in der Inflationszeit, immer trostloser wurde, beschlossen die noch verbliebenen Kommunbrauer, die sämtlich schon in eigenen Wirtschaften ihr Bier ausschenkten, den Zusammenschluss zu einer eigenen Brauerei, der Brauer-Vereinigung, um gemeinsam Bier zu brauen, das heutige „Böheim Bier". Am 26. Oktober 1923 schlossen sich die zwei Gastwirte Heinz KOLB vom „Weißen Lamm" und GRÜNTHALER vom „Weißen Ross" mit den sechs Bierwirtschaften Lorenz Kolb, Georg Eichmüller, Fritz Hösch, Heinrich Meyer, Karl Ponfick und Fritz Hammerand zur Brauervereinigung zusammen, der dann noch Johann Kürzdörfer, Georg Weber und der Posthalter Pflaum beitraten (nach Angabe Ponfick von der Brauer-Vereinigung). 1928 erfolgte der Umzug vom Kellerberg in das Kellergebäude am Buchauer Berg. Damit traten an die Stelle der am Anfang 120 Brauberechtigten zwei Brauereien, die bis heute ihren Platz in Pegnitz behaupten können und die einzigen Pegnitzer Flindererbier-Produzenten geblieben sind.

Die Kommunbrauerei

Gerade in Pegnitz bestätigt sich die enge Verbindung von brauberechtigten Bürgern und Magistrat, denn die Stadt stellte nachweislich seit mindestens 450 Jahren den „nebenberuflichen" wie später den professionellen Brauern ein Brauhaus zur Verfügung. So kann der Stadtrat 1925 selbstbewusst feststellen: „In Pegnitz war es seit unvordenklicher Zeit so geregelt, dass das Brauhaus im Besitz der Stadt war." Nach Heinrich BAUER wurde die große Brauhaushofstatt 1555, also genau 200 Jahre nach der Pegnitzer Stadterhebung, an der Gasse, der sie auch den Namen gab, errichtet. Als diese vor dem Ersten Weltkrieg den Anforderungen nicht mehr gewachsen war, damit auch die Fortsetzung des Kommunbrauens und des Flinderns nicht mehr gewährleistet schien, wurde die heute noch stehende Anlage am Böheimstein errichtet, und zwar von der Stadt, die sich den Baukredit plus Zins in Höhe von 65.000 Mark aber von den Brauenden garantieren ließ. Der Neubau am Böheimstein war notwendig geworden, weil es 1910 schwere Beanstandungen durch den ▸ **Bezirksarzt** gegeben hatte.

Seit 1923 kann das Pegnitzer Brauwesen als geordnet gelten, wenngleich es mehrere Versuche der Stadt gab, das Gebäude an die beiden Brauereien zu verkaufen (so 1943, 1949 und 1960). Den gegenwärtigen Rechtsstand regelt ein Pachtvertrag, nachdem das Gebäude der Stadt gehört, dieses gepachtet ist von der Sudgemeinschaft der beiden Brauereien, der die zum Brauen notwendige Einrichtung gehört. Gegen den Pachtvertrag vom 26. März 1949 agierte der selbstständig gebliebene Kommunbrauer Friedrich HÖSCH und dann dessen Erben, die ihre Rechte am städtischen Brauhaus geltend machten. In einem längeren Rechtsverfahren konnten sie im Vertrag vom 20. August 1967 absichern lassen, dass sie weiterhin im städtischen Gebäude brauen durften, eine Nichtzulassung sogar eine schwere Vertragsverletzung darstellte. Dabei hatte gerade die Partei Hösch der Stadt vorgeworfen, dass diese mit dem Brauhaus unwirtschaftlich arbeite. Auf Grund der geringen Kesselabgabe – die Stadt Bayreuth verlange das 7,5-fache – verbliebe der Stadt „ein heruntergewirtschaftetes Brauhaus".

Eine Besonderheit verdient noch festgehalten zu werden. Während das Pegnitzer Brauwesen nach der Zerstörung des großen Brauhauses 1632 für ein Jahrzehnt darniederlag, bezog Pegnitz das Bier aus den Nachbarorten, darunter „wenigstens 300 Eimer aus dem Pfälzischen und dem Nürnbergischen" (Bauer, S. 523). In der

Ausstellung „Der Winterkönig" des Hauses der bayerischen Geschichte in Amberg im Jahre 2003 wurde aufgezeigt, wie in jener Zeit Amberg vor allem wegen des geringeren Kühlprozesses bei der Gärung im Sommer obergäriges Bier in die Nachbarschaft lieferte. (Die Amberger Weißbräugesellschaft verzeichnete als Höhepunkt ihrer Weißbier-Exporte die Jahre 1630–1650: Weißbier konnte auch im Sommer problemlos gebraut werden, weil die Gärung bei 15–20 Grad eintritt.) Man kann also davon ausgehen, dass auch in Pegnitz mitten im Dreißigjährigen Krieg einige Jahre Weißbier getrunken worden ist. Der Unterschied der Konfession hat bei solchen Geschäften keine Rolle gespielt.

Flindern

Das ▸ **Flindern** geht **in Pegnitz** auf eine Übereinkunft von 1728 zurück. Am klarsten drückt es die Information vom 17. März 1852 aus, dass nämlich „Brauereiberechtigte während der Wintermonate ihr Schenkrecht ungehindert ausüben dürfen, dass dagegen während der Sommermonate in der Regel vom 1. März bis Ende September, Anfangs Oktober die Berechtigung zum Bierschenken von Woche zu Woche wechselt, ein Institut, der Flinderer genannt."

Diese Regel galt für alle Brauberechtigten, die keine Gastwirtschaft oder Bierwirtschaft betrieben, somit das gebraute Bier im eigenen Haus, im oder auf dem Keller ausschenkten. Die Beschränkung im Sommer war ökonomisch notwendig, weil die ansonsten mit landwirtschaftlicher oder handwerklicher Beschäftigung befassten Kommunbrauer nur kurzzeitig sich für die „Wirtstätigkeit" freisetzen konnten, andererseits deren Bier wegen der geringen Haltbarkeit rasch ausgeschenkt werden musste, so dass immer nur höchstens einer bis drei der zahlreichen „Hobbybrauer" für eine Woche im Sommer ihr Bier ausschenken durften. Die Reihenfolge der sich ▸ **zum Flindern Bewerbenden** wurde jährlich im Rathaus ausgelost.

1843, vor 160 Jahren, luden noch 57 brauberechtigte Pegnitzer Bürger zum „Frühlingsbräu als auch Flinderer" ein. Sie waren jeweils in Dreiergruppen gebündelt mit einem Metzger in der Gruppe. Vom 8. April bis 9. September 1843 wurde 21 Wochen lang geflindert, wobei die erste Gruppe zwei Wochen, die folgenden mit einer Ausnahme nur eine Woche dran waren. Es ist für Heutige nicht überraschend, dass der Name PFLAUM am häufigsten auftaucht: die Metzger Nikolaus, Heinrich, Jakob, Johann Conrad und Thomas Pflaum, die Bäcker Carl, Andreas und Thomas Pflaum und der Lohgerber Friedrich Pflaum.

In den Magistratslisten sind die Brauberechtigten mit ihren Berufen ausgewiesen. So finden wir unter 57 allein 19 Metzger, kein Wunder, denn am Ende des 18. Jahrhunderts stellten 23 „Schlächtermeister" bei etwas mehr als tausend Einwohnern in der Stadt und Altstadt Pegnitz die größte Handwerkergruppe (LAYRIZ, S. 100). Weiter sind bei den Brauberechtigten aufgeführt 9 Loh- und Weißgerber, 5 Bäcker, 3 Schmiede und dann noch Büttner, Lebküchner, Schneider, Schuster, Brauer, Weber, Nagler, Melber (Mehlhändler), Seiler, Wagner und Zeugmacher, auch ein Magistratsrat, ein Hauptmann und zwei Witwen.

Für all die Nebenerwerbsbrauer war natürlich die Entschließung des Königlichen Ministeriums der Finanzen vom 17. November 1852 ärgerlich, nach der jeder eine Einheitssteuer für das Brauen und zusätzlich für das Ausschenken zu zahlen hätte, ganz gleich, ob er 3 oder 50 Scheffel Malz brannte. Deshalb wandte sich am 22. Februar 1854 die brau- und schenkberechtigte Bürgerschaft zu Pegnitz in einer „Allerunterthänigst treu gehorsamen Vorstellung und Bitte" gegen die Besteuerung der Brauerei in den Kommunbrauhäusern. Sie berief sich eben darauf, dass es für sie ein Nebengeschäft wäre und sie schon Steuern im Hauptgeschäft zahlten, dass sie ferner Kesselgeld und Reparaturkosten aufzubringen hätten. Da rührte sich noch der liberale Geist der 48er Revolution: „Das Recht, im hiesigen Communbrauhaus Bier zu brauen und Bier zu schenken, ist lediglich ein Ausfluss des Bürgerrechts." Sie hatten sich schon an die Kammer der Abgeordneten gewandt mit der Bitte, wie Privatbrauereien nur nach der Menge des „verbrannten Malzes" versteuert zu werden.

Feste Markttage und Tradition

Flindern in Pegnitz
In seiner zur 600-Jahr-Feier der Stadterhebung vorgelegten Pegnitzer Geschichte schreibt Ludwig Büttner (S. 33), erster Standortvertreter der Zweigstelle des Gymnasiums in Pegnitz, dass der Flinderer hier „durch eine vor das Haus gestellte Hopfenstange, später durch ein sternförmiges Zeichen mit grünem Busch" der Bevölkerung kundgemacht worden sei.

Solches hatte auch schon Heinrich Bauer in seiner Geschichte der Stadt Pegnitz vermerkt und festgestellt, dass das sechseckige Sternzeichen mit angebundenen grünen Zweigen „an einer zu einem Dachfenster herausgestreckten Stange befestigt ist" (Bauer, S. 577). Daraus erklärte er, dass „flindern heißt soviel als flattern und Flinderer bedeutet also das im Winde sich hin- und herbewegende Zeichen". Auch sprechen Wolf/Tausendpfund (S. 82 f.) vom „flitternden (= flatternden)" Beiwerk am Buschen, zeigen aber auch für spätere Zeiten, etwa bei der Bierbrauerei Hösch, einen aus Blech gefertigten grünen Kranz.

Einmalig in der ganzen Flinderregion, so erinnert sich der Verwaltungsbeamte Manfred Richter, dürfte sein, dass 1974 bei der Wiederbelebung des Flinderns in Form der Fränkischen Bierwoche in der Gaststätte „Glückauf" in der Lohesiedlung ein Paar alte Stiefel hinausgehängt wurden. Es war und blieb ein Jux, denn in den folgenden Jahren setzten sich wieder traditionelle Wegweiser zum Flindererlokal durch.

Das eiserne Gesetz für Flinderer
Die Bedingungen für die Teilnahme am Flindern, zitiert nach dem Erlass der Stadt vom Jahre 1848:
§ 3 Ein Tausch darf durchaus nicht stattfinden.
§ 4 Wer nicht braut, darf auch nicht flindern.
§ 5 Nur tarifmäßiges Bier darf geschenkt werden.

Abbildung 31:
Bierauto der Brauer-Vereinigung.

Feste Markttage und Tradition

Zwischen 1843 und 1939 sank die Zahl der Flinderenanbieter rapid ab:
57 (1843) – 21 (1880) – 8 (1901) – 12 (1914) – 3 (1926) – 6 (1927) – 4 (1928) – 4 (1939)
Dabei hatte die Zahl der Brauberechtigten bis zum Weltkrieg nur unmerklich nachgelassen, nämlich von 112 auf 101. Diejenigen, die ihre Braurechte noch wahrnahmen, zählten aber nur noch 20.

Abbildung 32:
Flinderer-Zeitungsanzeige.

Pegnitzer Flinderer vor hundert Jahren

Einen aufschlussreichen Einblick in Pegnitzer Flindereraktivitäten und -wirtschaften in einem Jahr gewährt Peter Spätling mit seinem Beitrag "Spezialität Beiner Sülze" (NK, 24./25. April 2004). Er berichtete über den Flinderer des Jahres 1904, der am 21. Mai begann:

„Anders als heute war der Flindererbeginn stets an einem Samstag. 1904 begann Johann Hammerand mit dem Flindern und bot in einem Inserat Folgendes an: ‚Für vorzüglichen Stoff, ff. Bratwürste und Pressack sowie meine Spezialität: Beiner Sülze habe ich bestens gesorgt und lade zu zahlreichem Besuch höflichst ein. Während der Dauer des Flinderers ist Schweinefleisch das Pfd. 60 Pfg. zu haben und empfehle solches geneigter Abnahme.' Aus diesem Inserat geht hervor, dass die Bezeichnung ‚Stoff' für das Bier also durchaus keine moderne Erscheinung ist. Traditionell sind also auch die echten Flinderer-Spezialitäten mit Bratwürsten, Pressack und Sülze.

Dass der Flinderer meist der Versorgung der Bevölkerung diente, zeigt sich am Außer-Haus-Verkauf des Schweinefleisches, dessen Preis heute natürlich etwas höher liegt. Wenn man die weiteren Inserate der Flinderer-Wirte im Jahr 1904 verfolgt, so wird man vergeblich nach den heute beteiligten Wirten suchen. Inseriert hatten u. a. Johann Hammerand, Georg Bernet, Georg Hösch, Jakob Steger oder Heinrich und Theodor Engelhardt. Das sind zwar seit Jahrhunderten alles alte Pegnitzer Namen, wie man bei einem Blick in die Chronik feststellen kann, doch wo lagen die Wirtschaften? Johann Hammerands Schankstube lag in den Räumen der heutigen Hypo-Bank. Nicht zu verwechseln ist dieses Wirtshaus mit der Gastwirtschaft Hammerand bei der AMAG-Hilpert-Hütte, die es zwar heute auch nicht mehr gibt, die aber kein kommunales Braurecht hatte. Georg Bernet kam eigentlich aus Bronn, hatte das Schankrecht aber durch Einheirat erworben. Er schenkte sein Bier in der heutigen Schmidt-Bank aus.

Aus seinem Inserat geht übrigens auch hervor, dass sich die Flinderer-Wirte auf einen einheitlichen Preis beim Bier und allen anderen Produkten geeinigt hatten. Bei Georg Hösch handelt es sich um den Wirt des Gasthauses, in dem heute der Drogeriemarkt Schlecker zu Hause ist. Ein weiteres Gasthaus mit einem Wirt des gleichen Namens befand sich ebenfalls noch in der Hauptstraße, wo heute Kfz-Teile verkauft werden. Jakob Steger war nebenbei noch Bäcker und veranstaltete seinen Flinderer im heutigen Café Herzog (ehemals Sachs). Heinrich und Theodor Engelhardt hatten ihre Gastwirtschaft in der Rosengasse. Leider findet im heutigen „Schnerpfl" kein Flinderer mehr statt. Es gibt eigentlich fast keine ‚echten' Pegnitzer mehr, die diese Tradition betreiben. Heute haben diesen Brauch Gastwirtschaften übernommen, die normalerweise ihre Küche eher der griechischen, italienischen oder mexikanischen Kochkunst verschrieben haben, und von Sportheimen war vor 100 Jahren auch noch keine Rede."

Abbildungen 33/34:
Die Gaststätten Hösch und Eichenmüller.

Dem Flinderer drohte das Aus

Nicht nur dem Flinderer, auch dem Kommunbrauwesen drohte am Beginn des 20. Jahrhunderts das Aus.
Als in Bayern eine Zusammenlegung der Kommunbrauer und eine Minderung der Ausschankrechte angestrebt wurde, ging es im Landkreis Pegnitz um die Existenz der Flinderei. Im wesentlich mehrheitlich katholischen Teil des Landkreises

Feste Markttage und Tradition

hatten im Allgemeinen die Brauberechtigten schon im 19. Jahrhundert bei der Zunahme von ständig offenen Bier- und Gastwirtschaften ihre Braurechte verfallen lassen, so in Büchenbach allein 30, ebenfalls 30 hielten in Obertrubach „die Ausübung des Communalbraurechts von selbst als ausgeschlossen", und Gößweinstein meldete, dass das Ausschenken „selbstgebrauten Biers im Turnus, wobei die Schankstätte durch ein ausgestecktes Merkmal (Flinderer) bezeichnet wird, hier nicht eingeführt ist". Das ergab eine Anfrage des Landratsamtes (damals noch Bezirksamt) im Februar 1910 bei den Gemeinden.

Dagegen wehrten sich die auf der protestantischen Achse Creußen–Pegnitz–Betzenstein–Plech noch existierenden Brauberechtigten erbittert gegen eine Zusammenlegung und eine Minderung ihrer Ausschankrechte. Den Beharrungswillen der damals noch mindestens 12 Pegnitzer Flindererwirte kennzeichnet der Stadtmagistrat Pegnitz: „In dieser Beziehung ist überhaupt jeder Schritt vergebens." In Creußen protestierten 22 Kommunbrauer, meist Landwirte, weil sie dann ihre selbst angebaute Gerste nicht mehr verwerten könnten. Im Übrigen wiesen sie auf die guten Schankmöglichkeiten bei den zahlreichen Vieh- und Jahrmärkten und der „stark bevölkerten Umgegend" Creußens hin. Die zehn Betzensteiner Brauberechtigten, so die Gemeinde, würden „nicht freiwillig" auf das Schankrecht verzichten. Auch die acht Plecher widersprachen energisch, weil „auf ihrem Anwesen seit urdenklicher Zeit das Commun- und Schankrecht ruht und schon von ihren Vorbesitzern ausgeübt wurde".

In der flindererfreien Zeit von 1915 bis 1924 regelten die letzten brauberechtigten Bürger ihre Brau- und Schankverhältnisse: Das Brauen hatten die Brauereien übernommen, und wer weiter ausschenken wollte, der tat dies nun in einer Bier- oder Gastwirtschaft, wobei die Behörden genau prüften, ob eine Gastwirtschaft wirklich Beherbergungsmöglichkeiten bot. Seit 1928 sind es nur noch vier Wirtschaften, die Flindererbier in der Hauptstraße und der Rosengasse, dann nur noch in der Hauptstraße ausschenken. Sie führten den Flinderer bis zum Zweiten Weltkrieg als guten alten Brauch fort, mit Brauereibier und mit einer gediegenen Hausschlachtung.

Metzger gegen Flindererwirte

Es ging bei einem zünftigen Streit zwischen Metzgern und den vier noch verbliebenen Flindererwirten 1935 gar nicht um das Bier, sondern um die Wurst. Die Metzger hatten sich bei der Kreishandwerkerschaft des Reichsstandes des deutschen Handwerks über die drei Wirte Ponfick, Hammerand und Pflaum beschwert, weil diese während der ihnen zugewiesenen Flindererwoche „Speisen, Wurst und Fleisch über die Straße verkauft hätten". Im Antwortschreiben vom 27. Juni ließ das Bezirksamt die Kreishandwerkerschaft aber abblitzen und seine Auffassung von der hohen Bedeutung des Flinderns anklingen. Es sei „klar zu erkennen, dass der Betrieb der Flinderer während der Flindererzeit nicht mit dem Betrieb anderer Gaststätten verglichen werden kann, sondern etwas ganz Besonderes ist. Dass es sich hier um ein Brauchtum handelt, das mit dem Empfinden des Volkes tief verbunden ist und dass es nirgends als bei den Metzgern verstanden würde, solches Brauchtum nun zu unterbinden." Wer mochte gerade in der Zeit des Dritten Reiches gegen etwas stänkern, was dem Volksempfinden entsprach! Als besonders delikat merkte das Bezirksamt an, dass der Sohn des beschwerdeführenden Obermeisters der Metzgerinnung für den Flinderer mitgeschlachtet haben soll.

Flindern in den letzten 50 Jahren

Der Beginn des Zweiten Weltkrieges unterbrach die Pegnitzer Flinderei erneut. Dass der Brauch oder das Fest des Flinderns aber wirklich in Pegnitz verwurzelt war, zeigte sich am 3. Juni 1950, als nach Hungerjahren und der Währungsreform der Flinderer in den Wirtschaften Georg Brehmer, Fritz Pflaum und Jakob Ponfick

Abbildungen 35–40: Historische Bierdeckel.

247

Feste Markttage und Tradition

Abbildung 41:
Der Pegnitzer Nockherberg: Auf dem Wirtschaftstag nimmt Herbert Scherer die Stadtereignisse des vergangenen Jahres aufs Korn.

Der heutige Flinderer
Das heutige Flindererbier ist kein Fastenbier, darauf legen die beiden Braumeister der Pegnitzer Brauereien Wert, es ist also kein Nahrungsmittelersatz in der Fastenzeit. Es soll ein Bier sein, das wie früher in der warmen Frühlings- und Sommerzeit getrunken werden kann. Es ist ein Festbier, das mittelgehopft doppelt so lange gärt wie ein normales Bier. Vom Versuch, es in Flaschen abzufüllen, hatte man bis vor kurzem weitgehend Abstand genommen. Es sollte ein Bier frisch vom Fass für die Flindererzeit bleiben. Nun wurde 2003 von der Brauer-Vereinigung und dann 2004 von der Jura-Brauerei erstmals Flindererbier in Flaschen angeboten und gut verkauft.
Zum Bier gehört die Brotzeit, meist einfache fränkische Fleisch- und Wurstspeisen vom Schwein, darunter der berühmte Schipf, der sich sicher von „geschöpft" ableitet, also Kesselfleisch, darunter Fleisch vom Schweinerüssel, von Schweinsohren, vereinzelt noch in Hausschlachtung hergestellt. PPP-Chef Andreas Pflaum erinnert sich in diesem Zusammenhang noch an die sog. Wurstfahrer, die oft in Begleitung eines Harmonikaspielers bei Hausschlachtungen auftauchten, um sich eine kostenlose Brotzeit zu erspielen.

wieder fröhliche Urständ feierte. Die neue Gefahr kam diesmal von der entgegengesetzten Seite, vom zunehmenden Wohlstand, der Zuneigung zu fremdländischen Genüssen und einer gewissen Wirtshausmüdigkeit. 1962 schied Ponfick als Flindererwirt aus, 1973 beendete der letzte alte Flindererwirt Quoika, früher Pflaum, seine Flindererverbindung.

Die Vorstellung, dass das große Bierfest der Löhrskerwa 1974 den Flinderer abgelöst hätte, darf nach den Nachforschungen von MÜLLER und RICHTER korrigiert werden. Die Gaststätte „Glückauf" hat sich „bereit erklärt, die alte Tradition fortzusetzen" und vom 12. bis 19. Juni 1974 einen „Ersatzflinderer" abzuhalten. Nicht nur frisch Geschlachtetes und Flindererbier sollen die Pegnitzer anlocken, sondern auch der „Eisenkönig" Adi STENGER, der dicke Eisenstangen bog. Es ist auch das Jahr, in dem Wilhelm Knopf gegen den Widerstand seines Vaters ein eigenes Flinderer-Festbier kreiert. So taucht bei den kommenden Bierwochen in der Glückauf-Gaststätte ab 1975 und im ASV-Sportheim ab 1976 neben Bierwoche immer wieder der Ausdruck „Ersatzflinderer" auf. 1978 steigt auch die Brauer-Vereinigung mit dem Flindererbier im Freibad-Restaurant wieder ein und die Zeitung frohlockte: „Erstmals mit zwei Flindererbieren!" (NK, 5. 2. 78)

Etwas Überraschendes war geschehen: Der Flinderer war in die Peripherie gezogen. Es dauerte bis zum Jahr 1982, dass mit dem „Weißen Lamm" erstmals wieder auf dem Marktplatz Flindererbier ausgeschenkt wurde. Die weitere Entwicklung zu einem echten Pegnitzer Brauchtumsfest (▶ Der heutige Flinderer) vollzog sich fast sprunghaft.

1991 teilten sich schon neun Gaststätten die Wochen vom 9. April bis 10. Juni. Künftig sollte an dieser Einteilung festgehalten werden. Seitdem beginnt der Flinderer am Dienstag nach Ostern im ASV-Sportheim, wo der Bürgermeister das erste Fass ansticht. Zehn bis elf Gaststätten beteiligen sich in den folgenden Wochen, bis 2003 zwölf Wochen geflindert wird, um alle Bewerber unterzubringen, wobei es in drei Wochen sogar zum Parallelflindern kam.

In nachweisbar fast drei Jahrhunderten ist aus einem ökonomischen und hygienischen Zwangsgebot eine Gewohnheit geworden, die gerade in den letzten 25 Jahren als Brauch wiederbelebt wurde. Bürgermeister Manfred THÜMMLER, seit über zwanzig Jahren im Amt, sieht in der Förderung des Flinderers ein willkommenes Mittel zur Präsentation der Stadt vor allem in deren wirtschaftlicher Entwicklung. Seit 1988 lädt er Behörden- und Wirtschaftsvertreter zu einem Wirtschaftstag mit anschließendem Flindern ein, bei dem Herbert SCHERER, der frühere Leiter des Pegnitzer Gymnasiums, die Gäste mit einer launigen Bierrede unterhält, die die Stadt inzwischen als Sammlung unter dem Titel „Erbauliches vom unaufhaltsamen Aufstieg der Flinderer-Metropole Pegnitz" ausdruckt. Dieser Wirtschaftsflinderer ist eine hervorragende Werbung für den Wirtschaftsstandort Pegnitz und zahlt sich, wie der Bürgermeister immer anmerkt, auch in barer Münze aus.

Abbildung 42:
Der Wirtschaftsflinderer klingt mit Bierrede und Bombenstimmung aus: 1999 freuen sich über die humorigen Anspielungen von Flinderer-Redner Herbert Scherer Bürgermeister Thümmler, Staatssekretär Müller, MdL Nadler, Dekan Schmidt, MdB Koschyk und Bauunternehmer Dr. Markgraf.

Pegnitz war und bleibt eine Bier- und Biertrinkerstadt. Der auf anderer Grundlage wieder aufgeblühte Flinderer, die Löhrskerwa, das vom ASV wieder aufgezäumte Kirchweihfest und die zahlreichen Dorfkerwas sind Feste, bei denen das Volk beim Bier zusammensitzt und Gemeinsinn pflegt. Sie bilden einen wesentlichen Teil der Lebensqualität in dieser Stadt.

Feste Markttage und Tradition

Flinderer 2001
19. Juni im Gasthaus Kürzdörfer, Buchau

Es braust ein Ruf wie Donnerhall
Mit Gläserklirren, Redeschwall
Von Menschenscharen ohne Zahl:
Geflindert wird im Pegnitztal,

Und wer in Pegnitz auf sich hält,
Beim Schlucken seine Kehle stählt.
Es trinken Schüler und Philister
Gar manchmal Ex- und Jetztminister

Und mancher durst'ge Volksvertreter,
Auch Atheisten, fromme Beter.
Auch Männerclubs und Frauenbünde
Betrachten es als keine Sünde,

Hier mehrmals kräftig aufzutanken
Und abends spät nach Haus zu wanken.
Wie sprach doch Faust in Goethes Stück:
„Dasein ist Pflicht, und sei's ein Augenblick".

Es zählt hier nicht Verdienst noch Rang,
Hier zählt allein zum Bier der Drang.
Der Arzt verschreibt als täglich Maß
Drei Liter Trank – hier ist's vom Fass.

Denn wer bei Hitze da im Saal
Rasch auszutrocknen droht in Qual,
Dem sei ein kräft'ger Schluck zum Trost,
Drum sag ich zwischendurch mal Prost!

Das Bier, das man aus Wasser g'winnt,
Durch Kehle, Nieren, Blase rinnt,
In Hainbronn wird es dann geklärt,
Eh' es als Pegnitz südwärts fährt,

Wo es in Nürnberg an der Brück'
Die Leut' als Wasser neu entzückt,
Zurückgegeben der Natur,
Von Malz und Hopfen keine Spur.

Ein Ketzer hat sogleich geschrieben:
„Wo ist der Alkohol geblieben?"
„Er bleibt im Kopf und in der Leber",
so NBS-Entsorger Weber.

Und dass er dorten gut verkostet,
Sei Webern speziell zugeprostet.

(Herbert Scherer)

Abbildung 43:
Flinderer.

Abbildung 44:
Zum Flinderer gehört eine deftige Hausmacher-Brotzeit: Bratwürste gebraten oder sauer, Blut- und Leberwürste, Pressack und Tellersülze, Kesselfleisch, Hirn- und Jagdwurst und natürlich auch Sauerkraut. Weitere Flindererspezialitäten: „Knöchla mit Kraut", „Rippla", Krenfleisch und Schweinebraten.

Abbildung 45:
Flindererwahrzeichen.

Feste Markttage und Tradition

Manfred Richter
4. Patenschaft mit zwei Minensuchbooten der Bundesmarine: „Perseus" und „Pegnitz"

Gründungsmitglieder der Marinekameradschaft Pegnitz:
Konrad Egli, Karl Pöhner, Hans Schauer, Heinz Kürzdörfer, Christl Meyer, Kurt Mönch, Georg Schreg, Karl Schwarzländer, Fritz Weggel, Baptist Kugler, Ernst Müller, Hans Pirner, Georg Linhardt, Erdmann Küffner, Ernst Wagner, Bruno Strobel, Heinz Krupke, Martin Maier, Reinhold Wimmer, Heinz Mäckl, Karl Juncker

Entstehung:

Im Jahre 1955 gründeten 21 ehemalige Angehörige der Marine die Marinekameradschaft Pegnitz. Nach 10 Jahren hatten sich in der Kameradschaft 40 Männer zusammengefunden, die ihre Verbundenheit zur Seefahrt pflegten und weiterführten. Mit ihrem Shanty-Chor und den durchgeführten Auftritten wurde die Marinekameradschaft Pegnitz in der Stadt und im Landkreis Pegnitz bei Jung und Alt bekannt.

Im Laufe der Jahre nahm ein lang gehegter Wunsch bei den Mitgliedern der Marinekameradschaft immer stärkere Formen an: Zum 10-jährigen Bestehen der MK sollte die Übernahme der Patenschaft mit einem Boot der Bundesmarine durch die Stadt Pegnitz erfolgen.

Der Zufall kam der Marinekameradschaft zu Hilfe. Als sich Fregattenkapitän und Kommandeur des 5. Minensuchgeschwaders Eberhard Schmezer am 26. und 27. Juni 1965 zu einem Besuch mit der Bootsbesatzung der „NEPTUN", dem Patenboot von Auerbach, hier in unseren Breiten aufhielt, konnten die ersten Gespräche über die Durchführung dieses Vorhabens geführt werden. Nach kurzer Zeit der Beratung stellte der Erste Vorsitzende der Marinekameradschaft, Karl PÖHNER, am 1. Juli 1965 offiziell bei der Stadt Pegnitz den Antrag zur Übernahme der Patenschaft für ein Schiff der Bundesmarine.

Bereits in der Sitzung vom 21. Juli 1965 stimmte der Stadtrat von Pegnitz diesem Antrag zu. Der damalige erste Bürgermeister Christian SAMMET wurde ermächtigt, ein entsprechendes Gesuch beim Flottenkommando in Glücksburg einzureichen.

Schon am 17. August 1965 informierte das Flottenkommando das 5. Minensuchgeschwader in Neustadt, dass die Stadt Pegnitz die Patenschaft über das SM-Boot „PERSEUS" übernehmen kann.

Danach entwickelte sich zwischen der Stadt Pegnitz, der Marinekameradschaft und dem Boot ein reger Schriftverkehr, der eine große Übernahmefeier zum Ziel hatte. Vom 5. bis 8. November 1965 wurde die Patenschaftsübernahme vollzogen und mit dem 10-jährigen Gründungsjubiläum der Marinekameradschaft entsprechend gefeiert.

Unser erstes Patenboot:

Die „PERSEUS" wurde 1959/60 in der Schlichting-Werft in Travemünde gebaut und am 22. September 1960 um 17.00 Uhr getauft. Die Taufrede hielt Fregattenkapitän FEIST. Seine Frau Trude Feist vollzog die Taufe.

Mit dem Indienststellungsbefehl Nr. 142 vom 5. März 1961 erging von Bundesminister für Verteidigung F. J. STRAUSS die Verfügung, das Schnelle Minensuchboot „PERSEUS" in Travemünde am 16. März 1961 in Dienst zu stellen. Es soll das optische Rufzeichen M 1090 erhalten. Das Boot wurde dem 5. Minensuchgeschwader mit Heimathafen Neustadt unterstellt.

Ihr erster Kommandant war Kapitänleutnant DUVINAGE. Am 17. März verließ die „PERSEUS" Travemünde und lief gegen Mittag in ihren Heimathafen Neustadt ein. Nach Fertigstellung des neuen Marinestützpunktes Olpenitz verlegte man das 5. Minensuchgeschwader und damit auch die „PERSEUS" am 28. November 1968 von Neustadt nach Olpenitz. Dieses „Dorf" an der Schleimündung wurde nun 20 Jahre lang Heimathafen des Patenbootes.

Abbildung 46:
Antrag der Marinekameradschaft Pegnitz zur Übernahme der Patenschaft.

Steckbrief der „Perseus":
Länge:	47,44 m
Breite:	7,00 m
Tiefgang:	2,10 m
Größe:	281,5 BRT
Geschw.:	22,0 kn
Besatzung:	35 Personen
Baumaterial:	Holz

250

Feste Markttage und Tradition

Abbildung 47:
Die „Perseus".

5. Minensuchgeschwader

Kommandanten der „PERSEUS":

Kptlt. Duvinage	1961 – 1962
OltzS Böttcher	1962 – 1963
OltzS Schulze	1964 – 1966
OltzS Sure	1966
Kptlt Güllich	1966 – 1968
OltzS Knöß	1968 – 1970
Kptlt Drobig	1970 – 1971
Kptlt Bauer	1971 – 1973
Kptlt Schuth	1973 – 1975
Kptlt Bess	1975 – 1977
Kptlt Weichselgartner	1977 – 1980
Kptlt Besch	1980 – 1982
OltzS Rohde	1982 – 1984
Kptlt Roßmann	1984 – 1986
Kptlt Bläß	1986 – 1988

(Kptlt = Kapitänleutnant
OltzS = Oberleutnant zur See)

Lebendige Patenschaft

Unter der Federführung der Marinekameradschaft Pegnitz entstand mit den jeweiligen Kommandanten und den Besatzungen ein lebendiges, aktives Patenschaftsverhältnis. Mit den jährlichen Besuchen und Gegenbesuchen wurde das Kennenlernen von Besatzung, Marinekameradschaft und Bevölkerung gepflegt. Viele Freundschaften entstanden und halten heute noch an. Selbst Eheschließungen zwischen Matrosen und Töchtern aus Pegnitz und Umgebung kamen zustande.
Die nachfolgend chronologisch aufgeführten Besuche in Olpenitz und in Pegnitz zeugen von einer regen, aktiven Paten- und Partnerschaft zwischen Besatzung und der Bevölkerung von Pegnitz.

Chronologie der Patenschaft
mit Auszügen aus dem Schiffstagebuch der „Perseus"

01.07.1965	Antrag der Marinekameradschaft Pegnitz auf Übernahme einer Patenschaft
21.07.1965	Stadtrat stimmte der Übernahme einer Patenschaft mit einem Boot der Bundesmarine zu.
03.08.1965	Schreiben der Stadt Pegnitz zum Flottenkommando nach Glücksburg mit der Bitte um Übernahme einer Patenschaft.
06.10.1965	Der Stadtrat nimmt Kenntnis von der Genehmigung des Bundesverteidigungsministeriums zur Patenschaft.
26.10.1965	Einladung der „PERSEUS" nach Pegnitz
13.11.1965	Schaden am Boot in der Neustädter Bucht. Bei Nordostwind Stärke 9 wurden durch überkommende See der Wellenbrecher verbogen und aus den Verschraubungen gehoben. Oberdeck an zwei Stellen eingedrückt. Längsträger in Höhe Spant 71 angebrochen. Vordere Rettungsinsel angebrochen und aus den Halterungen gerissen.
05.–08.11.1965	1. Besuch der „PERSEUS" zwecks 10 Jahre Bestehen der Marinekameradschaft mit offizieller Übernahme der Patenschaft. Ehrengäste u. a. Landrat Dr. DITTRICH und Kommandant des 5. Minensuchgeschwaders Eberhard SCHMEZER, Austausch von Geschenken, Besichtigungen und Ehrungen.
Januar 1966	Für die „PERSEUS" wird der französische Hafen Brest für einige Zeit Heimathafen. Die Eislage in der Ostsee erlaubte für die Holzboote nicht den Aufenthalt.
01.07.1966	Kommandantenwechsel: Joachim SCHULZE – Karl-Ludwig TORKUHL
06.09.1966	Kommandantenwechsel: Karl-Ludwig Torkuhl – Eckart WILLI
18.12.1966	Neuer Kommandant: Gerhard GÜLLICH
02.–5.06.1967	„PERSEUS"-Besuch unter SCHMEZER in Pegnitz
01.10.1967	Kommandeurwechsel: Schmezer – ZIRKMANN
07.–9.06.1968	Gegenbesuch der Stadträte. Fahrt zum „Tag der Flotte 68" nach Heiligenhafen mit „PERSEUS"

Abbildung 48:
Besuch einer Abordnung der Besatzung unter Oberleutnant zur See Bruno Busse in Pegnitz. Geschenkübergabe bei der Marinekameradschaft Pegnitz.

Abbildung 49:
Empfang im Rathaus.

251

Feste Markttage und Tradition

01.10.1968	Kommandantenwechsel Güllich – Wilhelm Knöss
28.11.68	Das 5. Minensuchgeschwader verlegt nach Olpenitz.
Dez. 1968	Instandsetzung in der Hatra-Werft in Travemünde
18.08.1969	Die Besatzung von „PERSEUS" birgt ein Segelboot und übergibt es an den Seenotrettungskreuzer „Hamburg"
10.–13.10.1969	„PERSEUS" in Pegnitz zu Besuch
30.12.1969	„PERSEUS" rettet 6 Schiffbrüchige von der „Heinrich Hauschild". Das deutsche Motorschiff gerät in Seenot und sinkt.
19.03.1970	Kapitänleutnant Knöß, Gefreite Knisp und Mahrsen erhalten Silberne Rettungmedaille
29.05.–1.06.1970	„Pegnitz-Besuch". Kommandant überreicht der MK Pegnitz einen Rettungsring des gesunkenen Schiffes.
16.–18.10.1970	Gegenbesuch in Olpenitz
01.04.1971	Neuer Kommandant KptLt. Bauer
1971	Nach einer halbjährigen Instandsetzungsphase läuft die „PERSEUS" in die Häfen Kristiansand/Norwegen und Granton/Schottland ein.
11.12.1971	Ankunft einer Abordnung der „PERSEUS" zur Überbringung von Weihnachtsgrüßen und Austausch von Geschenken
30.06.–3.07.1972	Besuch der Besatzung in Pegnitz
01.09.–4.09.1972	Gegenbesuch in Olpenitz, ganztägige Seefahrt mit Windjammerparade in Kiel
02.10.1972	Neuer Kommandant Detlev Schuth
12.12.1972	Gefechtsbesichtigung durch Kommandeur der Flottille der Minenstreitkräfte (zweitbestes Boot des Geschwaders)
1973	Auslandsreise nach Norrköping in Schweden
21.–24.09.1973	ehemalige Mitglieder der Besatzung besuchen Pegnitz (Führungskräfte)
02.–04.08.1974	„PERSEUS"-Abordnung (4 Mann) in Pegnitz
1974	„PERSEUS" war in diesem Jahr nur 62 Tage im Hafen Olpenitz. Für den Rest des Jahres befand es sich entweder auf See oder in der Werft
1975	Im September Feier zum 10-jährigen Bestehen der Patenschaft und 20-jähriges der Marinekameradschaft.
10.–12.05.1975	Gegenbesuch in Olpenitz
29.09.1975	Kommandantenwechsel von Kapitänleutnant Detlev Schuth auf Kapitänleutnant Henning Bess
20.–23.12.1975	Besuch einer Abordnung des Patenbootes „PERSEUS"
25.–28.06.1976	Besuch einer Abordnung der Patenstadt in Olpenitz
18.12.1976	Gegenbesuch in Pegnitz
25.–28.03.1977	Besuch der Besatzung (18 Mann) in Pegnitz betont die enge Verbundenheit zur Patenstadt. Gefeiert wird das 20-jährige Bestehen der Marinekameradschaft
20.05.1977	Übergabe des Bootes an Kapitänleutnant Weichselgartner
16.–18.12.1977	Besuch einer Abordnung in Pegnitz
31.03.–2.04.1979	Gegenbesuch der Besatzung in Pegnitz. Die Patenbootsbesatzung erlebte ein turbulentes Wochenende in Pegnitz
	33 Schüler des Schülerheimes des Gymnasiums besuchen die „PERSEUS"
17.–18.12.1979	Weihnachtsbesuch einer Abordnung der Besatzung der „PERSEUS"
30.05.–2.06.1980	Pegnitzer in Olpenitz. Erstmals nahmen auch Angehörige der Verwaltung am Besuch teil.
19.–22.09.1980	Feier „15 Jahre Patenschaft mit PERSEUS" in Pegnitz mit der Marinekameradschaft
29.09.1980	Neuer Kommandant, Kapitänleutnant Jörg Besch
19.–22.12.1980	Weihnachtsbesuch einer Abordnung

Abbildung 50:
Steuerstand der Perseus.

Abbildung 51:
Die Perseus vom Bug her gesehen.

10.–12.04.1981	20. Geburtstagsfeier „PERSEUS" – Marinekameradschaft, Stadträte und Bürgermeister feierten mit Patenbootbesatzung
17.–20.09.1981	Abordnung der Besatzung besucht Pegnitz
08.02.1982	Eine Abordnung unter Kommandant Besch gratuliert Bürgermeister Konrad Löhr zum 65. Geburtstag
10.07.1982	Abordnung der „PERSEUS" mit ehemaligen Kommandanten geben dem verstorbenen Bürgermeister Konrad Löhr die letzte Ehre
16.–19.09.1982	Abschiedsbesuch von Kommandant Jörg Besch mit 4 Soldaten
11.–12.12.1982	Antrittsbesuch des neuen Kommandanten Bernd Rohde
30.09–3.10.1983	Besuch der Besatzung in Pegnitz, herzlicher Empfang auf dem Marktplatz
18.12.1984	Weihnachtsbesuch von „PERSEUS"
04.–08.10.1985	Jubiläumsveranstaltung 30 Jahre Marinekameradschaft, 20 Jahre Patenschaft
02.–04.05.1986	25 Jahre Indienststellung der „PERSEUS"
26.08.1986	Kommandantenwechsel – neuer Kommandant Thomas Bläss
10.–14.12.1986	Weihnachtsbesuch des Kommandanten mit einigen Kameraden der „PERSEUS"
19.–21.06.1987	Besuch der Pegnitzer in Olpenitz
07.–10.08.1987	Letzter Besuch der Besatzung vor Außerdienststellung
11.–13.12.1987	letzter Besuch der Besatzung in Pegnitz
14.–16.09.1988	Außerdienststellungsfahrt der „PERSEUS"

Abbildung 52:
Jubiläumsfeier mit der Marinekameradschaft und der Besatzung 1985.

Die „PEGNITZ" – vom Minenkampfboot über das Schnelle Minensuchboot zum Hohlstablenkboot

Noch während der Dienstzeit der „PERSEUS" informiert der damalige Inspekteur der Marine Hans Joachim Mann den Ersten Bürgermeister der Stadt, Manfred Thümmler, dass nach fast 30-jähriger Einsatzzeit die Schnellen Minensuchboote der Klasse 340/341 des 5. Minensuchgeschwaders, u. a. auch die „PERSEUS", außer Dienst gestellt werden. Sie werden durch die Schnellen Minenkampfboote der Klasse 343 ersetzt.

Er kündigte in seinem Schreiben weiterhin an, dass die Modernisierung des 5. Minensuchgeschwaders auf das Patenschaftsverhältnis mit der Stadt Pegnitz keinen Einfluss haben wird, sondern wie bisher in der lebendigen, intensiven Form weitergeführt werden kann. Auf Grund der langjährigen freundschaftlichen Verbindung zwischen den Bürgern der Stadt Pegnitz und den Besatzungsmitgliedern des Patenbootes und auch als Ausdruck der Anerkennung und des Dankes der Deutschen Marine soll das neue Boot den Namen „PEGNITZ" erhalten.

Mit diesem Schreiben sind die Wünsche und auch Hoffnungen der Freunde des Patenbootes, besonders der Mitglieder der Marinekameradschaft und auch der Seglervereinigung Pegnitz auf ein Weiterbestehen der Patenschaft in Erfüllung gegangen.

Als dann der Stadtrat in seiner Sitzung vom 27. Februar 1987 sein Einverständnis darüber ausdrückte, dass das neue Boot den Namen der Stadt tragen soll, war die Freude groß und die Pegnitzer Bevölkerung stolz auf die Tatsache, dass bald ein Schiff mit dem Namen „PEGNITZ" über die Weltmeere fährt.

Anderthalb Jahre später, am 11. November 1988, erhielt der Erste Bürgermeister Manfred Thümmler die Einladung zur Schiffstaufe, die am 14. März 1989 in Bremen-Vegesack in der Friedrich-Lürssen-Werft stattfinden sollte. Bürgermeister Thümmler sollte die Taufrede halten, seine Gattin, Frau Sonja Thümmler, als Taufpatin die Taufe übernehmen.

Erfreut gaben die beiden ihr Einverständnis.

Abbildung 53:
Schreiben des Inspekteurs der Marine.

Feste Markttage und Tradition

Abbildung 54:
Die „Pegnitz".

Stapellauf und Taufe Boot 4 „PEGNITZ" am 14. März 1989 auf der Lürssen-Werft in Bremen-Vegesack

Mit einer 16-köpfigen Delegation fuhren dann am 14. März 1989 der Erste Bürgermeister Manfred Thümmler und Frau Sonja zur Lürssen-Werft, um die „PEGNITZ" ihrem Element zu übergeben. Zur Reisegruppe gehörten Vertreter des Stadtrates, der Verwaltung, der Marinekameradschaft und der Seglervereinigung Pegnitz. Das Interesse an diesem Ereignis war in Pegnitz immens, die Zahl der Teilnehmer wurde jedoch von der Werft begrenzt.

In der Lürssen-Werft war an diesem Tag die „PEGNITZ" auf dem Trockendock fein herausgeputzt und mit hunderten Metern von Girlanden und Bundesflagge geschmückt. Dabei war auch ein Ehrenzug der Bundesmarine, und das Marine-Musikkorps „Nordsee" gab den musikalischen Rahmen für dieses einmalige Ereignis.

Nach den Ansprachen durch den Direktor der Wehrtechnischen Dienststelle 71 in Eckernförde, Klaus BORCHARDT, Flottenadmiral Heinz-Harald HALLIER. dem Chef der Lürssen-Werft, Friedrich LÜRSSEN, und Bürgermeister Manfred Thümmler taufte die Patin Sonja Thümmler das 4. Boot dieser Baureihe auf den Namen „PEGNITZ". Unter den Klängen des Marinemusikkorps glitt die „PEGNITZ" anschließend in die Weser.

Abbildung 55:
Briefkuvert zum Stapellauf.

Bei einem Galadinner im Hotel Strandlust in Vegesack feierte man dieses Ereignis und vertiefte die gegenseitigen Beziehungen zwischen Werft, Marine und Patenstadt.

Nach einem Jahr erfolgte die Indienststellung der „PEGNITZ" am 8. März 1990 im Heimathafen Olpenitz

Ein eindrucksvolles Schauspiel war die Indienststellung des neuen, rund 110 Millionen Mark teuren Pegnitzer Patenbootes im Marinestützpunkt des 5. Minensuchgeschwaders Olpenitz. Mit dem Einmarsch des Ehrenzuges und der Fahnenabordnung, begleitet vom Musikkorps der Bundesmarine, und dem Abschreiten der Front durch den stellvertretenden Fregattenkapitän Horst Dietmar SETTLER begann die Zeremonie. Krönender Höhepunkt für die Besatzung und die Pegnitzer Abordnung war der Befehl an Kapitänleutnant BREMMER, die „PEGNITZ" zu übernehmen. Mit den Worten „Heiß Flagge und Wimpel" wurde das Patenboot in den Dienst der Bundesmarine gestellt.

Die „PEGNITZ", ein Drittel größer als das frühere Patenboot „PERSEUS", gehört zu einem Projekt von insgesamt 10 neuen Booten mit einem Gesamtwert von 1,1 Milliarden D-Mark mit einer Besatzungsstärke von 35 Matrosen.

Steckbrief der „Pegnitz"

Länge:	56,00 m
Breite:	6,00 m
Tiefgang:	2,60 m
Geschw.:	18,0 kn
Besatzung:	45 Personen
Baumaterial:	antimagn. Stahl
Antrieb:	2 Dieselmotoren mit je 2800 PS

Feste Markttage und Tradition

Unser zweites Patenboot, die „PEGNITZ"

Die „PEGNITZ" ist in der Klasse 343 als Minenkampfboot entwickelt und gebaut worden. Noch im Einladungsschreiben zum Stapellauf und Taufe wurde die „PEGNITZ" als Kampfboot bezeichnet.

Erst in der Mitteilung des Bundesministers der Verteidigung vom 26. Januar 1989 wurde uns die Änderung der Typbezeichnung vom „Minenkampfboot" in „Schnelles Minensuchboot" (SM-Boot) bekannt gegeben.

Zehn Jahre hat die „PEGNITZ" ihre Aufgaben als SM-Boot erfüllt. In der Werftliegezeit vom 12. Juni 2000 bis 15. Januar 2001 in der Lürssen-Werft in Bremen-Vegesack verwandelte sich das SM-Boot zum Hohlstablenkboot der Klasse 352.

Die Aufgaben als Hohlstablenkboot haben sich gegenüber der früheren Ausstattung nicht grundlegend geändert. Es wird genauso wie in den letzten Jahren mit Hilfe eines Hohlstabes mit Magnet oder Geräuscherzeuger nach Minen gesucht. Bisher jedoch wurde der Hohlstab hinter dem Boot hergeschleppt. Dabei musste der Minensucher immer über die Minen fahren und war so selbst mit seiner Besatzung sehr gefährdet.

Das heutige Minensuchen geschieht mit ferngelenkten Drohnen (Seehunde), in denen sich ein entsprechender Hohlstab befindet. Vom Mutterschiff, also von der „PEGNITZ" aus, werden die „Seehunde" in das minengefährdete Gebiet gelenkt. Mit Hilfe der Fernsteuerung lässt man sie das Seegebiet absuchen und hofft damit die Minen zu finden. Nach Ortung der Minen können sie dann gesprengt oder anderweitig geräumt werden.

Intensive Patenschaft

Sofort nach der Indienststellung versuchten die Besatzung unter ihrem Kommandanten Klaus Bremmer und die Pegnitzer Bevölkerung, das bisher mit der „PERSEUS" vollzogene lebendige Patenschaftsverhältnis ebenso weiterzuführen. Kurz vor Weihnachten besuchte eine Abordnung die Patenstadt und im Laufe der Jahre folgten weitere Besuche und auch Gegenbesuche.

Das große Interesse an unserem Patenboot in der Bevölkerung wurde immer dann unter Beweis gestellt, wenn Einladungen nach Olpenitz von den jeweiligen Kommandanten ausgesprochen wurden. Schnell waren die vorhandenen Plätze im Bus ausgebucht und die Teilnehmer schwärmten von der hervorragenden Gastfreundschaft der Matrosen.

So blieb es nicht aus, dass neben der Marinekameradschaft, die bisher die tragende Säule der Patenschaft war, und der Seglervereinigung, die sich seit den 80er Jahren intensiv an der Verbindung zur Bundesmarine beteiligte, auch andere Vereine Gefallen an dem Patenschaftsverhältnis fanden. Die Pegnitzer Feuerwehr und die Jugendbergmannskapelle Pegnitz reihten sich in die Gruppe der Vereine ein, die nun die Patenschaft mit der „PEGNITZ" unterstützen und tragen.

Kommandanten:

08.03.90–31.08.1991
KptLt Bremmer, Klaus

01.09.91–24.09.1991
Olt z.See Wollmann, Frank

25.09.91–27.09.1993
KptLt Büsse, Bruno

28.09.93–22.09.1997
KptLt Willutzki, Alexander

22.09.97–26.07.2000
KptLt Rieper, Kay-Uwe

27.07.00–31.11.2001
KKpt Gärtner, Thomas

seit 01.12.2001
KKpt Eilts, Ingo

Abbildung 56:
14. März 1989: Bei der Taufe der „Pegnitz" auf der Lürssen-Werft in Bremen.

Abbildung 57:
Die Besatzung der „Pegnitz" 1994.

Kommandant Alexander Willutzki entwickelte gemeinsam mit Bürgermeister Manfred Thümmler ein besonderes Patenschaftskonzept. Das Patenschaftsverhältnis mit der „PEGNITZ" wurde beispielhaft wie ein Tisch dargestellt. Die vier Beine sind die vier genannten Vereine, die Stadt Pegnitz ist die Tischplatte als Verbindungselement zwischen dem Boot und den Vereinen. Auf der Platte steht die „PEGNITZ" mit ihrer Besatzung. Dieses Modell der Patenschaft besteht nun seit 10 Jahren und hat sich bestens bewährt. Alle vier Vereine haben ihr Versprechen, sich intensiv am Patenschaftsverhältnis zu beteiligen und aktiv mitzuwirken, eingehalten. Programmplanungen bei Besuchen werden gemeinsam mit viel Engagement und Idealismus vorgenommen und deren Ausführung geschieht ohne große Probleme.

Eine fast schon traditionelle Einrichtung in der Vergangenheit ist die Übergabe von Geldspenden anlässlich der Weihnachtsbesuche der Besatzung. Die Spenden werden dem Bürgermeister beim offiziellen Empfang übergeben, der sie dann an karitative Einrichtungen wie Kindergärten weitergibt.

Für diese nette Geste der Hilfsbereitschaft herzlichen Dank an alle Besatzungsmitglieder, die im Laufe der vergangenen Jahre recht ansehnliche Geldbeträge spendeten.

Die folgende Chronologie des Patenschaftsverhältnisses berichtet von einer aktiven und intensiv gepflegten Patenschaft. Wenn auch in den letzten Jahren durch dienstliche Verpflichtungen der Besatzung die gegenseitigen Besuchsmöglichkeiten eingeschränkt wurden, wird trotz aller Widrigkeiten versucht, durch gegenseitige Besuche ein beiderseitiges Kennenlernen zu ermöglichen.

Abbildung 58:
Die „Pegnitz" im „Käfig" (Entmagnetisierungsanlage Rendsburg).

Feste Markttage und Tradition

Chronologie der Patenschaft mit der „Pegnitz"

Zeitraum	Aktivitäten	Kommandant
23.02.1987	Angebot des Inspekteurs der Marine an die Stadt, einem SM-Boot der neuen Klasse den Namen „PEGNITZ" zu geben.	
27.02.1987	Zustimmung des Stadtrates	
14.03.1989	Taufe und Stapellauf der „PEGNITZ" in Bremen bei der Lürssen-Werft	Klaus Bremmer
08.03.1990	Indienststellung der „PEGNITZ" im Heimatstützpunkt Olpenitz	Klaus Bremmer
03.–05.11.1990	Antrittsbesuch der „PEGNITZ"-Matrosen in der Patenstadt	Frank Wollmann
13.–15.12.1991	Besuch einer Abordnung der Besatzung	Bruno Büsse
15.–18.05.1992	Aufenthalt der Besatzung in Pegnitz	Bruno Büsse
10.–12.07.1992	Stippvisite von Pegnitzern in Olpenitz	Bruno Büsse
04.–06.12.1992	Weihnachtsbesuch einer Abordnung der Besatzung der „PEGNITZ"	Bruno Büsse
27.–29.08.1993	Gegenbesuch der Patenstadt, 70 Pegnitzer inspizieren die „PEGNITZ"	Bruno Büsse
10.–13.12.1993	Antrittsbesuch des neuen Kommandanten mit einer Abordnung der Besatzung	Alexander Willutzki
13.–15.05.1994	Besatzungsbesuch zum 125. Jubiläum der Soldaten- und Kriegerkameradschaft, eingebunden in den Aufenthalt der Bürger von Guyancourt, der Patenstadt von Pegnitz	Alexander Willutzki
02.–04.09.1994	Gegenbesuch von 60 Pegnitzern in Olpenitz	Alexander Willutzki
07.–.12.1994	Aufenthalte einer 8-köpfigen Abordnung der Besatzung unter Führung des 1WO Markus Paetsch in Pegnitz. Vortrag über die Bundesmarine im Gymnasium und in der Realschule	Alexander Willutzki
13.–15.02.1995	6 Pegnitzer feierten mit der Besatzung der „PEGNITZ" das 5-jährige Jubiläum der Indienststellung auf der A+R-Werft in Bremen	Alexander Willutzki
23.–25.06.1995	30-jähriges Patenschaftsjubiläum in Olpenitz. An dem Jubiläum nahmen weit über 100 Personen und u. a. die Jugendbergmannskapelle teil	Alexander Willutzki
18.–21.07.1995	„Große Fahrt" von 31 Mitgliedern der FF Pegnitz von Borkum nach Brunsbüttel. Feueralarm auf der „PEGNITZ"	Alexander Willutzki
06.–08.09.1996	Mit einem Bus und Privat-PKWs besuchten 60 Pegnitzer den Stützpunkt Olpenitz	Alexander Willutzki
05.–08.12.1996	Besuch der Besatzung mit 23 Matrosen	Alexander Willutzki
18.–20.07.1997	Die Pegnitzer mit einer großen Abordnung der FF Pegnitz sind wieder in Olpenitz	Alexander Willutzki

Abbildung 59:
Kommandantenwechsel: 22.09.97.
Übergabe v. Kptlt. Alexander Willutzki an Kptlt. Kai Uwe Rieper.

Feste Markttage und Tradition

21.–24.08.1997	17 Matrosen besuchen die Zeltkirchweih in Pegnitz und das Gelände der Seglergemeinschaft am Süßenloher Weiher. Abschiedsbesuch des Kommandanten	Alexander Willutzki
04.–07.12.1997	Antrittsbesuch des neuen Kommandanten Kai Uwe Rieper mit 11 Matrosen. Auf dem Besuchsprogramm stand der Besuch des Christkindlmarktes Nürnberg	Kai Uwe Rieper
06.–09.08.1998	Besuch der Besatzung. Auf dem Besuchsprogramm standen die Werksbesichtigung der KSB und ein Grillabend mit der Jugendbergmannskapelle	Kai Uwe Rieper
02.–04.10.1998	Reise der FF Pegnitz zum 40-jährigem Geschwaderjubiläum nach Olpenitz	Kai Uwe Rieper
03.–06.12.1998	Besuch des Kommandanten mit Gattin und einer Abordnung in Pegnitz. Die Abordnung war bei der Weihnachtsfeier der MK, dem Jahresabschlussessen der SVP und beim Frühschoppen der FF eingeladen	Kai Uwe Rieper
22–25.07.1999	Unter der Leitung des I. Wachoffizier René Brehmer besuchte eine Abordnung die Patenstadt Neben einem Grillabend bei der FF Pegnitz bestand die Möglichkeit zum Segeln auf dem Süßenloher Weiher	Kai Uwe Rieper
17.–20.12.1999	Kommandant Rieper mit Gattin mit einer Abordnung der Besatzung waren Gast in Pegnitz	Kai Uwe Rieper
02.–05.08.2002	Patenstadtbesuch der Besatzung. Mit einem Grillabend der Jugendbergmannskapelle, einem Besuch des Goldbergwerks in Goldkronach und einem Kameradschaftsabend mit der MK	Ingo Eilts
20.–22.08.2003	Besuch der Feuerwehr Pegnitz mit einer 50-köpfigen Abordnung	Ingo Eilts

Auszüge aus dem Schiffstagebuch

Zeitraum	Manöver	Kommandant
02.–29.06.93	**Ausbildungsreise des 5. Minensuchgeschwaders Nr. 312/93**	
	Reiseverlauf: Olpenitz, St. Petersburg, Riga, Klaipeda, 2.422,4 Seemeilen	Bruno Büsse
11.10.94–23.11.94	**Ausbildungsreise des 5. Minensuchgeschwaders Nr. 320/94.**	
	Reiseverlauf: Olpenitz, Warnemünde, Kopenhagen, Riga, Göteborg, Borkum, Wilhelmshaven, Hamburg, Flensburg, Olpenitz, 3560 Seemeilen	Alexander Willutzki
12.04.96 –14.06.96	**104. Ausbildungsreise des Deutschen Schulgeschwaders**	
	Reiseverlauf: Olpenitz, Bordeaux, Cadiz, Augusta/Sizilien, Heraklion/	

Abbildungen 60/61:
Die Pier des Minensuchgeschwaders im Hafen von Olpenitz.

Feste, Markttage und Tradition

Abbildung 62:
Der Shantychor der Marinekameradschaft beim Besuch der Besatzung in Pegnitz 1992.

	Kreta, Alexandria, Haifa, Cartagena, Lissabon, Zeebrügge, Wilhelmshaven 8.838,2 Seemeilen	Alexander Willutzki
20.–30.04.96	Teilnahme am Manöver „Blue Harrier"	Alexander Willutzki
21.04.–13.06.97	**110. AAR des Deutschen Schulgeschwaders**	
	Reiseverlauf: Olpenitz, Southampton, Porto, Las Palmas/Gran Canaria, Agadir, Funchal/ Madeira, Vigo, Cherbourg, Wilhelmshaven 5.011,4 Seemeilen	Alexander Willutzki
05.02.99 – 23.04.99	**Ausbildungsreise des 5. Minensuchgeschwaders Nr. 305/99**	
	Reiseverlauf: Olpenitz, Bizerte/ Tunesien, Alexandria, Muscat, Abu Dhabi, Doha, Kreta, Palma de Mallorca, Olpenitz	Kai Uwe Rieper
12.07.00– 15.01.01	Umbau zum Hohlstablenkboot der Klasse 352 bei der Lürssen-Werft in Bremen-Vegesack	Thomas Gärtner
21.08.02	Havarie eines Seehundes der „PEGNITZ" mit einer polnischen Segelyacht in der Ostsee	Ingo Eilts

Literatur

Bärbl Völkl

Bauer, Heinrich: Geschichte der Stadt Pegnitz und des Pegnitzer Bezirks, 2. Aufl. Pegnitz 1938

Büttner, Ludwig: Geschichte der Stadt Pegnitz, 1955

Roth, Elisabeth (Hg.): Oberfranken im 19. und 20. Jh., Bayreuth 1990

Sebald, Irmgard: Brauchtum im Raum von Büchenbach, Schriftl. Arbeit im Rahmen der Staatsprüfung für das Lehramt an Volksschulen, Universität Erlangen-Nürnberg 1974

Stadtarchiv Pegnitz, Heimatfest 1960, Gregorienfest 1951–1970

Albin Völkl

Bauer, Heinrich: Geschichte der Stadt Pegnitz und des Pegnitzer Bezirks, 2. Aufl. Pegnitz 1938

Büttner, Ludwig: Geschichte der Stadt Pegnitz, 1955

Brockhaus, Bd. 14

Brockhaus DIE ENZYKLOPÄDIE, 1996, Bde. 11, 14

DER NEUE HERDER, Freiburg

Dümminger, Josef und Schopf, Horst: Bräuche und Feste im fränk. Jahreslauf, Freunde der Plassenburg, e. V. Kulmbach, Stadtarchiv 1071

Duden, Bd.I, 8, Mannheim 2001

Geese, Uwe: Eintritt frei, Kinder die Hälfte, Marburg 1981

Haberberger, Katja: Pegnitz – ein zentraler Ort? Schriftl. Hausarbeit im Rahmen des 1. Staatsexamens für das Lehramt an Realschulen, Universität Bayreuth 1996

Layriz, Friedrich Wilhelm Anton: Geschichte der Stadt Pegnitz und auch ihres Landstrichs. Lateinische Original-Ausgabe, gedruckt zu Bayreuth 1794, aus dem Lateinischen übersetzt von Ernst Michael Steinruck

Lehmann, Alfred: Zwischen Schaubuden und Karusells, Frankfurt a.M. 1952

Meyers Großes Taschenlexikon, Bd. 14

Mümmler, Manfred: Brauchtum, Emskirchen 1985

Poscharsky, Peter: Die Kirchen der Fränkischen Schweiz, Schriftenreihe des Fränkische-Schweiz-Vereins, Bd. 6, Erlangen 1990

Reiff, Irene: Franken, Ziethen-Panorama Verlag 1996

Roth, Elisabeth (Hg.): Oberfranken im 19. und 20. Jh., Bayreuth 1990

Sebald, Irmgard: Brauchtum im Raum von Büchenbach, Schriftl. Arbeit im Rahmen der Staatsprüfung für das Lehramt an Volksschulen, Universität Erlangen-Nürnberg 1974

Schröder, Lilo und Horst: Bei uns in Oberfranken, Bayreuth 1990

Sieghardt, August: Fränkische Schweiz, Nürnberg 1952

„Heimatbote" bzw. „Fränkischer Heimatbote" , Beilage der „Fränkischen Presse" bzw. des „Fränkischen Kuriers", Bayreuth, Universitätsbibliothek Nr.10/NA8638, Nr. 45/NA8638

www.religioeses-brauchtum.de

www.heiligenlexikon.de

Feste
Markttage
und Tradition

Gerhard Philipp Wolf

Anekdotisches

Der ansteckende kindliche Humor und Schalk des beliebten Seelsorgers war gelegentlich für manche Überraschung gut. So besuchte Dr. Vogl im Januar 1983 einen Dia-Vortrag über Martin Luther, der im Evangelischen Gemeindehaus zu Pegnitz gehalten wurde. Die evangelischen Christen stimmten sich auf das „Luther-Jahr" ein (500. Geburtstag des Wittenberger Reformators). An jenem Abend traf Dr. Vogl kurz vor Beginn dieses Vortrages auf eine kleine ökumenische Schar weltlicher und geistlicher Würdenträger. Zur Verwunderung seiner katholischen Kollegen ließ er in dieser Runde den erstaunlichen Satz fallen: „Ich war in Wittenberg und habe am Grab Luthers gekniet." Nach einer kurzen Pause kam die Erheiterung auslösende Zusatzbemerkung: „Ich habe nämlich eine Nahaufnahme von der Grabplatte gemacht!"

Pfarrei Herz-Jesu Pegnitz

Vierzig Jahre unterwegs

Die katholische Pfarrgemeinde Pegnitz in den Jahren von 1937 – 1977

Erinnerungen des Pfarrers Dr. Franz Vogl

„Mein Amtsnachfolger Pfarrer Franz Reus hat mir vor längerer Zeit vorgeschlagen, eine ‚Chronik' über meine Pegnitzer Jahre zu schreiben. Ich folgte dieser Anregung sehr gerne, schrieb aber keine sachliche Chronik, sondern eine Sammlung meiner Erinnerungen nieder, die für spätere Zeiten im Archiv des Katholischen Pfarramtes hinterlegt werden solle. An eine Veröffentlichung dachte ich zunächst überhaupt nicht. Erst gegen Ende dieser Niederschrift überraschte mich mein unternehmungsfroher Mitbruder mit dem Plan, diese Schrift als Buch herauszugeben. Obwohl ich mir der durch die Entstehung bedingten Mängel bewußt bin, sage ich nun ‚Ja' zu dieser Veröffentlichung. Die vielen Überschriften und die kurzen Abschnitte könnten den Lesern helfen, in diesem Buch zu blättern, manches zu übergehen und vielleicht auch einiges zu lesen." *(Aus dem Vorwort)*

„[...] ‚es verdient höchste Anerkennung', schreibt der Erzbischof von Bamberg, Dr. Elmar Maria Kredel – unter Pfarrer Dr. Vogl von 1950 bis 1952 selbst Kaplan in Pegnitz – zu diesem Werk, ‚daß Prälat Dr. Franz Vogl eine Chronik der Pfarrei Pegnitz erstellt hat.' Der Reiz dieser Chronik liegt ebenso in der bekannten Originalität, mit der der Verfasser sein Wirken und seine Erfahrungen zu schildern versteht, wie auch in seiner umfassenden Kenntnis der geistesgeschichtlichen Strömungen und seiner Vertrautheit mit dem Leben der Menschen. Eine derartige Pfarrchronik hält die Erinnerung an eine Epoche unserer Heimatgeschichte lebendig." *(Buchdeckeltext)*

Ökumene in Pegnitz

(Aus: Vierzig Jahre unterwegs – Die katholische Pfarrgemeinde Pegnitz in den Jahren von 1937–1977. Erinnerungen des Pfarrers Dr. Franz Vogl, Pegnitz 1987, 163 ff.)

„Das Verhältnis der beiden Kirchen in Pegnitz war immer gut. Zwischen dem evangelischen und katholischen Pfarrer bestand im allgemeinen immer gutes Einvernehmen. Kleine Verstimmungen und Mißverständnisse traten trotzdem manchmal auf. Die bereits erwähnten Ereignisse bei der Regelung der Schulfrage brachten für einige Zeit eine etwas distanzierte Haltung. Trotzdem konnte der evangelische Dekan Ludwig Unger bei seinem Abschied zu mir sagen: ‚Wir sind immer aufeinander zugegangen.' [...] sein Nachfolger, Dekan Friedrich Schönauer, war ein sehr überzeugter evangelischer Christ. Er stand jedoch jener evangelischen Erneuerungsbewegung nahe, die der Theologe Johann Konrad Wilhelm Löhe als Pfarrer von Neuendettelsau begründet hatte. Löhe hatte wieder die Privatbeichte, den häufigen Empfang des Abendmahls und die Belebung der Sakramente in der evangelischen Kirche gefordert. [...] In der Bartholomäuskirche wurde das heilige Abendmahl wieder öfter gefeiert. Wir Katholiken hörten die Glocken der evangelischen Kirche fast genauso oft läuten wie die der katholischen. Der damalige Vikar Helmut Steinlein war genauso eingestellt wie sein Vorgesetzter. So entstanden Verbindungen zu katholischen Priestern und auch zu katholischen Klöstern. Es war deshalb nicht verwunderlich, daß in der Zeit der Weltgebetsoktav 1964 ein ökumenischer Gottesdienst in der evangelischen Kirche gefeiert wurde, längst bevor es offiziell solche Gottesdienste gab. Ich durfte dabei zum ersten Mal in der evangelischen Kirche predigen. Am Schluß des Gottesdienstes knieten der evangelische und der katholische Pfarrer auf der Stufe des Altares und verrichteten gemeinsam Gebete. Die Kirche war bis auf den letzten Platz gefüllt. Der Gottesdienst wurde bei der evangelischen und katholischen Bevölkerung gut aufgenommen. [...]

Die Niederschrift dieser Zeilen ist von den beschriebenen Ereignissen durch einen Zeitraum von 20 Jahren getrennt. Wenn ich heute mit manchen Menschen über diese Zeit rede, dann fallen mir zwei Tatsachen auf. Viele, die diese Zeiten miterlebt haben, erinnern sich meistens gar nicht mehr oder nur mühsam an die Ereignisse. Andere aber erzählen darüber oft völlig falsch. Dabei spielen vielleicht verborgene Wünsche oder auch die Phantasie eine bedeutende Rolle. Kürzlich habe ich mit einem jüngeren Zeitgenossen über vergangene Zeiten gesprochen und mußte dabei feststellen, daß ihm fast alles falsch erzählt wurde und sogar wichtige Namen verwechselt waren. So kann ich mir denken, daß heute manche Chronik auch mit falscher Information entstehen könnte. Deswegen halte ich es für notwendig, wichtige Ereignisse der Vergessenheit zu entreißen und wahrheitsgetreu zu beschreiben. [...]

Dekan Schönauer starb eines plötzlichen Todes im April 1966. Am Abend dieses Tages rief mich der damalige Vikar Steinlein an, um mir die traurige Mitteilung zu machen. Steinlein fragte mich, ob es richtig sei, am Abend um 21 Uhr durch das Läuten der großen Glocke der Bartholomäuskirche den Tod Schönauers bekanntzugeben. Als die Glocke der evangelischen Kirche aufgehört hatte, stimmte auch die große Glocke der Marienkirche ein. Bei der Hausfrauenmesse am darauffolgenden Freitag gab ich den Tod des Herrn Dekan Schönauer bekannt und erklärte, daß wir seiner im Gebet gedenken wollen. Schon nach einer Stunde rief mich ein evangelischer Bürger an, er habe gehört, daß ich für den Verstorbenen eine heilige Messe feiern wolle. Er fragte mich gleich, wann ich das zu tun gedenke, und erklärte mir, daß er diesen Gottesdienst besuchen wolle. Offenbar hatte sich mein Aufruf zum Gebet rasch zu einem Gerücht verdichtet. Dieses Gerücht verbreitete sich sehr schnell in Pegnitz. Ich glaubte, die Erwartungen nicht enttäuschen zu dürfen und hielt tatsächlich in einer Abendmesse ein Gedächtnis für den Verstorbenen. Evangelische und katholische Christen waren in Scharen gekommen. Obwohl ich bei diesem Gottesdienst erklärte, daß Schönauer evangelisch getauft, konfirmiert und ordiniert und als evangelischer Pfarrer gestorben sei, verbreitete sich dennoch das Gerücht, Schönauer sei noch vor seinem Tod zur katholischen Kirche übergetreten. Vielleicht hatte auch noch eine Tatsache zu diesem Gerücht beigetragen. Schönauer hatte bei seiner hochkirchlichen Einstellung immer eine Vorliebe für kirchliche Gewänder. Zu seinen Lebzeiten äußerte er den Wunsch, einmal in einem weißen Chorrock begraben zu werden. Da kein Chorrock in der evangelischen Kirche vorhanden war, wurde ich gefragt, ob ich dem Verstorbenen nicht diesen Wunsch erfüllen wolle. Ich gab dafür meinen schönsten Chorrock. Viele evangelische Christen wußten damals nicht, daß Luther selbst fast immer den weißen Chorrock und sogar Meßgewänder getragen hatte und daß das Tragen solcher Gewänder noch lange nicht ein Bekenntnis zum Katholizismus sei. Gerade aus dieser Unwissenheit entstand das Gerücht vom Übertritt Schönauers. Um allen falschen Darstellungen entgegenzutreten, gab ich sogar eine Stellungnahme bei der Evangelischen Landeskirche in München ab. Von dort erhielt ich eine sehr freundliche Antwort, in der versichert wurde, daß die Landeskirche sich des guten Verhältnisses zwischen den beiden Kirchen in Pegnitz freue und für einen Nachfolger sorgen werde, der dieses gute Verhältnis weiterhin pflegen könne. Tatsächlich haben die Dekane Hanow und Hiller das Erbe Schönauers weitergeführt. Ökumenische Gottesdienste, Zusammenarbeit auf sozialem Gebiet und ein freundliches Verhältnis zwischen den Pfarrern der beiden Kirchen sind heute selbstverständlich."

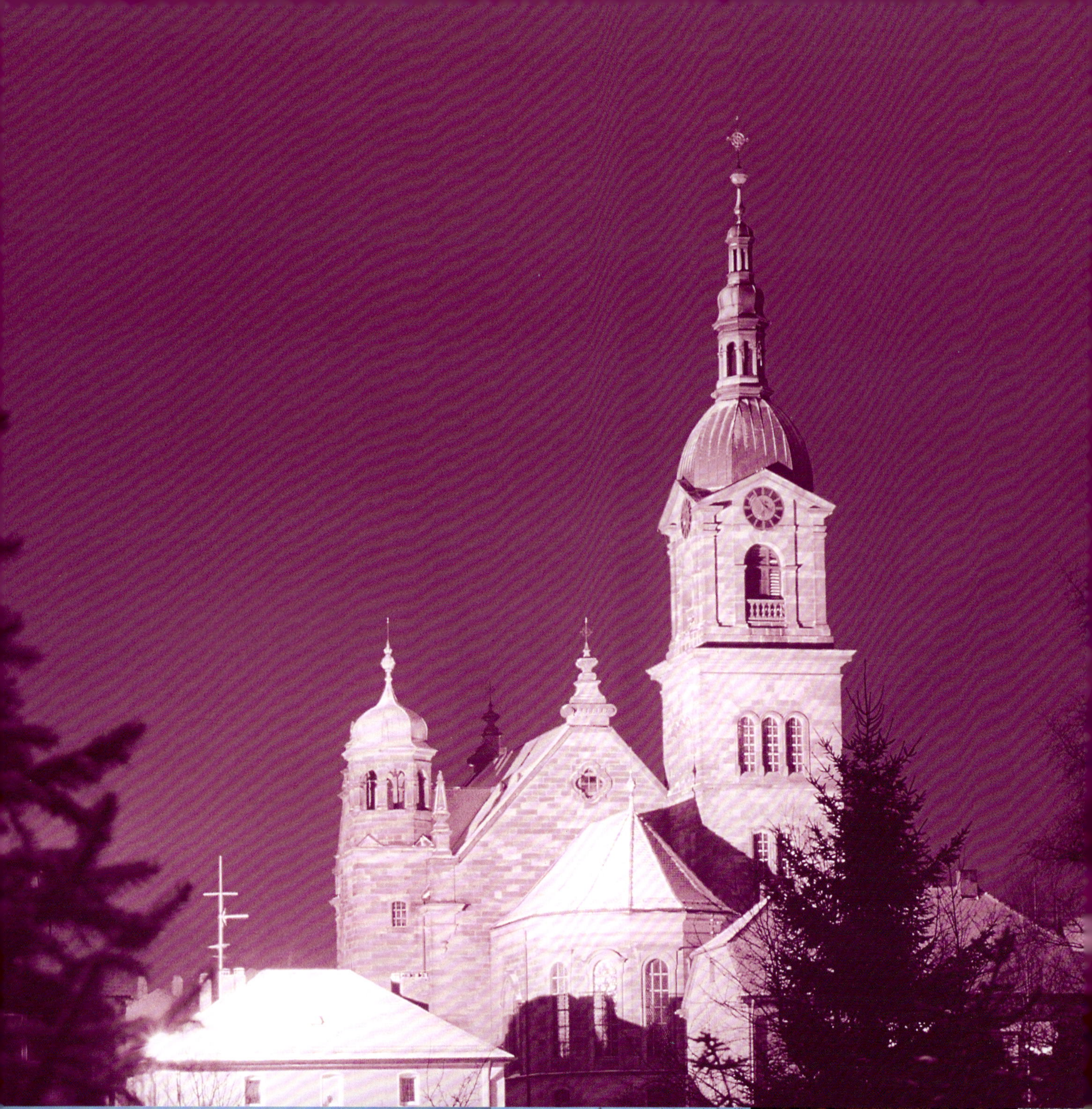

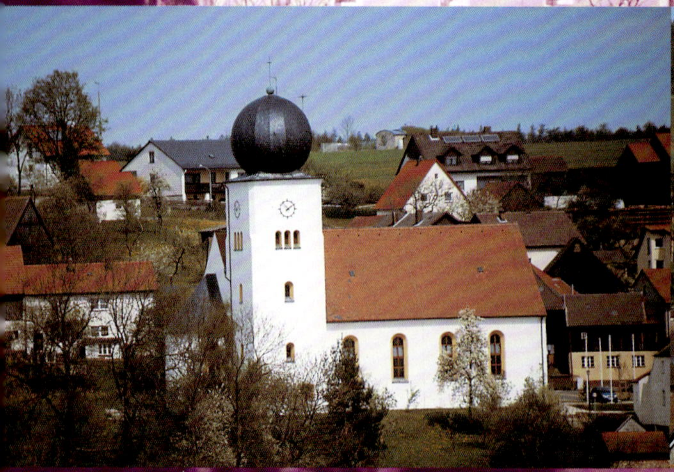

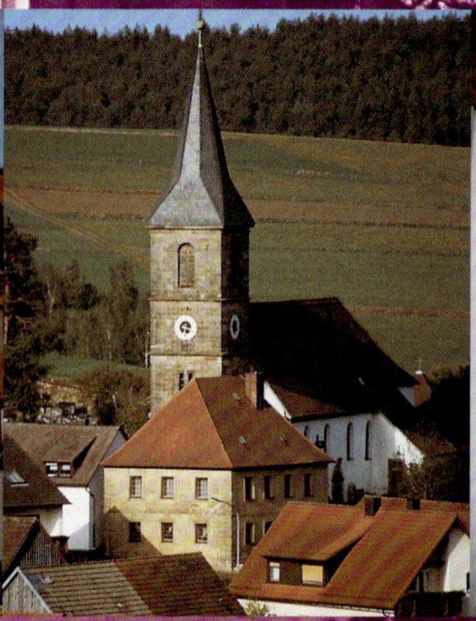

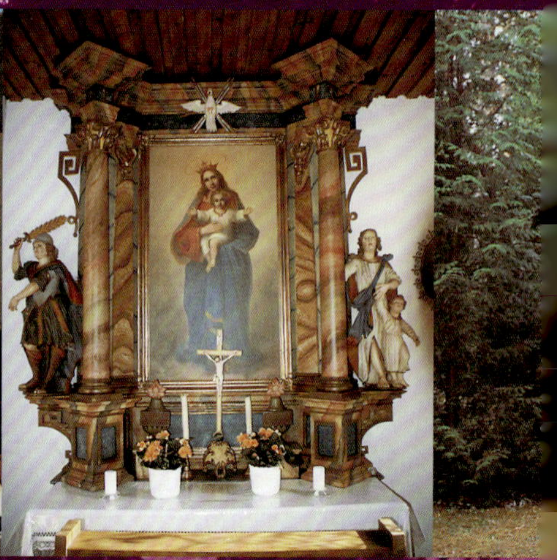

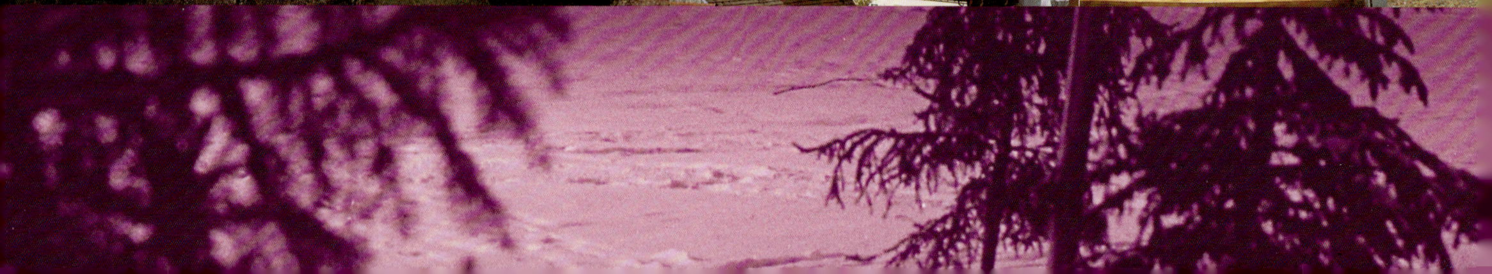

Rudolf Dippe

Kirchliches Leben in Pegnitz

Unser Gebiet gehörte bis zum hohen Mittelalter zum Bistum Würzburg bzw. Eichstätt und damit zur Kirchenprovinz Mainz. Im Jahr 1007 wurde es dem neu gegründeten Bistum Bamberg zugeschlagen. Großen Einfluss gewann das Benediktinerkloster Michelfeld, gegründet im Jahr 1119 von Bischof Otto I., dem Heiligen, denn diesem Kloster wurden neben vielen anderen Gütern auch die Pfarrei Büchenbach, zu deren Sprengel Pegnitz gehörte, und die Pfarrei Troschenreuth zugewiesen.

Für die nächsten Jahrhunderte teilten nun unser Gebiet und seine Menschen das wechselvolle Schicksal des Hochstifts Bamberg, der Oberpfalz bzw. des Nordgaus und der Markgrafschaft. Der tiefe Einschnitt, der das kirchliche Leben bis in den Alltag unserer Zeit bestimmt, kam im Zeitalter der Reformation. Man muss etwas weiter ausholen, um zu erläutern, wie es bei römisch-katholischen und evangelisch-lutherischen Christen zum Gegeneinander kam, später zum mehr oder weniger friedlichen Nebeneinander und schließlich, in jüngster Zeit, doch zum gedeihlich wachsenden Miteinander.

Kirchliches Leben in Pegnitz

Simonie
Wer ein geistliches Gut (z. B. Sakrament) oder ein geistliches Amt mit Geld erwirbt, macht sich der Simonie schuldig. In der Apostelgeschichte (8,9 ff.) verurteilt der Apostel Petrus den Zauberer Simon aufs Schärfste, weil er für Geld geistliche Gaben empfangen wollte – daher der Begriff Simonie. Simonie wurde theoretisch immer bekämpft; tatsächlich waren aber oft geistliche Ämter käuflich.

Nepotismus
(von lat. nepos – Neffe, Enkel) ist die Begünstigung naher Verwandter bei der Vergabe von Ämtern und Würden. Das Sprichwort sagt: „Wer den Papst zum Vetter hat, kann leicht Kardinal werden".

1. Im Zeitalter der Reformation

Unbezweifelbar sind die gravierenden Mißstände in der Kirche am Ende des 15. und zu Beginn des 16. Jahrhunderts. Die römische Kurie war oft nur darum besorgt, dass viel Geld aus Deutschland floss, damit Hofhaltung, Kriege und großartige Bauwerke finanziert werden konnten. Als Reichsfürsten im Heiligen Römischen Reich waren die Bischöfe und viele Äbte in Machtkämpfe und kriegerische Auseinandersetzungen verstrickt. Viele kirchliche Ämter waren käuflich geworden, oft gab es auch Ämterhäufung. Für die nachgeborenen Söhne mächtiger Adelsfamilien waren die reichen Pfründen der Weg zur bequemen und standesgemäßen Versorgung geworden. ▶ **Simonie** und ▶ **Nepotismus** standen in Blüte. Die hohen Würdenträger führten nicht selten einen sehr lockeren Lebenswandel und lebten an ihren geistlichen Höfen in Saus und Braus, schickten aber nur schlecht ausgebildete und schlecht bezahlte Vikare in die Pfarreien, zu den Menschen, die in seelischen Nöten waren.

Es drohten vielerlei Gefahren: Pestilenz, Missernten, Hungersnot, Krieg und Teuerung, drückende Frondienste und Steuerlasten, Türkengefahr (Belagerung von Wien 1529), Gewalttätigkeit der verschiedensten Art. Endzeiterwartung und Angst vor dem Jüngsten Gericht trieb die Menschen um. Mit guten Werken wollten die Menschen sich den Himmel verdienen. Man steigerte sich aus Angst vor der ewigen Verdammnis in einen übermäßigen Reliquienkult und eine ausufernde Heiligenverehrung. Der unwürdige Ablasshandel verunsicherte die Menschen oder stieß sie ab.

Von all solchen Misshelligkeiten haben Kurie und Konzil keine Abhilfe schaffen können. Die Frage war nun: Darf die weltliche Obrigkeit gegen offensichtliche Mißstände vorgehen, wenn die Hierarchie versagt hat, wenn skandalöser Missbrauch der geistlichen Gewalt die wenigen positiven Beispiele frommer und unbestechlicher Priester überdeckten?

Dass der **Kaiser**, Karl V. (1519–1556), als denkbare ordnende Macht, die Erneuerung bewirken könnte, schied aus; er war in Kriege verwickelt – gegen den Papst, gegen Frankreich, gegen die Türken, gegen verschiedene Landesfürsten. So blieben die Fürsten. Hier bei uns kamen in Frage: der Fürstbischof, der Kurfürst bzw. Pfalzgraf, der Markgraf.

Der Fürstbischof von **Bamberg**, Georg III. († 1522), war ein hoch gebildeter Mann; er korrespondierte mit berühmten Gelehrten, auch mit Martin Luther. Er verbot sogar die Bekanntmachung der päpstlichen Bulle gegen Luther, weil er anscheinend mit dem Reformanliegen sympathisierte. Aber dass schließlich die Bamberger Obrigkeit nicht die Lehre annehmen würde, die sich vor allem auch gegen die weltliche Macht der Bischöfe aussprach, das verstand sich dann unter Georgs III. Nachfolgern von selbst. – So blieb auch Willenreuth katholisch.

Die **Oberpfalz**, von den Heidelberger Wittelsbachern regiert, wurde unter Kurfürst Friedrich II. (1544–1556) nach Luthers Lehre, gemäß der Augsburgischen Konfession von 1530, reformiert. Dazu gehörte auch die Aufhebung des Klosters von Michelfeld (1556). Kurfürst Friedrich III. (1559–1576), aus der Linie Simmern, ging aber zum reformierten Bekenntnis über, und er zwang dem Land den Calvinismus auf. Sein Sohn und Nachfolger, Ludwig VI., war dagegen seit 1576 darum bemüht, in der Oberpfalz wieder die lutherische Lehre durchzusetzen.

Als die Oberpfalz, ohne Neuburg und Sulzbach, im Jahr 1623 an das Herzogtum Bayern fiel, mussten die Bewohner erneut katholisch werden. In Bayern setzte man die Gegenreformation sogar sehr energisch durch. Nach dem Prinzip, dass der Landesherr die Kirchenordnung bestimmt – *cuius regio eius religio* –, waren also die Menschen in der Oberpfalz viermal gezwungen, die Änderung von Ritus und Lehre hinzunehmen. Vereinfacht und übertrieben gesagt: viermal den Glauben zu wechseln. – So ging es den Vorfahren der Büchenbacher und der Troschenreuther. Markgraf Georg der Fromme von **Ansbach-Kulmbach** († 1543), der seit 1527 alleine regierte und ebenfalls mit Luther korrespondierte, war entschlossen, gegen Mißstän-

Kirchliches Leben in Pegnitz

de vorzugehen und sich um das Seelenheil der Untertanen zu kümmern. Er ordnete in seiner Markgrafschaft die kirchlichen Verhältnisse nach den Grundsätzen, die an der Wittenberger Universität von Martin Luther gelehrt wurden. Nur was in der Heiligen Schrift steht, sollte als Richtschnur für die kirchliche Ordnung dienen; Tradition war nicht mehr maßgebend. Daher erhält z. B. der Priester das Recht auf Eheschließung; die Messe war auf Deutsch zu lesen. Dass zur Reformierung auch die Aufhebung der Klöster gehörte, hier z. B. das Kloster der Zisterzienserinnen in Himmelkron, und dass damit auch beträchtliches Vermögen dem Fürsten zufloss, das war eine vermutlich nicht unwillkommene Begleiterscheinung der Neuordnung.

Die Verleihung der Pfarreien erfolgte also nun durch den Landesherren, der auch die kirchliche Ordnung bestimmte sowie die Form des Gottesdienstes und der die Aufsicht über das Vermögen hatte. Er war gewissermaßen oberster Aufseher oder Oberhaupt der Kirche seines Fürstentums – *summus episcopus*. „Notbischof" nannte man den Landesherren auch verschiedentlich.

Die Kirchenordnung von 1533 setzte das reformatorische Anliegen um: Es wird gelehrt, dass wir Sünder allein durch Jesu Heilstat gerettet sind, nicht durch gute Werke, seien es unsre eigenen oder die der Heiligen. Lehre und Zeremonien dürfen dem biblischen Wort nicht widersprechen. Die praktische Leitung der kirchlichen Angelegenheiten wurde den Superintendenturen in Hof, Kulmbach, Wunsiedel und Bayreuth übertragen.

Die evangelische Gemeinde in Pegnitz

In Pegnitz hatte man sich schon lange immer wieder beschwert, dass in der Egidienkirche, der Filialkirche von St. Veit in Büchenbach, nur in unzulänglicher Weise die Aufgaben des Seelsorgers erfüllt wurden. Ein Kaplan las wohl ziemlich regelmäßig die Messe. Wenn die Menschen nach den Sakramenten verlangten, gab es aber oft ein langes Hin und Her, bis der Büchenbacher einen Priester schickte. Die Pfründe, also der Ertrag aus dem Vermögen der Frühmess-Stiftung und der Engelmess-Stiftung, war gering. Der Lebensunterhalt war davon kaum zu bestreiten, zumal ein erheblicher Teil des Ertrags nach Büchenbach und nach Bamberg abgeführt werden musste. So stand es am Vorabend der Reformation.

Ein Kaplan, eingesetzt von Büchenbach, verließ die Stelle bald wieder. Mit dem nächsten Kaplan waren die Pegnitzer unzufrieden; sie nannten ihn in der Beschwerde „trunken, haderisch, verspielt". Er musste die Stelle 1526 an einen anderen Priester übergeben. Dieser war aber, ganz im Zeichen des Niedergangs, allein durch seinen Lebenswandel noch weniger geeignet. Man konnte ihm Ehebruch und Unterschlagungen nachsagen.

Abbildung 1:
St. Vitus in Büchenbach mit Friedhof.

In Johann Feyelmayer, der als evangelischer Pfarrer in Schwabach gewirkt hatte, glaubte man nun, einen würdigen Mann gefunden zu haben. Der Markgraf genehmigte 1528 die Verleihung der Pfründe an Feyelmayer, der allein nach dem Evangelium seinen Dienst versehen sollte. Sein Amt trat er 1529 an.

Damit war die ▸ **Pfarrei Pegnitz** gegründet. Einsprüche und Beschwerden des Büchenbacher Pfarrers und des Abtes von Michelfeld wurden entschieden zurückgewiesen. Beide unternahmen bis 1672 immer wieder vergebliche Versuche, ihre alten Rechte zurückzugewinnen. Mit der Einsetzung des neuen Pfarrers in Pegnitz war, je nach der Sichtweise und dem eigenen Standpunkt, die Glaubenserneuerung vollzogen – oder die Glaubensspaltung.

Pfarrei Pegnitz:
Pegnitzer Kirchspiel 1538
Pegnitz und die Orte Buchau, Haidmühle, Hainbronn, Hammerbühl, Heroldsreuth, Horlach, Kaltenthal, Lehm Lobensteig, Nemschenreuth, Neudorf, Neuhof, Penzenreuth, Pertenhof, Reisach, Rosenhof, Scharthammer, Schönfeld, Stein, Stemmenreuth, Willenberg, Zips

Kirchliches Leben in Pegnitz

Der **Pegnitzer Sprengel** war ziemlich groß, und daher wurde dem Pfarrer schon bald ein zweiter Geistlicher zur Unterstützung beigegeben. Man nannte ihn lange Zeit „Kaplan" oder auch „Diaconus". Der älteste ist schon 1542 bezeugt. Erst im Jahr 1824 wurde offiziell die Amtsbezeichnung „Zweiter Pfarrer" eingeführt; entsprechend hieß dann der andere „Erster Pfarrer". Erst Ende des 19. Jahrhunderts wurde der Erste Pfarrer von Pegnitz Dekan.

Die Unterschiede

Nicht sehr viel war anders geworden in einer Kirche der neuen Ordnung nach der Augsburger Konfession, wenn man einmal die theologischen Feinheiten und die hierarchischen Ansprüche außer Acht lässt.

Kanzel und Taufbecken blieben selbstverständlich in der Kirche. Altäre und *Retabel* (Altaraufsatz) blieben; Seitenaltäre wurden allerdings nicht mehr benutzt. Luther blieb in der Auslegung des Gebotes von 2. Mose 20,4 (*Du sollst dir kein Bildnis noch irgendein Gleichnis machen, weder von dem, was oben im Himmel, noch von dem, was unten auf Erden [...] ist*) in der Tradition der katholischen Kirche: das Gebot ist subsumiert im 1. Gebot (*Du sollst keine anderen Götter haben neben mir*). Calvin und andere Reformatoren insistierten auf dem „**kein Bildnis**". Es kam daher vielerorts, wie später auch in der calvinistischen Oberpfalz, zur Bilderstürmerei. Gemälde und Figuren aller Art wurden aus den Kirchen entfernt und nicht selten im Rausch einer vermeintlichen Befreiung vom Bösen sogar gewaltsam zerstört, als seien es Götzenbilder. Wo nach Luthers Vorstellungen reformiert wurde, blieben die Altäre unangetastet. Ein schönes Beispiel dafür sind die bis heute gut erhaltenen Altäre von St. Marien in Velden, wo nach Beschluss der Nürnberger – der Rat der Stadt als Landesherr! – schon 1525 die Reformation durchgeführt wurde.

Probleme gab es mit den Aufwendungen für Gottesdienste und für die Erhaltung der Gebäude, denn Stiftungen und Zuwendungen blieben weitgehend aus – der Himmel ist nicht mit guten Werken zu erkaufen. Oft waren nicht einmal hinreichende Mittel aufzubringen für Kerzen und Weihrauch. Weihrauch wurde als entbehrlich weggelassen. So wurde etwas Neues eingeführt, nämlich **Sitzbänke** in den Kirchen. Die Gläubigen waren bereit, gewissermaßen Platzmiete zu bezahlen. Bald hatte jeder seinen angestammten Platz, nicht selten mit Namensschild. Sitzplätze waren auch gut angesichts der langen Predigten, die zum beinahe wichtigsten Teil des Gottesdienstes wurden. In Pegnitz wurde erst 1916 die „Vermietung von Kirchenstühlen" aufgehoben.

Weil im Kirchenschiff durch Aufstellen von Bänken nicht so sehr viele Plätze zu gewinnen waren, wurden **Emporen** eingebaut, häufig zwei, vereinzelt sogar drei. Diese Emporen wurden ein charakteristisches Kennzeichen evangelischer Kirchen. In katholischen Kirchen wurden Sitzbänke erst sehr viel später aufgestellt.

Im gesamten Gottesdienst wurde die **deutsche Sprache** verwendet. Bei der Eucharistie- bzw. Abendmahlsfeier sollte jeder Gläubige, nicht nur der gelehrte, verstehen können, worum es geht. Nach dem II. Vatikanischen Konzil wurde die Messe in der Muttersprache auch in der katholischen Kirche eingeführt. Das *hoc est corpus meum* („dies ist mein Leib") kann nicht mehr lästerlich verballhornt werden zu *Hokuspokus*.

Sehr wichtig wurden das **Kirchenlied** und der Gemeindegesang. Es gab bald viele Lieder mit deutschen Texten und volkstümlichen Melodien.

Der evangelische Geistliche trug das traditionelle Messgewand. Später, im 17. Jahrhundert, setzte sich die Tracht des gelehrten Theologen durch – der schwarze **Talar**. Das ist auch ein äußerliches Zeichen dafür, dass das Gelehrte, das Abstrakte, die Predigt immer mehr an Gewicht gewannen. In jüngster Zeit gibt es wieder vereinzelt evangelisch-lutherische Geistliche, die den Chorrock beim Gottesdienst tragen. Häufiger ist neuerdings der Gebrauch der traditionellen Stola. Selbstverständlich war es für die Gläubigen, **niederzuknien** beim Empfang der Sakramente, die nach den Worten des Evangeliums in beiderlei Gestalt gegeben wurden. Neuerdings unterbleibt das Niederknien in den meisten Fällen, sicher auch um Zeit zu sparen.

Kirchliches Leben in Pegnitz

Sich zu **bekreuzigen** war lange auch bei den Evangelischen üblich. Luther empfahl, wie es auch heute noch im Gesangbuch steht (Nr. 841 und 843): *Des Abends [...] kannst du dich segnen mit dem Zeichen des heiligen Kreuzes [...]*. Der fromme Brauch geriet nahezu völlig in Vergessenheit und wurde so zum Erkennungszeichen der Katholiken.

In der evangelischen Gemeinde wurde gelehrt, „dass man der **Heiligen** gedenken soll, damit wir unseren Glauben stärken", dass man sie als Vorbilder ehren soll, aber nicht – weil es so nicht in den Evangelien begründet ist –, um Fürbitte oder gar um Hilfe anrufen soll. Die Grenzen zwischen Verehrung und Anbetung schienen verwischt zu sein, wie die Reformatoren es sahen. Von der „lieben Gottesmutter" sprach Luther allzeit mit Respekt und herzlicher Ergebenheit. Aber für ihn galt: Jesus Christus ist der einzige Fürsprecher vor Gott. Die Weiterentwicklung der Mariologie mit der Verkündigung neuer Dogmen (1854 von der Unbefleckten Empfängnis und 1950 von der Leiblichen Himmelfahrt) ist dann für die Evangelischen, die nur gelten lassen wollen, was in der Heiligen Schrift steht, zu einer schwierigen Angelegenheit geworden.

Das **Fasten**, vornehmlich am Karfreitag und am Aschermittwoch, wurde den Gläubigen empfohlen, war aber keine verbindliche Vorschrift mehr.

So hatten sich also Unterschiede ausgebildet. Leider lief die Entwicklung so, dass auf jeder Seite allemal größter Wert auf die Unterschiede gelegt wurde, dass man Unterschiede betonte, und seien sie noch so irrelevant, und darüber vergaß, dass unzählige Gemeinsamkeiten bestanden. Differenzaffekt nennt die Gruppenpsychologie diese nahezu irrationale Abstoßungswirkung, die gerade dann auftritt, wenn eigentlich große Nähe gegeben ist. Was im Verhalten des anderen als typisch betrachtet wird, das meidet man bewusst. Das Andersartige wird zum Fremdartigen. Gegen Fremdes wird man misstrauisch. Missverständnisse werden immer häufiger. Man grenzt sich und die eigene Gruppe ab. Feindseligkeit kann sich entwickeln.

Die Trennlinien wurden jedenfalls sehr deutlich, wo sich die Territorien vom Hochstift Bamberg, von der Markgrafschaft und von der Oberpfalz geradezu verzahnten. Es gab nur wenige persönliche Begegnungen, und es gab in der Regel gar kein Konnubium (Recht auf Eheschließung) zwischen den Menschen der verschiedenen Territorien und der verschiedenen Glaubensformen. Seit dem Augsburger Religionsfrieden von 1555 gab es im Heiligen Römischen Reich die staatsrechtliche Anerkennung der Christen evangelisch-lutherischen Glaubens oder, wie man heute noch in Österreich und im Elsass sagt, der **Christen des Augsburgischen Bekenntnisses**. Die Bezeichnung „Protestanten" war ursprünglich eher abwertend, und sie ist zurückzuführen auf die *Protestation* der evangelischen Reichsstände auf dem Reichstag zu Speyer (1529). Sie hatten damals protestiert gegen den Beschluss, dass die Reichsstände keine kirchlichen Reformen durchführen sollten. Das war fortan erlaubt; aber nur der Landesherr konnte die Konfession frei wählen.

Die erste und die zweite Bartholomäuskirche

In Pegnitz bestand also seit 1529 mit der Berufung eines Pfarrers eine evangelische Gemeinde. Der Büchenbacher Geistliche, ob katholisch oder evangelisch-lutherisch oder evangelisch-reformiert (siehe oben S. 299), übte allerdings weiterhin seine Rechte aus, und zwar in Buchau, Lehm, Kaltenthal sowie Haidmühle und Scharthammer. Er nahm Taufen, Trauungen und Beerdigungen der Bewohner vor. Diese Regelung wurde bis 1826 beibehalten.

Pfarrer und Gemeinde bemühten sich von Anfang an darum, dass in der „neuen Stadt auf dem Letten" eine Kirche gebaut wurde. Es standen nur geringe Mittel zur Verfügung. Der Bau, der schließlich

Abbildung 2:
Alte evangelische Bartholomäuskirche.

Kirchliches Leben in Pegnitz

Bartholomäus
war einer der zwölf Apostel. Er wird in den Aposteltlisten (Matth. 10, Mark. 3, Luk. 6) jeweils an sechster Stelle genannt. Sein Gedenktag ist nach altkirchlicher Tradition der 24. August. Konkretes weiß man über ihn nicht. Der Legende nach verbreitete er das Christentum in Kleinasien und Indien. Er soll den Märtyrertod erlitten haben, indem man ihn mit Knüppeln schlug und die Haut abzog. Daher wird er seit dem Mittelalter fast immer dargestellt mit folgenden Attributen: ein Messer in der Hand und die abgezogene Haut über dem Unterarm hängend.

errichtet wurde, maß nur 18 mal 13 Meter; der Turm trug ein schlankes Spitzdach. Am 24. August 1533, dem Gedenktag des Apostels ▸ **Bartholomäus**, wurde die Kirche geweiht, und daher wurde sie St. Bartholomäus genannt.

In den folgenden Jahren sorgte man dafür, dass das etwas düstere Gotteshaus ordentlich ausgestattet wurde mit Glocken, Kanzel, Orgel, später mit einem neuen Altar und neuem Taufstein. Ende des 17. Jahrhunderts jedoch reichte der schlichte Bau nicht mehr für die angewachsene Gemeinde. Es gab auch erhebliche Bauschäden. Man befürchtete sogar einen Einsturz, und so entschloss man sich zum Abbruch (1686).

Abbildung 3:
Innenraum der alten ev. Bartholomäuskirche.

Die Pläne für den Neubau zeichnete der Hofmaurermeister Paul Feulner aus Bayreuth. Mit dem Bau wurde 1687 begonnen; erst 1693 konnten mit der Eindeckung des Turmes die Arbeiten abgeschlossen werden.

Die Mittel für den Bau kamen aus dem „Almosen-Kasten", in den die Spenden und Gaben der Gemeindemitglieder flossen. Ferner wurden ausgeliehene Kirchengelder zurückgefordert und Darlehen bei anderen Kirchenstiftungen aufgenommen. Die markgräfliche Regierung genehmigte die Ausstellung von „Collectur-Büchlein". Das bedeutete, dass Pegnitzer Bürger in der Markgrafschaft und in den Nachbarländern Gaben für den Kirchenbau sammeln durften, und zwar vornehmlich bei städtischen und kirchlichen Behörden, aber auch bei Privatpersonen. So erbettelte man z. B. 15 Kreuzer in Vorra, 2 Gulden in Nördlingen. Nicht einmal ganze 300 Gulden brachte man so zusammen. Für den Boden über dem Kirchenschiff, der als Getreidespeicher diente, gewährte der Fürst einen Zuschuss von 100 Talern.

Der Hauptturm, ungefähr 50 Meter hoch, stand an der Ostseite und trug eine welsche Haube. Im untersten Geschoss des Turms war der Chor. Treppentürme waren jeweils an der Nordseite und an der Westseite des Langhauses angebaut, das ein mit Schiefern gedecktes Satteldach hatte.

In den folgenden Jahren wurde die Bartholomäuskirche ausgestattet mit einem neuen Altar und einer Kanzel, die dann in den Nachfolgebau übernommen wurden.

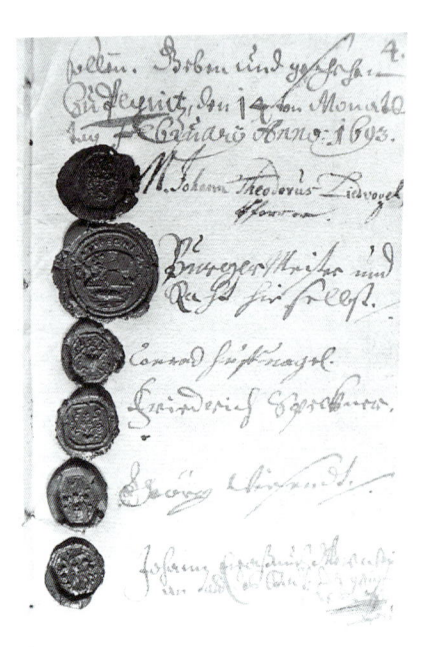

Abbildung 4:
Kanzel der alten Bartholomäuskirche, die in die Folgebauten übernommen wurde.

Abbildung 5:
Collectur-Büchlein
Diese Büchlein wurden offiziell nach vorheriger markgräflicher Genehmigung von Pfarramt und Stadtrat Pegnitz ausgestellt und besiegelt. Sie dienten den Geldsammlern auf ihren Routen in die weite Umgebung nach Süddeutschland wie auch nach Thüringen als Ausweis im Zusammenhang mit dem Bau der zweiten Bartholomäuskirche. Siegel und Unterschrift von Pfarrer Magister Johann Theodorus Lied(t)vogel, Bürgermeister und Stadträten.

2. Die Evangelischen im Königreich Bayern

Kirchliches Leben in Pegnitz

Im Gefolge der großen Französischen Revolution brachte die Zeit um das Jahr 1800 für die Menschen unserer Region ganz einschneidende Veränderungen. Die Markgrafschaft Bayreuth wurde zunächst preußisch (1792), ein paar Jahre später französisch (1806) und dann schließlich bayerisch (1810).

Das Hochstift Bamberg kam 1802 ebenfalls zu Bayern, damals noch Kurfürstentum. Durch den ▸ **Reichsdeputationshauptschluss** wurden die Landesherren auch ermächtigt, die Klöster aufzuheben und deren Vermögen einzuziehen. In unserer Umgebung betraf dies z.B. das Benediktinerkloster Michelfeld, das Prämonstratenserstift Speinshart, das Zisterzienserkloster Waldsassen. Diese waren schon einmal aufgehoben worden, als die Oberpfalz protestantisch war. Jetzt bereicherte sich auch der katholische Herrscher am Kirchengut.

Nach der Aufhebung des Hochstifts blieb der Bamberger Bischofsstuhl fast zehn Jahre unbesetzt. An der Spitze des Generalvikariats stand mehrere Jahre Adam Friedrich Freiherr GROSS ZU TROCKAU († 1840), der später Bischof von Würzburg wurde. Als das Konkordat des Königreichs Bayern mit dem Heiligen Stuhl abgeschlossen war (1817), wurde Bamberg zum Erzbistum erhoben. Bamberg war damit die zweite bayerische Kirchenprovinz; zu ihr gehörten die Bistümer Würzburg, Eichstätt und Speyer. Die Bistumsgrenzen blieben – in unserem Bereich – unverändert. Die Katholiken, sofern sie liberal waren, missbilligten und kritisierten das Konkordat, das nach ihrer Meinung der katholischen Kirche zu viele Rechte zubilligte. Von den Protestanten, d. h. den evangelisch-lutherischen Christen im fränkischen Raum und den evangelisch-reformierten in der Rheinpfalz, wurde das Konkordat mit Misstrauen betrachtet. Man fühlte sich zurückgesetzt und hatte Angst davor, majorisiert zu werden.

Als Beilage zur bayerischen Verfassung galt das Religionsedikt, das im Wesentlichen dem Edikt von 1809 entsprach und die Grundsätze von Toleranz und Religionsfreiheit festschrieb. Auch der Reichsdeputationshauptschluss hatte in § 63 bestimmt, dass die „bisherige Religionsausübung" in jedem Lande geschützt sein soll. Die alte Regel *Cuius regio eius religio* galt nicht mehr. Als Neu-Bayern mussten also die evangelisch-lutherischen Christen im ehemaligen Fürstentum Bayreuth nicht katholisch werden. Aber misstrauisch waren sie. Die Erinnerung an die ▸ **Vertreibung der Protestanten** aus Salzburg war noch lebendig.

Der Markgraf war als Landesherr der oberste Aufseher über die evangelischen Kirchen gewesen – ▸ **Summus episcopus**. Und sein Rechtsnachfolger war nunmehr der katholische König von Bayern! Bayern war im alten Reich, dem *Sacrum Romanum Imperium*, die führende Kraft der Gegenreformation gewesen. Erst seit 1801 hatte es Niederlassungsfreiheit für Lutheraner gegeben. Und nun sollte der König der Bischof der evangelischen Christen werden.

Die bayerische Regierung setzte sich das Ziel, sämtlichen evangelischen Kirchengemeinden eine gemeinsame Kirchenverfassung zu geben. Solche evangelischen Gemeinden gab es viele in den rund 90 verschiedenen Herrschaften, die neu zu Bayern gekommen waren – Hochstifte, Reichsstädte, Territorien der Reichsritterschaft, Grafschaften, Fürstentümer. Das bedeutete viele verschiedene Kirchenordnungen, etwa 30 verschiedene Gesangbücher, verschiedene Gottesdienstordnungen und auch verschiedene Bekenntnisse. Es gab die Christen des Augsburgischen Bekenntnisses und es gab in der Rheinpfalz reformierte und unierte Gemeinden (aus der Union zwischen Lutheranern und Calvinisten entstanden).

Im bayerischen Innenministerium wurde ein „Generalkonsistorium für die Gesamtgemeinde der im Reich öffentlich recipierten Konfessionen" gebildet. Dem Oberkonsistorium in München, mit vier evangelischen Mitgliedern und dem katholischen Innenminister als Vorsitzendem, unterstanden die Konsistorien in Ansbach, Bayreuth und Speyer.

Auseinandersetzungen gab es, weil man von Staats wegen alle „Protestanten" in einen Topf warf. Im Fränkischen wollten die evangelisch-lutherischen Christen

Reichsdeputationshauptschluss 22. 11. 1802/2. 2. 1803
Für den Verlust deutscher Gebiete links vom Rhein, die 1801 an Frankreich gefallen waren, wurden die Fürsten entschädigt, indem man ihnen geistliche Fürstentümer übergab (Säkularisation) sowie Reichsstädte und kleinere Territorien (Mediatisierung). Dies beschloss ein Ausschuss (Deputation) des Reichstags.

Vertreibung der Protestanten
Noch im Jahr 1731 wurden die evangelischen Christen aus dem Hochstift und Erzbistum Salzburg um ihres Glaubens willen vertrieben. Erst ausländische Intervention (Preußen!) bewirkte, dass sie wenigstens ihre bewegliche Habe mitnehmen durften. Viele von diesen Glaubensflüchtlingen fanden eine neue Heimat im fränkischen Raum, in der Markgrafschaft, besonders im Fichtelgebirge.

Summus episcopus
Der Landesherr als Summus episcopus übertrug die Aufsicht über Lehre, Liturgie, Amtsführung der Geistlichen, Handhabung der Kirchenzucht, Prüfung der Kandidaten, Ordination usw. einem Konsistorium, das aus mehreren Theologen und Laien (in der Regel Juristen) bestand. (Oberkonsistorium in München, zwei Konsistorien: Bayreuth, Ansbach.) Die Amtsbezeichnung Konsistorialrat gibt es heute noch in Brandenburg, Pommern u. a. Den Vorsitz hatte der Innenminister.

Kirchliches Leben in Pegnitz

Ultramontanismus
(von lat. ultra montes – jenseits der Berge) ist eine im 19. Jahrhundert gebräuchliche, aber abwertende Bezeichnung für den politischen Katholizismus. Es wird unterstellt, dass jenseits der Alpen, also in Rom, die Fäden gezogen werden, mit denen das politische Handeln und Argumentieren der Katholiken gelenkt wird.

Kniebeuge-Ordre
Pfarrer Wilhelm Redenbacher kämpfte besonders leidenschaftlich in Wort und Schrift gegen den Erlass. An ihm wurde ein Exempel statuiert. Er wurde wegen „Verbrechens der Störung der öffentlichen Ruhe durch Missbrauch der Religion" mit einem Jahr Gefängnis (das er allerdings nicht absitzen musste) und Landesverweisung bestraft. Er ist der Vorfahre von Lydia Niederwald, geb. Redenbacher, Lehrerin am Gymnasium, Kirchenvorsteherin in Pegnitz († 2000).

Ludwig Freiherr von der Pfordten
(1811–1880) – Jurist, Professor in Würzburg, als Freisinniger und Liberaler 1841 strafversetzt nach Aschaffenburg, dann Professor in Leipzig, Minister in Dresden, 1849 bis 1859 bayerischer Ministerpräsident, und abermals 1864 bis 1866, verfocht die Triasidee: Bayern und die Kleinstaaten als dritte Kraft neben Preußen und Österreich.

Gemeinden im Dekanatsbezirk:
Auerbach, Birk, Betzenstein, Bronn, Creußen, Hüll, Lindenhardt, Pottenstein, Pegnitz, Plech, Schnabelwaid, Seidwitz

Dekane in Pegnitz
1879 –1894 Friedrich Wilhelm Wirth
1894 –1907 Johann Friedrich Langheinrich
1908 – 1915 Julius Großmann
1916 – 1927 Ernst Harleß
1928 – 1937 Wilhelm Reichard
1937 – 1959 Ludwig Unger
1959 – 1966 Friedrich Schoenauer
1966 – 1976 Wolfram Hanow
1976 – 1991 Johannes Hiller
1991 – 1998 Christian Schmidt
seit 1999 Dr. Gerhard Schoenauer

nicht mit den Calvinisten in der Pfalz gleichgesetzt werden, denn in manchen Bereichen, besonders was das Hl. Abendmahl betrifft, unterscheiden sich die beiden evangelischen Gemeinschaften ganz wesentlich. Luther steht dem katholischen Verständnis von Eucharistie viel näher als Calvin. Im rechtsrheinischen Bayern, also in den fränkischen Landen, besann man sich wieder verstärkt auf die Theologie Martin Luthers.

Streitigkeiten gab es, weil den sehr konservativen Kreisen in der Landeshauptstadt der Einfluss der protestantischen Intellektuellen, der liberalen „Nordlichter" missfiel. Diese galten als Aufklärer und Rationalisten. Umgekehrt waren die Protestanten misstrauisch wegen des stärker werdenden Einflusses der ▸ „Ultramontanen", die sich der Errichtung weiterer evangelischer Gemeinden in Altbayern widersetzten und kein Hehl machten aus ihrer Geringschätzung der nicht-katholischen Konfessionen. Massiven Ärger und hartnäckige Aufsässigkeit gab es wegen der ▸ „Kniebeuge-Ordre". Auch protestantische Untertanen mussten, etwa wenn sie im Militär dienten, z. B. bei Fronleichnamsprozessionen, vor der Monstranz das Knie beugen. Der König selbst, Ludwig I., hatte diesen Befehl erlassen (1838). Sieben Jahre lang wurde heftig gestritten, in Bayern und in den anderen deutschen Ländern. Man griff Bayern an als rückständig, erzkonservativ, ultramontan.

Schließlich wurde die „Kniebeuge-Ordre" doch noch aufgehoben (1845) und das protestantische Kirchenwesen dem Kultusministerium unterstellt. Es gab nun versöhnlichere Töne. Geistige Kräfte, die in der Tradition von Bischof Johann Michael SAILER († 1832) standen, setzten sich durch, am Hof und im Kabinett. Bald war es sogar möglich, dass ein evangelischer Christ bayerischer Ministerpräsident wurde: ▸ Freiherr von der PFORDTEN.

Die Dekanatsbezirke

Das Bayreuther Konsistorium hatte die Aufsicht über das Kirchenwesen im Obermainkreis oder, wie es ab 1838 hieß, in Oberfranken. Ihm unterstanden die Dekanate.

Die Dekanate waren schon 1810 gebildet worden. Zum Dekanatsbezirk Creußen gehörten die Pfarreien Betzenstein, Bronn, Haag, Hüll, Kirchahorn, Lindenhardt, Pegnitz, Plech, Schnabelwaid und Seidwitz. Der Sitz des Dekanates wurde 1879 zunächst tatsächlich, dann 1894 auch förmlich nach Pegnitz verlegt. Pegnitz war schließlich seit 1862 auch Landkreishauptstadt. Der erste Pegnitzer Dekan war Friedrich Wilhelm Wirth († 1924).

Kirchahorn wurde später dem Dekanat Muggendorf zugewiesen, Haag dem Dekanat Bayreuth. Zum ▸ **Pegnitzer Dekanatsbezirk** kam Birk. Die nach dem Zweiten Weltkrieg neu gegründeten evangelischen Gemeinden Pottenstein und Auerbach i. d. Opf. sind dem Pegnitzer Dekanatsbezirk zugeordnet.

3. Die dritte Bartholomäuskirche

Schon in den 80er Jahren des 19. Jahrhunderts traten immer wieder Schäden am Kirchengebäude auf. Die Emporen mussten wegen Einsturzgefahr zeitweilig geschlossen werden. Der Turm zeigte tiefe Risse.

Pfarrer Johann Jakob LEIDIG, von 1843 bis 1866 im Amt, hatte vom Königreich die Anerkennung der staatlichen Baupflicht erstritten. Der König war Rechtsnachfolger des Markgrafen und der hatte einst Kirchengüter eingezogen und dafür als Ausgleich die Erhaltung der Kirchengebäude zugesagt. Das kgl. Oberappellationsgericht in München entschied 1861, am Ende eines vierjährigen Prozesses, dass die Staatskasse alle Kosten für Reparatur und evtl. Neubau tragen musste, wenn die Kirchengemeinde leistungsunfähig war. All seinen Amtsnachfolgern und der gesamten Gemeinde hat Pfarrer Leidig damit unschätzbare Dienste geleistet. Die Stadt Pegnitz ehrte sein Andenken, indem am Kellerberg eine Straße nach ihm benannt wurde.

Kirchliches Leben in Pegnitz

In der Amtszeit von Dekan Friedrich Wilhelm WIRTH (1879 bis 1894) begannen die Planungen und Verhandlungen. Wirth, der von 1897 bis 1906 Landtagsabgeordneter war, unterstützte – auch als er Dekan in Selb war – weiterhin das Pegnitzer Projekt. Eine große Kirche sollte es werden, mit 1270 Sitzplätzen und geräumiger Sakristei.

Dekan Johann Friedrich LANGHEINRICH und seine Mitarbeiter und Helfer waren nun viele Jahre mit dem Bau befasst. Die Gemeinde kaufte drei Häuser, die westlich und südlich der alten Kirche standen, damit, nach Abbruch dieser Gebäude, ein größerer Platz für den Neubau zur Verfügung stand. 1898 wurde nach dem Kirchweihfest mit dem Abbruch des alten Kirchengebäudes begonnen. Im folgenden Jahr war die Grundsteinlegung, und schon am 20. Dezember 1900 konnte der Neubau durch Konsistorialrat DEGEL feierlich eingeweiht werden. Altar und Kanzel wurden aus der alten Kirche übernommen. Für eine neue Orgel, von Johann Strebel gebaut, kam der Staat auf.

Ausgeschmückt wurde die Kirche 1904 mit den Deckengemälden, 1920 mit der Gedenktafel für die Gefallenen des Weltkriegs, 1938 mit sechs Glasfenstern, 1955 mit dem großen Kruzifixus und der Gedenktafel für die Gefallenen des Zweiten Weltkriegs.

Von den Glocken mussten im Ersten Weltkrieg zwei abgegeben werden. 1929 wurden mit Spenden der Gemeinde drei neue Glocken gekauft. Auch diese wurden im Zweiten Weltkrieg wieder beschlagnahmt.

Abbildung 6:
Abbruch der alten Stadtkirche.

Abbildung 7:
Innenansicht der dritten Bartholomäuskirche.

Renovierungen und Sanierungen

Schon 1934 waren unter Dekan Wilhelm REICHARD größere Erneuerungsarbeiten notwendig. Im Jahr 1967, als Kirchenrat Wolfram HANOW († 1999) im Amt war, wurde eine größere Renovierung durchgeführt, bei der wieder die Spendenfreudigkeit der Gemeinde gefragt war, denn einige Kosten, z. B. für neue Beleuchtungskörper, wurden vom Staat nicht übernommen. Wichtig war, dass viele helfende Hände mit anpackten und dadurch beträchtliche Kosten gespart wurden. Fußboden, Lesepult und Altartisch wurden völlig erneuert.

Die alte Orgel wurde durch eine Walker-Orgel ersetzt. 1972 wurde das neue Instrument durch Oberkirchenrat Flurschütz geweiht.

In den Jahren 2000/2001, in der Amtszeit von Dekan Dr. Gerhard SCHOENAUER, musste abermals eine grundlegende Renovierung durchgeführt werden, und es sollten auch durch Umgestaltung gewisse Verbesserungen erzielt werden.

Kirchliches Leben in Pegnitz

Erste Anstöße zu Renovierungsmaßnahmen hatte es schon in der Amtszeit von Dekan Johannes HILLER gegeben. Dekan Christian SCHMIDT hatte danach entsprechende Verhandlungen geführt und Planungen vorbereitet. Im Jahr 2000 wurde es endlich ernst.

Wieder halfen viele Männer und Frauen aus der Gemeinde, wieder spendeten Gemeindeglieder großzügig. Ein Jahr lang war die Kirche Baustelle; Gottesdienste fanden im Gemeindehaus statt. Bei besonderen Anlässen stellte die katholische Gemeinde die Marienkirche zur Verfügung.

Abbildung 8: Blick zur Orgel.

Es wurden viele wichtige Renovierungen ausgeführt: der Riss im Chorbogen saniert, die Innenwände in der ursprünglichen Form neu bemalt, eine Verbindung von der Empore zum Kirchenschiff geschaffen, eine Chororgel aufgestellt, Elektroinstallation und Beleuchtungskörper erneuert, Fußbodenheizung im vorderen Kirchenschiff eingebaut, Orgel gereinigt, Sandsteinfassade an einigen Stellen wieder in Stand gesetzt. Die Kirche erstrahlt nun wieder im alten Glanz.

4. Die Evangelisch-Lutherische Kirche in Bayern

Nach dem Zusammenbruch des Deutschen Reiches am Ende des Ersten Weltkriegs ist ausgerechnet in Bayern die erste Krone gefallen – am 8. November 1918 musste König Ludwig III. († 1921) das Land verlassen. Bayern wurde ein Freistaat. Es gab keinen *summus episcopus* mehr.

Eine Generalsynode beschloss 1920 die neue Verfassung für die Kirche. Die Trennung von Staat und Kirche war nun selbstverständliches Verfassungsprinzip. Der Staat konnte nicht mehr in die Kirche hineinregieren. Oberster Repräsentant der evangelischen Kirche war der Kirchenpräsident. Friedrich VEIT war der erste Kirchenpräsident und blieb in diesem Amt bis 1933. Von da an führte der oberste Geistliche die Amtsbezeichnung Landesbischof. Erster Landesbischof war Hans MEISER († 1956), der das hohe Amt bis 1955 innehatte.

Der Übergang zur Republik war für die katholische Kirche, mit ihrer engen Bindung an das internationale Papsttum, weitgehend unproblematisch. Der Nuntius in Bayern, Eugenio PACELLI, nachmaliger Papst Pius XII., konnte ein für die Kirche sehr günstiges Konkordat mit der bayerischen Regierung aushandeln. Im Schulbereich gewann die Kirche großen Einfluss. Damit auch die protestantischen Abgeordneten im Landtag zustimmten, schloss die Regierung Verträge mit der evangelischen Landeskirche „rechts des Rheins" und mit der Pfälzischen Landeskirche. Den Evangelischen wurden entsprechende Rechte eingeräumt.

5. Die Gründung einer katholischen Pfarrgemeinde in Pegnitz

Um die Mitte des 19. Jahrhunderts war Pegnitz eine nahezu rein evangelische Stadt. Nach dem Bau der Eisenbahn, dem Beginn der Industrialisierung und vor allem nach der Wiederaufnahme des Bergbaus setzte ein Zuzug von Arbeitskräften ein, vornehmlich aus der Oberpfalz und aus Böhmen. Und das bedeutete, dass viele Katholiken nach Pegnitz kamen. Am Ende des Jahrhunderts waren es ungefähr 200 in der Stadt und ebenso viele in den umliegenden Ortschaften. Sie gehörten fast alle zur Pfarrei **Troschenreuth**.

Abbildung 9: Heutige Ansicht der Bartholomäuskirche.

Dekanat Auerbach (vor der Reform von 1974)
Auerbach, Gunzendorf, Neuzirkendorf, Haag i. d. Opf., Hartenstein, Hopfenohe, Michelfeld, Neuhaus a. d. Pegnitz, Pegnitz, Thurndorf, Troschenreuth

Weit und beschwerlich war der Weg zum sonntäglichen Gottesdienst nach St. Martinus in Troschenreuth. Die evangelische Gemeinde kam den Katholiken entgegen und überließ ihnen die Gottesackerkirche zur Mitbenutzung. Nun musste sich der Troschenreuther Pfarrer jeden Montag auf den Weg machen und in der Egidienkirche die Messe lesen. Das war aber auch keine Lösung auf Dauer, zumal die Zahl der Katholiken weiter stark anstieg.

Die Gläubigen wurden nun selber aktiv. Es kam zur Gründung eines katholischen Kirchenbauvereins. Fernziel war: eine eigene Kirche und ein eigener Pfarrer. Es gingen im Lauf der Zeit viele Spenden ein, und nach langen Verhandlungen wurden auch staatliche Zuschüsse für einen Kirchenbau in Aussicht gestellt. Schon 1898 konnten am Schloßberg geeignete Grundstücke erworben werden. Bereits 1899 wurde eine kleine **Notkirche** errichtet. Das Pfarrhaus, neben dem Platz der zukünftigen Kirche, baute man wenig später. Eine Filialgemeinde von Troschenreuth war damit begründet. Am 1. 10. 1900 zog erstmals ein katholischer Priester ein. Die Geistlichen waren immer nur kurze Zeit in Pegnitz. Nicht weniger als elf verschiedene Kapläne waren tätig, bis der erste Pfarrer, Dr. Franz VOGL, 1938 sein Amt antrat.

Der Bau der Kirche kam erst nach dem Weltkrieg zu Stande. 1927 konnte der Erzbischof von Bamberg, Dr. Jacobus VON HAUCK, die Kirche „Mariae Namen" weihen. Wenige Jahre später wurde nördlich der Kirche ein geräumiges Pfarrhaus erbaut. Das bisherige Pfarrhaus diente als Heim für die Schwestern, und die Notkirche

Abbildung 10:
St. Martinus in Troschenreuth.

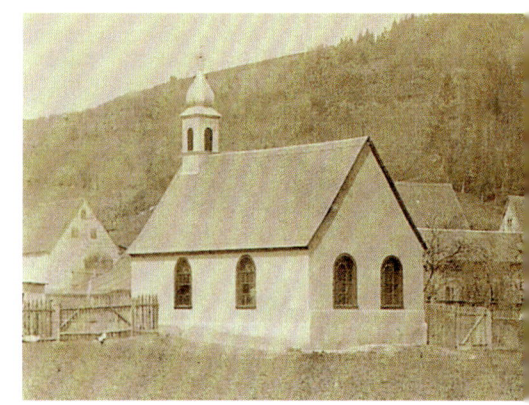

Abbildung 11 (oben)
Katholisches Notkirchlein in der Nürnberger Straße.

Abbildung 12 (links):
1901 wurde neben dem Notkirchlein dann noch ein (später abgebrochenes) Pfarrhaus errichtet.

wurde zur „Kinderschule". Die Gründung der Gemeinde war abgeschlossen, als 1937 die Seelsorgestelle zur Pfarrei erhoben wurde.

Evangelische und katholische Christen waren nun mit ihren Gemeinden nebeneinander in einer Stadt, friedlich, aber auf Distanz. Es dauert noch einige Zeit, bis die Brücke über die Pegnitz auch zu einer Brücke zwischen St. Bartholomäus und Mariae Namen wurde.

Abbildung 13:
1926 erfolgte die Grundsteinlegung der ersten katholischen Kirche und ein Jahr später wurde sie festlich eingeweiht.

6. Kirchen im Widerstand gegen den Nationalsozialismus
nach der sog. Machtergreifung von 1933

Der Widerstand der politischen Parteien war von den Nationalsozialisten schnell zerschlagen worden. Die Kirchen jedoch blieben eine gewisse Gegenkraft. Sie wollten sich die Freiräume sichern, die auch das Reichskonkordat garantierte. Doch der Nazi-Staat kämpfte bald ohne Skrupel gegen die konfessionellen Vereine, gegen kirchliche Jugendverbände, die fast alle zwangsweise aufgelöst wurden, gegen kirchliche Publizistik, gegen Bekenntnisschulen, gegen die christliche Weltanschauung schlechthin. Störungen der Gottesdienste durch Aufmärsche der Nazi-Organisationen (besonders SA und HJ) waren an der Tagesordnung.

Symbolfigur für die Verteidigung kirchlicher Werte und Interessen war der Münchner Erzbischof Michael Kardinal von Faulhaber († 1952). Eine Identifikationsgestalt, um die sich die Evangelischen scharten, wurde der Landesbischof Dr. Hans Meiser († 1956).

Gegen die katholische Kirche wurde von den Nationalsozialisten ein schmutziger Krieg geführt: viele Priester und Ordensangehörige wurden verleumdet, des Defaitismus und des Verrats bezichtigt, angeklagt wegen angeblicher Devisenvergehen oder Sittlichkeitsdelikte. Manche Prozesse wurden zu demütigenden Schauveranstaltungen. Ordensschwestern wurden aus den Schulen verdrängt, kirchliche Schulen geschlossen. Priester wurden verurteilt oder ohne Urteil in ein Konzentrationslager verschleppt. Vielfach wurde kirchlicher Besitz geraubt. Hitler selbst ließ sich z. B. das herrliche Augustiner-Chorherrenstift St. Florian (in Oberösterreich) schenken – vom Gauleiter, im Namen des Volkes. Nicht selten wurden die sog. Hitlerjungen dazu angestiftet, im Schulunterricht belastendes Material über Religionslehrer zu sammeln. Verhaftung, Gefängnis und Konzentrationslager konnten die Folgen eines mutigen Bekenntnisses sein. Pfarrer Dr. Vogl erzählt in seinem Buch „Vierzig Jahre unterwegs" (S. 16), dass er als Kaplan in Ansbach der Geheimen Staatspolizei verdächtig war und keinen Religionsunterricht an höheren Schulen erteilen durfte, weil er nicht die richtige „weltanschauliche Einstellung" besaß. Die Gläubigen standen zu ihrer Kirche. Die massive Propaganda für Kirchenaustritte hatte nur geringe Erfolge. Als 1941 der bayerische Minister und Gauleiter Adolf Wagner die Kreuze aus den Schulen entfernen wollte, gingen die Leute auf die Straße – in Amberg, Velburg, Regensburg und anderswo. Die Regierung gab nach. Als der mutige Bischof von Münster, Clemens August Graf von Galen († 1946), in Predigten und Hirtenbriefen die Stimme erhob gegen Euthanasie, die Tötung des sog. lebensunwerten Lebens, da machte die Regierung einen Rückzieher. Aber bei einem „Endsieg", so fürchteten viele, würde es eine unerbittliche Abrechnung geben.

Gegen die evangelische Kirche gingen die braunen Machthaber anders vor. Sie sahen eine Chance, die Kirche von innen her gefügig zu machen. Es gab die sog. Deutschen Christen, die das Evangelium von allem Jüdischen säubern wollten und Judenchristen aus allen Ämtern entfernten. Die Kirche sollte aufs Deutschtum ausgerichtet werden. Zu dem *Ein Volk – Ein Reich – Ein Führer* sollte nun *eine* nationale Reichskirche kommen. Anführer dieser Leute wurde der Wehrkreispfarrer Ludwig Müller († 1945), der das Vertrauen Hitlers hatte. Die Deutschen Christen konnten mit Hilfe von SA-Männern, die in einigen Gemeinden Deutschlands gefügige Synodale einsetzten, gewisse Machtpositionen gewinnen. Müller wurde Reichsbischof. Aber bald formierte sich Widerstand gegen die „Deutschchristliche Häresie", die von der „Minderwertigkeitstheologie des Rabbiners Paulus" sprach und die Gottesdienste von allem „Undeutschen" befreien wollte.

Das Ringen mit den Deutschen Christen spielte sich meist in den großen Städten ab. In Norddeutschland hatten sie zeitweise gewisse Machtpositionen. Aber die breite Gefolgschaft fehlte ihnen auch dort.

Kirchliches Leben in Pegnitz

Die Bekennende Kirche, hervorgegangen aus dem Pfarrernotbund Martin NIEMÖLLERS, verneinte den Machtanspruch der sog. Reichskirche und hielt am unverfälschten Bekenntnis der Väter fest. Manche Geistliche, die der Bekennenden Kirche anhingen, erlitten Amtsenthebungen, Verhaftungen, Publikations- und Redeverbote. Dekan Wolfram Hanow berichtet in seinen „Erinnerungen eines Pfarrers aus den Jahren 1933–1975 in Schlesien, Bayern und anderswo", wie in Breslau die sog. Deutschen Christen mit den Nazi-Bonzen zusammenarbeiteten, wie bekenntnistreue Pfarrer verhaftet wurden, wie Gottesdienste gestört wurden und wie die Bespitzelung immer intensiver wurde. Schon wegen der Erwähnung des Namens Stalingrad in einem Gedenkgottesdienst führte die Gestapo ein Verhör gegen ihn durch, und man stellte ihn im „Schwarzen Corps" (einer SS-Zeitung) an den Pranger.

Als 1934 Landesbischof Meiser, dem man landesverräterische Gesinnung vorwarf, unter Hausarrest gestellt wurde, begaben sich zahllose Gläubige aus den fränkischen Dörfern nach München und feierten, auf der Straße, vor dem Haus des Bischofs, Gottesdienst. Im ganzen Land fanden Buß- und Bittgottesdienste statt. In Pegnitz konnten die Deutschen Christen nicht Fuß fassen. Aber als Dekan REICHARD 1934 im „Kirchenboten" beklagte, dass „viele treue Christen gewaltsam ihres Amtes entsetzt worden" seien, da wurde das Kirchenblatt beschlagnahmt und der Dekan von den Partei-Oberen gemaßregelt. Eine Stärkung für die Gemeinden des Dekanats war der Besuch von Landesbischof Meiser in Betzenstein am Reformationsfest (29. Oktober 1935) und seine Predigt über Luk. 12 *„Fürchte dich nicht, du kleine Herde"*.

Es war ganz eindeutig: Die große Mehrheit der Gläubigen hielt zu ihrer Kirche und zu ihrem Bekenntnis. Die Regierung gab nach. Hitler ließ das Projekt einer nationalen Reichskirche fallen. Später, im Krieg, stiegen die Spannungen wieder. Und nach dem „Endsieg", so fürchtete man auch bei den Evangelischen, wird eine fürchterliches Strafgericht kommen.

Bei dem Kampf der Nationalsozialisten gegen Kirche und Christentum gab es viele ▸ **Märtyrer**. Nur wenige Namen seien stellvertretend genannt. Pastor Martin NIEMÖLLER, später Kirchenpräsident der hessischen Landeskirche, war von 1937 bis 1945 Gefangener im Konzentrationslager. Pfarrer Johann NEUHÄUSLER, später Weihbischof von München-Freising, war von 1941 bis 1945 Gefangener im Konzentrationslager.

Katholische und evangelische Christen erlitten Verfolgung. Die durchgestandenen Leiden bewirkten Annäherung und bald auch ein Zusammenrücken. Es wuchs der Wille zum Überwinden des Konfessionsgegensatzes. Nicht mehr die andere Konfession steht für das Fremde, Andersartige, Gefährliche, Bedrohliche. Der militante Atheismus, ganz gleich welcher Schattierung, ist die Gefahr für Christentum und Menschlichkeit und abendländische Zivilisation. Man ist nicht mehr misstrauisch, wenn der Mit-Christ eine anders geprägte Frömmigkeit zeigt.

Märtyrer:
Pfarrer Dietrich Bonhoeffer, Direktor des Predigerseminars der Bekennenden Kirche, wurde am 9. April 1945 im Konzentrationslager Flossenbürg ermordet.
Pater Alfred Delp, SJ, der im Kreisauer Kreis an der Widerstandsbewegung beteiligt war, wurde am 2. Februar 1945 in Berlin ermordet.

Abbildung 14:
Mesnerhaus „Beim Bartl" (ehem. Gefängnis).

Abbildung 15:
Evangelisches Gemeindehaus.

7. Niedergang oder Aufstieg?

Das 20. Jahrhundert war geprägt von einer schnell fortschreitenden Entkirchlichung. Das gilt sowohl für die Arbeiterschaft in den Industriezentren als auch für die intellektuellen Kreise und das Bürgertum. Eine religiöse Desozialisation machte sich breit – frommes Brauchtum wurde aufgegeben, häusliche Andachten wurden immer seltener, der Kirchenbesuch ging rapide zurück, Glaube und Religion galten immer weniger, Gebete wurden in den allerprivatesten Raum verdrängt. Über Glaubensfragen spricht man nicht, wenn auch sonst alle Tabus gebrochen sind. So kann man, freilich etwas pauschal, über das Jahrhundert urteilen.

Kirchliches Leben in Pegnitz

Abbildung 16:
Don-Bosco-Kindergarten.

Es ist auffällig, dass in der Großgemeinde Pegnitz, die sicherlich in ihrer Struktur keineswegs repräsentativ für das ganze Land ist, eine genau gegenläufige Entwicklung sich abzuzeichnen scheint. Was haben die wenigen tausend Christinnen und Christen in den letzten sechs Jahrzehnten alles aufgebaut! Herz-Jesu-Kirche und Gemeindezentrum, Brigittenheim, St. Martinus, St. Thomas von Aquin, Gemeindehäuser in Pegnitz, Hainbronn, Bronn, St. Laurentius, Gemeindezentren, Haus der Diakonie, Haus Martin, Kindergärten wie Zum Guten Hirten, Franziskus, Don Bosco, Kinderhort, ferner Kindergärten in Pegnitz, Bronn, Trockau, Troschenreuth, Buchau, Villa Kunterbunt und Jugendcafé, Beratungsstellen sowie Diakoniestationen und Sozialstationen. So vieles neu gebaut, vieles andere erhalten und erneuert! Und all das mit Leben erfüllt!

Bekenntnis – Dienst – Gotteslob

Schon in altkirchlicher Tradition ist kirchliches Leben – das Lebendigsein der Gemeinschaft der Gläubigen – von einer Dreiheit gekennzeichnet: Bekenntnis, Dienst und Gotteslob (in den alten Worten: *martyria – diakonia – leiturgia*)

Gemeinsames Bekennen

Die Christen und Christinnen der großen Konfessionen bekennen ihren Glauben, und sie tun das auch öffentlich und gemeinsam. Als Beispiele seien genannt: der Zug von den Kirchen zum Stadtzentrum am 31. 12. 1999, am Beginn des neuen Jahrtausends, die gemeinsamen Wallfahrten nach St. Michael in Lindenhardt oder nach Weißenbrunn, Friedensgebet und Friedensdemonstration. Im öffentlichen Leben und im politischen Leben sollen christliche Wertvorstellungen umgesetzt werden. Die einzelnen Gemeinden fördern die missionarische Arbeit in anderen Kontinenten und unterstützen bestimmte Projekte z.B. in Indien, Brasilien, Papua-Neuguinea, Afrika. Bei den Hilfswerken Misereor, Renovabis und „Brot für die Welt", die auch in Pegnitz große Unterstützung finden, kommt zum Missionarischen das Diakonische. Auch Partnerschaften wie die mit Crowborough und mit Fürstenberg sind ein Bekenntnis zur weltweiten Gemeinschaft.

Abbildung 17:
Haus der Diakonie.

Abbildung 18:
Kindergarten Troschenreuth.

Dem Nächsten dienen

Von dem Wohlstand wird ein wenig abgegeben in Form von Spenden, Gaben, Beiträgen, auch in Form von Kirchensteuer, um anderen zu helfen. Die Konfessionen organisieren Hilfe für Alte, Kranke, Gebrechliche, Behinderte, auch für Aussiedler und Asylanten, für Gescheiterte. Sie stellen sachkundige Berater für Menschen in schwierigen Lebenslagen, z. B. Suchtgefährdete. Sie bieten, mit Unterstützung durch Stadt und Staat, Hilfen für die Erziehung der Kleinkinder und Jugendlichen. Und ganz wichtig ist, dass dabei nicht nur materiell geholfen wird, sondern auch menschliche Zuwendung gegeben wird. So sind z. B. viele ehrenamtliche Helfer im Brigittenheim tätig und geben einfach menschliche Nähe. Besuchsdienste und „Seniorenpartner" sowie der „Club mit Herz" helfen in ähnlicher Weise.

Gotteslob

An mehr als einem Dutzend Stellen wird Sonntag für Sonntag Gottes Lob verkündigt. Festliche Gottesdienste in alten, ehrwürdigen Formen preisen den Schöpfer. Gottesdienste in ganz modernen Formen bringen die gute Botschaft in einer sprachlichen und musikalischen Gestalt, die jungen Menschen leichter zugänglich ist. Die Kirchenmusik steht in höchster Blüte. Sogar Werke wie Bachs Matthäus-Passion gelangen zur Aufführung. Posaunenchöre und Kirchenchöre musizieren zu Gotteslob.

Gott loben, Hilfsbedürftigen dienen, den christlichen Glauben bekennen – das schafft auch Gemeinschaft untereinander. Zu Dutzenden von Kreisen und Gruppen kommen Menschen, die miteinander sprechen, die zusammen etwas schaffen, die gemeinsam singen, anderen helfen. Und das ist wieder die Gegenbewegung zur viel beklagten Vereinsamung der Menschen in unserer Zeit.

8. Aufbauarbeit in der evangelischen Gemeinde St. Bartholomäus

Die Anfänge einer intensiven sozialen und diakonischen Arbeit reichen bis ins 19. Jahrhundert zurück. Dekan Friedrich Langheinrich († 1910) hat sich nicht nur um den Bau der neuen Kirche verdient gemacht, er war auch ein Mann der Diakonie; in Himmelkron war er an der Gründung der Anstalt beteiligt gewesen. Durch seine Initiative kam es 1896 zur Gründung der **Gemeindediakonie**. Eine Schwester der ▸ **Diakonissenanstalt Neuendettelsau** wurde nach Pegnitz berufen und war in der häuslichen Pflege kranker und gebrechlicher Menschen tätig. Eine zweite Schwester tat ihren Dienst im alten Krankenhaus.

Viele Jahrzehnte waren die Diakonissen aus Neuendettelsau im Krankenhaus tätig, auch im neuen Krankenhaus. Erst 1966 wurden sie vom Mutterhaus abgezogen, als der Mangel an Nachwuchs die Diakonissenanstalt in Schwierigkeiten brachte.

Eine Neuendettelsauer Schwester leistete auch die Aufbauarbeit im **Kindergarten**, der 1906 eröffnet wurde. Der „Evangelische Kleinkinderschulverein Pegnitz",

Kirchliches Leben in Pegnitz

Diakonissenanstalt/ Evangelisch-lutherisches Diakoniewerk Neuendettelsau
Es wurde 1854 von Pfarrer Wilhelm Löhe als Diakonissenanstalt zur Ausbildung von Diakonissen gegründet (Krankenpflege, Kindererziehung, Haushaltschulung usw.). Die Schwestern mit eigener Tracht sind in einer ordensähnlichen Gemeinschaft auf Lebensdauer. Der Austritt aus dem Mutterhaus ist jedoch gestattet. Das Diakoniewerk mit heute mehr als 4000 Mitarbeitern unterhält viele Einrichtungen (Krankenhäuser, Heime für Behinderte und Alte, Ausbildungsstätten usw.).
Rektor des Diakoniewerkes ist gegenwärtig Hermann Schoenauer.

Abbildungen 19/20:
Kleinkinderbewahranstalt (unten), später evangelischer Kindergarten (oben). Heute kaum mehr wiederzuerkennen ist dieser schmucke Fachwerkbau, der 1906 auf dem Platz des einstigen Altenstädter Hirtenhauses errichtet wurde. Durch das Anwachsen der Bevölkerung durch die Errichtung von Fabriken wurde die Einrichtung eines Kindergartens/Kinderschule dringend notwendig. Das Fachwerk wurde später überputzt, inzwischen wurde das Gebäude auch mehrfach erweitert.

Kirchliches Leben in Pegnitz

1897 gegründet, hatte das Ziel einer Kinderschule nach den Vorstellungen von Friedrich Fröbel zäh verfolgt. Die noch nicht schulpflichtigen Kinder sollten „vor dem Herumstreunen bewahrt" werden. Der Pegnitzer Bürger Friedrich Engelhardt stiftete den Bauplatz am Wiesweiherweg, auf dem das Gebäude für den Kindergarten errichtet wurde. Auch ein Gemeindesaal war in dem Haus, das heute als Villa Kunterbunt dient. Die Stadt unterstützte das Kindergartenprojekt. Später ehrten die Stadträte das Andenken an den Stifter, indem die Verbindungsstraße zur Lohesiedlung nach ihm benannt wurde.

In den Jahren 1957/58 wurde der Kindergarten auf Initiative von Dekan Ludwig UNGER († 1965) wesentlich erweitert. Der damals errichtete langgestreckte Anbau im Westen musste bei einer grundlegenden Sanierung (1998) allerdings einem Neubau weichen. Heute steht dort, ein kleines Stück weiter im Norden, der Kindergarten Zum Guten Hirten.

Auch an **volksmissionarische** Aufgaben dachte man früh. Pfarrer Heinrich DERLEDER, als Zweiter Pfarrer von 1900 bis 1912 im Amt, gründete einen „Christlichen Verein", der die Arbeiterschaft fester an die Kirche binden sollte. Vorträge wurden gehalten, Lesestoffe bereitgestellt. Ein „Evangelischer Frauenbund" wurde später gegründet. Auch den jungen Menschen bot man vernünftige Unterhaltung und Schulung (zum Beispiel Handarbeiten für Mädchen).

Raum für solche Zusammenkünfte gab es im Gemeindesaal. Und neuer Raum wurde später geschaffen mit der Errichtung des sog. Blockhauses, das man in die Gartenanlage zwischen Gefängnis und zweitem Pfarrhaus stellte. Das **Blockhaus** stand vor allem der evangelischen Jugend zur Verfügung. Das Blockhaus erlebte noch die Anfänge der ▶ **Pfadfinderschaft** und des ▶ **CVJM**. Erst 1973 hatte es ausgedient und musste dem Neubau eines Gemeindehauses weichen.

Nach dem Krieg kam die Sorge um die vielen Flüchtlinge und Heimatvertriebenen. Dekan Unger gab Anstöße, dass das *Evangelische Siedlungswerk* mit dazu beitrug, dem Wohnungsmangel entgegenzuwirken mit den Bauten in der Wartburgstraße (1953). Der „Kirchenbote" wurde wieder herausgegeben, aber nun nicht mehr für das gesamte Dekanat, sondern nur für die Gemeinde Pegnitz.

Neue Glocken waren notwendig. Zwar kamen zwei von den beschlagnahmten Glocken vom sog. Glockenfriedhof zurück. Aber eine zersprang bald, und dann beschloss eine Gemeindeversammlung, alle Glocken umgießen zu lassen. Seit 1952 rufen diese Glocken zum Gebet.

VCP – Verband Christlicher Pfadfinderinnen und Pfadfinder
Die Pfadfinderbewegung wurde 1907 in Großbritannien durch Baden-Powell gegründet (Boy Scouts), in Deutschland gibt es die „Pfadis" seit 1909. Der VCP wurde 1933 verboten, 1949 neu begründet. Er ist nach Altersgruppen gegliedert. Den VCP in Pegnitz leitete jahrzehntelang Karin Weiß.

CVJM – Christlicher Verein Junger Menschen
In London als YMCA (Young Men's Christian Association) seit 1844 bestehend, in Deutschland seit 1883: freie Vereinigung der evangelischen Jugend mit religiösen, erzieherischen und sozialen Zielen.
Weltbund des YMCA mit Sitz in Genf.
In Pegnitz seit 1970.

Abbildung 21: Installation der neuen Glocken.

Abbildung 22: Glockenweihe.

Kirchliches Leben in Pegnitz

9. Noch mehr Bauten

Das Bauen mit Steinen und Mörtel fördert immer auch den inneren Aufbau der Gemeinde. Gemeinschaft wird gefestigt. Gemeindeglieder können sich selbst einbringen, wenn sie anpacken, zugreifen, helfen. Zu dem Gebauten gewinnt man eine stärkere Beziehung. Kirche wird zur Heimat. Für die großen und kleinen Bauten aller Konfessionen in allen Ortsteilen gilt dies.

Dekan Friedrich SCHOENAUER, seit 1959 im Amt, lud die evangelische Gemeinde 1960 zu einer Gründungsversammlung. Es wurde der **Diakonieverein** gegründet, heute offiziell genannt „Zentraler Diakonieverein im Evangelisch-Lutherischen Dekanatsbezirk Pegnitz e. V." Das Ziel war die Errichtung eines Altenheims. Die weniger stark favorisierten Projekte „Gemeindehaus" und „Sozialwohnungen" wurden zurückgestellt.

Sehr viele Pegnitzer traten dem Diakonieverein bei; es waren bald rund 600 Mitglieder. Aus Mitgliedsbeiträgen, aus Spenden und aus einer Haussammlung konnte ein kleines Kapital angehäuft werden. Dazu kam ein Vermächtnis des Ehrenbürgers Heinrich BAUER. Die Stadt gab einen Zuschuss, ebenso der Staat. Natürlich mussten Darlehen aufgenommen werden.

Abbildung 23:
Das neue Brigittenheim.

Man konnte mit dem Bau beginnen, und schon 1966 zogen die ersten Bewohner ins Altenheim an der Friedrich-Engelhardt-Straße. Das bestand aus einem langen niedrigen Bau als Eingangstrakt mit Küche und Speisesaal und aus einem siebenstöckigen Hochhaus mit den Bewohnerzimmern. **Brigittenheim** wurde die Anlage genannt, weil in diesem Bereich der Stadt einmal eine Brigitten-Kapelle gestanden war. Dekan Friedrich SCHOENAUER († 1966) durfte die Einweihung des Heims durch Landesbischof DIETZFELBINGER am 5. März 1967 nicht mehr erleben.

Unter Dekan Wolfram Hanow († 1999) konnte die Aufbauarbeit fortgesetzt werden. Es gelang, das **Evangelische Siedlungswerk** zu einem neuen Engagement in Pegnitz zu bewegen. Ein Hochhaus mit 30 Wohnungen und drei weitere Häuser mit kleineren Einheiten wurden in der Hans-Böckler-Straße errichtet. Besonders für ältere Menschen wurde damit Wohnraum geschaffen, der damals (1969) noch sehr knapp war.

Mitarbeit und Spendenfreudigkeit der Gemeinde waren wieder gefragt, als man daran ging, das lang ersehnte **Gemeindehaus** zu erbauen, das dann 1974 von Oberkirchenrat Dr. HANSELMANN, dem späteren Landesbischof, eingeweiht wurde. Im Gemeindehaus mit dem großen Saal, der bis zu 300 Personen fasst, war endlich Platz für größere Veranstaltungen, aber auch Raum für Kirchenchor, Gemeindegruppen, Jugendarbeit. Das ehemalige Gefängnis, das von der Gemeinde 1965 gekauft worden war, wurde auch vollständig erneuert und in den Bau des Gemeindehauses integriert. Hier war die Mesnerwohnung, und hier konnten die Beratungsstellen der Inneren Mission ihren Sitz nehmen. Die Gebäudegruppe im Süden und Westen der Bartholomäuskirche mit Kantorat, Dekanat, ehem. Gefängnis, Gemeindehaus und zweitem Pfarrhaus bildet nun ein schönes Gemeindezentrum.

Als Johannes Hiller 1976 sein Amt als 1. Pfarrer und Dekan antrat, wurde die Aufbauarbeit ohne irgendeinen Bruch weitergeführt. Der **Kindergarten** am Wiesweherweg wurde erweitert und renoviert, und in der Lohesiedlung wurde, zusammen mit der katholischen Pfarrgemeinde, ein weiterer, ökumenischer Kindergarten gegründet. Bald wurde auch das **Gemeindehaus Hainbronn** gebaut, so dass dieser Ortsteil nun auch ein kirchliches Zentrum hat. Verschiedene Gemeindekreise und

Kirchliches Leben in Pegnitz

Haus der Diakonie
oder „Sonntagshaus"
Beratungsstellen: Sozialdienst, Erziehungs-, Ehe- und Lebensfragen, Schwangerschaftsberatung, Suchtberatung, Sozialpsychiatrischer Dienst, Kleiderkammer

Jugendgruppen haben hier ihren Platz. Es werden auch in regelmäßigen Abständen Gottesdienste gehalten. Durch die Renovierung des Kantoratsgebäudes wurde mit dem sog. Kapitelzimmer Raum gewonnen für Konferenzen und für Bücher. Schwester Marie BRAUN leistete viele Jahre ihren stillen und aufopfernden Dienst in der häuslichen Krankenpflege. Als sie 1979 in den Ruhestand trat und keine Aussicht bestand, dass eine Diakonisse nach Pegnitz entsandt wurde, da musste ein neuer Anfang gemacht werden. Dekan Hiller gab den Anstoß zur Gründung der ▸ **Diakoniestation**. Von dieser werden häusliche Kranken- und Altenpflege geleistet. Schwester Anne AMBERG meisterte die schwierige Aufbauarbeit.

Nachdem das sog. Sonntagshaus (Hauptstraße 77) durch Vermächtnis der Eheleute Sonntag in den Besitz des Diakonievereins gekommen war und nachdem dieses Haus grundlegend saniert und renoviert worden war, fand die Diakoniestation dort ihre Heimat. Auch den **Beratungsstellen** des Diakonischen Werkes Bayreuth konnten jetzt im Haus der Diakonie in angemessener Weise Räumlichkeiten geboten werden. Eine Beratungsstelle für Arbeitslose wurde einige Zeit in diesem Haus unterhalten. Die **Dorfhelferinnenstation** bietet ihren Dienst den Gemeindegliedern aus dem ganzen Dekanat (seit 1970).

Die Gründung vom „**Evangelischen Bildungswerk** im Dekanatsbezirk Pegnitz e. V." fällt ebenfalls in die Amtszeit von Dekan Hiller. Was in den verschiedenen Gemeinden des Dekanatsbezirkes in Form von Vorträgen und Referaten oder bei Podiumsgesprächen und Studienfahrten an Bildungsarbeit, genauer gesagt Erwachsenenbildung, geleistet wird, das will das Bildungswerk unterstützen und koordinieren. Ein Programmheft für jeweils ein Halbjahr wird erstellt und den Gemeinden zugänglich gemacht. Zuschüsse, die von kirchlicher und staatlicher Seite gewährt werden, können an die veranstaltenden Gemeinden weitergegeben werden. Im Programmheft für den Sommer 2003 werden nicht weniger als 39 Einzelveranstaltungen oder Fahrten und 54 regelmäßige Zusammenkünfte einzelner Kreise oder Gruppen angekündigt. Die kirchenmusikalischen Veranstaltungen sind dabei nicht mitgerechnet.

Über Musik und Konzerte wird in einem besonderen Kapitel des Buches berichtet. Hier muss aber doch eingefügt werden, dass die **Kirchenmusik**, die bei den evangelischen Christen einen so hohen Stellenwert hat, durch die Geistlichen genauso wie durch die ganze Gemeinde gefördert worden ist. Hunderte von Gemeindegliedern, bei den großen Konzerten auch einige aus der katholischen Pfarrei, haben im Lauf der Jahre als Sängerinnen und Sänger oder als Instrumentalisten mitgewirkt und zur Ehre Gottes musiziert. Dekan Hiller konnte 1979 dem Pegnitzer Kantor Roland WEISS die Urkunde überreichen, mit der der Landeskirchenrat das Wirken des Kirchenmusikers würdigte, und zwar durch die Verleihung des Titels **Kirchenmusikdirektor**. Seit 1963 hat Roland Weiss für das gottesdienstliche Leben Bedeutendes geleistet – Gemeideaufbau durch Kirchenmusik. Er hat Hunderte von Konzerten veranstaltet und geleitet. In Anerkennung seiner künstlerischen Leistung verlieh ihm 1981 der Landkreis den Kulturpreis des Landkreises Bayreuth. Die Stadt Pegnitz ehrte ihn 2002 mit der Verleihung der Goldenen Bürgermedaille.

Mit der Kunst und mit dem Bildungswerk geht der Blick auch in die **Weite**. Dekan Hiller, früher Afrikareferent der Landeskirche, setzte sich selbst ein und spornte andere an zur Unterstützung für das Missionswerk, für die Aktion „Brot für die Welt", für alle Bemühungen, der Dritten Welt zu helfen. Offenheit für andere wurde auch verwirklicht durch die Partnerschaften mit der anglikanischen Gemeinde „All Saints" in Crowborough (Bistum Chichester) und der evangelischen Gemeinde Fürstenberg (Evang.-Luth. Kirche in Mecklenburg). Hier ist vor allem auch die Kantorei engagiert.

Offenheit bestand auch in der wachsenden ökumenischen Zusammenarbeit mit der katholischen Pfarrgemeinde Herz Jesu. Die Friedensbewegung und die Bewegung zur Bewahrung der Schöpfung, wo sich besonders die Jugend einsetzte, fanden offene Kirchentüren und meist auch offene Herzen. Dem Unfrieden konnte gewehrt werden. Wer andere Vorstellungen hatte vom richtigen Weg zum gemeinsamen Ziel, der wurde nicht ausgegrenzt.

Das neue Brigittenheim und der Brigittenpark

Seit dem Ende der 80er Jahre gab es Sorgen wegen des ▸ Brigittenheims. Es ging aber nur um das Gebäude. Das Heim selbst war immer voll belegt, und alles lief harmonisch ab. Diakon Otto Hüttmeyer, der von 1967 bis 1990 als Heimleiter wirkte, prägte den christlichen Geist des Hauses. Es ging ihm nicht nur um sachgerechte Pflege und Wirtschaftlichkeit; den Bewohnern sollte auch Heimat gegeben werden. Dazu gehörten die Andachten und die Gottesdienste in der Kapelle des Hauses, die selbstverständlich auch in regelmäßigen Abständen von katholischen Geistlichen gehalten wurden. Am Gebäude zeigten sich Verschleißerscheinungen. Die technische Einrichtung und der Zuschnitt der Zimmer entsprachen nicht mehr dem modernen Standard und den neuesten Sicherheitsbestimmungen, zumal der Anteil der gebrechlichen und pflegebedürftigen Heimbewohner immer größer wurde. Wie man umbauen könnte, also für neue Nasszellen, Aufzüge und Treppen sorgen, während das Heim bewohnt ist, das war eine schier unlösbare Aufgabe. Die Lösung des Problems war nur möglich durch einen Neubau. Es wurden Kontakte geknüpft zum Ev.-Luth. Pfründestiftungsverband in Bayern. Dieser Verband, eine Körperschaft des öffentlichen Rechts, verwaltet nach Stiftungsrecht die Immobilien, die im Besitz der verschiedenen Pfründestiftungen sind. Und er wurde nun in Pegnitz als Investor tätig. Für ein neues Brigittenheim, das eine rentierliche Anlage werden sollte, wurde ein sachgerechtes Raumprogramm entwickelt, das den Bedürfnissen der Heimbewohner entsprach.

Abbildung 24:
Das Seniorenforum im Brigittenheim.

Architekt Peter W. ELLMER fertigte die Pläne. Die Stadt Pegnitz, der Landkreis Bayreuth und die Oberfrankenstiftung unterstützten das Projekt großzügig. Der Diakonieverein brachte sein gesamtes Vermögen ein und wurde mit rund 28 % am neuen Eigentum beteiligt. Bauherr war der Pfründestiftungsverband; Betreiber des Senioren- und Pflegeheims sollte der Diakonieverein bleiben. Für die Inneneinrichtung musste allein der Diakonieverein aufkommen.

Das neue Gebäude mit den 135 Bewohnerzimmern ist viergeschossig und besteht aus drei Gebäudeteilen: Ein zentral angeordnetes Gelenk verknüpft die zwei nach Nordwest und Südost angeordneten Seitenflügel. Im Erdgeschoss sind das Foyer, das auch als Bistro dient, die Verwaltung, die Brigittenkapelle, die Küche und das Pfarrvikariat. Die Diakoniestation war zunächst auch in diesem Bereich, wurde aber nach einigen Jahren in das Gebäude des alten Brigittenheims verlegt. In den drei Obergeschossen sind die Bewohnerzimmer, alle mit eigener Sanitärzelle und in Einheiten von 20 Zimmern gegliedert, denen jeweils ein Begegnungsbereich zugeordnet ist. Vom Kuppeldach aus und von der Dachterrasse hat man einen unvergleichlichen Blick über die Stadt und die Landschaft.

Brigittenpark Pegnitz – das sind die vier Einrichtungen auf dem rund eineinhalb Hektar großen Areal:
- **Brigittenheim**:
Senioren- und Pflegeheim, Kurzzeitpflege, 135 Plätze, mit Brigittenkapelle und Brigittenbrunnen, Friedrich-Engelhardt-Straße 8
- **Evang. Diakoniestation**:
ambulante Pflege, Pflegeberatung, Essen auf Rädern, Friedrich-Engelhardt-Straße 14 b
- **Ev.-Luth. Pfarrvikariat**:
Der Inhaber des Vikariats, das als solches seit 1963 besteht, ist mit der Seelsorge im Brigittenheim beauftragt.
Friedrich-Engelhardt-Straße 12
- **Seniorenforum im Brigittenpark**:
Das alte Gebäude des Heims, vom Bauforum Bayreuth erworben, modernisiert und umgebaut zur Wohnanlage, behindertengerechte Eigentumswohnungen, betreutes Wohnen, Grundbetreuung durch den Zentralen Diakonieverein.
Friedrich-Engelhardt-Straße 14

Abbildung 25:
Der Brigittenbrunnen in Form eines Kreuzes.

Kirchliches Leben in Pegnitz

Als Generalunternehmer setzte die Nordbayerische Baugesellschaft die Pläne um, die vom Projektausschuss mit Vertretern aller Beteiligten immer wieder durchgesprochen und ausgefeilt wurden. Dekan Christian Schmidt war also mit viel Arbeit belastet in den Jahren 1994, als es die ersten konkreten Planungen gab, 1995, als mit dem „ersten Spatenstich" in Anwesenheit des Ministerpräsidenten Edmund Stoiber die Arbeit begann, 1996, als im März der Grundstein gelegt wurde und bereits im Juli das Richtfest gefeiert werden konnte, schließlich 1997, als am 4. Mai die Einweihung des neuen Heims durch Landesbischof Hermann VON LOEWENICH erfolgte.

Zu danken war bei der Feier wiederum, neben den Zuschussgebern der öffentlichen Hand, den vielen Gemeindegliedern, die mit Spenden ihren Beitrag leisteten oder selber mit anpackten – beim Umzug, beim Nähen der Vorhänge, bei verschiedenen Montagearbeiten. Dank erging auch an die Sparkasse, die den Brigittenbrunnen stiftete, und an die katholische Pfarrgemeinde für das Brigittenbild im Foyer.

Im Jahr 2003 ist es dank der Initiative des 1. Vorsitzenden des Diakonievereins, Dekan Dr. Gerhard Schoenauer, gelungen, das Brigittenheim wieder ganz in den Besitz des Diakonievereins zu bringen. Die günstigen Bedingungen auf dem Kapitalmarkt machten einen Rückkauf möglich. Wenn der Betreiber nicht mehr nur Mieter ist, kann manches besser ablaufen, z. B. auch die geplante Errichtung einer Station für Demenzkranke.

Etwas für Kinder und die Jugend

Für Kranke, Alte und Gebrechliche wurde also viel getan in den 90er Jahren mit dem neuen Brigittenheim und der neuen Diakoniestation, die aufs Engste zusammenarbeitet mit der Diakoniestation Creußen. Aber auch für die Jugend wurde etwas geschaffen.

Neue Kindergärten waren notwendig geworden. Weil die Dr.-Dittrich-Förderschule die Räume selbst benötigte (1998), die sie für den „ökumenischen Kindergarten" zur Verfügung gestellt hatte, musste etwas Neues aufgebaut werden, zumal der Bedarf an Kindergarten-Plätzen gestiegen war. Die katholische Pfarrgemeinde baute den Kindergarten Franziskus (Am Arzberg), die evangelische Gemeinde baute den Kindergarten **Zum Guten Hirten** (am Wiesweiherweg). Der Erweiterungsbau von 1959, der nicht mehr saniert werden konnte,

Abbildung 26: Kindergarten in Buchau.

wurde abgebrochen. Schon ein paar Jahre vorher, nämlich 1991, war der **Buchauer Kindergarten** gegründet worden. Das alte Schulhaus, in dem er unterkam, wurde als solches nicht mehr benötigt und von der Stadt dankenswerterweise zur Verfügung gestellt. Mit dem Integrativen Kindergarten (Kinderstube e. V.) in Buchau herrscht eine gedeihliche Zusammenarbeit.

Mit der neuen Diakoniestation im Brigittenpark wurde im Haus der Diakonie Platz für alle Beratungsdienste geschaffen, und im Mesnerhaus (dem ehemaligen Gefängnis) konnten deshalb Räume für die Jugend genutzt werden.

Wo täglich Hunderte von Schülern ihren Weg nehmen, nämlich zwischen Mesnerhaus und Dekanat, wurde das Schüler- und Jugendcafé **Beim Bartl** eingerichtet (1994). Wenn nicht Schulferien sind, ist der „Bartl" geöffnet um die Mittagszeit und am frühen Nachmittag. Es gibt einfaches Essen und Getränke zu niedrigen Preisen, Spiele und Lesestoff, aber auch Hausaufgabenbetreuung. Die Dekanatsjugendreferenten sind hier oder in der Geschäftsstelle im Haus der Diakonie auch als Ansprechpartner zu erreichen.

In der **Villa Kunterbunt** am Wiesweiherweg ist eine Außenstelle der Evangelischen Familien-Bildungsstätte Bayreuth eingerichtet worden. Man versteht sich als Familientreff. Angeboten wird eine Vielzahl von Kursen und Einzelveranstaltungen. Da gibt es Seminarreihen wie „Rund ums Baby", „Gesundheit" und „Erziehung", ferner Kurse für Kinder, wo gemalt und gebastelt wird, Angebote für Mutter und Kind, Krabbelstube, Müttercafé und Secondhand-Basar. Das Programmheft (für Frühjahr und Sommer 2003) nennt nicht weniger als 45 Kurse, Vorträge, Übungsreihen und Treffen. Diese Stätte der Begegnung für junge Familien arbeitet auch zusammen mit den Kindergärten und mit dem Evangelischen Bildungswerk.

Kirchliches Leben in Pegnitz

Abbildung 27:
Ehemaliger evangelischer Kindergarten, die heutige „Villa Kunterbunt".

10. Aufbau in der Pfarrgemeinde Mariae Namen

Am 1. Juli 1937 war die Kuratie zur Pfarrei erhoben worden. Der Pfarrer hielt erst am 16. November 1938 seinen Einzug. Es war Dr. Franz Vogl, später Dekan, Geistlicher Rat, Prälat, Ehrenbürger der Stadt Pegnitz, Träger des Bundesverdienstkreuzes 1. Klasse, Wegbereiter für ein gutes ökumenisches Miteinander der Konfessionen. Wie er in seinen Erinnerungen berichtet (S. 19), war es von Anfang an sein Wille, *„nicht Trennungsstriche zu ziehen, sondern Brücken zu bauen und auch die Andersgläubigen als Brüder in Christus zu lieben"*.

Zur Unterstützung der Arbeit des Pfarrers gab es eine Schwesternstation: Drei Schwestern der „Dienerinnen der heiligen Kindheit von Oberzell", nämlich die Oberin sowie eine Kinderschwester und eine Handarbeitsschwester. Sie leisteten auch Mesnerdienste, spielten auf der Orgel, gaben Religionsunterricht, kümmerten sich um die Jugend, arbeiteten im Pfarrbüro und machten Hausbesuche. Später konnte auch eine Schwester für häusliche Krankenpflege eingesetzt werden.

Die Gemeinde war arm. Die Kirche hatte zunächst nicht einmal eine Orgel. Die rund 800 Katholiken unter den etwa 4000 evangelischen Einwohnern der Stadt mussten selber erst richtig zusammenfinden. Ständig wuchs die Gemeinde durch den Zuzug von Familien, unter anderem aus Schlesien und der Steiermark, die im Bergwerk Arbeit und Brot fanden. Heimat wollten sie finden in der Pfarrgemeinde. Restaurierungsarbeiten in der Marienkirche mussten von den Gemeindemitgliedern selbst gemacht werden. Die gemeinsame Arbeit führte die Menschen vielleicht besser zusammen, so meinte jedenfalls Pfarrer Vogl, als dies in den katholischen Vereinen, die in der Nazi-Zeit verboten waren, möglich gewesen wäre. Die Ausstattung der Kirche mit den barocken Altären aus der aufgelassenen Kirche von Dornbach, die der Erweiterung des Truppenübungsplatzes zum Opfer gefallen war, konnte bei Beginn des Krieges gerade noch abgeschlossen werden.

Pfarrer Vogl erzählt anschaulich, wie in der Not der Kriegsjahre die Zahl der Kirchenaustritte stark zurückging, und die Zahl der Gottesdienstbesucher anstieg. Auch die Jugendlichen waren bereit, auf die Verkündigung zu hören. Italienische Arbeiter, die bei der Bahn beschäftigt waren, und französische Kriegsgefangene konnten zeitweilig an Gottesdiensten in der Marienkirche teilnehmen. Tränen flossen, als 1942 die Glocken der Marienkirche und die der Bartholomäuskirche – nach einem letzten gemeinsamen, halbstündigen Läuten – abgenommen und weggeschafft wurden. Dass die Glocken weggenommen werden, war schon immer ein schlechtes Vorzeichen.

Abbildung 28:
Pfarrer Dr. Vogl und Dekan Friedrich Schoenauer.

Abbildung 29:
Pfarrhaus bei der Marienkirche.

CARE – Cooperative for American Remittances to Europe
1946 in den USA gegründete Vereinigung zur Organisation von Hilfssendungen nach Europa. Die wertvolle Hilfe zur Linderung der Not kam vorwiegend aus kirchlichen Kreisen in den USA.

Nach dem Zusammenbruch des Deutschen Reiches gab es in Pegnitz einen starken Zustrom von Flüchtlingen und Heimatvertriebenen, und zwar überwiegend Menschen aus Schlesien und aus Böhmen. Die Pfarrgemeinde versuchte zu helfen, wo es nur ging. Über den Caritas-Verein in Bamberg konnten ▶ CARE-Pakete herbeigeschafft werden für die Hungernden und Notleidenden. Lebensmittelsammlungen wurden in den umliegenden Dörfern durchgeführt, damit den Flüchtlingen, den Gefangenen, den entlassenen Soldaten, den Heimatlosen, die bettelnd an die Tür des Pfarrhauses kamen, ein wenig geholfen werden konnte.

Die erstarkende Gemeinde konnte in den Nachkriegsjahren allmählich so leben, wie es sonst nur in rein katholischen Gegenden üblich war. Es gab jetzt z. B. auch Bittprozessionen nach Büchenbach, Fußwallfahrten nach Gößweinstein; das war etwas Neues für Pegnitz. Dass die Pegnitzer Pfarrei nun Firmstation wurde und 1947 Erzbischof Josef Otto erstmals zur Firmung nach Pegnitz kam, gab das Gefühl, dass man endlich eine vollwertige Pfarrgemeinde war. Der Erzbischof kam auch 1950 zur Feier des 50. Jubiläums des Bestehens einer katholischen Gemeinde. Es wurde eine katholische Bekenntnisschule gegründet, nachdem sich in einer Abstimmung eine hinreichend große Zahl von Eltern dafür entschieden hatte. Bei der Fronleichnamsprozession nahm man den großen Weg durch die Stadt: am Rathaus vorbei, über die Schloßstraße und Lindenstraße zurück, also nicht mehr nur den versteckten Nebenweg von Schmiedpeunt und Heinrich-Bauer-Straße. Die Pfarrgemeinde war aus dem Diaspora-Dasein herausgekommen.

Abbildung 30:
Fronleichnamsprozession durch die Schloßstraße.

Ökumene oder Rekatholisierung?

Manche evangelische Christen verfolgten diese Entwicklung mit einem gewissen Unbehagen. Man redete von einer Rekatholisierung. Das alte Misstrauen kam bei einigen Leuten wieder auf. Dieses Misstrauen brachte Unruhe in die evangelische Gemeinde, als mit Dekan Friedrich Schoenauer, dem Nachfolger von Ludwig Unger, ein Pfarrer sein Amt antrat (1959), der den Idealen ▶ Wilhelm Löhes nahe stand und der eintrat für die Erneuerungsbewegung und den ökumenischen

Wilhelm Löhe (1808–1872)
Gründer der Missionsanstalt (1841) und der Diakonissenanstalt (1854) in Neuendettelsau. Als Theologe trat er ein für Belebung der Sakramente, häufigen Empfang des Abendmahls, alte liturgische Formen.

Abbildung 31:
Die katholische Marienkirche und die evangelische Bartholomäuskirche.

Kirchliches Leben in Pegnitz

Gedanken. Die hochkirchliche Bewegung betont die Bedeutung der sichtbaren Kirche und der Sakramente sowie den Ausbau liturgischer Formen. Was Besinnung auf altkirchliche Tradition ist, kam allerdings manchen Evangelischen vor als Annäherung ans Römisch-Katholische oder gar als Unterordnung. Auch das „neue" Gesangbuch von 1957, das in Pegnitz erst 1959 eingeführt wurde, fand nicht überall uneingeschränkte Zustimmung.

Dekan Friedrich Schoenauer und Pfarrer Dr. Vogl kamen sich näher, und aus der persönlichen Begegnung und der freundschaftlichen Beziehung erwuchs ökumenische Zusammenarbeit. Diese besteht nun seit 1964, als der erste ökumenische Gottesdienst in der Bartholomäuskirche gehalten wurde. Im November 2004 wurde in einem ökumenischen Gottesdienst dieses „Jubiläum" begangen.

Pfarrer Vogl erzählt in seinen Erinnerungen (S. 163 ff.), wie nach dem plötzlichen Tod von Dekan Friedrich Schoenauer am 30. März 1966 auch die Glocken der Marienkirche läuteten und eine Abendmesse für den Verstorbenen gehalten wurde. Pfarrer Vogl leistete den Freundschaftsdienst, einen weißen Chorrock zu geben, in dem Friedrich Schoenauer begraben werden wollte. Martin Luther hat auch den weißen Chorrock getragen und die Messgewänder! Dessen waren sich damals die meisten evangelischen Christen nicht bewusst. Manche waren sehr befremdet, sogar aufgeschreckt. Der Argwohn schwand nach einiger Zeit. Gute ökumenische Zusammenarbeit bestimmte von nun an das Verhältnis zwischen den Konfessionen.

Aufbau und Weltoffenheit

Die Wohnungsnot war groß in den Nachkriegsjahren. Die Pfarrgemeinde nahm Verbindung auf mit der St.-Josefs-Stiftung in Bamberg, die sich um den sozialen Wohnungsbau bemühte. Pfarrer Dr. Vogl, seit 1947 Dekan des ▸ **Dekanates Auerbach**, brachte den Grunderwerb zu Wege, und so konnte in Pegnitz in der St.-Josef-Straße und in der Kettelerstraße gebaut werden. 1952 wurden die ersten 16 Wohnungen geweiht.

Neue Glocken für die Marienkirche gab es 1951. Auch für die Pfarrei wurde in diesen Jahren gebaut, und zwar der Kindergarten und das **Don-Bosco-Heim**. Dieses wurde 1952 von Domkapitular SCHMITT geweiht.

Die Jugendgruppen, Jungschar der Buben und Frohschar der Mädchen, die im Bund der Katholischen Jugend erfasst waren, hatten im „Don Bosco" ihren festen Platz.

In den Jahren von 1952 bis 1956 bot die Pfarrgemeinde, mit Unterstützung durch staatliche Stellen, sogar einen Ausbildungslehrgang für junge Menschen, die nach der Hauptschule im Berufsleben nicht Fuß fassen konnten. Es gab eine Grundausbildung für Metallberufe, und es gab eine Nähschule. Mädchen wurden auch in Küche und Kindergarten als Helferinnen ausgebildet.

Im ▸ **Don-Bosco**-Heim, das von Max BAUER und seiner Frau Paula geleitet wurde (1952–1977), fanden die Veranstaltungen des Katholischen Werkvolkes statt. Hier wurden Feste gefeiert, und hier war in den Sommermonaten Raum für Kinder, z. B. aus Berliner Gemeinden, die einmal Ferien auf dem Land erleben wollten.

Im „Don Bosco" hielt Pfarrer Dr. Vogl seine Vorträge, durch die er die Pfarrge-

---

Dekanat Auerbach (nach der Reform 1974)
Auerbach, Büchenbach, Creußen, Elbersberg, Gunzendorf, Hohenmirsberg, Kirchenbirkig, Michelfeld, Neuzirkendorf, Pegnitz, Pottenstein, Thurndorf, Trockau, Troschenreuth. Das Dekanat Auerbach gehört zur Region I (Hof, Kulmbach, Bayreuth, Auerbach) der Erzdiözese Bamberg.

Dekane im (namensgebenden) Dekanat Auerbach
(bis 1928 „Dechanten" genannt)
Seit Gründung der Kaplanei S. Nom. B.M.V. in Pegnitz
1896–1907
Johann Sebastian Reppenbacher (Pfr. in Auerbach)
1908–1919
Paul Unterburger (Pfr. in Neuhaus)
1920–1921
Johann Steets (Pfr. in Auerbach)
1922–1928
Kaspar Montag (Pfr. in Hopfenohe)
1928–1930
Georg Schmitt (Pfr. in Michelfeld)
1930–1938
Joseph Kupilas (Pfr. in Auerbach)
1939–1946
Georg Scheder (Pfr. in Michelfeld)
1947–1974
Dr. Franz Vogl (Pfr. in Pegnitz)
1974–1975
Franz Zimmermann (Kuratus in Trockau)
1975–1981
Johann Neuner (Pfr. in Kirchenbirkig)
1981–1993
Heinrich Schenk (Pfr. in Elbersberg)
seit 1993
Franz Reus (Pfr. in Pegnitz)

Don Giovanni Bosco (1815–1888)
Priester und Pädagoge aus Turin, sorgte für Heime, Schulen und Lehrwerkstätten für vernachlässigte Jugendliche, Mitbegründer der Kongregationen des Ordens der Salesianer – Societas Sancti Francisci Salesii 1934 kanonisiert

Kirchliches Leben in Pegnitz

meinde teilhaben ließ an seiner Weltoffenheit und den Erfahrungen von seinen Reisen, besonders ins geliebte Italien mit seinen Kunstschätzen. In späteren Jahren leitete er viele solche Reisen in Gruppen, mit seinen Pfarrkindern und auch mit evangelischen Christen. Alle waren dankbar für seinen Vortrag, in dem fundiertes Wissen um Geschichte und Kunst, mit tiefer Frömmigkeit verbunden, die Führung durch eine Kathedrale zur Verkündigung werden ließ. Er zeigte die Schönheit der Kunst und die Schönheit des Glaubens.

Weltoffen wurde durch ihn die ganze Pfarrgemeinde. Das Thema Weltmission wurde intensiv behandelt. Es entstanden Beziehungen zu Priestern aus Afrika und Asien, persönliche Verbindungen nach Indien und Südafrika. Priester aus fernen Ländern besuchten die Pfarrgemeinde; einmal wurde ein afrikanischer Bischof als Gast begrüßt.

Die großen Ereignisse der Weltkirche fanden durch die Aufgeschlossenheit ihres Pfarrers einen Widerhall – das Heilige Jahr 1950, das Marianische Jahr 1954 (Erinnerung an das Dogma der Unbefleckten Empfängnis von 1854), der Eucharistische Weltkongress in München 1960, das Zweite Vatikanische Konzil 1962–1965. Pfarrer Dr. Vogl organisierte Fahrten zu großen Veranstaltungen. Er hielt Vorträge im ganzen Dekanat und darüber hinaus zu den Themen des Konzils. Im Gefolge des Konzils kam es in der katholischen Welt zu lebhaften Diskussionen. Es gab eine fortschrittliche Richtung, die sich über die Ergebnisse freute, besonders was die Liturgie betraf, und noch weitere Reformschritte ersehnte. Und es gab die beharrende Richtung, die sich gegen jedwede Neuerung sperrte und gegen jegliche Kritik an der Kirche und die keine anderen als autoritäre Strukturen haben wollte. Wie Pfarrer Vogl berichtet (ebd., S. 169 ff.), blieb die Pegnitzer Pfarrgemeinde von starken Spannungen verschont. Nur wenigen Gläubigen war das, was der Pfarrer und seine Kapläne einführten, etwas zu fortschrittlich.

Abbildung 32:
Don-Bosco-Kindergarten, Vorderansicht.

Die Veränderungen in der Liturgie wurden von Pfarrer Vogl mit Freude begrüßt. Das gilt auch für die Einbindung der Laien in die Verantwortung. Der Pfarrgemeinderat, dessen Mitglieder zum großen Teil von den Gläubigen gewählt werden, konstituierte sich erstmals 1968. Er ist die Entsprechung zum evangelischen „Kirchenvorstand", in dem ebenfalls vom Kirchenvolk gewählte Laien an der Leitung der Gemeinde maßgeblich beteiligt sind.

Was das Verhältnis zwischen den Konfessionen betrifft, soll Pfarrer Dr. Vogl selbst zu Wort kommen (ebd., S. 191): *„Wir standen uns nicht mehr so sehr als evangelische und als katholische Kirche gegenüber, sondern erkannten unsere gemeinsame Lage als Christen in einer entchristlichten Welt."*

Im Jahr 1964 gab es den ersten ökumenischen Gottesdienst in der Bartholomäuskirche. Es folgten bald weitere gemeinsame Veranstaltungen. Heute gibt es in der Regel wenigstens zweimal im Jahr gemeinsame Gottesdienste (Weltgebetstag der Frauen, auch Schulgottesdienste), ökumenische Kinder-Bibeltage, ökumenische Bibelwoche, ökumenische Ausflüge, gemeinsame Sitzungen von Pfarrgemeinderat und Kirchenvorstand, seit 2000 auch ökumenische Wallfahrten.

11. Bau einer neuen Kirche

Die Gemeinde war innerlich und zahlenmäßig sehr stark gewachsen. Die Marienkirche war entschieden zu klein geworden; oft mussten Gottesdienstbesucher draußen vor der Kirche im Freien stehen.

In **Schnabelwaid** war die Situation noch schwieriger. Die Katholiken, die von Pegnitz aus betreut wurden, feierten ihre Gottesdienste in der evangelischen Kirche.

Kirchliches Leben in Pegnitz

Sie wünschten sich ein eigenes Gotteshaus. Pfarrer Vogl konnte für die Pfarrei ein geeignetes Grundstück erwerben, auf dem eine kleine Kirche errichtet wurde. Sie wurde Bischof Otto dem Heiligen von Bamberg geweiht. 1962 erfolgte die Konsekration durch Prälat Dr. Franz WAGNER.

St. Otto in Schnabelwaid war Filialkirche der Pfarrei Herz-Jesu bis 1999 und gehört seither zur Pfarrei St. Marien in Creußen.

In Pegnitz schied die Möglichkeit einer Erweiterung der Marienkirche aus; das Grundstück war zu klein. Etwas ganz Neues musste angefangen werden.

Die Brüder Anton und Adolf GRELLNER hatten der Pfarrgemeinde ein Grundstück an der **Amberger Straße** geschenkt. Bei Pfarrer Vogl reifte früh der Gedanke, an dieser Stelle eine große Kirche zu bauen. Seit 1956 war man in der Phase der Vorüberlegungen und des Planens. Die Kirche, für die Peter Leonhardt die Pläne fertigte, sollte Ausdruck des religiösen Empfindens sein und von der neuen Liturgie geprägt werden. Es musste nun um Genehmigung und Unterstützung durch das Erzbischöfliche Ordinariat gerungen werden. Die Opferfreudigkeit der Gemeinde erwies sich wieder als sehr groß, so dass schließlich Finanzierung und Bau gesichert waren.

Im Jahr 1963 konnte der Grundstein gelegt werden, und am 5. September 1965 wurde die **Herz-Jesu-Kirche** durch Erzbischof Dr. Josef Schneider konsekriert. In den folgenden Jahren wurde eine Orgel eingebaut. Im Jahr 1986 wurde die Herz-Jesu-Kirche durch die Errichtung des Turmes vollendet. Was für diesen Turmbau zur Ehre Gottes aufgewendet wurde, das wurde – so wollten es die Gläubigen – auch aufgewendet für Hilfe, die den Menschen in den Entwicklungsländern zukam.

Als sich abzeichnete, dass in Pegnitz das Finanzamt aufgelöst werden sollte, kam bei einigen Pfarrangehörigen der Gedanke auf, dass die Pfarrgemeinde das Gebäude erwerben sollte. Pfarrer Dr. Vogl zögerte anfangs, sah aber die große Chance, mit dem Amtsgebäude und dem frei werdenden Umgriff ein weitläufiges Gemeindezentrum zu schaffen. Eine bauliche Verbindung zwischen dem alten Amtsgebäude, das zum Pfarrhaus werden konnte, und der Herz-Jesu-Kirche war ohne weiteres möglich. Jugendräume waren denkbar, ebenso ein großer Pfarrsaal und Räume für karitative Einrichtungen. Die Umbaukosten würden die Möglichkeiten der Pfarrei nicht übersteigen. Das Erzbischöfliche Ordinariat gab die Genehmigung zu dem Vorhaben. Domkapitular Dr. Elmar KREDEL, der selbst in den Jahren 1952 bis 1954 Kaplan in Pegnitz gewesen war und bald Erzbischof von Bamberg werden sollte, hatte die Vision eines großen **Pfarrzentrums** tatkräftig unterstützt. Im Jahr 1976 konnte die Pfarrgemeinde das Gebäude erwerben. 1975 hatte die Pfarrei das 75-jährige Bestehen der katholischen Seelsorge in Pegnitz feiern können. Kurz vorher waren Renovierungsarbeiten in der Marienkirche durchgeführt worden, und es war der Kindergarten neu gebaut worden – größer, moderner, zeitgemäß. Später wurde im „Don Bosco" auch ein **Kinderhort** eingerichtet.

Nun sollte aber das Zentrum der Pfarrgemeinde in die Amberger Straße verlegt werden – zur neuen Kirche und zum neuen Pfarrhaus. Aus der alten Gemeinde wurde die **Pfarrei Herz-Jesu**.

Abbildung 33:
Feierlichkeiten zur Grundsteinlegung für die Herz-Jesu-Kirche an der Amberger Straße.

Abbildung 34:
Das Pfarrzentrum der Herz-Jesu-Kirche im ehemaligen Finanzamt.

Abbildung 35:
Pfarrer Dr. Vogl.

Abbildung 36:
Herz-Jesu-Kirche mit Pfarrzentrum.

Kirchliches Leben in Pegnitz

Pfarrer Dr. Vogl trat 1977 in den Ruhestand, blieb aber seiner Pfarrgemeinde weiter aufs Innigste verbunden. Auch als Pfarrer i. R. erfüllte er seinen priesterlichen Dienst und half seinem Nachfolger Pfarrer Franz REUS. Er bezeichnete sich selbst scherzhaft als der „neue Kaplan". Als er am 27. Januar 1990 für immer seine Augen schloss, trauerten nicht nur die katholischen Christen, die mit ihm einen väterlichen Freund verloren hatten. Sein Tod berührte alle Menschen in der Stadt und im Umland, die sein Lebenswerk respektierten, seine Menschenliebe schätzten und in seiner tiefen Gläubigkeit ein Vorbild hatten. Der Stadtrat beschloss bald, dass ihm zu Ehren die Amberger Straße umbenannt wurde in Pfarrer-Dr.-Vogl-Straße.

12. Aufbau in der Pfarrei Herz-Jesu

Abbildung 37:
Einweihung des Pfarrzentrums 1980, von links: Dekan Franz Reus, Pfarrer Dr. Vogl, Bürgermeister Konrad Löhr.

Pfarrer Dr. Franz Vogl hatte seinen Nachfolger, Pfarrer Franz Reus, im Scherz „Franz II." genannt, und er wollte damit ausdrücken, dass ohne jeden Bruch die Aufbauarbeit in der katholischen Gemeinde weitergehen würde – unverrückbar in der Treue zur weltumspannenden Kirche, aber offen für moderne Formen, für neue und für alte Kunst, für die Weite der Welt, für ökumenisches Miteinander. Der Ausbau des Pfarrzentrums war die erste große Aufgabe. Durch den Neubau, der das ehemalige Finanzamt, jetzt neues Pfarrhaus, mit der Herz-Jesu-Kirche verbindet, war vor allem Platz für einen großen **Pfarrsaal** (1980 eingeweiht). Hier konnten größere Veranstaltungen abgehalten werden. Raum gab es nun auch für die Jugend. Die **Caritas-Sozialstation** wurde 1979 gegründet. Der ambulante Pflegedienst steht in der Trägerschaft des Caritasverbandes Bayreuth, arbeitet aber natürlich aufs Engste mit der Pfarrei zusammen. Es geht darum, den Menschen in ihrer häuslichen Umgebung Hilfsdienste zu leisten, wenn sie krank sind oder wenn sie wegen Behinderung oder wegen des hohen Alters Pflege und Unterstützung nötig haben. Die Schwestern und Pflegerinnen sehen auch in der Sterbebegleitung eine wichtige Aufgabe.

Nach anfänglicher Raumnot konnte 1984 im Röschmühlweg ein Neubau bezogen werden, das ▸ **Pater-Rupert-Mayer**-Haus. Dieses Haus entspricht jeglichem modernen Standard für ambulante Pflege. Von Pegnitz aus werden auch Patienten in der Großgemeinde Pottenstein versorgt.

Ein neuer Kindergarten musste gebaut werden, als die Förderschule (1998) die Räume benötigte, die vom „ökumenischen Kindergarten" in der Lohesiedlung genutzt wurden. Die Pfarrei errichtete am Arzberg den **Kindergarten Franziskus**. In diesem Kindergarten ist einer evangelischen Gruppe Raum gegeben worden für die evangelischen Kinder aus dem südlichen Bereich der Stadt. Es besteht im ökumenischen Geist eine harmonische Zusammenarbeit.

Pater Rupert Mayer (1876–1945)
Der Jesuitenpater wurde als Divisionspfarrer im 1. Weltkrieg schwer verwundet, setzte aber danach seine Arbeit als volksmissionarischer Priester fort. Als Gegner des Nationalsozialismus war er im 2. Weltkrieg zuerst im KZ, dann in Ettal gefangengehalten. 1987 wurde er selig gesprochen – ein Vorbild in der unbeugsamen Verkündigung des Glaubens und im Dienst an den Armen.

Abbildung 38:
Franziskus-Kindergarten.

Kirchliches Leben in Pegnitz

Eine bedeutende karitative Einrichtung in Pegnitz ist das **Haus Martin**, ein erst 2003 eröffnetes Heim für Behinderte in der Hauptstraße, das von der ▸ **Regens-Wagner-Stiftung** im Gebäude der früheren Raiffeisenbank eingerichtet wurde. Von Michelfeld ging die Initiative aus, und dort liegt auch die Trägerschaft. Hinter der fast unveränderten Fassade der Bank sind 13 moderne und behindertengerechte Appartements gebaut worden. Untergebracht sind vorwiegend Menschen mit geistiger Behinderung. Sie arbeiten in der Michelfelder „Werkstätte für behinderte Menschen", aber sie wohnen mit ihren Betreuern in Pegnitz. Das Heim soll in das Leben der Stadt integriert werden, und die Heimbewohner in das Leben der Pfarrgemeinde. Der „Club mit Herz", in dem evangelische und katholische Christen zusammenarbeiten und sich um Behinderte kümmern, besteht schon seit zwanzig Jahren.
Alle Einrichtungen der Regens-Wagner-Stiftung gehören dem Caritasverband an.

Abbildung 39:
Haus Martin der Regens-Wagner-Stiftung.

Regens-Wagner-Stiftung
Regens-Wagner ist ein Verbund von acht juristisch selbstständigen kirchlichen Stiftungen, die den Namen des Gründers tragen. Johann-Evangelista Wagner († 1886) war Regens (Leiter) des Dillinger Priesterseminars (Diözese Augsburg). 1847 begann er in Zusammenarbeit mit der Oberin der Dillinger Franziskanerinnen, Sr. M. Theresia Haselmayer, die Schulbildung und Betreuung behinderter Menschen. Heute betreut die Stiftung mehr als 5000 geistig und mehrfach behinderte Menschen in ganz Bayern.

13. Mitarbeit der Laien

Zur Zeit von Pfarrer Dr. Vogl waren außer dem Pfarrer meist ein bis zwei Kapläne in der Pfarrei tätig. Doch der Priestermangel ist größer und schmerzlicher geworden, die Arbeit dagegen immer mehr. Pfarrer Reus ist seit 1993 Dekan des Dekanates Auerbach, und damit hat er noch mehr Lasten zu schultern. In manchen Jahren stand ihm kein einziger Kaplan zur Seite.
Diakon Kurt Löblein, im Hauptamt Studiendirektor bzw. Oberstudiendirektor am Gymnasium, übernahm viele Aufgaben. Er hielt Wortgottesdienste und Kasualien. Auch Laien mussten nun Aufgaben übernehmen, vornehmlich im Bereich Jugendarbeit und Religionsunterricht.
Die ehrenamtliche Mitarbeit der Laien erstreckt sich auch auf die Mitwirkung in der Leitung der Gemeinde. Die Mitglieder des **Pfarrgemeinderates** setzen sich hier ein, und durch sie sind auch die verschiedenen Sachausschüsse, Kreise und Gruppen vertreten.
Eine Gedenktafel erinnert an die aufopferungsvolle Mitarbeit des langjährigen Vorsitzenden des Pfarrgemeinderates, Hans Lang († 1985), der sich in der Zeit des Aufbaus vom Pfarrzentrum unermüdlich für seine Kirche eingesetzt hatte.

14. Die Kleine Kommunität

Im Jahr 1994 kam Schwester Teresa Zukic als Gemeindereferentin zur Pfarrei Herz-Jesu. Schwester Teresa ist in einer nicht-christlichen Umgebung aufgewachsen und hat als junge Frau zu Christus gefunden. In Pegnitz gründete sie die „Kleine Kommunität der Geschwister Jesu". Eine solche Kommunität zählt zu den Säkularinstituten der katholischen Kirche (*instituta saecularia*). Gläubige, und zwar Kleriker und/oder Laien, verbinden sich zu einer Gemeinschaft, die durch ein gottgeweihtes Leben nach Verwirklichung der christlichen Liebe in der Welt strebt. Die Mitglieder leben in ihrer beruflichen oder familiären Umgebung oder in kleinen Gemeinschaften, von denen aus sie in die Welt wirken. Von den eigentlichen Orden (*instituta religiosa*) unterscheidet sie der Umstand, dass es keine „feierliche Profess" gibt und keine strengen Ordensregeln.

Kirchliches Leben in Pegnitz

KAB
Katholische Arbeitnehmer-Bewegung in der Erzdiözese Bamberg – es gibt Ortsverbände und einen Kreisverband Pegnitz. Die KAB versteht sich als eine Gemeinschaft, die für alle abhängig Beschäftigten und deren Angehörige eintritt. Für Menschen aller Altersgruppen gibt es spezielle Bildungs- und Freizeitangebote, Beratung und rechtliche Betreuung. Die Mitglieder der KAB wollen Einfluss nehmen in allen Lebensbereichen und mitgestalten, ausgehend von der sozialen Botschaft der Kirche und vom Evangelium.
www.kab.bamberg.de

Zu dem überaus regen Gemeindeleben, bei dem zahlreiche ehrenamtliche Mitarbeiter sich einsetzen, gehören auch Tätigkeiten im karitativen Bereich. Der Club mit Herz, ökumenisch ausgerichtet, wendet sich Behinderten zu. Es gibt Besuchsdienste und Seniorpartnerschaften, die sich um alte und einsame Menschen kümmern. Es gibt die Gemeindegruppe „Wir ab 50" mit vielfältigen Veranstaltungen für die ältere Generation. Es gibt den Arbeitskreis Glauben und Licht, Bibelkreis und Meditationsgruppe, Wallfahrten und Studienreisen. Es gibt Altkleidersammlung und Kleiderkammer. Die ▸ KAB – Katholische Arbeitnehmer-Bewegung – repräsentiert die mittlere Generation der Berufstätigen und bindet sie ins Gemeindeleben ein. Im Kirchenchor und im Gemeindechor wird geistliche Musik gepflegt, im klassischen Sinn oder im Stil der Moderne.

15. Die Methodisten

Es ist im Allgemeinen nur wenig bekannt, dass es nicht nur in England und Nordamerika, sondern auch in Deutschland methodistische Gemeinden gibt. Viele deutsche Auswanderer, die im 19. Jahrhundert nach Nordamerika gingen, schlossen sich dort methodistischen Gemeinden an. Über Rückwanderer und daheim gebliebene Angehörige der Bekehrten fassten die Methodisten Fuß in Deutschland, vor allem im Württembergischen. Die ▸ **evangelisch-methodistische Kirche**, wie sie heute in Deutschland besteht, ist aus dem Zusammenschluss zweier methodistischer Gruppierungen, der Wesleyanischen und der Bischöflichen, entstanden.

Seit einigen Jahren besteht zwischen den evangelisch-lutherischen Kirchen, den Kirchen der Anglican Community (Anglikanische Staatskirche in England, Episcopal Church usw.) sowie den evangelisch-methodistischen Kirchen eine sog. Kanzel- und Altargemeinschaft. Praktisch heißt dies, dass Gläubige der anderen Kirchen zu Abendmahl/Eucharistiefeier eingeladen sind und dass ordinierte Geistliche der anderen Glaubensgemeinschaften zum Predigtdienst eingeladen werden können. Es ist hier zu einem engen ökumenischen Miteinander gekommen; in den USA, wo alle drei Kirchen viele Mitglieder haben, spielt das eine sehr große Rolle.

In Nürnberg bestehen schon seit 1875 zwei evangelisch-methodistische Gemeinden, und auch in Bayreuth gibt es seit vielen Jahrzehnten eine kleine Methodistengemeinde. Der Pastor dieser Gemeinde, Johannes SCHÄFER, nahm 1986 seinen Wohnsitz in Pegnitz. Erklärtes Ziel war es, eine Gemeinde zu gründen – gewissermaßen auf halbem Wege zwischen Nürnberg und Bayreuth. Warum dieses missionarische Bemühen unter dem Titel „Neuland Mission" läuft, als wirke man unter lauter Heiden, hat in katholischen und lutherischen Kreisen niemand so recht verstanden.

Pastor Schäfer, der bis 2003 in Pegnitz wirkte, sammelte im Lauf der Jahre eine kleine Gruppe von Glaubenden und Suchenden, zumeist nicht Heiden, sondern getaufte Christen, die in der römisch-katholischen oder der evangelisch-lutherischen Kirche nicht richtig heimisch geworden sind. Im Wohnzimmer des Pastors (in der Banaterstraße) wurden Gottesdienste gehalten. Es gab viele Veranstaltungen und Aktivitäten: Zeltmission, Konzerte mit christlichen Künstlern, evangelistische Abende und Vorträge, Arbeit mit Kindern und Jugendlichen, Kontakte mit Sportinteressierten (Lauftreff).

Abbildung 40:
Das evangelisch-methodistische Gemeindezentrum „Domino".

Die **evangelisch-methodistische Kirche** ist eine protestantische Freikirche. In Deutschland gehören ihr rund 64.000 Menschen an. Sie ist ein Zweig der internationalen United Methodist Church (weltweit 70 Mio. Gläubige).
John Wesley († 1791) und sein Bruder Charles († 1788), beide Pfarrer der anglikanischen Kirche, trennten sich vom Staatskirchentum und gründeten einen religiösen Bund, dessen Mitglieder wegen ihres methodisch geordneten frommen Lebens den Spitznamen Methodisten erhielten.
www.emk.de

Kirchliches Leben in Pegnitz

Aber es gab keinen großen Durchbruch, wie Pastor Schäfer selbst einräumt (Zeitschrift Neuland Mission Nr. 8/2002). Mit der Unterstützung durch andere methodistische Gemeinden und wohlhabender Gönner von auswärts konnte 1994 ein kleines Haus in der Rosengasse erworben und als Gemeindehaus eingerichtet werden. Vier Jahre später wurde das ehemalige Gesundheitsamt gekauft und umgestaltet zu einem Gemeindezentrum mit eigenwilliger architektonischer Gestaltung. In diesem Gemeindezentrum „Domino" ist viel Raum für das Gemeindeleben mit den üblichen Veranstaltungen und Gruppenangeboten. Ein Kreis von bis zu 40 Gläubigen nimmt an den Gottesdiensten teil.

All die vielfältige Arbeit – in der Pfarrei Herz-Jesu und in der evangelischen Kirchengemeinde – übt auch eine starke Anziehungskraft aus auf die Gemeinden in den verschiedenen Ortsteilen, die selbstständige Pfarreien bzw. Kirchengemeinden sind. Eigenständiges kirchliches Leben hat sich aber auch dort entfaltet.

16. St. Martinus – Troschenreuth

Troschenreuth teilte das Schicksal aller oberpfälzischen Gemeinden, die nach dem Grundsatz, dass der Landesherr die Form der Religionsausübung bestimmt (cuius regio eius religio), viermal die Glaubensform wechseln mussten. Als die Oberpfalz endgültig zu Bayern kam (1623), wurde die Pfarrei wieder dem Bischof von Bamberg unterstellt.

Zunächst war St. Martinus nur eine Filialkirche. Geistliche aus Auerbach, Thurndorf oder Michelfeld hielten einmal im Monat Gottesdienst. Erst 1702 wurde wieder ein Pfarrer ins Amt eingesetzt. Die alte gotische Kirche mit hohem spitzem Turm wurde zuletzt in den Jahren 1912/13 renoviert und erweitert. Ein Bronzemodell dieser Kirche befindet sich auf dem Kirchplatz von Troschenreuth, der im Zuge der Dorferneuerung neu gestaltet wurde (2003).

Es war ein schwerer Schlag für die Pfarrgemeinde, als im April 1945 diese Kirche durch Artilleriebeschuss der amerikanischen Streitkräfte zerstört wurde. Die Reste der ausgebrannten Ruine wurden bald abgetragen, denn man erachtete einen Wiederaufbau an derselben Stelle als unzweckmäßig. Zunächst musste man mit einer Baracke als Notkirche zufrieden sein.

In der außerordentlich schweren Zeit nach dem Krieg, da es an allem mangelte, machte man sich mit viel Mut und Gottvertrauen daran, eine neue Kirche zu bauen. Pfarrer Albert LINK († 1968) und die ganze Troschenreuther Gemeinde setzten sich unermüdlich für den Neubau ein. Das Erzbischöfliche Ordinariat gab Zuschüsse, und die Opferbereitschaft der Troschenreuther war groß. Schon 1946 wurde der Grundstein gelegt.

Es gab Geldspenden und Sachspenden, aber am wichtigsten waren die Hand- und Spanndienste, die Männer, Frauen und Kinder leisteten. Baumaterial wurde in mühsamer Arbeit gewonnen von Gebäuden in Hopfenohe und Bernreuth, die wegen der Erweiterung des Truppenübungsplatzes zum Abbruch bestimmt waren. Selbst Kinder halfen beim Putzen der gebrauchten Backsteine. Männer legten Hand an in den Steinbrüchen und schafften das Material in Ochsengespannen zur Baustelle. Auf Laufgerüsten wurden die Steine nach oben geschleppt. Lebensmittel mussten

Abbildung 41:
St. Martin in Troschenreuth mit Pfarrhof und Friedhof.

Kirchliches Leben in Pegnitz

gegeben werden, damit so kostbare Dinge wie Nägel und Zement überhaupt beschafft werden konnten. Gegen gewisse Widerstände aus Auerbach gelang es Pfarrer Link und den Troschenreuthern, die Altäre und das Kirchengestühl aus Hopfenohe zu bekommen. Die Kirche St. Peter und Paul in Hopfenohe musste nämlich ebenfalls abgebrochen werden. Auf einem Pritschenwagen schaffte man die Altäre nach Troschenreuth.

Die neue Martinskirche wurde so buchstäblich das Werk der Troschenreuther; die Menschen, die sie einst bauten, sind aufs Innigste mit dieser Kirche verbunden. Erzbischof Dr. Joseph Otto KOLB weihte das Gotteshaus 1949. Als großen Festtag beging man in Troschenreuth den 50. Jahrestag dieser Weihe.

In den folgenden Jahren war wiederholt die Opferbereitschaft der Gemeinde gefordert, als es galt, eine Orgel einzubauen (1953), vier große Glocken gießen zu lassen (1959) und Arbeiten zu finanzieren, die der weiteren Ausstattung und Erhaltung der Kirche dienten.

Es gibt ein reges Gemeindeleben. Laien sind bereit, ehrenamtliche Dienste zu leisten als Lektoren und Kommunionshelfer, als Organisten und Chorleiter, und sie übernehmen Mesnerdienste und Besuchsdienste. Ein Kirchenchor wirkt mit an der Gestaltung der Gottesdienste; dabei beteiligen sich oft auch Musikgruppen der örtlichen Vereine. Wallfahrten, nach Marienweiher und Altötting, werden regelmäßig durchgeführt.

Die Jugend der Pfarrei ist organisiert als Ortsgruppe der Katholischen Landjugend. Das Jugendheim wurde 1964 eingeweiht. Den Kindergarten St. Martin gibt es seit 1993. In Zusammenarbeit mit dem Katholischen Bildungswerk des Landkreises Bayreuth werden des Öfteren Veranstaltungen der Erwachsenenbildung angeboten. Hier beteiligt sich auch die KAB, die bei der Gestaltung von Festen und Feiern ebenso mitwirkt. Am alljährlichen Pfarrfest wird sichtbar, dass St. Martinus eine lebendige Pfarrfamilie ist.

Mit den evangelischen Christen in Troschenreuth und den benachbarten Ortsteilen Neuhof, Lobensteig und Stemmenreuth hat sich im letzten Jahrzehnt eine gute ökumenische Beziehung entwickelt. Am Weltgebetstag der Frauen und in der Gebetswoche für die Einheit der Christen oder beim Adventssingen werden gemeinsame Veranstaltungen durchgeführt.

17. St. Thomas von Aquin – Trockau

Trockau war 1669 durch selbstständige Entscheidung der freiherrlichen Familie von Groß wieder katholisch geworden. Der Markgraf von Bayreuth, ein sehr toleranter Fürst, gestattete den katholischen Gottesdienst in der Schlosskapelle St. Oswald; die halbe Ortschaft blieb aber weiter bei der evangelischen Gemeinde Lindenhardt.

Seit 1815 bestand ein Schlossbenefizium. Der Patronatsherr ▶ **Kirchenpatronat** konnte einen Priester ans Trockauer Schloss berufen. Dieses Benefizium wurde durch den Erzbischof von Bamberg im Jahr 1925 in ein Kuratbenefizium der Pfarrei Büchenbach umgewandelt. Das bedeutete, dass die Schlosskapelle zwar im Besitz der Freiherren Groß von Trockau blieb, dass sie aber für alle Gottesdienste zur Verfügung stand und dem Geistlichen die Seelsorge für alle Gemeindeangehörigen in Trockau übertragen wurde. Im Zusammenhang mit der **Errichtung der Kuratie** wurde ein eigener Friedhof angelegt (1926).

In den schweren Nachkriegsjahren machte sich die katholische Gemeinde, durch den Zustrom von Flüchtlingen und Heimatvertriebenen zahlenmäßig stark angewachsen, daran, eine neue Kirche zu bauen. Allenfalls 150 Gläubige fasste die Schlosskapelle, doch bis zu 400 drängten zum Gottesdienst.

Eine treibende Kraft für den Neubau einer Kirche, die eine wahre Gottesburg werden sollte, war Kuratus Hans TECKENBERG († 1977), der unermüdlich in Bamberg auf Bewilligung drängte und finanzielle Mittel sammelte. Allein das Ringen um

Abbildung 42:
St.-Thomas-Kirche in Trockau.

Kirchenpatronat in Trockau
1915 Stiftung des Benefiziums durch Anselm Friedrich Groß von Trockau: Ein Geistlicher wird vom Patronatsherren, dem Besitzer der Schlosskapelle, zum Dienst als Seelsorger für die Bewohner des Schlosses berufen und durch die Stiftung versorgt. Erster Benefiziat in Trockau war Firmatus Scheck OFMCap mit Wohnsitz im so genannten Kapuzinerhaus.

Kirchliches Leben in Pegnitz

die amtlichen Genehmigungen und die Beschaffung von Baumaterial – in den schlechten Jahren von 1949/50 – kostete viel Energie. Die Gemeinde, Männer und Frauen, leisteten Hand- und Spanndienste, ohne die der Bau nicht hätte geschaffen werden können. Der frühere Patronatsherr spendete das Bauholz. Gemeindemitglieder gaben sogar Schmuckstücke, damit aus dem Gold eine würdige Monstranz gefertigt werden konnte.

Am 15. November 1950 wurde die Kirche durch Weihbischof Dr. Artur Michael LANDGRAF konsekriert. Pfarrer Teckenberg, der seit Beginn seines Theologiestudiums ein Bewunderer des hl. ▸ Thomas von Aquin war, hatte den Anstoß dazu gegeben, dass die Kirche dem Andenken des großen Kirchenlehrers geweiht wurde.

Die Kuratie St. Thomas von Aquin wurde 1953 eine eigene Kirchenstiftung. Die Kirche ist also heute „patronatsfrei". Immer wieder war in den folgenden Jahren die Opferbereitschaft der Gläubigen gefordert: bei der Ausstattung der Kirche, bei der Behebung von Bauschäden, beim Bau des Turmes (1969), bei der Gestaltung der Außenanlage, bei der Finanzierung der Orgel und der Glocken (1976), bei der Errichtung eines Ehrenmales für die Gefallenen der Weltkriege und des großen Friedhofkreuzes, beim Bau der Mariengrotte auf dem Friedhof, bei der Gestaltung des neuen Altars. Jedesmal hieß es, nicht nur Geld spenden, sondern auch selbst mit tatkräftig anpacken und helfen. Die Menschen taten das zur Ehre Gottes, und das gemeinsame Werk führte sie zusammen.

Kuratus Franz ZIMMERMANN († 1975) und Professor Dr. Anton DAUER († 1990) waren also noch lange mit Bauproblemen befasst. Und die lebendige Gemeinde war stets bereit, sich am großen Werk zu beteiligen. Beim Bau der neuen Sakristei und der Winterkirche an der Ostseite der Kirche (1985) leisteten die Trockauer rund 5.500 freiwillige und unentgeltliche Arbeitsstunden – beim Organisieren, Transportieren, Installieren, beim Mauern und Putzen und Pflastern.

Die Aufbauarbeit in der Kuratie ging weiter, auch nachdem das Kirchengebäude fertig war. Und die Mitarbeit der Laien war immer mehr gefragt. Dr. Dauer, Professor für katholische Religionslehre an der Universität Bayreuth, konnte die Seelsorgestelle der Kuratie nur nebenamtlich versehen, wenn er auch seinen Wohnsitz in Trockau hatte. Pfarrsekretärin und Katechetin mussten Aufgaben übernehmen. Wortgottesdienstleiter wurden berufen. Mitglieder des Pfarrgemeinderates und andere ehrenamtliche Helfer packten mit an bei den nächsten großen Projekten.

Der St.-Thomas-Kindergarten wurde 1983 gegründet; die Trägerschaft hat die Kirchenstiftung der Kuratie Trockau übernommen. Es waren die Eltern gewesen, die in einem Kindergartenverein die Initiative dazu entwickelt hatten. Nachdem 1981 die Grundschule in Trockau aufgelöst worden war, konnte das alte Schulhaus als Gebäude für den Kindergarten genutzt werden. Das Gebäude war eine Schenkung des Barons von Trockau an die Gemeinde, und in der Schenkungsurkunde war bestimmt, dass das Haus einem gemeinnützigen Zweck dienen solle. Bei der Errichtung des Kindergartens hatte es wieder erhebliche finanzielle Leistungen durch die Gemeinde gegeben und tätiges Anpacken bei der Einrichtung des Hauses. Die Stadt Pegnitz förderte und unterstützte die Errichtung des Kindergartens. Den Kindergarten besuchen auch Kinder aus Püttlach, Weiglathal und Lindenhardt – also aus Ortsteilen, die nicht mit zur Stadt Pegnitz gehören.

Seit dem Jahr 2000 gibt es das Pfarrzentrum St. Thomas von Aquin. In unmittelbarer Nähe zur Kirche stand das alte Forsthaus der Freiherr von Trockau'schen Forstverwaltung, das durch Schenkung in den Besitz der Marktgemeinde gekommen war. Die Stadt Pegnitz, als Rechtsnachfolgerin, sah 1997 keine Möglichkeit, das Gebäude zu erhalten, es sei denn, dass sich Geldgeber fänden, damit die rund 2 Millionen Mark teure Sanierung des historisch wertvollen Baus durchgeführt

Abbildung 43:
Mariengrotte auf dem Trockauer Friedhof.

Thomas von Aquin (1225–1274)
Der Dominikanermönch, ein Scholastiker, war als Philosoph und Theologe einer der bedeutendsten Gelehrten des Mittelalters, Verfasser der „Summa Theologiae". Er wurde 1323 kanonisiert und gilt seit 1567 als Kirchenlehrer. Seine Lehre, der Thomismus, wurde 1879 zur offiziellen Philosophie der katholischen Kirche erklärt.

Abbildung 44:
St.-Thomas-Kindergarten.

Kirchliches Leben in Pegnitz

Abbildung 45:
Gemeindezentrum Trockau im ehemaligen Forsthaus.

werden konnte. Der Abriss konnte schließlich doch vermieden werden, und zu danken war dafür vor allem der Oberfrankenstiftung, den bayerischen Entschädigungsfonds und der Erzdiözese Bamberg. Die Kuratie übernahm das sanierte Bauwerk und nutzt es seitdem als Pfarrzentrum – Pfarrsaal, Jugendräume, Bücherei. Das Gemeindeleben kann nun noch mehr aufblühen.

Die Pfarrbücherei, die schon lange bestand, aber etwas in Vergessenheit geraten war, konnte ihre Bestände erneuern und die Bücherschätze den Gemeindegliedern besser erschließen. Im Pfarrzentrum ist nun hinreichend Platz. Ein Team von Helferinnen kümmert sich ehrenamtlich um die Bücherei.

Es gibt nun auch Raum für einen Seniorenverein, einen Bibelkreis, für kulturelle und politische Veranstaltungen und für gesellige Veranstaltungen. Die KAB wirkt dabei oft aktiv mit.

Auch für die Kirchenmusik können die Räumlichkeiten genutzt werden. Dem Engagement von Ottmar SCHMITT ist es zu verdanken, dass der St.-Thomas-Chor in weniger als zwei Jahrzehnten aus bescheidenen Anfängen zu einem beachtlichen Chor geworden ist, der nicht nur die Gottesdienste musikalisch mitgestaltet, sondern auch in Chor- und Orchesterkonzerten mit anspruchsvollen Werken in der ganzen Region auftritt und sich einen Namen gemacht hat.

In den 90er Jahren waren verschiedene Pfarradministratoren in der Kuratie Trockau tätig. Bei einer Neuordnung der Pfarreien durch das Erzbischöfliche Ordinariat wurde festgelegt, dass auch die Pfarrei Büchenbach in Personalunion vom Trockauer Kuratus geleitet wird. Das Pfarrbüro und der Pfarrer sind also zuständig für St. Vitus *und* St. Thomas von Aquin.

18. St. Jakobus – Bronn

Bronn, im äußersten Süden des Stadtgebiets gelegen, hatte bis zur Gründung des Bistums Bamberg zur Eichstätter Diözese gehört, und zwar als Filialkirche von Velden. Später, wohl im frühen 14. Jahrhundert, kam Bronn zu Pottenstein.

Eine alte Legende erzählt von der heiligen Katharina: Die hatte sich im riesigen Wald rettungslos verirrt. Als sie endlich einen Weg aus der Wildnis fand, ließ sie an der Stelle ihrer Errettung eine Kapelle errichten. – Das Gotteshaus in Bronn wurde bis zur Reformation nach St. Katharina benannt.

Als Markgraf GEORG DER FROMME in seinem Land die Reformation einführte, wurde auch in Bronn die neue Kirchenordnung durchgesetzt. Jetzt nannte man die Kirche St. Jakobus, und sie wurde eine Filialkirche der Pegnitzer St.-Bartholomäus-Kirche. Der Diakonus, d. i. der zweite Pfarrer aus Pegnitz, musste nach Bronn gehen, um dort den Gottesdienst zu halten. Doch schon 1572 wurde Bronn eine selbstständige Kirchengemeinde.

Abbildung 46:
Kindergarten und Kirche in Bronn.

Das Dorf und seine Kirche überstanden die schweren Zerstörungen im Dreißigjährigen Krieg und einen verheerenden Brand, der nahezu die ganze Ortschaft verwüstete. Die Gläubigen, die auf dem kargen Boden keine Reichtümer erwirtschaften konnten, hielten immer eng zusammen und taten alles, um ihre Kirche zu erhalten. Im 18. Jahrhundert musste der Chorturm nach einem Blitzschlag neu erbaut werden (1730). Das Kirchenschiff wurde später erhöht, und eine neue Empore wurde errichtet.

Seit sich in der nahe gelegenen Stadt Industrie entwickelte, ging es auch den Bronnern besser. Die Mittel waren freilich noch bescheiden; doch auf Initiative von Pfarrer G. GÖTZ fanden sich junge Menschen zusammen, die zum Lob Gottes und zur Freude der Mitmenschen musizieren wollten. Die Beschaffung der Instrumente war nicht leicht; Gemeinsinn und Opferbereitschaft der Gemeinde waren gefragt. Diese Gründung eines **Posaunenchores** erfolgte bereits 1914, und damit ist der Bronner Posaunenchor der älteste im ganzen Dekanat. Die Bronner Posaunisten wurden zu nachahmenswerten Vorbildern für die Menschen in anderen Gemeinden.

Nach dem Bau der Friedhofskapelle bzw. der Aussegnungshalle wurde der Friedhof, der die Kirche umgab, aufgelassen. Das Gelände um Kirche und Pfarrhaus bot nun noch bessere Möglichkeiten zum Ausbau eines Gemeindezentrums. Lange schon hatten die Bronner von einem schönen Gemeindehaus geträumt. Doch zuerst bot sich die Chance zur Errichtung eines **Kindergartens**. Nachdem das Ortsbild um die Kirche entscheidend verbessert war, weil man den Bau der Sparkassenfiliale mit einem Satteldach versehen hatte, stellte die Stadt die Räume für einen Kindergarten zur Verfügung (1991). Die evangelische Gemeinde wurde Trägerin des Kindergartens, der heute fest in das Gemeindeleben integriert ist. Das lang ersehnte **Gemeindehaus** konnte schließlich 1993 gebaut werden. Lange und schwierige Verhandlungen waren notwendig gewesen, und es hatte ein zähes Ringen um Zuschüsse und um Genehmigung der Pläne gegeben. Die alte Pfarrscheune bei der Kirche wurde umgebaut zur Begegnungsstätte der Gemeinde. Nach außen hin konnte sogar verhältnismäßig viel von der alten Bausubstanz erhalten werden. Die Gemeindeglieder packten selbst mit an beim Umbau und leisteten mit solchen Diensten einen großen Beitrag. Nicht nur Kosten wurden solchermaßen gesenkt, auch Gemeinschaft wurde gefestigt.

Kirche, Pfarrhaus, Gemeindehaus und Kindergarten – alles nahe beisammen, in der Ortsmitte und das Ortsbild bestimmend, so kann sich Gemeindeleben entfalten. Kirchenchor und Posaunenchor haben hier Raum. Jungschar und Jugendgruppen, Kindergruppen und Spielgruppe haben Platz. Auch andere Jugendgruppen, die zum Teil von Mitgliedern des Evangelischen Schwesternkonvents Lumen Christi (aus Gößweinstein) geleitet werden, können hier zusammenkommen. Gruppen und Kreise von Erwachsenen können sich treffen und Feste feiern. Auch Veranstaltungen auf Dekanatsebene, wie Dekanatssynode und Missionsfest, lassen sich hier in der ehemaligen Pfarrscheune durchführen.

Gute ökumenische Beziehungen zu den katholischen Pfarrgemeinden in Elbersberg und in Pottenstein haben sich in den letzten Jahren entwickelt.

Die wenigen evangelischen Christen in **Pottenstein** wurden seit je von Bronn aus betreut. 1915 begann man damit, in Pottenstein in einem Schulhaus Gottesdienste zu halten. Durch den starken Zustrom von Flüchtlingen und Heimatvertriebenen nach dem Zweiten Weltkrieg stieg jedoch die Zahl der Evangelischen erheblich an. Seit 1954 gab es Überlegungen, für die Gemeindeglieder in Pottenstein eine eigene Kirche zu bauen. Auch Feriengäste aus Norddeutschland fragten immer wieder nach evangelischen Gottesdiensten.

Pfarrer HERMANN aus Bronn gab den Anstoß dazu, dass es zur Gründung eines Bauausschusses kam. Lange musste man in Pottenstein nach einem geeigneten Bauplatz suchen. Die Stadt überließ schließlich der Kirchengemeinde kostenlos einen Platz am Hang, im Westen des Stadtkerns. Dann folgte das lange Ringen um genehmigungsfähige Pläne und um Zuschüsse, damit der Bau gesichert werden konnte.

Im Jahr 1959 konnte die kleine und bescheidene **Johanneskirche**, für die Architekt REISINGER die Pläne gefertigt hatte, durch Oberkirchenrat BURKERT eingeweiht werden. Die Pottensteiner Diasporagemeinde, in der die Evangelischen kaum mehr als 10 % der Bevölkerung ausmachen, wurde zunächst als Tochtergemeinde der Kirchengemeinde Bronn zugeordnet. (Es gab also hier eine Entwicklung, die der Entstehung der katholischen Gemeinde in Schnabelwaid entspricht.)

Kirchliches Leben in Pegnitz

Abbildung 47:
Gemeindehaus Bronn in der früheren Pfarrscheune.

Kirchliches Leben in Pegnitz

Die evangelisch-lutherische Kirchengemeinde Pottenstein wurde jedoch schon 1966 selbstständig. Evangelische Christen aus vielen Ortschaften des ehemals Bamberger Gebietes gehören zu dieser Gemeinde. Was den Pfarrer betrifft, so besteht Personalunion mit dem Pfarrer von Bronn, bis September 2004 Pfr. Dr. SCHWINN.

19. St. Vitus – Büchenbach

Der Talkessel, aus dem der Büchenbach und der Erlbach nach Süden fließen, zur Fichtenohe hin, wird von Erhebungen gebildet, die zum Teil höher sind als der Pegnitzer Schlossberg (543 m) – nämlich Eichig (526 m), Eichelsbühl (519 m), Püttlacher Berg (618 m), Warenberg (608 m), Kleiner Kulm (626 m) und Hoher Stein (575 m). Im Talgrund, in der Mitte zwischen diesen Bergen, liegt ganz idyllisch der Ortsteil Büchenbach. Auf der Anhöhe am Rande der Ortschaft, am St.-Veit-Berg, erhebt sich die Pfarrkirche St. Vitus inmitten des Friedhofes.

Büchenbach ist eines der ältesten Dörfer in weitem Umkreis, und die Pfarrei, die vom Bistum Würzburg aus begründet wurde, ist die **Urpfarrei** unseres Umlandes. Büchenbach wurde nach der Gründung des Bistums Bamberg (1007) der neuen Diözese zugewiesen. Bischof Otto I., der Heilige, gab dann die Pfarrei dem neu gegründeten Benediktinerkloster Michelfeld (1119).

Zur Pfarrei St. Vitus gehörten auch Pegnitz (St. Egidien) und Buchau (St. Matthias), aber nur so lange, bis in Pegnitz und Buchau, also Ortschaften, die zur Markgrafschaft gehörten, die Reformation durchgeführt wurde.

In Büchenbach, als einem Teil der Oberpfalz, wurde etwa eine Generation später auch die Reformation eingeführt. Erst wurde man evangelisch-lutherisch, dann calvinistisch, dann wieder lutherisch, schließlich doch wieder römisch-katholisch (1623). Die Landesherren, nämlich der Pfalzgraf und Kurfürst bzw. später der Herzog von Bayern, bestimmten die Form der Religionsausübung. So war die staatsrechtliche Ordnung seit dem Augsburger Religionsfrieden von 1555.

Seit 1626 wirkte wieder ein katholischer Pfarrer in Büchenbach. Zeitweise versorgte dieser auch die Pfarrei Hohenmirsberg. Lange Jahre gab es Streit zwischen dem Büchenbacher Pfarrer und dem Pegnitzer. Es ging hauptsächlich um Buchau, Lehm und Kaltenthal. Diese Ortschaften gehörten zum Hoheitsgebiet des Markgrafen, und daher waren sie evangelisch. Kirchlich gesehen gehörten sie zum Sprengel von Büchenbach, und daher standen dem Büchenbacher Pfarrer bei den Kasualien, also Taufen, Hochzeiten und Beerdigungen, die anfallenden ▸ **Stolgebühren** zu. Der Büchenbacher nahm also Taufen usw. vor. (Solange die Oberpfalz und damit auch der Pfarrer von Büchenbach lutherisch waren, gab es wohl kein ernstes Problem.)

Nach der Rekatholisierung ging es aber so weiter. Jedesmal wenn der Büchenbacher Pfarrer in Buchau taufte oder eine Beerdigung hielt usw., erhob man in Pegnitz Einspruch, und die markgräfliche Regierung sandte Pro-

---

Stolgebühren
(von lat. stola – langes Gewand, eine Art Schärpe)
Die Stola wird von Geistlichen als Teil des liturgischen Gewandes getragen, besonders bei bestimmten Amtshandlungen (Taufe usw.). Die Stolarien oder Stolgebühren werden für solche Amtshandlungen entrichtet.

Abbildung 48:
St. Vitus, Büchenbach.

Kirchliches Leben in Pegnitz

testschreiben an die pfälzische Regierung in Amberg. Die Streiterein hatten erst ein Ende, als 1826 Buchau, Lehm, Kaltenthal, Scharthammer und Haidmühle offiziell nach Pegnitz „ausgepfarrt" wurden. (Genaueres über die langwierigen und komplizierten Auseinandersetzungen bei Wolf/Tausendpfund, S. 189–206.)

Die Lage des Dorfes im Kranz der bewaldeten Berge ist idyllisch. Aber eben diese Lage verhinderte das Wachstum der Ortschaft. Die anderen Ansiedlungen in der Umgebung, zumeist jüngere Gründungen, überflügelten Büchenbach.

Die Pfarrei wurde im 20. Jahrhundert sogar kleiner: Das erzbischöfliche Ordinariat gliederte Püttlach der Pfarrei Hohenmirsberg an (1950), zu der eine bessere Verkehrsanbindung bestand. In Trockau, dessen Einwohnerzahl nach dem Krieg stark angestiegen ist, gibt es mit der Kuratie St. Thomas von Aquin seit 1953 eine eigene Kirchenstiftung. Schließlich wurde der Ortsteil Bodendorf 1982 der Kuratie St. Thomas zugeordnet, zu der eine gute Straßenverbindung besteht.

Zur Pfarrei St. Vitus in Büchenbach gehören Körbeldorf mit der Filialkirche St. Laurentius und Leups mit der Filialkirche St. Joseph. In diesen Kapellen werden auch regelmäßig Gottesdienste gefeiert. Ferner gehören zu St. Vitus: Kosbrunn, Oberhauenstein, Hollenberg, Rupprechtshöhe, Failnerhof, Wolfslohe, Kotzenhammer sowie die katholischen Christen aus Kaltenthal, Lehm, Buchau und Langenreuth.

Die Kirche St. Vitus ist in der Mitte des 18. Jahrhunderts barock umgestaltet worden. Die Fresken im Chor zeigen, gemäß der Legende, Szenen aus dem Leben des Kirchenpatrons.

St. Vitus (Veit, ital. Guido, frz. Guy, engl. Guy) war ein Märtyrer aus dem frühen 4. Jahrhundert, der in Sizilien im Kindesalter den Tod erlitt. Die Legende erzählt auch von Wunderheilungen, die durch ihn geschahen; deswegen wurde er in der Volksfrömmigkeit des späten Mittelalters zu den 14 Nothelfern gezählt und gegen die „fallende Sucht" angerufen. Sein Gedenktag ist der 15. Juni.

In Büchenbach kennt man eine legendäre Überlieferung: Die Reliquien des hl. Vitus, die ca. 775 von Sizilien nach St. Denis (Abtei nördlich von Paris, mit Königsgräbern) kamen und dann Anfang des 11. Jahrhunderts nach Prag, sollen auf dem Weg dorthin in der Büchenbacher Kirche ausgestellt worden sein. An der Stelle der Vitus-Kirche auf dem Hradschin in Prag wurde im 14. Jahrhundert die Kathedrale St. Veit erbaut (Veitsdom).

Eine Besonderheit in der Pfarrei ist die ▶ **Skapulierstatue**, die auf ein Gelübde hin angeschafft wurde. Im Jahr 1735 gab es, wie die Inschrift bezeugt, „schädlich Wetter", so dass allen Menschen im Dorf große Not drohte, nachdem die ganze Ernte vernichtet war. Man gelobte, ein Bild der Muttergottes durch Dorf und Flur zu tragen, und man bat, wohl unter dem Einfluss von Karmelitern, um die Fürbitte und Hilfe der „Muttergottes vom Berg Karmel".

Andere Bruderschaften, wie die Corpus-Christi-Bruderschaft, hatte es schon länger in Büchenbach gegeben. Nach der wunderbaren Errettung aus der Not schlossen sich nahezu alle Männer der Skapulier-Bruderschaft an, die in Büchenbach 1731 gegründet worden war. Seit 1735 wird die Statue in feierlicher Prozession am Skapulierfest durch den Ort getragen.

Die Skapulierstatue, also die Figur der Muttergottes in der Kirche, hat in der rechten Hand ein Szepter und ums Handgelenk ein Skapulier: zwei kleine Tuchstücke mit einer Schnur verbunden. Die Figur wurde von dem Auerbacher Künstler Johann Michael Doser geschaffen. Im Deckenfresko wird dargestellt, wie Maria dem hl. Simon STOCK, Ordensgeneral der Karmeliten, das braune, heilverheißende „Skapulier Unserer Lieben Frau vom Berg Karmel" überreicht. Dies soll der Legende nach 1251 in Cambridge geschehen sein.

Von der langen Verbindung Büchenbachs zu den Karmeliten zeugt auch ein Kruzifixus an der Südwand des Langschiffs mit der Inschrift „Missionskreuz zum Andenken an die hl. Mission Büchenbach abgehalten durch die PP Karmeliten 11. – 20. Oktober 1947".

Seit rund 20 Jahren wird aber nun das Skapulierfest zusammen mit der Jubelkommunion am 15. August gefeiert (Mariä Himmelfahrt, gesetzlicher Feiertag in Orten mit überwiegend katholischer Bevölkerung). Den Gläubigen, die in Büchenbach

Abbildung 49:
Statue des hl. Vitus am Veitsberg in Büchenbach.

Das Skapulier (lat. *scapularium*) ist ursprünglich ein Teil der Mönchstracht: ein breiter Überwurf über Brust und Rücken, mit Armschlitzen, bei der Arbeit getragen. Ein stark verkleinertes Skapulier, bestehend aus zwei viereckigen Tuchstücken, in Taschentuchgröße, die mit Schnur oder Band verbunden sind und auf Brust und Rücken unter der Kleidung getragen werden, wird von Terziaren oder Bruderschaften gebraucht als Symbol der Verbindung zum Orden. Besonders stark in Gebrauch kam dieses Skapulier beim „Dritten Orden" der Karmeliter.

Die Karmeliter (oder Karmeliten) sind ein Bettelorden – Ordo Fratrum Beatae Mariae Virginis de Monte Carmelo –, der aus der Gemeinschaft von Eremiten auf dem Berg Karmel (in Israel) entstanden ist und 1247 bestätigt wurde und von einer stark betonten Marienverehrung geprägt ist. Das Skapulierfest, auch „Fest Mariä vom Berg Karmel" genannt, wird von den Karmeliten seit dem 16. Jahrhundert gefeiert (am 16. Juli), zum Andenken an die Einführung des (verkleinerten) Skapuliers.

Kirchliches Leben in Pegnitz

Abbildung 50:
Prozession zum Skapulierfest
Aufnahme 2003.

aufgewachsen sind, aber inzwischen an anderen Orten ihren Wohnsitz haben, soll die Möglichkeit gegeben sein, an der traditionellen Prozession teilzunehmen.

Auch andere alte Traditionen werden weitergeführt, z. B. die Bitt-Tage vor Christi Himmelfahrt, die Fronleichnamsprozession durch die Ortschaft, die Fußwallfahrt nach Gößweinstein und Pfarrausflüge zu anderen Wallfahrtsorten.

Seit den 70er Jahren des 20. Jahrhunderts hat die Pfarrei ein Pfarrheim. Das ehemalige Mesner- und Schulhaus, das 1762 erbaut wurde, ist ein ansehnlicher Bau aus Sandstein auf dem St.-Veit-Berg. Nach Auflösung der Schule wurde das Gebäude auch nicht mehr als Lehrerwohnhaus benötigt und stand der Gemeinde zur Verfügung.

Im großen Saal können vielerlei Veranstaltungen durchgeführt werden, wie z. B. das „Gebets- und Bibelfestival" der Kinder, das unter dem Motto stand „2003 – das Jahr der Bibel".

Im Büchenbacher Pfarrhaus, unterhalb der Kirche gelegen, ist der Wohnsitz des Pfarrers bzw. Pfarradministrators, der zugleich Kuratus von St. Thomas von Aquin in Trockau ist.

20. Versöhnte Verschiedenheit

Wer als auswärtiger Besucher, etwa gar aus der Großstadt, nach Pegnitz kommt und das rege kirchliche Leben in der Stadt und in den Ortsteilen wahrnimmt, der staunt über die Fülle der Aktivitäten und die Vielzahl der durchgeführten Projekte. Die Pegnitzer sind dankbar dafür, dass so vieles gut angelaufen ist. Und sie sind auch dankbar dafür, dass die politische Gemeinde die Aufbauarbeit der Kirchengemeinden immer tatkräftig unterstützt hat.

Der Besucher, wenn er einen Einblick ins weit aufgefächerte kirchliche Leben genommen hat, fügt oft auch hinzu: „Ihr Pegnitzer seid in der Ökumene viel weiter als alle anderen!" Das trifft mit großer Sicherheit zu, und auch dafür ist man in Pegnitz sehr dankbar.

Die Geistlichen gehen freundschaftlich miteinander um und wissen sich verbunden als Christen, die im Dienst des Herrn stehen. Eine Konfession respektiert die andere in ihrer Verschiedenheit. Diese Verschiedenheit steht aber weit zurück hinter der Gemeinsamkeit. Wenn die Christen beider Konfessionen gemeinsam das Apostolikum (das apostolische Glaubensbekenntnis) beten, dann ist nur *ein* Wort von den 102 Wörtern anders als bei den anderen.

Evangelische und katholische Christen hoffen und wünschen, dass man den guten Weg weitergeht und dass auch in die nächsten Generationen weitergetragen werden „*Glaube, Liebe, Hoffnung, diese drei*" (1. Kor. 13.13).

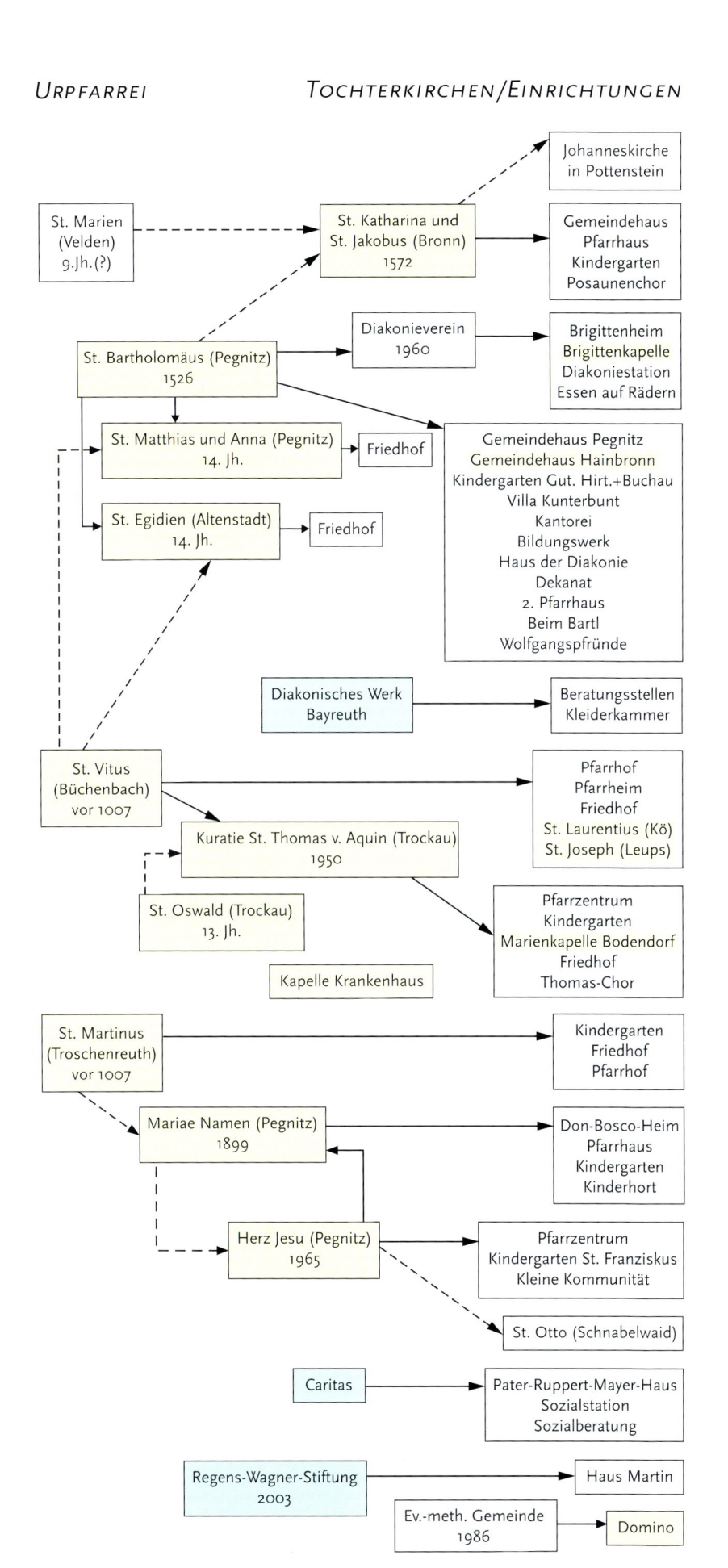

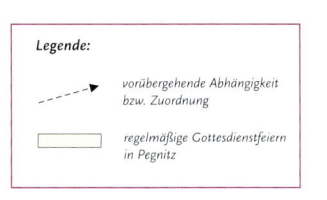

Kirchliches Leben in Pegnitz

URPFARREI — TOCHTERKIRCHEN/EINRICHTUNGEN

- **St. Marien (Velden)** 9. Jh. (?) ⇢ **St. Katharina und St. Jakobus (Bronn)** 1572
  - → Johanneskirche in Pottenstein
  - → Gemeindehaus, Pfarrhaus, Kindergarten, Posaunenchor

- **St. Bartholomäus (Pegnitz)** 1526
  - → **Diakonieverein** 1960 → Brigittenheim, Brigittenkapelle, Diakoniestation, Essen auf Rädern
  - → St. Katharina und St. Jakobus (Bronn) [vorübergehend]
  - → **St. Matthias und Anna (Pegnitz)** 14. Jh. → Friedhof
  - → **St. Egidien (Altenstadt)** 14. Jh. → Friedhof
  - → Gemeindehaus Pegnitz, Gemeindehaus Hainbronn, Kindergarten Gut. Hirt.+Buchau, Villa Kunterbunt, Kantorei, Bildungswerk, Haus der Diakonie, Dekanat, 2. Pfarrhaus, Beim Bartl, Wolfgangspfründe

- **Diakonisches Werk Bayreuth** → Beratungsstellen, Kleiderkammer

- **St. Vitus (Büchenbach)** vor 1007
  - → Pfarrhof, Pfarrheim, Friedhof, St. Laurentius (Kö), St. Joseph (Leups)
  - → **Kuratie St. Thomas v. Aquin (Trockau)** 1950
    - ⇠ **St. Oswald (Trockau)** 13. Jh.
    - → Pfarrzentrum, Kindergarten, Marienkapelle Bodendorf, Friedhof, Thomas-Chor
  - Kapelle Krankenhaus

- **St. Martinus (Troschenreuth)** vor 1007
  - → Kindergarten, Friedhof, Pfarrhof
  - ⇢ **Mariae Namen (Pegnitz)** 1899
    - → Don-Bosco-Heim, Pfarrhaus, Kindergarten, Kinderhort
    - → **Herz Jesu (Pegnitz)** 1965
      - → Pfarrzentrum, Kindergarten St. Franziskus, Kleine Kommunität
      - ⇢ St. Otto (Schnabelwaid)

- **Caritas** → Pater-Ruppert-Mayer-Haus, Sozialstation, Sozialberatung

- **Regens-Wagner-Stiftung** 2003 → Haus Martin

- **Ev.-meth. Gemeinde** 1986 → Domino

Legende:
- ⇢ vorübergehende Abhängigkeit bzw. Zuordnung
- ☐ regelmäßige Gottesdienstfeiern in Pegnitz

Kirchliches Leben in Pegnitz

Abbildung 51:
Bleistiftzeichnung des Kupferstechers Johann Friedrich Poppel (1807–1882), der seit 1838 in München lebte. Die Zeichnung (Blick vom II. Pfarrhaus auf die Nordseite der noch geosteten Bartholomäuskirche) entstand im September 1864, als der Künstler seinen Sohn Christian Gustav Friedrich Poppel besuchte, der von Januar 1864 bis Juli 1871 als II. Pfarrer in Pegnitz wirkte.

21. Kirchen und Kapellen in Pegnitz

In unserer Stadt zeugt eine ungewöhnlich große Zahl von Kirchen und Kapellen vom Glaubenseifer und von der Frömmigkeit vieler Generationen. Manches Gotteshaus ist mehrere Jahrhunderte alt, manche Kapelle kaum ein Dutzend Jahre. Die Stätten der Anbetung und der Sammlung der Gemeinde zu errichten und dann auch zu erhalten, das hat von den Gläubigen seit je viel an Mühen und Opfern verlangt.

Genaue und vollständige Beschreibungen der meisten Kirchen und vieler Kapellen findet man in dem Werk „Die Kunstdenkmäler von Oberfranken, Band II: Landkreis Pegnitz", bearbeitet von Alfred Schädler (München 1961).

Die Pfarrei **Büchenbach** dürfte die älteste der gesamten Gegend sein. Sie bestand schon vor der Gründung des Bistums Bamberg (1007) – Urpfarrei unseres Umlandes, vom Bistum Würzburg aus gegründet. Über den ersten Kirchenbau sind keine Dokumente erhalten. Das jetzige Bauwerk der katholischen **Pfarrkirche St. Vitus** stammt in seinen ältesten Teilen vermutlich aus dem 15. Jahrhundert, wenn nicht sogar aus dem Ende des 14. Jahrhunderts, und es gehört zum Typus der gotischen Dorfkirche mit rechteckigem Chor. Das Gebäude wurde im 18. Jahrhundert umgestaltet und erhielt 1740/41 die jetzige barocke Form. An die einschiffige Anlage ist im Westen der Turm angebaut; dieser musste 1879 nach einem Brand völlig erneuert werden und erhielt dann statt der welschen

Abbildung 52:
Altar in St. Vitus.

Abbildung 53 (rechts):
St. Vitus in Büchenbach mit Pfarrheim (ehemaliges Schulhaus).

Kirchliches Leben in Pegnitz

Haube ein spitzes Dach. Im Deckenfresko des Langhauses ist eine Ansicht des Dorfes mit der Kirche in der alten Gestalt. Im Chor zeigen die Deckenfresken, die vom Auerbacher Maler Thomas Wild geschaffen wurden, Szenen aus dem Leben des Kirchenpatrons, im Langhaus einen marianischen Zyklus. Die Altäre wurden im späten 19. Jahrhundert renoviert und umgestaltet. Den Choraltar schmückte ein Gemälde der Hl. Dreifaltigkeit; das Altarblatt wurde 1892 durch ein Holzrelief ersetzt. Dieses wird flankiert von Figuren der Hl. Joseph und Johannes Baptista, außen auf Konsolen die Hl. Barbara und Katharina. Diese Figuren sind dem Auerbacher Künstler Johann Michael DOSER zuzuschreiben. Die Seitenaltäre zeigen eine Figur der Muttergottes bzw. ein Ecce Homo. Von den Figuren und Gemälden im Kirchenschiff seien erwähnt: eine Darstellung der Vierzehn Nothelfer und eine Muttergottes auf der Weltkugel, laut Inschrift zur Abwendung von Unwettern gestiftet. Diese nahezu lebensgroße Figur, eine Vortragefigur, wird oft „Skapulierfigur" genannt; die Bezeichnung in der Kirche lautet: „Königin des hl. Skapuliers". St. Vitus, die altehrwürdige Kirche, ist im vorigen Jahrhundert wiederholt renoviert worden, zuletzt 1949 und 1991.

Abbildung 54:
Skapulierfigur in St. Vitus.

Eine lange Geschichte hat auch die Kirche in **Bronn**. Ursprünglich gehörte Bronn zur Pfarrei Velden – einer Urpfarrei, die vom Bistum Eichstätt aus gegründet wurde. Später wurde Bronn der Pfarrei Pottenstein zugeordnet. Nach der Reformation kam Bronn als Filialkirche zur Pfarrei Pegnitz, wurde aber schon 1572 selbstständig. Die evangelische **Pfarrkirche St. Katharina und St. Jakobus** erhebt sich inmitten der Ortschaft im ummauerten ehemaligen Friedhof. Der mächtige Turm im Osten, mit welscher Haube und Laterne, lässt schon von außen erkennen, dass wir den Typus der Chorturmkirche vor uns haben. Der älteste erhaltene Teil der Kirche ist das spätromanische Zackenportal, ein sehr seltenes und berühmtes architektonisches Detail, das mit der Bamberger Dombauhütte in Verbindung gebracht wird. Aus der Bauform ist die Entstehungszeit zu erschließen, nämlich das frühe 13. Jahrhundert. Nach schweren Kriegszerstörungen und einem verheerenden Brand wurde die Kirche 1653 wiederhergestellt. Später hat man das Langhaus erhöht und außen die Treppen zur Empore angebaut. Die Ausstattung zeigt noch altes Gestühl. Kanzel, Altar und Taufstein wurden 1866 bei einer Innenrenovierung neu gestaltet. Bei der letzten großen Renovierung (1973/74) nahm man eine Empore heraus, um den Innenraum heller zu gestalten.

Abbildung 55:
St. Katharina und Jakobus in Bronn.

Abbildung 56:
Zackenportal an der Jakobuskirche.

Kirchliches Leben in Pegnitz

Die Kapelle **St. Oswald** von Schloss **Trockau** dürfte schon im späten 13. Jahrhundert errichtet worden sein. Bezeugt ist sie seit 1316. Die jetzige Schlosskapelle geht auf einen Umbau von 1603 zurück. Damals, zwischen 1550 und 1669, war das Gotteshaus protestantisch. Der einschiffige Bau aus Sandsteinquadern steht im Nordosten des Schlosses. An der Westmauer ist ein rechteckiger Turm angebaut. Der runde Turm am Nordostseck, mit welscher Haube, ist der Sakristei-Turm. Das helle und freundliche Innere mit Empore und Herrschaftsloge ist im Wesentlichen von der Umgestaltung und Erneuerung im späten 18. Jahrhundert bestimmt: ein Altar mit Holzaufbau im Stil des späten Rokoko. Das Altarblatt zeigt eine Muttergottes auf Wolken stehend. Flankiert wird das Bild von zwei Figuren, die den hl. Karl Borromäus darstellen und einen Pestkranken mit entblößtem Oberkörper. Die vier Kirchenlehrer, einst auf den Feldern des Kanzelkorbes, schmücken nun die Wand auf der Empore. In den Jahren von 1925 bis 1950 diente St. Oswald als Kuratiekirche der Gemeinde Trockau. Jeden zweiten Donnerstag wird in der 1960 umfassend renovierten Schlosskapelle die Messe gelesen.

Abbildung 57:
St.-Oswald-Kapelle in Trockau.

Die Kirche in **Buchau** war bis zur Reformation eine Filialkirche von Büchenbach. Älteste erhaltene Dokumente nennen sie Kapelle **St. Matthias** (1408); nach einem Umbau, der im 15. Jahrhundert notwendig gewesen war, wird als Patronin **St. Anna** genannt. Die Kirche, die nach der Reformation evangelische Filialkirche von St. Bartholomäus in Pegnitz wurde, steht am Rande der Ortschaft in einem ummauerten Friedhof. 1708 erfolgte ein grundlegender Umbau; es wurde etwas erweitert und in einfachen Barockformen gestaltet. Die Kirche ist ein schlichter langgestreckter Bau mit einem Turm an der Mitte der Südwand. Ein breiter Rundbogen trennt den rechteckigen Chor vom Langhaus. Die Westempore ruht auf zwei Holzpfeilern. Auch hier gab es im 19. und 20. Jahrhundert wiederholt Renovierungen. Nicht an jedem Sonntag, aber in regelmäßigen Abständen werden Gottesdienste gehalten.

Abbildung 59:
St. Egidien, die Friedhofskirche in Pegnitz, von der Ostseite gesehen.

Abbildung 58:
St. Anna in Buchau.

Eine Filialkirche von Büchenbach gab es auch in der **Pegnitzer Altenstadt**. Die dortige Kirche, **St. Egidien**, wird in alten Quellen auch „St.-Gilgen-Gotteshaus" genannt (französisch Gilles für Egidius/Ägidius). Der rechteckige Chor und die Form des Ostfensters sprechen dafür, dass dieser Teil des Baus aus dem 14. Jahrhundert stammt. Nachdem in der Stadt „auf dem Letten" eine Kirche gebaut worden war, diente St. Egidien nur noch als evangelische Friedhofskirche oder „Got-

Kirchliches Leben in Pegnitz

tesackerkirche". So wird sie auch heute in der Regel von den Bürgern genannt. Das Gebäude wurde im frühen 18. Jahrhundert erweitert und der Hl. Dreifaltigkeit geweiht. An der Nordseite wurde ein neuer Turm angebaut; die Leichenhalle östlich vom Turm stammt von 1901. Die Empore ruht auf drei hölzernen Säulen. Chorraum und Altar wurden 1935 völlig neu gestaltet. Die Fresken mit der Auferstehung des Jünglings von Nain und der Auferstehung Christi wurden von Karl ROHMER geschaffen. Ein Egidiusbild von Karl Ross schmückt die Wand neben dem Altar (1992). Renovierungen waren auch im 20. Jahrhundert wiederholt notwendig. Solange die katholische Gemeinde in Pegnitz noch kein eigenes Gotteshaus hatte, wurde die Friedhofskirche – seit 1896 – auf einige Jahre den Katholiken zur Mitbenutzung überlassen. Der Troschenreuther Pfarrer musste jeden Montag anreisen, und er las hier die Messe.

Abbildung 60 (links):
St. Bartholomäus (von Süden).

Die Kirche in Pegnitz, in der „neuen Stadt auf dem Letten", die evangelische Pfarrkirche **St. Bartholomäus**, ist zum Wahrzeichen der Stadt Pegnitz geworden. Was wir heute sehen, ist allerdings der dritte Kirchenbau an dieser Stelle. Die Vorgängerkirchen wurden abgebrochen, weil sie zu klein und baufällig geworden waren (*siehe dazu Seite 272*). Nach dem Abbruch eines Baus aus dem Ende des 17. Jahrhunderts wurde in den Jahren 1899 bis 1900 eine Kirche in neubarocken Formen errichtet, die nach Plänen von Angelo NISSL gestaltet ist. Das Mauerwerk aus unverputztem Sandstein erhebt sich hoch über die umgebenden Häuser. Der 54 Meter hohe Glockenturm mit welscher Haube und Laterne steht an der Südostseite des Chors, ein wesentlich niedrigerer Turm mit offener Empore an der Südwestseite. Neben den zwei Hauptportalen im Norden führen in zwei Türmen, die nur bis zur Dachtraufe reichen, die Treppen zu den Emporen. Ein angedeutetes Querschiff und das Langhaus werden von zwei umlaufenden Emporen umschlossen. In der Vorhalle sind zwei alte Grabdenkmäler aufgestellt. Altar und Kanzel, die 1696/97 von dem Holzschnitzer Conrad SCHLEUNIG geschaffen wurden, konnten aus der alten Kirche übernommen werden. Der Altar stellt die Heilige Geschichte dar: die Geburt Christi, die Einsetzung des Hl. Abendmahls, Kreuzigung, Grablegung und Auferstehung. An den Seiten des Altars stehen die Figuren des Apostels Paulus mit dem Schwert des Glaubens und des Apostels Bartholomäus, der über dem linken Arm die abgezogene Haut trägt – Attribut seines Märtyrertums. Weil die erste Kirche an dieser Stelle am 24. August 1533 geweiht worden war, am Gedenktag des Bartholomäus, war dieser Apostel zum Namenspatron geworden. Die Kanzel, die getragen wird von Moses mit den Gesetzestafeln, zeigt die vier Evangelisten mit ihren Symbolen und wird gekrönt von Christus mit der Weltkugel.

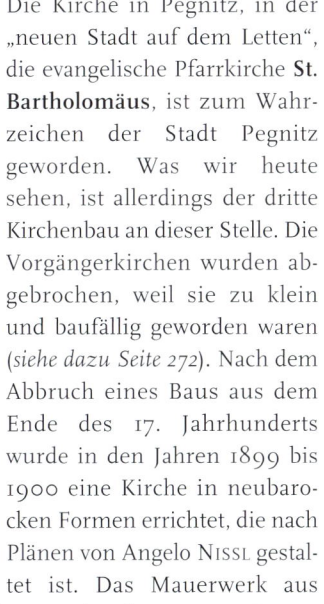

Abbildung 61:
St. Bartholomäus (von Osten).

Abbildung 62:
Altar der St.-Bartholomäus-Kirche.

305

Abbildung 63:
Glasmalerei von Georg Vogt
in St. Bartholomäus.

Die Deckengemälde stellen das Lamm Gottes mit der Siegesfahne dar, ferner die Himmelfahrt Christi und schließlich den Engel, der die Heilsbotschaft verkündet. Das übergroße Kruzifix an der linken Chorwand, das der Prediger, wie es lutherischer Tradition entspricht, immer vor Augen hat, wurde 1955 angefertigt von Joseph TRAXLER. Die Glasfenster, geschaffen von Georg VOGT (1938/1939), stellen Gleichnisse Jesu dar: Vom armen Lazarus, vom vierfachen Acker, vom verlorenen Sohn, vom barmherzigen Samariter. Mit der **Jakobskapelle** wurde 1994 unter der Orgel, auf der ersten Empore, ein geschlossener Raum geschaffen, der als Ort der Stille und der Meditation dient, aber auch für Eltern mit Kleinkindern einen abgeschlossenen Raum bietet, somit die Teilnahme am Gottesdienst erleichtert. Die Bilder „Jakobs Kampf am Jabbok" und „Jakob schaut die Himmelsleiter" wurden von Michael GRASSL geschaffen. Im Jahre 2001 konnte eine umfassende Renovierung zu Ende gebracht werden, die die ursprüngliche farbliche Gestaltung des Innenraums wieder herstellte und eine direkte Verbindung von Kirchenschiff und Emporen schuf.

Die Katholiken in Pegnitz gehörten zunächst zur Pfarrei Troschenreuth. Der Weg dorthin war weit und beschwerlich. In der evangelischen Gottesackerkirche wurden seit 1896 Gottesdienste für die Katholiken gehalten. Als die Zahl der katholischen Christen immer größer wurde, errichtete man eine Kaplanei in **Pegnitz**. Zunächst reichten die Mittel nur für eine kleine Notkirche (1899). Aber 1927 konnte die Filialkirche **Mariae Namen** geweiht werden, die nach Plänen von Otto SCHULZ erbaut worden war. 1937 wurde **Pegnitz** selbstständige Pfarrei. Der einschiffige Kirchenraum der Marienkirche hat den Chor im Osten; ein Glockenturm flankiert das Kirchenschiff im Südosten. Aus der aufgelassenen Pfarrkirche von Dornbach – der Ortschaft, die schon vor dem Zweiten Weltkrieg der Erweiterung des Truppenübungsplatzes Grafenwöhr zum Opfer fiel – konnte Pfarrer Dr. Franz Vogl 1939 Altäre und Kanzel für die Marienkirche erwerben. Der barocke Hochaltar zeigt den Erzengel Michael im Kampf, und ganz oben die Hl. Dreifaltigkeit mit Weltkugel. Die Seitenfiguren stellen die Hl. Katharina und Barbara dar sowie Florian und Laurentius. Der Hochaltar ist ein Werk des Auerbacher Künstlers Johann Michael Doser. Die Seitenaltäre sind dem hl. Otto, Bischof von Bamberg und Apostel der Pommern, geweiht bzw. dem hl. Johannes Nepomuk. Die Kreuzwegbilder sind bäuerliche Barockbilder und stammen ebenfalls aus Dornbach. Das Gleiche gilt für die Kanzel mit den Statuetten der vier Kirchenlehrer Ambrosius, Augustinus, Hieronymus und Papst Gregor d. Gr. Entstanden sind Kanzel und Altäre in der Zeit um 1720. Mariae Namen wurde schließlich wieder Filialkirche, und zwar 1977, als die katholische Pfarrei zur Herz-Jesu-Kirche verlegt wurde.

Abbildung 64:
Die katholische Marienkirche
(Mariae Namen) in Pegnitz.

Abbildung 65 (rechts):
Die Notkirche mit dem später abgerissenen Pfarrhaus vor dem Bau der Marienkirche.

Kirchliches Leben in Pegnitz

Uralt ist die Pfarrei **Troschenreuth** und die Kirche **St. Martinus**. Einige Forscher vermuten sogar, dass St. Martin – nach der Martinskirche in Forchheim – die älteste Kirche in der ganzen Diözese Bamberg war. An Stelle einer älteren Kirche wurde zu Beginn des 14. Jahrhunderts, zur Zeit der Leuchtenbergschen Herrschaft, eine gotische Kirche gebaut. Sie stand da, wo der neue Teil des Troschenreuther Friedhofs ist. Diese Chorturmkirche wurde am 19. April 1945 durch Artilleriebeschuss der alliierten Streitkräfte vollkommen zerstört. Auf dem Pfarrgarten wurde nach Plänen von Fritz HACKER in den Jahren 1946 bis 1949 eine neue Kirche erbaut. Die Kirche, etwas größer als der Vorgängerbau, ist nach Westen gerichtet. Der Chor hat einen halbkreisförmigen Schluss. Der Glockenturm, mit der Sakristei im Erdgeschoss, steht an der südlichen Westseite und ist von einer Zwiebelkuppel gekrönt. Die Innenausstattung stammt aus der aufgelassenen Pfarrkirche St. Peter und Paul in Hopfenohe, einer Ortschaft, die nach 1945 der Erweiterung des Truppenübungsplatzes zum Opfer fiel. Die drei barocken Altäre waren um 1725 von Johann Michael Doser geschaffen worden. Das Altarbild zeigt den heiligen Martin, Schutzpatron der Franken; die Seitenfiguren stellen die Apostel Petrus und Paulus dar. Beim Marienaltar steht im Mittelfeld eine gotische Marienfigur, die aus der alten Kirche hatte gerettet werden können. Der rechte Seitenaltar ist ein Herz-Jesu-Altar mit einer Statue aus dem frühen 20. Jahrhundert. Die Kunstwerke wurden zuletzt 1976/78 restauriert.

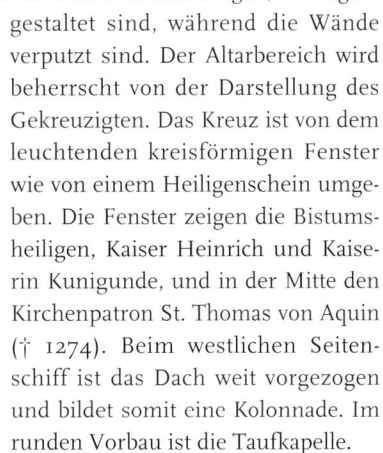

Abbildung 66:
Bronzemodell der alten Kirche in Troschenreuth.

Abbildung 67:
St. Martin in Troschenreuth (von Westen).

Abbildung 68:
St. Martin (von Südosten).

Die katholische Kuratiekirche **St. Thomas von Aquin** in **Trockau** wurde in den Jahren 1949/50 erbaut nach Plänen von Gerhard G. DITTRICH. Die Schlosskapelle St. Oswald bot bei weitem nicht mehr genug Raum für die stark gewachsene Zahl der Gläubigen. Die neue Kirche mit dem 35 Meter hohen Glockenturm, der erst 1969 erbaut wurde, steht beherrschend in der Landschaft. Auf drei Seiten ist der Bau aus Sandsteinquadern errichtet. Der weite Kirchenraum wird gegliedert, indem die tragenden Elemente, auf denen die Dachbalken aufliegen, in Ziegeln gestaltet sind, während die Wände verputzt sind. Der Altarbereich wird beherrscht von der Darstellung des Gekreuzigten. Das Kreuz ist von dem leuchtenden kreisförmigen Fenster wie von einem Heiligenschein umgeben. Die Fenster zeigen die Bistumsheiligen, Kaiser Heinrich und Kaiserin Kunigunde, und in der Mitte den Kirchenpatron St. Thomas von Aquin († 1274). Beim westlichen Seitenschiff ist das Dach weit vorgezogen und bildet somit eine Kolonnade. Im runden Vorbau ist die Taufkapelle.

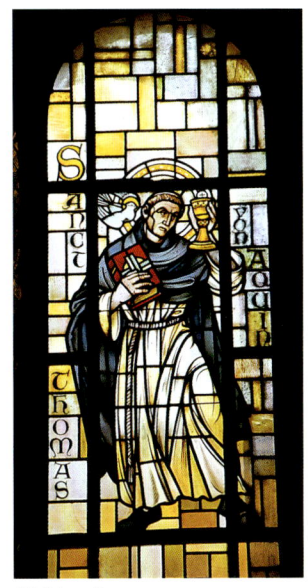

Abbildungen 70/71:
St.-Thomas-Kirche von Osten (oben) und von Westen.

Abbildung 69:
Glasfenster in St. Thomas, Trockau, Darstellung des hl. Thomas von Aquin.

307

Kirchliches Leben in Pegnitz

Abbildung 72 (rechts):
Herz-Jesu-Kirche in Pegnitz mit Turm.

Schon in den fünfziger Jahren wurde deutlich, dass die Marienkirche in **Pegnitz** zu klein war. Auf Initiative von Pfarrer Dr. Franz Vogl und nach Plänen von Peter LEONHARDT wurde an der Amberger Straße ein neuer Kirchenbau errichtet. Nach dem Wunsch der Stifter des Grundstücks sollte es eine Herz-Jesu-Kirche werden. Die neue katholische Pfarrkirche **Herz Jesu** wurde 1965 durch Erzbischof Dr. Josef SCHNEIDER geweiht. Mit dem Bau des Glockenturms, der sich vor der Kirche erhebt, wurde 1986 der Neubau vollendet. Von außen gesehen handelt es sich bei der neuen Kirche um einen schlichten Backsteinbau, im Inneren aber entfaltet sich eine große sakrale Wirkung. Für die neue Liturgie nach dem II. Vatikanischen Konzil ist die Herz-Jesu-Kirche wie geschaffen. Es gibt keinen besonderen Chorraum. Der Altarbereich wird markiert durch ein großes, asymmetrisch an der Wand sitzendes Kreuz, das aus vier Würfeln besteht. Auf dem zentralen Feld wird die Geburt der Kirche aus der Seite des Gekreuzigten dargestellt, über der Geburt Evas aus der Seite Adams. Die farbigen Fenster zeigen im Altarbereich das Himmlische Jerusalem, an der Ostwand (in einem ersten Abschnitt) 12 bedeutende Gestalten des Alten Testaments, dann die 12 Apostel, im dritten Abschnitt große Heilige der Kirchengeschichte, schließlich, im Seitenschiff, das Fischernetz. An der Südwand ist eine Marienfigur aus dem 13. Jahrhundert. Im westlichen, niedrigen Seitenschiff sind ein Nebenaltar und der Tabernakel. In der Nähe des Eingangs befindet sich die tiefergelegte Taufkapelle.

Die Funktion einer Kirche hat das Gemeindezentrum der evangelisch-methodistischen Gemeinde in der Schmiedpeunt in Pegnitz. Zunächst hatte man ein kleines Gemeindehaus in der Rosengasse eingerichtet (1994). Auf dem Gelände des ehemaligen Gesundheitsamtes und in den alten Räumen wurde wenig später (1998) durch Umbau und Ausbau das Gemeindezentrum **Domino** geschaffen (lateinisch: „dem Herrn" oder „durch den Herren"). Hier finden die Gottesdienste der methodistischen Gemeinde statt. Nach außen wirkt die niedrige Gebäudegruppe mit flachen Dächern bewusst modern, poppig in den Farben, schräg in der Führung von Wänden. Nicht uralte symbolische Formen weisen auf das Gotteshaus, sondern Plakattafeln und Schriftzüge nach Art der modernen Werbung.

Abbildung 73:
„Domino" – Evangelisch-methodistisches Gemeindezentrum.

Knapp ein Dutzend Kirchen findet man also in Pegnitz. Das Dutzend wird voll, wenn man das Evangelische Gemeindehaus in **Hainbronn**, das 1980 erbaut wurde, mit dazuzählt. Immerhin findet hier in der Regel wenigstens einmal im Monat ein Gottesdienst statt.

Im Brigittenheim, in der Kapelle des Krankenhauses und in den Kapellen von Körbeldorf, Leups und Bodendorf werden ebenfalls regelmäßig Gottesdienste gehalten.

Abbildung 74 (rechts):
Evang. Gemeindezentrum Hainbronn.

Kirchliches Leben in Pegnitz

Von den zahlreichen Kapellen im Stadtgebiet von Pegnitz haben einige Ersatzfunktion für fehlende Kirchen, andere sind Stätten der privaten Andacht oder Orte zum Gedenken an Gebetserhörung oder Errettung aus tiefer Not.

Von den jemals errichteten Kapellen, soweit uns etwas davon bekannt ist, sind zwei abgegangen: St. Brigitta oder St. Brigida in der Pegnitzer Altenstadt und St. Georg in Pirkenreuth.

Von der Kapelle **St. Brigitta** weiß man nur durch alte Dokumente. Im 16. Jahrhundert war die Kapelle am südwestlichen Ende der Pegnitzer Altenstadt bereits verfallen; die Reste sind abgetragen worden. Mit großer Wahrscheinlichkeit war die Kapelle der irischen Heiligen Brigitta oder Brigida († um 523) geweiht, der Gründerin des Klosters Kildare, und nicht der schwedischen Heiligen Birgitta oder Brigitta († 1373). In Ortsbezeichnungen hat sich die Erinnerung an die Kapelle lange erhalten – „bei St. Brigitten hinter der Stadt …", wie Heinrich Bauer beschreibt (S. 597). Weil in diesem Bereich der Stadt das Altenheim gebaut wurde, hat man es Brigittenheim genannt (1967). In dem ersten Brigittenheim befand sich ebenfalls eine schlichte Kapelle. Beim Neubau des Alten- und Pflegeheims wurde eine größere **Brigittenkapelle** in das Gebäude integriert (1997). Die Pläne stammten von Peter ELLMER und Hans M. SCHOLLER. Für den Boden wurde das Muster des Labyrinths gewählt, für die Decke das des Sternenhimmels. Die Glasfenster, von Wolfgang HÖLLER gestaltet, zeigen in der Kapelle den „Baum des Paradieses" und das „Himmlische Jerusalem", im Foyer die heilige Brigitta. Auch der Brunnen vor dem Haus, in der Form eines irischen Kreuzes gestaltet, erinnert an die irische Heilige.

Am Weg von Willenreuth nach Hollenberg findet man die Ruine, genauer gesagt die Grundmauern der einstigen Kapelle **St. Georg**. Sie gehörte zu dem abgegangenen Ort **Pirkenreuth** (auch Birkenreuth) und war einmal das Ziel frommer Wallfahrer, die am Georgstag (23. April) zur Kapelle pilgerten. Bei einem Einfall der Hussiten, im Jahr 1430, wurde die Kapelle zerstört. Die Wallfahrtskapelle wurde später wieder aufgebaut, aber unter der calvinistischen Regierung der Oberpfalz 1556 endgültig abgebrochen, wie alle Feldkirchen oder Kapellen, in denen nicht allwöchentlich Gottesdienst stattfand. Wo der Choraltar war, erinnert heute ein Kruzifix daran, dass hier einmal eine Stätte der Anbetung war.

Abbildung 75:
Glasfenster in der Brigittenkapelle im Brigittenheim (Ausschnitt).

Für guten Rat und Hilfe bei der Zusammenstellung der Daten ist der Verfasser zu aufrichtigem Dank verpflichtet der Freifrau Groß von Trockau und den Herren Bürgermeister Böhmer, W. Groher, Dekan Dr. Schoenauer, Pfr. Dr. Schwinn und Stadtrat M. Vetterl.

Abbildung 76:
Ehemaliger Standort mit den Ruinen der Kapelle St. Georg in Pirkenreuth.

Kirchliches Leben in Pegnitz

Mehr als ein Dutzend weitere kleinere Kapellen befinden sich in den verschiedenen Pegnitzer Ortsteilen (Abb. 77–97):

Kirchliches Leben in Pegnitz

1. sog. Bodendorfer Kapelle, Büchenbach
2/3. St.-Joseph-Kapelle, Leups
4. Kapelle Bodendorf (1954 errichtet)
5. Kapelle St. Laurentius, Körbeldorf (1977 errichtet)
6. Kapellen-Bildstock in Körbeldorf
7. Kapelle in Hollenberg
8/9. Kapelle in Horlach, Außen- und Innenansicht
10. Steinmarterkapelle bei Büchenbach
11. Mariahilf-Bild nach Amberger Art in der Steinmarterkapelle bei Büchenbach

Kirchliches Leben in Pegnitz

12 Elisabethen-Kapelle in Pegnitz-Hammerbühl
13 Kapelle in Lüglas (1975 erbaut)
14 Weidelwangermühle (2000 erbaut)
15 Innenansicht der Kapelle von Willenreuth
16 Altar in der Reisacher Kapelle
17 Kapelle in Reisach
18 Penzenreuther Kapelle
19 Kapelle in Willenreuth (an der Pottensteiner Straße), Außenansicht
20 Kapelle von Willenreuth (am Weg nach Hollenberg), Außenansicht
21 Kosbrunner Kapelle, Altarbild
22 Kapelle in Kosbrunn

*Kirchliches
Leben in
Pegnitz*

Kirchliches Leben in Pegnitz

Literatur

Bauer, Heinrich: Geschichte der Stadt Pegnitz, 2. Auflage Pegnitz 1938

Brehm, Heinrich: Ein Abriss über die Pegnitzer Kirchengeschichte, in: Festschrift zum 75-jährigen Jubiläum der Ev.-Luth. Stadtpfarrkirche St. Bartholomäus in Pegnitz, Pegnitz o. J. (1975)

Büttner, Ludwig: Geschichte der Stadt Pegnitz – Zur 600-Jahr-Feier, Pegnitz 1955

Das Dekanat Auerbach und seine Pfarrgemeinden, hg. vom Dekanatsrat Auerbach, Pegnitz 2003

Der evangelisch-lutherische Kirchenbezirk Pegnitz und seine neun Pfarreien, hg. vom Evang.-Luth. Dekanat Pegnitz, Pegnitz 1972

Diakonie in Bayern, hg. vom Diakonischen Werk der Ev.-Lutherischen Kirche in Bayern, Nürnberg 1994

Dill, Karl – siehe: Kleindenkmäler im Landkreis Bayreuth

Dippe, Rudolf: 40 Jahre Diakonieverein und 20 Jahre Diakoniestation – ein Rückblick, in: Festschrift zum 20-jährigen Bestehen der Zentralen Diakoniestation Pegnitz – Creußen, Pegnitz 2001

Dippe, Rudolf: Das Werden des alten und des neuen Brigittenheims, zugleich eine Geschichte des Diakonievereins Pegnitz, in: Festschrift zur Einweihung des neuen Brigittenheims in Pegnitz, hg. von Christian Schmidt, Pegnitz 1997

Festschrift – 80 Jahre Evangelischer Kindergarten Pegnitz 1906 – 1986, hg. von der Kindergartenleitung, Pegnitz 1986

Festschrift – St. Martinus Troschenreuth – 50 Jahre neue Kirche 1949 – 1999, Frankenthal/Pegnitz o. J. (1999)

Festschrift – 50 Jahre St. Thomas von Aquin, 1950 – Trockau – 2000, hg. vom Katholischen Pfarramt St. Thomas von Aquin Pegnitz-Trockau, Grafenwöhr 2000

Hanow, Wolfram: Weiß ich den Weg auch nicht – Erinnerungen eines Pfarrers aus den Jahren 1933 – 1975 in Schlesien, Bayern und anderswo (MS), Pegnitz 1975

Hausberger, Karl/Hubensteiner, Benno: Bayerische Kirchengeschichte, München 1985

Keller, Hiltgart L.: Reclams Lexikon der Heiligen und der biblischen Gestalten, 8. Auflage Stuttgart 1996

Kleindenkmäler im Landkreis Bayreuth, hg. vom Landkreis Bayreuth nach einer Zusammenstellung von Karl Dill, Bayreuth 1984

Kreisel, Heinrich (Hg.): Die Kunstdenkmäler von Oberfranken, Bd. II Landkreis Pegnitz, bearbeitet von Alfred Schädler, München 1961

Poscharsky, Peter: Die Kirchen der Fränkischen Schweiz, Erlangen 1990

Roepke, Claus-Jürgen: Die Protestanten in Bayern, München 1972

Schädler, Alfred: Die Kunstdenkmäler von Oberfranken – siehe: Kreisel, Heinrich (Hg.)

Schematismus der Geistlichkeit des Erzbistums Bamberg, hg. vom Erzbischöflichen Ordinariat, Bamberg 1900 (und weitere Jahrgänge)

Schmidt, Christian (Hg.): Unterwegs daheim – daheim unterwegs. Glauben und Leben im Dekanat Pegnitz, Pegnitz 1994

Schwaiger, Georg (Hg.): Mönchtum, Orden, Klöster – Von den Anfängen bis zur Gegenwart, 2. Auflage München 1994

Schwinn, Friedrich: Unsere Kirche in Bronn, 3. Auflage 2001

Sterzl, Anton und Emil Bauer: Fränkische Schweiz – Gesichter und Kräfte einer Landschaft, Bamberg o. J.

Unser Landkreis Bayreuth, hg. vom Landkreis Bayreuth in Zusammenarbeit mit der Bayerischen Landeszentrale für politische Bildungsarbeit München, Bamberg 1983

Kirchliches Leben in Pegnitz

Vogl, Franz: Vierzig Jahre unterwegs. Die katholische Pfarrgemeinde von Pegnitz in den
Jahren 1937 bis 1977, Pegnitz 1987

Vogl, Franz: Die Kirchen der Pfarrei Herz-Jesu Pegnitz. Eine Einladung zum Betrachten, hg. vom
Pfarrgemeinderat Pfarrei Herz-Jesu Pegnitz, Pegnitz 1987

Wolf, Gerhard Philipp: Die Pegnitzer „Collectur-Büchlein" (1687 – 1694) im historischen Kontext der Erbauung der zweiten evangelischen Stadtpfarrkirche St. Bartholomäus, in:
Archiv für Geschichte von Oberfranken 80 (2000), 183–202

Wolf, Gerhard Philipp/Tausendpfund, Walter: Pegnitz – Veldensteiner Forst. Geschichtliche Streifzüge,
Erlangen 1986 (Schriftenreihe des Fränkische-Schweiz-Vereins. Die Fränkische Schweiz –
Landschaft und Kultur, Band 3)

Die Pfarrfamilie – Rundbrief an die katholische Pfarrgemeinde Pegnitz, hg. vom Kath. Pfarramt Herz-Jesu –
zuletzt: 46. Jahrgang, Nr. 10, Oktober 2003

Kirchenbote der Evang.-Lutherischen Kirchengemeinde Pegnitz, hg. vom Öffentlichkeitsausschuss des
Kirchenvorstandes – zuletzt: 50. Jahrgang, Nr. 605, Oktober 2003

Neuland Mission Nr. 8 / 2002 (Zeitschrift der evangelisch-methodistischen Kirche)

Freitag, 8. Juli 1977

Gott zur Ehr, dem

Großer Idealismus und Kameradschaftsgeist sind Vorau

Kreisbrandrat Konrad Hammon stellt zum 5. Kreisfeuerwehrtag des Landkreises Bayreuth fest, daß Gemeinschaften und Vereine, die auf die Hilfe der Mitglieder, Freunde und Gönner nur angewiesen sind, in der Regel mit außerordentlichen Schwierigkeiten bei der Wahrnehmung ihrer Aufgaben zu kämpfen haben. Dies treffe auch auf die Freiwilligen Feuerwehren zu, selbst wenn sie teilweise nicht unerheblich seitens des Landkreises und der Gemeinden unterstützt werden. Jegliche finanzielle Hilfe ersetzt jedoch in keiner Weise die Begeisterung, mit der die Männer der Feuerwehren bei der Sache sind. Oft fragt man sich, wie es nur möglich ist, daß die Freiwilligen Feuerwehren keine „Nachwuchssorgen" haben. Immer wieder kommen junge Leute hinzu, wollen an den harten und oft auch schweren Ausbildungen teilnehmen, sind begeistert bei den Prüfungen für die verschiedenen Leistungsabzeichen und stolz auf ihre Uniformen. Ohne Murren kommen sie zu den angesetzten Übungen und im Ernstfall sind sie stets dabei. Wer die Männer bei Bränden beobachten konnte, weiß, daß sie oft unter Einsatz des eigenen Lebens tätig sind, daß sie bis zur schöpfung mitarbeiten und einer Sache verschrieben ha die eigentlich gar nicht so se verständlich ist. In den G städten ist man längst zu rufsfeuerwehren übergega um zuverlässige und gutaus bildete Feuerwehrmänner zu der Tages- und Nachtzeit zu ben.

Bei den Männern der Freiw gen Feuerwehren gibt es, so Einsatz gefordert wird, kei Achtstundentag, keine Pa nach der beruflichen Arbeits und keine verdiente Nachtru Die Bereitschaft der Jugend

Das Feuerwehrgerätehaus der Freiwilligen Feuerwehr Pegnitz auf dem Wiesweiher, nach Krieg erbaut und in den letzten Jahren um eine große Halle (links) erweitert.

Freitag, 8. Juli 1977

ächsten zur Wehr

tzungen für den freiwilligen Dienst bei den Feuerwehren

r Freiwilligen Feuerwehr mitzu-
lfen und zu arbeiten, muß tie-
e Gründe haben. Vielleicht
d es der Gemeinschaftsgeist,
 Kameradschaft, die zuver-
ssigen Freundschaften unter
n Aktiven, die sie anziehen.
cherlich aber ist es noch ein
st alten Zusammengehörig-
itsgefühls der Dorfgemein-
haften, die durch die Gebiets-
orm, die Abwanderung der
hulen in die Klein- und Mittel-
ntren und die Annahme von
beitsplätzen weitab vom hei-
atlichen Dorf aufgelockert wur-
n. Selbst in der Stadt Pegnitz,
e inzwischen auf über 10 000
hwohner durch die Eingemein-
ngen angewachsen ist, be-
ht dieses Zusammengehörig-
itsdenken und -fühlen noch.

ne diesen Gemeinschafts-
ist wäre es undenkbar, daß
e Feuerwehr an einem Tag
 Festzelt nur mit eigenen
ehrmännern aufstellt, vor-
riftsmäßig absichert und alle
raussetzungen schafft, die für
n Festzeltbetrieb zu dem
usende von Menschen erwartet
rden, unerläßlich und vorge-
rieben sind. Bei dem streng
regelten und oft harten Dienst
d Einsatz der Feuerwehrmän-
r aller Wehren, ob Freiwillige
er Werksfeuerwehren, ist es
ht zu verwundern, daß man
h einmal in kleiner und in
ßer Gemeinschaft gemütlich
d fröhlich beisammensitzen
d feiern will.

m Kreisfeuerwehrtag am Wo-
enende jedenfalls wünscht die
samte Bevölkerung von Peg-
z und darüber hinaus des
ndkreises ihren Feuerwehr-
ännern ein gutes Wetter und
ige Stunden unbeschwerten
isammenseins. Ehrungen ver-
enter Männer gehören mit da-

R. S.

Einsatzübung in der Feuerschutzwoche 1976. „Der Dachstuhl des Rathauses brennt."

Leistungsprüfung auf dem Wiesweiher in Pegnitz. An sachverständigem Publikum fehlt es da nie.

Großbrand bei Baier &

LANDKREISE

Brandkatastrophe in Pegnitz:
Großfeuer vernichtete fast eine ganze Fabrik
Zwei Werkshallen der Firma Baier & Köppel abgebrannt / Wohnhaus wurde gerettet

Ja Pegnitz. Am gestrigen Freitag wurde Pegnitz gegen 12.45 Uhr durch das Heulen der Feuersirenen aufgeschreckt: Im Norden der Stadt erhoben sich riesige Qualmwolken, die dichter und dichter wurden und sich immer rascher und weiter ausbreiteten. Bald lief die Nachricht über einen Großbrand durch die ganze Stadt. Hinter dem Amag-Werk standen die Fabrikationsgebäude der Firma Baier & Köppel, die Präzisionsapparate herstellt, in hellen Flammen.

Nach den bisherigen Meldungen, die jedoch noch nicht bestätigt werden konnten, brach, wie Arbeiter der Firma Baier & Köppel berichteten, gegen 13 Uhr in einer der drei, in Hufeisenform errichteten Werkshallen ein Brand aus — vermutlich durch eine Stichflamme ausgelöst — der wie rasend um sich griff. Unter ihrem Kommandanten Heinrich Hoffmann rückte in kürzester Zeit die Freiwillige Feuerwehr der Kreisstadt Pegnitz an, unterstützt durch die Werksfeuerwehr KBS/Werk Amag mit ihrem Kommandanten Stadtrat Johann Sebald.

In ununterbrochenem Einsatz, der viele Stunden in Anspruch nahm, gelang es schließlich den beiden Feuerwehren, wenigstens eine der drei Werkshallen vor den immer heftiger um sich greifenden Flammen zu schützen; die beiden anderen Hallen konnten trotz selbstlosesten Einsatzes — Rauchentwicklung und unerträgliche Hitze stellten sich den Feuerwehrmännern als größte Hindernisse in den Weg — nicht mehr gerettet werden.

Während die beiden Feuerwehren mitten im Einsatz standen — auch Landrat Dr. Heinrich Dittrich hatte sich an den Brandplatz begeben — drohte eine neue, schreckliche Gefahr:

- das unmittelbar an die Werkshallen angebaute Wohnhaus der Familie des Fabrikbesitzers Köppel wurde von den Flammen bedroht.

Schon hatten rasch herbeigerufene Hilfskräfte begonnen, Möbel, Betten und andere wichtige Gegenstände aus den Fenstern zu werfen, da gelang es den Wehrmännern doch noch in letzter Minute, das Wohnhaus vor den gierig leckenden Flammen abzuschirmen.

Zum Glück forderte die Brandkatastrophe kein Menschenleben und auch Verletzte soll es, soweit bis zur Stunde bekannt, nicht gegeben haben. Die Höhe des Sachschadens läßt sich noch nicht abschätzen; sie dürfte jedoch sehr hoch liegen.

1. Bürgermeister Masel erkrankt

w Bindlach. Der Bürgermeister der Gemeinde Bindlach, Bauer Georg Masel aus Eckersdorf, mußte wegen eines inneren Leidens das Bayreuther Krankenhaus aufsuchen. Während seiner Abwesenheit vertritt ihn zweiter Bürgermeister H. Steininger. Bad-Bernecker Straße 23.

Von einem Pkw angefahren

l Pechgraben. Die 40jährige Arbeiterswitwe Margarete Fischbach, Untergräfenthal 12, wurde von einem Kraftfahrzeug angefahren und am Unterschenkel verletzt. Die Verunglückte konnte nach ärztlicher Betreuung in ihre Wohnung gebracht werden.

hatte die meisten Gäste
ungen in der Fränkischen Schweiz

Köppel im Jahre 1962

Seite 9

...rgast dirigiert
...e Kompositionen
...erneck. Ein in Bad Ber-
...ender Kurgast, Studien-
...loys Stockmann aus
...Komponist

Hydrantenfind

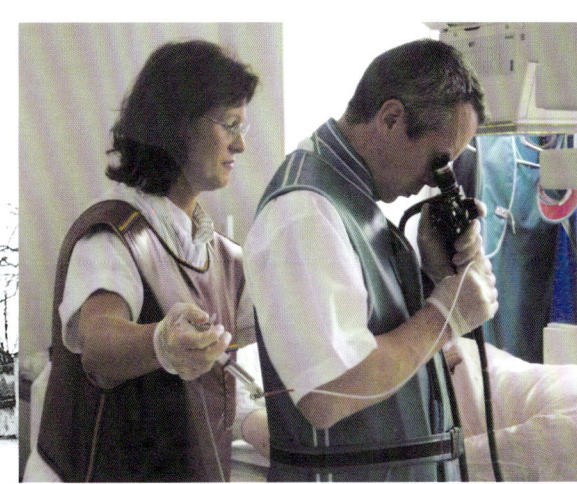

Feuerwehren, Hilfsorganisationen und Stadtkrankenhaus

1. Feuerwehren und Hilfsorganisationen
   vor Ort   Franz Schindler   S. 322

2. Geschichte des Stadtkrankenhauses   Manfred Peer   S. 335

Feuerwehren
Hilfsorganisationen
Stadtkrankenhaus

Franz Schindler

1. Feuerwehren und Hilfsorganisationen vor Ort

Die Natur hat dem Menschen viele lebenswichtige Geschenke bereitet. Eines der bedeutsamsten ist wohl der Gebrauch des Feuers. Eine ganze Reihe von Legenden und Sagen ranken sich um dieses Thema.

Kenntnis und Gebrauch des Feuers waren für die kulturelle Entwicklung der Menschheit von größter Bedeutung. Feuer bedeutet Licht, Wärme, Leben – gleichzeitig jedoch ist es Symbol der Zerstörung, von Vernichtung und Tod. Schon die Pfahlbauer hatten Mühe, ihr Feuer unter Kontrolle zu halten. Oft genug gingen ihre Siedlungen in Flammen auf, wie ausgegrabene Dorfanlagen beweisen. Erst die kontrollierte Erzeugung und Verwendung des Feuers bedeutete einen der entscheidendsten Schritte in der kulturellen Entwicklung der Menschheit.

Von der Jungsteinzeit bis zur Gegenwart zieht sich, was die Brandbekämpfung betrifft, eine ununterbrochene Folge von Ärger, Not und Plage, ein ständiger Wechsel von Anstrengung und Nachlässigkeit, Erfolg und Versagen im Kampf gegen lodernden Brand.

Der leichtfertige Umgang mit Öllämpchen, Fackeln und Kohlenbecken waren die Ursachen dafür, dass mehrmals täglich Brände im antiken Rom ausbrachen. Manchmal weiteten sich solche Brandherde zu riesigen Stadtbränden aus, ganze Stadtteile gingen in den Flammen unter. Am bekanntesten ist wohl der von Nero gelegte Brand (64 n. Chr.), der sechs Tage und Nächte lang wütete.

Als ein weiterer Aufsehen erregender Brand im Mittelalter wird oft der Brand des Stadtkerns von Dresden genannt. Dresdens Brand steht in Deutschland natürlich nicht alleine da. Zahlreiche deutsche Städte gingen beispielsweise durch Brände mehrfach zugrunde, allein seit der früheren Neuzeit: u. a.

Berlin: 1659, 1680, 1720, 1730, 1809
Hamburg: 1606, 1684, 1814, 1842
Köln: 1593
München: 1505, 1674, 1729 und 1750

Gerade solche Stadtbrände zeigten immer wieder, dass man zur Brandbekämpfung schlecht organisiert, nicht ausgerüstet, zu wenig oder zu spät alarmiert, den Anforderungen nicht gewachsen war. Die Städte erließen wohl Feuerlöschordnungen, in denen der Brandschutz zur allgemeinen Bürgerpflicht erklärt wurde und hielten Löschgeräte bereit. Doch zeugen die zahlreichen Berichte über Brandkatastrophen, dass dies allein noch nicht ausreichend war.

Auch in Pegnitz und den umliegenden Städten und Dörfern stand in früherer Zeit der Krieg und die Feuersnot auf einer Stufe. Kein Wunder, denn die enge Bauweise der Städte und Dörfer mit überwiegendem Baumaterial aus Holz und den leicht entflammbaren Schindel- und Strohdächern, dazu die offenen Herde und Kamine, ließen fast jeden Brandfall zu einer tödlichen Gefahr werden. Deshalb gab es schon im Mittelalter strenge feuerpolizeiliche Vorschriften. Zwei Ratsherren des Pegnitzer Magistrats waren jeweils zu Feuerbeschauern bestellt, welche die Einhaltung dieser Vorschriften zu überwachen hatten. Nachtwächter und Türmer hatten die besondere Aufgabe, mögliche Anzeichen eines Brandes rechtzeitig zu melden und gegebenenfalls das Horn zu blasen oder die Feuerglocke zu läuten. Das war das Zeichen für die gesamte Pegnitzer Bürgerschaft, sich so schnell als möglich an den Löscharbeiten zu beteiligen. Jeder Bürger war damals zum Besitz eines ledernen Löscheimers verpflich-

Abbildung 1:
Stich von historischem Stadtbrand.

Abbildung 2:
Feuerwehrhelme, -mützen und -abzeichen um 1908.

Feuerwehren
Hilfsorganisationen
Stadtkrankenhaus

tet. Damit wurde eine Eimerkette vom Laimenweiher beim früheren Gasthof Hirschen (heute Hirsch-Apotheke) oder vom Feuergraben zum Brandort gebildet und auf diese Weise versucht, den Brand im Keime zu ersticken.

Wer fahrlässig einen Brand verursacht hatte, musste mit empfindlichen Strafen rechnen. Die in solchen Fällen ausgesprochenen Geldstrafen wurden vom Rat der Stadt Pegnitz zur Anschaffung von Löschgeräten verwendet. Das waren damals vor allem die Feuerleitern und -haken, doch findet man auch schon im Jahre 1687 die Anschaffung von „Wasserkünsten" durch den Pegnitzer Rat. Dabei handelte es sich um einfache Spritzen, mit deren Hilfe man auch schon die zumeist recht niedrigen Gebäudedächer bespritzen konnte.

Dank dieser relativ guten Ausstattung und des stets in erreichbarer Nähe befindlichen Löschwassers blieben die Pegnitzer seit dem Dreißigjährigen Krieg vor größeren Brandkatastrophen verschont. Löschwasserentnahmestellen waren ein Weiher am Waidmannsbach, der große Stadtweiher im Süden, der Laimenweiher am städtischen Westrand, die Fichtenohe und der Erlbach an der Nordseite.

Weit mehr als Pegnitz hatte eine ganze Reihe seiner Nachbarorte unter dem „Roten Hahn" zu leiden. Da und dort mag es am unzureichenden Brandschutz gelegen haben, meist aber war der Löschwassermangel die Ursache für verheerende Katastrophen.

Am 10. August 1685 wurde die gesamte Ortschaft Lindenhardt mitsamt der Kirche durch ein Großfeuer vernichtet. 1736 wurde fast ganz Pottenstein ein Raub der Flammen, denn 65 Wohngebäude sind dabei eingeäschert worden. Der Feuersturm war so gewaltig, dass die Glocken im Kirchturm schmolzen. 1738 fielen in Bronn 16 Anwesen einem Großbrand zum Opfer und im selben Jahr wurde auch ein großer Teil von Kirchenbirkig eingeäschert. 1746 schließlich brach beim unteren Tor in Gößweinstein ein Feuer aus, das sich in Windeseile über den ganzen Ort ausbreitete und 53 Häuser in Schutt und Asche legte. Die damals kurz vor ihrer Fertigstellung stehende Basilika wurde erheblich beschädigt. 1820 wurde abermals Bronn von einem Großbrand heimgesucht.

Auf einen so naheliegenden Gedanken, dass eine besondere Gefahr auch einer besonderen Abwehr bedurfte, die nicht mit Dienstverpflichtung der Bürger in einer Pflichtfeuerwehr zu erbringen war, sondern den Einsatz einer besonders motivierten und geschulten Gruppe erforderte, kam vorerst niemand.

Diese notwendige Folgerung erkannte 1841 Bürgermeister Zschokke der Stadt Meißen und 1846 Stadtbaumeister Christian Hengst aus Durlach, die zusammen mit Bürgern ihrer Städte freiwillige Löschkorps gründeten und sich verpflichteten, bei jeder Brandgefahr helfend einzugreifen.

Damit hatten sie den Grundstein zur Entwicklung des modernen und erfolgreichen Feuerlöschwesens gelegt. Es sprach sich in Windeseile herum, dass eine feste freiwillige Organisation die unabdingbare Grundlage einer zielbewussten Brandbekämpfung war.

Der politische Umbruch in der ersten Hälfte des 19. Jahrhunderts ermöglichte die Gründung von Feuerwehren und vor allem von Vorläuferorganisationen –

Abbildungen 3/4:
(oben) Aufriss einer Wasserspritze 1835.
(unten) Wasserspritze.

323

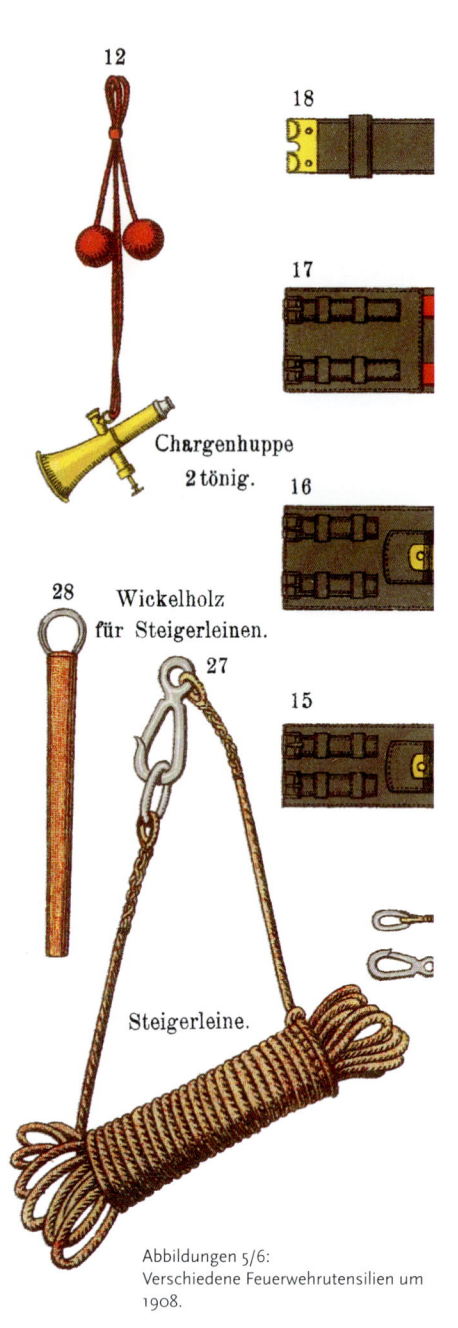

Abbildungen 5/6:
Verschiedene Feuerwehrutensilien um 1908.

besonders während der Zeit von 1820 bis 1850. Dabei darf nicht unerwähnt bleiben, dass der Begriff „Feuerwehr" erstmals 1847 in Karlsruhe verwendet wurde, und zwar in der „Karlsruher Zeitung" Nummer 318 vom 19. Nov. 1847. Der Begriff Feuerwehr wurde im darauf folgenden Jahr amtlich im Badischen Bürgerwehrgesetz vom 3. April 1848 angewendet und von Carl Metz in einer Stellungnahme zu diesem Gesetz ebenfalls übernommen. Ferner muss noch einmal darauf hingewiesen werden, dass es seit dem ausgehenden Mittelalter sehr wohl ein organisiertes Löschwesen gab, was jedoch als genossenschaftliches, den Bürger verpflichtendes Löschwesen nicht der Organisationsform Feuerwehr entsprach. Vielerorts bestand auch nach einer Feuerwehrgründung zunächst dieses genossenschaftliche Löschwesen gemäß alter Feuerlöschordnungen weiter. Die Entwicklungen zwischen 1820 und 1850 waren fließend. Der Entwicklungssprung zur Feuerwehr beruht ausschließlich auf der neuartigen Organisation bereits vorhandener Mittel und Personen. Kennzeichnend war dabei eine erhebliche Steigerung der Wirksamkeit bei der Brandbekämpfung. Erst diese Neuorganisation schuf die Feuerwehren als aufgabengerechtes System.

Es gab jedoch auch Feuerlösch- und Rettungsformationen, die sich nicht „Feuerwehr" nannten, aber dennoch den Anforderungen an eine Feuerwehr entsprachen. Es waren dies Rettungsgesellschaften, Bürgerwehren und die Turnerfeuerwehren. Die Rettungsgesellschaften hatten es sich zur Aufgabe gemacht, in erster Linie Mobiliar, aber auch Menschen aus Feuersgefahr zu retten. Sie deckten die Lücken der alten Feuerlöschordnungen ab, die im Brandfall hauptsächlich eine Brandausbreitung verhindern sollten.

Die Mitgliedschaft in diesen Gesellschaften war unbescholtenen Bürgern vorbehalten. Die ersten Gründungen sind aus dem 18. Jahrhundert bekannt. Anfangs beruhten diese Gesellschaften noch auf dem genossenschaftlichen Prinzip, später galt auch hier demokratisches Gedankengut in der Organisationsstruktur des Vereins.

Aus den Rettungsgesellschaften entwickelten sich im Laufe der Zeit auch Feuerlösch- und Rettungsgesellschaften, die über Lösch- und Rettungsgeräte verfügten und die Menschenrettung zu ihrer Primäraufgabe machten. Soweit eine solche Gesellschaft den Kern einer späteren Feuerwehr bildete, gilt sie als echter Vorläufer dieser Wehr.

Historische Tatsache ist, dass diese Rettungsgesellschaften in der zweiten Hälfte des 19. Jahrhunderts in erster Linie durch Gründungen von Feuerwehren um ihre Aufgabe gebracht, von der Bildfläche verschwanden oder sich neuen Aufgaben wie dem Sanitäts- und Rettungsdienst zuwandten.

Als vaterländische Volksmiliz waren die Bürgerwehren Ergebnis der Befreiungskriege. In der Zeit des Vormärz (1815–1848) standen diese vorwiegend privaten, vereinsrechtlichen Gesellschaften vor ihrer Auflösung. Auf der Suche nach neuen Aufgaben wurde vor allem in Süddeutschland der Lösch- und Rettungsdienst ein bevorzugtes Betätigungsfeld. Auch hier kann in einem solchen Fall bei Überleitung der Bürgerwehr in eine Feuerwehr von einem Vorläufer gesprochen werden.

Als Folge der politischen Entwicklungen entstanden in den 30er Jahren des 19. Jahrhunderts allerorts auch Turnvereine, die immer das Ideal der deutschen Einheit anstrebten und dabei oft auch radikaldemokratische und republikanische Ideen verwirklichen wollten.

In den 40er Jahren begannen Gruppierungen innerhalb dieser Turnvereine sich mit den Techniken des Leitersteigens (Steigerabteilung) und dem Bedienen von Feuerspritzen (Spritzenmannschaft) vertraut zu machen.

Das Ergebnis dieser Entwicklung war ein regelmäßiger Übungsdienst, der zur Perfektion führte. Offensichtlich erkannten diese Gruppierungen erstmals die Wichtigkeit des Übens.

Das war ein wesentlicher Unterschied zu den in dieser Zeit noch bestehenden genossenschaftlichen Löschdiensten. Es ist belegt, dass „Turnerfeuerwehren" in vielen Orten die Gründung von Feuerwehren als solche maßgeblich beeinflusst haben oder über längere Zeit eine Alternative zum genossenschaftlichen Löschwesen waren.

Der Einfluss der Turner ist in den meisten Fällen dadurch belegt, dass die Mitglieder der sogenannten „Steiger" oder „Steiger- und Rettungskompanien" aus den Turnvereinen der Feuerwehr beitraten oder dieser Teilbereich unmittelbar vom Turnverein übernommen wurde. Aus diesen Fakten ist eine enge Verflechtung zwischen der Turnerschaft und der Feuerwehr belegt.

Freiwillige Feuerwehr Pegnitz

Im Jahr 1860 wurde ein großer Teil des Scheunenviertels am Fuße des Schloßbergs durch ein Großfeuer vernichtet, was für die Pegnitzer Anlass war, ihren Feuerschutz zu überdenken.

So gründeten am 9. Juni 1866 Mitglieder des Turnvereins Pegnitz die Freiwillige Feuerwehr Pegnitz mit dem Zweck, „durch regelmäßige Turnübungen die Mitglieder körperlich derart auszubilden und zu kräftigen, dass bei entstehender Feuersgefahr durch ein geordnetes Zusammenwirken Leben und Eigentum der Bedrohten möglichst geschützt werde".

Zum Vorstand wurde Friedrich ENGELHARDT aus der Hauptstraße bestimmt, das Kommando übernahm Andreas PFLAUM von der Speckmühle.

In der damaligen Zeit zählte es zur Selbstverständlichkeit, dass nahezu jeder Hausbesitzer Mitglied der Feuerwehr war. Um die Jahrhundertwende ergab sich folgende Zusammensetzung: 1 Vorstand, 9 Stabsmitglieder, 38 Angehörige des Steigerzuges, 61 Angehörige des Spritzenzuges, 5 Ehren- und 35 passive Mitglieder.

Der erste große Brand nach Gründung der Wehr war am 21. Oktober 1866 in Weidensees ausgebrochen. Trotz der geleisteten opferwilligen Dienste und Hilfe wurden 25 Gebäude zerstört. Noch schlimmer erwischte es unsere Nachbarstadt Auerbach bei einem Großfeuer am 27. Juni 1868. Hier vernichteten die Flammen den Kirchturm mit dem herrlichen Glockengeläute, 107 Wohnhäuser und 146 Nebengebäude. Auch vier Männern kostete der Großbrand das Leben.

Durch den Beitritt zum Bayerischen Landesfeuerwehrverband ab 1. Januar 1899 stand die Freiwillige Feuerwehr Pegnitz „unter dem Allerhöchsten Protektorate Seiner Königlichen Hoheit des Prinzregenten Luitpold von Bayern".

Um die Jahrhundertwende gab es in Pegnitz neben der Freiwilligen Feuerwehr auch noch eine Pflichtfeuerwehr, die vorrangig zur Bedienung der Handdruckpumpe eingesetzt wurde, um die Männer der Freiwilligen Feuerwehr zu entlasten.

Die Geschichte der „Gerätehäuser" in Pegnitz lässt bereits erkennen, dass die Aufgaben und die Verantwortung, die heute eine moderne Wehr zu erfüllen bzw. zu tragen hat, kontinuierlich großen Veränderungen unterworfen war.

Aus der Chronik der Stadt Pegnitz geht hervor, dass im Jahre 1724 ein Holzhaus am Alten Rathaus errichtet wurde, indem die Feuerlöschgeräte untergebracht waren. Von 1838 an waren diese dann direkt im Erdgeschoss des Rathauses aufgehoben, bis 1881 ein Stadel in der Schmiedpeunt hierfür gekauft wurde.

Ab 1927 diente eine Halle in der Specknermühle der Unterbringung und 1952 errichtete man ein vollkommen neues Gerätehaus am Wiesweiher, das 1972 um vier Stellplätze erweitert wurde.

Auf Grund der enorm gestiegenen Anforderungen an die Stützpunktwehr Pegnitz, die auch die Hauptlast des abwehrenden Brandschutzes und der technischen Hilfeleistungen im Stadtgebiet Pegnitz, im südlichen Landkreis Bayreuth sowie teilweise auch in den angrenzenden Landkreisen Nürnberger Land, Amberg-Sulzbach und Neu-

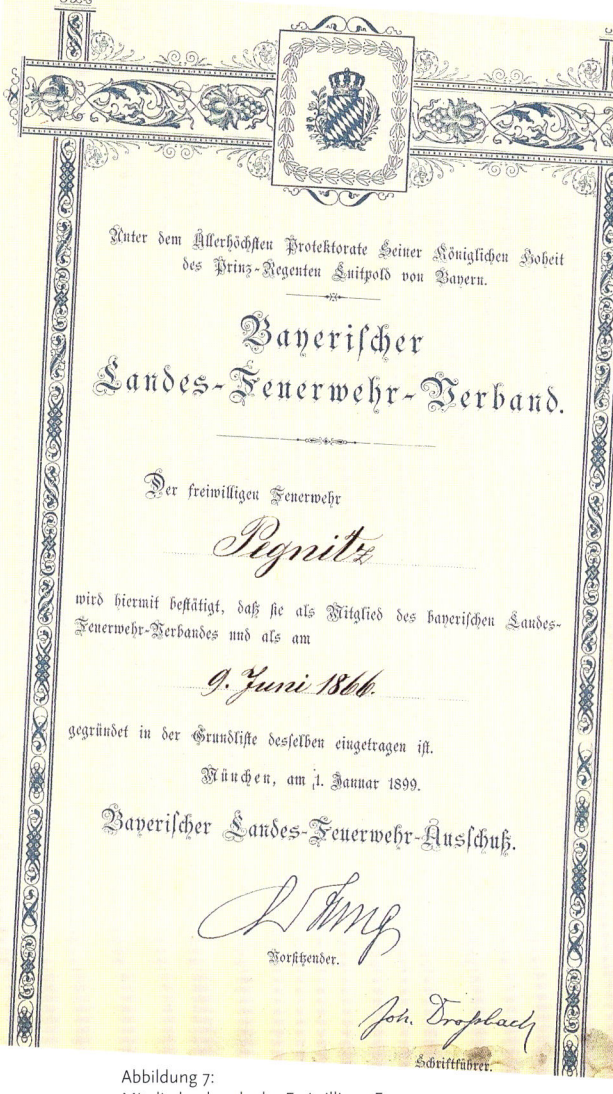

Abbildung 7:
Mitgliedsurkunde der Freiwilligen Feuerwehr Pegnitz im Bayerischen Landes-Feuerwehr-Verband 1866.

Abbildung 8:
Fahrradausweis des Bayerischen Landes-Feuerwehr-Verbandes.

Feuerwehren Hilfsorganisationen Stadtkrankenhaus

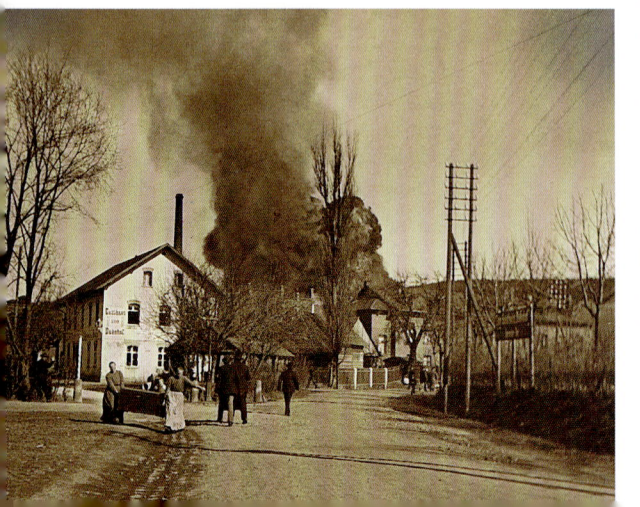

stadt/Waldnaab zu tragen hat, waren die Verhältnisse im Gerätehaus am Wiesweiher nicht mehr tragbar. Hinzu kommt, dass die Freiwillige Feuerwehr Pegnitz für einen ca. 50 km langen Abschnitt auf der Bundesautobahn – von der Ausfahrt Hormersdorf bis zur Ausfahrt Bayreuth Süd – zuständig ist.

Die mehr als beengten Platzverhältnisse im alten Gerätehaus sowie die sich aus dem Standort am Wiesweiher ergebenden Probleme waren für Bürgermeister und Verwaltung Anlass, einen Gerätehausneubau auf den Weg zu bringen.

Auf Grund der beschriebenen Situation hat der Stadtrat Pegnitz am 17. Dezember 1992 grundsätzlich beschlossen, an der Kreisstraße BT 41 (Pegnitz – Willenreuth) ein neues Gerätehaus für die Pegnitzer Wehr zu errichten. Nach sich anschließenden Planungen, Beratungen, Verhandlungen und Entscheidungen konnte im Jahr 1998 mit dem Neubau begonnen werden. Nach einer zweijährigen Bauzeit wurde das neuerbaute Gerätehaus am 18. Juni 2000 an die Pegnitzer Wehr übergeben.

Das damit größte Feuerwehrgerätehaus im Landkreis Bayreuth umfasst 11 Fahrzeugstellplätze mit den notwendigen Geräte- und Funktionsräumen, einen separaten 12. Stellplatz, der gleichzeitig als Werkstatt genutzt werden kann, eine Waschhalle, einen Schlauchturm als Voll- und Übungsturm sowie Räume für Schulung, Verwaltung und Sanitärbereich. Die Einbindung des Gebäudes und der Außenanlagen in die Landschaft ist dem Architekten besonders gelungen.

Die Baukosten für Gebäude und Außenanlagen betrugen insgesamt 3,9 Mio. € (7,6 Mio. DM).

Mit diesem Gerätehaus sind für die Aktiven der Feuerwehr Pegnitz Voraussetzungen geschaffen worden, die den neuesten und modernsten Erkenntnissen sowie den geltenden Vorschriften Rechnung tragen.

Die in den Gründerjahren vorhandene Ausrüstung der Pegnitzer Wehr ist für die heutige Zeit nahezu unvorstellbar. Sie bestand aus einer kleinen Handspritze, einigen Anstellleitern und der persönlichen Schutzausrüstung der Feuerwehrmänner. Einer verbesserten Handdruckpumpe folgte 1927 eine fahrbare Motorpumpe, ehe 1938 das erste Fahrzeug, ein Löschgruppenfahrzeug 12, in Dienst gestellt wurde. Während man in der Nachkriegszeit noch mit Umbauten von ehemaligen Wehrmachtsfahrzeugen vorlieb nehmen musste, konnte 1959 das erste Tanklöschfahrzeug 16/24 mit einer Amag-Hilpert-Pumpe an die Wehr übergeben werden. Einem im Jahre 1966 beschafften Löschgruppenfahrzeug 8 folgte im Dezember 1975 die Drehleiter 23-12. Da für die reparaturbedürftige Pumpe des Tanklöschfahrzeugs 16/24 keine Ersatzteile mehr zu bekommen waren, wurde dieses Fahrzeug im Jahr 1979 durch ein neues Tanklöschfahrzeug 16/25 ersetzt. Das alte Fahrzeug wurde in Eigenregie umgebaut und wird noch heute als Gerätewagen genutzt. Die 1959 zugeteilten Fahrzeuge des zivilen Bevölkerungs- bzw. Katastrophenschutzes konnten in den Jahren 1984 und 1986 durch einen Rüstwagen 1 und ein Löschgruppenfahrzeug 16 ersetzt werden. In den folgenden Jahren wurde der Bestand durch neue und durch gebrauchte Fahrzeuge ergänzt. Zur Verbesserung der technischen Hilfeleistung hat der Landkreis Bayreuth im Jahr 1994 der Pegnitzer Wehr einen Rüstwagen 2 übergeben, der auch dem überörtlichen Einsatz dient. Die neueste Errungenschaft war ein Großtanklöschfahrzeug 24/50 im Jahr 2002.

Als eine der ersten Wehren im Landkreis Bayreuth führte die Pegnitzer Feuerwehr 1976 die stille Alarmierung ein. Das heißt, bei allen Einsätzen werden die Aktiven nicht mehr mit der Sirene alarmiert, sondern die Alarmierung erfolgt über einen Funkmeldeempfänger. Der Vorteil liegt darin, dass einmal gezielter alarmiert werden kann und bei jährlich über hundert Einsätzen die Bevölkerung durch das Sirenengeheul nicht mehr aufgeschreckt wird.

Seit der Gründerzeit haben sich die Aufgaben der Feuerwehren wesentlich verändert und auch im Umfang zugenommen. Früher bekämpfte man in

Abbildung 9:
Am 6. März 1919 vernichtete ein Großfeuer einen großen Teil der Fabrikanlagen der AMAG-Hilpert-Pegnitzhütte. Der Pegnitzer Ernst Schülein hatte eine ganze Reihe von Fotos von dieser Katastrophe gemacht.

Abbildungen 10/11:
(oben) Die Modell-Schlosserei nach dem Brand. (unten) Beeindruckende Rauchentwicklung.

Feuerwehren Hilfsorganisationen Stadtkrankenhaus

erster Linie Gebäude- und Flächenbrände oder man leistete Hilfe bei Hochwasser. Heute überwiegen die Einsätze zur Technischen Hilfeleistung bei Verkehrs- und Ölunfällen. Mit dem Fortgang der Mechanisierung nehmen allerdings die Fahrzeug- und Maschinenbrände zu.

Im Laufe ihrer fast 140-jährigen Geschichte wurde die Pegnitzer Wehr bei einer Vielzahl von Einsätzen gefordert, und dies nicht nur im Stadtgebiet von Pegnitz. So reichte die Nachbarschaftshilfe im Zweiten Weltkrieg bis nach Nürnberg, wo die Pegnitzer Wehr nach Bombenangriffen rund 20 Einsätze zur Brandbekämpfung fahren musste. Neben mehreren Großbränden bei den Pegnitzer Firmen Klein, Schanzlin & Becker und Baier & Köppel sowie im ehemaligen BayWa-Lagerhaus sind noch außergewöhnliche Schadensereignisse zu erwähnen.

So am 18. August 1971, als ein Helikopter der US-Army auf der Fischlhöhe abstürzte und die 37 an Bord befindlichen Soldaten in den brennenden Trümmern der explodierten Maschine den Tod fanden. Den an die Absturzstelle eilenden Helfern bot sich ein Bild des Grauens. Die Aufgabe der Feuerwehr bestand im Löschen des durch den Absturz ausgelösten Flächenbrands sowie ein Übergreifen der Flammen auf den angrenzenden Wald zu verhindern.

Noch im selben Jahr, am 30. Dezember, prallte zwischen Pegnitz und Zips ein Güterzug mit einer entgegenkommenden Diesellok frontal zusammen. Dieses schwere Eisenbahnunglück forderte zwei Tote und einen Schwerverletzten. Durch den Aufprall der beiden Loks waren auch acht Kesselwaggons aus den Gleisen gesprungen. Schwierig gestaltete sich die Bergung der beiden Toten sowie das Aufräumen der Trümmer.

Fast 20 Hektar Wald sind bei einem Brand am 28. Juni 1976 im Veldensteiner Forst vernichtet worden. Alle verfügbaren Feuerwehren der Stadt und des Landkreises Bayreuth sowie Löschzüge aus dem Landkreis Nürnberger Land und Wasserwerfer des Bundesgrenzschutzes bekämpften den Brand. Am Einsatz waren auch das Technische Hilfswerk, eine US-Feuerwehr, die Bundeswehr und die Bereitschaftspolizei beteiligt. Mit Bergepanzern der US-Armee und der Bundeswehr wurden Schneisen um den Brandplatz geschlagen, um ein weiteres Ausbreiten der Flammen zu verhindern.

Abbildungen 12/13:
37 US-Soldaten kamen bei dem katastrophalen Hubschrauberabsturz 1971 ums Leben.

Abbildungen 14/15:
Derzeitiges Gerätehaus und Fahrzeuge mit Ausrüstung der Freiwilligen Feuerwehr Pegnitz.

Feuerwehren Hilfsorganisationen Stadtkrankenhaus

Mit den steigenden Aufgaben der Feuerwehr wurden die Fahrzeuge, die technische Gerätschaft und die Ausrüstung immer wieder ergänzt und erweitert. So stehen heute insgesamt zehn Fahrzeuge, fünf Spezialanhänger und Sonderausrüstungen zur Bewältigung der unterschiedlichsten Einsätze zur Verfügung. Auch hydraulische Rettungssätze, die der Personenbefreiung aus verunfallten Fahrzeugen dienen, zählen heute bei den Stützpunktwehren zur Standardausrüstung.

Die Leistung der Pegnitzer Wehr war und wird auch in Zukunft von Bürgern der Stadt geprägt, die freiwillig und selbstlos einen Dienst leisten, um bei Schadensfällen den Nächsten und in Not Geratenen zu helfen.

Freiwillige Feuerwehr Trockau

Eine Feuerwehr, deren Aufgabengebiet sich durch Fortschreiten von Technik, Industrie und Motorisierung in den letzten Jahrzehnten erheblich verändert hat. Aus der einstigen Ortswehr, zu deren Grundaufgabe die Hilfe bei Feuersbrünsten gehörte, wurde eine weitere Stützpunktfeuerwehr im Stadtgebiet von Pegnitz, die zwischenzeitlich auch mit überörtlichen Aufgaben, wie technische Hilfeleistung bei Unfällen und Ölschäden betraut ist.

Am 7. Dezember 1870 wurde nach einem Regierungsentschluss die Marktgemeinde Trockau vom königlichen Bezirksamt aufgefordert, eine Freiwillige Feuerwehr zu gründen. Es hieß im Aufruf: „Wo früher 100 kommandierten, soll nur einer befehlen, alle anderen gehorchen und reichen sich brüderlich die Hände!" Die Unordnung bei der Bekämpfung der Brände war hierzu der Anlass.

Die Gründungsversammlung wurde „unter allerhöchstem Protektorat Seiner Königlichen Hoheit des Prinzregenten Luitpold von Bayern" ausgestellt. Die Vereinsstatuten wurden am 8. Dezember 1873 aufgestellt, am 10. Dezember 1873 vom königlichen Bezirksamt genehmigt und die Vereidigung der 48 Gründungsmitglieder erfolgte am 13. Dezember des gleichen Jahres.

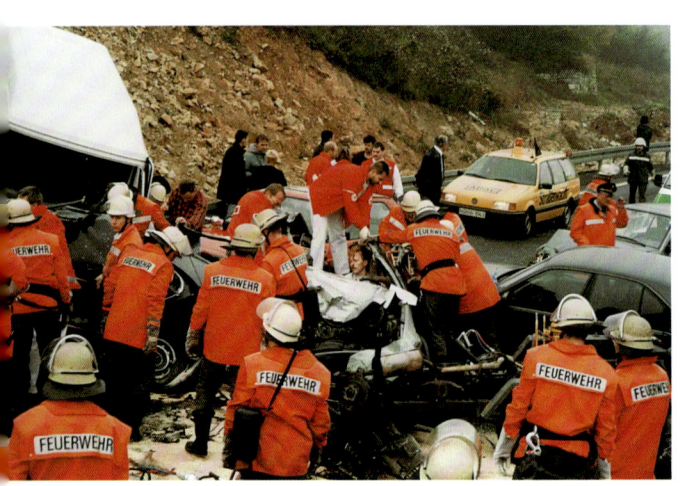

Zu Beginn des Jahres 1874 hat die Gemeinde eine 4-rädrige Handdruckspritze und eine Leiter angeschafft. Sehr bald, bereits am 7. Juni 1874, mussten die erhaltenen Löschgeräte eingesetzt werden. An diesem Tag wurde der Nachbarort Büchenbach von einer nicht unbedeutenden Feuersbrunst heimgesucht. Von mittags bis abends waren 12 Wohnhäuser, 10 Scheunen und sonstige Nebengebäude ein Raub des wütenden Elements. Im Amtsblatt vom 17. Juni 1874 heißt es: „Der zuerst beigekommenen Feuerwehr aus Trockau ist es durch ihr energisches Eingreifen gelungen, des gewaltigen Feuers Herr zu werden." Schon ein paar Jahre später, nämlich 1877, wurde bereits eine neue Fahne angeschafft. Sie dürfte eine der ältesten Feuerwehrfahnen sein und die einzige, an deren Spitze ein hölzerner Phönix angebracht ist.

Manche Kameraden mussten aber auch, so ist es am 4. Mai 1923 protokolliert, wegen „lässigen Ausrückens" gerügt werden. Damals wurde beschlossen, dass bei erstem und zweitem unentschuldigten Fernbleiben jedes Mal der Gegenwert von einem Liter Bier Strafe an die Vereinskasse zu entrichten ist. Beim dritten unentschuldigten Fernbleiben wird das Mitglied aus der Feuerwehr ausgeschlossen.

Zu Beginn des 20. Jahrhunderts waren doch etliche größere Brände zu verzeichnen:

1905 Bodendorf, 1908 Bodendorf und Leups, 1909 Bodendorf,
1913 Weiglathal, 1917 Moritzreuth, 1918 und 1923 Trockau,
1931 Sägewerk Krodel, 1934 Pullendorf und Hinterkleebach.

Während des Zweiten Weltkrieges sind keine Aufzeichnungen geführt

Abbildung 16:
Die Kapelle der Freiwilligen Feuerwehr Trockau.

Abbildungen 17/18:
Verschiedene Einsätze der Freiwilligen Feuerwehr Trockau.

Feuerwehren Hilfsorganisationen Stadtkrankenhaus

worden. Es ist anzunehmen, dass in dieser Zeit die Vereinsaktivitäten äußerst eingeschränkt werden mussten.

Die Nachkriegsjahre dienten dem Aufbau einer schlagkräftigen, gut organisierten Einsatztruppe. Die technische Neuausrüstung folgte. Bereits im Jahre 1960 löste eine nagelneue Tragkraftspritze 8/8 die bisherige und störanfällige ab. Die Rosenbauertragkraftspritze kann in restauriertem Zustand in der Eingangshalle des Feuerwehrhauses noch heute besichtigt werden. Die 1960 angeschaffte Spritze ist immer noch im Dienst.

Im Herbst 1962 wurde der Bau eines neuen Feuerwehrgerätehauses begonnen. Die Feuerwehrleute hatten sich mit voller Kraft eingeschaltet und in eigener Regie den gesamten Bau übernommen. Das erste Feuerwehrauto, ein Tragkraftspritzenfahrzeug, wurde 1964 gekauft.

Der 5. Dezember 1975 veränderte die Freiwillige Feuerwehr Trockau völlig. An diesem Tag erhielt die Wehr ein neues Tanklöschfahrzeug 16/25 und damit wurde aus der Ortswehr eine überörtliche Stützpunktfeuerwehr. Ab diesem Zeitpunkt stiegen die Einsätze sprunghaft an.

Nach Erhalt eines hydraulischen Rettungssatzes im Jahre 1979, untergebracht in einem VW-Bus, musste ein akuter Platzmangel festgestellt werden. Die Unterbringung der Einsatzfahrzeuge erfolgte getrennt und in privaten Garagen. Der Neubau eines Gerätehauses war dringend geboten.

Nach erfolgter Gemeindegebietsreform oblag die kommunale Aufgabe des Brand- und Katastrophenschutzes der Stadt Pegnitz. Die Stadt Pegnitz stellte sich dieser Aufgabe und so konnte im Jahre 1985 der Grundstein für ein neues Gerätehaus gelegt werden. Obwohl sich die Trockauer Feuerwehrleute mit einer enormen Eigenleistung beteiligten, mussten noch 750.000,00 DM an Finanzmitteln aufgebracht werden. Die feierliche Übergabe fand im Rahmen des 4. Tages der Feuerwehren der Stadt Pegnitz im Juni 1986 statt.

Abbildung 19:
Ein schwerer Autounfall auf der Staatsstraße zwischen Muthmannsreuth und Spänfleck.

1988 erfolgte eine Ersatzbeschaffung für das Tragkraftspritzenfahrzeug und 1991 erhielt die Wehr ein neues Löschgruppenfahrzeug.

Mit zunehmender Ausweitung der Ausrüstung hat natürlich auch die Belastung der Löschtruppe erheblich zugenommen. Grund hierfür war die enorme Verkehrszunahme auf der Bundesautobahn A 9 infolge der Grenzöffnung und Wiedervereinigung unseres Vaterlandes.

Um die zunehmenden Aufgaben zu bewältigen, wurde die Wehr 1993 mit einem neuen Mehrzweckfahrzeug und 1996 mit einem gebrauchten Rüstwagen ausgestattet.

Die notwendigen Fahrzeug- und Gerätebeschaffungen in den zurückliegenden Jahren brachten mit sich, dass die Stellflächen im Gerätehaus nicht mehr ausreichten. Der in den Jahren 2000/2001 errichtete Anbau mit zwei Stellplätzen und dazugehörigen Nebenräumen hat eine wesentliche Verbesserung gebracht und die Arbeit der Wehrmänner erleichtert.

Der Feuerwehrverein Trockau unterstützte hierbei die Bauarbeiten und machte den Ausbau des Dachgeschosses fast ausschließlich in Eigenregie.

2001 erhielt die Trockauer Wehr ein neues Tanklöschfahrzeug 16/25 sowie als eine der ersten Feuerwehren im Landkreis Bayreuth eine Druckluft-Schaum-Löschanlage.

Derzeit verfügt die Wehr über sechs Feuerwehrfahrzeuge unterschiedlichster Art sowie über einen Pulverlöschanhänger.

„Mögen auch in Zukunft viele junge Kameraden bei der Feuerwehr ihre Interessen gewahrt sehen, indem sie den Dienst für in Not geratene Mitmenschen als wichtige notwendige und interessante Aufgabe betrachten." (Festschrift der Feuerwehr Trockau von 1993)

Feuerwehren
Hilfsorganisationen
Stadtkrankenhaus

Weitere Feuerwehren im Stadtgebiet Pegnitz

Im Zuge der Gemeindegebietsreform wurden in den siebziger Jahren viele selbstständige Gemeinden aufgelöst und größeren Gebietskörperschaften zugeordnet. Davon nicht betroffen waren jedoch die örtlichen Feuerwehren. Für eine wirkungsvolle Brandbekämpfung und im Bereich der technischen Hilfeleistung werden auch heute noch kleine Ortswehren benötigt. Sie sind in ihrem Schutzbereich bzw. Ort rasch zur Stelle und können bis zum Eintreffen der Nachbar- sowie der Stützpunktwehren vorrangige Ersthilfe leisten.

Eine Aufzählung aller Einsätze in der Kernstadt und den Ortsteilen würde den vorgegebenen Rahmen sprengen. Zwei Schadensereignisse sollten hier doch genannt werden. Zum Ende des Zweiten Weltkrieges wurde die Ortschaft Troschenreuth durch die Amerikaner beschossen. Der Beschuss in mehr oder weniger großen Intervallen dauerte vom 15. bis zum 19. April 1945. Nachdem am Vortag ein Haus den Flammen zum Opfer fiel, wurden bei einem Generalangriff am 19. April neben der Kirche, dem Pfarrhaus und der Schule weitere 11 Häuser sowie 21 Scheunen zerstört oder brannten ab.

Gerade die älteren Bürger von Leups werden sich immer noch mit Schrecken an den Großbrand am 3. Mai 1952 erinnern. Nach einem Blitzeinschlag waren fast die Gebäudlichkeiten der halben Ortschaft eingeäschert und vernichtet worden.

Neben den beiden Stützpunktwehren Pegnitz und Trockau bestehen im Stadtgebiet Pegnitz noch weitere 16 Freiwillige Feuerwehren. Ohne eine Wertung nach Stärke und Ausrüstung vorzunehmen, sind dies in alphabetischer Reihenfolge

Abbildung 20:
Die Männer der Feuerwehr Hainbronn um 1913. Der Herr mit dem Bart ist der Schulmeister Hedler. Er war vermutlich Vorstand. Rechts neben ihm, der Feuerwehrmann mit dem Buschen auf dem Helm ist der Kommandant, vermutlich Johann Raum. Die alte Feuerwehrlöschmaschine von 1893 ist noch voll funktionsfähig und hat heute einen Ehrenplatz im Feuerwehrhaus.

Feuerwehr	Gründungsjahr
Bodendorf	1883
Bronn	1878
Buchau	1868
Büchenbach	1875
Hainbronn	1876
Kaltenthal	1899
Körbeldorf	1899
Langenreuth	1892
Leups	1895
Neudorf	1878
Penzenreuth	1879
Stemmenreuth	1906
Troschenreuth	1871
Willenberg	1913
Willenreuth	1907
Zips	1882

Damit ist Buchau der zweitälteste und Willenberg der jüngste Feuerwehrverein im Stadtgebiet Pegnitz.

Bei dieser Aufzählung soll auch nicht die Werksfeuerwehr der KSB AG vergessen werden, die im Jahr 1946 gegründet worden ist. In all den Jahren bestand eine gute Zusammenarbeit sowie ein kameradschaftliches Verhältnis mit den anderen Feuerwehren.

In den 18 Freiwilligen Feuerwehren der Stadt Pegnitz und in der KSB AG-Werkswehr leisten derzeit 649 Wehrfrauen/-männer und 68 Feuerwehranwärter/innen ehrenamtlich aktiven Dienst. Für die unterschiedlichsten Einsätze stehen den Wehren 30 Fahrzeuge und 11 Anhänger zur Verfügung.

Abbildung 21:
Überreste der Pfarrkirche St. Martin in Troschenreuth nach dem Bombenangriff im Jahre 1945.

Feuerwehren Hilfsorganisationen Stadtkrankenhaus

Bayerisches Rotes Kreuz – Bereitschaft Pegnitz

Die Schlacht bei Solferino im Jahr 1859 gilt allgemein als Geburtsstunde des Roten Kreuzes. 1862 forderte Henry Dunant die völkerrechtliche Anerkennung von Hilfsleistungen für Verwundete im Krieg. Schon 1863 gründeten 5 Genfer Bürger auf der ersten internationalen Rotkreuz-Konferenz das Int. Komitee vom Roten Kreuz (IKRK). Ein Jahr später beschlossen 13 Staaten – Bayern trat 1868 bei – die 1. Genfer Konvention. Bald nach seiner Entstehung wurden die Ziele des Roten Kreuzes weiter gesteckt als ursprünglich vorgesehen. Nicht nur in Kriegszeiten, sondern auch im Frieden sollte es den Menschen humanitäre Hilfe bringen: Fürsorge für Gebrechliche, Alte und Jugendliche. Hilfe bei Naturkatastrophen, im Kampf gegen Krankheiten und bei der Rettung aus allgemeinen Gefahren.

Auch in Deutschland entstanden ab 1863 Vereinigungen, deren Tätigkeit auf dem Rotkreuz-Gedanken beruhte. Sechs Jahre später schlossen sich diese Landesvereine zu einer Gesamtorganisation zusammen. Aus dieser Gesamtorganisation entstand am 25. Januar 1921 das Deutsche Rote Kreuz.

Am 1. Juni 1928 gründeten 17 Pegnitzer Bürger die BRK-Bereitschaft Pegnitz. Die erste Ausbildungsarbeit wurde durch den Bezirksamtmann Kniebitz und Bezirksarzt Dr. Kolb gefördert.

Bei dem über Oberfranken hinaus bekannten, sehr staubigen Zipserberg-Rennen wurde zum ersten Mal der Ernstfall Realität. Ein Verletzter mit Schädelbruch wurde in einen Transportwagen, zu vergleichen mit einem großen Kinderwagen mit Verdeck und Gardinen, verladen und zum Bahnhof geschoben und von dort mit dem Gepäckwagen und Begleitung nach Nürnberg transportiert.

Unterlagen über die Gründungsjahre und die Einsätze in den Kriegsjahren liegen nicht mehr vor, da diese bei einem Brand der Sanitätskolonnen-Baracke im KSB-Gelände dem Feuer zum Opfer fielen.

Bereits am 22. Mai 1945 beauftragte die Amerikanische Besatzungsbehörde den Münchner Oberbürgermeister Dr. Scharnagl, den Neuaufbau des Bayerischen Roten Kreuzes in die Wege zu leiten. Am 27. Juli 1945 verlieh Bayerns Ministerpräsident Schäffer dem BRK die Anerkennung als Körperschaft des öffentlichen Rechts. Adalbert Prinz von Bayern wurde erster Präsident.

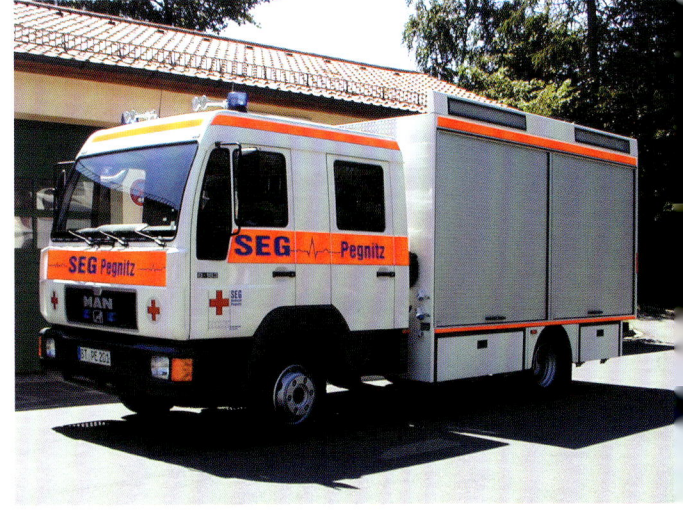

Abbildung 22:
Ein Einsatzfahrzeug des Bayerischen Roten Kreuzes in Pegnitz.

Im Jahr 1946 wurde nach den Aufbaujahren der Kolonne der zweirädrige Transportwagen durch einen motorisierten Sanka ersetzt.

Die Sanitätskolonne war nach den Kriegsjahren im Gebäude der Firma Vollmann (Baugeschäft) in der Heinrich-Bauer-Straße ansässig. Ausbildungs- und Übungsabende fanden im Gasthof „Weißes Roß" statt, die durch den erfahrenen Bezirksarzt Dr. Kolb geleitet wurden. Mitte der fünfziger Jahre stand der Umzug in das neu gebaute BRK-Gebäude in der Beethovenstraße an.

Bis heute sind die Abteilungen Rettungsdienst, Bereitschaft Pegnitz, Wasserwacht, Sozialdienst und Jugendrotkreuz in dem Gebäude untergebracht.

1956 entwickelte sich der Sozialdienst der Bereitschaft Pegnitz, in dem sich bis heute 25 Damen und Herren engagieren. Deren Aufgaben liegen im Basteln für die Oster- und Weihnachtsbasare, Verpflegung bei den Blutspendediensten und Unterstützungen bei sonstigen Veranstaltungen. Der erste Blutspendetermin in Pegnitz fand am 12. April 1966 statt.

Die Mitgliederzahl der Bereitschaft Pegnitz wuchs ständig. Zum Ende des Jahres 2003 ist der Mitgliederstand bei 142 Mitgliedern (einschl. Sozialdienst), wobei ca. 50 Frauen und Männer im aktiven Dienst tätig sind.

Zur Jahrtausendwende konnte der überalterte Fuhrpark durch die Großzügigkeit der Pegnitzer Bevölkerung verbessert und ergänzt werden.

An besonderen Einsätze waren 1971 der Hubschrauberabsturz auf der Fischlhöhe sowie das Zugunglück zwischen Pegnitz und Zips mit zwei Toten und einem Ver-

Abbildung 23:
Die Helfer des BRK Pegnitz.

Feuerwehren
Hilfsorganisationen
Stadtkrankenhaus

letzten, 1989 Großeinsatz (Betreuungsdienst) im Rahmen der Wiedervereinigung und 2002 bei der Hochwasserkatastrophe in Dresden/Pirna.
Hier wurde das Fahrzeug der schnellen Einsatzgruppe zum ersten Mal über die bayerischen Grenzen hinaus eingesetzt.

Arbeiter-Samariter-Bund

Im Jahr 1888 haben sechs Berliner Zimmerleute die Initiative ergriffen und gegen viele Widerstände den ersten „Lehrkursus über die Erste-Hilfe bei Unglücksfällen" durchgesetzt. Sie sind nicht nur die Gründerväter des heutigen ASB, sondern haben auch der Notfallrettung in Deutschland wesentliche Impulse gegeben. Außer der Notfallrettung und der Durchführung von Sanitätsdiensten setzen sich die Samariter auch in der Sozialarbeit ein.

Von den Nazis wurde 1933 der ASB verboten und so mussten sich alle 1800 Kolonnen auflösen. Erst nach dem Zweiten Weltkrieg konnte sich der ASB zu einer großen Hilfs- und Wohlfahrtsorganisation entwickeln.

In der Versammlung am 25. Februar 1966 wurde im Nebenzimmer der Ratsstube die „Kolonne Pegnitz des Arbeiter-Samariter-Bund Deutschland e. V." gegründet.

Mit einem von der Hauptorganisation überlassenen Sanitätsfahrzeug konnten bis 1974 auch Krankentransporte gefahren werden.
Die Einstellung dieser Transporte erfolgte nach einer gesetzlichen Änderung der Rettungsdienste.

Neben privaten Räumlichkeiten diente in der Anfangszeit ein Raum im Alten Schloss zur Unterbringung der Verbands- und sonstigen Materialien. Die Erste-Hilfe-Kurse fanden im Nebenzimmer des Goldenen Stern oder die Kurse über „Sofortmaßnahmen am Unfallort" in Fahrschulen und in Ortschaften des ehemaligen Landkreises Pegnitz statt. Erst mit der Überlassung weiterer Räume konnten die Ausbildung und Kurse im Alten Schloss abgehalten werden.
Eine besondere Aktion stellte die Organisation und die Durchführung der Polenhilfe Anfang der achtziger Jahre dar. Nach einer nicht einfachen Sammlung von Geld- und Sachspenden mussten diese in einer beschwerlichen mehrtägigen Fahrt mit LKW nach Polen gebracht werden.
Über mehrere Jahrzehnte betreute man im Sanitätsdienst viele Sportveranstaltungen und Festlichkeiten.
Zurzeit leisten im Arbeiter-Samariter-Bund Pegnitz um die 20 Mitglieder aktiven Dienst. Ihre Aufgaben bestehen vorrangig im Aus- und Fortbildungsbereich sowie in der Seniorenhilfe.
Seit Anfang des Jahres 2004 können Räumlichkeiten des Bürgerzentrums für die Abhaltung von Erste-Hilfe-Kursen und für die Unterbringung von Betriebsmitteln genutzt werden.

Abbildungen 24/25:
Übung des ASB Pegnitz im Klumpertal mit Verletztenbetreuung und Versorgung der Einsatzkräfte.

Malteser-Hilfsdienst

In der zweiten Hälfte des 11. Jahrhunderts entstand unter der Leitung von Bruder Gerhard in Jerusalem neben einer Kirche ein Hospiz zur Pflege der Pilger, gestiftet wahrscheinlich durch Kaufleute aus Amalfi. Bereits 1099 schlossen sich nach der Eroberung Jerusalems viele Kreuzritter der Bruderschaft an und leiteten damit die Entwicklung zu einem Ritterorden ein. Sie werden „Hospitaliter" oder „Johanniter" genannt.
Papst Paschalis I. unterstellt 1113 den Orden dem besonderen Schutz des Papstes. Großmeister Raimund de Puy verfasst mit dem Generalkapitel eine erste schriftliche Regel, in der die Kranken als die „Herren Kranken" bezeichnet werden. Nach

Feuerwehren Hilfsorganisationen Stadtkrankenhaus

der Vertreibung durch die Türken findet der Orden 1302 für 200 Jahre Zuflucht auf der Insel Rhodos und wird völkerrechtlich souverän.

Nach dem Verlust von Rhodos überließ Kaiser Karl V. dem Orden die Insel Malta. Die Ritter nennen sich nunmehr „Malteser". Es folgte die Blüte des Ordens mit Errichtung von Hospitälern und einer Anatomischen Schule als Ausbildungsstätte für Ärzte, Apotheker und Pflegepersonal. 1769 gründete Großmeister Manuel Pinto die Universität von Malta. Die bereits bestehenden Schulen für Anatomie und Pharmakologie wurden angeschlossen. 1798 zwang Napoleon Bonaparte die Malteser zum Verlassen der Insel Malta.

Rom wurde der neue Sitz des Ordens und blieb es bis heute. Trotz Verlust des Staatsgebietes blieb der Orden souverän. Er hat heute zu 81 Staaten diplomatische Beziehungen und unterhält Vertretungen bei 9 internationalen Organisationen.

1859 erfolgte die Gründung von nationalen Assoziationen. Heute gibt es neben 6 Prioraten und Großprioraten weltweit 42 nationale Vereinigungen. Noch heute werden die höchsten Funktionen nur von Adeligen besetzt.

Die Malteser leisten in der Folgezeit Lazarettdienste bei verschiedenen Kriegen und gründen Krankenhäuser in ganz Deutschland. Während des Zweiten Weltkrieges schließt sich der Orden der Neutralität des Vatikans an, das nationalsozialistische Regime verbietet die Schwesternschaft.

1953 wird der Malteser-Hilfsdienst e. V. auf Anregung des damaligen Bundeskanzlers Konrad Adenauer in Zusammenarbeit mit dem Deutschen Caritasverband gegründet. 1966 erfolgte die Wiedergründung der Malteser-Schwesternschaft.

Als Hilfsorganisation sind die Malteser in der Ausbildung, Betreuung und Versorgung ihrer Mitmenschen tätig. Sie leisten ihren Dienst im Rettungs- und Behindertenfahrdienst, im Pflege- und Mahlzeitendienst, unterhalten Krankenhäuser und engagieren sich in der Hospizarbeit. Die Ausbildung zur Schwesternhelferin und in „Erster Hilfe" ist eine weitere Aufgabe der Malteser, ebenso wie die Auslandshilfe in den Krisengebieten der Welt.

Das Zeichen der Malteser ist ein weißes 8-spitziges Kreuz auf rotem Grund in Wappenform. Die acht Spitzen symbolisieren die acht Seligpreisungen der Bergpredigt. Die Wappenform bedeutet, für den Glauben mit friedlichen Mitteln einzutreten, gemäß dem Leitsatz der Malteser: „Wahrung des Glaubens und Hilfe den Bedürftigen".

1993 gründen die Malteser einen Behindertenfahrdienst in Pegnitz. Der Initiator Michael Herold ist der erste Ortsbeauftragte. Ein gebrauchter Ford Transit wird behindertengerecht umgebaut und bringt Kranke und Behinderte zu Ärzten oder privaten Festen.

Der Fahrdienst entwickelt sich kontinuierlich weiter, so dass in der Rosengasse 39 Dienststellenräume angemietet werden. Der Fuhrpark umfasst vier behindertengerecht umgebaute Fahrzeuge, die im Linien- und Individualverkehr eingesetzt werden. Ein hauptamtlicher Mitarbeiter, drei Zivis und einige Ehrenamtliche leisten zusammen mit der Ortsbeauftragten ihren verantwortungsvollen Dienst. Neben dem Behindertenfahrdienst, mit Kranken-, Bestrahlungs- und Dialysefahrten bieten die Malteser seit ihrer Gründung in Pegnitz die Ausbildung zur Schwesternhelferin an. Die Breitenausbildung in „Erster Hilfe" ist seit 1998 ein weiteres Standbein, die auch die Schulung von z. B. Personal in Heimen und Sozialstationen einschließt und gerne und regelmäßig angenommen wird.

Technisches Hilfswerk, Ortsverband Pegnitz

Am 22. August 1950 wurde der Leiter der Technischen Nothilfe vom damaligen Bundesinnenminister mit der Gründung einer zivilen, gemeinnützigen technischen Hilfsorganisation beauftragt. In den Folgejahren wurde im Bundesgebiet eine Vielzahl an Ortsverbänden gegründet und es entstanden die hauptamtlich geführten Landesverbände. Den Status einer nicht rechtsfähigen Bundesanstalt erhielt das Technische Hilfswerk im Jahr 1953.

Die Entwicklung machte auch in Pegnitz nicht Halt und so erfolgte am 7. Septem-

Abbildung 26:
Im Rahmen des 10-jährigen Bestehens der Pegnitzer Malteser 2003 wurden ein behindertengerecht umgebautes Fahrzeug sowie die neu restaurierte Diözesanfahne geweiht.

Abbildung 27:
Selbst Treppen sind für den Rollstuhlfahrer kein Problem, sie werden mit Hilfe der Malteser sicher überwunden.

Abbildung 28:
THW beim Hochwassereinsatz.

ber 1962 die Gründung des Ortsverbandes Pegnitz. Als erste Unterkunft diente der Steiner'sche Kohlenschuppen auf dem jetzigen Gelände der BayWa in der Badstraße.

Für das Technische Hilfswerk war der 9. Juli 1968 ein wichtiges Datum. Denn mit dem In-Kraft-Treten des „Gesetzes über die Erweiterung des Katastrophenschutzes" wurde das THW auch formell ein Teil des Zivilschutzes. Damit steht das THW als öffentliche Einrichtung zusammen mit den Feuerwehren und den Sanitätsorganisationen für Zwecke des Katastrophenschutzes zur Verfügung. Dem Technischen Hilfswerk wurden insbesondere folgende Aufgaben übertragen:

Leistung technischer Hilfe bei größeren Unglücksfällen und Katastrophen,
Leistung technischer Dienste im Rahmen des Gesetzes über die Erweiterung des Katastrophenschutzes (insbesondere Bergen und Instandsetzung),
Leistung technischer Hilfe im Ausland.

Das THW hat einen strukturellen Vorteil in die Wiege gelegt bekommen. Es ist bundesweit einheitlich organisiert und dadurch verhallt der Ruf nach Verstärkung durch das THW nicht an Kommunal- oder Ländergrenzen. Gleichzeitig kann der nächstgelegene Ortsverband sowohl schnell mit ersten Einsatzkräften Hilfe leisten als auch Spezialausstattung und Verstärkungskräfte überörtlich heranführen.

Strukturen und Aufgaben des THW sind so geregelt, dass die Feuerwehren die tragende Kraft in der friedensmäßigen Gefahrenabwehr in Deutschland bleiben. Das THW kann in diesem Aufgabenbereich nur ergänzend auf Anforderung der für die Gefahrenabwehr zuständigen Stellen der Kommunen und Länder herangezogen werden. Dies ist der Fall, wenn personelle oder sachliche Unterstützung oder spezielle Fachkunde und Ausstattung gebraucht werden.

Mit dem Umzug in ein Gebäude der ehemaligen Eisensteinzeche „Kleiner Johannes" im Jahr 1970 wurde die Unterbringung für Mannschaft, Fahrzeuge und Gerätschaft gegenüber der bisherigen Unterkunft wesentlich verbessert. Auch das Umfeld konnte teilweise für Übungszwecke genutzt werden.

Neben den regelmäßigen Einsätzen auf der Bundesautobahn A 9 mit Stauabsicherung und Unterstützung der Feuerwehren mussten in den zurückliegenden Jahren auch größere und besondere Schadensereignisse bewältigt werden. Dies waren die Bergung einer Person aus den Eislöchern im Veldensteiner Forst,

1971 der Hubschrauberabsturz auf der Fischlhöhe sowie das Eisenbahnunglück zwischen Pegnitz und Zips,
1976 der Waldbrand im Veldensteiner Forst,
1989 der Besucheransturm bei der Grenzöffnung,
1990 der Orkan Wibke mit großen Schäden an Gebäuden und Waldbeständen,
1992 die Unwetterkatastrophe in Waischenfeld,
1999/2000 die Sturmschäden in Frankreich,
2001/2002 das Schneechaos auf der Bundesautobahn sowie
2002 das Hochwasser der Elbe und der Nebenflüsse.

In der Ortsgruppe leisten derzeit 41 Helfer und 31 Junghelfer freiwillig und ehrenamtlich ihren Dienst. Insgesamt sechs Fahrzeuge, eine Lichtgiraffe, eine Feldküche und drei Anhänger dienen den unterschiedlichen Einsatzzwecken.

Ein besonderer Wunsch der Ortsgruppe ging mit der Übergabe der neuen Unterkunft am 25. September 2004 in Erfüllung.

Abbildung 29:
Die neue Unterkunft des THW Pegnitz bei ihrer Einweihung.

Literatur

Die Feuerwehren Bayerns 1868 – 1996, LandesFeuerwehrVerband Bayern e.V.

Heinrich Bauer, Geschichte der Stadt Pegnitz und des Pegnitzer Bezirks, Zweite Auflage, 1938

Festschrift der Feuerwehr Pegnitz von 1991

Festschrift des Feuerwehrvereins Trockau

Aufzeichnungen und Berichte der jeweiligen Hilfsorganisation

**Feuerwehren
Hilfsorganisationen
Stadtkrankenhaus**

Manfred Peer
2. Geschichte des Stadtkrankenhauses

In alten Zeiten – vor 1800 – hatte Pegnitz nur ein an der Ecke zwischen der Buchauer und der Zipser Straße gelegenes „Siechenhaus".

1839 kaufte die Stadt das ungefähr 200 m östlich vom oberen Tor gelegene Haus eines Waffenmeisters samt Keller und Garten und verwendete es als „Armen- und Krankenhaus". 1875 fiel dieses Bauwerk dem Eisenbahnbau zum Opfer.

1868 wurde das Schlosswirtsanwesen oder ehemalige Oberamtshaus Nr. 5 in der Altenstadt (bis Ende 2003 Stadtbücherei in der Schloßstraße) von der Stadt angekauft und 1869 zum Krankenhaus umgerüstet.

1950 wurde dieses Gebäude gründlich saniert und den damaligen Hygienestandards angepasst. Bis zu diesem Zeitpunkt gab es weder ein WC noch einen Operationssaal. Das Jahr 1950 brachte eine Ofenheizung, zwei Operationsräume im ersten Stock und richtige Wasserspülung für die Toiletten.

Parallel zum Städtischen Krankenhaus bestand für kurze Zeit nach 1946 noch ein Notkrankenhaus am Brunnberg, das in einer Baracke untergebracht war, die die Amerikaner den Pegnitzern geschenkt hatten. Diese Behelfseinrichtung wurde vom Landkreis Pegnitz und nicht von der Stadt betrieben.

Als jedoch das modernisierte Städtische Krankenhaus an der Schloßstraße nach längerer Durststrecke „richtig" angenommen wurde, war es auch schon wieder zu klein. Die technischen Einrichtungen waren zwar modern, der septische und aseptische Operationssaal erst im Jahre 1954 neu eingerichtet und umgestaltet worden, aber es entsprach mit nur 29 Betten nicht mehr den damaligen Anforderungen. So dachte man zunächst daran, das vorhandene Haus zu modernisieren und einen Bettenbau zur Erweiterung der Kapazität anzuschließen. Dabei wurde für ein in der Stadt Pegnitz liegendes Krankenhaus eine maximale Anzahl von 125 Betten ins Auge gefasst.

Nach langen Überlegungen und Planungen kam man zu dem Ergebnis, dass der geplante Erweiterungsbau am Altbau in der Schloßstraße nicht realisiert werden sollte. Der Stadtrat rang sich zu einem Neubau am Südhang des Schloßberges (Langer Berg) durch. Die Gesamtplanung sah damals ein Krankenhaus mit 250 Betten vor, nachdem es sich um das einzige Krankenhaus im Landkreis Pegnitz mit entsprechend großem Einzugsgebiet handelte. Seit Jahren war es äußerst schwierig, die in der Industriestadt Pegnitz häufig auftretenden Unfälle an Ort und Stelle zu behandeln. Sehr häufig mussten dringliche Fälle in die Krankenhäuser in Bayreuth, Erlangen und Nürnberg eingewiesen werden.

Nach langwierigen Verhandlungen, die sich über Jahre erstreckten, wurde ein Bettenhaus mit 117 Betten, ein Operationstrakt und ein Pförtnerhaus geplant und genehmigt.

Das neue Krankenhaus wurde 1961 in Betrieb genommen und erfüll-

Abbildung 30:
Ein etwas unglückliches Schicksal erlebte das „Altstädter Schloss", das bis 1744 der Amtssitz des markgräflichen Pflegers nach der Zerstörung der Burg Böheimstein (1553) war. Das Gebäude selbst stammt aus der zweiten Hälfte des 16. Jahrhunderts und fand erst wieder eine angemessene Bestimmung, als es von 1868 bis 1960 Städtisches Krankenhaus sein konnte. In dem schlichten Nebengebäude, der „Strickerstube", kam die Stadt ihren Verpflichtungen den Armen gegenüber nach.

Abbildung 31:
Eingangsbereich des Stadtkrankenhauses 1961–1990.

Abbildung 32:
Luftblick auf das Stadtkrankenhaus, August 2004.

Feuerwehren
Hilfsorganisationen
Stadtkrankenhaus

Abbildung 33:
Ärztlicher Direktor, Chefarzt Dr. Friedrich Trump, Endoskopie.

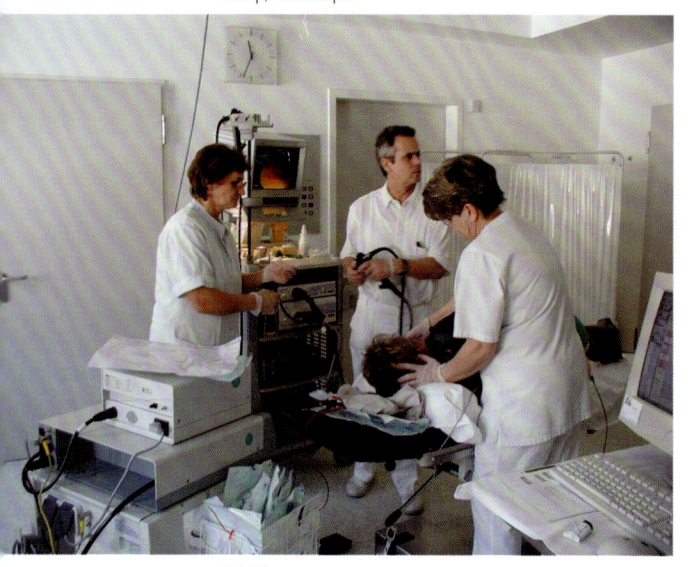

Abbildung 34:
Chefarzt Dr. Werner Hauer, Handchirurgie.

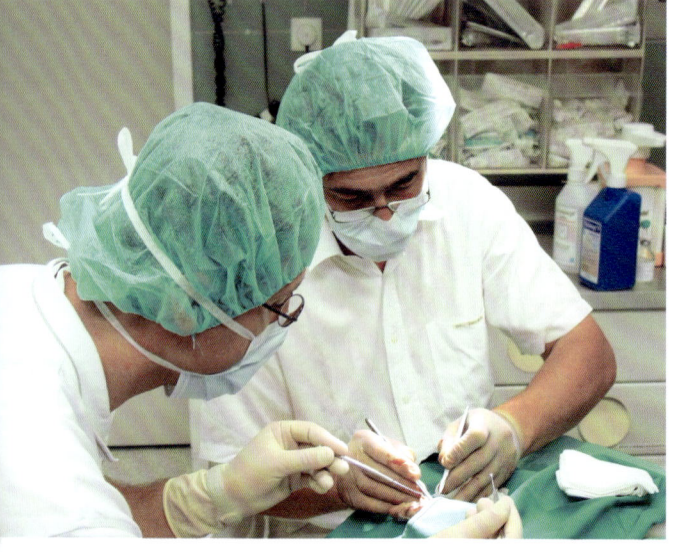

Abbildung 35:
Oberarzt Dr. Arno Macht, Herz-Ultraschall.

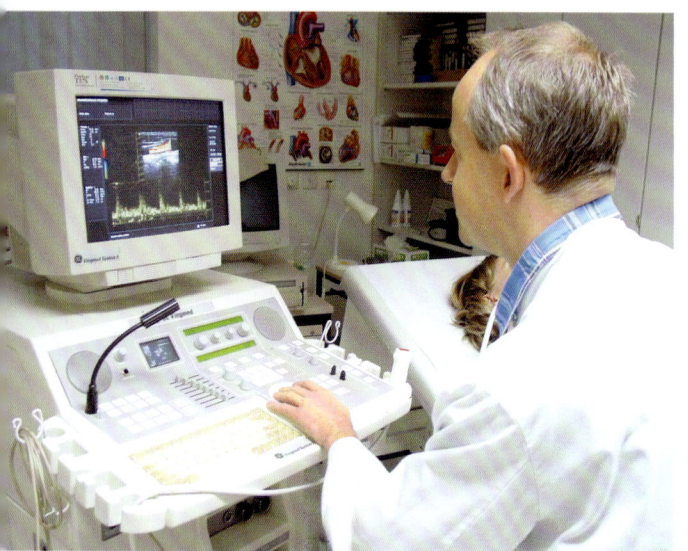

te im folgenden Jahrzehnt seinen Zweck, entsprach aber in hygienischer und technischer Sicht schon Ende der 70er Jahre nicht mehr den Vorschriften und den damaligen Standards. Insbesondere für die Operationsräume waren bauliche Verbesserungen dringend erforderlich. Mit einer punktuellen Sanierung war wenig geholfen, und Verbesserungen waren nur durch einen Anbau und großzügige bauliche Veränderungen zu erreichen.

Der 1982 neu gewählte Erste Bürgermeister der Stadt Pegnitz, Manfred Thümmler, erklärte die „Sanierung des Stadtkrankenhauses" zur Chefsache. Das Haus musste dringend einer Generalsanierung zum Neubaustatus mit einhergehender Erweiterung sowie entsprechender moderner Medizingeräteausstattung zugeführt werden. Als Erstes führte er eine Verwaltungsreform durch, die mit der Gründung eines „Selbstständigen Kommunalunternehmens" im Jahr 1997 ihren vorläufigen Abschluss fand.

Dem Regierungsbescheid vom 17. Januar 1985 zufolge konnte mit der Aufnahme des Projektes Pegnitz in das Jahreskrankenhausprogramm 1988 gerechnet werden. Erster Bürgermeister Manfred Thümmler entschied sich spontan für die Pflegebau-Erweiterung und, wenn möglich, gleich für die Sanierung des Bestandes, darauf sollten Verbindungsbau und Operationstrakt folgen. Das bayerische Sozialministerium unterstützte diese Reihenfolge.

Das Ministerium stellte die Wirtschaftlichkeit für das von der Regierung von Oberfranken positiv beurteilte Projekt fest. Mit Schreiben vom 5. September 1986 wurde die Stadt über den Beschluss unterrichtet, wonach die Sanierung des Städtischen Krankenhauses Pegnitz für eine Aufnahme in das Jahreskrankenhausprogramm 1990 verbindlich vorweg festgelegt worden war.

Bei der seinerzeitigen Zuschussgewährung durch den Landkreis Bayreuth hat der Kreistag in der Sitzung am 10. Januar 1991 seine immerwährende Mitverantwortung für den Bestand des Stadtkrankenhauses Pegnitz nach der Vorgabe von Landrat Dr. Klaus-Günter Dietel wie folgt postuliert: „Das Haus in Pegnitz ist für die Grundversorgung unserer Bevölkerung, insbesondere aus dem südlichen Teil des Landkreises, wichtig. Da somit auch Aufgaben erfüllt werden, die über den Gemeindebereich von Pegnitz hinausgehen, sollte sich der Landkreis an den Investitionskosten beteiligen."

Nach Vorlage aller Genehmigungen und Zusagen erfolgte endlich am 12. März 1990 der Spatenstich für den I. Bauabschnitt. Am 6. Juli 1991 konnte mit Frau Staatsministerin Barbara Stamm Richtfest gefeiert werden. Nach nur drei Jahren Bauzeit fand am 29. August 1994 die Übergabe des Neubautraktes statt.

Der folgende Bauabschnitt II setzte sich aus drei Bauphasen zusammen: Der Komplett-Umzug in den Neubau, der Umbau des Pflegebettentraktes sowie der Neubau der Interdisziplinären Wachstation. Der Umzug konnte bereits im Januar 1998 abgeschlossen werden. Wenige Wochen später folgte der offizielle Baubeginn der 2. und 3. Bauphase mit dem symbolischen Spatenstich am 2. Februar 1998.

Spatenstich für den Parkplatz, den Bauabschnitt III, war am 9. Mai 2000. Der Parkplatz liegt im Südosten des Krankenhausareals. Nach Fertigstellung der Anlage im April 2001 stehen rund 170 Stellplätze zur Verfügung, womit das leidige Parkplatz-Problem auf Dauer gelöst wurde.

Am 1. August 2001 wurde mit einer Einweihungsfeier das Projekt „Krankenhaus-Sanierung" vorläufig abgeschlossen.

Die Entwicklung des Hauses war damit nicht beendet. So konnte im Juli 2002 in einem angegliederten Neubau ein Dialyse-Zentrum eröffnet, ein Jahr später ein Computer-Tomograph installiert werden.

**Feuerwehren
Hilfsorganisationen
Stadtkrankenhaus**

Seit August 2003 werden neurochirurgische Eingriffe, seit September 2004 Katarakt-Operationen (grauer Star) durch niedergelassene Fachärzte ermöglicht.
Das Stadtkrankenhaus Pegnitz ist ein modernes, personell und gerätetechnisch bestens ausgestattetes Krankenhaus, das die medizinische Grundversorgung der Bevölkerung auf Dauer sicherstellt, im dem es folgendes Leistungsspektrum anbietet:

Haupt-Fachabteilungen: Innere Medizin (50 Betten)
Chirurgie (45 Betten)

Belegabteilungen: Gynäkologie und Geburtshilfe (18 Betten)
Hals-, Nasen-, Ohrenheilkunde (4 Betten)
Allgemeinchirurgie (8 Betten)

Schwerpunkte: Innere Medizin: Gastroenterologie, Diabetologie, Kardiologie;
Chirurgie: Unfallchirurgie, plastische Chirurgie, Handchirurgie, Allgemeine Chirurgie; Visceralchirurgie, minimal-invasive Chirurgie;
Gynäkologie und Geburtshilfe;
Hals-, Nasen-, Ohrenheilkunde;
Interdisziplinäre Wachstation;
24-Stunden-Notfallambulanz;

Vom Landesverband Bayern und Sachsen der gewerblichen Berufsgenossenschaften zur Behandlung von Unfallopfern nach dem Verletzungsartenverfahren und im Durchgangsarztverfahren zugelassene Klinik.

Angegliederte Bereiche:
Anästhesiepraxis,
Praxis für radiologische Diagnostik,
Praxis für Chirurgie,
Dialyse-Zentrum,
Urologie,
Orthopädie,
Neurochirurgie,
Kataraktoperationen
(grauer Star)

Abbildung 36:
Eingangsbereich heute.

Abbildung 37:
Patientenzimmer.

Abbildung 39:
Junges Leben.

Abbildung 38:
Krankenhaus-Team, August 2004.

337

Bayerische Staatszeitung
und Bayerischer Staatsanzeiger

Heute mit „Der Staatsbürger"
B 1603 C

München, 8. Oktober 1971 — Nummer 40 / Einzelpreis 70 Pf

Statt 143 künftig 71 Landkreise
Beschlüsse der Staatsregierung nach dem Anhörverfahren

Nach der wichtigsten Phase der Gebietsreform, dem Anhörverfahren, hat sich der Ministerrat in einer 16 Stunden dauernden Sitzung eingehend mit den Äußerungen der Bezirke, Kreise und Gemeinden befaßt. Vor drei Wochen hatten die Beteiligten ihre Stellungnahmen beim Innenministerium abgeliefert. Jetzt sind die Folgerungen vom Kabinett gezogen worden.

Bisher wurde der Zeitplan eingehalten. Am 14. Januar hatte der Countdown begonnen. Noch in diesem Jahr kann das größte innere Reformwerk in der Landesgeschichte seit der Entwicklung der modernen bayerischen Staatswesens am Beginn des vorigen Jahrhunderts abgeschlossen werden.

Ausgewogener Vorschlag

Der Vorschlag, den die Staatsregierung jetzt erarbeitet hat, ist ausgewogen. Die durchschnittliche Einwohnerzahl der Landkreise wird sich von bisher 48 000 auf rund 100 000 verändern. Das ist nach allen praktischen Erkenntnissen und wissenschaftlichen Maßstäben die richtige Größe.

Die Kritiker schauen nach München und bemängeln, daß im Umland von München im ganzen wenig geändert wurde. Sicher war es richtig, in diesem Gebiet ursprünglich vorgesehene Änderungen, z. B. im Würmtal, das baulich zusammengewachsen eine gewisse Einheit bildet, wieder wegzulassen, solange eine größere Lösung mit Zusammenschlüssen von jeweils etwa zwei Landkreisen zu leistungsstärkeren Einheiten nicht möglich ist.

Mit den Entscheidungen im Umland der Landeshauptstadt eng zusammen hängt die jetzt beschlossene Aufteilung des Landkreises Wasserburg. Ganz zu Unrecht ist dieser schöne und gut verwaltete, aber als selbständige Einheit nach heutigen Maßstäben zu schwache Kreis in den Mittelpunkt der Spekulationen gerückt. Je nach Geschmack und Temperament war die Entscheidung vom 18. Mai, Wasserburg auf Kosten des Landkreises Rosenheim zu erhalten, mit Entrüstung oder mit verständnisvollem Augenzwinkern aufgenommen worden. Jetzt wird die Sache schon nüchterner gesehen und

Details zur Gebietsreform
Seite 6—8

man weiß, daß ein starker Landkreis Wasserburg anderen Zuschnittes, nicht auf Kosten des Landkreises Rosenheim, nicht so ohne Sinn und Funktion wäre, wie manche Kritiker mit der Parole „Wasserburg muß weg" meinen.

Diese Überlegungen zeigen die Schwierigkeit der Probleme. Sie zeigen aber auch, daß sich das Kabinett bei seinen Entscheidungen nur an den sachlichen Notwendigkeiten orientierte.

Die Gliederung des Gebietes um Ingolstadt in drei statt zwei Landkreise war als Alternative schon bei dem Entwurf vom 18. Mai vorgeschlagen. Sie hat neben einigen Gegnern sehr viele Befürworter gefunden.

Zustimmung in West-Mittelfranken

Allgemeine Zustimmung findet die Entscheidung in West-Mittelfranken für zwei große, leistungsstarke Kreise. In diese Richtung weisen dort auch überwiegend die Meinungsäußerungen im Anhörverfahren.

Auf einer Karte des Innenministeriums mit den Ergebnissen dieses Verfahrens signalisieren rote Punkte Ablehnung und grüne Zustimmung. Rot war es auf einem Landkreis im Osten von Unterfranken mit Ebern, Hofheim und Haßfurt wird dem Willen der Bürger dieses Gebietes besser entsprechen. Gleiches gilt auch für die Entscheidung, den Landkreis Kötzting ungeteilt im Landkreis Cham zu gliedern.

Schwierigkeiten bleiben an der Bezirksgrenze der Oberpfalz zu Oberfranken im Raum von Marktredwitz. Eine Zusammenfassung des Einzugsgebietes dieser Stadt in einer Verwaltungseinheit wäre nur über diese Grenze hinweg möglich. Ganz allgemein erweisen sich die Bezirksgrenzen als schwer zu überwindende Hindernisse.

Das Stadt-Umlandproblem ist mit der Kreisreform nicht gelöst. Innenminister Dr. Merk hat auch gleich zu Beginn der Reform erklärt, daß dies nicht möglich sein wird.

Besonderes Aufsehen erregt in diesem Zusammenhang die Eingliederung der Städte Neustadt a. d. Aisch und Günzburg, nach ihrem Umland ist, daß es nur einen großen Landkreis Augsburg geben kann.

Der Zusammenschluß der Kreise Nördlingen und Donauwörth in Schwaben-Dinkelsbühl kommt zum Großkreis Ansbach und bleibt also bei Mittelfranken — schließt die Liste der wichtigsten Änderungen.

Die Staatsregierung hat sich die Sache nicht leicht gemacht, sondern gründlich sich der Ministerrat noch einmal mit den Ergebnissen dieser Anhörung befassen, ehe der endgültige Text der Verordnung dem Landtag zugeleitet werden kann.

Die Abgeordneten werden alle Probleme sicher nicht minder gründlich beraten. Der Landtag unseres Nachbarlandes Baden-Württemberg hat gerade in der schwierigen Frage der Gebietsreform neue Maßstäbe für parlamentarische Arbeit ge-

sektoral spezialisierte Wirksamkeit jedoch deshalb übersehen wird, weil entscheidungsfähige Spitzengremien fehlen. Dies dürfte der Grund dafür sein, daß die produktiven Möglichkeiten der pluralistischen Organisationsstruktur nicht genutzt werden können und deren desintegrierenden Effekte zur Zeit zu dominieren scheinen."

Bayern aktuell

Landärzte

Arbeits- und Sozialminister Dr. Pirkl kündigte in München vor der Presse ein „Bayern-Programm zur Sicherstellung der ärztlichen Versorgung auf dem Lande" an. Jeweils zur Hälfte sollen die Ärzteversorgung und der Landesbodenkreditanstalt sollen Mediziner, die eine der rund 100 offenen Kassenarztsitze

In dieser Ausgabe:

Kommentare und Weltchronik . . S. 2
Brennerautobahn bis 1973 . . . . S. 3
Forschungsobjekt Großstadtluft . . S. 4
Nachrichten . . . . S. 5
Meisterschaft des Henry Moore . . S. 10
Wintersport in der Schweiz . . . S. 11
Weihnachts- und Silvesterreisen . . S. 12
Aktion gegen Ärztemangel . . . . S. 13
„Interboot" am Bodensee . . . . S. 14

Der dritte Nachfolger Adenauers

Wenn Barzel nun der dritte Nachfolger Adenauers ist, so ist er immer noch der, der, der Gelegenheit hatte, von diesem großen alten Mann zu lernen. Kurt Georg Kiesinger, der in Saarbrücken das oberste Parteiamt abgab, hatte sich noch darauf berufen, daß Adenauer ihm ans Sterbebett das Schicksal der Partei in die Hände gelegt habe. Aber eigentlich hat sich Kiesinger von Adenauer immer schlecht behandelt gefühlt. Der Vorwurf Barzels, derzeit bereitsteht, ins Kanzleramt einzuziehen. Adenauer, Erhard, Kiesinger sie alle haben es so gehalten, weil schon die Verantwortung des Kanzleramtes trugen.

Um die Geschlossenheit der Konzeption

Rainer Barzel will es ebenso halten, obwohl er nicht ein Regierungsamt innehat. Er hätte einen Nachteil darin gesehen, wenn die Führung der Bundestagsfrak- markiert zugleich die Eigenständigkeit der CSU in Bayern.

Heute, nach der Wahl Barzels zum Parteivorsitzenden der CDU, mögen die Mitarbeiter der Bundesgeschäftsstelle der Partei, Baumanns und Bergsdorff, noch einmal nachsinnen darüber, was sie eben für die Bundeszentrale für politische Bildung schrieben. Alle Parteien haben es heute schwer, Philosophen ihr Programm volksnah zu formulieren.

„Nach zwei Jahren Opposition bietet die Union das Bild einer komplexen Organisation mit einer Vielzahl autonomer Regierungsparteien, die Wahl des mit zum Vorsitzenden wählte, hat ihm Neider geschaffen.

Vielleicht ist Barzel kein politisches Genie. Er hat sich tastend vorwärts bewegt, erst langsam zur eigenen Sprache gefunden. Er gehört zu denen, die von Kennedy gelernt haben, politische Philosophie zu formulieren.

Manfred Richter

Gebietsreform in den Jahren 1972 – 1978

NACHRICHTEN AUS BAYREUTH
Samstag/Sonntag, 24./25. Juli 1971

Entscheidung in der Gebietsreform:
Stadt und Land werden größer
Staatsregierung legte ihre Pläne vor – Eingemeindung von Laineck und Oberkonnersreuth – Nachbarlandkreise Pegnitz, Ebermannstadt, Kemnath und Eschenbach werden aufgelöst

Die Würfel sind gefallen: Nach Monaten einer zum Teil hitzig geführten Diskussion um die Gebietsreform hat die Bayerische Staatsregierung jetzt ihren Entwurf zur Neugliederung der kreisfreien Städte und Landkreise vorgelegt. Nach diesen Plänen werden Laineck und Oberkonnersreuth in die Stadt eingemeindet. Der Landkreis Bayreuth, dessen Bevölkerung von rund 48 000 auf fast 94 000 Einwohner anwächst, soll beträchtlich erweitert werden. Zum neuen Landkreis gehören dann auch weite Teile des Pegnitzer Landes, ein Großteil der Fränkischen Schweiz mit dem Hollfelder Einzugsbereich, ein Randgebiet des Landkreises Kemnath mit dem Mittelpunkt Speichersdorf sowie eine kleinere Fläche des Landkreises Kulmbach. Die Auflösung der Landkreise Pegnitz, Eschenbach (nach Weiden), Kemnath (nach Tirschenreuth) und Ebermannstadt (nach Forchheim und Bamberg) ist nach den Plänen der bayerischen Staatsregierung perfekt.

Die detaillierten Pläne wurden in den letzten Tagen mit eingehenden Begründungen und Kartenmaterial allen Bezirken, Städten und Landkreisen zugestellt. Die Gebietskörperschaften werden nun bis Mitte September Gelegenheit haben, zu diesem Entwurf Stellung zu beziehen. Das Innenministerium will unter Berücksichtigung dieser Stellungnahmen und Vorschläge den Entwurf überarbeiten und ihn dem Ministerrat vorlegen.

● Ob die von der Auflösung bedrohten Landkreise allerdings im Rahmen des Anhörungsverfahrens noch ihren Bestand sichern können, erscheint nahezu ausgeschlossen.

Mit dem Entwurf des Innenministeriums dürfte die künftige Verwaltungseinteilung des Freistaates im wesentlichen festgelegt worden sein.

Landkreisgebiet bis Riegelstein

Für den neuen Groß-Landkreis Bayreuth steckt der Entwurf des Innenministeriums folgenden Rahmen ab: Der künftige Kreis umfaßt neben seiner bisherigen Fläche das Gebiet der Gemeinden Breitenlesau, Drosendorf an der Aufseß, Freienfels, Hochstahl, Hollfeld, Königsfeld, Krögelstein, Löhlitz, Nankendorf, Neuhaus, Plankenfels, Schönfeld, Stechendorf, Treppendorf, Waischenfeld, Weiher, Wiesentfels, Wohnsghaig und Wonsees aus dem bisherigen Landkreis Ebermannstadt.

Hinzu kommen die Gemeinden Penzenreuth und Troschenreuth aus dem bisherigen Landkreis Eschenbach.

Aus dem vom Innenministerium „gestrichenen" Landkreis Kemnath nimmt der Landkreis Bayreuth die Gemeinden Guttenthau, Haidenaab, Plössen, Ramlesreuth, Speichersdorf, Wirbenz und den Gemeindeteil Röslas von Mockersdorf auf.

Aus dem Landkreis Kulmbach „übersiedeln" Neustädtlein am Forst und Wasserknoden.

● Durch den Anschluß des größten Teils des Landkreises Pegnitz dehnt sich der Kreis Bayreuth in Zukunft bis Riegelstein nach Süden aus.

Aus dem Landkreis Bayreuth scheiden dagegen die Gemeinden Altdrossenfeld (nach Kulmbach) sowie Oberkonnersreuth und Laineck (künftig Stadtgebiet) aus. Der neue Großlandkreis Bayreuth umfaßt dann 146 Gemeinden und hat eine Fläche von 1262 Quadratkilometern. Die frühere Kreisstadt Pegnitz wird als Unterzentrum in dem Plan genannt, den Rang von Kleinzentren erhalten Bad Berneck, Bischofsgrün, Creußen, Fichtelberg, Hollfeld, Pottenstein, Warmensteinach, Speichersdorf, Waischenfeld und Weidenberg.

In dem Entwurf der Staatsregierung wird besonders auf die ausgeprägten verwaltungsmäßigen Verflechtungen des neuen Landkreises hingewiesen. Wegen ihrer „hohen Zentralität" komme als Sitz der Kreisverwaltung nur die Stadt Bayreuth in Frage. Weiter heißt es:

● „Die Erhaltung der Landkreise Ebermannstadt und Pegnitz erscheint nicht vertretbar. Beide Landkreise können weder für sich allein noch zusammen eine genügend leistungsstarke Einheit bilden."

„Erheblicher Flächenbedarf"

Die Bevölkerungszahl der Stadt Bayreuth soll nach dem Willen der Staatsregierung auf rund 66 000 Einwohner steigen. „Insbesondere wegen des Baues der Universität, aber auch

Aus dem Nordbayerischen Kurier vom 24./25. Juli 1971.

339

Gebietsreform 1972–1978

Der Landkreis Pegnitz

Entstehung der Landkreise

Im Jahre 1852 entstanden die mit körperschaftlichen Rechten ausgestatteten Distriktsgemeinden für jeden Landgerichtsbezirk. Die bayerischen Distriktsgemeinden als Vorläufer der heutigen Landkreise waren gleichwohl unmündig. In den wichtigsten Dingen standen sie unter staatlicher Bevormundung, sonst unter Staatsaufsicht. Vorsitzende des Distriktsrates und des Distriktsausschusses waren jeweils als reine Repräsentanten des Staates von 1852 bis 1862 der Landrichter und ab 1862 der königlich-bayerische Bezirksamtmann.

Erst das Selbstverwaltungsgesetz von 1919 hob diese Bevormundung auf. Den nunmehrigen Bezirken und späteren Landkreisen wurde als Körperschaft des öffentlichen Rechts das Recht der Selbstverwaltung nach Maßgabe der Gesetze eingeräumt. Den Staatsbehörden blieb nur die Rechtsaufsicht. Ein entsprechendes Wahlgesetz brachte außerdem die Wahl der Bezirksräte durch das Volk.

Die Landkreisordnung vom 18. Februar 1946 beinhaltete dann gegenüber der Bezirksordnung der Weimarer Republik die Neuerung, dass der Landrat zwar wie bisher Vorsitzender des Kreistages blieb, aber wieder den Vorsitz im Kreisausschuss übernahm und zugleich durch seine Wahl Vorsitzender des staatlichen Landratsamtes wurde. Der Landrat wird durch die neue Landkreisordnung vom 16. Februar 1952 vom Volk gewählt.

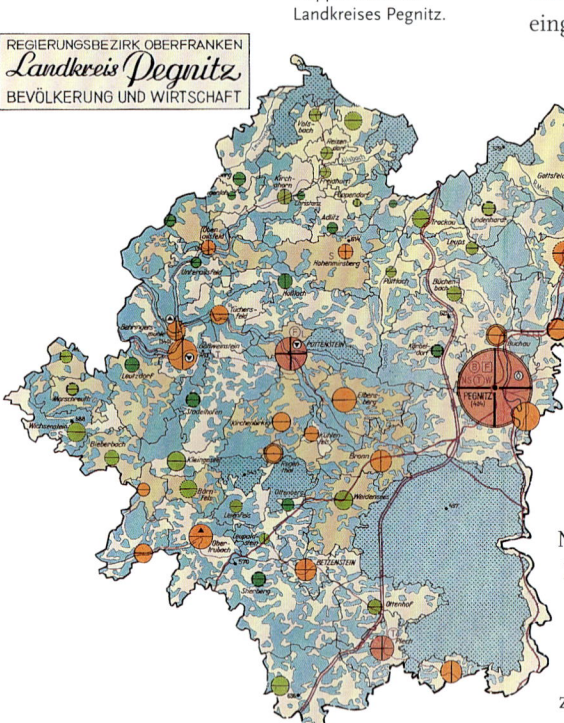

Abbildung 1: Wappen des alten Landkreises Pegnitz.

Gebietsreform 1972

Nachdem mit Wirkung vom 1. Januar 1920 im Rahmen einer Gebietsreform die Sprengel der ehemaligen Distriktsgemeinden an die Grenzen der Bezirksämter angepasst wurden, setzte erst die spätere Gebietsreform von 1972 neue Grenzen. Die damaligen 143 Landkreise wurden auf 71 verringert.

Die Ziele dieser Gebietsreform waren:
ausgleichende Verbesserung der Lebensverhältnisse, Stärkung der bürgerschaftlichen Selbstverwaltung und Vereinfachung der Verwaltung.

Mit dieser Reform verlor auch der Landkreis Pegnitz seinen Bestand. Kein anderes Thema hat in dieser Zeit die Bevölkerung so bewegt wie die Auflösung des Landkreises Pegnitz. Vorschläge über die Gründung eines Landkreises Pegnitz – Eschenbach wurden in allen Bevölkerungsschichten diskutiert. Letztendlich entschied sich der politische Wille für die Aufnahme eines großen Teils des Landkreises Pegnitz in den Landkreis Bayreuth und eines Teils in den Landkreis Forchheim.

Die Verordnung über die Neugliederung Bayerns in Landkreise und kreisfreie Städte vom 27. Dezember 1971 (Bayerisches Gesetz- und Verordnungsblatt Nr. 26) legte die Neugliederung fest.

Abbildung 2: Karte des ehemaligen Landkreises Pegnitz mit statistischen Daten zu Bevölkerung und Wirtschaft aus den Jahren 1960 und 1961.

Betroffen

Innenminister Dr. Bruno Merk hat dieser Tage die Entwürfe der Bayerischen Staatsregierung zum Gesetz zur Neubegrenzung der Regierungsbezirke und zur Verordnung zur Neugliederung Bayerns in Landkreise und kreisfreie Städte an alle Beteiligten ausgehändigt. In seinem Vorwort betont er die Notwendigkeit der Reformen und bittet um Fairneß. Für die „Betroffenen" – und dazu zählen die Bewohner des Landkreises Pegnitz – ist es schwer, angesichts der schnellen und entschiedenen Handlungsweise der Regierung fair zu bleiben. Deswegen vor allem, weil jetzt lediglich über ein Anhörverfahren die eigenen Vorschläge ins Gespräch kommen können und eigentlich kaum jemand mehr daran glaubt, daß noch wesentliche Änderungen erfolgen könnten. In dem 330 Seiten starken Buch „Gebietsreform Bayern" ist jedenfalls die Alternative der Zusammenlegung der Landkreise Eschenbach und Pegnitz, die doch dem Eindruck nach zum Ausdruck gebrachten Wunsch der Bewohner dieser Kreise entspricht, mit keiner Silbe erwähnt. „Dabei wären diese Möglichkeiten denen einer Eingliederung in den künftigen Landkreis Bayreuth und der vorgesehenen Zersplitterung des Eschenbacher Landkreises durchaus vorzuziehen", sagen übereinstimmend die Fachleute aller Parteien beider Landkreise.

Der Landkreis Pegnitz wird von der Neuordnung, wenn sie noch den Plänen der Staatsregierung erfolgt, besonders stark betroffen. Die Gemeinden Bärnfels, Behringersmühle, Bieberbach, Geschwand, Gößweinstein, Kleingesee, Leutzdorf, Moggast, Morschreuth, Obertrubach, Stadelhofen, Tüchersfeld, Unterailsfeld, Wichsenstein und Wolfsberg kommen zum Landkreis Forchheim und verlieren alle Bindungen an ihre langjährige Kreisstadt Pegnitz. Auch die Gemeinde Höfen wird künftig dem Landkreis Lauf und dem Regierungsbezirk Mittelfranken angehören. Alle übrigen Gemeinden des Landkreises Pegnitz sind für den künftigen Großlandkreis Bayreuth vorgesehen. Dazu kommen noch die oberpfälzischen Gemeinden Troschenreuth und Penzenreuth.

Für den Kreis Bayreuth ist Pegnitz natürlich besonders wichtig. Im Regierungsvorschlag heißt es darüber: „Der zentrale Bereich des neuen Landkreises mit seinen Entwicklungsachsen ist industriell-gewerblich strukturiert, wobei der zentrale Ort Pegnitz mit einer guten und entwicklungsfähigen Industrie hervortritt." Ein Argument, das natürlich auch für einen Landkreis Pegnitz-Eschenbach gelten würde. Die Planung der Regierung sagt auch aus: „Das gesamte Kreisgebiet (Bayreuth) gehört zum Aktionsraum oberfränkisches Zonenrand- und Ausbaugebiet (mit den Schwerpunktorten Hollfeld und Pegnitz für die Schaffung von neuen Arbeitsplätzen bis 15 Prozent Subventionswert). Auch dies könnte Pegnitz natürlich in einen Kreis Pegnitz-Eschenbach einbringen.

Es bleibt also lediglich die Hoffnung, daß in dem Anhörverfahren, das eigentlich recht kurzfristig anberaumt wurde, der Wunsch der Mehrheit der beteiligten Bevölkerungskreise berücksichtigt wird. Er wurde im Kreis Eschenbach und auch im Kreis Pegnitz deutlich zum Ausdruck gebracht. Das Endergebnis wird zeigen, wie demokratisch die Entscheidung ausfällt und welchen Wert die Meinung des Bürgers hat. So.

Gebiets-reform 1972 – 1978

Mit Wirkung vom 1. Juli 1972 gehören aus dem bisherigen Landkreis Pegnitz die nachfolgenden Gemeinden dem Landkreis Bayreuth an:
(▶ Auszug aus dem BGVBl Nr. 26, Seite 507)

Ahorntal
Betzenstein
Bronn
Creußen
Elbersberg
Gottsfeld
Haidhof
Hainbronn
Hohenmirsberg
Kühlenfels
Leienfels
Leups
Lindenhardt
Neuhof
Pegnitz
Plech
Poppendorf
Pottenstein
Prebitz
Regenthal
Schnabelwaid
Seidwitz
Trockau
Vorderkleebach
Zips

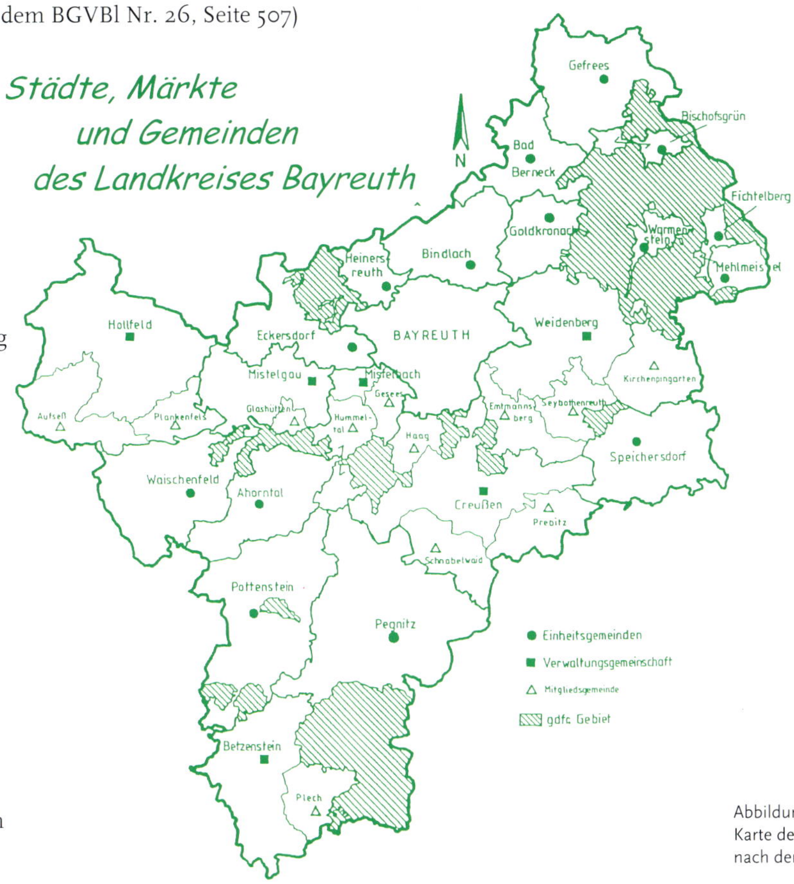

Städte, Märkte und Gemeinden des Landkreises Bayreuth

Abbildung 3:
Wappen des Landkreises Bayreuth.

Abbildung 4:
Karte des neuen Landkreises Bayreuth nach der Gebietsreform.

Zum Landkreis Forchheim gehören:

Bärnfels	Bieberbach
Behringersmühle	Geschwand
Gößweinstein	Kleingesee
Leutzdorf	Moggast
Morschreuth	Obertrubach
Stadelhofen	Unterailsfeld
Wichsenstein	Wolfsberg

Dem Landkreis Lauf wurde die Gemeinde Höfen zugeordnet.

Aus dem bisherigen Landkreis Eschenbach i.d.Opf. kamen auf Wunsch der Bevölkerung die Gemeinden Penzenreuth und Troschenreuth zur Stadt Pegnitz und deshalb zum Landkreis Bayreuth.
Einige weitere im Landkreis Pegnitz bestehende Gemeinden wurden zum 1. Juli 1972 bereits mit anderen Gemeinden verschmolzen und sind deshalb in dieser Aufstellung nicht mehr als eigenständige Gemeinde enthalten.

Bayerisches Gesetz- und Verordnungsblatt Nr. 26/1971

2. **Landkreis Bayreuth** mit dem Sitz der Kreisverwaltung in Bayreuth

a) das Gebiet des bisherigen Landkreises Bayreuth mit Ausnahme des Gebiets der Gemeinden Laineck und Oberkonnersreuth sowie der bei der Gebietsfläche der kreisfreien Stadt Bayreuth aufgeführten Teilflächen der Gemeinden Oberpreuschwitz und Thiergarten (§ 17 Nr. 2 Buchstaben c und d),

b) das Gebiet der Gemeinden Aufseß, Breitenlesau, Freienfels, Hochstahl, Hollfeld, Krögelstein, Löhlitz, Nankendorf, Neuhaus, Plankenfels, Schönfeld, Stechendorf, Treppendorf, Waischenfeld, Weiher, Wiesentfels, Wohnsgehaig und des Gemeindeteils Kainach (in den Grenzen der früher selbständigen Gemeinde) des Marktes Wonsees sowie das gemeindefreie Gebiet Löhlitzer Wald des bisherigen Landkreises Ebermannstadt,

c) das Gebiet der Gemeinden Penzenreuth und Troschenreuth des bisherigen Landkreises Eschenbach i. d. OPf.,

d) das Gebiet der Gemeinden Guttenthau, Haidenaab, Mehlmeisel, Plössen, Ramlesreuth, Speichersdorf, Wirbenz und den vom Gebiet der Gemeinden Guttenthau, Haidenaab, Plössen, Ramlesreuth, Speichersdorf und Wirbenz umschlossenen Gebietsteil der Gemeinde Mockersdorf (Gemeindeteil Roslas) des bisherigen Landkreises Kemnath,

e) das Gebiet der Gemeinden Neustädtlein a. Forst, Wasserknoden und das gemeindefreie Gebiet Forst Neustädtlein a. Forst des bisherigen Landkreises Kulmbach,

f) das Gebiet der Gemeinden Falls, Gefrees, Kornbach, Metzlersreuth, Streitau und Witzleshofen des bisherigen Landkreises Münchberg,

g) das Gebiet des bisherigen Landkreises Pegnitz mit Ausnahme des Gebiets der Gemeinden Bärnfels, Behringersmühle, Bieberbach, Geschwand, Gößweinstein, Höfen, Kleingesee, Leutzdorf, Moggast, Morschreuth, Obertrubach, Stadelhofen, Unterailsfeld, Wichsenstein und Wolfsberg;

Gebietsreform 1972 – 1978

Eingliederungen in die Stadt Pegnitz

Abbildung 5:
Das Wappen der Stadt Pegnitz
stammt in der jetzigen Form aus dem 16. Jahrhundert:
Die untere Hälfte zeigt die Darstellung des Pegnitzflusses (im Wasser einen Eltfisch); von der senkrecht geteilten oberen Fläche das linke (vom Beschauer aus rechte) Feld den weiß und schwarz gevierteilten Hohenzollernschild, das gegenüberliegende Feld auf weißem Grund den roten Brandenburger Adler mit offenem goldenen Schnabel, goldenen Waffen, vorgeschlagener Zunge und einem goldenen Kleestängel auf den Flügeln.

In den sechziger Jahren wuchs immer stärker die Einsicht, dass die Zukunft unserer ländlichen Gemeinden am besten durch Zusammenschlüsse gesichert werde, d. h. um die kommunale Selbstverwaltung zu stärken, insbesondere die Leistungs- und Verwaltungskraft zu steigern, die Lebensverhältnisse auf dem Lande zu verbessern und in Stadt und Land möglichst gleichwertige Lebensbedingungen zu schaffen.

Die Gebietsreform der Gemeinden im Jahre 1972 sollte nach dem Willen des Landtages und der Staatsregierung auf zwei Wegen erreicht werden: Die Gemeinden sollten sich entweder gem. Art. 11 Absätze 2 mit 4 der damaligen Gemeindeordnung zu großen leistungsfähigen Gemeinden freiwillig zusammenschließen oder zur Stärkung ihrer Verwaltungskraft Verwaltungsgemeinschaften gründen.

Die Verwaltungsgemeinschaft ist als Zusammenschluss benachbarter kreisangehöriger Gemeinden eine Körperschaft des öffentlichen Rechts mit der Fähigkeit, Dienstherr von Beamten zu sein; sie wird durch Rechtsverordnung der Regierung gebildet. Die rechtliche Selbstständigkeit der Mitgliedsgemeinden bleibt dabei unberührt. Die VG nimmt alle Aufgaben des übertragenen Wirkungskreises ihrer Mitgliedsgemeinden wahr. Für den Bereich des eigenen Wirkungskreises obliegen ihr die verwaltungsmäßige Vorbereitung und der verwaltungsmäßige Vollzug der Beschlüsse der Mitgliedsgemeinden, ferner die Besorgung der laufenden Verwaltungsangelegenheiten, die für die Gemeinden keine grundsätzliche Bedeutung haben und keine erheblichen Verpflichtungen erwarten lassen.

Bereits vor der eigentlichen Gebietsreform haben in Bayern von 1969 bis 1971 Gemeinden von der Möglichkeit des freiwilligen Zusammenschlusses in erheblichem Maße Gebrauch gemacht. Ihre Zahl hatte sich vom 1. Januar 1969 bis 6. September 1971 von 7073 auf 6268 verringert.

Das Prinzip der Freiwilligkeit musste aber, wo notwendige Zusammenschlüsse nicht zustande kamen, von 1976 an durch Zusammenschlüsse von Amts wegen ergänzt werden. Ab 1976 ist auch die bis dahin geltende finanzielle Förderung der freiwilligen Zusammenschlüsse beendet worden.

Die ehemalige Kreisstadt Pegnitz hatte zur damaligen Zeit auf Grund ihrer Größe und ihrer zentralörtlichen Ausstattung ein weiträumiges Einzugsgebiet.

Sie beherbergte als Unterzentrum zahlreiche infrastrukturelle Einrichtungen, die auch ihrem Umland zustatten kamen (Realschule, Gymnasium, Krankenhaus mit 113 Planbetten, Altenheim mit 116 Heimplätzen, Reithalle, Segelflugplatz, Skilift, Tennisplätze, zwei Kindergärten mit 150 Plätzen).

Vielfach waren umliegende Gemeinden bereits eng mit Pegnitz verflochten. Die voll leistungsfähige Stadtverwaltung war in der Lage, die Bürger der umliegenden Gemeinden mit zu versorgen. Die Finanzkraft der Stadt Pegnitz konnte auch positiv zur Entwicklung der neu hinzukommenden Gebiete beitragen.

Deshalb waren auch zur Eingemeindung in die Kernstadt folgende selbstständige Gemeinden und Gemeindeteile von Zips und Elbersberg vorgesehen. Diesem Bestreben lag ein Plan des Landratsamtes Pegnitz vom 7. Oktober 1971 zur Neugliederung der Gemeinden im Landkreis Pegnitz zugrunde. Eine Verwaltungsgemeinschaft hat sich nicht gebildet. Mit der geplanten Eingemeindung vergrößert sich das Stadtgebiet von 8,08 km² auf 100 km² und die Einwohnerzahl erhöhte sich von ca. 8.000 auf ca. 13.600.

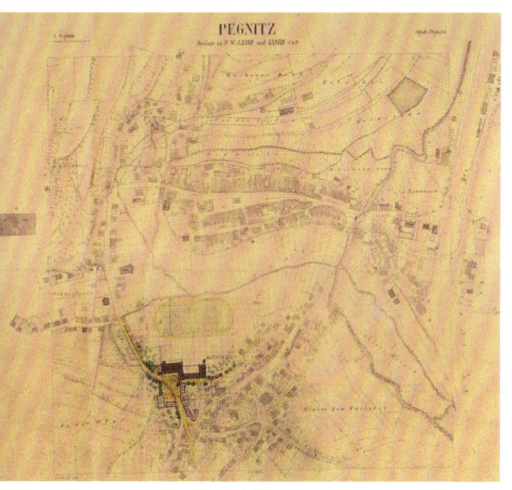

Abbildung 6:
Katasterauszug der Stadt Pegnitz.

Entwicklung der Einwohnerzahlen von Pegnitz in den Jahren 1970–1981

Stand vom	Wohnbevölkerung	Anmerkungen/Hinweise/Ereignisse
31.12.1970	8.808	
31.12.1971	8.803	
31.12.1972	10.710	Gebietsreform (Troschenreuth, Penzenreuth, Buchau, Büchenbach, Körbeldorf)
31.12.1973	10.540	
31.12.1974	10.417	
31.12.1975	10.395	
31.12.1976	10.881	Gebietsreform (Bronn)
31.12.1977	10.682	
31.12.1978	14.119	Gebietsreform (Hainbronn, Leups, Trockau, Teile Zips, Willenreuth)
31.12.1979	14.127	
31.12.1980	13.999	
31.12.1981	13.982	

Gebietsreform 1972 – 1978

Übersicht über die Eingemeindungen

Gemeinde	(mit Ortsteilen)	Tag der Eingemeindung
Buchau	mit den Ortsteilen Kaltenthal, Lehm, Haidmühle, den Hammergütern Kotzenhammer, Scharthammer, Wolfslohe und Rosenhof	01.07.1972
Büchenbach	mit dem Ortsteil Kosbrunn	01.07.1972
Körbeldorf	mit Hollenberg, Ober- und Unterhauenstein	01.01.1972
Penzenreuth	mit Neuhof, Lobensteig, Pertenhof und Reisach	01.07.1972
Troschenreuth	mit Kleinkrausmühle, Großkrausmühle, Birklmühle	01.07.1972
Bronn	mit dem Gemeindeteil Lüglas	01.01.1976
Hainbronn	mit den Gemeindeteilen Horlach, Hammerbühl, Heroldsreuth, Nemschenreuth, Neudorf, Stein, Weidmannshöhe, Weidelwangermühle und Willenberg	01.05.1978
Leups	mit Bodendorf und Leupsermühle	01.05.1978
Trockau	mit den Weilern Hedelmühle, Herrenmühle, Vestenmühle und Ziegelhütte	01.05.1978
Willenreuth	als Gemeindeteil von Elbersberg	01.05.1978
Zips	mit den Gemeindeteilen Langenreuth und Stemmenreuth	01.05.1978

Die Zusammenführung dieser Gemeinden konnte nur unter dem Gesichtspunkt der Leistungsfähigkeit der Großgemeinde, also der Stadt Pegnitz, vollzogen werden. Nur leistungsfähige Kommunen sind imstande, den Handlungsspielraum, den das Selbstverwaltungsrecht gibt, auch zu nutzen; nur sie können wirklich eigenständig und selbstverantwortlich den engeren Lebensraum ihrer Bürger gestalten.

Leistungsfähig sind sie aber nur, wenn sie ihre Pflicht- und freiwilligen Aufgaben in einem Maße erfüllen können, das den immer höher werdenden Anforderungen unserer Rechts- und Sozialordnung und den berechtigten Erwartungen unserer Bevölkerung an die kommunale Daseinsvorsorge gerecht wird. Besonders der Grundbestand öffentlicher Aufgaben sollte aber verwirklicht werden können.

Unter diesen Gesichtspunkten erfolgte von 1972 bis 1978 der Zusammenschluss der o. g. Gemeinden mit der Stadt Pegnitz mit der Folge, dass Pegnitz im Landesentwicklungsprogramm vom 3. August 1973 als Mittelzentrum anerkannt wurde. Viele Wünsche mussten von der Stadt Pegnitz den aufnahmewilligen Gemeinden erfüllt werden und viele Erwartungen der eingemeindeten Bürger standen offen.

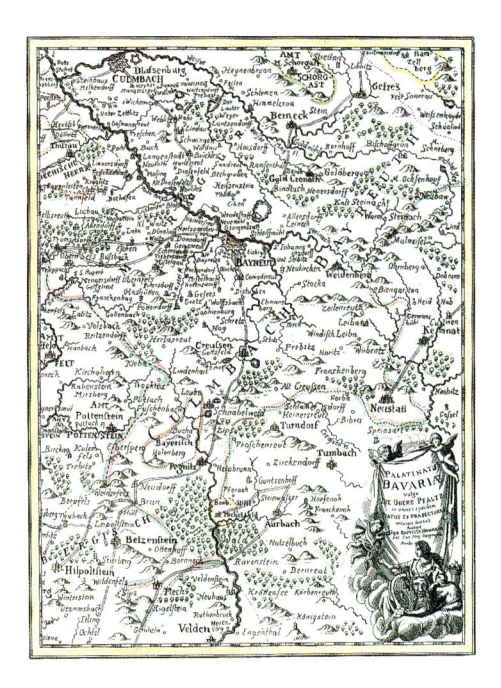

Abbildung 7:
Historische Landkarte der „Oberen Pfaltz" von J. B. Homann aus dem Jahre 1740 (Ausschnitt).

Gebietsreform 1972 – 1978

Gruß von Dr. Kohut an Bevölkerung

Glück auf für den neuen Großlandkreis Bayreuth

Er lebt – die alten Landkreise nur „anscheinend" tot – Vorarbeit trägt Früchte

BAYREUTH/PEGNITZ — Ab heute, dem 1. Juli, tritt nun die neue Landkreisreform in Kraft. Aus diesem Anlaß wendet sich Landrat Dr. Kohut in einem Grußwort an die Kreisbevölkerung, die folgenden Wortlaut hat:

„Am 30. Juni 1972 hören sämtliche Landkreise Bayerns auf zu bestehen; neue Kreise treten ab 1. Juli 1972 an ihre Stelle. In unserem Gebiet gab es im Raume Bayreuth über 110 Jahre lang Gemeindeverbände, die der Bevölkerung in Form eines Bezirks bis in die 30er Jahre vor dem zweiten Weltkrieg als Bezirke Bayreuth, Pegnitz, Ebermannstadt, Kulmbach, Münchberg und Kemnath ein Begriff waren.

Diese Körperschaften des öffentlichen Rechts, nach dem genannten Termin Landkreis genannt, haben zum Teil vorzügliche Vorsorgeeinrichtungen für die Kreisbevölkerung geschaffen. Sie haben mit ihren Landräten insbesondere in den letzten zwei Jahrzehnten für ihre Gemeinden und Städte nutzbringende Arbeit geleistet und die Grundlage dafür geschaffen, daß der neue Landkreis Bayreuth als größere Körperschaft des öffentlichen Rechts von Beginn an lebensfähig dasteht.

„Le roi est mort, vive le roi!" („Der König ist tot, es lebe der König"!) Diesen historischen Ausspruch münze ich heute dahingehend um, daß die bisherigen Landkreise nur anscheinend tot sind, der neue Landkreis jedoch seine gewiß schweren Aufgaben meistern kann, wenn der gute Wille der bisherigen Gremien eine Fortsetzung in dem neuen Kreistag und seinen Ausschüssen findet. — Ich bin fest davon überzeugt, von den Vertretern der bisherigen Landkreise geleistete Vorarbeit im Großlandkreis Bayreuth Früchte tragen wird.

Während ich nunmehr Abschied nehme von einer uns sehr lieb gewordenen Gemeinde, die diese lange Zeit von über 110 Jahren in der Gemeinschaft des bisherigen Landkreises Bayreuth verbrachte — es ist die große und finanzstarke Gemeinde Laineck, die in die Stadt Bayreuth eingegliedert wurde —, heiße ich alle 93 Städte und Gemeinden — von Gefrees und Bad Berneck über Pegnitz bis hinunter nach Plech und Betzenstein sowie von Waischenfeld und Hollfeld über Eckersdorf/Donndorf und Mistelgau Speichersdorf und Mehlmeisel — um so herzlicher willkommen und hoffe sehr, daß es mir gelingen wird, in den nächsten sechs Jahren meinen Einfluß so geltend zu machen, daß aus den bisherigen Nachbarn gute Freunde und Verbündete werden.

Ich wünsche dem neuen Landkreis, allen seinen Städten und Gemeinden weiteres Aufblühen und Wohlergehen. Für die Mitglieder des neuen Kreistages erhoffe ich, daß es ihnen gelingt, alle so häufig angesprochenen schwerwiegenden Probleme zur Zufriedenheit unserer Kreisbevölkerung zu lösen. Glückauf dem Großlandkreis Bayreuth!"

Dr. J. Kohut, Landrat

Gebietsreform ab heute wirksam

Zahl der oberfränkischen Gemeinden seit Jahresanfang um fast die Hälfte reduziert

BAYREUTH/MÜNCHEN (E. B./dpa). Heute tritt die Gebietsreform in Kraft. Die vormals 143 bayerischen Landkreise werden auf 71 reduziert; zahlreiche Gemeinden werden zusammengeschlossen. In Oberfranken bleiben von den 1226 Gemeinden, die noch am 1. Januar dieses Jahres gezählt wurden, 688. Die Regierung von Oberfranken bewertet diese Verringerung der Zahl der Gemeinden in einer Mitteilung als einen guten Erfolg der Bemühungen, leistungsfähige und in ihrer Verwaltungskraft starke Kommunen zu schaffen.

Durch die heute wirksam werdende Gebietsreform wechseln zahlreiche oberfränkische Gemeinden in die benachbarten Regierungsbezirke Mittel- und Unterfranken über. Das sind im Landkreis Höchstadt an der Aisch 32 Gemeinden, Bamberg drei, Forchheim zwei und Pegnitz eine Gemeinde, die jetzt anderen Regierungsbezirken angehören.

So gibt es ab heute in Oberfranken nur noch 688 Gemeinden mit den vier kreisfreien Städten Bamberg, Bayreuth, Coburg und Hof. Die anderen bisherigen kreisfreien Städte, die in einen Landkreis eingegliedert werden, bekommen den Status einer großen Kreisstadt.

In einer Verordnung hat der Rat in dieser Woche ihre Aufgaben festgelegt. Die große Kreisstadt hebt sich von den anderen Gemeinden nicht nur dadurch ab, daß ihr Stadtoberhaupt „Oberbürgermeister" heißt und sie mindestens einen Beamten haben muß, der die „Befähigung zum höheren Verwaltungsdienst" hat. Wichtig ist für die Bürger vor allem, daß sie eine Reihe von Aufgaben erfüllen, die sonst vom Landratsamt als untere staatliche Verwaltungsbehörde wahrgenommen werden.

„Große Kreisstadt" ab 30 000 Einwohner

Das Schwergewicht dieser zusätzlichen Aufgaben liegt laut Verordnung im Bauwesen. Die großen Kreisstädte behalten praktisch ihre ganze Bauverwaltung. Sie sind auch befugt, Bausünder mit Bußgeldern zu belegen. Als „untere Straßenverkehrsbehörde" erläßt die große Kreisstadt zum Beispiel Halte- und Parkverbote für die Straßen der Stadt. Auch den Vollzug des Gaststättengesetzes ist ihre Sache.

Für eine Übergangszeit hat sie bis auf wenige Ausnahmen die gleichen Aufgaben wie die kreisfreien Städte. Die Ausnahmen sind unter anderem das Jugendamt und die Sozialhilfe. Erst am 1. Januar 1973 gehen dann alle die Aufgaben auf die jeweiligen Landratsämter über, die diese als Staatsbehörde zu erfüllen haben. Mit Ausnahme derjenigen Sachgebiete, die die Staatsregierung durch die Verordnung den großen Kreisstädten ausdrücklich überlassen hat.

Schließlich kann auch in Zukunft eine kreisangehörige Gemeinde große Kreisstadt werden, wenn sie mehr als 30 000 Einwohner hat und genug Leistungsfähigkeit in der Erfüllung der Anforderungen an diesen Status besitzt.

Kfz-Kennzeichen bleiben

Da die Namen der Landkreise und die Kreissitze noch vorläufig sind und erst nach dem Ende der 1. Ankörung der neugewählten Kreistage im November endgültig bestimmt werden, gelten für die Übergangszeit auch noch die alten Kfz-Kennzeichen. Selbst wenn die Kreissitze dann bestimmt sind, müssen nach Angaben des Innenministeriums noch nicht alle Kennzeichen umgetauscht werden. Lediglich, wer ein neues Auto anmeldet, muß ein endgültiges Kfz-Kennzeichen tun.

Nicht alle der 143 alten Landratsämter werden ab 1. Juli aufgelöst und die Verwaltungen der 71 neuen Landratsämter übergeführt. Viele der alten Ämter arbeiten mit eingeschränkter Zuständigkeit für eine Übergangszeit als „Dienststellen" der neuen Zentralverwaltungen weiter. Bis 1976 sollten nach den Vorstellungen des Innenministeriums alle „Dienststellen" aufgelöst sein. *1.7.72*

Nach 30 Jahren stellt sich nun die Frage: Konnte die Stadt Pegnitz allen damaligen Erwartungen gerecht werden? Haben die Bürgermeister mit ihren Stadträten im Rahmen der Leistungsfähigkeit der Stadt die Pflichtaufgaben und auch die freiwilligen Aufgaben erfüllen und vollziehen können? Konnte der durch die Landkreisreform erlittene Zentralitätsverlust einigermaßen ausgeglichen werden?

Der nachfolgend abgedruckte umfangreiche und bestimmt nicht vollständige Katalog der Maßnahmen der Stadt Pegnitz für ihre Bevölkerung im Stadtkern und in den Ortsteilen ist ein Beweis für die erfolgreiche positive Entwicklung der Stadt und bestätigt eindrucksvoll die Notwendigkeit der damaligen Gebietsreform.

1. Sofortige Erstellung der Flächennutzungspläne.
2. Erschließung des gesamten Stadtgebietes mit Ausweisung von Neubaugebieten in den Ortsteilen, z. B. Trockau, Horlach, Bronn, Neudorf usw. und den notwendigen Straßen.
3. Bau der Guyancourtbrücke als zweite Verbindung zum östlichen Stadtgebiet mit dem Ziel der wirtschaftlichen Stärkung des Industriegebietes.
4. Bau und Betrieb einer zentralen Wasserversorgung durch den Zweckverband Juragruppe.
5. Erweiterung und Sanierung der Kläranlage Pegnitz mit den vielen Regenüberlaufbecken in den Ortschaften. Einführung der 3. Reinigungsstufe mit dem notwendigen Ausbau des Kanalnetzes.
6. Übernahme von 18 Feuerwehren, deren zügige Ausstattung mit modernen Geräten, Bau bzw. Sanierung der Feuerwehrhäuser und Erfüllung der Bestandsgarantie der Ortswehren.
7. Aufbau der Verbandsschule, Sanierung der Grundschule, Schaffung von vorschulischen Einrichtungen wie Kindergärten im gesamten Stadtgebiet. Errichtung von Kinderspielplätzen, Neubau des Freibades.
8. Aufbau des Bürgerzentrums mit der Stadtbücherei und der Volkshochschule.
9. Erweiterung und Sanierung des Stadtkrankenhauses.
10. Durchführung von Stadtsanierung, Dorferneuerung und Flurneuordnung.

Abbildung 8:
Marktplatz Pegnitz.

Gebietsreform 1972 – 1978

Die Pegnitzer Ortsteile und ihr chronologischer Abriss

Bronn und der Ortsteil Lüglas

Einwohner: 574
Fläche: 8,209 km²
Zeitpunkt der Eingemeindung: 1. Januar 1976
unter Bürgermeister Fritz Bauer

Das historisch gewachsene Straßendorf war eine der 18 Forsthuben des Veldensteiner Forstes. 1119 wird ein Geyselherus de Brunnen erstmals in einer Bamberger Urkunde genannt. Von der romanischen Kirche, die ursprünglich eine Filiale der Urpfarrei Velden war, ist nach dem Brand von 1637 nur noch das sehenswerte Zackenportal erhalten geblieben. Bronn teilte weitgehend die Geschichte von Pegnitz und wurde wie dieses zweimal im Dreißigjährigen Krieg zerstört. Im 19. Jahrhundert erlebte Bronn durch seine Kalkwerke zeitweise einen großen wirtschaftlichen Aufschwung.

Abbildung 9: Historische Aufnahme (etwa 1960) vom Flurgebiet um den Ort Bronn.

Abbildung 10: Historische Postkarte von Bronn.

BRONN

Abbildungen 11/12: Ansichten von Bronn.

Einwohner **Lüglas**: 89

1372 wird ein Otto Lüglein als Besitzer eines Gutes zwischen Bronn und Willenreuth genannt.

Abbildungen 14/15: Ansichten von Lüglas.

Aus „Lügleins Hof" entstand Lüglas (1546). Der Ort gehörte bis ins 19. Jahrhundert den Herren von Guttenberg auf Kühlenfels. Diese siedelten dort auch so genannte Sölden an, das waren Kühlenfelser Dienstleute. Lüglas gehörte bis zur Eingemeindung von Bronn nach Pegnitz zur Gemeinde Bronn.

Abbildung 13: Historische Postkarte von Lüglas.

Gebietsreform 1972 – 1978

Abbildung 16:
Historische Postkarte aus Buchau.

Buchau mit den Gemeindeteilen Kaltenthal, Lehm mit Haidmühle, den Hammergütern Kotzenhammer, Scharthammer, Wolfslohe und Rosenhof

Einwohner:	343
Fläche:	15,674 km²
Zeitpunkt der Eingemeindung:	1. Juli 1972

unter Bürgermeister Heinrich Lindner

Das Haufendorf liegt am Rande des Talbodens, am Zusammenfluss von Fichtenohe und Büchenbach.
Buchau erscheint wie viele andere Orte erstmals in der Stiftungsurkunde des Klosters Michelfeld. Bei einer Stiftung an das Kloster wird 1124 ein Eberhard von Pouchahe als Zeuge genannt. Das Buchauer Ministerialengeschlecht taucht bis zum Ende des 14. Jahrhunderts immer wieder in den Urkunden auf. Auf dieses Geschlecht dürfte auch die Gründung der dortigen Kirche zurückgehen. 1390 ist Buchau teils Michelfelder, teils Leuchtenberger Lehen, ehe es 1412 dem Amt Böheimstein unterstellt wird. Damals hatte es 18 Höfe. Durch die Erschließung des Neubaugebietes Sandrangen ist es heute dabei, vom Bauerndorf zur Stadtrand-Wohngemeinde zu werden. Die noch recht ursprüngliche Natur seiner Umgebung trägt dabei genauso zum Wohnwert bei wie die Nähe der Stadt.

Abbildung 17: Buchau.

Abbildung 18: Altes Buchauer Feuerwehrhaus.

Abbildung 19: Kirche in Buchau.

Abbildung 21: Kaltenthal.

Abbildung 20: Buchau.

Kaltenthal

Einwohner: 163

wurde im Jahre 1280 erstmalig im Salbuch Ludwig des Strengen erwähnt und zwar, dass der Markt Lindenhardt mit Chaltental (1 Huf und 7 Huben) und dem Dorfe Leups zu dem bayerischen Amt Eschenbach-Frankenberg gehört. Von 1363 bis 1402 war es im Besitz des böhmischen Amtes Hollenberg.
Das überwiegend landwirtschaftlich geprägte Dorf liegt ca. 1 km östlich von Büchenbach in einem von mehreren Biotopen und Feuchtflächen besetzten Talgrund.

Abbildungen 22/23/24:
Haidmühle, Lehm, Rosenhof.

Gebiets-reform 1972 – 1978

Lehm
Einwohner: 24

Haidmühle
Einwohner: 6

Rosenhof
Einwohner: 85

hat keinen historischen Siedlungskern. Es entwickelte sich sporadisch entlang der Kreisstraße BT 23 und an den Hängen des kleinen Seitentales.

Kotzenhammer
Einwohner: 7

Abbildung 25:
Scharthammer.

Abbildung 26:
Kotzenhammer.

Scharthammer
Einwohner: 8

Wolfslohe
Einwohner: 7

Diese drei Hammergüter liegen entlang der Kreisstraße BT 23 zwischen Buchau und Trockau.

Abbildung 27:
Wolfslohe.

Büchenbach und die Ortschaft Kosbrunn

Einwohner: 251
Fläche: 7,085 km²
Zeitpunkt der Eingemeindung: 1. Juli 1972
unter Bürgermeister Lorenz Eckert

Abbildung 28:
Ansicht von Büchenbach.

Abbildung 29:
Historische Postkarte aus Büchenbach.

Büchenbach, ein Kirchdorf und ehemaliger Markt, liegt am Oberlauf des gleichnamigen Büchenbaches mit kleinen landwirtschaftlichen Betrieben, die den Ort prägen und zum großen Teil fast nur noch im Nebenerwerb bewirtschaftet werden.
Der Ort ist eine der ältesten Siedlungen unserer Gegend überhaupt, wie die zahlreichen Grabhügelfelder seiner Umgebung beweisen. Als Urpfarrei wurde es wahrscheinlich noch vom Bistum Eichstätt aus gegründet und 1119 dem Kloster Michelfeld verliehen. Sein Marktrecht reicht wahrscheinlich bis ins 13. Jahrhundert zurück, wo es der zentrale Ort unseres Raumes war. Damals hatte Büchenbach sogar eigene Maße. Nachdem es gleich Pegnitz vorübergehend böhmisch gewesen war, kam es 1412 endgültig an das Haus Wittelsbach, wo es dem Pflegamt Hollenberg unterstand. Zwei Jahrhunderte lang war es Sitz eines pfälzischen Richters. Heute ist es wegen seiner reizvollen Umgebung und seiner leistungsfähigen Gastronomie ein viel besuchter Ausflugsort.

Kosbrunn
Einwohner: 103

Abbildung 30:
Ansicht von Kosbrunn.

Abbildung 31:
Büchenbach.

Abbildung 32:
Fotocollage: Hainbronn mit Detailaufnahmen.

Hainbronn mit den Gemeindeteilen Hammerbühl, Heroldsreuth, Horlach, Hufeisen-Waldhaus, Nemschenreuth, Neudorf, Stein, Weidelwangermühle, Weidmannshöhe und Willenberg

Einwohner: 404
Fläche: 17,231 km²
Zeitpunkt der Eingemeindung: 1. Mai 1978
unter Bürgermeister Georg Schmidt

Hainbronn gehörte ebenfalls zu den 18 Forsthuben, von denen aus einst der Veldensteiner Forst verwaltet wurde. Sie waren Sitz mittelalterlicher Ministerialen. Zwei Brüder, Otto und Heinrich von Haimbrunnen, treten 1179 gemeinsam mit einem Heinrich von Riesahe (Reisach) als Urkundenzeugen auf. 1280 ist Hainbronn bayerisch und teilt von da an das politische Schicksal von Pegnitz. Seine Nähe zu Pegnitz hat es schon früh zum Arbeiterdorf werden lassen. Landwirtschaft wird fast ausschließlich im Nebenerwerb betrieben. Durch die großzügige Erschließung von Bauland ist es in den letzten Jahren zu einem der beliebtesten Neubaugebiete geworden.

Abbildung 33:
Historische Postkarte von „Haimbronn".

Hammerbühl

Abbildung 34:
Hammerbühl.

Einwohner: 76

Noch vor 30 Jahren eine versteckte Einöde zwischen Hainbronn und Nemschenreuth, ist Hammerbühl heute ein großes Neubaugebiet im Süden der Stadt. Der Ort erscheint erstmals 1439 als Hungerbühl in den Urkunden. Damals war der Ort Michelfelder Besitz. Mit Michelfeld kam er unter bayerische Herrschaft und wurde erst 1796 dem Pegnitzer Amtsbezirk zugeteilt. Erst 1803 erhielt es seinen heutigen Namen.

Horlach

Abbildungen 35/36:
Historische Postkarten aus Horlach.

Einwohner: 140

Abbildung 37:
Fotocollage mit Ansichten von Horlach.

Horlach liegt am Rande des gemeindefreien Gebietes „Veldensteiner Forst" und erscheint erstmals 1436 als Besitz der oberpfälzischen Adelsfamilie Stör. Der Name wird als Harlohe, das ist Sumpfwald, gedeutet. 1462 erwarb das Kloster Michelfeld die damals zerstörte Ortschaft. Bei Michelfeld und Bayern verblieb Horlach auch bis 1803. Da jedoch der Veldensteiner Forst bischöflicher Besitz war, bestanden daneben auch bischöfliche Rechte in Horlach weiter. 1771 wurde das alte Forsthaus als bischöflicher Jägersitz errichtet.

Abbildung 38:
Fotocollage mit Detail- und Momentaufnahmen aus Nemschenreuth.

Gebietsreform 1972 – 1978

Nemschenreuth

Einwohner: 256

Es wird 1348 erstmals urkundlich erwähnt und gibt der Forschung die meisten Rätsel auf. Der Ort liegt an der mittelalterlichen Altstraße, die auch Stein berührte und besitzt in seinem Burgstall einen mittelalterlichen Ansitz, über den die Quellen schweigen. Seit der Gründung des Amtes Böheimstein teilt Nemschenreuth weitgehend das Schicksal der Stadt, mit der es durch die rege Bautätigkeit der letzten Jahre fast ganz zusammengewachsen ist.

Abbildung 39:
Glockenturm in Nemschenreuth.

Neudorf

Einwohner: 526

Neudorf besteht aus einem alten Dorf westlich der Autobahn und einer neueren Siedlung östlich davon.
Es wird erstmals 1280 als Niwendorf genannt. Dass das „Neue Dorf" den Nachfolger der ehemaligen Forsthube Steckenbühl darstellt, ist unwahrscheinlich, da beide Orte nach 1326 gemeinsam geführt werden. Als es 1358 zum Amt Böheimstein kam, zählte es bereits 14 Höfe. Seit 1530 gehört es auch kirchlich zu Pegnitz. 1882 wurde die Ortschaft bei einem Großbrand fast völlig zerstört, so dass es damals mit dem Wiederaufbau wirklich ein neues Dorf wurde. Diesen Ruf hat es in der Nachkriegszeit durch die Ausweisung neuer Baugebiete und durch besondere Leistungen bei der Ortsverschönerung zielstrebig ausgebaut.

Abbildung 40:
Historische Postkarte aus Neudorf.

Abbildung 41: Neudorf, Feuerwehrhaus.

Abbildung 42:
Ansicht von Willenberg.

Willenberg

Einwohner: 101

Wird in der Stiftungsurkunde des Klosters Michelfeld von 1119 unter den Dörfern aufgeführt, die dem Kloster gestiftet wurden. Die damalige Schreibweise „Williberc" lässt die Deutung zu, dass es die Gründung eines Adeligen gleichen Namens war. Bis ins 19. Jahrhundert blieb Willenberg zwar dem Kloster zinspflichtig, die landesherrschaftliche Oberhoheit kam jedoch schon 1318 an die Herzöge der Pfalz und von diesen über Böhmen an die Markgrafen und ihr Amt Böheimstein.

Gebiets-reform 1972 – 1978

Abbildung 43: Stein.

Stein

Einwohner: 51

Älter als Horlach ist Stein, dessen Burg wahrscheinlich um das Jahr 1062 entstand. Sie diente dem Schutz einer Altstraße, die über Weidlwang nach Steinamwasser führte und nicht mit der Weinstraße identisch war. 1244 verschwindet das dortige Ministerialengeschlecht mit Eberhard von Stein aus der Geschichte.

Heroldsreuth

Einwohner: 14

Hufeisen-Waldhaus

Einwohner: 4

Weidmannshöhe

Einwohner: 18

Weidelwangermühle

Einwohner: 16

Abbildungen 45 (li.)/46 (u.)/47 (li.u.): Weidmannshöhe, Collage von der Weidelwangermühle, Hufeisen-Waldhaus.

Abbildung 44: Fotocollage mit Aufnahmen aus Heroldsreuth.

Abbildung 48: Körbeldorf.

Körbeldorf mit den Ortschaften Hollenberg, Ober- und Unterhauenstein

Einwohner: 211
Fläche: 9,460 km²
Zeitpunkt der Eingemeindung: 1. Juli 1972
unter Bürgermeister Konrad Neuner

Das relativ große Haufendorf wird im Osten und Süden von dem Landschaftsschutzgebiet „Körbeldorfer Felsengarten mit Hollenberg" tangiert. Es ist wahr-

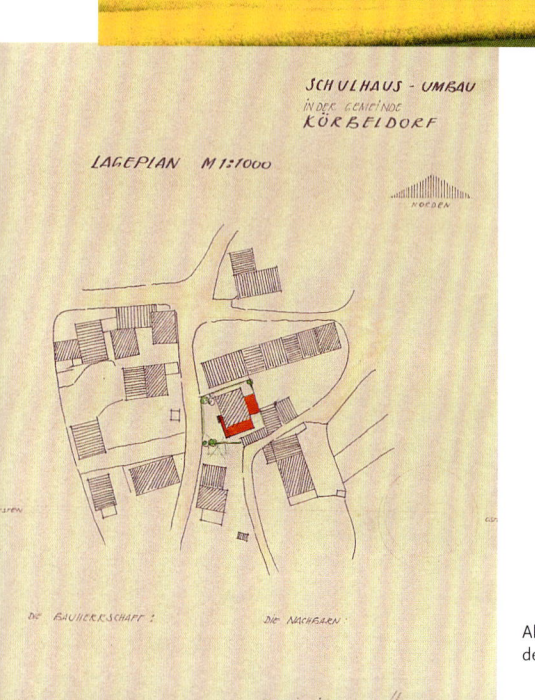

Abbildung 49: Historische Postkarte aus Körbeldorf.

Abbildung 50: Katasterplan zum Umbau des Körbeldorfer Schulhauses.

Abbildung 51:
Historische Postkarte von Hollenberg.

Gebietsreform
1972 – 1978

scheinlich wie Leups eine slawische Gründung aus dem 9. Jahrhundert. 1119 erscheint es als Churbendorf in der Stiftungsurkunde des Klosters Michelfeld. Während seiner wechselvollen Geschichte gehörte es zeitweise zum Amt Wartberg, dann zum Gößweinsteiner und Hollenberger Amt. Der Ort, der seinen dörflichen Charakter noch weitgehend bewahren konnte, ist wegen seiner herrlichen Juralandschaft ein beliebtes Ausflugsziel.

Hollenberg

Einwohner: 18

Oberhauenstein

Einwohner: 9

Unterhauenstein

Einwohner: 0

Abbildungen 52 (li.)/53 (o.):
Oberhauenstein und Hollenberg heute.

Leups mit Bodendorf

Einwohner: 134
Fläche: 5,081 km²
Zeitpunkt der Eingemeindung: 1. Mai 1978
unter Bürgermeister Karl Lindner

Abbildung 54:
Historische Postkarte aus Leups.

Das Straßendorf Leups entwickelte sich am westlichen Talrand der Fichtenohe. Der Ort weist auch heute noch eine überwiegend landwirtschaftliche Struktur auf. Die meisten Betriebe werden im Nebenerwerb bewirtschaftet.

Die Ortschaft wird 1280 im Salbuch Herzog Ludwigs des Strengen unter dem Namen Leubs oder Leubes als Bestandteil des bayerischen Amtes Eschenbach-Frankenberg erstmalig erwähnt. Damals war es bereits ein Dorf mit etwa 14 Anwesen. Es entstand wahrscheinlich schon vor 1000 als slawische Gründung. 1318 kam es zum Amt Thurndorf und 1358 zum neu gegründeten Amt Böheimstein. Als die nahegelegenen Hammerwerke Oberleups (bei der Leupser Mühle) und Unterleups (Kotzenhammer) im 15. Jahrhundert ihre Blütezeit erlebten, wurde das Dorf selbst zeitweise als Mittelleups bezeichnet. Seit 1402 gehörte Leups zum pfälzischen Amt Büchenbach-Hollenberg, das seinen Sitz seit der Zerstörung der Burg Hollenberg im Bauernkrieg in Büchenbach hatte.

Abbildung 55:
Kapelle in Leups.

Abbildung 56:
Leups.

351

Gebietsreform 1972 – 1978

Abbildung 58:
Ansicht von Bodendorf.

Abbildung 57:
Bodendorf.

Bodendorf

Einwohner: 69

war zum Zeitpunkt der Gebietsreform ein Teil der Gemeinde Leups. Der Ort hatte 63 Einwohner. Entwicklungsgeschichtlich ist der auch heute noch weitgehend landwirtschaftlich orientierte Ort als Haufendorf zu charakterisieren. Die Landwirtschaft wird heute fast ausschließlich im Nebenerwerb betrieben. Der Ort wird 1132 als Putendorf, 1140 als Buotendorf, 1412 als Patendorf urkundlich genannt. Sein Name ist wahrscheinlich von einem mittelalterlichen Namen Bodo oder Patto abgeleitet.

Als 1412 Peter Groß von Trockau ein Gut zu Patendorf an das Kloster Michelfeld stiftet, wird bereits zwischen Bodendorf und einem Obern Bodendorf unterschieden; die Teilung des Dörfchens bestand schon damals. Bodendorf war lange Zeit Streitobjekt zwischen dem pfälzischen Amt Hollenberg-Büchenbach und dem bambergischen Amt Pottenstein. Seit 1737 gehörte Bodendorf bis auf die Michelfelder Untertanen zur reichsunmittelbaren Hofmark Trockau und kam erst 1848 als Bestandteil des Landgerichts Pottenstein unter bayerische Verwaltung. 1862 wurde es als Teil der Gemeinde Leups verwaltungsmäßig dem Bezirksamt Pegnitz zugeordnet, dagegen kam es erst 1933 auch gerichtsmäßig zu Pegnitz.

Abbildung 59:
Leupsermühle.

Leupsermühle

Einwohner: 5

Penzenreuth mit Neuhof, Lobensteig, Pertenhof und Reisach

Einwohner: 30
Fläche: 7,300 km²
Zeitpunkt der Eingemeindung: 1. Juli 1972
unter Bürgermeister Jakob Seitz

Penzenreuth wird zusammen mit Reisach 1119 in der Gründungsurkunde des Klosters Michelfeld aufgeführt (als „Penzenruit"). Bereits 1116 findet sich ein Benzo, Untertan des Grafen Otto von Bayern. 1362 saß hier laut Leuchtenberger Lehenbuch ein Hans Erlbeck, während das Lehensverzeichnis von 1390 Penzenreuth zu den Herrschaftsbereichen der Landgrafen von Leuchtenberg zählt. Lt. Urkunde bezog das Kloster Michelfeld nach 1439 den „Zehnten" aus dem Dorf „Penzenreut". Im Dezember 1971 beschloss der Gemeinderat den Wechsel vom Oberpfälzer Landkreis Eschenbach zum oberfränkischen Landkreis Bayreuth.

Abbildung 60:
Historische Postkarte aus Neuhof.

Abbildung 61:
Blick auf Penzenreuth.

Abbildung 62: Fotocollage von Neuhof.

Abbildung 63: Fotocollage von Lobensteig.

Abbildung 64: Marienschrein in der Nähe von Reisach.

Abbildung 65: Ansicht von Reisach.

Neuhof

Einwohner: 55

Lobensteig

Einwohner: 50

Pertenhof

Einwohner: 27

Reisach

Einwohner: 51

Abbildung 66: Pertenhof.

Troschenreuth mit Kleinkrausmühle, Großkrausmühle, Birklmühle

Einwohner: 624
Fläche: 6,128 km²
Zeitpunkt der Eingemeindung: 1. Juli 1972
unter Bürgermeister Johann Groher

Das etwa 4 km östlich von Pegnitz gelegene Pfarrdorf war wie Bronn eine Filialkirche der Urpfarrei Velden. Bis 1062 gehörte es zum Besitz des Königshofs Forchheim. Unter Kaiser Heinrich IV. kam „Drogessongeruite" als Schenkung an das Bistum Bamberg. Nach Troschenreuth benannte sich ein Bamberger Ministerialengeschlecht, als dessen erster Vertreter ein Poppo von Troschenreuth in den Urkunden erscheint. Ihr Besitz ging später an die Herren von Thurndorf über. Später unterstand Troschenreuth dem bischöflichen Amt in Stierberg, ehe es 1541 endgültig in den Besitz der bayerischen Herzöge überging. Neben der Landwirtschaft spielte schon im 17. Jahrhundert der Abbau von Farberde eine wichtige Rolle. Im April 1945 wurde Troschenreuth von amerikanischer Artillerie beschossen. Dabei wurde die Kirche fast vollständig zerstört.

Abbildung 67: Fotocollage von Ansichten Troschenreuths.

Abbildung 68: Ausschnitt aus einer alten Postkarte: Handlung von Georg Kormann.

Abbildung 69: Die Ruine der Troschenreuther Kirche nach dem Artilleriebeschuss im Zweiten Weltkrieg, kleine Abbildung: historische Postkarte. Pfarrkirche St. Martin um 1900.

Gebiets-reform 1972 – 1978

Abbildung 70:
Ausschnitt aus einer historischen Postkarte: Totalansicht von Troschenreuth.

Abbildung 71:
Marterl in Troschenreuth.

Kleinkrausmühle

Einwohner: 7

Großkrausmühle

Einwohner: 10

Birklmühle

Einwohner: 4

Abbildung 72:
Großkrausmühle.

Abbildung 73:
Kleinkrausmühle.

Abbildung 74/75:
Historische Postkarten aus Trockau.

Abbildung 76:
Blick auf das Trockauer Schloss.

Trockau mit den Weilern Hedelmühle, Herrenmühle, Vestenmühle und Ziegelhütte

Einwohner: 431
Fläche: 3,827 km²
Zeitpunkt der Eingemeindung: 1. Mai 1978
unter Bürgermeister Max Löffler

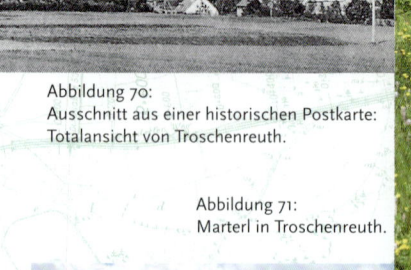

Abbildung 77:
Blick auf Trockau mit Pfarrkirche.

Mit 431 Einwohnern westlich der Autobahn gelegen, hat der durch Schloss und Pfarrkirche geprägte Ort neben seiner landwirtschaftlichen Funktion eine verhältnismäßig stark entwickelte Fremdenverkehrs- und Wohnfunktion. Für das Ortsbild entscheidend ist das dominierende Schloss über dem bewaldeten Hangsporn.
Der Ort erscheint erstmals 1273 als Beiname eines adeligen Urkundenzeugen namens Werner, der sich nach seiner dortigen Burg de Trogave nannte. Wahrscheinlich durch Heirat kam um 1287 mit Boppo Groß ein Angehöriger jenes Geschlechts in den Besitz der Burg, das von da an bestimmend für die Geschichte des Ortes wurde. Ursprünglich Dienstmannen der Grafen von Schlüsselfeld, unterstellten sie sich später den Landgrafen von Leuchtenberg. Unter deren Oberherrschaft erhielt Trockau wohl auch das Marktrecht. Nach dem Aussterben der Leuchtenberger wurde die Hofmark Trockau zunächst als Wittelsbacher Territorium dem Amt

Abbildung 78:
Ortskern Trockau.

Abbildung 79:
Trockau.

Gebiets-reform 1972 – 1978

Hollenberg in Büchenbach unterstellt, ehe es 1737 für reichsunmittelbar erklärt wurde und 1829 sogar ein Patrimonialgericht erster Klasse erhielt. Das heutige Schloss entstand zwischen 1769 und 1779. Kirchlich gehörte Trockau bis 1669 zu Lindenhardt und wurde mit der Reformation 1550 evangelisch-lutherisch. Nach der Trennung von Lindenhardt im Jahre 1669 betreute der katholische Pfarrer von Hohenmirsberg Trockau. Ab 1703 übernahm die Seelsorge ein Schlossgeistlicher. Von 1812 bis 1925 bestand ein unabhängiges Schlossbenefizium. Danach wurde Trockau in ein Kuratbenefizium der Pfarrei Büchenbach umgewandelt. Die Schlosskapelle konnte seit 1475 von den Dorfbewohnern mit benutzt werden.

Erst 1950 erhielt Trockau mit der St.-Thomas-Kirche ein eigenes Gotteshaus.

Abbildung 80:
Hedelmühle.

Abbildung 81 (li.):
Herrenmühle.

Hedelmühle

Einwohner: 4

Herrenmühle

Einwohner: 6

Vestenmühle

Einwohner: 4

Ziegelhütte

Einwohner: 5
(jetzt Herrenmühle zugeordnet)

Abbildungen 82 (o.)/83 (li.):
Die Vestenmühle und Blick auf Ziegelhütte.

Abbildung 84:
Ansicht von Willenreuth.

Willenreuth als Gemeindeteil von Elbersberg

Einwohner: 236
Fläche: 1,911 km²
Zeitpunkt der Eingemeindung: 1. Mai 1978
unter Bürgermeister Rupprecht, Elbersberg

Der Ort mit 260 Einwohnern liegt südwestlich von Pegnitz. Er war zum Zeitpunkt der Gebietsreform ein Teil der Gemeinde Elbersberg, die überwiegend in die Stadt Pottenstein eingegliedert wird. Im Ort sind landwirtschaftliche und Wohnfunktionen nebeneinander vorhanden.

Willenreuth wird erstmals 1109 urkundlich genannt. Seinen Namen hat es vermutlich von der Pfalzgräfin Willa, die im benachbarten Elbersberg begütert war und mit ihrem Gemahl Aribo das Kloster Weißenohe stiftete. Nachdem es zeitweise im Besitz eines Ulrich Hager gewesen war, kam Willenreuth 1418 in den Besitz der Mecher von Kühlenfels. Damals gab es in Willenreuth zwei Höfe und eine Reihe von Söldenhäusern. Beim Rittergut Kühlenfels verblieb Willenreuth bis ins 19. Jahrhundert.

Abbildungen 85 (o.)/86 (li.):
Aufnahmen im Ortskern von Willenreuth.

Gebietsreform 1972 – 1978

Zips mit den Gemeindeteilen Langenreuth und Stemmenreuth

Abbildungen 87 (re.)/88 (u.)/89 (u.): Historische Postkarten von Zips.

Abbildung 90: Blick auf Zips.

Einwohner: 149
Fläche: 9,983 km²
Zeitpunkt der Eingemeindung: 1. Mai 1978
unter Bürgermeister Josef Lindner

Der landwirtschaftlich strukturierte Ort Zips liegt im Talbereich des Erlenbaches und des Zipser Mühlbaches östlich der Bundesstraße 2 und der Bahnlinie Nürnberg–Bayreuth. Im Ursprung dürfte Zips als reines Straßendorf entstanden sein.

Das Dorf taucht unter dem Namen Chotzen als Bestandteil des Bamberger Erbtruchsessenlehens schon um das Jahr 1000 in den Urkunden auf. Der Zipser Zehnten wurde als Bamberger Mannlehen bis 1803 von Bamberg vergeben. Die Lehensbücher führen zuletzt 24 Zehntpflichtige auf, was beweist, dass es sich bei Zips schon immer um einen größeren Ort handelte. Er ist wie Leups wahrscheinlich eine slawische Gründung.

1385 erwarb das Kloster Michelfeld in Zübitz 2 halbe Höfe und 2 Güter. Der größte Teil der Ortschaft und die Wiesmahd im Weiherbachtal hatten jedoch die Herren von Rabenstein und Wirsberg inne. Neben Zips gab es bis ins 15. Jahrhundert den nur aus drei Anwesen bestehenden Weiler Eibenstock, der wahrscheinlich während der Hussitenkriege zerstört wurde.

Eibenstock gehörte schon seit 1357 zum Amt Böheimstein, während Zips zuerst durch den Schiedsspruch von 1412, in dem die Grenzstreitigkeiten zwischen den Burggrafen von Nürnberg und den Herzögen von der Pfalz beigelegt wurden, zum Amt Böheimstein kam.

Abbildung 91: Detailaufnahme in Zips.

Da die Zipser Zehnten seit dem 17. Jahrhundert im Besitz der Stadt Pegnitz war, bestand zwischen der Stadt und ihrem östlichen Nachbarn schon früh ein besonders enges Verhältnis. Seine Lage an der Handelsstraße von Nürnberg nach Leipzig bescherte den Zipsern wegen der Vorspanndienste lange besonderen Wohlstand. Während des Eisenbahnbaus erreichte die Ortschaft zeitweise eine Einwohnerzahl von über 500.

Die Gemeinde Zips umfasst bis zum Zeitpunkt der Eingemeindung zehn Ortsteile.

Abbildung 92:
Ortskern von Langenreuth.

Gebietsreform 1972 – 1978

Langenreuth

Einwohner: 115

war ein Teil der Gemeinde Zips. Der auf der Jurahöhe auf ca. 530 m üNN liegende Ort ist durch eine aus Gärten und Obstbaumwiesen bestehende Grünzäsur in zwei Teile gegliedert. Der alte, landwirtschaftlich geprägte Ort liegt im Osten von Langenreuth, während der westliche Teil vor allem Wohngebiet ist.

Während der beiden Weltkriege wurde in Langenreuth in großem Umfang Eisenerz abgebaut. Im Norden des Ortes im Untertagebau (ca. 8 m unter der Erdoberfläche) und im Westen und Nordwesten von Langenreuth im Tagebau. Bergschäden sind heute noch zu erkennen.

Der Ort erscheint erstmals 1490 als „Zugehörung" des Rittergutes Schnabelwaid. Die Herren von Künsberg trugen ihren Besitz dem Markgrafen zu Lehen an, wogegen die Pfalz Einspruch erhob. In einem Schiedsspruch von 1541 wurde Langenreuth der Pfalz zugesprochen, was aber an den tatsächlichen Besitzverhältnissen wenig änderte. Dieser Zustand blieb bis 1803.

Abbildung 93:
Ansicht von Stemmenreuth.

Stemmenreuth

Einwohner: 74

Der Ort ist durch den Talraum des Zipser Mühlbaches in zwei gut ablesbare Einheiten gegliedert. Beide Ortsteile sind überwiegend landwirtschaftlich geprägt.

Als „Steinmarsriut" wird es 1280 im Salbuch Herzog Ludwigs des Strengen erstmals erwähnt. Der Name bedeutet Rodung eines Steinmar. Es gehörte zum bayerischen Amt Thurndorf, kam später in Schlüsselberger Besitz und ging von diesen auf die Landgrafen von Leuchtenberg über, die es 1355 zusammen mit Pegnitz an Kaiser Karl IV. verkauften. Dieser teilte es 1357 seinem neu gegründeten Amt Böheimstein zu. Damals umfasste Stemmenreuth 6 Höfe. Mit dem Amt Böheimstein kam das Dorf 1412 unter die Herrschaft der Hohenzollern und wurde nach kurzem preußischen Zwischenspiel 1810 wieder bayerisch.

Abbildung 95:
Historische Postkarte von Stemmenreuth.

Abbildung 94:
Stimmungsaufnahme in Stemmenreuth.

Literatur

„Pegnitzer Stadtteile", Infoheft der Nordbayerischen Nachrichten von 1981

„Unser Landkreis Bayreuth", eine Broschüre des Landkreises Bayreuth von 1983

Steuerbarer Umsatz²) je Steuerpflichtigen in 1

900 800 700 600 500 400 300 200 100 0

1986 1988 1990 1992 1994 1996 1997 1998 1999

Bevölkerungsentwicklung

1900 1925 1939 1950 1961 1970 1987 2000

	Lohn- und Einkommensteuerpflichtige	Gesamtbetrag der Einkünfte	Lohn- und Einkommensteuer
	Anzahl	1 000 €	
1980	4 356	70 554	11 093
1983	4 551	77 685	12 151
1986	4 801	92 475	14 993
1989	4 832	111 221	18 713
1992	4 989	139 491	22 403
1995	4 951	144 442	22 128

Menschen – Daten – Zahlen

Statistischer Anhang

Menschen – Daten – Zahlen

Die Bürgermeister von Pegnitz seit 1882

1. Ponfick, Leonhard
1. Bürgermeister
vom 12. Januar 1882 bis 21. November 1905;
Ehrenbürger, berufen am 28. August 1906

2. Bauer, Michael
1. Bürgermeister
vom 21. November 1905 bis Dezember 1909

3. Rixner, Max
1. Bürgermeister
vom 26. Januar 1910 bis Dezember 1918

4. Steger, Johann
1. Bürgermeister
vom 16. Juni 1919 bis 7. Dezember 1924

5. Gentner, Hans
1. Bürgermeister vom 7. Dezember 1924
bis 23. März 1933 und vom 29. April 1945
bis 1. Februar 1946; MdL und Staatssekretär
im Landwirtschaftministerium;
Altbürgermeister

6. Heiß, Friedrich
1. Bürgermeister
vom 26. April 1933 bis 9. Februar 1934

Menschen – Daten – Zahlen

7. Schauer, Georg
2. Bürgermeister
vom 26. April 1933 bis 19. April 1934;
1. Bürgermeister
vom 19. April 1934 bis 16. Februar 1937

8. Remmel, Wilhelm
1. Bürgermeister
vom 16. Februar 1937 bis 8. Mai 1945

9. Mellinghoff, Ernst
2. Bürgermeister
vom 29. April 1945 bis Januar 1946;
1. Bürgermeister
vom 1. Februar 1946 bis 31. März 1952

10. Sammet, Christian
1. Bürgermeister vom 1. April 1952
bis 30. Juni 1972; Altbürgermeister und
Ehrenbürger, berufen am 28. Juni 1972;
verstorben am 14. Juli 1979

11. Löhr, Konrad
1. Bürgermeister von 1972 bis 1982;
Landrat a.D.; verstorben am 10. Juli 1982

12. Thümmler, Manfred
1. Bürgermeister seit 10. Oktober 1982

Bayerisches Landesamt für
Statistik und Datenverarbeitung

STATISTIK *kommunal* | 2003

Stadt Pegnitz

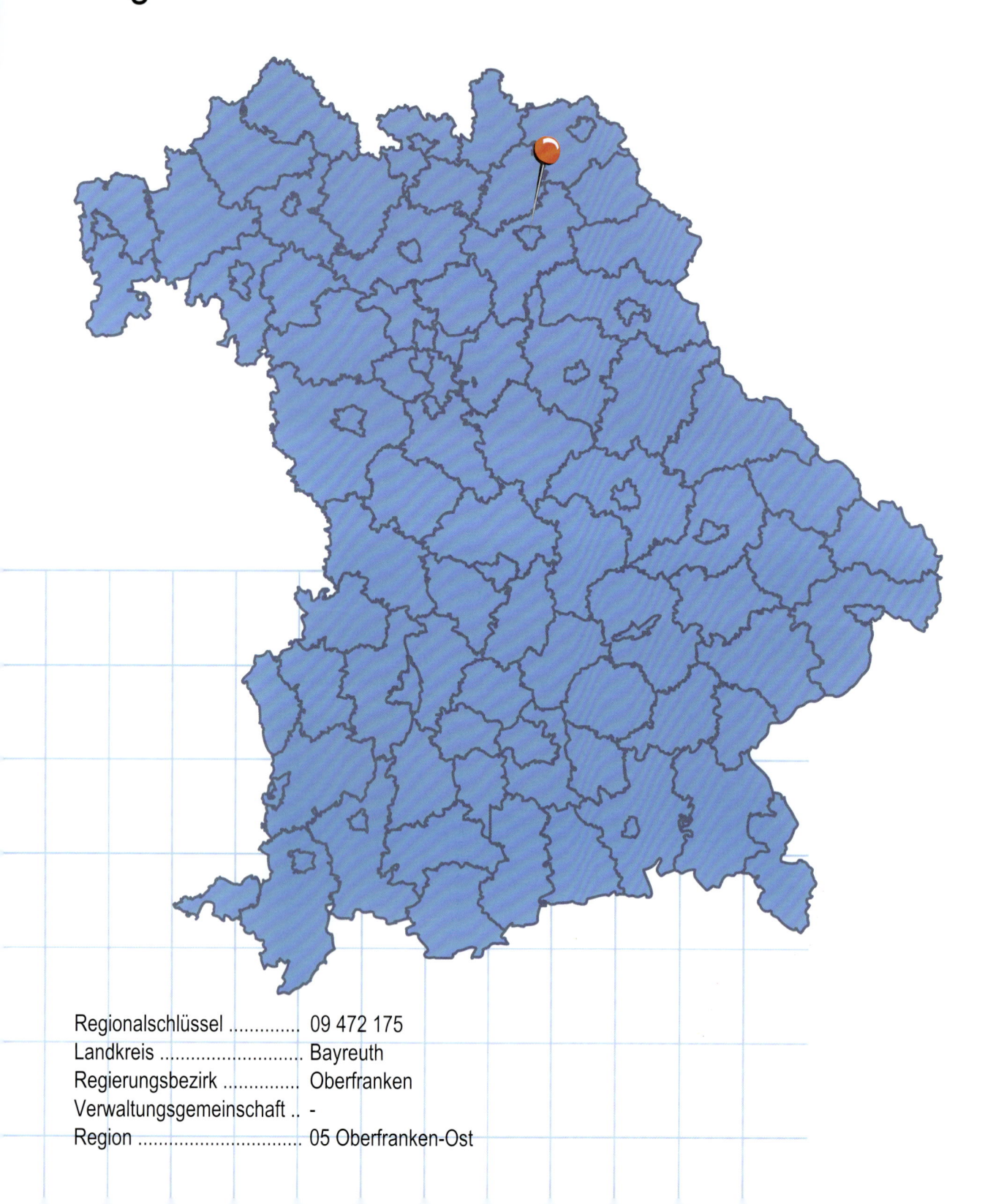

Regionalschlüssel 09 472 175
Landkreis .... Bayreuth
Regierungsbezirk .... Oberfranken
Verwaltungsgemeinschaft .. -
Region .... 05 Oberfranken-Ost

Bevölkerungsentwicklung seit 1840

Stichtag	Bevölkerung insgesamt	Veränderung 31.12.2002 gegenüber ... in %	Einwohner je km²
01.12.1840	5 788	147,6	58
01.12.1871	5 838	145,5	58
01.12.1900	6 230	130,0	62
16.06.1925	6 733	112,8	67
17.05.1939	7 872	82,0	79
13.09.1950	11 902	20,4	119
06.06.1961	12 973	10,5	130
27.05.1970	14 134	1,4	141
25.05.1987	13 282	7,9	133
31.12.2002	14 330	X	143

Jahr	Bevölkerung am 31. Dezember ... insgesamt	Veränderung zum Vorjahr Anzahl	%
1993	14 096	- 10	- 0,1
1994	14 317	221	1,6
1995	14 447	130	0,9
1996	14 376	- 71	- 0,5
1997	14 359	- 17	- 0,1
1998	14 350	- 9	- 0,1
1999	14 381	31	0,2
2000	14 427	46	0,3
2001	14 390	- 37	- 0,3
2002	14 330	- 60	- 0,4

Bevölkerungsentwicklung

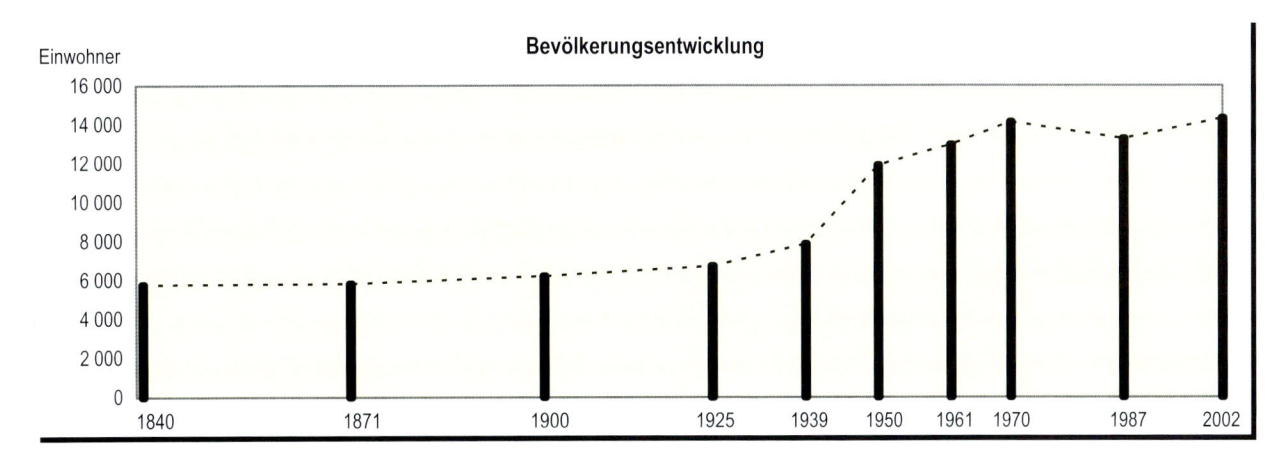

Bevölkerung 1970, 1987 und 2002 nach Altersgruppen und Geschlecht

Alter von ... bis unter ... Jahre	27. Mai 1970 insgesamt Anzahl	%	weiblich Anzahl	%	25. Mai 1987 insgesamt Anzahl	%	weiblich Anzahl	%	31. Dezember 2002 insgesamt Anzahl	%	weiblich Anzahl	%
unter 6	1 366	9,7	657	8,9	841	6,3	441	6,4	767	5,4	399	5,4
6 - 15	2 165	15,3	1 056	14,2	1 279	9,6	626	9,0	1 438	10,0	682	9,2
15 - 18	609	4,3	317	4,3	582	4,4	282	4,1	485	3,4	256	3,5
18 - 25	1 082	7,7	541	7,3	1 542	11,6	736	10,6	1 199	8,4	605	8,2
25 - 30	984	7,0	500	6,7	993	7,5	472	6,8	776	5,4	405	5,5
30 - 40	2 003	14,2	969	13,1	1 694	12,8	805	11,6	2 268	15,8	1 077	14,6
40 - 50	1 817	12,9	985	13,3	1 862	14,0	914	13,2	2 069	14,4	992	13,4
50 - 65	2 248	15,9	1 288	17,4	2 403	18,1	1 271	18,4	2 700	18,8	1 347	18,2
65 oder mehr	1 860	13,2	1 100	14,8	2 086	15,7	1 377	19,9	2 628	18,3	1 629	22,0
Insgesamt	**14 134**	**100**	**7 413**	**100**	**13 282**	**100**	**6 924**	**100**	**14 330**	**100**	**7 392**	**100**

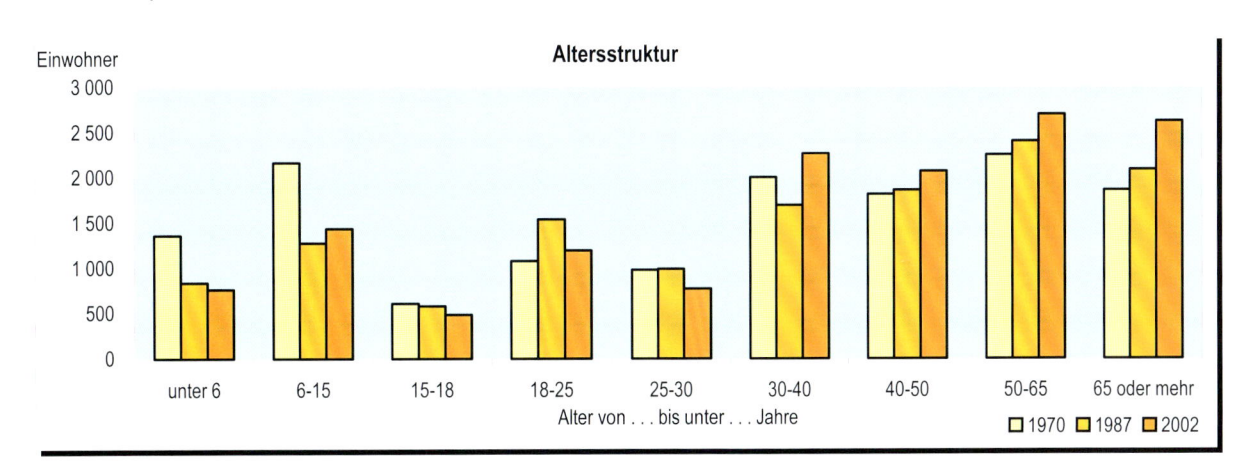

Altersstruktur

Bevölkerungsbewegung seit 1960

Jahr	Natürliche Bevölkerungsbewegung				Wanderungen				Bevölkerungs-zunahme bzw. -abnahme (-)
	Lebendgeborene		Gestorbene		Zugezogene		Fortgezogene		
	insgesamt	je 1 000 Einwohner	insgesamt	je 1 000 Einwohner	insgesamt	je 1 000 Einwohner	insgesamt	je 1 000 Einwohner	
1960	261	.	128	.	632	49,4	615	48,1	150
1970	186	.	180	.	763	54,1	716	50,8	53
1980	133	9,9	198	14,8	391	29,5	493	37,2	- 167
1990	158	11,6	176	12,9	914	66,2	481	34,9	415
1997	129	9,0	186	13,0	579	40,3	539	37,5	- 17
1998	115	8,0	163	11,4	603	42,0	564	39,3	- 9
1999	126	8,8	139	9,7	650	45,2	606	42,1	31
2000	148	10,3	157	10,9	660	45,7	605	41,9	46
2001	118	8,2	174	12,1	601	41,8	582	40,4	- 37
2002	112	7,8	144	10,0	528	36,8	556	38,8	- 60

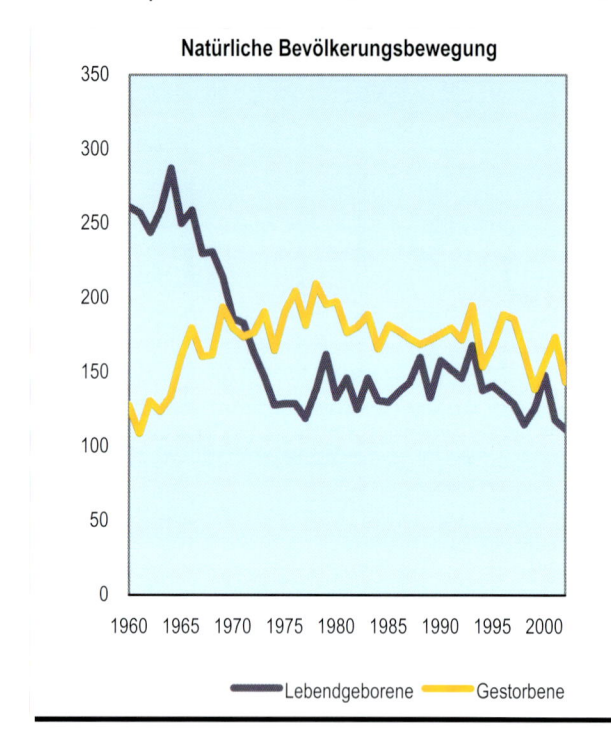

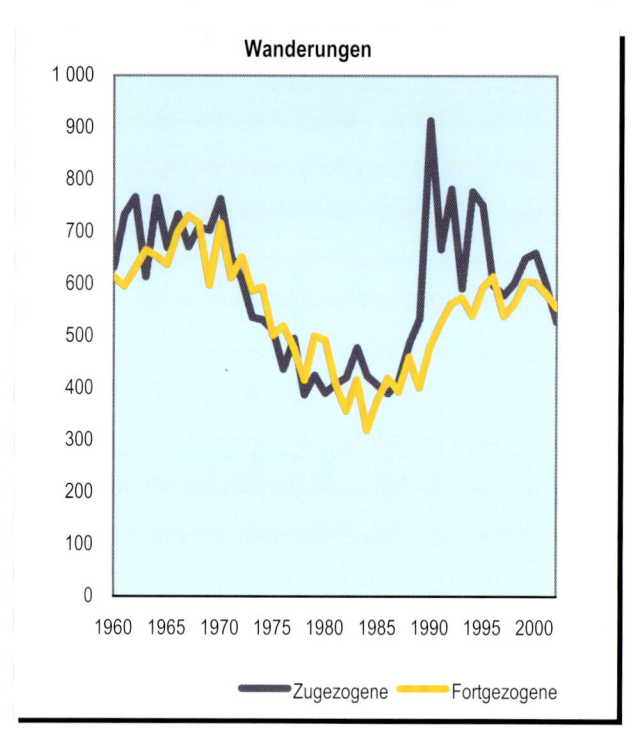

Sozialversicherungspflichtig beschäftigte Arbeitnehmer seit 1985

Merkmal	Sozialversicherungspflichtig beschäftigte Arbeitnehmer am 30. Juni					
	1985	1990	1999	2000	2001	2002
Beschäftigte am Arbeitsort	5 179	5 423	4 901	4 879	4 882	4 804
dav. männlich	3 294	3 357	2 908	2 864	2 843	2 730
weiblich	1 885	2 066	1 993	2 149	2 039	2 074
dav.[1]) Land- und Forstwirtschaft, Tierhaltung, Fischerei	90	41	X	X	X	X
Produzierendes Gewerbe	3 545	3 476	X	X	X	X
Handel, Verkehr und Nachrichtenübermittlung	564	618	X	X	X	X
Sonstiger Bereich (Dienstleistungen)	980	1 288	X	X	X	X
dav.[2]) Land- und Forstwirtschaft, Fischerei	X	X	36	34	24	26
Produzierendes Gewerbe	X	X	2 761	2 623	2 631	2 513
Handel, Gastgewerbe und Verkehr	X	X	844	949	952	952
Sonstige Dienstleistungen	X	X	1 258	1 272	1 272	1 312
Beschäftigte am Wohnort	.	.	4 976	4 989	4 989	5 027
Pendlersaldo[3])	.	.	- 75	- 110	- 107	- 223

[1]) Systematik der Wirtschaftszweige, Fassung für die Berufszählung 1970. - [2]) Klassifikation der Wirtschaftszweige, Ausgabe 1993 (WZ 93).
[3]) Beschäftigte am Arbeitsort abzüglich Beschäftigte am Wohnort.

Bestand an Wohngebäuden und Wohnungen am 31. Dezember 1990, 1995, 2000 und 2002

Merkmal	Bestand am 31. Dezember							
	1990		1995		2000		2002	
	Anzahl	%	Anzahl	%	Anzahl	%	Anzahl	%
Wohngebäude	3 043	100	3 267	100	3 482	100	3 536	100
dav. mit 1 Wohnung	1 800	59,2	1 907	58,4	2 044	58,7	2 080	58,8
2 Wohnungen	885	29,1	936	28,7	992	28,5	1 008	28,5
3 oder mehr Wohnungen	358	11,8	424	13,0	446	12,8	448	12,7
Wohnungen in Wohngebäuden	5 207	100	5 829	100	6 241	100	6 316	100
dar. in Wohngebäuden mit								
2 Wohnungen	1 770	34,0	1 872	32,1	1 984	31,8	2 016	31,9
3 oder mehr Wohnungen	1 637	31,4	2 050	35,2	2 213	35,5	2 220	35,1
Wohnungen in Wohn- und Nichtwohngebäuden	5 356	100	5 982	100	6 419	100	6 495	100
dav. mit 1 Raum	42	0,8	54	0,9	58	0,9	58	0,9
2 Räumen	159	3,0	206	3,4	249	3,9	250	3,8
3 Räumen	924	17,3	1 045	17,5	1 093	17,0	1 103	17,0
4 Räumen	1 421	26,5	1 583	26,5	1 664	25,9	1 657	25,5
5 Räumen	1 152	21,5	1 286	21,5	1 354	21,1	1 366	21,0
6 Räumen	720	13,4	787	13,2	855	13,3	878	13,5
7 oder mehr Räumen	938	17,5	1 021	17,1	1 146	17,9	1 183	18,2
Wohnfläche der Wohnungen in Wohn- und Nichtwohngebäuden in m²	504 426	X	564 397	X	611 154	X	621 497	X
Durchschnittliche Wohnfläche je Wohnung in m²	94,2	X	94,3	X	95,2	X	95,7	X
Räume der Wohnungen in Wohn- und Nichtwohngebäuden	26 238	X	29 066	X	31 358	X	31 893	X
Durchschnittliche Raumzahl je Wohnung	4,9	X	4,9	X	4,9	X	4,9	X

Flächenerhebungen am 31. Dezember 1980, 1996 und 2000 (Gebietsstand: 1. Januar 2001)

Nutzungsart	Fläche am 31. Dezember					
	1980		1996		2000	
	ha	%	ha	%	ha	%
Gebäude- und Freifläche	337	3,4	467	4,7	507	5,1
Betriebsfläche	19	0,2	27	0,3	30	0,3
dar. Abbauland	13	0,1	16	0,2	16	0,2
Erholungsfläche	13	0,1	18	0,2	22	0,2
dar. Grünanlagen	1	0,0	3	0,0	6	0,1
Verkehrsfläche	566	5,7	631	6,3	644	6,4
dar. Straßen, Wege, Plätze	509	5,1	574	5,7	588	5,9
Landwirtschaftsfläche	5 120	51,2	4 903	49,0	4 792	47,9
Waldfläche	3 821	38,2	3 831	38,3	3 879	38,8
Wasserfläche	44	0,4	49	0,5	47	0,5
Flächen anderer Nutzung	83	0,8	78	0,8	81	0,8
Gebietsfläche insgesamt	**10 003**	**100**	**10 003**	**100**	**10 003**	**100**
dar. Siedlungs- und Verkehrsfläche	922	9,2	1 131	11,3	1 193	11,9

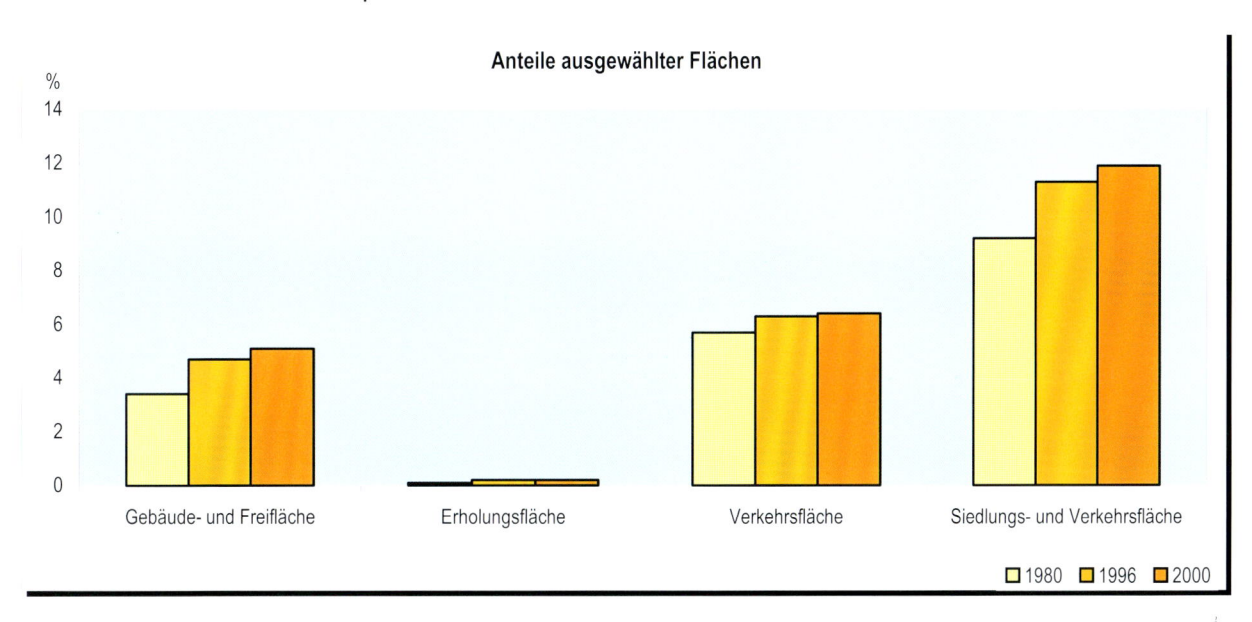

Allgemein bildende Schulen und Wirtschaftsschulen 2002/2003

Schulart	Schulen	davon öffentlich	davon privat	Lehrkräfte	vollzeitbeschäftigt	darunter männlich	teilzeitbeschäftigt	darunter männlich
Volksschulen	2	2	-	57	36	18	21	-
Volksschulen für Behinderte	1	-	1	15	5	5	10	1
Realschulen	1	1	-	33	27	15	6	1
Realschulen für Behinderte	-	-	-	-	-	-	-	-
Wirtschaftsschulen	-	-	-	-	-	-	-	-
Gymnasien	1	1	-	61	51	35	10	2
Gesamtschulen	-	-	-	-	-	-	-	-
Freie Waldorfschulen	-	X		-	-	-	-	-
Schulartunabhängige Orientierungsstufe	-	-	-	-	-	-	-	-
Sonst. allgem. bild. Schulen[1]	-	-	-	-	-	-	-	-
Schulen des zweiten Bildungswegs[2]	-	-	-	-	-	-	-	-
Allgemein bildende Schulen insgesamt	**5**	**4**	**1**	**166**	**119**	**73**	**47**	**4**

Schulart	insgesamt	1	2	3	4	5	6	7	8	9	10	11	12	13
Klassen														
Volksschulen[3]	40	5	5	6	5	3	3	4	4	4	1	X	X	X
Volksschulen für Behinderte[3]	10	2	1	1	1	1	1	1	1	-	-	.	.	.
Realschulen	23	X	X	X	X	5	4	3	3	4	4	X	X	X
Realschulen für Behinderte	-	X	X	X	X	-	-	-	-	-	-	-	-	X
Wirtschaftsschulen	-	X	X	X	X	X	X	-	-	-	-	-	X	X
Gymnasien	29	X	X	X	X	4	5	5	4	4	4	3	X	X
Gesamtschulen	-	X	X	X	X	-	-	-	-	-	-	X	X	X
Freie Waldorfschulen[3]	-	-	-	-	-	-	-	-	-	-	-	-	-	-
Schulartunabhängige Orientierungsstufe	-	X	X	X	X	-	-	X	X	X	X	X	X	X
Sonst. allgem. bild. Schulen[1]	.	.	.	.	.	.	.	.	.	.	.	.	.	.
Schulen des zweiten Bildungswegs[2]	-	X	X	X	X	X	X	X	X	X	X	X	X	X
Allgemein bildende Schulen insgesamt[4]	**102**	**7**	**6**	**7**	**6**	**13**	**13**	**13**	**12**	**12**	**9**	**3**	**-**	**-**
Schüler														
Volksschulen	983	130	138	156	137	69	71	75	88	99	20	X	X	X
Volksschulen für Behinderte	127	28	9	14	12	11	13	15	16	9	-	.	.	.
Realschulen	661	X	X	X	X	134	122	74	85	129	117	X	X	X
Realschulen für Behinderte	-	X	X	X	X	-	-	-	-	-	-	-	-	X
Wirtschaftsschulen	-	X	X	X	X	X	X	-	-	-	-	-	X	X
Gymnasien	988	X	X	X	X	123	134	132	121	114	116	91	86	71
Gesamtschulen	-	X	X	X	X	-	-	-	-	-	-	X	X	X
Freie Waldorfschulen	-	-	-	-	-	-	-	-	-	-	-	-	-	-
Schulartunabhängige Orientierungsstufe	-	X	X	X	X	-	-	X	X	X	X	X	X	X
Sonst. allgem. bild. Schulen[1]	.	.	.	.	.	.	.	.	.	.	.	.	.	.
Schulen des zweiten Bildungswegs[2]	-	X	X	X	X	X	X	X	X	X	X	X	X	X
Allgemein bildende Schulen insgesamt[4]	**2 759**	**158**	**147**	**170**	**149**	**337**	**340**	**296**	**310**	**351**	**253**	**91**	**86**	**71**

[1] Griechische Lyzeen, Europäische Schule, Munich International School, Bavarian International School, Deutsch-Französische Schule. Ausweis der Klassen und Schüler nach Bildungsbereichen. - [2] Abendrealschulen, Abendgymnasien, Kollegs. - [3] Ergebnisse nach Jahrgangsstufen ohne kombinierte Klassen und bei den Volksschulen für Behinderte ohne Klassen der Besuchsstufe. - [4] Ergebnisse nach Jahrgangsstufen ohne Sonst. allgemein bildende Schulen

Berufliche Schulen 2002/2003

Schulart	Schulen	davon öffentlich	davon privat	Lehrkräfte	davon vollzeit-besch.	dar. männl.	teilzeit-besch.	dar. männl.	Klassen	Schüler
Berufsschulen	1	1	-	18	13	9	5	-	35	770
Berufsschulen für Behinderte	-	-	-	-	-	-	-	-	-	-
Berufsfachschulen¹)	1	1	-	1	-	-	1	-	3	78
Berufsfachschulen des Gesundheitswesens	-	-	-	-	.	.	.	.	-	-
Landwirtschaftsschulen	-	-	-	-	-	-	-	-	-	-
Fachschulen (ohne Landwirtschaftsschulen)	1	1	-	10	6	5	4	3	4	100
Fachoberschulen	-	-	-	-	-	-	-	-	-	-
Berufsoberschulen	-	-	-	-	-	-	-	-	-	-
Fachakademien	-	-	-	-	-	-	-	-	-	-
Berufliche Schulen insgesamt²)	**3**	**3**	**-**	**29**	**19**	**14**	**10**	**3**	**42**	**948**

¹) Ohne Wirtschaftsschulen und ohne Berufsfachschulen des Gesundheitswesens. - ²) Ergebnisse nach Art der Beschäftigung und Geschlecht der Lehrkräfte ohne Berufsfachschulen des Gesundheitswesens.

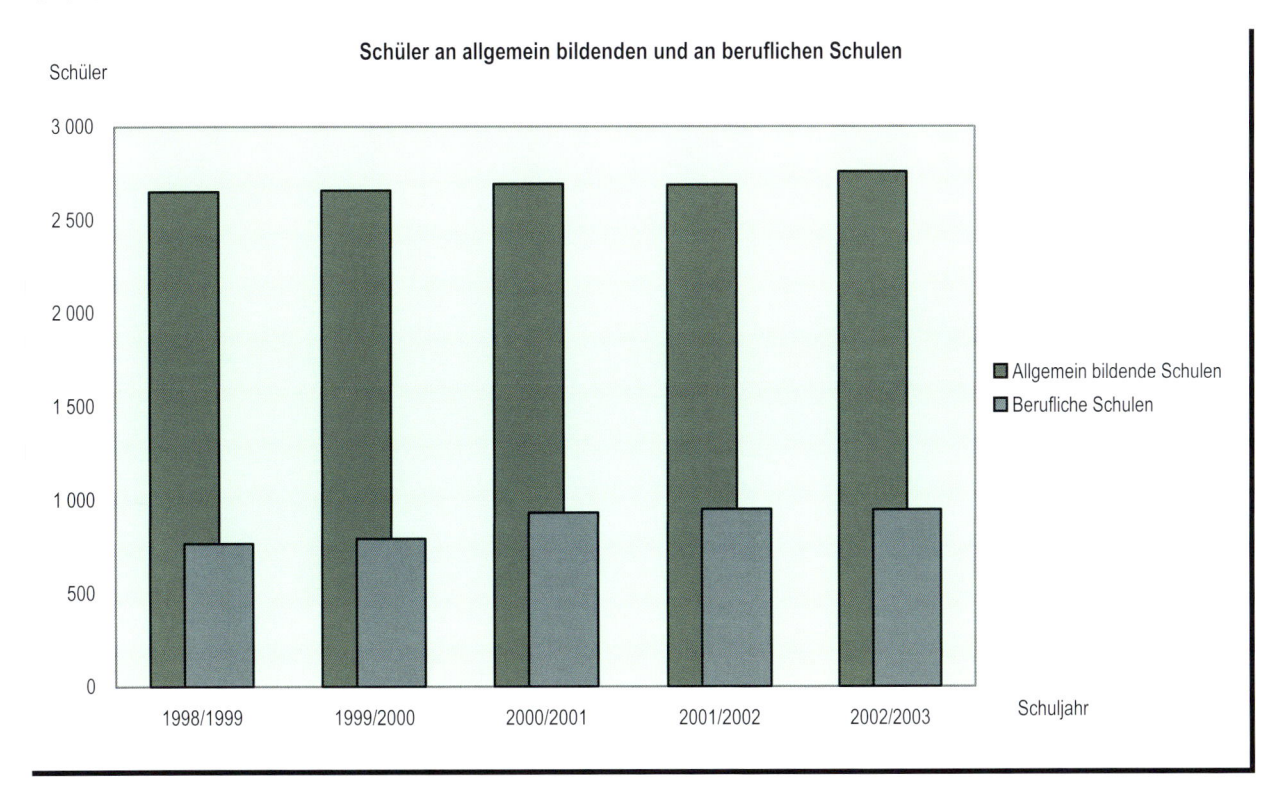

Schüler an allgemein bildenden und an beruflichen Schulen

Kindergärten seit 1975

Stichtag	Kindergärten	Kindergartenplätze	Pädagogisches Personal	Betreute Kinder insgesamt	davon ganztags	davon halbtags	Betreute fünfjährige Kinder	Betreute ausländische Kinder¹)
01.01.1975	2	190	14	265	125	140	70	.
01.01.1980	2	203	15	258	79	179	106	.
01.01.1985	4	277	23	404	67	337	127	3
01.01.1990	6	315	32	404	72	332	138	2
01.01.1995	9	490	48	446	400	46	139	25
01.01.2000	8	430	45	433	204	229	133	17
01.01.2001	8	430	46	438	208	230	147	12
01.01.2002	8	445	42	428	184	244	117	11

¹) Ab 1999: einschließlich Kinder von Asylbewerbern.

Alle Statistiken: © Bayerisches Landesamt für Statistik und Datenverarbeitung, München 2004

Die Autoren

Die Autoren des Buches stellen sich vor ...

Rudolf Dippe

geboren 1931 in Selb, aufgewachsen in Selb und Dachau, Abitur am Ludwigs-Gymnasium in München, Studium an der Ludwig-Maximilians-Universität München (Germanistik, Geschichte, Anglistik), Staatsexamen für das Lehramt an Höheren Schulen, Unterricht an verschiedenen Schulen (München, Windsbach, Weilheim, Lauingen), seit 1959 am Gymnasium Pegnitz (damals noch Oberrealschule im Aufbau), zuletzt als Studiendirektor (Fachbetreuer Deutsch). Ehrenamtliches Engagement: Stadtrat, Kirchenvorsteher, Mitglied im Dekanatsausschuss und Präsidium der Dekanatssynode, Mitarbeit im Evangelischen Bildungswerk und im Zentralen Diakonieverein.

Wolfgang Handrick

Dr. Wolfgang Handrick wurde 1936 in Bautzen geboren. Nach seiner Flucht in die Bundesrepublik arbeitete er zunächst als Lagerist, dann als Bürokraft. Durch den Besuch des Abendgymnasiums erwarb er das Abitur. Er studierte Geschichte, Germanistik und Philosophie in Münster/Westf. und Erlangen. 1984 promovierte er in Neuerer Geschichte. Er war anschließend beruflich im Archivwesen tätig. Seit 2002 lebt er in Neuhaus/Pegnitz. Aus Handricks Feder stammen mehrere wissenschaftliche und belletristische Arbeiten.

Die Autoren

Helmut Heinrich

wurde 1953 in Gundelfingen/Donau geboren. Er kam 1984 als Notar nach Pegnitz und ist seit Gründung des Städtepartnerschaftsvereins Pegnitz e.V. dessen 1. Vorsitzender.

Herbert Lauterbach

Dipl.-Verwaltungswirt (FH), Verw.-Oberamtsrat, geb. 1956 in Nemschenreuth, Volksschule in Hainbronn und Pegnitz, mittlere Reife an der Realschule Pegnitz. Ab 1. September 1972 Ausbildung im gehobenen nichttechnischen Verwaltungsdienst beim Freistaat Bayern. Mit Beschäftigungsauftrag Anfang 1978 Abordnung ans Gymnasium Pegnitz. Anstellungsprüfung im Juni 1978; danach in folgenden staatlichen Dienststellen: Gymnasium Pegnitz, Landratsamt Kulmbach, Verwaltungsgericht München und Landratsamt Bamberg. Zum 1. Juli 1980 Wechsel zur Stadt Bayreuth; seit 1. Oktober 1982 bei der Stadt Pegnitz, dort seit 1. Februar 1988 geschäftsleitender Beamter.

Manfred Peer

geboren am 1. Mai 1947 in Pegnitz, verheiratet, zwei Kinder; Dipl.-Verwaltungswirt (FH), seit 1. April 1999 Vorstandsvorsitzender des selbständigen Kommunalunternehmens Stadtkrankenhaus Pegnitz.

Die Autoren

Walter Pflaum

geboren am 14. März 1952 in Pegnitz, bis 1966 Besuch der Grund- und Hauptschule, seit 1966 beschäftigt bei der Stadt Pegnitz, Verwaltungsamtmann, zuständig für Schulen, Kindergärten, Freizeiteinrichtungen (Freibad, Hallenbad, Eisstadion, Spiel- und Bolzplätze), Sportamt.

Manfred Richter

geboren am 7. Mai 1944 in Asch/CSR
Grundschule in Wallenfels und Gemeinschaftsschule in Pegnitz
mittlere Reife Städt. Handelsschule Bayreuth
1961 bis 1964 Industriekaufmann Firma Poser, Pegnitz
1964 bis 1968 Bundeswehr
1968 bis heute Verwaltungsbeamter bei der Stadt Pegnitz
Derzeit städt. Abteilungsleiter und Geschäftsführer der Volkshochschule.

Karl Ross

geb. am 14. Januar 1947 in Pegnitz; Lehrer für Sport und Biologie am Gymnasium Pegnitz; sportliche Betätigung im Handball und im Eishockey; Trainer der Handball-Männermannschaften im ASV Pegnitz seit mehr als 30 Jahren.

Die Autoren

Werner Schaller

Regierungsdirektor, seit 1987 Leiter der Bayerischen Justizschule Pegnitz, wurde am 25. September 1943 in Köditz bei Hof geboren. Nach Abschluss der Schule, Militärdienst und Ausbildung in Hof und Starnberg trat er 1969 seinen Dienst beim Amtsgericht Naila an. 1973 Versetzung zum Amtsgericht Hof, wo er von 1975 an mit dem Aufbau der Bayerischen Justizschule Pegnitz beauftragt war. Seit 1976 lebt er mit seiner Familie in Pegnitz.

Herbert Scherer

geboren 1929 in Bayreuth. Abitur an der dortigen Oberrealschule. Studium in München. Seit 1973 in Pegnitz: Tätig als Leiter des Gymnasiums (1973–1993), als Vorsitzender der Volkshochschule (1975–1985) und als Leiter des Wirtschaftskreises Pegnitz (1991–2003). Mitbegründer der Regionalgruppe Pegnitz des Universitätsvereins Bayreuth und des Arbeitskreises Schule und Wirtschaft in Pegnitz.

Franz Schindler

geboren am 23. Juli 1947 in Neuzirkendorf (Markt Kirchenthumbach)
Ausbildung zum Landwirtschaftsgehilfen in Michelfeld
Besuch der Technikerschule für Landbau in Triesdorf
Grundwehrdienst in Bayreuth und Weiden
Kaufmännisches Praktikum und Außendienstmitarbeiter in Pegnitz
Verwaltungsangestellter bei der ehemaligen Gemeinde Hainbronn
und seit 1978 in der Verwaltung der Stadt Pegnitz tätig.

Die Autoren

Peter Spätling

geboren am 24. April 1951 in Pegnitz;
Grundschule und Gymnasium in Pegnitz; Abitur 1970;
1971/72 Wehrdienst in Bayreuth
1972 bis 1978 Studium von Geografie, Geschichte und Germanistik in Regensburg
1978 bis 1980 Referendardienst in Nürnberg und Pegnitz
ab 1980 am Gymnasium Pegnitz
zurzeit Studiendirektor, Fachbetreuer Deutsch, Bibliotheksleiter; Verfasser mehrerer Bücher und zahlreicher Aufsätze zur Heimatkunde, Geschichte und Geografie von Pegnitz und der Fränkischen Schweiz.

Walter Tausendpfund

1944 geboren, nach dem Studium mehr als 30 Jahre als Lehrer am Gymnasium Pegnitz tätig. Daneben veröffentlichte er ab 1970 Beiträge zu südostasiatischer und deutscher Geschichte für „Holle Welt- und Kulturgeschichte" sowie „Holle Universalgeschichte". Seit 1974 veröffentlicht er immer wieder mundartliche Texte in Zeitschriften, im Rundfunk und in bisher etwa 20 Anthologien; hierzu kamen noch eigenständige „Mundartliche Beiträge" sowie Mundartstücke und Freilicht-Heimatspiele.
Seit 1976 publiziert er zu heimatgeschichtlichen Themen der Fränkischen Schweiz; einen besonderen Schwerpunkt bildete die jüdische Geschichte dieser Region.
Im Fränkische-Schweiz-Verein betreut er seit 1987 die Vereinszeitschrift.

Bärbl Völkl

Die studierte Betriebswirtin Bärbl Völkl (Jahrgang 1944) wuchs in Straubing auf. 1978 kam sie nach Pegnitz. Über viele Jahre war sie beim Nordbayerischen Kurier als Redakteurin tätig. Ihre Nachkriegsrecherche aus Pegnitz und Umgebung fand in der Dokumentation der Konrad-Adenauer-Stiftung Anerkennung. Darüber hinaus war sie fast zwei Jahrzehnte ehrenamtlich als geschäftsführende Vorsitzende der 32 Volkshochschulen im Landkreis Bayreuth, in der Vorstandschaft der Pegnitzer Volkshochschule wie als Medienrätin der „Mainwelle" und „Welle Plassenburg" tätig.

Die Autoren

Albin Völkl

geboren im Fichtelgebirge; Abitur am humanistischen Albertus-Magnus-Gymnasium in Regensburg; Studium und Staatsexamen in folgenden Fachgebieten: *Philosophie, Theologie, Altphilologie (Latein), Germanistik (Deutsch); Studiendirektor.*
Zwei wichtige berufliche Stationen: Anton-Bruckner-Gymnasium in Straubing (musisches Gymnasium); Gymnasium Pegnitz (naturwissenschaftl./neusprachliches Gymnasium).
Nach der Pensionierung Seminarleiter und Referent in der Hanns-Seidel-Stiftung im Rahmen der Seniorenseminare in Wildbad Kreuth und Kloster Banz; ehrenamtliche Tätigkeit in der Volkshochschule Pegnitz, Mitglied der Vorstandschaft, Geschäftsführer.

Roland Weiss

1938 in Creußen geboren, 1952 Lehre als Werkzeugmacher. Seit 1963 Kantor der evang.-luth. Kirchengemeinde, gleichzeitig Kirchenmusikstudium in Bayreuth. Nach seinem Abschluss Berufung zum Bezirkskantor für die Dekanate Pegnitz und Muggendorf. 1972 Gründung der Veranstaltungsreihe „Pegnitzer Sommer-Konzerte". 1974 Berufung zum Orgelsachverständigen. 1976 bis 1986 Lehrauftrag in der Musikabteilung der Universität in Bayreuth. 1979 erscheint seine „Orgelschule für den Anfangsunterricht". Im gleichen Jahr Ernennung zum Kirchenmusikdirektor. 1981 Kulturpreis des Landkreises Bayreuth, 1993 Silberne Bürgermedaille der Stadt Pegnitz, 2001 Silberne Medaille des Bezirks Oberfranken für besondere Verdienste und 2002 die Goldene Bürgermedaille der Stadt Pegnitz. Seit 2004 im Ruhestand.

Gerhard Philipp Wolf

geb. 1943 in Erlangen, Studium der evang. Theologie, Romanistik und Geschichte, Dr. theol., Fachbetreuer für Französisch am Gymnasium Pegnitz (1984–2004), Mitherausgeber der „Zeitschrift für bayerische Kirchengeschichte" (ZBKG).

Bildnachweis

Sonderseite: Schüleraufsatz Büttner

Abbildungen: Archiv Stadt Pegnitz

Die Geschichte der Stadt Pegnitz

Abb. 1:	Archiv Stadt Pegnitz	Abb. 42:	Archiv Peter Spätling
Abb. 2:	Archiv Peter Spätling	Abb. 43:	Archiv Autohaus Graumüller
Abb. 3:	Bauer, 1909, S. 83	Abb. 44–46:	Archiv Peter Spätling
Abb. 4:	Bauer, 1909, S. 104	Abb. 47:	Foto Fritz Pastyrik
Abb. 5:	Archiv Fam. Löhr	Abb. 48:	Archiv Stadt Pegnitz
Abb. 6:	Foto Martina Hofmann	Abb. 49:	Archiv Autohaus Graumüller
Abb. 7:	Bauer, 1909, S. 197	Abb. 50–52:	Archiv Schlesische Landsmannschaft e. V., Pegnitz
Abb. 8:	Archiv Peter Spätling		
Abb. 9:	Archiv Fritz Pastyrik	Abb. 53:	Archiv Fritz Pastyrik
Abb. 10:	Foto Schlüter	Abb. 54:	alter Kupferstich, Archiv Stadt Pegnitz
Abb. 11:	Archiv Fam. Löhr	Abb. 55:	Archiv Stadt Pegnitz
Abb. 12:	Archiv Peter Spätling	Abb. 56:	Archiv Heinrich Pflaum
Abb. 13:	Foto Hans Pastyrik	Abb. 57:	Foto Manfred Vetterl
Abb. 14–16:	Archiv Peter Spätling	Abb. 58:	Foto Martina Hofmann
Abb. 17:	Archiv Fritz Pastyrik	Abb. 59/60:	Archiv NN
Abb. 18:	Archiv Peter Spätling	Abb. 61:	Foto Hans Pastyrik
Abb. 19:	Archiv Stadt Pegnitz	Abb. 62:	Archiv Justizschule
Abb. 20/21:	Archiv Peter Spätling	Abb. 63:	Archiv Stadt Pegnitz
Abb. 22:	Archiv Peter Spätling	Abb. 64:	Foto Martina Hofmann
Abb. 23:	Archiv Ernst Roth	Abb. 65:	Foto Klaus Trenz, Auerbach
Abb. 24:	Bauer, 1938, S. 496	Abb. 66:	Archiv Stadt Pegnitz
Abb. 25–29:	Archiv Peter Spätling	Abb. 67:	Archiv Ruth Sommer
Abb. 30/31:	Archiv Fritz Pastyrik	Abb. 68/69:	Archiv Stadt Pegnitz
Abb. 32:	Archiv Peter Spätling	Abb. 70/71:	Foto Martina Hofmann
Abb. 33:	Archiv Fam. Schauer	Abb. 72:	Foto Irene Lenk, NN
Abb. 34–36:	Archiv Stadt Pegnitz	Abb. 73/74:	Archiv Stadt Pegnitz
Abb. 37–41:	Archiv Peter Spätling		

Sonderseite: Lustige Posthornklänge

Abbildungen: Archiv Peter Spätling

Anhang
Bildnachweis

Straßenverkehr, Post und Eisenbahn

Abbildungen (bis auf die einzeln ausgewiesenen):
Archiv Peter Spätling

Abb. 20/21:	Archiv Autohaus Graumüller
Abb. 23:	Foto Irene Lenk, NN

Sonderseite: Die Kaufmannsfamilie Glenk in Pegnitz

Abbildungen: Archiv Peter Spätling

Handel, Handwerk, Industrie

Abb. 1/2:	Archiv Walter Tausendpfund		Abb. 18:	Foto Ernst Schülein
Abb. 3:	Archiv Peter Spätling		Abb. 19:	Archiv Walter Tausendpfund
Abb. 4:	Archiv Walter Tausendpfund		Abb. 20/21:	Archiv Ruth Sommer
Abb. 5:	Bauer, 1938, S. 146		Abb. 22:	Archiv Stadt Pegnitz
Abb. 6:	Archiv Walter Tausendpfund		Abb. 23/24:	Archiv Peter Spätling
Abb. 7:	Foto Rainer Hofmann, Fränkische-Schweiz-Museum Tüchersfeld		Abb. 25:	Archiv Stadt Pegnitz
Abb. 8:	Foto Fritz Pastyrik		Abb. 26:	Archiv Walter Tausendpfund
Abb. 9:	Archiv Walter Tausendpfund		Abb. 27/28:	Archiv Ruth Sommer
Abb. 10:	Archiv Peter Spätling		Abb. 29:	Archiv HWP
Abb. 11:	Archiv Stadt Pegnitz		Abb. 30:	Archiv NN
Abb. 12:	Archiv Fritz Pastyrik		Abb. 31–34:	Archiv Ruth Sommer
Abb. 13:	Foto: Fritz Pastyrik		Abb. 35/36:	Archiv KSB, Pegnitz
Abb. 14:	Archiv Fam. Löhr		Abb. 37:	Archiv Baier & Köppel, Pegnitz
Abb. 15:	Archiv Heinrich Pflaum		Abb. 38:	Archiv Stadt Pegnitz
Abb. 16:	Archiv Peter Spätling		Abb. 39/40:	Foto Irene Lenk, NN
Abb. 17:	Archiv Ernst Roth		Abb. 41/42:	Archiv Stadt Pegnitz

Sonderseite: 166 Kinder in einer Schulstube

Abbildungen: Archiv Bärbl Völkl, Karin Weiss
und Fritz Pastyrik

Anhang Bildnachweis

Schulwesen und Partnerschaften

Abb. 1:	Foto Roland Weiss	Abb. 20–22:	Archiv Justizschule Pegnitz
Abb. 2/3:	Archiv 1. Bayer. Schulmuseum Sulzbach-Rosenberg	Abb. 23-26:	Archiv VHS Pegnitz
Abb. 4/5:	Archiv Peter Spätling	Abb. 27:	Archiv Herbert Scherer
Abb. 6:	Archiv 1. Bayer. Schulmuseum Sulzbach-Rosenberg	Abb. 28:	Archiv Gymnasium Pegnitz
Abb. 7:	Archiv Peter Spätling	Abb. 29:	Foto Klaus Trenz, Auerbach
Abb. 8/9:	Foto Hans Pastyrik	Abb. 30:	Archiv Grundschule Pegnitz
Abb. 10:	Archiv Gymnasium Pegnitz	Abb. 31/32:	Archiv Gertraud Albrecht, Realschule Pegnitz
Abb. 11:	Foto Fritz Pastyrik	Abb. 33:	Archiv Walter Tausendpfund
Abb. 12:	Foto Reinhard Bruckner	Abb. 34-36:	Archiv Walter Tausendpfund
Abb. 13–15:	Foto Monika Will, Realschule Pegnitz	Abb. 37:	Archiv Werner Schaller, Justizschule Pegnitz
Abb. 16/17:	Archiv Staatl. Berufsschule Pegnitz	Abb. 38:	Foto Werner Schaller
Abb. 18/19:	Archiv Hotelfachschule und Berufsfachschule für Hotelmanagement, Pegnitz	Abb. 39:	Foto TMT (Hempfling)
		Abb. 40–59:	Archiv Helmut Heinrich

Sonderseite: Mundartdichtung in Pegnitz

Abbildungen: Archiv Walter Tausendpfund

Kulturelles Leben in Pegnitz

Abb. 1:	Foto Irene Lenk, NN	Abb. 24–26:	Archiv Fritz Pastyrik
Abb. 2:	Foto Ralf Rödel, NN	Abb. 27:	Foto Hans Pastyrik
Abb. 3:	Foto Martina Hofmann	Abb. 28:	Foto Fritz Pastyrik
Abb. 4:	Foto Ralf Rödel, NN	Abb. 29:	Foto Hans Pastyrik
Abb. 5:	Archiv NK	Abb. 30:	Foto Fritz Pastyrik
Abb. 6:	Archiv Albin Völkl	Abb. 31:	Archiv Fritz Pastyrik
Abb. 7:	Foto Martina Hofmann	Abb. 32–36:	Archiv Ev.-Luth. Pfarramt, Pegnitz
Abb. 8/9:	Fotos Ralf Rödel, NN	Abb. 37:	Archiv Roland Weiss
Abb. 10:	Archiv Albin Völkl	Abb. 38:	Foto Fritz Pastyrik
Abb. 11:	Archiv Peter Spätling	Abb. 39:	Foto Hans Pastyrik
Abb. 12:	Archiv Fam. Schauer	Abb. 40/41:	Archiv Roland Weiss
Abb. 13:	Archiv Stadt Pegnitz	Abb. 42:	Archiv Wolfgang Leipert, VHS Pegnitz
Abb. 14:	Archiv Peter Spätling	Abb. 43:	Archiv Heimat- und Trachtenverein Pegnitz e.V. 1953
Abb. 15–18:	Archive NN, Stadt Pegnitz, NK und Pegnitzer Anzeiger	Abb. 44:	Archiv Fritz Pastyrik
Abb. 19/20:	Archiv NK und NN	Abb. 45:	Foto Hans Pastyrik
Abb. 21/22:	Fotos Roland Weiss	Abb. 46/47:	Archiv Fritz Pastyrik
Abb. 23:	Foto Ernst Schülein	Abb. 48/49:	Archiv Kath. Pfarramt Pegnitz

Anhang
Bildnachweis

Abb. 50–53:	Foto Archiv Manfred Welnhofer, Realschule Pegnitz	Abb. 65–67:	Archiv Mundarttheater Troschenreuth e.V.
Abb. 54/55:	Archiv Gymnasium Pegnitz	Abb. 68:	Foto privat
Abb. 56/57:	Fotos Bernd Kollecki	Abb. 69:	Foto privat
Abb. 58:	Foto Klaus Trenz, Auerbach	Abb. 70:	Foto Kurt Tauber
Abb. 59:	Süddeutsche Zeitung, 30.10.1997	Abb. 71–75:	Archiv Peter Spätling
Abb. 60:	Archiv Kath. Pfarramt, Pegnitz	Abb. 76:	Archiv Walter Tausendpfund
Abb. 61:	Archiv „PPP"	Abb. 77:	Foto Martina Hofmann
Abb. 62–64:	Fotos Hans Pastyrik	Abb. 78:	Archiv Heimat- und Trachtenverein Pegnitz e.V. 1953

Sonderseite: Vereine – Geschichte und Gegenwart

Doppelseite 1: Archive Stadt Pegnitz und Jura-Bräu   Doppelseite 2: Foto Klaus Trenz, Auerbach

Sport und Freizeit

Abb. 1–3:	Archiv Peter Spätling	Abb. 19:	Archiv Barbara Wiesend
Abb. 4–8:	Archiv ASV Pegnitz	Abb. 20/21:	Archiv Skiclub Pegnitz
Abb. 9:	Archiv FC Pegnitz	Abb. 22/23:	Fotos Fritz Pastyrik
Abb. 10:	Archiv Karl Ross	Abb. 24:	Archiv Schützenverein Pegnitz
Abb. 11:	Archiv NN	Abb. 25/26:	Fotos Irene Lenk, NN
Abb. 12:	Archiv Sigrid Murr	Abb. 27/28:	Archiv Schützengesellschaft Willenreuth
Abb. 13:	Foto Irene Lenk, NN	Abb. 29:	Archiv Zimmerstutzenverein Troschenreuth
Abb. 14:	Archiv Fritz Pastyrik	Abb. 30:	Archiv Peter Spätling
Abb. 15:	Foto Frank Heidler, NN	Abb. 31–33:	Fotos Irene Lenk, NN
Abb. 16:	Archiv NN	Abb. 34:	Archiv NN
Abb. 17:	Archiv Tennisclub „Schwarz-Weiß" Pegnitz	Abb. 35:	Archiv NN
Abb. 18:	Archiv Schach-Club Pegnitz	Abb. 36/37:	Fotos Irene Lenk, NN

Sonderseite: Die 600-Jahr-Feier der Stadt Pegnitz

Doppelseite 1: Büttner-Chronik, Archive Peter Spätling und Fritz Pastyrik   Doppelseite 2: Archive Heinrich Pflaum, NN, Stadt Pegnitz und Fritz Pastyrik

Anhang
Bildnachweis

Feste, Markttage und Tradition

Abb. 1:	Archiv NN	Abb. 21–25:	Fotos Irene Lenk, NN
Abb. 2:	Foto Ernst Schülein	Abb. 26:	Archiv Albin Völkl
Abb. 3:	Archiv NK	Abb. 27/28:	Fotos Irene Lenk, NN
Abb. 4:	Foto Irene Lenk, NN	Abb. 29:	Foto Ralf Münch, NK
Abb. 5–9:	Fotos Günter Distler und Irene Lenk, NN	Abb. 30:	Archiv Stadt Pegnitz
Abb. 10/11:	Archiv NN	Abb. 31:	Archiv Brauer-Vereinigung Pegnitz
Abb. 12:	Foto Günter Distler, NN	Abb. 32–34:	Archiv Peter Spätling
Abb. 13:	Archiv Peter Spätling	Abb. 35–40:	Archive Peter Spätling und Brauer-Vereinigung Pegnitz
Abb. 14:	Archiv Peter Spätling		
Abb. 15/16:	Archiv Albin Völkl	Abb. 41:	Foto Martina Hofmann
Abb. 17:	Foto Irene Lenk, NN	Abb. 42:	Archiv Herbert Scherer
Abb. 18:	Archiv NN	Abb. 43–45:	Foto Irene Lenk, NN
Abb. 19:	Archiv NK	Abb. 46–62:	Archive Stadt Pegnitz und NN
Abb. 20:	Foto Irene Lenk, NN		

Sonderseite: Ökumene in Pegnitz

Abbildungen: Archiv Ev.-Luth. Pfarramt Pegnitz

Kirchliches Leben in Pegnitz

Abbildungen (bis auf die einzeln ausgewiesenen):
Fotos Rudolf Dippe und Dr. Rainer Dippe

		Abb. 11–13:	Archiv Peter Spätling
		Abb. 19:	Archiv Fam. Löhr
		Abb. 20:	Archiv Peter Spätling
Abb. 2:	Archiv Fam. Schauer	Abb. 21/22:	Archiv Ev.-luth. Pfarramt Pegnitz
Abb. 3:	Archiv Fam. Schauer	Abb. 28:	Archiv Ev.-luth. Pfarramt Pegnitz
Abb. 5:	Archiv Gerhard Philipp Wolf	Abb. 30:	Foto Fritz Pastyrik
Abb. 6:	Foto Ernst Schülein	Abb. 33/35/37:	Archiv Kath. Pfarramt Pegnitz
Abb. 7:	Archiv Rudolf Dippe	Abb. 65:	Archiv Fam. Löhr

Sonderseite: Gott zur Ehr' / Großbrand Baier & Köppel

Doppelseite 1: Archiv NK   Doppelseite 2: Archiv NN

Anhang
Bildnachweis

Feuerwehren, Hilfsorganisationen und Stadtkrankenhaus

Abb. 1:	Archiv Freiwillige Feuerwehr Rabeneck	Abb. 20:	Archiv Feuerwehr Hainbronn
Abb. 2:	Archiv Bayer. Landes-Feuerwehr-Verband	Abb. 21:	Archiv Stadt Pegnitz
Abb. 3:	Archiv Feuerwehr Pegnitz	Abb. 22/23:	Archiv BRK, Pegnitz
Abb. 4:	Archiv Peter Spätling	Abb. 24/25:	Archiv ASB, Pegnitz
Abb. 5/6:	Archiv Bayer. Landes-Feuerwehr-Verband	Abb. 26/27:	Archiv Malteser, Pegnitz
Abb. 7/8:	Archiv Feuerwehr Pegnitz	Abb. 28:	Archiv Bundesanstalt THW, Bonn
Abb. 9-11:	Fotos Ernst Schülein	Abb. 29:	Foto Klaus Trenz, Auerbach
Abb. 12:	Foto Schlüter	Abb. 30:	Archiv Fritz Pastyrik
Abb. 13:	Archiv NK	Abb. 31:	Archiv NN
Abb. 14/15:	Foto Irene Lenk, NN	Abb. 32:	Archiv Stadtkrankenhaus Pegnitz
Abb. 16-19:	Archiv Feuerwehr Trockau	Abb. 33-39:	Archiv Stadtkrankenhaus Pegnitz

Gebietsreform in den Jahren 1972–1978

Abb. 1–7:	Archiv Stadt Pegnitz	Abb. 43–47:	Fotos Pastyrik
Abb. 8:	Foto Pastyrik	Abb. 48:	Foto Klaus Trenz, Auerbach
Abb. 9:	Foto Fritz Pastyrik	Abb. 49:	Archiv Peter Spätling
Abb. 10:	Archiv Peter Spätling	Abb. 50:	Archiv Stadt Pegnitz
Abb. 11/12:	Fotos Klaus Trenz, Auerbach	Abb. 51:	Archiv Peter Spätling
Abb. 13:	Archiv Peter Spätling	Abb. 52/53:	Fotos Klaus Trenz, Auerbach
Abb. 14/15:	Fotos Klaus Trenz, Auerbach	Abb. 54:	Archiv Peter Spätling
Abb. 16:	Archiv Peter Spätling	Abb. 55/56:	Fotos Schlüter
Abb. 17:	Foto Schlüter	Abb. 57–59:	Fotos Schlüter
Abb. 18:	Archiv NK	Abb. 60:	Archiv Peter Spätling
Abb. 19–21:	Foto Schlüter	Abb. 61:	Foto Pastyrik
Abb. 22–27:	Foto Schlüter	Abb. 62-67:	Fotos Pastyrik
Abb. 28:	Foto Klaus Trenz, Auerbach	Abb. 68:	Archiv Peter Spätling
Abb. 29:	Archiv Peter Spätling	Abb. 69:	Archive Stadt Pegnitz und NK
Abb. 30/31:	Fotos Klaus Trenz, Auerbach	Abb. 70:	Archiv Peter Spätling
Abb. 32:	Fotos Pastyrik	Abb. 71–73:	Fotos Pastyrik
Abb. 33:	Archiv Peter Spätling	Abb. 74/75:	Archiv Peter Spätling
Abb. 34:	Foto Pastyrik	Abb. 76–78:	Fotos Schlüter
Abb. 35/36:	Archiv Peter Spätling	Abb. 79–83:	Fotos Schlüter
Abb. 37:	Fotos Pastyrik	Abb. 84–86:	Fotos Klaus Trenz, Auerbach
Abb. 38/39:	Fotos Pastyrik	Abb. 87–89:	Archiv Peter Spätling
Abb. 40:	Archiv Peter Spätling	Abb. 90/91:	Fotos Schlüter
Abb. 41:	Foto Pastyrik	Abb. 92–94:	Fotos Schlüter
Abb. 42:	Foto Klaus Trenz, Auerbach	Abb. 95:	Archiv Peter Spätling

Statistischer Anhang

Abbildungen: Archiv Stadt Pegnitz

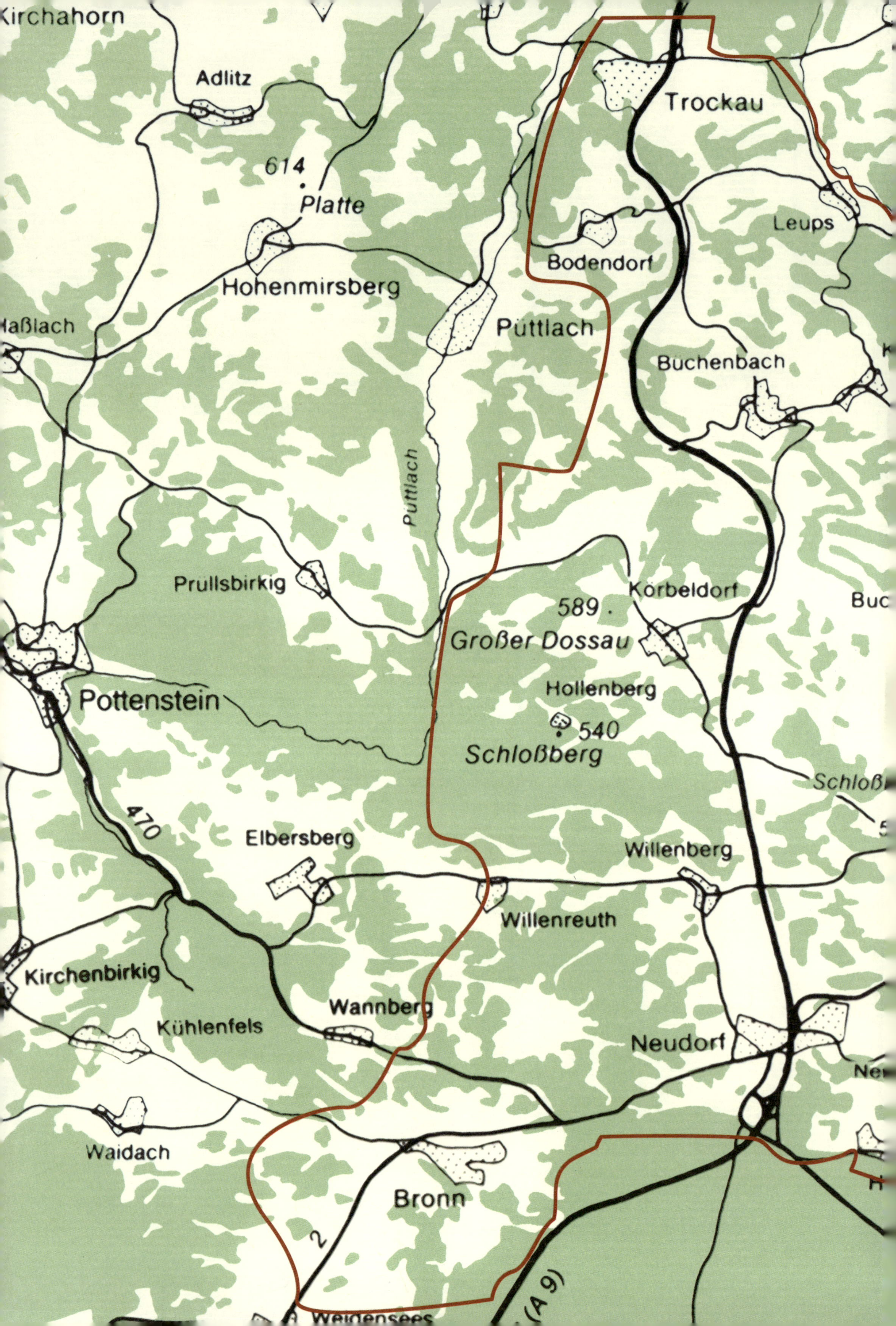
Kirchahorn
Adlitz
614
Platte
Hohenmirsberg
Trockau
Leups
Bodendorf
Püttlach
Büchenbach
Püttlach
Prüllsbirkig
Körbeldorf
589
Großer Dossau
Hollenberg
540
Schloßberg
Pottenstein
470
Elbersberg
Willenberg
Willenreuth
Kirchenbirkig
Wannberg
Kühlenfels
Neudorf
Waidach
Bronn
2
(A 9)